SPSS 첫걸음 단계별 분석

문창권·송학준·문영필·손종웅·김길후·김범수

북넷

들어가는 말

SPSS는 사회과학뿐만 아니라 여러 분야에서 광범위하게 사용되는 대표적인 통계패키지로 계속하여 자리를 잡고 있다.

네이버 등의 검색엔진을 이용하여 국내에서 발간된 SPSS 관련 통계처리 책들을 찾아보면 기술통계량과 평균차이 및 회귀분석을 다룬 기초입문서, 기초부터 다변량통계처리를 다루거나 다변량통계와 구조방정식에 치중한 응용서, 특정 분야에 대한 연구결과의 번역물, 해외의 SPSS 관련 통계처리 번역물 등으로 구분할 수 있다.

특히 SPSS 24버전 이후 SPSS를 이용한 통계학과 논문작성 교재 등이 많이 나타났다. 그러나 이러한 현실에도 불구하고 많은 책을 보아도 SPSS를 사용하기가 힘이 든다고 호소를 하는 학생들과 실무자들도 많다.

이 책을 만들면서 2가지 사항을 특히 고민했다.

하나는 SPSS를 이용하여 기초 통계학부터 많은 논문에서 이용되는 다변량통계학까지 요점을 추려서 간결하게 기초부터 고급까지 포괄적 수준을 다루는 학습서를 작성하는 것이었다.

또 하나는 SPSS를 열고 제공된 자료파일을 이용하여 교재내용을 따라서만 하면 저절로 과제처리의 기법을 익히고, 그에 따라 관련 논리를 학습하는 실무학습교재를 작성하는 것이다.

두 번째의 경우는 너무 많은 지면을 사용하여 독자가 지루함을 느끼거나, 두꺼운 책의 분량에 오히려 거부감을 느낄 수도 있다는 우려를 낳게 한다.

이에 우리는 통계학교재에서 일반적으로 다루는 기술통계학 및 차트작성원리, 추론통계학의 기초적 부분인 t검정, 카이제곱검정, 분산분석, 비모수통계학, 회귀분석과 시계열의 분석 및 예측을 주된 내용으로 포함하였다.

그리고 논문에서 많이 등장하는 신뢰도 및 타당도, 다중회귀, C-O절차 및 P-W추정, 로지스틱회귀, 다층회귀, 붓스트래핑과 MC의태분석을 추가로 다루어 통계처리를 다각적으로 수행하는데 대한 기초지식을 확보할 수 있는 기회를 얻을 수 있도록 구성하였다.

이 책을 사용하는데 통계학이나 컴퓨터 관련 지식을 별도로 배울 필요가 없다. 내용을 정독하고, 따라서 SPSS를 이용하여 풀이를 하면 자연스럽게 결과를 얻고 또한 결과의 해석 및 관련 의사결정을 수행할 수 있다.

앞으로 설문조사자료의 효과적 추정 및 검정을 위한 요인분석, 매개분석, 조절분석, 조건부 프로세스분석, 종단분석의 다중회귀분야 기법들에 대한 내용을 포함하고, 시장분석 및 개체그룹 구분을 위한 판별분석, 군집분석, 컨조인트분석, 다차원척도법 등의 기법들, 그리고 계층 및 패널자료를 다루는 혼합모형으로 구성된 SPSS 적용 다변량통계학을 준비하기로 했다.

지금은 빅데이터시대, 데이터사이언스 등 자료처리 관련 용어들이 세상을 주도하는 것처럼 중요성이 강조되는 시대가 되었고, 많은 학술지와 학위논문에서 대부분 복잡한 구조방정식을 사용하여 처리결과를 발표하고 있다.

이러한 상황에서 연구결과를 제대로 얻기 위해서는 누구나 SPSS 외에도, R, AMOS, LISREL, Mplus 등의 패키지를 익혀서 처리를 해야 한다는 압박감을 느낄 것이다. 그리고 여러 패키지를 익히는 과정에서 발생하는 노력의 손실도 큰 경우가 많을 것이다.

그 동안 논문을 작성하고 지도하는 과정에서 직면했던 많은 애로사항들과 관련된 처리경험에서, 우리가 얻는 판단사항은 상황이 복잡할수록 가장 좋은 대처방식은 하나의 수단을 효과적으로 사용할 수 있는 방법들을 최대한 규명하고 익혀서 다각도로 적용을 하는 것이었다. 그리고 부족한 것은 다른 수단을 최소한도로 필요한 수준으로만 적용하는 것이다.

물론 여건에 따라, 기호에 따라, 그리고 사고방식에 따라 판단은 다를 것이지만, 실제 자료처리를 위한 SPSS사용의 기초적 기법과 간단한 관련 원리를 제공하는 이 책이 통계처리 역량을 확보하는데 도움이 되길 바란다.

장황한 서문을 읽어 주신 분께 감사드린다.

2019년 8월
저자 일동

차 례

1장 내용데이터 편집기와 자료입력

2장 자료의 관리

3장 기술통계량

4장 차트작성

5장 통계검정 입문과 정규성 검정

6장 t검정

7장 신뢰도와 타당도 분석

8장 분산분석원리와 일원배치 ANOVA

9장 이원분산분석

10장 ANCOVA

11장 MANOVA

12장 비모수검정

13장 카이제곱 적합도 검정과 독립성 검정

14장 상관분석과 선형회귀

15장 다중회귀분석

16장 C-O절차 및 PW추정과 로지스틱회귀

17장 다층모형회귀

18장 붓스트랩과 MC의태

19장 시계열과 계절지수 및 지수평활

20장 나이브모형과 ARIMA모형

제 1 장

데이터 편집기와 자료입력

01 데이터 편집기의 구조

SPSS를 가동하거나 어떤 파일을 사용하여 분석을 수행하는 중이라면 SPSS의 메뉴 바에서 "파일/새 파일/데이터"를 지정한다.

데이터 편집기(data editor)는 다음과 같이 메뉴 바(menu bar)와 툴 바(tool bar)가 상단에 있고, 하단에는 "데이터 보기"와 "변수 보기" 단추들이 있다.

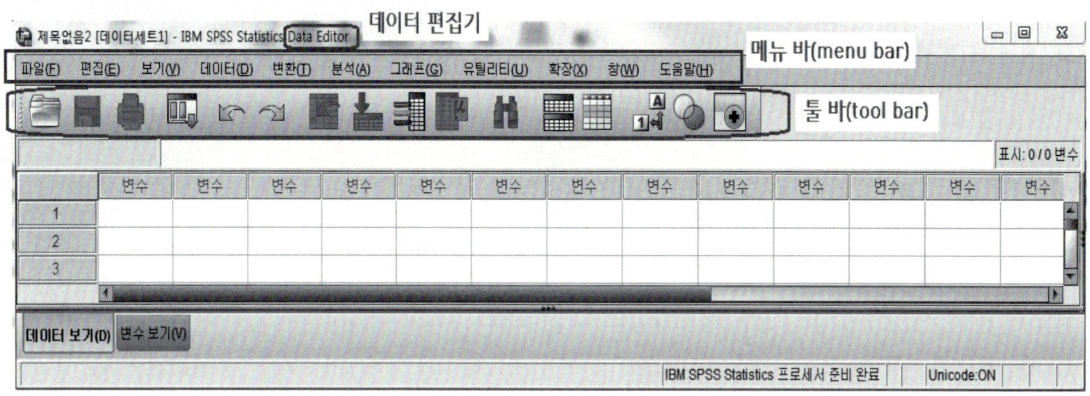

02 변수 보기 창의 속성도구

"변수 보기"창은 자료를 포함할 변수들을 설정하는데 사용한다. 11개의 속성도구(properties)로 각 변수에 대해 이름을 표시하고 포함할 자료의 종류를 지정할 수 있게 해준다.

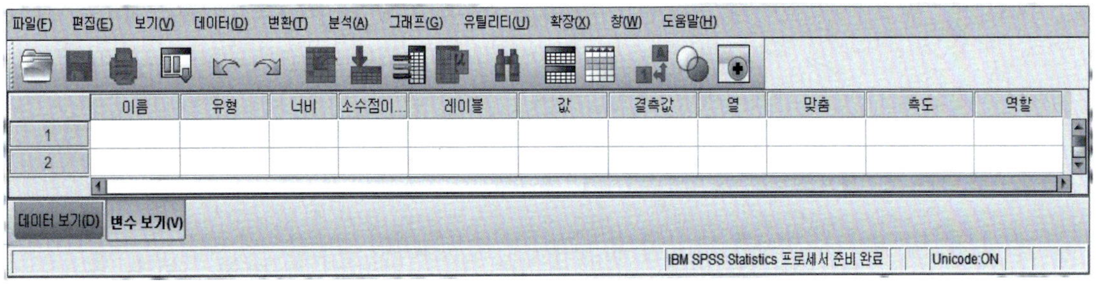

① 이름(Name) : 각 변수에는 특유의 이름을 사용해야 한다. 이름은 64개 문자 및 숫자들을 포함할 수 있다. 첫째 글자는 반드시 문자여야 한다. 그리고 스페이스 키를 이용하여 띄워쓰기를 할 수 없다. 그 대신에 밑줄표시(underscore) "_"를 사용할 수 있다.

② 유형(Type) : 변수가 포함할 자료의 유형을 지정한다. 변수의 이름을 입력하면 자동으로 8의 너비 및 2의 소수점 이하자리를 갖는 "숫자"가 표시된다. 한편 자료가 문자글자들을 포함하는 경우에는 "유형"셀을 클릭하여 생성되는 "변수 유형"대화상자에서 문자열변수(string variable)를 지정하여 사용할 수 있다.

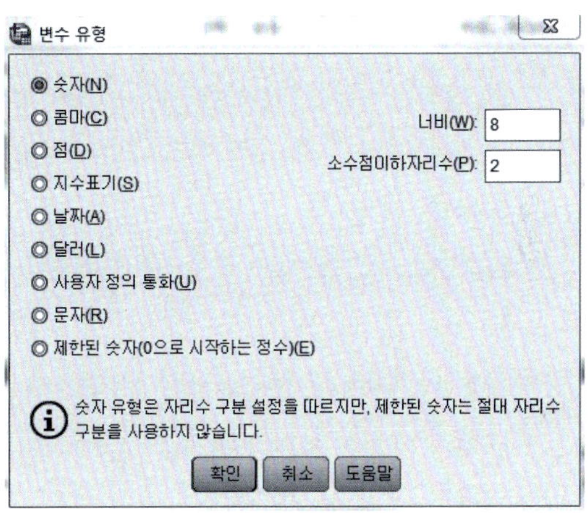

③ 너비(width) : 너비 속성도구는 "변수 유형" 대화상자의 너비모수와 동일하다.

④ 소수점이하 자리수(Decimals) : "변수 유형"대화상자의 소수점이하 자리수 모수와 동일하다.

⑤ 레이블(Label) : 출력보고서에 변수이름을 그대로 표시하려면, 레이블을 공란으로 둔다. 그렇지 않고 상세하게 변수를 설명한 결과를 보려면 레이블에 표시를 한다. 레이블에는 띄워쓰기가 가능하다.

⑥ 값(Values) : 범주변수들의 이름들을 값들로 할당하는 강력한 도구를 제공한다. 예컨대 성별

은 "1=남자" 및 "2=여자"의 2개 범주들로 구성되는 명목변수이다. "값" 아래의 셀을 클릭하여 생성된 "값 레이블"대화상자에서 "값" 박스에 숫자를 입력하고, "레이블"박스에 범주이름을 표시 후 "추가"단추를 클릭하여 입력한다. 그리고 각 범주들의 입력이 완료되면 "확인"단추를 클릭한다.

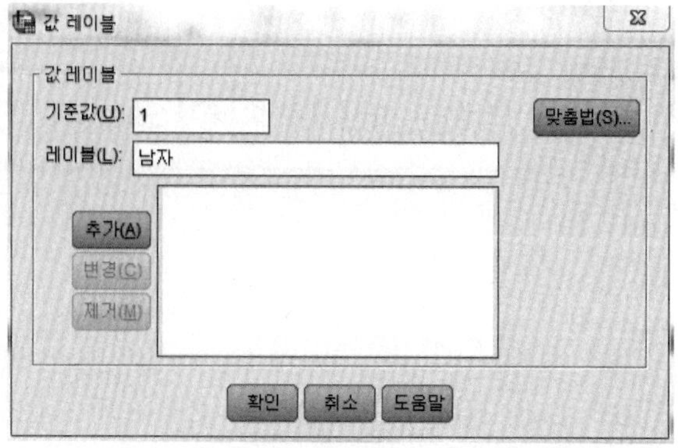

⑦ **결측값**(Missing) : 원자료(source data)가 오류 또는 누락된 경우에 그 셀은 단순히 빈칸으로 남겨진다. 그런데 오류 자료를 888로, 누락자료를 999로 관습적으로 표시하여 빈칸이나 잘못된 표시를 통계적 계산에서 철저히 제외시키도록 한다. 이를 위해서는 "결측값" 아래 셀을 클릭하여 생성된 "결측값"대화상자에서 "이산형 결측값"(Discrete missing values)을 지정 후 자료집합에서 시각적으로 인식이 용이한 888 및 999를 입력하고 "확인"단추를 클릭한다.

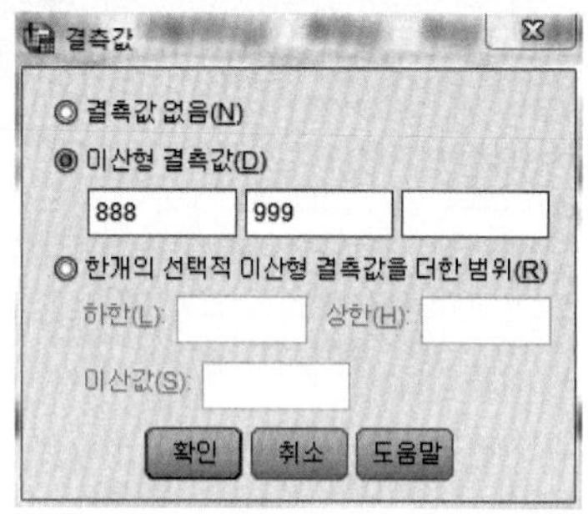

또한 4개 이상의 값들로 오류 또는 누락을 표시하려면 "한개의 선택적 이산형결측값을 더한 범위"를 지정하여 하한 및 상한의 숫자들을 입력하고, 이산값을 추가로 지정하면 된다.

⑧ **열**(Columns) : 데이터 보기 창의 열 너비를 변경할 수 있게 해준다. 원하는 글자 수를 설정할 수 있다.

⑨ **맞춤**(Align) : 데이터 보기 창에서 변수를 표시하는 방법을 설정한다. 보통 숫자자료는 우측맞춤을, 문자열자료 또는 범주변수는 좌측맞춤을 사용한다.

⑩ **측도**(Measure) : 명목, 서열, 등간, 비율의 4개 수준들의 측도들을 지정한다. 연속변수들에 대해서는 척도(Scale)를, 범주변수들에 대해서는 명목(Nominal)을 지정한다.

⑪ **역할**(Role) : 통계적 과정들에서 변수가 사용될 방법을 지정한다. 변수를 입력하면 자동으로 역할셀에는 "입력"(Input)이 나타난다.

03 Excel 파일 읽어오기

자료를 다운받은 폴더에 있는 다음 엑셀자료 "XY라서"를 SPSS로 불러 오자.

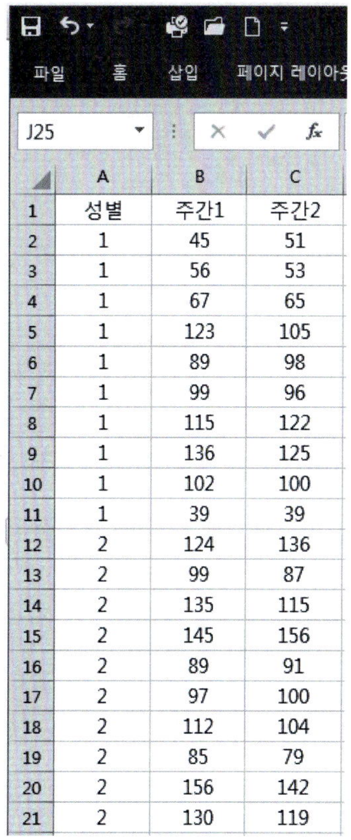

	A	B	C
1	성별	주간1	주간2
2	1	45	51
3	1	56	53
4	1	67	65
5	1	123	105
6	1	89	98
7	1	99	96
8	1	115	122
9	1	136	125
10	1	102	100
11	1	39	39
12	2	124	136
13	2	99	87
14	2	135	115
15	2	145	156
16	2	89	91
17	2	97	100
18	2	112	104
19	2	85	79
20	2	156	142
21	2	130	119

메뉴 바에서 "파일/열기/데이터"를 지정, 생성된 "데이터 열기" 대화상자에서 "파일 유형:Excel"을 지정한 후에 "XY라서"파일을 클릭한 후에 "열기" 단추를 클릭

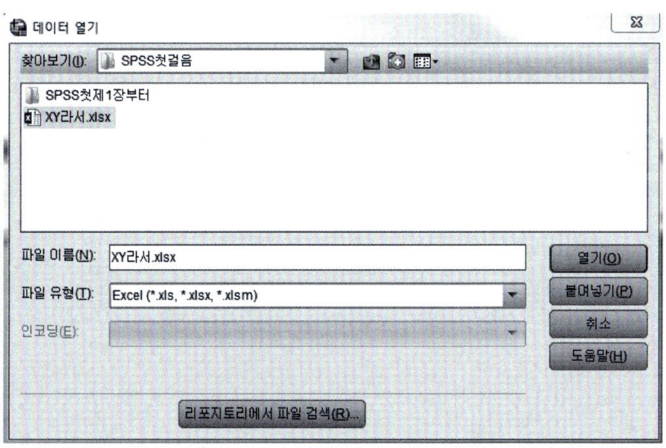

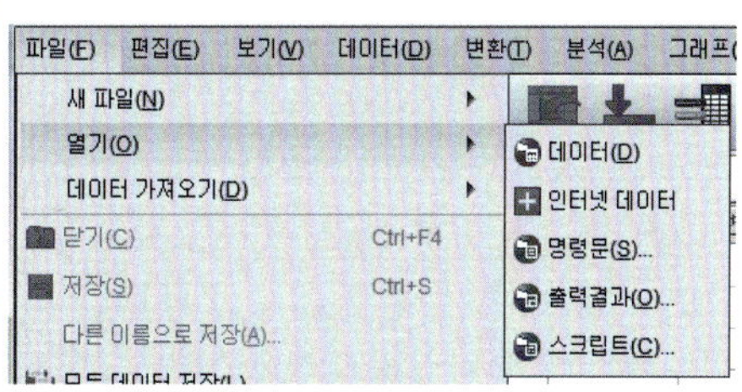

생성된 "Excel 데이터 소스 열기" 대화상자에서 "데이터 첫 행에서 변수 이름 읽어 오기"박스(Read variable names from the first row of data box)가 선택된 것을 확인하고 "확인" 단추를 클릭한다.

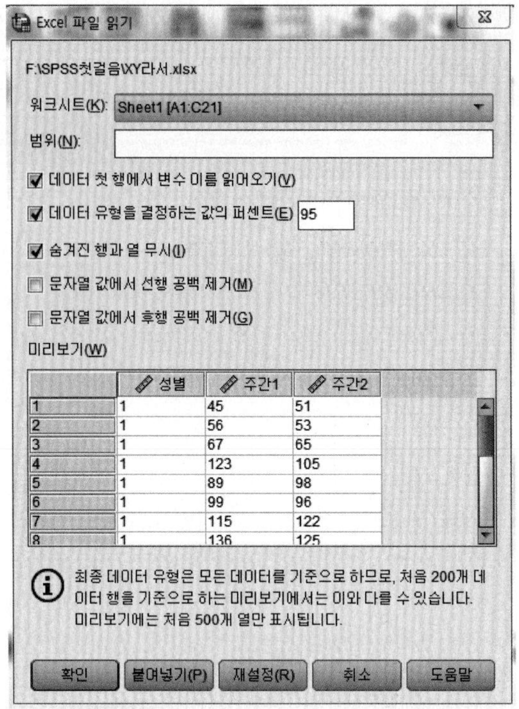

위에서 자동 지정되어 나타나는 "데이터 유형을 결정하는 값의 퍼센트"의 데이터형식에서 기본 설정 95%는 변수를 숫자로 처리하고 문자열 값은 시스템결측 값으로 설정되게 하는 것이다. 퍼센트 값을 충족하는 데이터형식이 없으면 변수는 문자열 변수로 처리되고, 설정을 100으로 변경하면 모든 값이 보존되지만 모든 숫자값이 문자열로 처리된다.

이에 따라 나타나는 데이터 편집기 창의 데이터 보기에서 값들은 정수로 나타나고, "변수 보기" 창에서는 "성별"이 명목변수로, 나머지는 척도변수들로 지정되어 있다. 레이블만 표시하면 되는 결과를 보인다.

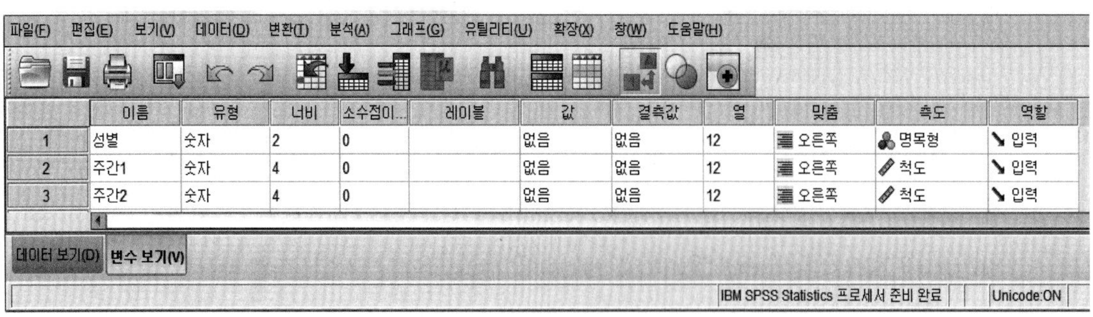

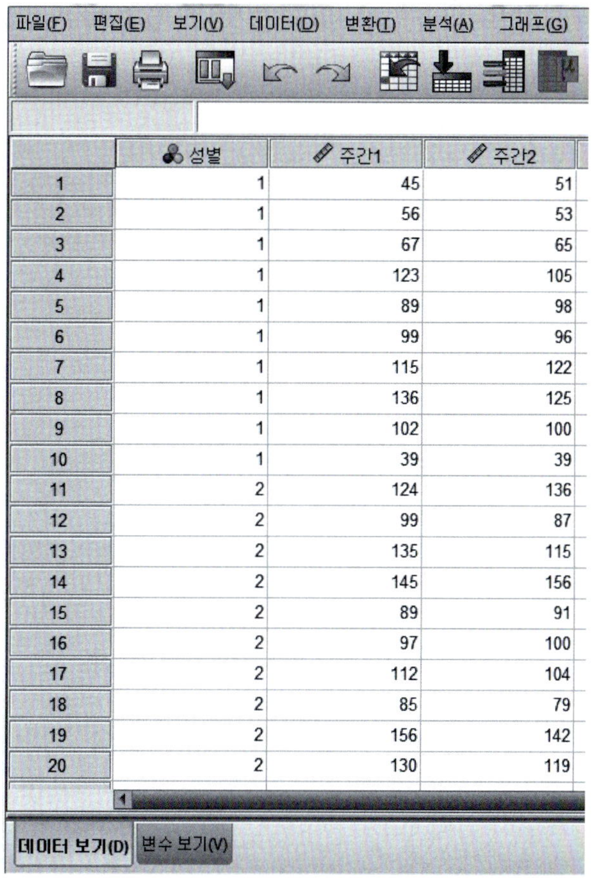

04 자료입력

1. 직접 자료입력

학생들이 주간단위로 60분 넘게 숙제를 할 것을 권고하는 학교당국의 방침을 제대로 수행하기 위해 평소에 공부않는 학생들을 골라서 초등학교 선생이 지도하기로 결심을 했다고 하자.

남학생 10명, 여학생 10명을 추출하고, 2주 동안에 숙제를 한 시간을 분단위로 측정한 자료를 처리하도록 다음 절차에 따라 입력을 할 수 있다.

- 생성된 새로운 데이터 편집기(Data Editor)에서 "변수 보기" 탭을 클릭

- "이름"열의 1행에 "성별"을 입력, "레이블"열에 "성별"을 입력
- "값"열을 클릭하여 생성된 "변수값 레이블" 대화상자에서 값에 1, 레이블에 남자를 입력 후 "추가"단추를 클릭, 다시 값에 2, 레이블에 여자를 입력 후 "추가"단추를 클릭하고 "확인"단추를 클릭

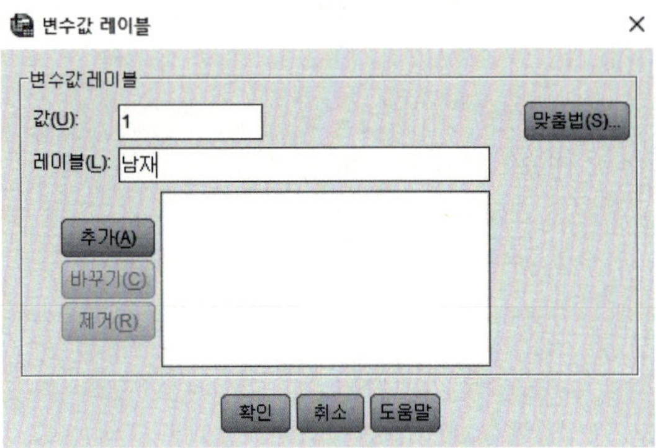

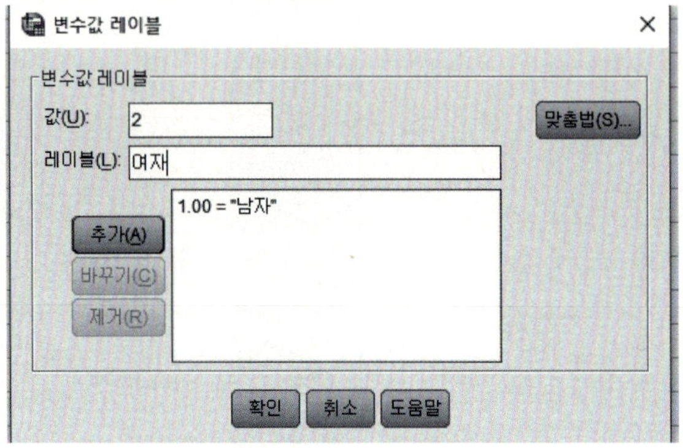

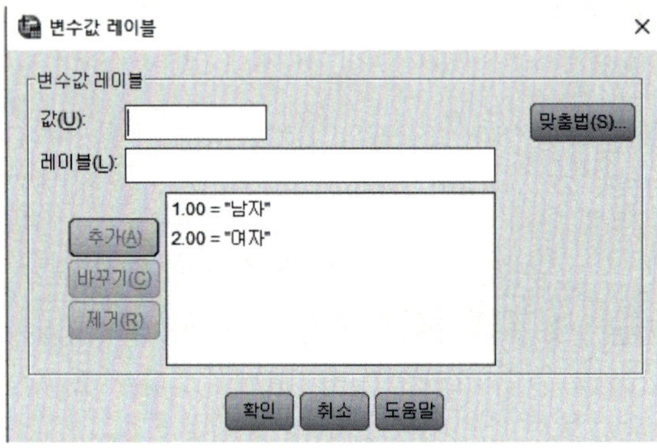

- 결측값을 클릭하여 생성된 "결측값" 대화상자에서 이산형 결측값 아래 999를 입력 후 "확인"을 클릭
- "측도"열에서 반드시 명목을 지정

- "이름"열의 2행에 주간1을, 3행에 주간2를 입력, 주의할 사항은 변수이름은 반드시 붙여서 입력해야 한다.
- "레이블" 열에서 2행에 "제1주 숙제시간 분 표시"와 3행에 "제2주 숙제시간 분 표시"를 입력, 그리고 측도는 모두 "척도"를 지정하여 아래와 같이 완성

	이름	유형	너비	소수점이...	레이블	값	결측값	열	맞춤	척도	역할
1	성별	숫자	8	0	성별	{1, 남자}...	999	8	오른쪽	명목형	입력
2	주간1	숫자	8	0	제1주 숙제시간 분 표시	없음	없음	8	오른쪽	척도	입력
3	주간2	숫자	8	0	제2주 숙제시간 분 표시	없음	없음	8	오른쪽	척도	입력

	성별	주간1	주간2	변수
1	1	45	51	
2	1	56	53	
3	1	67	65	
4	1	123	105	
5	1	89	98	
6	1	99	96	
7	1	115	122	
8	1	136	125	
9	1	102	100	
10	1	39	39	
11	2	124	136	
12	2	99	87	
13	2	135	115	
14	2	145	156	
15	2	89	91	
16	2	97	100	
17	2	112	104	
18	2	85	79	
19	2	156	142	
20	2	130	119	

데이터 보기(D) 변수 보기(V)

- "데이터 보기" 창에서 성별열에서 첫째 행에 1을 입력 후 마우스 오른쪽 단추를 눌러서 복사한 다음 2행부터 10행을 지정 후 붙여넣기
- 다시 11행에 2를 입력 후 마우스 오른쪽 단추를 눌러서 복사한 다음 12행부터 20행을 지정 후 붙여넣기
- 주간1열 및 주간2열의 각 행에는 자료와 같이 입력하기
- 입력을 빠르게 하려면 Excel에 입력한 후에 복사를 하여 붙여넣기를 수행
- 입력 후에는 파일을 "숙제"로 저장

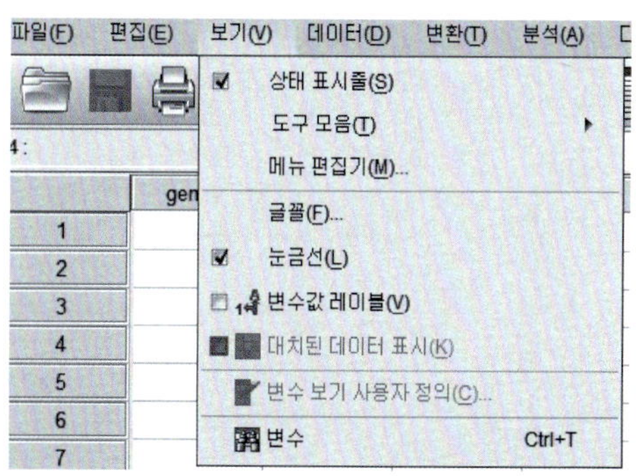

이제 "성별"은 명목변수이지만 숫자로 표시되어 있다. 이를 남자와 여자로 표시되도록 "보기"를 지정 후 생성된 대화상자에서 다음의 "변수값 레이블" 단축아이콘(Value Labels short-cut icon)을 클릭한다.

이제 화면에서 남자와 여자로 숫자가 전환되어 나타난다.

	성별	주간1	주간2	변수
1	남자	45	51	
2	남자	56	53	
3	남자	67	65	
4	남자	123	105	
5	남자	89	98	
6	남자	99	96	
7	남자	115	122	
8	남자	136	125	
9	남자	102	100	
10	남자	39	39	
11	여자	124	136	
12	여자	99	87	

만약 성별을 다시 숫자값으로 보려고 한다면 메뉴 바(Menu bar) 아래의 툴 바(Tool bar)에 있는 다음 "변수값 레이블" 단추를 클릭하면 된다.

그리고 다시 남자와 여자로 보려고 하면 다시 "변수값 레이블" 단추를 클릭하면 된다.

2. Excel 자료활용 빠른 입력방식

많은 자료를 입력하는 경우에는 Excel로 작성을 하고, "변수 보기"창에서 변수를 지정한 후에 자료를 복사하여 "데이터 보기"창에서 붙여넣기를 하면 된다.

이러한 경우에 Excel에서 변수이름들을 복사하고, "행/열 바꿈"을 하여 열로 붙여넣은 후에 "변수 보기"창에 붙여 넣기를 하여 변수 이름들과 측도형식을 설정하여 자료를 입력할 수 있도록 한다.

그리고 Excel 시트에 있는 자료값들을 복사하여 붙여넣기를 하면 많은 자료들이라도 쉽게 입력을 할 수 있다.

05 통계분석과 자료집합에서 변수의 역할

통계분석은 기술통계학과 추론통계학으로 분류한다. 기술통계학은 수집한 자료를 편리하고 유익한 방식으로 조직화, 요약, 표현하는 방법들을 사용하여 적합하게 기술하고, 현재 문제의 중요한 측면들을 파악하는 것을 목적으로 한다.

추론통계학은 표본자료를 사용하여 목표집단(모집단)에 대한 추론을 목적으로 한다. 통계적 추론은 표본자료를 기초로 모집단에 대한 추정치 작성, 예측 또는 결정을 하는 과정이다.

이론(theory)은 실증적 실제 상황에 대한 논리적으로 연관된 명제들의 집합을 말한다. 명제는 어떤 문제에 대한 논리적 판단내용과 주장을 언어로 표시한 것이다. 그래서 이론은 2가지 이상의 개념(concept)으로 구성된다. 개념은 구체적인 현실 세계의 사실들로부터 귀납하여 일반화한 추상적인 사람들의 생각으로 이론의 성분과 속성들을 규정한다.

그리고 변수(variable)는 어떤 방식으로 측정될 수 있는 개념의 특성들 또는 속성들을 나타낸다. 한편 상수(constant)는 단지 하나의 값을 갖는 것으로 관찰되는 사람이나 사물의 특징으로 규정된다. 이는 관찰한 모든 개인들에 대해 특정 특징에 대한 값들이 모두 동일하게 나타나는 것이다.

개념을 변수로 전환하는 과정을 조작화(operationalization)라고 한다. 조작적 정의는 관측되고 측정되는 외부행동을 조건으로 구성개념을 규정한다. 조작화를 통해 설정한 변수를 사용하여 개념을 측정하는 경우에, 측도와 표현하려고 의도하는 개념 사이에 높은 수렴도가 존재하도록 개념은 높은 내용타당도를 갖는 것이 중요하다. 따라서 측도가 해당 개념의 모든 측면을 대표하면 내용타당도는 높다.

변수는 모집단이나 표본의 어떤 특징이며, 변화하거나 또는 측정될 수 있어 다른 개인들에 다른 값들을 갖는 특징이나 조건이다. 그리고 변수의 값들은 그 변수의 가능한 관측치들이며, 변수의 관측된 값들을 자료(data)라고 한다. 또한 자료집합은 측도들 또는 관측값들의 집합이다. 이러한 자료를 구성하는 관측값들 수준인 측도수준은 등간/비율, 명목, 서열로 구성된다. 여기서 측도(measurement)는 명시적 법칙에 따라 사람이나 사물에 대해 할당한 숫자값들이다.

등간/비율자료는 신장, 중량, 소득, 거리 등의 실수(real number)이며, 정량 또는 숫자형식의 자료이다. 명목자료의 값들은 범주 또는 정성자료이다. 그리고 서열자료는 값들의 순서가 의미를 갖는 자료이다.

변수는 이산변수와 연속변수로 구분한다. 이산변수는 개별적이며 보이는 범주들로 구성되어 인

접범주들 사이에 어떤 값들도 없다. 한편 연속변수는 무한히 많은 단편적 부분들로 구분될 수 있어 두 관측값들 사이에 무한히 많은 값들이 존재한다. 연속변수의 자료는 측정도구의 정밀도에 따라서 연속체 또는 구간내의 어떤 값을 갖는다. 예컨대 대기시간은 1분, 1.1분, 1.11분, 1.112분 등이 될 수 있다. 따라서 이산변수는 헤아림(수효를 세기) 과정에서 발생하고, 연속변수는 측정과정에서 발생한다.

자료집합은 항목들에 대한 관측값들로 구성되며 각 항목에 대해 동일한 정보가 기록된다. 측도 또는 관찰에서 항목을 구별하기 위해 항목자체를 기본단위로 규정한다. 각 기본단위(항목)에 대해 사용되는 변수들(정보 종류들)의 수에 따라 하나의 변수에 대한 일변량(univariate), 2개의 변수에 대한 이변량(bivariate), 3개 이상의 변수에 대한 다변량(multivariate)자료로 구분한다.

한 번에 하나의 변수를 분석하는 일변량분석은 한 변수의 관측치들 집합을 여러 응답자 그룹들 간에 대해 평균, 최빈값, 중앙값, 표준편차들을 분석하여 그룹들 간의 차이를 비교한다.

자료집합은 각 케이스에서 기록된 측도(숫자 또는 범주)의 종류에 따라 정량자료와 정성자료로 구분한다. 또한 자료의 기록이 시간순서(time sequence)를 갖는지의 여부에 따라 시계열자료와 횡단분석자료로 구분하며, 자료가 단순히 관찰된 것인지 또는 어떤 변수들이 조작 또는 통제된 것인지 여부에 따라 관찰연구와 실험연구로 구분한다.

일변량분석은 여러 표본들에 대해서도 수행할 수 있다. 2개 이상의 표본들의 경우에 응답자들이 다른 부분표본들 응답자들과 연관이 없는 독립표본들과 서로 연관이 있는 종속표본들을 구분할 수 있다. 이변량분석은 각 항목에 대해 기록된 2개 종류의 정보를 이용하여, 두 변수들을 각각 요약하고 두 요인들 간의 관계 및 그 연관성 강도, 예측을 위한 인과관계, 특별히 주목해야 하는 변수를 규명하도록 사용된다. 그리고 다변량분석(multivariate analysis)은 3개 이상의 변수들을 동시에 분석하여, 변수들 간의 관계, 연관성의 강도, 인과관계 및 예측신뢰도, 특히 주목해야 하는 집단이나 개인들을 규명하는 기법이다. 다변량기법의 사용은 독립변수와 종속변수의 구분과 독립 및 종속변수들의 측도수준에 따라 다르게 결정된다.

인과관계와 관련하여 독립변수는 원인-효과관계에서 원인역할을 하는 것으로 생각되는 변수이며, 종속변수는 영향을 받는 역할을 하는 변수이다. 전적으로 독립변수의 변동에 의해 종속변수의 변화가 명확히 설명될 수 있으면 내적 타당도를 갖는다고 말한다. 그리고 이러한 관계를 다른 상황들로 일반화시킬 수 있다면 외적 타당도를 갖는다고 한다.

종속기법(dependence techniques)은 독립변수들과 종속변수의 관계를 분석하는 기법이며, 확인적(confirmatory)이라고도 하며 예측변수들을 사용하여 어떤 기준을 예측하는 사전 정의된 모형에 대한 증거를 찾는데 목적을 둔다. 확인기법들은 조사과업의 결정적 단계에서 주로 사용된다.

상호의존성 기법은 종속변수와 독립변수를 구분하지 않고, 변수들 또는 관측치들 간의 관계를 평가하려고 하며, 탐색적(exploratory)이라고도 하고 변수들 또는 관측치들의 구조 또는 패턴을 모색하는 것을 목적으로 한다. 그리고 조사과업의 탐색적인 기술단계에서 주로 사용된다.

종속변수는 하나 이상의 독립변수들을 사용하여 설명하거나 예측하려는 요인들이다. 종속변수의 관계를 규명하는 종속기법은 측도수준에 의해 다르게 적용된다.

정성조사(qualitative research)는 관측치들의 수가 적고, 현안문제를 심층적으로 검토하기 위해 사용한다. 한편 수백, 수천 또는 수만가지의 관측치들을 포함하는 정량조사(quantitative research)는 현상을 수량으로 표현할 수 있도록 숫자나 통계량을 사용하며, 실증관계를 확인하는 기초적 도구이다.

그리고 종속관계의 파악을 위해 집단들을 비교하는 조사하는 방법에는 실험연구와 관찰연구가 있다. 실험방법은 두 변수들 간의 인과관계증명을 목표로 여타 변수들을 통제한 상황에서 값을 변경시켜 조작을 하는 독립변수와 그러한 처리효과에 의해 영향을 받는 종속변수를 분석하여 조작이 영향을 주는 방식을 결정하며, 이를 실험조사전략이라고도 한다. 한편 실험방법에서 처리개체들의 그룹들에 대한 무작위 할당이 불가능한 경우에 기존 그룹(intact groups)을 사용하여 처리그룹을 생성하도록 사용되는 독립변수들과 관찰된 점수인 종속변수를 관찰하여 인과관계를 도출하는 준실험연구인 비실험방법을 사용한다. 이러한 비실험방법에서는 단지 발생하는 것 또는 과거에 발생한 것을 관찰하여 결론을 도출하므로 독립변수는 조작되지 않기 때문에 준독립변수라고 한다.

그런데 실험연구는 인위적 환경에서 수행되는 것이어서 자연환경에 적용이 불가능하다는 문제, 실험의 참가자들이 조사상황을 아는 경우에 결과를 좋게 하려고 자신들의 행동을 변경시키는 호손효과(Hawthorne effect), 독립변수 또는 결과변수에 영향을 주지만 독립변수와 분리되지 않는 혼재변수(confounding variable) 또는 잠복변수(lurking variables), 영향이 없는데 있는 것으로 생각하게 하는 가짜약효과(placebo effect) 등의 문제를 갖는다.

관찰연구는 발생하는 것 또는 과거에 발생한 것을 단순히 관찰하여 관측값들을 기초로 결론을 도출하는 것이다. 관찰연구는 모든 자료를 한 번에 수집하는 횡단연구(cross-sectional study), 과거부터 수집한 기록들을 사용하여 자료를 수집하는 후향연구(retrospective study), 과거 및 현재 등의 일정기간 동안 자료를 수집하는 종단연구(longitudinal study)로 구분할 수 있다. 예컨대 설문조사에 참여하여 응답을 해준 개인을 응답자라 하고, 실험을 하려고 의도하는 대상이 되는 사람들을 참가자 또는 개체(subject)라고 한다.

적절한 통계검정방법을 선택하는 기준에는 측도수준, 비교할 표본들의 수, 표본들의 독립성을 사용한다. 검정을 하려는 대상들의 전체집합인 모집단특징을 기술한 값을 모수(parameter)라고 하며, 모수는 모집단의 개인들의 측도들로부터 도출되며 숫자값을 갖는다. 표본을 기술하는 특징을 통계량이라고 하며, 통계량은 숫자값을 갖고 표본에서 개인들의 측도들로부터 도출된다. 표본통계량과 해당 모집단 모수 간에 자연적으로 발생하는 괴리 또는 오차를 표본오차(sampling error)라고 한다.

제2장

자료의 관리

01 새로운 변수 계산

메뉴 바에서 "변환/변수 계산"을 이용하여 자료를 원하는 값으로 전환하여 새로운 변수로 만들 수 있다.

이제 각 초등학생이 1주와 2주에 숙제한 시간의 평균을 구하고, 이를 "주1및2"로 표시하자.

"변환/변수 계산"을 지정하여 생성된 "변수 계산" 대화상자에서 "대상 변수"(Target Variable)란에는 "주1및2"를 입력하고, 우측의 "숫자표현식"란은 변수들을 끌어서 아래와 같이 입력한 후에 "확인"단추를 클릭하면 "데이터 보기"창에는 새로운 변수가 생성된다.

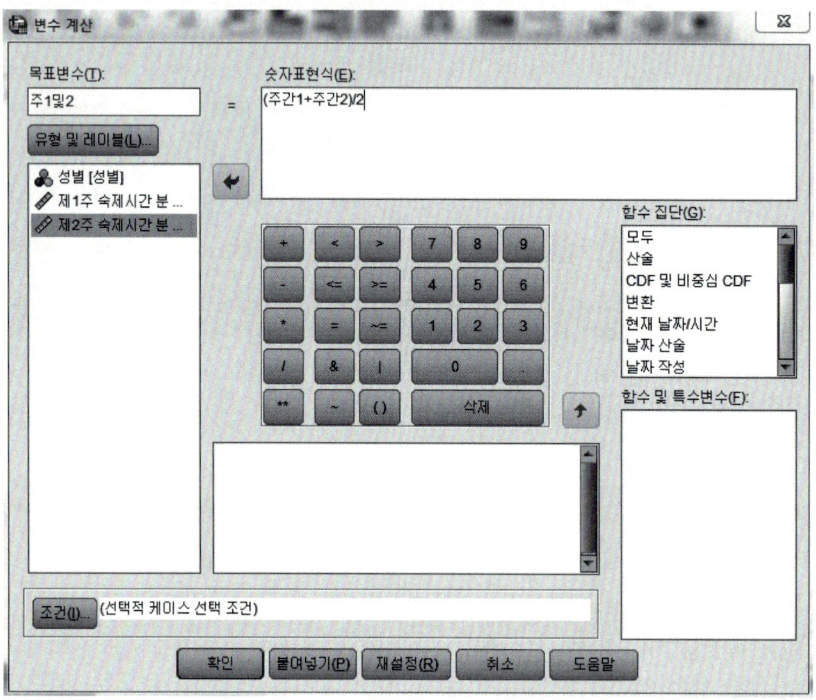

	성별	주간1	주간2	주1및2
1	남자	45	51	48.00
2	남자	56	53	54.50
3	남자	67	65	66.00
4	남자	123	105	114.00
5	남자	89	98	93.50
6	남자	99	96	97.50
7	남자	115	122	118.50
8	남자	136	125	130.50
9	남자	102	100	101.00
10	남자	39	39	39.00
11	여자	124	136	130.00
12	여자	99	87	93.00
13	여자	135	115	125.00
14	여자	145	156	150.50
15	여자	89	91	90.00
16	여자	97	100	98.50
17	여자	112	104	108.00
18	여자	85	79	82.00
19	여자	156	142	149.00
20	여자	130	119	124.50

02 자료의 재부호처리(코딩변경)

지금 사용하는 자료는 남자와 여자 아이들 2개 그룹들에 대한 것이다. 이제 다른 그룹들을 만들고 비교하기로 하자.

학생이 주별로 1시간은 반드시 공부해야 한다고 권고를 했다고 하자. 그래서 선생은 어떤 학생이 1주일에 60분을 초과하여 공부하는지와 그렇게 권고한 시간만큼 하지 못하는 학생들이 있는지를 조사하려고 결정했다. 이제 시간의 수로 두 그룹들을 재코딩하도록 다음 절차를 수행할 수 있다.

① 메뉴 바에서 "변환/다른 변수로 코딩변경"을 클릭, 만약 "같은 변수로 코딩변경"을 선택하면 원자료를 상실하게 되므로 주의!

② 생성된 "새로운 변수로 코딩변경" 대화상자(Recode into Different Variables box)에서 변경하려는 변수 "주1및2"를 우측으로 이동시킨다.
이제 다른 변수로 점수를 처리했기 때문에 결과변수 아래에 이름 "숙제" 및 레이블 "숙제그룹"을 표시

③"변경"(Change) 단추를 클릭

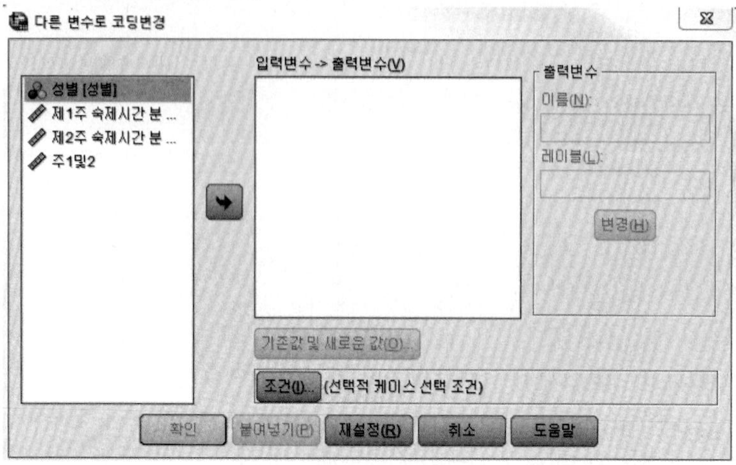

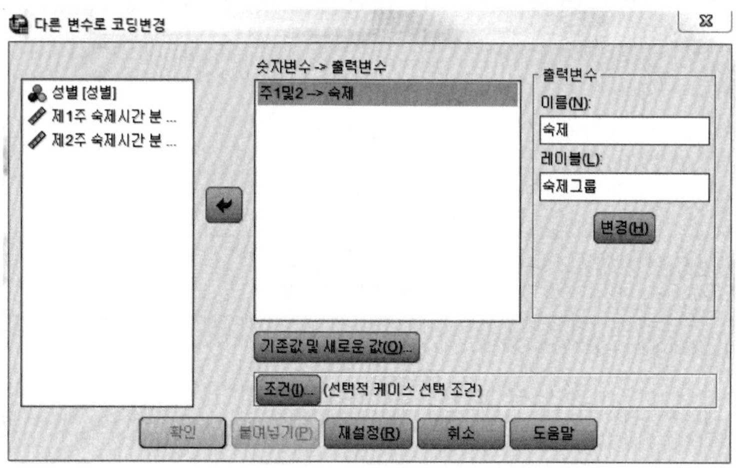

④ "기존값 및 새로운 값"(Old and New Values) 단추를 클릭하여 생성된 "새로운 변수로 코딩변경: 기존값 및 새로운 값" 대화상자에서 우측의 "새로운 값"의 값에 1을, 좌측

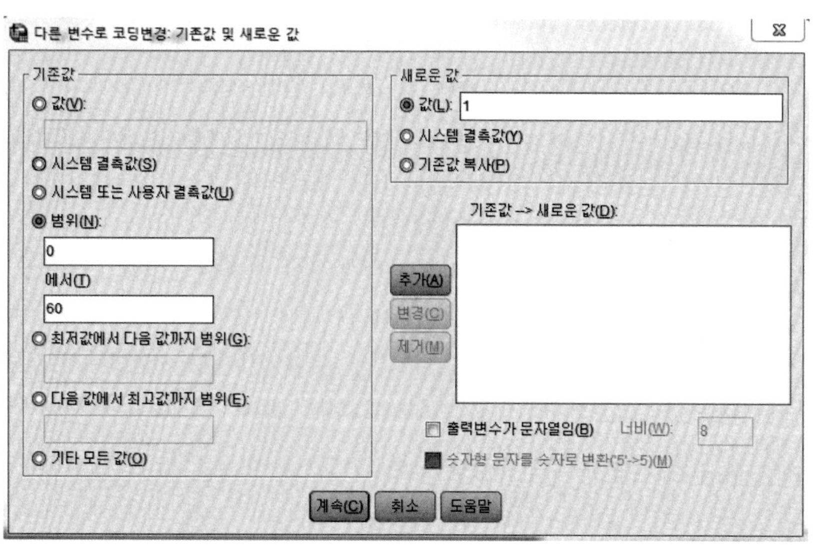

의 범위 아래에 0과에서(through)에는 60을 입력

그 후에 우측에 "추가"단추가 생성되면 "추가"단추를 클릭하면, 우측에 있는 "기존값→새로운 값"란 아래에 그룹 1에 대한 점수범위가 기록된다.

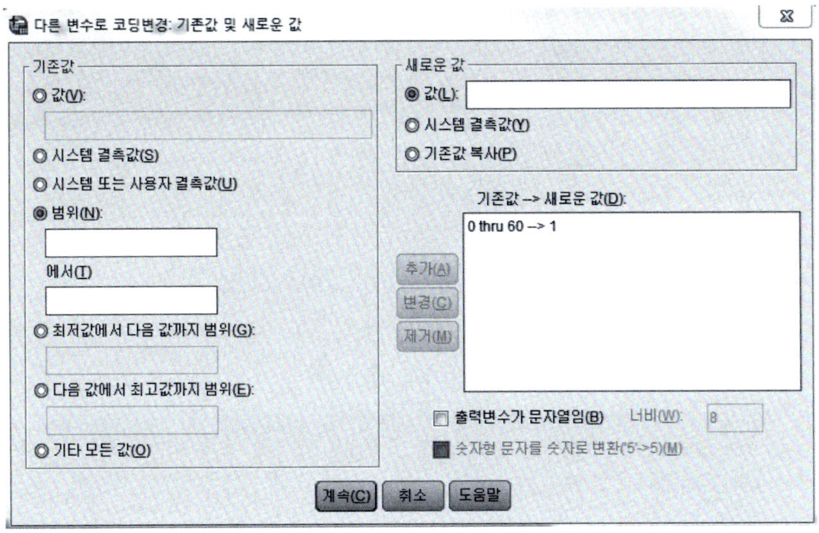

⑤ 60분을 초과하는 다른 그룹과 모두 2개 그룹만을 고려하는 것이기 때문에, 숙제시간의 다른 값들은 모두 그룹 2로 속하게 할 수 있다.

좌측 아래의 "기타 모든 값"을 지정, 우측의 새로운 값의 값에 2를 입력 후 "추가"단추를 클릭 후"계속"단추를 클릭

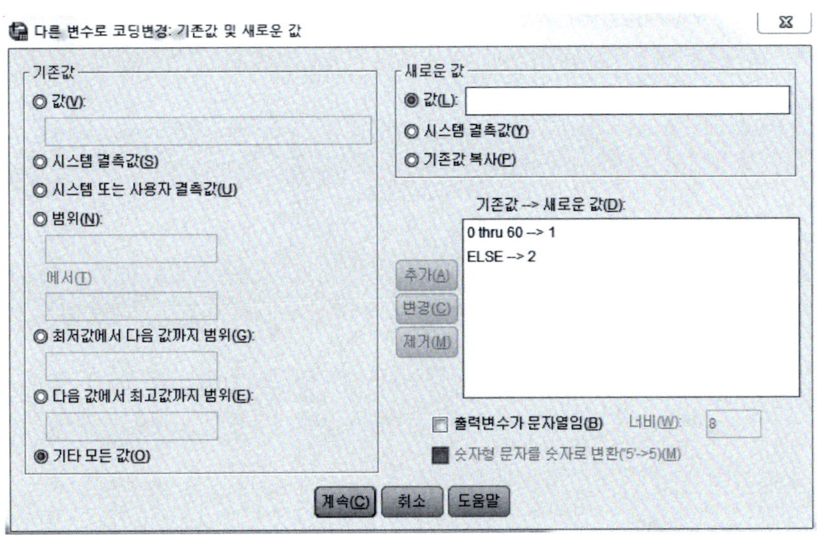

⑥ "새로운 변수로 코딩변경" 대화상자에서 "확인"을 클릭

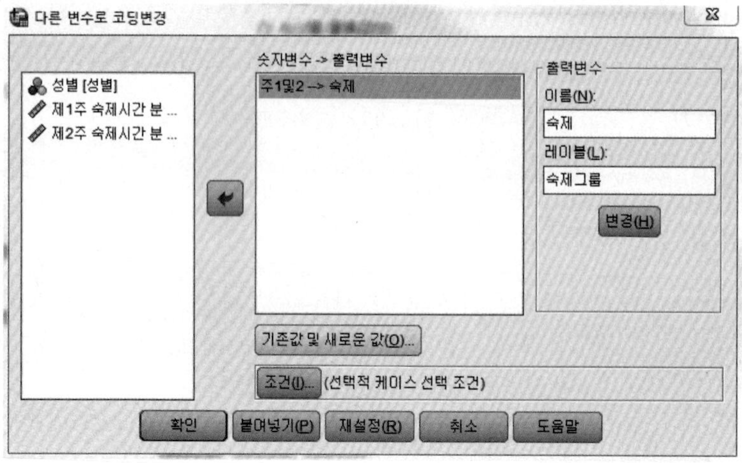

이제 새로운 열에 또 다른 변수가 추가되고 그룹 1과 그룹 2로 점수들이 할당된 것을 알 수 있다.

	성별	주간1	주간2	주1및2	숙제
1	남자	45	51	48.00	1.00
2	남자	56	53	54.50	1.00
3	남자	67	65	66.00	2.00
4	남자	123	105	114.00	2.00
5	남자	89	98	93.50	2.00

"변수 보기"창으로 가서 "값"열을 클릭하여 "60분 이하 그룹"과 "60분 초과 그룹"으로 다음과 같이 레이블을 붙일 수 있다. 그리고 "숙제그룹.sav"로 파일을 저장하자.

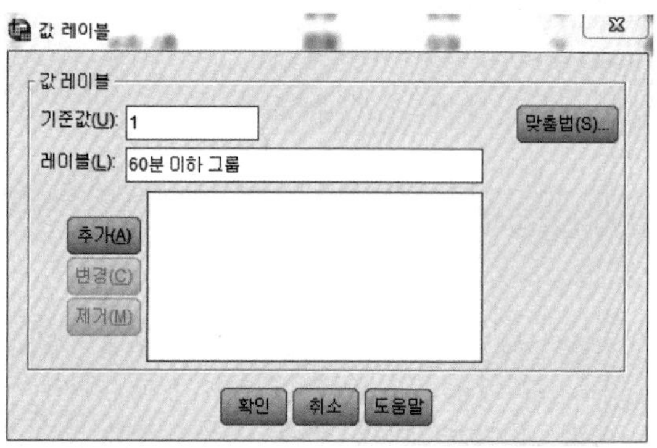

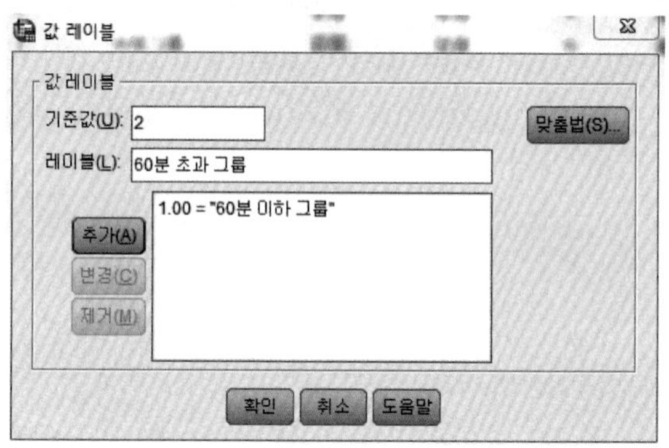

	이름	유형	너비	소수점이...	레이블	값	결측값	열	맞춤	측도	역할
1	성별	숫자	8	0	성별	{1, 남자}...	999	8	오른쪽	명목형	입력
2	주간1	숫자	8	0	제1주 숙제시간 분 표시	없음	없음	8	오른쪽	척도	입력
3	주간2	숫자	8	0	제2주 숙제시간 분 표시	없음	없음	8	오른쪽	척도	입력
4	주1및2	숫자	8	2		없음	없음	10	오른쪽	척도	입력
5	숙제	숫자	8	2	숙제그룹	{1.00, 60분 ...	없음	10	오른쪽	명목형	입력

03 결측값들의 대체

만약 자료에서 2개의 결측값들이 나타난다면 그 열의 평균으로 그 결측값들을 대체하고 싶을 수도 있다.

이를 위해 변수의 평균을 구한후에 그 평균을 새로운 열을 만들어 재입력을 하거나 또는 "변환/결측값 대체" 명령을 수행할 수 있다.

공장관리자가 종업원 초과근무시간과 그들의 근로습관에 대한 그 효과를 우려한다고 하자. "초과시간"파일을 지정하여 열고 "데이터 편집기 : 데이터 보기" 창에서 다음 자료가 주어진다고 가정하자.

	초과시간	오류
1	5.00	2.00
2	7.00	1.00
3	8.00	3.00
4	4.00	5.00
5	3.00	3.00
6	.00	5.00
7	2.00	3.00
8	2.00	5.00
9	5.00	7.00
10	5.00	.
11	8.00	3.00
12	8.00	2.00
13	4.00	4.00
14	4.00	2.00
15	3.00	3.00

위의 자료와 같이 모든 직원들(workforce)에서 15명의 직원을 선정하여 주간작업했던 총 초과근무시간들을 기록했다. 동일한 주간에 기계를 사용하는 경우에 나타난 고장들의 수 역시 기록했다.

관찰한 결과는 근로자 10에 의한 고장횟수가 결측되었다. 그래서 추론통계량의 계산에서 이를 포함시키도록 평균점수를 생성하도록 "결측값 대체"(Replace Missing Values) 명령을 사용할 수 있다.

"변환/결측값 대체"를 지정하여 생성된 "결측값 대체" 대화상자에서 "오류"를 지정하고 중간의 화살표 ""를 클릭하면 우측 "새 변수"에 "오류_1"이 생성된다.

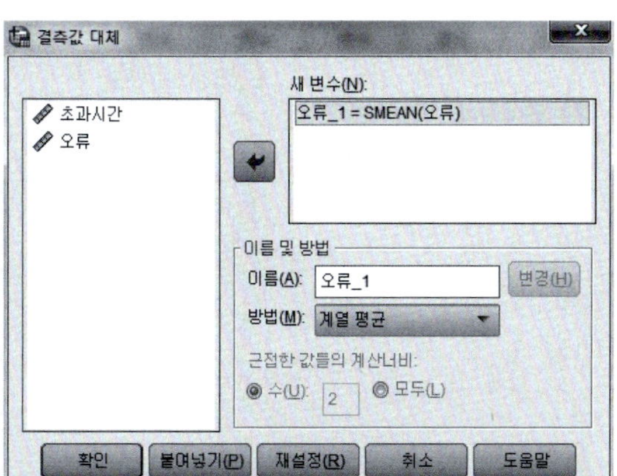

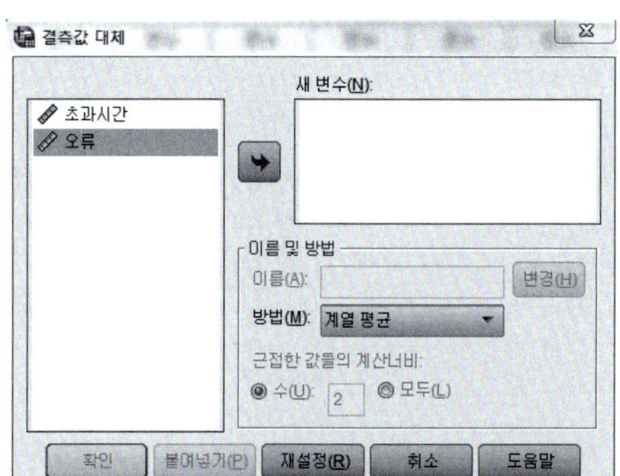

필요하면 "오류_1" 대신에 이름을 달리 사용할 수 있다. 이러한 지정 환경은 전체 계열에서 결측자료점들에 대해 평균점수를 생성시키는 것이다. "확인"을 클릭한다. 새로운 변수 오류_1이 생성되었다. "초과시간1"로 파일을 저장하기로 한다

.

	초과시간	오류	오류_1
1	5.00	2.00	2.00
2	7.00	1.00	1.00
3	8.00	3.00	3.00
4	4.00	5.00	5.00
5	3.00	3.00	3.00
6	.00	5.00	5.00
7	2.00	3.00	3.00
8	2.00	5.00	5.00
9	5.00	7.00	7.00
10	5.00	.	3.43
11	8.00	3.00	3.00
12	8.00	2.00	2.00
13	4.00	4.00	4.00
14	4.00	2.00	2.00
15	3.00	3.00	3.00
16	.	.	3.43

04 변수 및 케이스 삽입과 지정 케이스로의 이동

새로운 변수를 추가할 열 머리를 지정하고, "편집/변수 삽입"을 지정하면 새로운 변수가 삽입된다.

또한 새로운 케이스들을 추가할 행 머리를 지정하고, "편집/케이스 삽입"을 지정하면 새로운 케이스가 삽입된다.

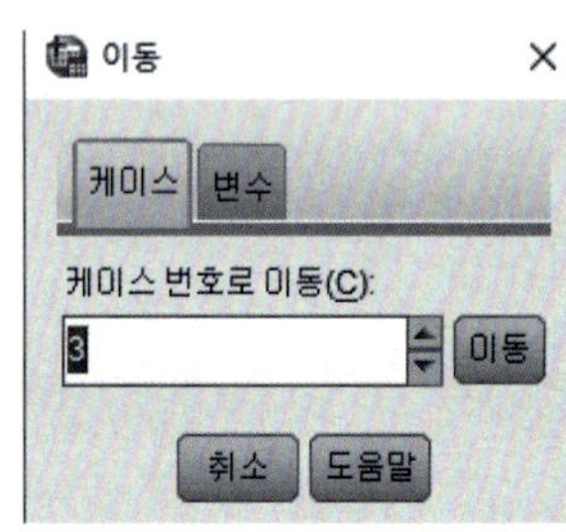

"편집/케이스로 이동"을 지정하거나 또는 툴 바에서 ""아이콘을 클릭하면, "이동"대화상자가 생성되고, "케이스 번호로 이동"란에 번호를 입력한 후에 "이동"단추를 클릭하면 지정된 행 번호가 보이는 창이 생성된다.

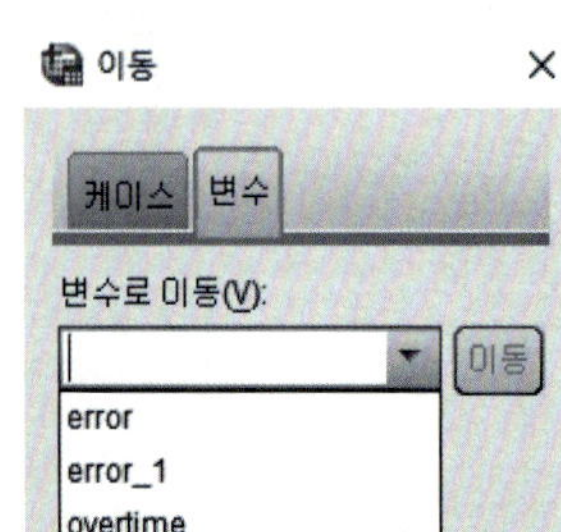

또한 "이동" 대화상자에서 "변수"단추를 클릭하여 특정 변수를 지정할 수 있다.

05 케이스 정렬

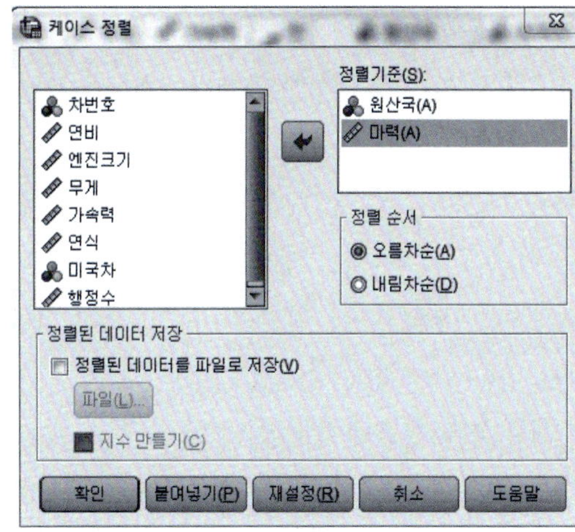

케이스들(행들)의 순서를 변경하여 원하는 순서로 자료를 정렬할 수 있다.

먼저 변수들의 값들을 비교하여 분류하는 것을 보자.

“자동차.sav”파일을 열기를 한다. 2가지 변수들을 사용하여 분류하자. 이러한 변수들을 정렬키(분류키, sort keys)라고 한다. 여러 정렬키들을 사용하여 다각적으로 자료를 분류할 수 있다.

메뉴 바에서 “편집/옵션”을 지정하고, 생성된 “옵션”대화상자에서 “일반”에서 “변수 목록: 이름 표시”를 지정한 후에 “확인”을 클릭한다.

메뉴 바에서 “데이터/케이스 정렬”을 지정한다. “원산국”과 “마력”을 순서대로 선택하여 “정렬기준”박스로 이동시키고, “확인” 단추를 클릭한다.

결과를 보면, “원산국”에 결측자료가 제일 먼저, 그리고 미제(1)의 원산국에 대해 “마력” 결측자료들이 나오고, 6행부터 52, 60, 63 등의 오름차순으로 정렬된 것이 나타난다.

	차번호	연비	엔진크기	마력	무게	가속력	연식	원산국	미국차	행정수
1	35	9	4	93	732	9	0 (Mis...	.	.	.
2	39	25	98	.	2046	19	71	미제	Yes	4
3	134	21	200	.	2875	17	74	미제	Yes	6
4	344	24	140	.	2905	14	80	미제	Yes	4
5	383	23	151	.	3035	21	82	미제	Yes	4
6	203	29	85	52	2035	22	76	미제	Yes	4

그리고 유럽(2)의 원산국에 대해 “마력” 결측자료들이 나오고, 46부터 오름차순으로 정렬된 것이 나타난다.

	차번호	연비	엔진크기	마력	무게	가속력	연식	원산국	미국차	행정수
254	124	16	400	230	4278	10	73	미제	Yes	8
255	338	41	85	.	1835	17	80	유럽	No	4
256	362	35	100	.	2320	16	81	유럽	No	4
257	26	26	97	46	1835	21	70	유럽	No	4
258	110	26	97	46	1950	21	73	유럽	No	4
259	40	.	97	48	1978	20	71	유럽	No	4
260	252	43	90	48	1985	22	78	유럽	No	4
261	333	44	90	48	2085	22	80	유럽	No	4
262	334	43	90	48	2335	24	80	유럽	No	4

06 찾는 자료를 선택

일부자료는 보이지 않게 하고, 원하는 자료만을 보도록 하는 기능을 시험하자. "자동차.sav"파일을 다시 열고, 차번호를 기준으로 원하는 케이스들(cases)만 보기로 한다고 하자. 여기서 자료는 Car ID를 기준으로 정렬되어 있는 것이다.

메뉴 바에서 "데이터/케이스 선택"을 지정한다. 생성된 "케이스 선택" 대화상자에서 "조건을 만족하는 케이스"를 지정하고, 진하게 나타나는 "조건"단추를 클릭한다.

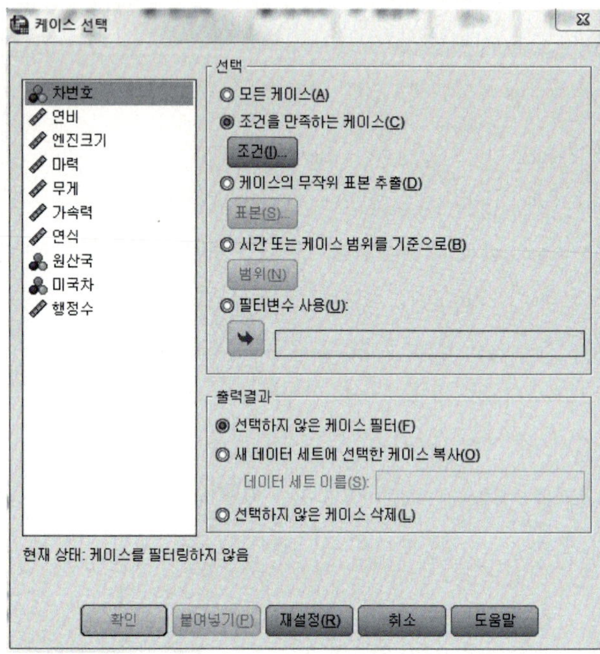

생성된 "케이스 선택:조건" 대화상자에서 "원산국"을 이동시키고 "원산국=2"로 설정 후 "계속"을 클릭한다. 다시 "케이스 선택" 대화상자에서 "확인"을 클릭한다.

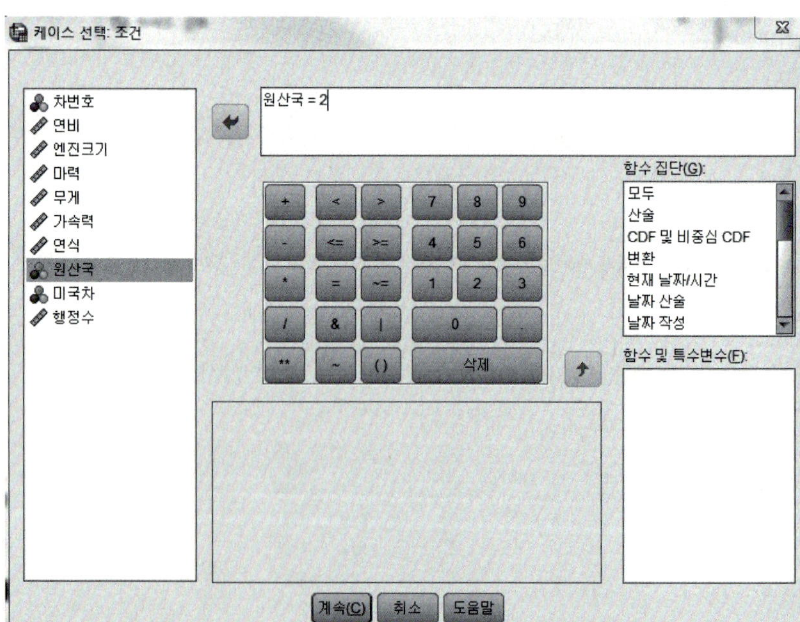

데이터 편집기 창의 “데이터 보기”에서 행 ID들에 2의 원산국이 아닌 것은 모두 “/” 표시로 나타난다.

다시 모든 케이스들을 보려고 한다면, “데이터/케이스 선택”을 지정하고, 생성된 “케이스 선택” 대화상자에서 “모든 케이스”를 지정하고, “확인”단추를 클릭하면 된다.

	차번호	연비	엔진크기	마력	무게	가속력	연식	원산국	미국차	행정수	filter_$
19	19	15	400	150	3761	10	70	1	1	8	0
20	20	14	455	225	3086	10	70	1	1	8	0
21	21	24	113	95	2372	15	70	3	0	4	0
22	22	22	198	95	2833	16	70	1	1	6	0
23	23	18	199	97	2774	16	70	1	1	6	0
24	24	21	200	85	2587	16	70	1	1	6	0
25	25	27	97	88	2130	15	70	3	0	4	0
26	26	26	97	46	1835	21	70	2	0	4	1
27	27	25	110	87	2672	18	70	2	0	4	1
28	28	24	107	90	2430	15	70	2	0	4	1

07 파일분할 명령어

자료집합의 응답자들 그룹들을 비교하여 비교목적의 별도 그룹들의 기술통계량을 획득할 수 있다. 다시 “숙제.sav”파일을 보기로 하자.

2주 동안에 남학생과 여학생의 숙제평균 시간을 비교하기로 하자.

메뉴 바에서 “데이터”를 지정하고, 아래로 내려서 “파일 분할”(Split File)을 선택한다.

생성된 “파일 분할” 대화상자에서 “모든 케이스 분석/그룹 작성 안함”(Analyze all cases, do not create groups)이 지정되어 있다.

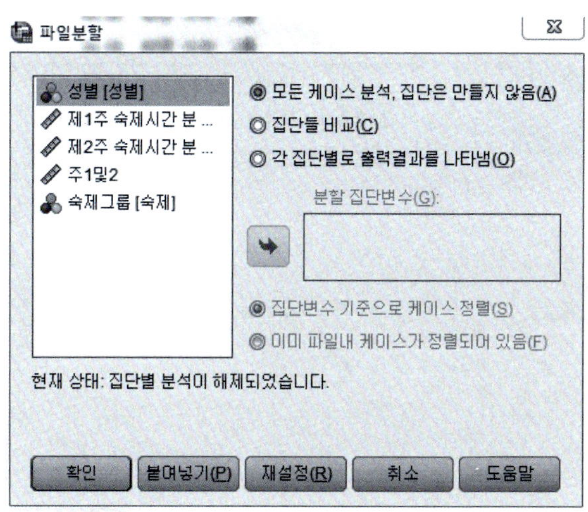

"집단들 비교"를 지정하고 "분할 집단변수"(Groups Based on)란으로 "성별"을 이동시킨다. "확인"을 클릭한다.

이제 데이터 편집기 창의 우측하단에 "분할 기준 성별"이 나타난다.

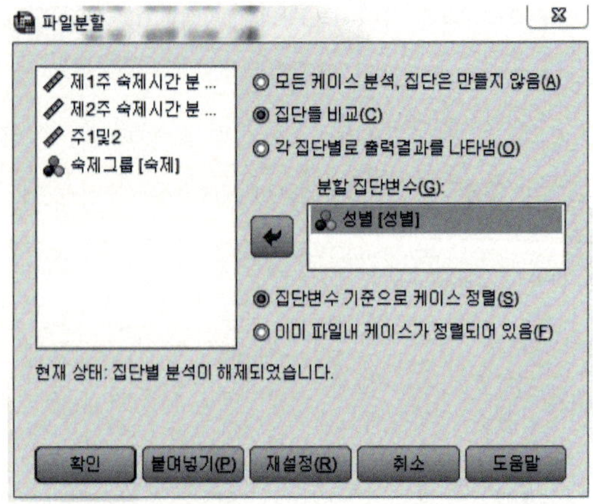

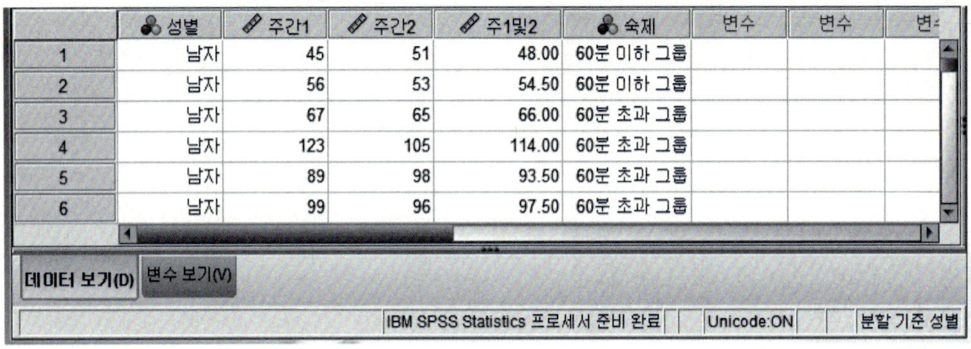

	성별	주간1	주간2	주1및2	숙제	변수	변수	변수
1	남자	45	51	48.00	60분 이하 그룹			
2	남자	56	53	54.50	60분 이하 그룹			
3	남자	67	65	66.00	60분 초과 그룹			
4	남자	123	105	114.00	60분 초과 그룹			
5	남자	89	98	93.50	60분 초과 그룹			
6	남자	99	96	97.50	60분 초과 그룹			

08 가중치 케이스 명령어

"가중치 케이스"명령어(Weight Cases command)를 사용하여 빈도개수들로 된 큰 자료집합에 대해 개별 케이스의 점수들을 입력하기 보다는 각 그룹의 총빈도개수(total frequency count)에 따라 점수들의 각 조합을 입력할 수 있다.

조사자가 보수층들과 진보층들 간의 의견차이를 검정하려고, 수행한 서베이(응답자조사)에서 위해 120명을 보수층, 80명을 진보층(liberals)으로 규명했다.

응답자들은 새로운 세법안에 대한 찬성, 반대, 무의견 또는 모름에 대해 답했다. 그 결과는 다음과 같고, "조세견해.sav"파일에서 볼 수 있다고 하자.

	관점	세법안	빈도
1	보수	찬성	78
2	보수	반대	30
3	보수	모름	12
4	진보	찬성	18
5	진보	반대	50
6	진보	모름	12

이러한 자료에서 얼마나 많은 사람이 어떤 관점을 지지했고, 새로운 세법안에 대한 그들의 의견이 무엇인지를 볼 수 있다. 예컨대 7명의 보수층들은 세법안에 찬성을 했다. 이제 "데이터/가중치 케이스"를 지정하자.

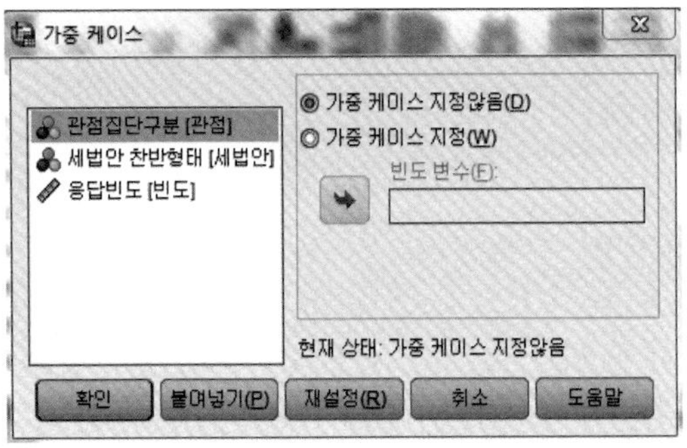

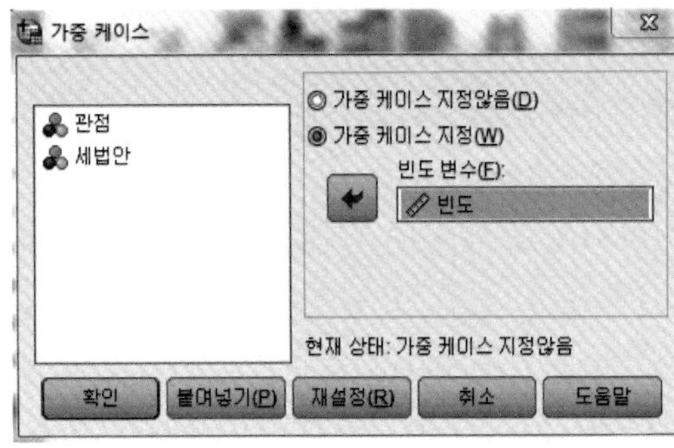

생성된 "가중 케이스" 대화상자의 변수일람표 박스에서 변수를 지정하여 마우스 우측단추를 클릭하여 생성된 대화상자에서 "변수 이름 표시"를 지정한다. 그리고 "가중 케이스 지정"(Weight cases by) 옵션을 선택하고 "빈도"를 "빈도 변수"박스로 이동시킨 후에 "확인"을 클릭한다.

데이터 편집기의 우측 하단에서 "가중 설정"(Weight on)이라는 메시지가 나타난다.

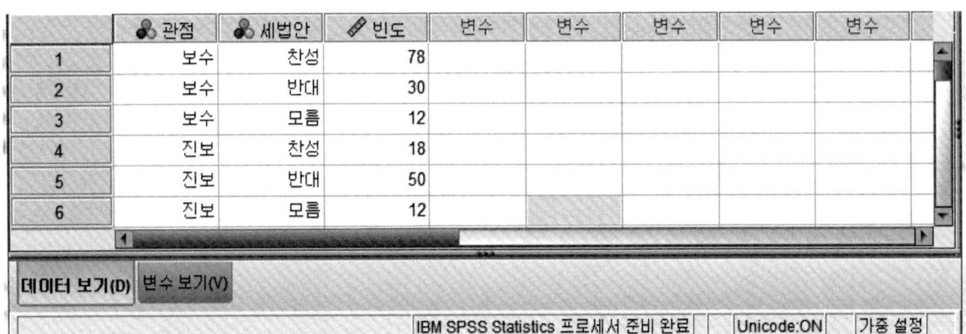

제 3 장

기술통계량

기술통계량(Descriptive statistics)은 큰 자료집합을 빠르고 쉽게 정확히 기술하고 요약하는 방식을 제공한다.

변수들의 요약에 대해 가장 보편적으로 사용되는 기술통계량은 중심경향 측도들(평균, 중앙값, 최빈값)과 분산(변동성)측도(범위, 표준편차, 표준오차, 분산)이다.

1. 중심경향(Central tendency)

변수의 분포를 요약하는데 자주 사용되는 숫자이며, 보통 중심경향을 평균값으로 생각한다. 중심경향의 세 가지 주요 측정치들은 다음과 같다.

- **최빈값**(mode) : 가장 빈번한 케이스들을 포함하는 값이나 범주, 이는 보통 명목 또는 서열자료에서 사용되며 도수분포표를 검토하여 쉽게 결정
- **중앙값**(중위수, median) : 분포의 중점, 50번째 백분위수(percentile), 어떤 변수의 모든 케이스들을 크기에 따라 순서대로 정렬한다면, 중위수는 자료를 2개의 균등한 크기 그룹들로 분할하는 값
- **평균**(mean) : 분포에서 모든 값들의 수리적 평균

2. 변동성(Variability)

중심경향 측정치 주위에서의 퍼진 길이(spread) 또는 확산(dispersion)의 크기로 측정하며, 보편적인 변동성의 측도들은 다음과 같다.

- **최대값**(maximum) : 변수의 가장 큰 값
- **최소값**(minimum) : 분포의 가장 작은 값
- **범위**(range) : 최대값 및 최소값 간의 격차
- **분산**(variance) : 평균값 주위에서 퍼진 길이의 크기에 대한 정보를 제공, 무리를 이룬 자료값들이 평균주위에 어떻게 있는지에 대한 전반적 측정치
- **표준편차**(standard deviation) : 분산의 자승근, 분산이 해석에서 곤란을 초래하므로 표준편차가 자주 사용되고 있음

"숙제그룹.sav"파일을 이용하여 기술통계량을 구하기로 하자.

01 빈도분석 명령어

빈도분석 명령어(Frequencies command)는 중심경향, 백분위수 값들, 이산 및 분포를 포함하는 전체범위의 기술통계량들을 분석하게 해준다.

다음과 같이 메뉴 바에서 "분석/기술통계량/빈도분석"을 지정한다.

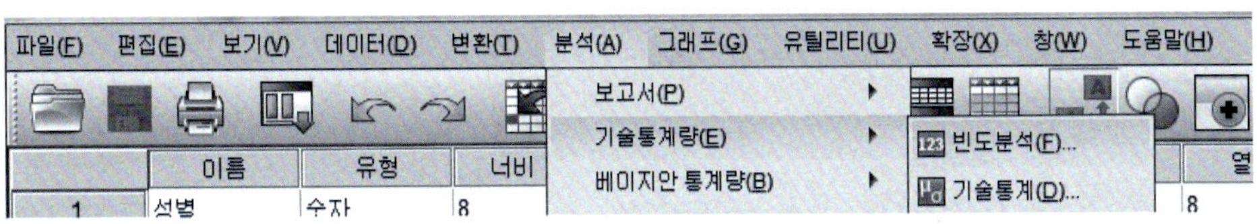

생성된 "빈도분석" 대화상자에서 변수일람표들을 "변수 이름 표시"로 전환하고, "성별"을 변수박스로 이동시키고, "빈도표 표시"(Display frequency tables)가 체크표시된(ticked) 것을 점검한 후에 "확인"단추를 클릭한다.

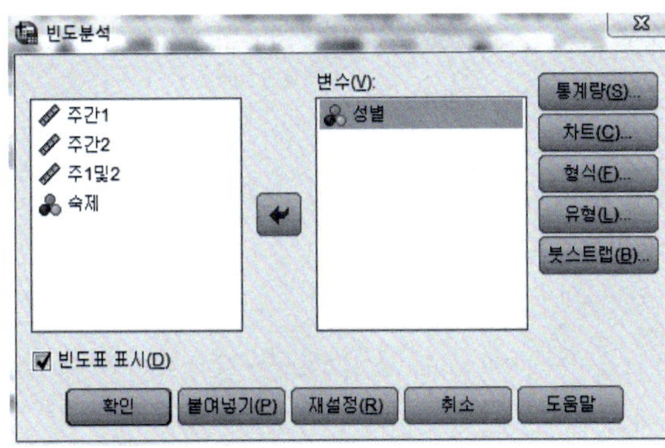

출력물 파일에서 첫째 표는 통계량표(Statistics table)이다.

〈표 3-1〉에서 N은 "성별" 열에서 얼마나 많은 셀에 우리가 값들을 입력했는지(유효)와 얼마나 많은 값들이 결측되었는지를 보여준다. 이러한 통계량표는 얼마나 많은 케이스들/점수들에 대해 적용되는지를 보여주기 때문에 완성이 되지 않았을 수도 있는 질문들에 대한 점수들 또는 대답들을 포함하는 변수들에 대해 특히 도움이 된다. 여기서는 결측값들(missing values)이 없다.

표 3-1 통계량

성 별

N	유효	20
	결측	0

제목이 성별(gender)인 〈표 3-2〉는 남자와 여자에 대해 빈도분류(frequency breakdown)를 제공한다.

- 빈도열은 각 성별에 대한 빈도개수를 보여주고, 두 성별 모두의 총 개수를 포함한다.
- 〈표 3-2〉는 퍼센트, 유효퍼센트(Valid Percent), 누적퍼센트(Cumulative Percent)의 값들을 보여준다. 여기서 제시되는 여러 형태들의 퍼센트는 아주 도움이 된다.

표 3-2 성별

		빈 도	퍼센트	유효 퍼센트	누적 퍼센트
유 효	남 자	10	50.0	50.0	50.0
	여 자	10	50.0	50.0	100.0
	전 체	20	100.0	100.0	

- 퍼센트는 각 변수에 대해 케이스들/점수들의 총빈도비중을 보여준다.
- 유효퍼센트는 어떤 결측값들이라도 고려하면서 케이스들/점수들의 실제 빈도비중을 제공한다.
- 누적퍼센트는 자료의 가장 큰 비중을 설명하는 범주로 시작하는 연속적인 범주들에 대해 합동 비중을 보여준다.

빈도분석 명령어는 또한 다음과 같이 다른 기술통계량을 수행하게 해준다. 메뉴 바에서 "분석"의 드롭다운 메뉴에서 "기술통계량/빈도분석"을 선택한다.

생성된 "빈도분석" 대화상자에서 "주간1" 및 "주간2"를 선택하고 변수박스로 이동시킨 후에 "통계량" 단추를 클릭한다.

생성된 "빈도분석: 통계량" 대화상자에서 평균, 중위수, 최빈값, 표준(화)편차를 선택한 후에 "계속" 단추를 클릭한다.

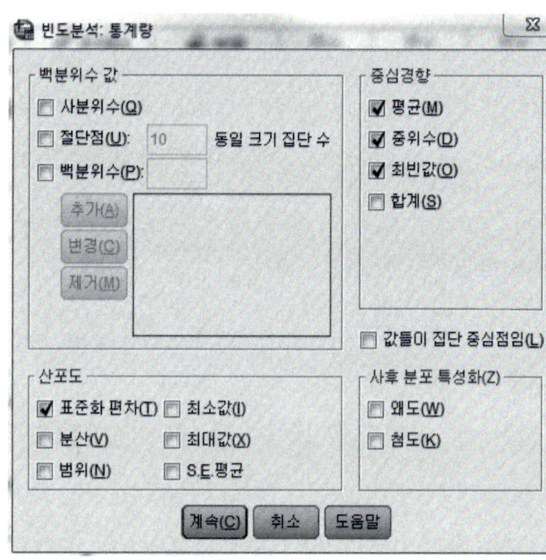

여기서는 "빈도분석" 대화상자에서 "빈도표 표시"옵션을 선택 해제하고 중심경향 측도들만을 보기로 한다. 그리고 "확인"을 클릭한다.

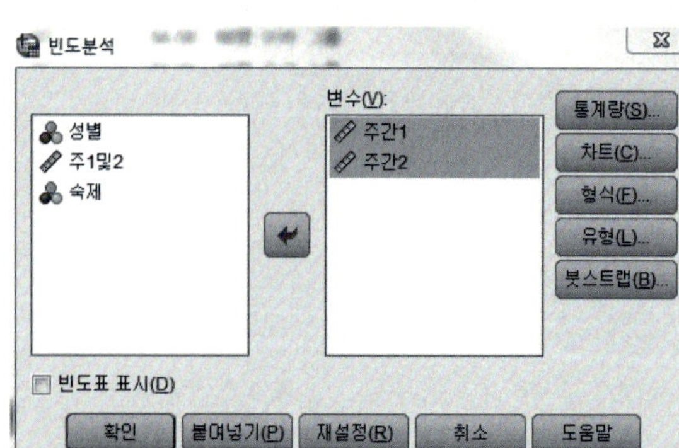

표 3-3 통계량

		제1주 숙제시간분 표시	제2주 숙제시간분 표시
N	유 효	20	20
	결 측	0	0
평 균		102.15	99.15
중위수		100.50	100.00
최빈값		89[a]	100
표준화 편차		32.619	30.937

a. 여러 최빈값이 있습니다. 가장 작은 값이 나타납니다.

이제 출력결과에서 〈표 3-3〉 통계량 표는 옵션들로 선택한 기술통계량들을 열거한다.

〈표 3-3〉에서 20명의 학생들이 제1주에 숙제에 지출한 평균시간은 102.15분이고, 제2주에 숙제에 지출한 평균시간은 99.15분이다.

중위수(중앙값)도 비슷하게 제1주는 100.5분, 제2주는 100.0분이다. 그리고 여기서 최빈값은 여러 개가 있는 것으로 각주에서 보여주어 적절한 통계량이 아니다. 만약 최빈값들을 알고 싶다면, 다른 최빈값들이 무엇인지를 알도록 빈도표를 생성시키면 된다. 표준(화)편차는 제1주가 제2주보다 더 큰 점수들 확산을 갖는 것을 보여준다.

이제 다시 "분석/기술통계량/빈도분석"을 선택하고, 생성된 "빈도분석: 통계량" 대화상자에서 "빈도표 표시" 옵션을 선택한 후에 "확인"을 클릭하면 빈도와 함께 빈도표(frequency table)가 〈표 3-4〉와 같이 제1주 및 제2주에 대해 각각 추가로 나타난다.

〈표 3-4〉에서 주간1(제1주 숙제시간 분표시)에서는 89와 99가 각각 2회 나타나는 최빈값들이고, 주간2(제2주 숙제시간 분표시)에서는 최빈값은 2회 발생하는 100으로 하나이다.

표 3-4 빈도표

제1주 숙제시간 분표시

		빈도	퍼센트	유효 퍼센트	누적 퍼센트
유효	39	1	5.0	5.0	5.0
	45	1	5.0	5.0	10.0
	56	1	5.0	5.0	15.0
	67	1	5.0	5.0	20.0
	85	1	5.0	5.0	25.0
	89	2	10.0	10.0	35.0
	97	1	5.0	5.0	40.0
	99	2	10.0	10.0	50.0
	102	1	5.0	5.0	55.0
	112	1	5.0	5.0	60.0
	115	1	5.0	5.0	65.0
	123	1	5.0	5.0	70.0
	124	1	5.0	5.0	75.0
	130	1	5.0	5.0	80.0
	135	1	5.0	5.0	85.0
	136	1	5.0	5.0	90.0
	145	1	5.0	5.0	95.0
	156	1	5.0	5.0	100.0
	전체	20	100.0	100.0	

제2주 숙제시간 분표시

		빈도	퍼센트	유효 퍼센트	누적 퍼센트
유효	39	1	5.0	5.0	5.0
	51	1	5.0	5.0	10.0
	53	1	5.0	5.0	15.0
	65	1	5.0	5.0	20.0
	79	1	5.0	5.0	25.0
	87	1	5.0	5.0	30.0
	91	1	5.0	5.0	35.0
	96	1	5.0	5.0	40.0
	98	1	5.0	5.0	45.0
	100	2	10.0	10.0	55.0
	104	1	5.0	5.0	60.0
	105	1	5.0	5.0	65.0
	115	1	5.0	5.0	70.0
	119	1	5.0	5.0	75.0
	122	1	5.0	5.0	80.0
	125	1	5.0	5.0	85.0
	136	1	5.0	5.0	90.0
	142	1	5.0	5.0	95.0
	156	1	5.0	5.0	100.0
	전체	20	100.0	100.0	

02 기술통계량

연속변수들을 요약하려는 경우에 빈도절차(frequencies procedure) 대신에 기술적 절차(descriptive procedure)를 사용하여 "백분위수 값"을 제외하고는 동일한 분석을 할 수 있다.

메뉴 바에서 "분석/기술통계/기술통계"를 지정하고, 생성된 "기술통계" 대화상자에서 우측의 변수 박스로 "주간1, 주간2, 주1및2"를 이동시킨다.

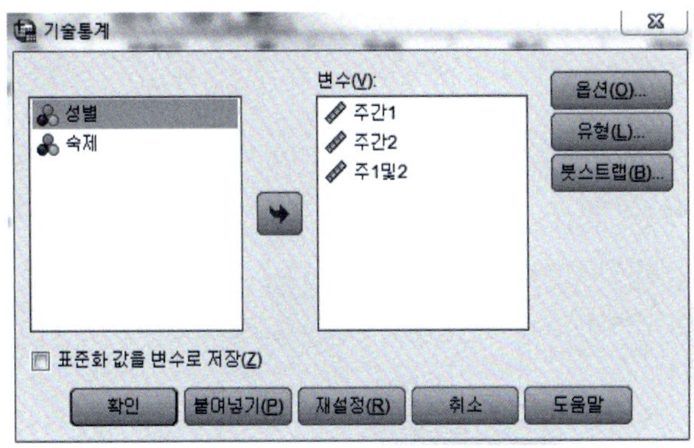

"옵션"단추를 클릭하여, 생성된 "기술통계: 옵션"대화상자를 이용하여 평균, 표준(화)편차, 최소값, 분산, 최대값, 범위, 첨도, 왜도를 지정한 후에 "계속"을 클릭한다.

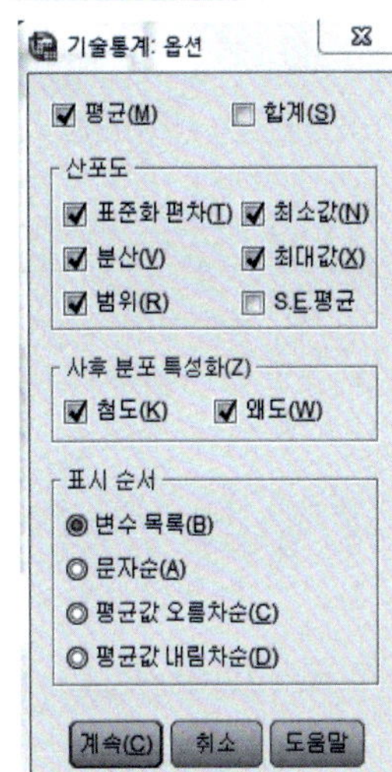

〈표 3-5〉는 〈표 3-3〉과 비슷하며, 각 통계량이 열로 표시되는 것이 〈표 3-3〉과는 다른 점이다. 기술통계량 명령어는 빈도분석 통계량에 비해 백분위수를 제외하고는 동일한 결과를 제공한다.

표 3-5 기술통계량

	N	범위	최소값	최대값	평균	표준편차	분산	왜 도		철 도	
	통계량	통계량	통계량	통계량	통계량	통계량	통계량	통계량	표준오류	통계량	표준오류
제1주 숙제시간 분 표시	20	117	39	156	102.15	32.619	1064.029	−.399	.512	−.470	.992
제2주 숙제시간 분 표시	20	117	39	156	99.15	30.937	957.082	−.245	.512	−.294	.992
주 1 및 2	20	111.50	39.00	150.50	100.6500	31.43628	988.239	−.383	.512	.−415	.992
유효 N(목록별)	20										

03 분할파일 기술통계

메뉴 바에서 "데이터/파일 분할"을 지정하고, "집단들 비교"를 지정한 후에 "성별"을 "분할 집단변수"박스로 이동시켜 "확인"을 클릭하여 파일을 성별기준으로 분할을 한다.

다시 메뉴 바에서 "분석/기술통계/기술통계"를 지정하고, 생성된 "기술통계" 대화상자에서 변수들 리스트에서 한 변수를 지정 후 마우스 우측단추를 클릭하여 "변수 이름 표시"로 전환시킨 후에 "주1및2"를 대화상자의 우측에 있는 "변수"란으로 이동시킨 후에 "확인"단추를 클릭한다.

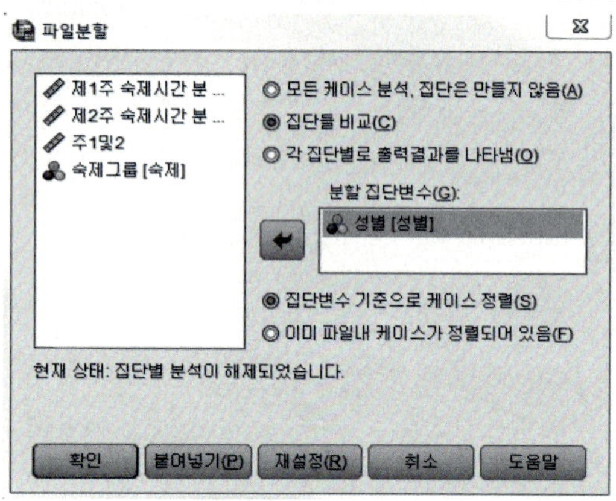

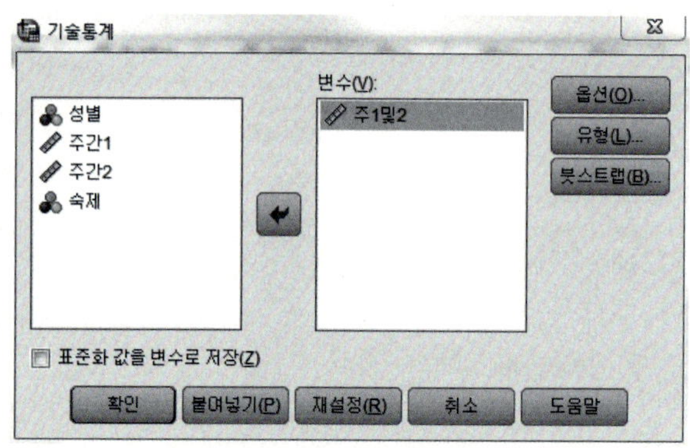

출력물은 〈표 3-6〉과 같이 기술통계량 표(Descriptive Statistics table)로 나타난다.

2주 동안 숙제시간의 평균 및 표준편차가 두 남녀 학생들 집단에 대해 별도로 제시된다.

평균시간은 남학생 86.25분보다 여학생 115.05분으로 많이 크다. 그런데 이러한 두 집단의 평균격차가 유의적으로 다른지에 대해서는 독립표본 t검정으로 여부를 판정해야 한다.

한편 분할된 파일을 통합(unsplit)하기 위해서는 메뉴 바에서 "데이터/파일 분할"을 지정한 후에 생성된 생성된 "파일 분할" 대화상자에서 "모든 케이스 분석/그룹 작성 안함"을 지정하거나 또는

표 3-6 기술통계량

성 별		N	최소값	최대값	평균	표준편차
남자	주1 및 주2	10	39.00	130.50	86.2500	32.10854
	유효 N(목록별)	10				
여자	주1 및 2	10	82.00	150.50	115.0500	24.38288
	유효 N(목록별)	10				

"재설정"(Reset) 단추를 클릭하거나 한 후에 "확인"을 클릭하면 된다.

04 히스토그램

차트(도표, charts)를 사용하면 기술통계량들을 보강할 수 있다.

메뉴 바에서 "분석/기술통계량/빈도분석"을 선택하고, 생성된 "빈도분석: 통계량" 대화상자에서 "차트"단추는 바차트, 파이차트, 히스토그램 등과 같이 한 번에 2개 이상의 차트를 생성하는데 아주 도움이 된다.

히스토그램은 자료의 분포에 대한 시각적 표현을 제공한다. 여기서는 2개 주간 모두에서 숙제시간들 점수의 분포를 탐색하기로 하자.

"차트"단추를 클릭하면 생성되는 "빈도분석: 차트"대화상자에서 "히스토그램"을 선택하고 "계속"을 클릭한다.

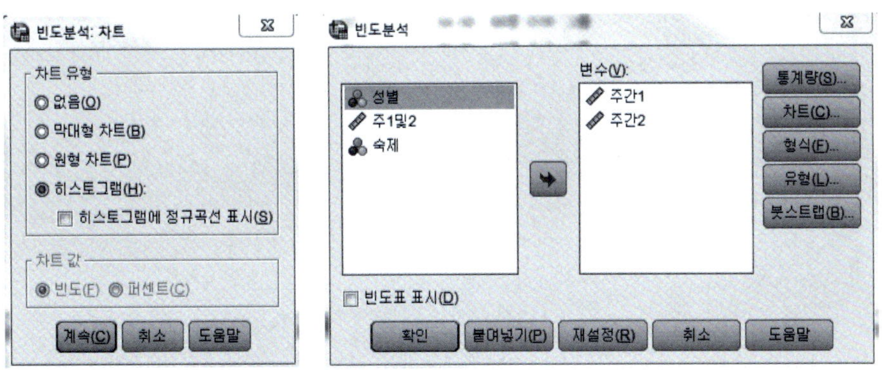

도표만을 보고자 한다면, "빈도표 표시"를 선택 해제하고 "확인"을 클릭하면 된다. 이러한 경우에 주간1과 주간2 모두에 대해 히스토그램이 생성된다.

- 히스토그램은 표본분포를 검토하는 하나의 방법이다. 히스토그램의 막대들은 가장 작은 수부터 가장 큰 수까지의 순서로 자료의 빈도를 나타낸다.
- 히스토그램 출력은 평균, 표준편차, 참가자들의 수 N을 보여준다.
- 〈그림 3-1〉의 히스토그램에서 우리는 점수들의 분포를 검토할 수 있다.
- 그래프에서 막대들에 의해 표시되는 군집들(clusters)로 점수들을 위치시킨다. 제1주에는 90분 주위의 막대에 6명의 학생이, 130분 주위의 막대에는 5명의 학생들이 있다.

그림 3-1 히스토그램 : 제1주 숙제시간 분표시

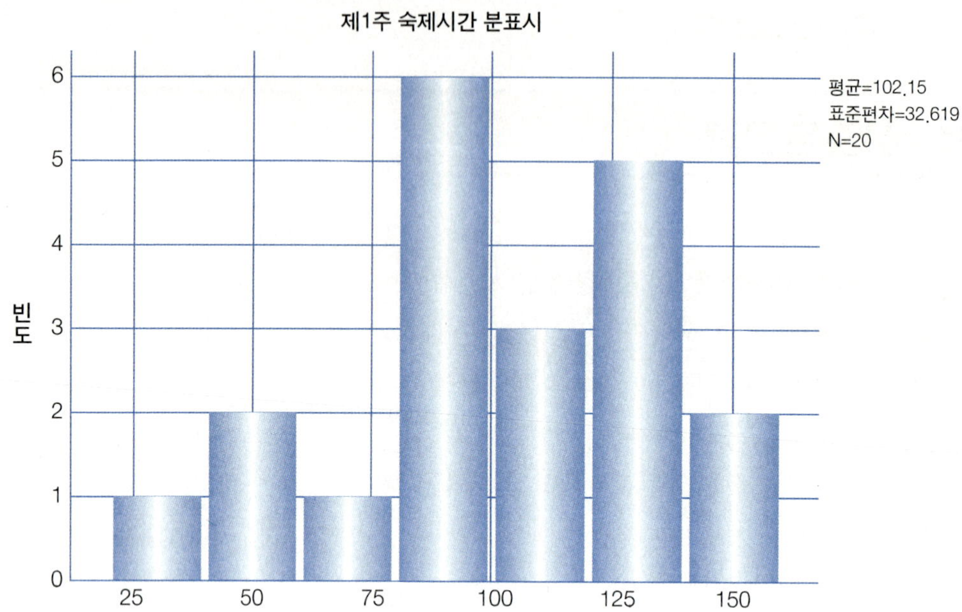

그림 3-2 히스토그램 : 제2주 숙제시간 분표시

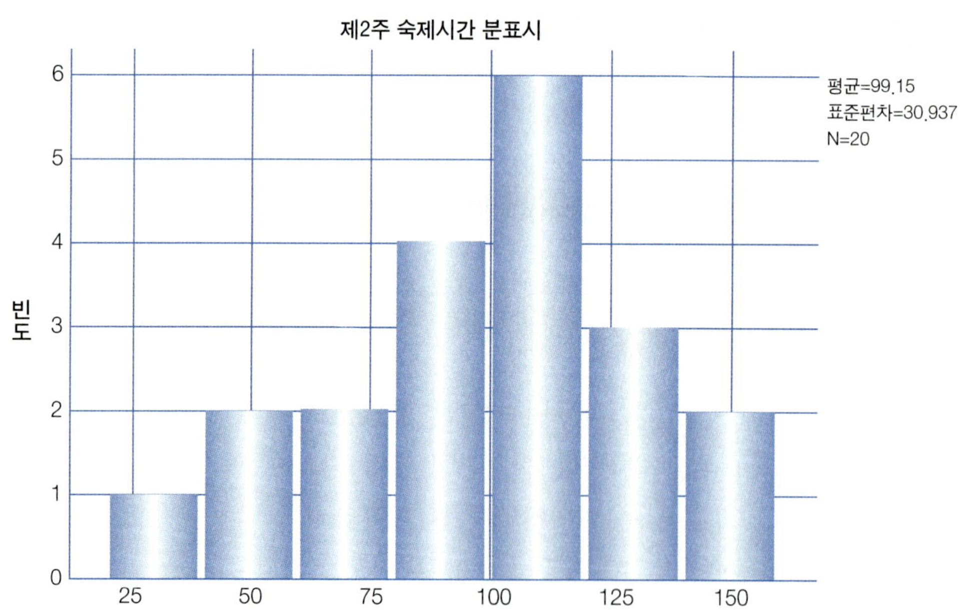

05 기술통계 명령어

기술통계 명령어(Descriptives command)는 기초적인 기술통계량들을 생성시키는 다른 방식이다. 그러나 기술통계 명령어는 빈도분석 명령어만큼 많은 옵션들을 제공하지 않는다.

이러한 명령어는 자료의 간결한 요약을 제공한다. 이러한 옵션은 지정으로써 평균 및 표준편차와 함께 최소값과 최대값을 제공한다.

메뉴 바에서 "분석/기술통계량/기술통계"를 선택하고, 생성된 "기술통계" 대화상자에서 주간1과 주간2를 변수 란으로 이동시키고 "확인"을 클릭한다.

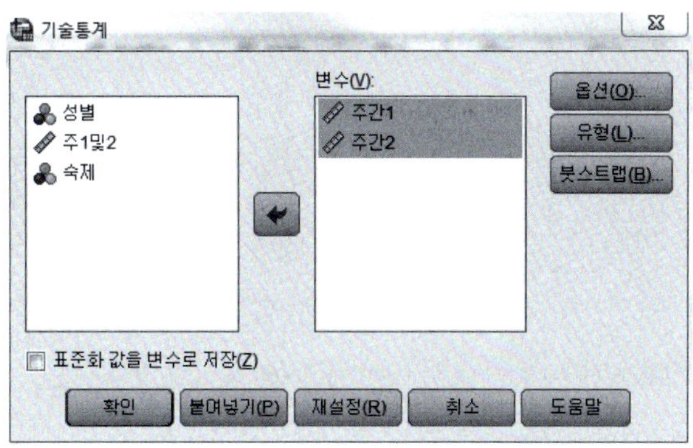

기술통계량 표가 출력되고, 참가자들의 수 N, 최소값, 최대값이 주간1과 주간2에 대해 나타난다.

그리고 각 주간에 대해 숙제를 하는데 사용된 평균시간과 함께 표준편차가 제공된다.

제1주 평균은 102.15분으로 제2주 평균 99.15보다 더 높은 것을 볼 수 있다.

제1주 역시 표준편차로 나타나듯이 32.6195로 제2주 30.9367보다 점수들의 더 큰 확산을 보여준다.

표 3-7 기술통계량

	N	최소값	최대값	평 균	표준편차
제1주 숙제시간 분표시	20	39	156	102.15	32.619
제2주 숙제시간 분표시	20	39	156	99.15	30.937
유효 N(목록별)	20				

06 데이터 탐색 명령어

데이터 탐색 명령어(Explore command)는 기술통계 및 빈도분석 명령어들과 유사하게 넓은 범위의 여러 기술통계량들과 그래프들을 제공한다.

메뉴 바에서 "분석/기술통계량/데이터 탐색"을 지정하여 생성된 "데이터 탐색" 대화상자에서 변수일람표에서 변수의 표시를 "변수 이름 표시"로 전환시킨 후에 "주간1"과 "주간2"를 선택하여 종속변수 박스로 이동시킨 후에 "확인"단추를 클릭한다.

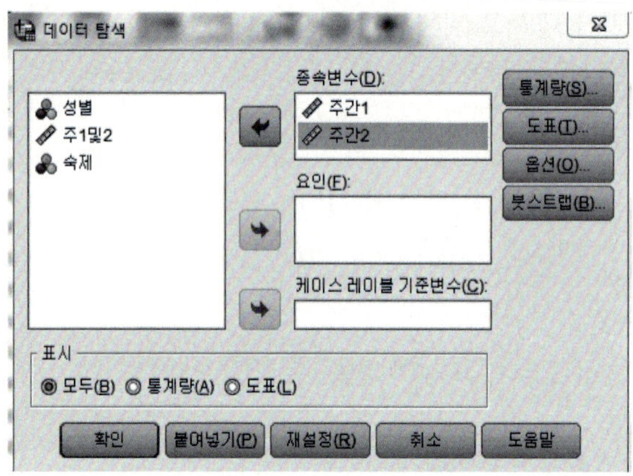

탐색의 결과는 〈표 3-8〉 케이스처리 요약, 〈표 3-9〉 기술통계(중심경향 및 확산측도들 외에도 첨도 및 왜도와 신뢰구간을 포함), 〈그림 3-3〉 줄기와 잎그림도표, 〈그림 3-4〉 상자-수염그림(box and whiskers plot)으로 나타난다.

표 3-8 케이스 처리 요약

	케이스					
	유 효		결 측		전 체	
	N	퍼센트	N	퍼센트	N	퍼센트
제1주 숙제시간 분 표시	20	100.0%	0	0.0%	20	100.0%
제2주 숙제시간 분 표시	20	100.0%	0	0.0%	20	100.0%

표 3-9 기술통계

			통계량	표준화 오류
제1주 숙제시간 분 표시	평균		102.15	7.294
	평균의 95% 신뢰구간	하한	86.88	
		상한	117.42	
	5% 절사평균		102.67	
	중위수		100.50	
	분산		1064.029	
	표준화 편차		32.619	
	최소값		39	
	최대값		156	
	범위		117	
	사분위수 범위		43	
	왜도		-.399	.512
	첨부		-.470	.992
제2 숙제시간 분 표시	평균		99.15	6.918
	평균의 95% 신뢰구간	하한	84.67	
		상한	113.63	
	5% 절사평균		99.33	
	중위수		100.00	
	분산		957.082	
	표준화 편차		30.937	
	최소값		39	
	최대값		156	
	범위		117	
	사분위수 범위		40	
	왜도		-.245	.512
	첨부		-.294	.992

〈그림 3-3〉 및 〈그림 3-4〉은 〈표 3-5〉의 각 주간에 대한 빈도표와 비교하여 효과적으로 자료의 분포를 파악할 수 있게 해준다. 〈그림 3-4〉에서 상자의 내부에 있는 수평선은 중위수를 표시한다.

그림 3-3 줄기와 잎그림 도표

```
제1주 숙제시간 분표시 줄기와 잎그림 도표

 구매빈도 Stem &  잎

     2.00        0 .  34
     8.00        0 .  56888999
     9.00        1 .  011223334
     1.00        1 .  5

 줄기 너비:      100
 각 잎:        1 케이스
```

```
제2주 숙제시간 분표시 줄기와 잎그림 도표

 구매빈도 Stem &  잎

     1.00        0 .  3
     8.00        0 .  55678999
    10.00        1 .  0000112234
     1.00        1 .  5

 줄기 너비:      100
 각 잎:        1 케이스
```

그림 3-4 상자-수염그림

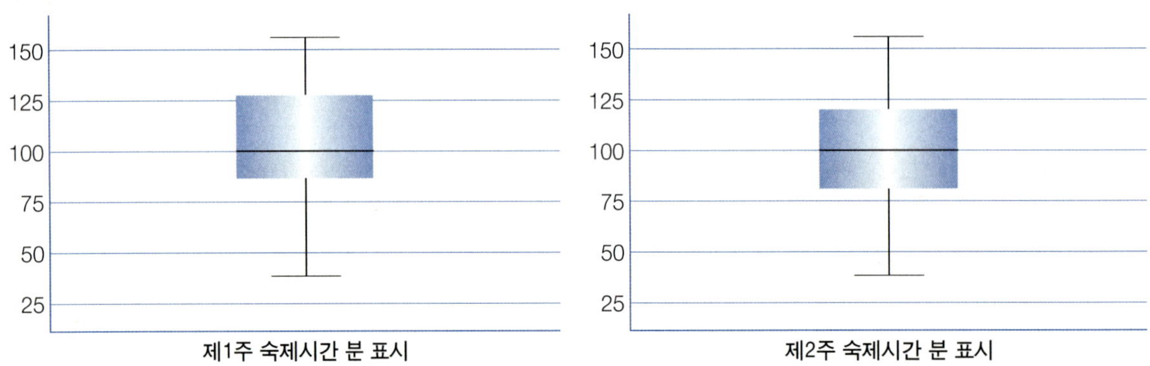

07 교차분석 명령어

교차도표(교차표)[crosstabulation(crosstabs)] 또는 분할표(contingency table)는 명목 또는 범주 데이터를 갖는 변수들 간의 연관관계를 요약하는 방식이다.

만약 설문지에서 자료를 수집한다면, 인구통계학적 정보와 같은 설문지들의 부분집합이 질문에 어떤 응답을 하는지를 기술할 필요가 있다.

교차도표는 행들로 하나의 질문의 결과들과 열들로 또 다른 질문의 결과들을 갖는 표로 다른 질문들의 결과들 조합을 보여준다. 가장 보편적인 교차도표는 데이터들이 빈도개수들인 경우이다.

조사자가 정치적으로 보수적 관점과 진보적 관점을 갖는 사람들이 새로운 과세법안에 대해 갖는 의견차이를 검정하려고, 수행한 서베이(응답자조사)에서 위해 120명을 보수층, 80명을 진보층(liberals)으로 규명했다. 그리고 응답자들은 새로운 세법안에 대한 찬성, 반대, 무의견 또는 모름에 대해 답했다.

이를 분석하기 위해 "조세견해.sav"파일을 지정하여 열기를 한다. "관점"과 "세법안"변수를 명목변수로 설정하여 200명의 각 응답자에 대해 정치적 관점과 찬반형태를 입력하여 자료를 작성할 수 있다.

그런데 여기서는 교차도표 작성에 목적으로 두고 있으므로 "관점", "세법안", "빈도"의 세 가지 변수들을 다음과 같이 규정하자.

	이름	유형	너비	소수점이...	레이블	값	결측값	열	맞춤	측도	역할
1	관점	숫자	8	0	관점집단구분	{1, 보수}...	없음	8	오른쪽	명목형	입력
2	세법안	숫자	8	0	세법안 찬반형태	{1, 반대}...	없음	8	오른쪽	명목형	입력
3	빈도	숫자	8	0	응답빈도	없음	없음	8	오른쪽	척도	입력

그리고 "관점"과 "세법안"의 값들을 다음과 같이 지정하자.

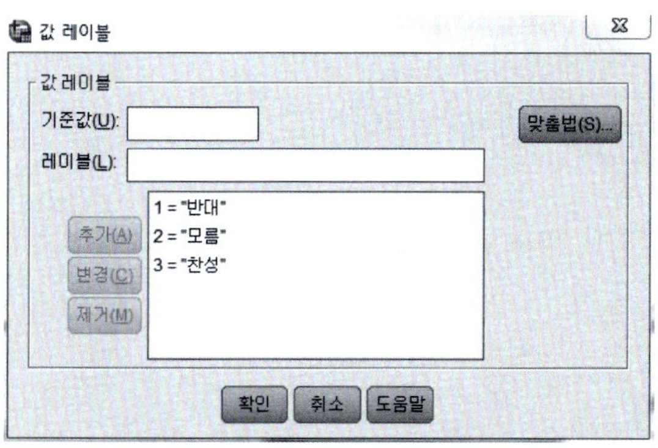

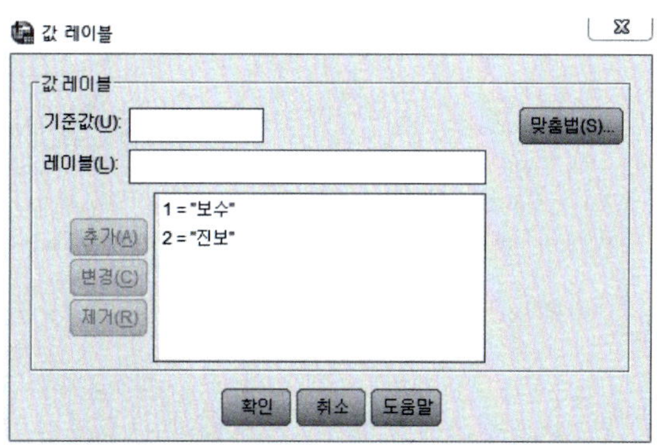

"데이터 보기"창을 보면, 자료는 다음과 같이 입력되어 있다.

	관점	세법안	빈도
1	1	3	78
2	1	1	30
3	1	2	12
4	2	3	18
5	2	1	50
6	2	2	12

여기서 명목변수들 "관점"과 "세법안"에 대한 범주들을 숫자대신에 문자로 보기 위해 툴 바에서 " "를 클릭하면 "데이터 보기" 창은 다음과 같이 변경된다.

	관점	세법안	빈도
1	보수	찬성	78
2	보수	반대	30
3	보수	모름	12
4	진보	찬성	18
5	진보	반대	50
6	진보	모름	12

이제 변수들과 빈도개수를 연관시키도록 다음 절차를 수행할 수 있다.

- 메뉴 바에서 "데이터/가중 케이스"를 지정한다.
- 생성된 "가중 케이스" 대화상자에서 "변수 이름 표시"로 변수들을 전환시킨 후에 빈도에 의해 범주들을 가중하려고(비교 검토하려고) 하기 때문에 "가중 케이스 지정"옵션(Weight Cases by option)을 선택하고, "빈도 변수"박스에 "빈도"를 이동시킨다.
- "확인"단추를 클릭한다.

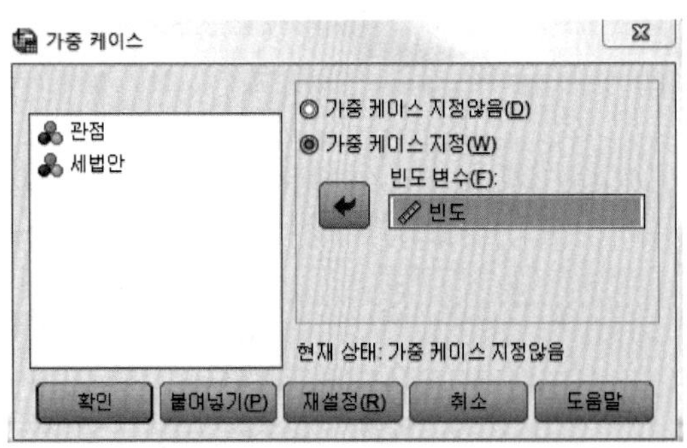

이상의 절차가 성공적으로 수행되면 다음과 같이 "데이터 보기" 창의 우측하단에 "가중 설정"(Weight On)이라는 메시지가 나타난다.

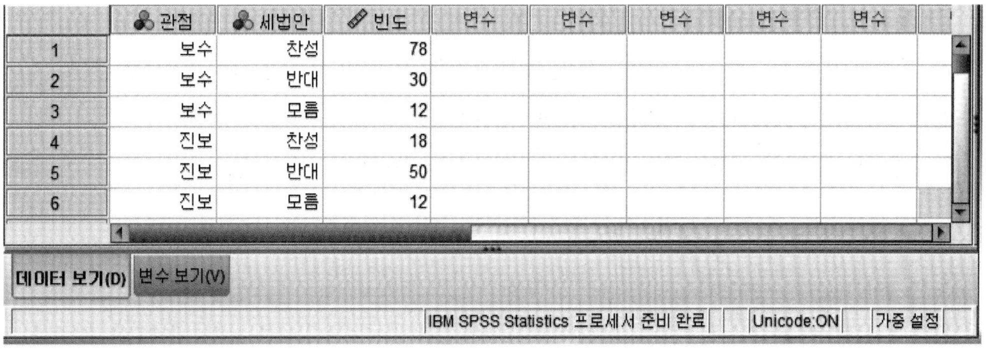

이제 교차분석 명령어 절차(Crosstabs command procedure)를 보기로 하자.

- 메뉴 바에서 "분석/기술통계량/교차분석"을 지정한다.
- 생성된 "교차분석" 대화상자에서 영향을 주는 영향변수와 영향을 받는 변수를 결정할 필요가 있다. 여기서 영향변수(influencing variable)는 정치적 입장인 "관점"이다. 종속변수인 "행"박스에 "세법안"을, 영향변수를 표시하는 "열"박스에 "관점"을 이동시킨다.
- 빈도개수 뿐만 아니라 %로 데이터를 표시하려 한다면 "셀"단추를 클릭한다.
- 생성된 "교차분석: 셀 표시" 대화상자에서 영향변수로 지정한 열에 퍼센트를 체크할 필요가 있다. 퍼센트는 각 그룹에서 같지 않은 수를 가져 실제 개수가 대표적 구도를 제공하지 않는 명목 또는 범주변수들을 최상으로 표시하는 서술수단(descriptor)이다. 그리고 "계속"을 클릭한다.
- "교차분석" 대화상자에서 "확인"을 클릭한다.

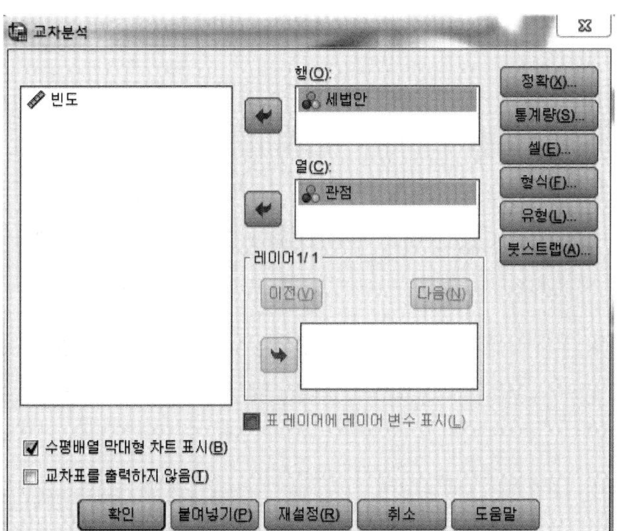

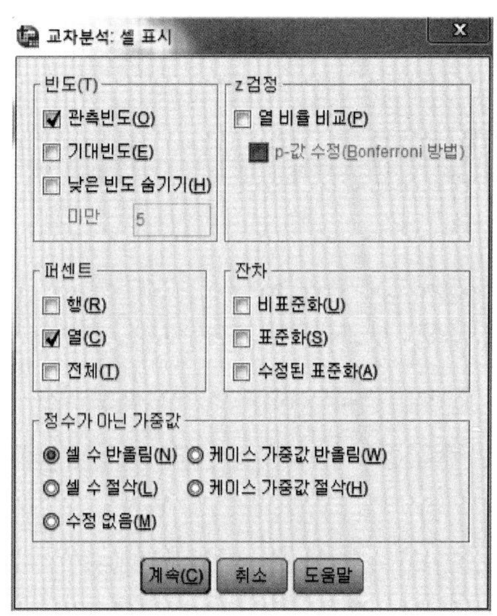

행과 열에 위치시키는 변수들에 대해 엄격한 법칙이 있는 것은 아니지만, 결과가 나타날 경우에 열보다는 행으로 아래로 표를 판독하는 것이 관습이므로 일반적인 경험칙은 영향변수를 열에 위치

시킨다.

교차도표의 발견사항들을 표시하는 가장 적절한 방식은 수평배열 막대그래프(clustered bar chart)이다. 이는 절차의 통합부분으로 일반화될 수 있다.

만약 이 도표를 작성하려 한다면 "교차분석" 대화상자에서 "수평배열 막대도표 표시"(Display clustered bar charts)에 표시를 하면 된다.

만약 가중케이스에 의해 자료집합을 설정했다면, 열에 제3의 변수가 나타날 것이다(빈도). 이러한 변수를 무시하고, 조사중인 두 변수들을 선택할 필요가 있다. 만약 "데이터 보기"창의 우측하단에 "가중설정"표시가 있다면 빈도개수는 자동적으로 고려될 것이다.

자료집합을 기술하는 케이스처리 요약(Case Processing Summary)이 〈표 3-10〉과 같이 첫째 표로 제공된다. 자료집합의 결측 점수들의 수와 비중을 함께 제공한다. 그래서 유효점수와 결측점수의 두 변수들의 교차도표로 200명 참가자들을 모두 고려할 수 있다.

표 3-10 케이스처리 요약

	케이스					
	유 효		결 측		전 체	
	N	퍼센트	N	퍼센트	N	퍼센트
제법안 찬반형태* 관점집단구분	200	100.0%	0	0.0%	200	100.0%

〈표 3-11〉 교차표에서 빈도(count)는 서베이에서 획득한 실제빈도 개수들을 나타낸다. 아래의 %들은 범주들에서 서로 다른 숫자들로 인해 보다 양호한 표현을 제공해 준다. 정치적 입장인 "관점"을 영향변수로 지정한 모든 열들의 %들을 더하면 합계 100%가 된다.

예컨대 조세법안을 찬성하는 18명의 진보견해를 가진 사람들은 80명 중에서 22.5%를 차지한다.

전체 열(total column)로 나타나는 전체 %들은 각 선호 범주에 속하는 모집단의 비율을 나타낸다. 전체 모집단의 48.0%가 조세법안을 찬성한다.

영향변수의 배치(placement)로 인해 열에로 %들을 합계했기 때문에, %들 간에 차이가 있는지 여부를 확인하도록 표를 가로로 읽는다. 만약 어떤 차이가 나타난다면, 변수들 간에 관계가 있을 수 있다.

여기서 보수진영의 65%가, 진보진영의 22.5%가 조세법안을 찬성한다. 이러한 추세는 집단 내부에서 역전되어 조세법안 반대는 보수진영이 25%, 진보진영이 62.5%로 나타난다. 새로운 조세법에 대한 자신들의 견해에 대해 불확실한 사람들은 보수진영 10%와 진보진영 15%로 빈도들이 합리적으로 균등하게 분할된다.

표 3-11 세법안 찬반형태*관점집단구분 교차표

			관점집단구분		
			보 수	진 보	전 체
세법안 찬반형태	반대	빈도	30	50	80
		관점집단 구분 중 %	25.0%	62.5%	40.0%
	모름	빈도	12	12	24
		관점집단 구분 중 %	10.0%	15.0%	12.0%
	찬성	빈도	78	18	96
		관점집단 구분 중 %	65.0%	22.5%	48.0%
전 체		빈도	120	80	200
		관점집단 구분 중 %	100.0%	100.0%	100.0%

이제 〈그림 3-5〉와 같이 수평배열 막대도표의 형식으로 빈도개수의 요약표가 나타난다. 〈그림 3-5〉의 막대도표는 자료표현에 도움을 준다.

새로운 조세법안에 대한 다른 선택들의 빈도들이 응답자들의 정치적 입장들에 어떻게 연관되어 있는지를 볼 수 있다.

그림 3-5 막대형 차트

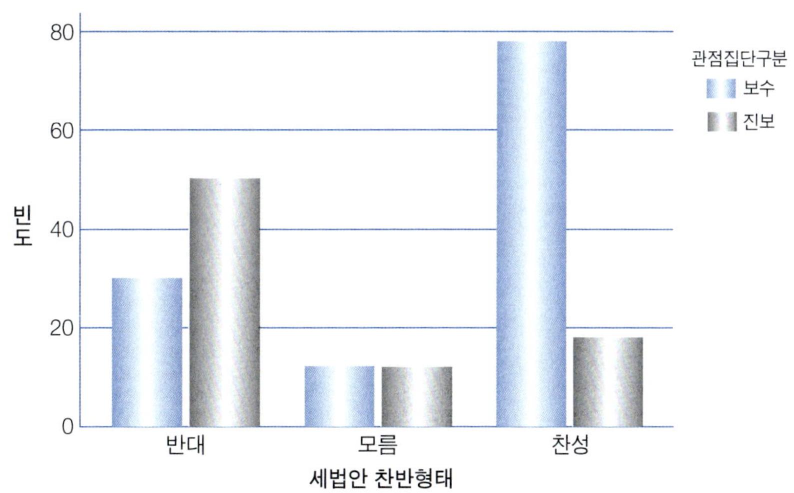

08 사용자 정의 표 명령어

사용자 정의 표 명령어(Custom Tables command)는 표를 구성하는 방식에서 약간 신축성을 갖고 표를 작성할 수 있게 해준다.

학교에 자녀를 데려다 주는데 사용하는 교통수단에 대한 조사에서 자녀의 연령과 성별과 같은 인구통계학적 항목들을 사용한다고 하자.

학교통학수단은 무엇이며, 연령에 따라 어떻게 다른지를 보기 위해 9-11세, 12-14세 그룹을 규정하고, 승용차, 도보, 자전거, 대중교통의 네 가지 수송형태 중 하나를 선택하도록 설문조사를 수행했다.

수송형태는 열에, 연령그룹은 행으로 선택을 했다고 하자. 나이어린 자녀집단은 승용차를 더 많은 나이집단은 다른 수송수단을 갖는 것으로 예측할 수 있다.

그리고 이러한 가설을 검정하도록 카이제곱 분석을 수행할 필요가 있다. 자료를 다음과 같이 입력하고, "카이검정.sav"로 저장하자.

	이름	유형	너비	소수점이...	레이블	값	결측값	열	맞춤	측도	역할
1	성별	숫자	8	0	성별	{1, 남자}...	없음	8	오른쪽	명목형	입력
2	또래	숫자	8	0	나이그룹	{1, 9-11세}...	없음	8	오른쪽	명목형	입력
3	이동형태	숫자	8	0	이동수단	{1, 도보}...	없음	8	오른쪽	명목형	입력
4	빈도	숫자	8	0	빈도	없음	없음	8	오른쪽	척도	입력

	성별	또래	이동형태	빈도
1	남자	9-11세	도보	25
2	남자	9-11세	자전거	18
3	남자	9-11세	승용차	38
4	남자	9-11세	대중교통	12
5	남자	12-14세	도보	28
6	남자	12-14세	자전거	21
7	남자	12-14세	승용차	11
8	남자	12-14세	대중교통	15
9	여자	9-11세	도보	20
10	여자	9-11세	자전거	15
11	여자	9-11세	승용차	42
12	여자	9-11세	대중교통	8
13	여자	12-14세	도보	21
14	여자	12-14세	자전거	4
15	여자	12-14세	승용차	33
16	여자	12-14세	대중교통	16

1. 사용자 정의 표 작성

메뉴 바에서 “데이터/가중 케이스”를 지정한다. 생성된 “가중 케이스” 대화상자에서 빈도에 의해 범주들을 가중하려고 하기 때문에 “가중 케이스 지정”옵션(Weight Cases by option)을 선택하고, 빈도변수 박스(Frequency Variable box)에 “빈도”를 이동시킨다. 그리고 “확인”단추를 클릭한다.

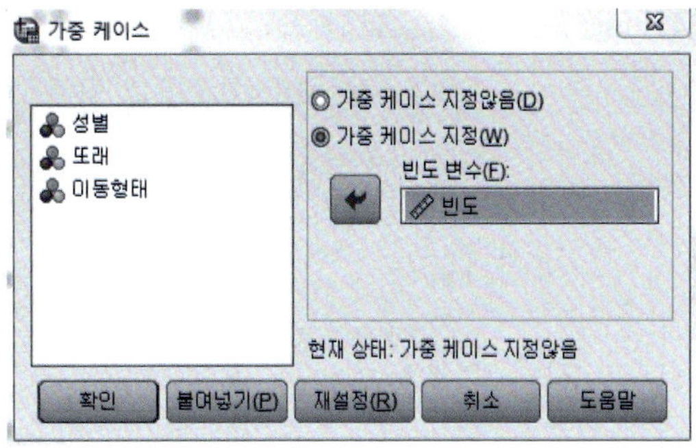

데이터 보기창의 우측하단에 “가중 설정” 표시를 확인한다. 그리고 “분석/표/사용자 정의 표”를 지정한다. 생성된 “사용자 정의 표” 대화상자에서 “이 대화 상자를 다시 표시 안 함”을 체크를 하고 “확인”을 클릭한다.

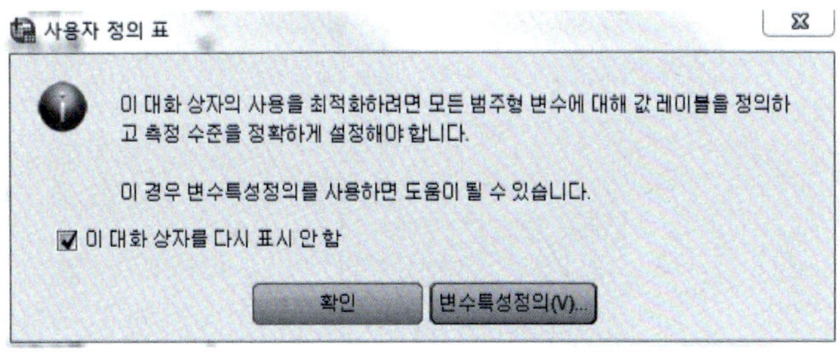

생성된 "사용자 정의 표"대화상자에서 "변수 이름 표시"로 전환하고, "이동형태"를 우측의 "열"로 이동시키면 대화상자의 중앙에 4개의 이동형태가 나타나고, 이동수단들 아래 행에는 빈도(Count) 단어들이 나타난다.

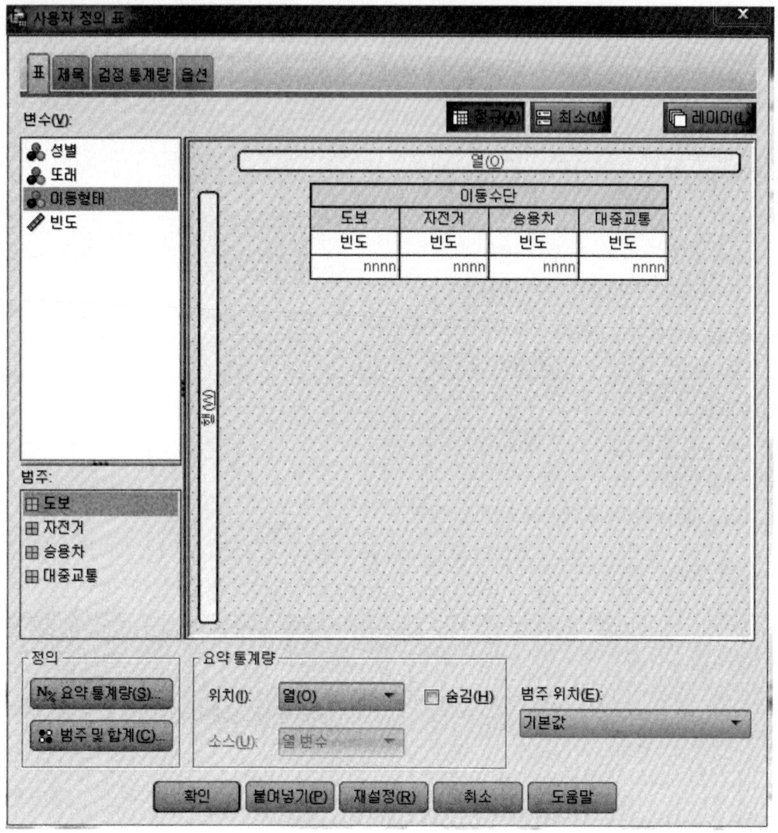

"또래"를 행 박스로 이동시킨다.

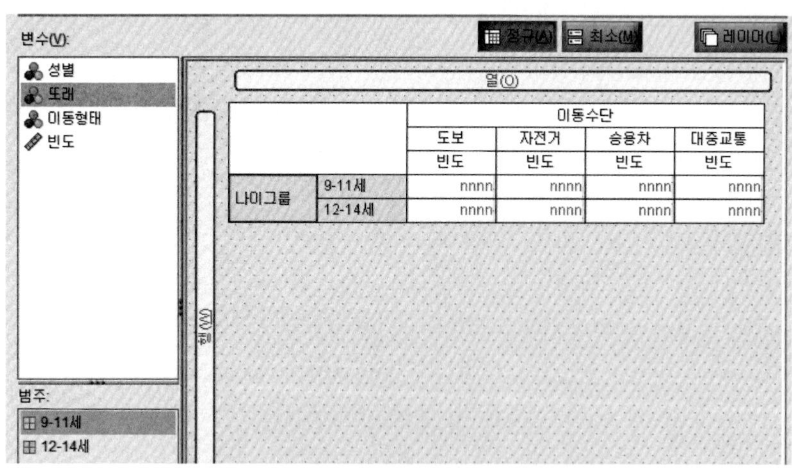

다시 “성별”을 행 박스로 이동시킨다.

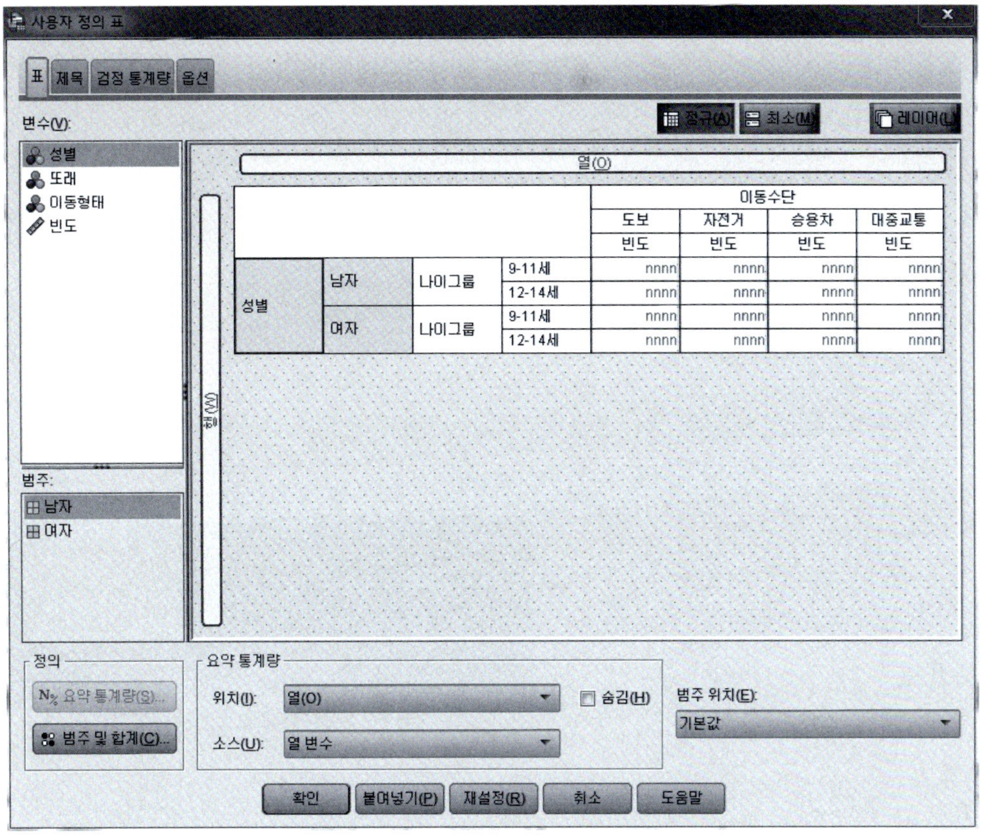

“확인”을 클릭한다.

출력결과는 〈표 3-12〉와 같이 사용자 정의 표를 제공한다.

표본의 최대비율인 38명 남자와 42명 여자가 9–11세 나이그룹 범주에서 학교에 가는데 승용차를 사용하고, 나이가 많으면 인원이 줄어드는 것을 볼 수 있다.

도보를 이용하는 학생은 9–11세는 45명, 12–14세는 49명으로 나이가 많으면 약간 증가한다.

표 3-12 사용자 정의 표

				이동수단			
				도보 빈도	자전거 빈도	승용차 빈도	대중교통 빈도
성별	남자	나이그룹	9–11세	25	18	38	12
			12–14세	28	21	11	15
	여자	나이그룹	9–11세	20	15	42	8
			12–14세	21	4	33	16

자전거의 경우에 남자는 나이가 많으면 18명에서 21명으로 약간 증가하지만, 여자는 15명에서 4명으로 크게 감소했다.

대중교통의 사용은 남자는 12명에서 15명으로 약간 증가한 반면에, 여자는 나이가 많으면 8명에서 16명으로 크게 증가했다.

〈표 3-12〉과 같은 이러한 결과에서 남자와 여자 간에 학교이동수단들의 패턴뿐만 아니라 나이그룹에서도 차이가 있는 것으로 나타난다.

2. 사용자 정의 표 명령어 이용 그래프 작성

사용자 정의 표 명령어의 장점은 출력결과 표에서 나타난 숫자로 그래프를 작성할 수 있다는 것이다.

표를 마우스 왼쪽 단추로 더블클릭을 하여 전체를 지정하고, 우측단추를 클릭하여 생성된 대화상자에서 "그래프 작성/막대"를 선택한다.

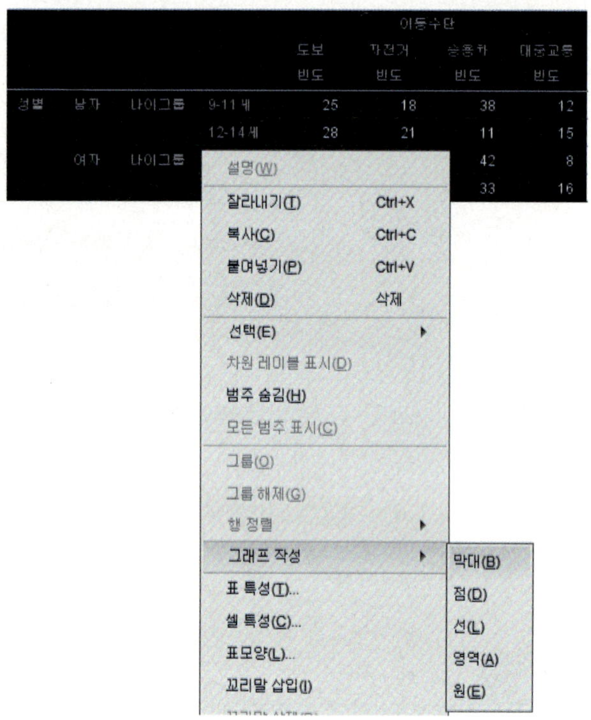

〈그림 3-6〉과 같이 생성된 수평배열 막대도표에서 X축에서 표시된 이동수단의 형태에 대해 성별 및 나이그룹 모두에 대한 빈도를 막대로 나타내고 있다.

그래프에서 가장 높은 빈도는 9-11세 나이그룹의 여자에 대한 승용차이다. 그리고 가장 낮은 빈도는 12-14세 나이그룹의 여자에 대한 자전거이다.

그림 3-6 막대도표

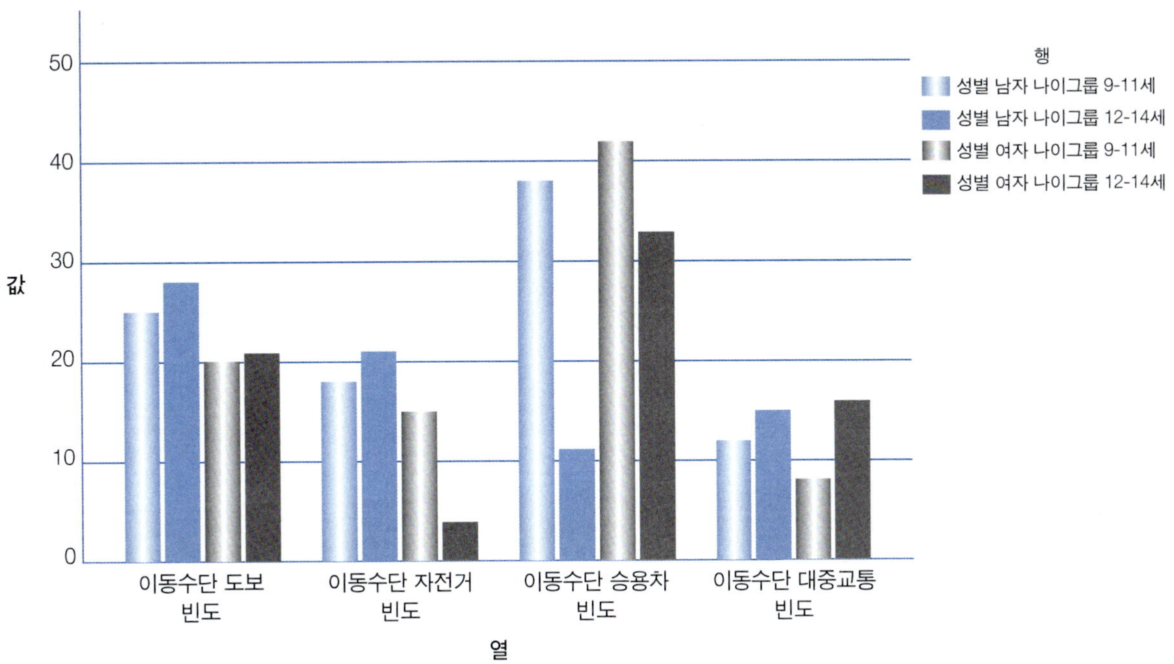
50
40
30
20
10
0
값
행
성별 남자 나이그룹 9-11세
성별 남자 나이그룹 12-14세
성별 여자 나이그룹 9-11세
성별 여자 나이그룹 12-14세
이동수단 도보 빈도
이동수단 자전거 빈도
이동수단 승용차 빈도
이동수단 대중교통 빈도
열

제4장

차트작성

01 모집단 피라미드

모집단 피라미드(population pyramid)는 범주들에 속하는 항목들 수의 즉각적 비교를 제공한다. 이는 삼각형 형태를 자주 갖기 때문에 피라미드라고 부른다. 바닥은 넓고 정점에서의 점으로 점점 가늘어진다.

"피라미드.sav"파일을 지정하여 열기를 한다. 메뉴 바에서 "그래프/차트(도표) 작성기"를 지정한다. "차트 작성기"대화상자의 갤러리 탭에서 "히스토그램"을 선택한다.

그래프 이미지에서 넷째 이미지(모집단 피라미드, Simple Histogram)를 선택하여 우측위로 끌어넣기를 한다.

변수 리스트에서 "성별"을 선택하여 "분할 변수입니까?' 사각형(Split Variable rectangle)으로 끌어넣기를 한다. 이는 2가지 가능한 값들을 가진 범주변수이어서, 한 범주는 중심선의 각 한쪽에서 위치하게 된다.

그리고 변수 리스트에서 "초산연령"을 선택하여 "분포 변수입니까?' 사각형(Distribution Variable rectangle)으로 끌어넣기를 한다.

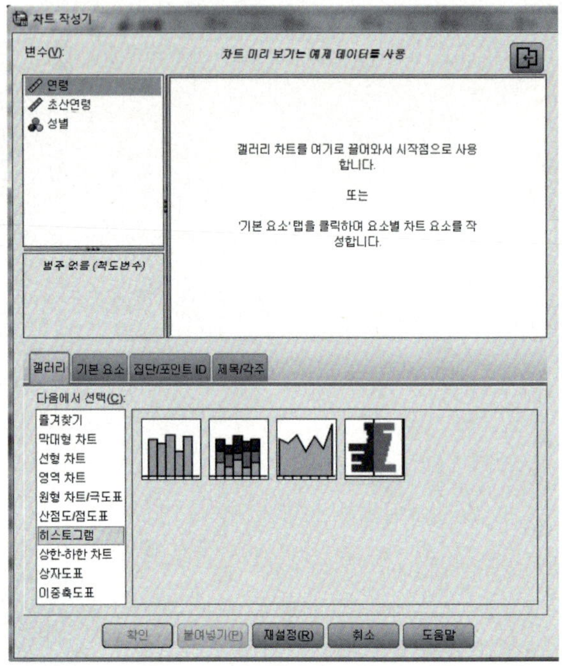

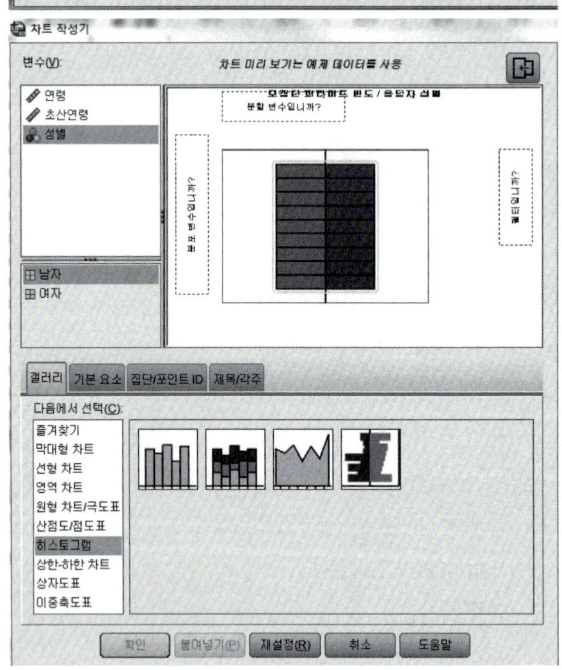

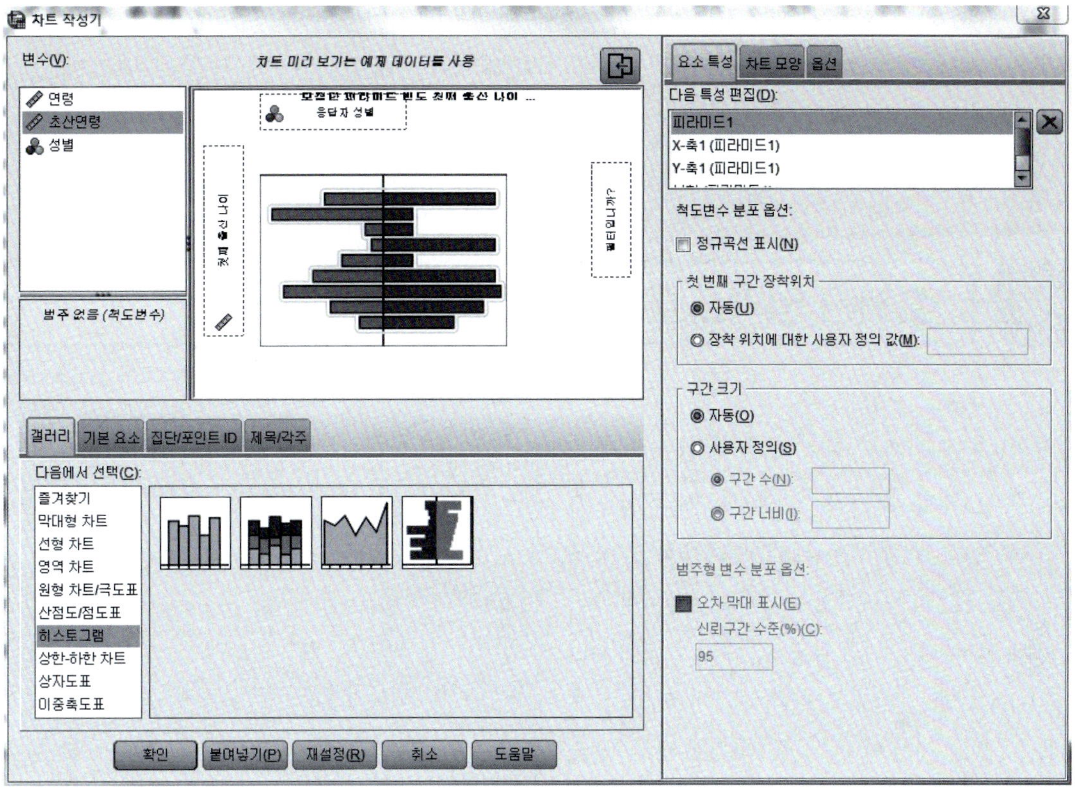

이제 "확인"을 클릭하면, 〈그림 4-1〉의 피라미드 차트가 나타난다.

그림 4-1 초산 연령 응답자 빈도의 성별 구분 피라미드 차트

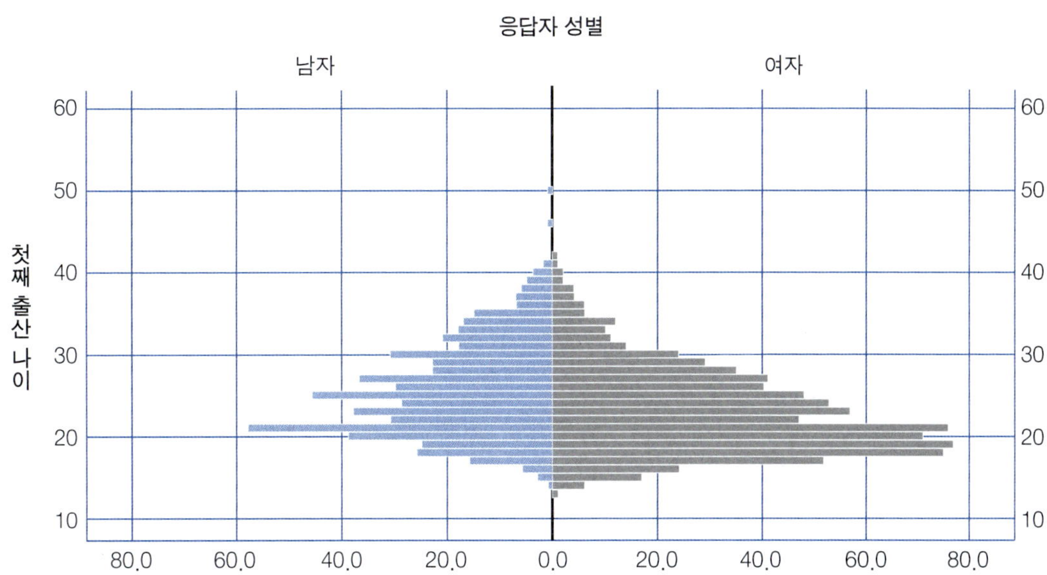

3개, 4개, 그 이상의 값들을 가진 범주변수들에 대해서도 피라미드 히스토그램을 그릴 수 있다. 발생한 그림은 범주들에서 여러 값들의 발생의 상대적 횟수를 보여주는 막대들을 보여주도록 필요한 수의 많은 쌍들로 구성될 것이다.

02 포개진 영역도표

영역 그래프(area graph)는 실제로는 각 점들에서 하나 이상 값들의 평균을 나타내도록 선들 아래에서 색으로 채운 면적들을 갖는 선그래프 또는 선그래프들의 무리(collection)이다.

포개진(무더기) 영역도표(Stacked area charts)는 X축을 따라 보여지는 2개 이상의 변수들을 갖는 차트이다. 값들은 차트에서 낮은 값의 위와 아래가 차트의 상부값들에 영향을 주는 방식으로 포개진다.

차트는 독립적 선들의 그룹이 아니라, 각 변수가 어떤 값을 추가하는 누적합을 나타낸다. 이제 2개의 포개진 변수들을 가진 포개진 영역차트를 작성하자.

"포개영역.sav"파일을 지정하여 열기를 하자.

메뉴 바에서 "그래프/차트 작성기"를 지정한다. 생성된 "차트 작성기"대화상자의 갤러리 탭에서 "영역 차트"를 선택한다. 그래프 이미지에서 둘째 이미지(수직누적 영역도표, Stacked Area)를 선택하여 우측 위로 끌어넣기를 한다.

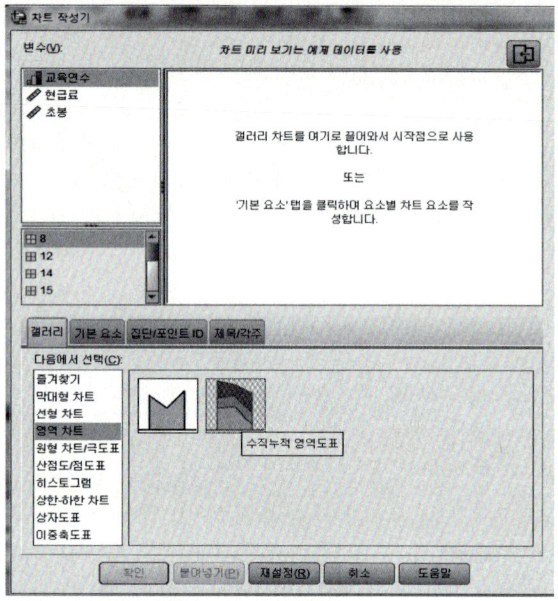

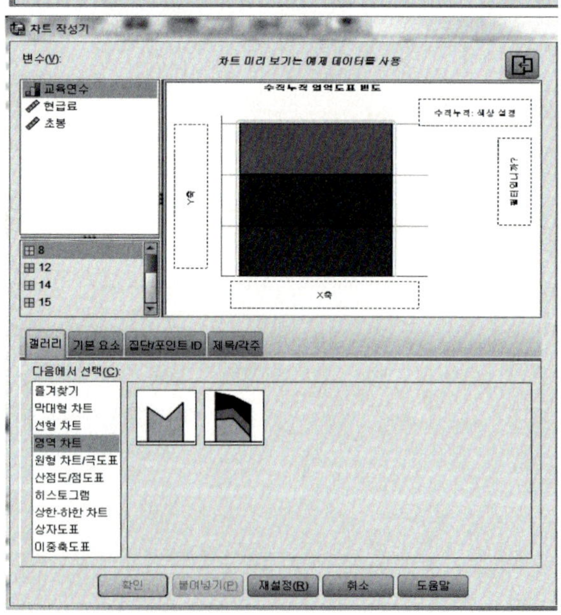

변수 리스트에서 "교육연수"를 선택하여 "X축"사각형으로 끌어넣기를 수행한다. 이때 "Y축" 사각형은 "빈도"사각형으로 바뀐다. 그리고 "현급료"를 선택하여 "빈도"사각형으로 끌어넣기를 한다.

"초봉"을 선택하여 "빈도"사각형이었던 "현행 봉급"사각형으로 끌어넣기를 한다. 이때에 + 기호가 나타나고 "요약 집단 만들기"(Create Summary Group) 대화상자가 나타난다.

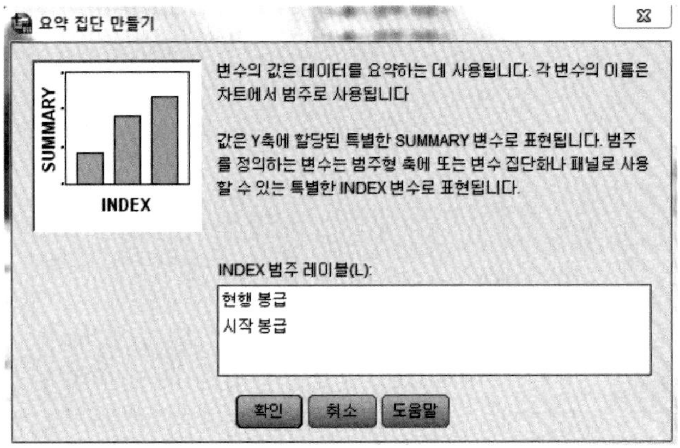

"요약 집단 만들기"대화상자에서 "확인"을 클릭한다. 이때 "수직누적:색상설정"사각형(Stacked: Set Color rectangle)에 "INDEX"가 나타난다.

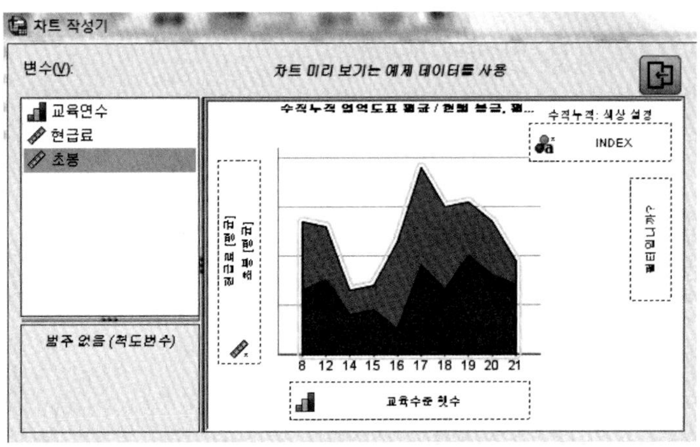

"확인"을 클릭하면, 〈그림 4-2〉가 나타난다. 교육연수에 대해 초봉과 현급료 수준들을 일직선으로 표시하여 누적영역으로 표시한다. 19년 교육연수를 가진 응답자가 가장 큰 현급료를 갖고 있다.

그림 4-2 수직누적 영역도표

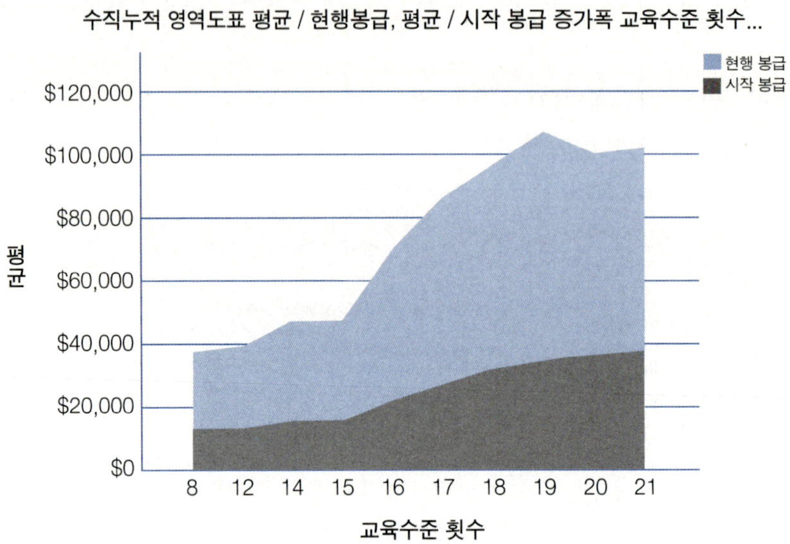

03 여러 선들을 가진 차트

선차트는 범주값들의 시각적 요약으로 잘 작용한다. 선차트는 상향이나 하향추세를 잘 나타내므로 시각표(timeline)를 나타내는데 도움이 된다. 판독이 쉬워 가장 보편적 형태의 통계차트이다.

"자동차.sav"파일을 지정하여 열기를 한다.

메뉴 바에서 "그래프/차트 작성기"를 지정한다. 생성된 "차트 작성기"대화상자의 갤러리 탭에서 "선형 차트"(선도표)를 선택한다. 그래프 이미지에서 여러 선들을 포함하도록 둘째 이미지인 다중 선도표(Multiple Line)를 선택하여 우측 위로 끌어넣기를 한다.

변수 리스트에서 "연식"을 지정 후에 마우스 우측단추를 클릭하여 생성된 대화상자에서 "척도" 대신에 "순서형"(순서)를 지정한 후에 그 변수를 그림의 X축으로 끌어넣기를 한다.

변수 리스트에서 "엔진크기"를 지정하고 그림의 (빈도로 표시되는) Y축으로 끌어넣기를 한다. 그 결과는 주석(annotation)에 평균으로 나타난다.

다시 변수 리스트에서 "원산국"을 지정하고 그림의 위에 있는 "색상 설정" 사각형(Set Color rectangle)으로 끌어넣기를 한다.

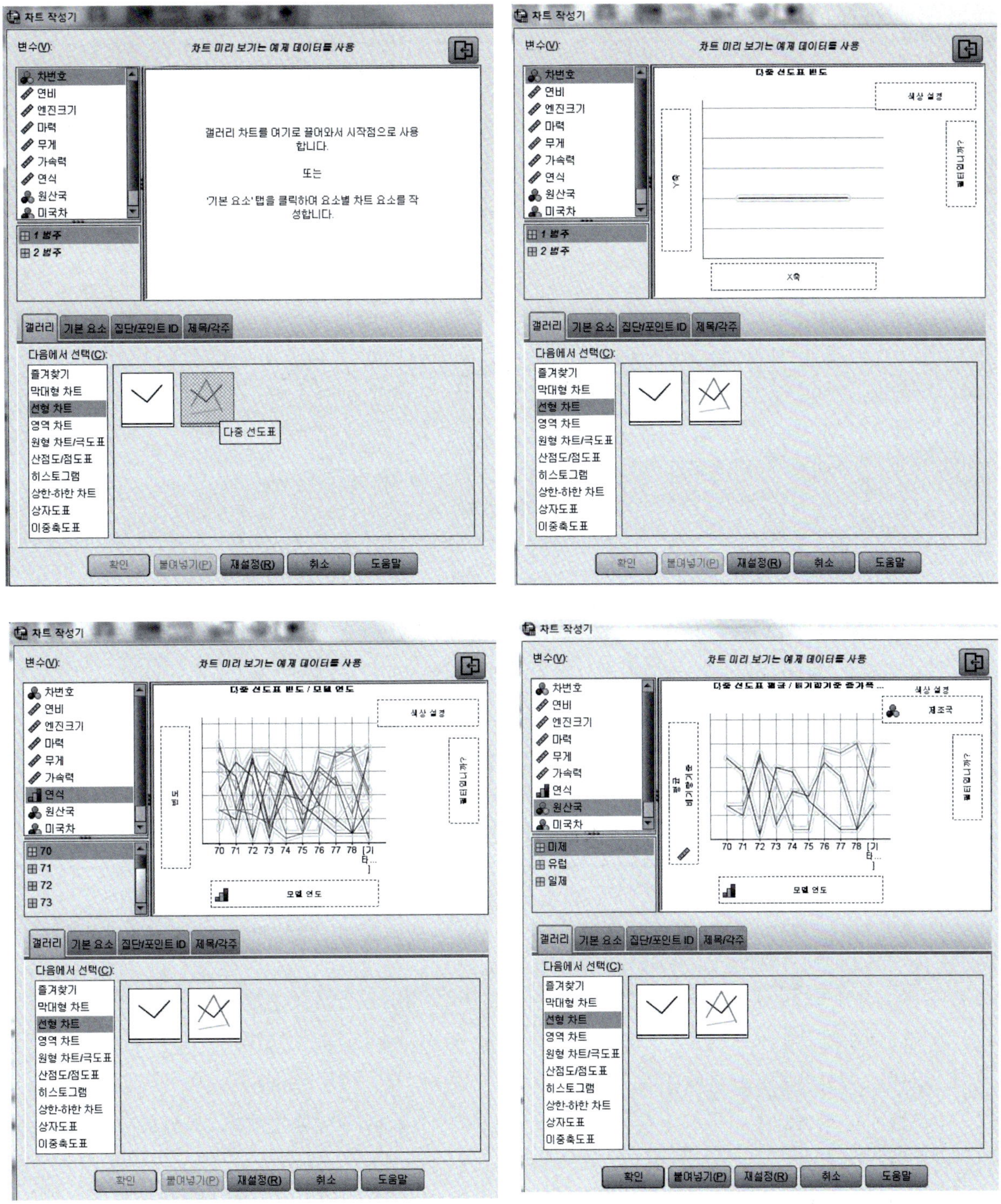

"차트 작성기" 대화상자에서 "확인"을 클릭하면, 〈그림 4-3〉과 같이 다중선도표가 나타난다. 〈그림 4-3〉에서 미국, 유럽, 일본의 3개 원산국들의 자동차들이 갖는 배기량들은 해가 지날수

그림 4-3 연식에 따른 원산국별 평균 배기량 선도표

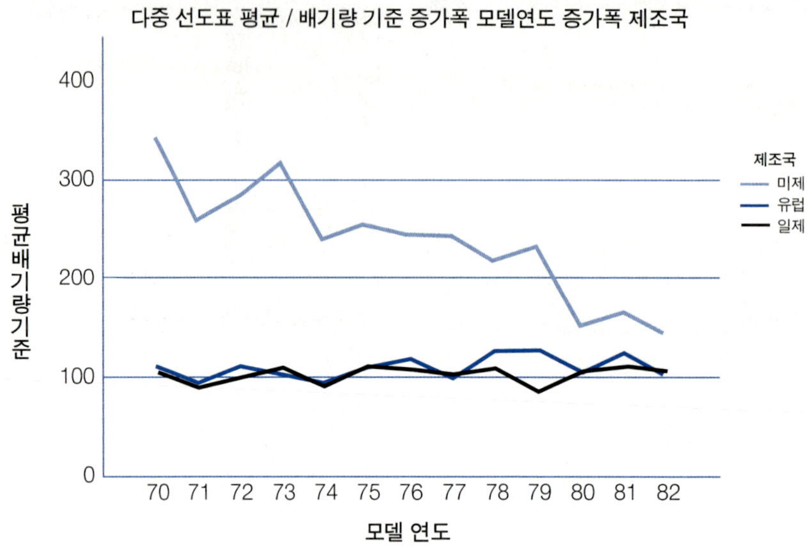

록 공통된 값으로 수렴하는 것을 보여주고 있다. 1970년대에 미국은 상대적으로 아주 큰 배기량 자동차를 생산했지만, 76년 이후 지속적으로 배기량을 축소시키고 있다.

04 두 변수들의 여러 선들차트

계속하여 "자동차.sav"파일을 사용하자.

메뉴 바에서 "그래프/차트 작성기"를 지정한다. 생성된 "차트 작성기"대화상자의 갤러리 탭에서 "선형 차트"(선도표)를 선택한다. 만약 앞에서 작업을 했던 차트가 있다면 "재설정"단추를 클릭하여 초기화면으로 전환시킨다.

그래프 이미지에서 여러 선들을 포함하도록 둘째 이미지인 다중선도표를 선택하여 우측위로 끌어넣기를 한다.

변수리스트에서 "연식"을 지정 후 마우스 우측단추를 클릭하여 생성된 대화상자에서 "순서형"을 지정한 후에 그 변수를 그림의 X축으로 끌어넣기를 한다.

변수리스트에서 "엔진크기"를 지정하고 그림의 (빈도로 표시되는) Y축으로 끌어넣기를 한다. 그에 따른 결과는 주석(annotation)에서 "요소특성: 통계량"에서 평균으로 주어지는 변수로 나타난다.

변수 리스트에서 "마력"을 지정하고, Y축 사각형의 +로 끌어넣기를 한다. 그리고 생성되는 "요약 집단 만들기"(Create Summary Group) 대화상자에서 "확인"을 클릭한다.

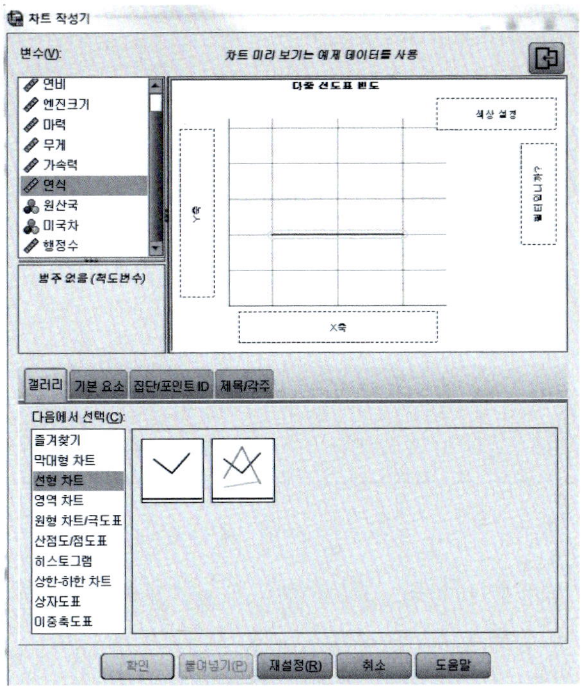

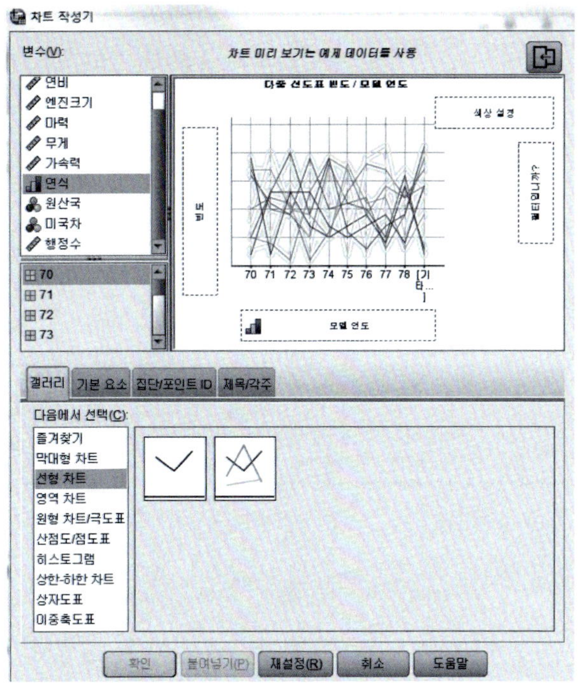

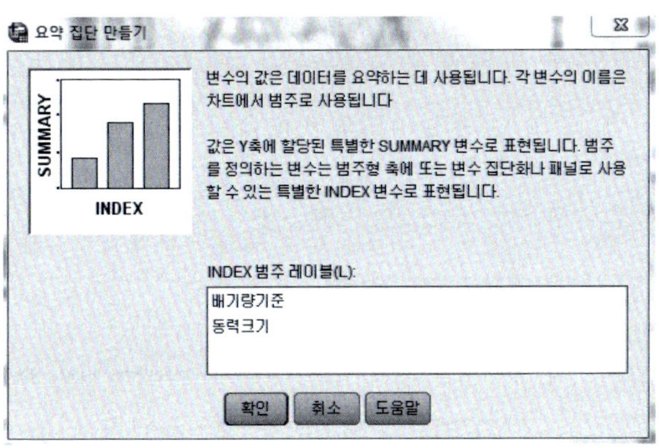

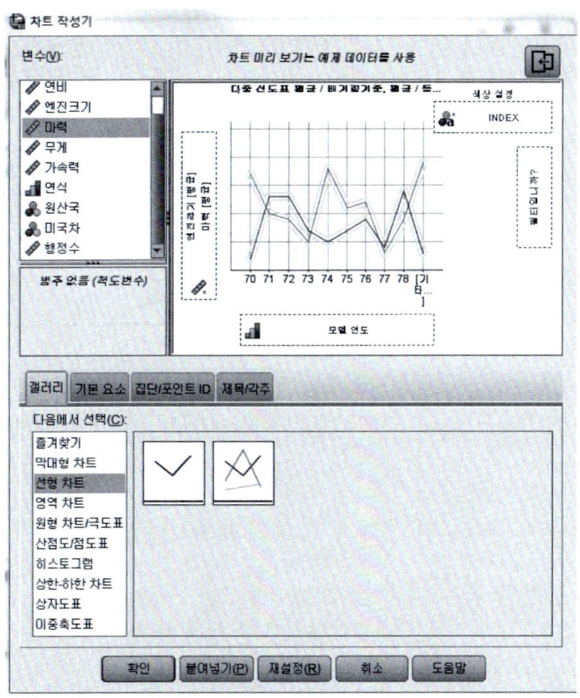

그림 4-4 다중 선도표

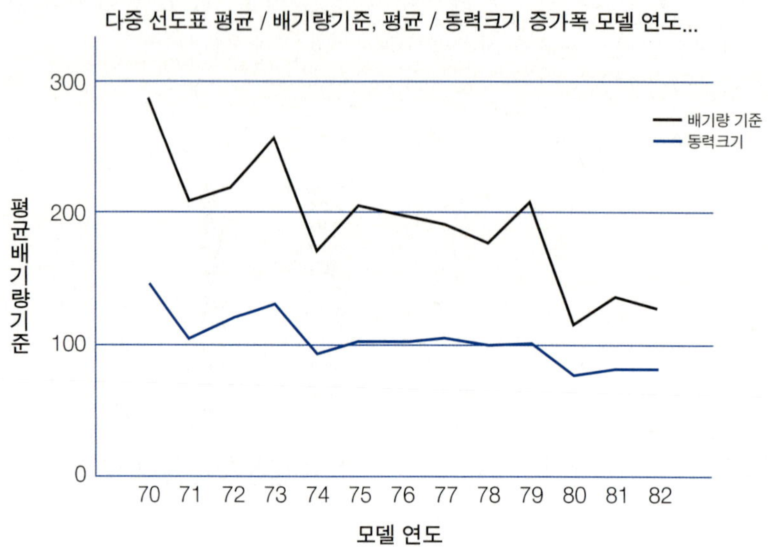

"확인"을 클릭하면 〈그림 4-4〉가 나타난다. 〈그림 4-4〉에서 Y축(빈도)의 원소들로 선택한 변수들인 "엔진크기"와 "마력"은 의미가 있도록 유사한 값들의 범위를 갖는다.

엔진크기와 마력이 상관을 갖도록 동일한 수준은 아니지만, 같은 방향으로 교란적 변동을 보이고 있다. 그렇지 않고 값들이 아주 다르다면, 〈그림 4-4〉의 여러 선 도표는 변동에 대해 파악이 어렵도록 나타나 의미가 없을 것이다

05 색상 산점도

색상 산점도(Colored scatterplots)는 극적인 모양을 보이지만, 그 것이 가장 강점은 아니다. 산점도는 2차원 평면에서 작성되므로 각 점이 공간에서 어디서 나타날지를 예상하는 것은 어렵다.

한편 자료가 적절히 분포가 된다면, 그에 따른 차트는 전달하려고 노력하는 개념을 제대로 나타낼 것이다.

"자동차.sav"파일을 사용하여, 메뉴 바에서 "그래프/차트 작성기"를 지정하자. 생성된 "차트 작성기"대화상자의 갤러리 탭에서 "산점도/점도표"를 선택한다.

그래프 이미지에서 셋째 이미지인 집단화 산점도 도구 도움말(Grouped Scatter tooltip)을 선택하여 우측위로 끌어넣기를 한다.

변수 리스트에서 "엔진크기"를 지정후에 그림의 X축으로 끌어넣기를 한다. 그리고 변수 리스트에서 "연비"를 지정 후 그림의 Y축으로 끌어넣기를 한다.

다시 변수 리스트에서 "원산국"을 지정후에 그림의 "색상 설정"사각형으로 끌어넣기를 한다. 그에 따라 "색상 설정"박스에 "제조국"이 나타난다.

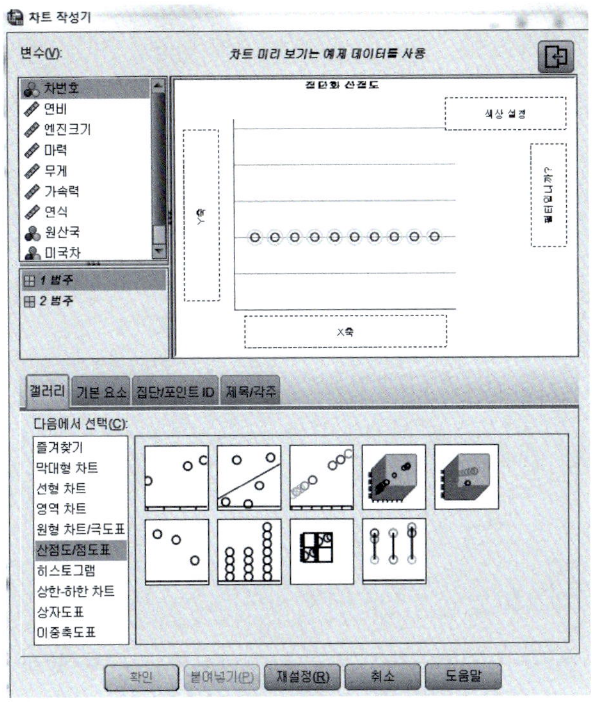

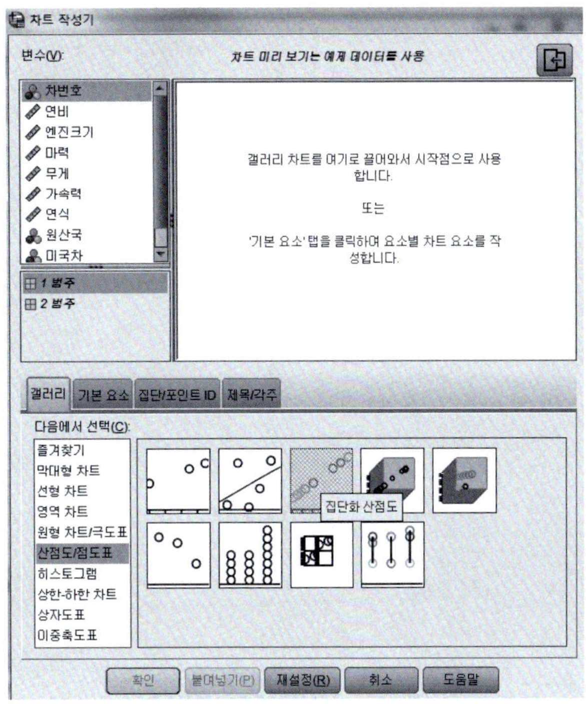

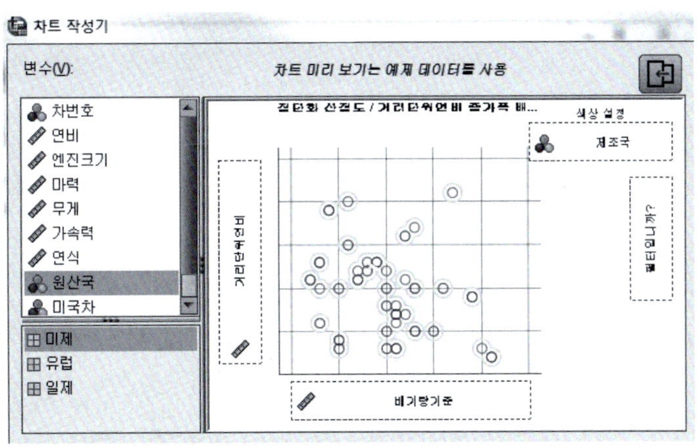

그림 4-5 집단화 산점도

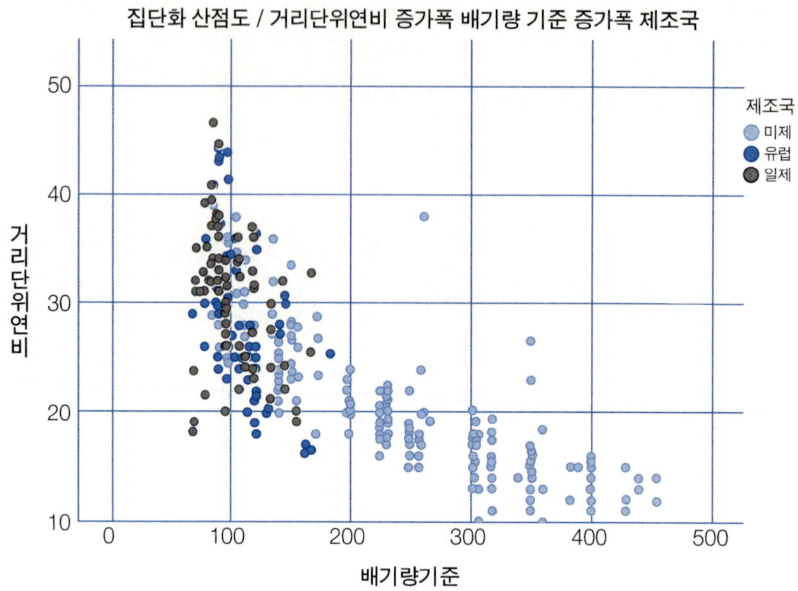

"확인"단추를 클릭하면, 〈그림 4-5〉의 색상산점도가 도출된다. 3차원 산점도에 3개 척도변수들을 보이도록 거품차트를 사용하는 것이 좋다.

06 산점도 행렬

산점도 행렬(scatterplot matrix)은 하나의 그래프 이미지에 결합된 산점도들의 그룹이다. 많은 척도변수들을 선택하여 행렬의 원소로 포함을 하면 각 가능한 변수들 쌍에 대한 산점도를 하나씩 생성할 수 있다. 행렬의 크기는 포함하는 변수들 수에 의해 통제된다.

"자동차.sav"파일의 자료를 사용하자. 메뉴 바에서 "그래프/차트 작성기"를 지정하여, 생성된 "차트 작성기"대화상자의 갤러리 탭에서 "산점도/점도표"를 선택한다.

그래프 이미지에서 8번째 이미지인 산점도 행렬도구 도움말(Scatterplot Matrix tooltip)을 선택하여 우측 위로 끌어넣기를 한다.

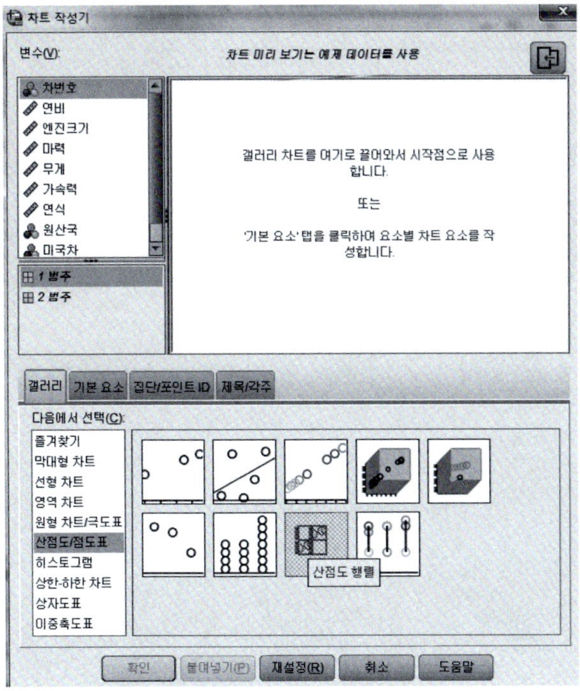

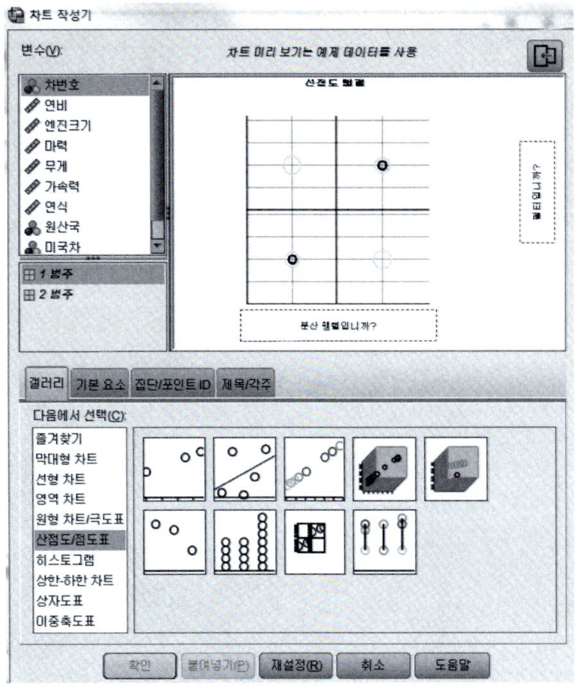

변수 리스트에서 "엔진크기"를 지정한 후에 그림의 "분산행렬입니까?" 사각형(Scatterplot Matrix rectangle)으로 끌어넣기를 한다.

다시 변수 리스트에서 "연비, 마력, 무게"를 지정한 후에 그림의 X축의 +로 끌어넣기를 한다.

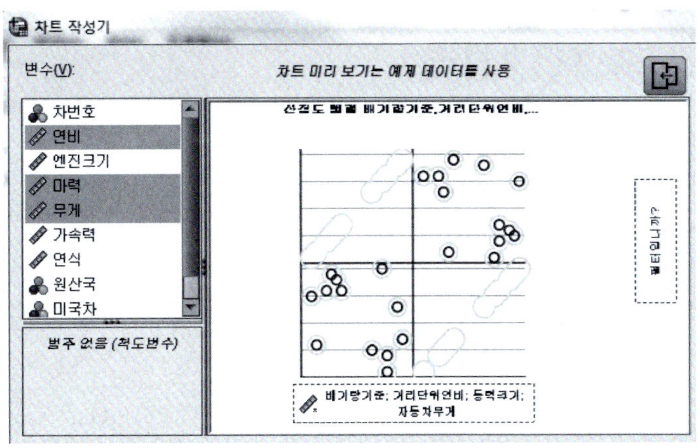

"차트 작성기" 대화상자 아래의 "확인" 단추를 클릭하면, 〈그림 4-6〉의 산점도 행렬이 나타난다. 각 변수는 다른 각 변수에 대해 산점도를 갖는다. 좌측 위에서 우측 아래로의 대각선을 따르는 산점도들은 공란으로 나타나는데, 이는 변수 자체에 대한 그 변수의 산점도를 작성하는 것은 의미가 없기 때문이다

그림 4-6 산점도 행렬

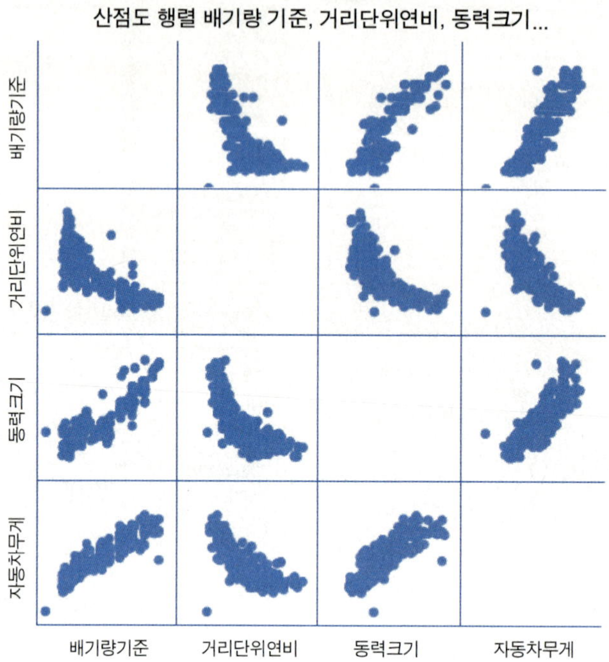

07 수직누적 막대차트

수직누적 막대차트(stacked bar chart)는 다발모양의 막대차트와 유사한데, 이는 한 변수의 여러 값들을 어떤 범주변수의 각 값에 대해 나타내기 때문이다.

포개진 막대차트는 나란히 표시하는 대신에 포개어 표시를 하여 자료의 다른 측면들을 강조할 수 있다.

"자동차.sav"파일의 자료를 계속 사용한다. 메뉴 바에서 "그래프/차트 작성기"를 지정하고, 생성된 "차트 작성기"대화상자에서 "재설정"단추를 클릭한다.

이제 "갤러리" 탭에서 "막대형 차트"(막대도표)를 선택하고, 그래프 이미지에서 셋째 이미지인 수직누적 막대도표를 선택하여 우측 위로 끌어넣기를 한다.

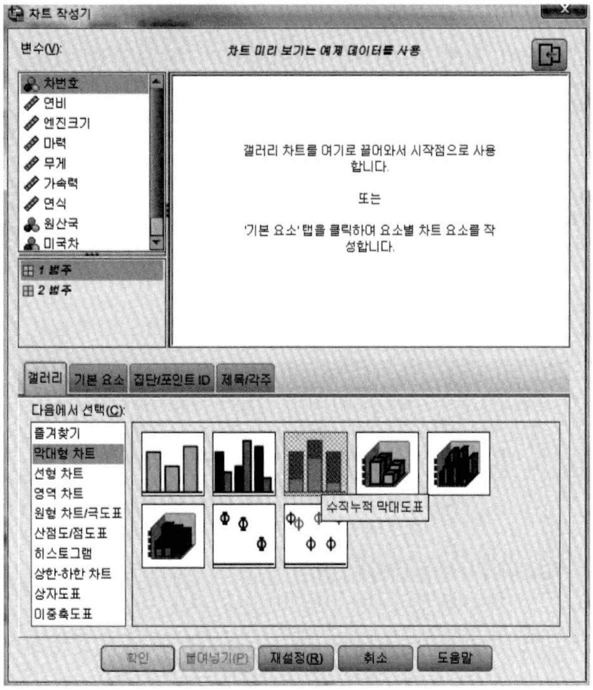

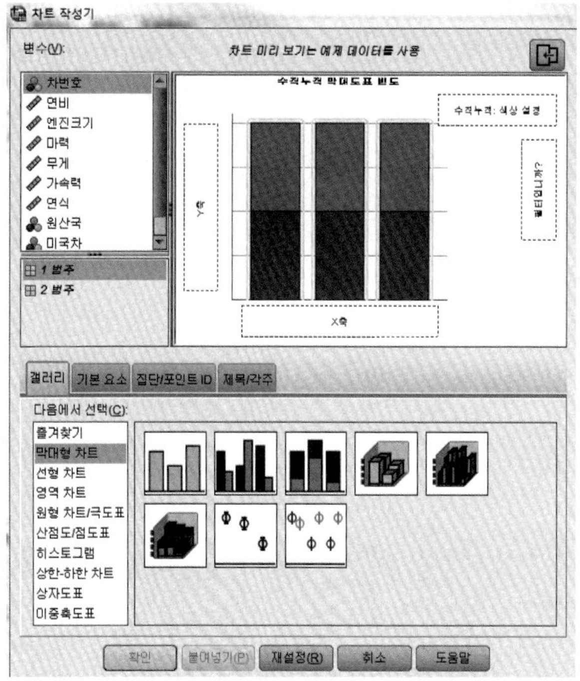

변수 리스트에서 "연식"을 지정하고 마우스 우측단추를 클릭하여 생성된 대화상자에서 "척도" 대신에 "순서형"을 지정한 후에 그 변수를 그림의 X축으로 끌어넣기를 한다.

또한 변수리스트에서 "연비"를 지정하고 그림의 (빈도로 표시되는) Y축으로 끌어넣기를 한다. 그에 따라 "요소특성"에서 평균의 통계량 변수는 "거리단위연비"로 나타난다.

그리고 변수 리스트에서 "원산국"을 지정하고, "수직누적: 색상설정"사각형(Stack Set Color rectangle)으로 끌어넣기를 한다. 그에 따라 "차트 작성기"대화상자에 "확인"단추가 진하게 나타난다. 이제 "확인"단추를 클릭하면 〈그림 4-7〉이 나타난다.

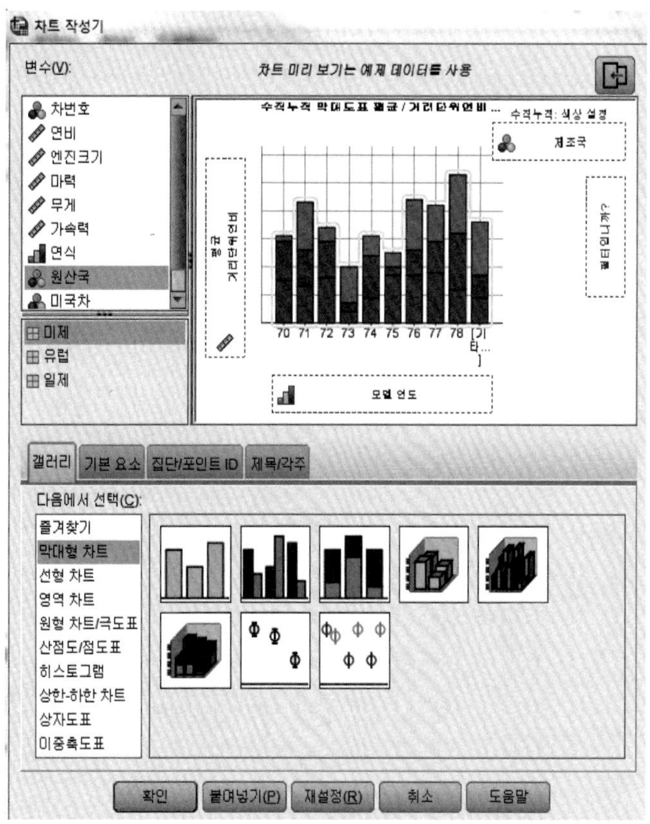

그림 4-7 원산국별 및 모델연도별 평균 연비의 수직누적 막대도표

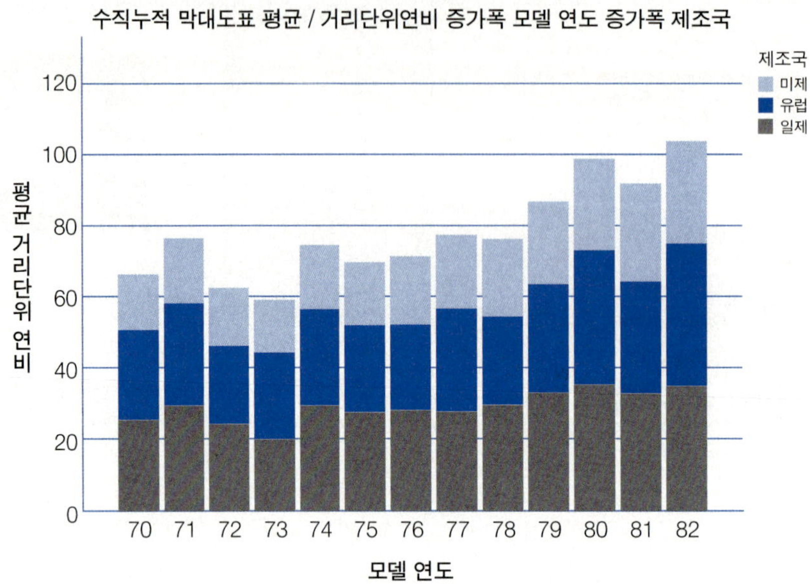

08 파이 차트

파이 차트는 파악하기(spot) 가장 쉬운 종류이다.

"원도표.sav"파일을 지정하고 열기를 한다.

메뉴 바에서 "그래프/차트 작성기"를 지정한다. 생성된 "차트 작성기"대화상자의 갤러리 탭에서 "원형 차트/극도표"(원도표/극도표)를 선택한다. 그래프 이미지에서 원도표를 선택하여 우측 위로 끌어넣기를 한다.

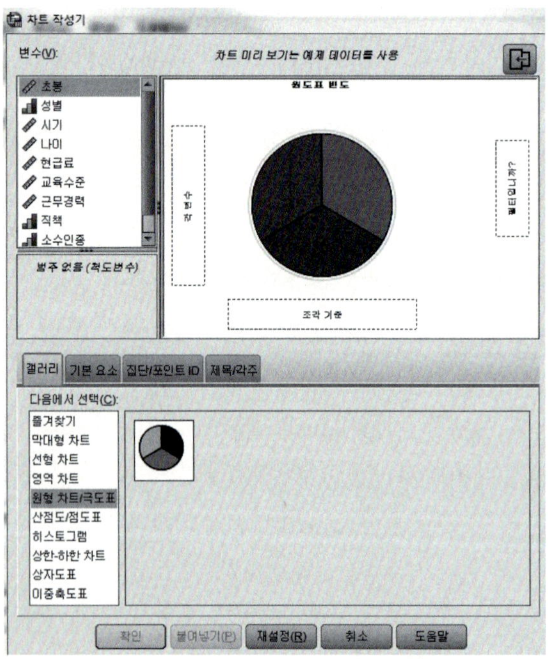

"갤러리"탭에서 "집단/포인트 ID"탭으로 바꾸어 클릭을 한다. 열패널 변수를 지정하면, 위의 그림칸에 "패널입니까?" 사각형이 생성된다.

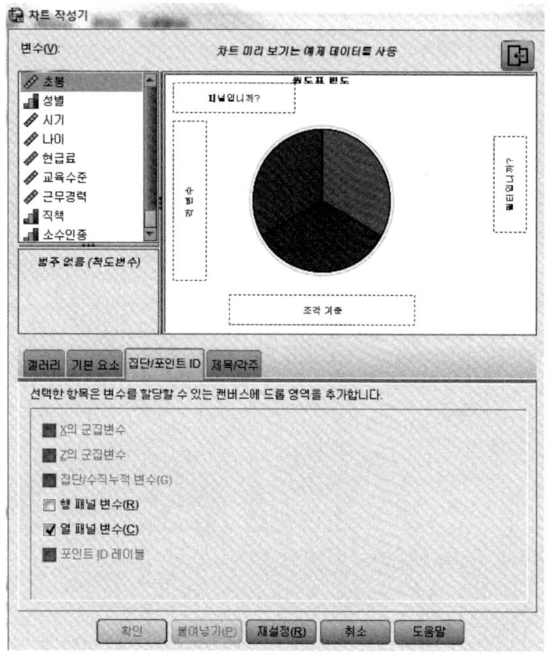

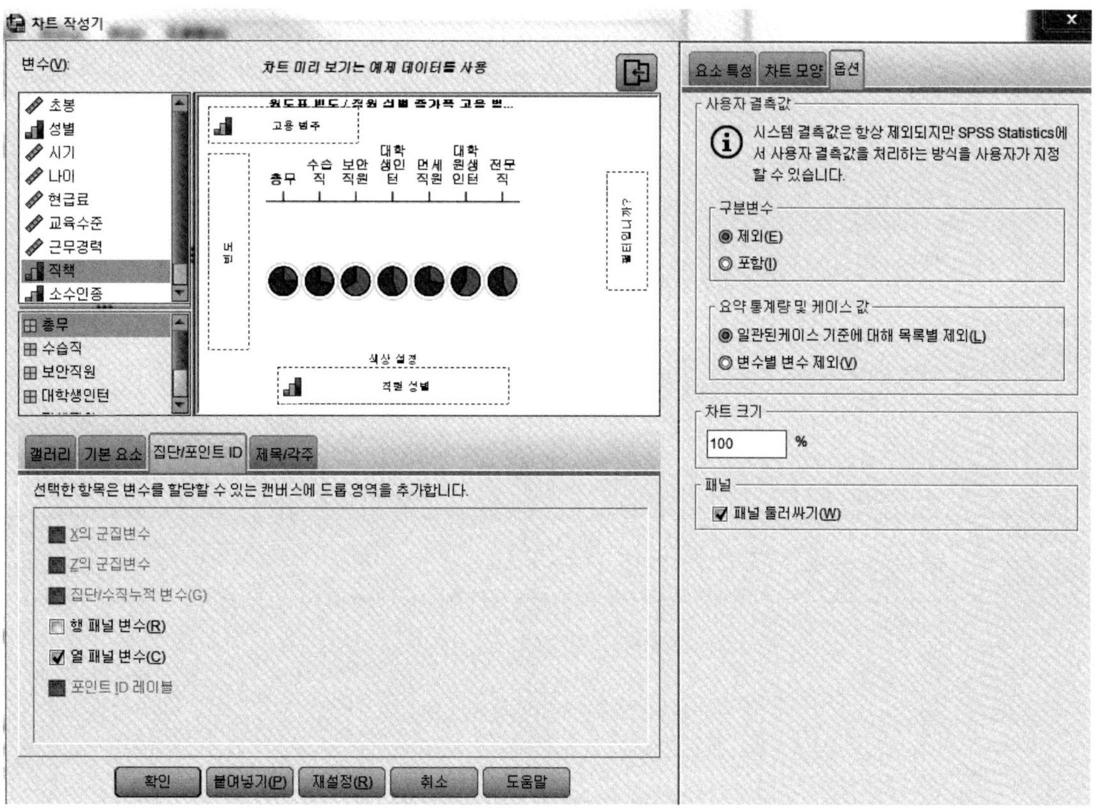

그림 4-8 직책기준 직원 성별 빈도 원도표

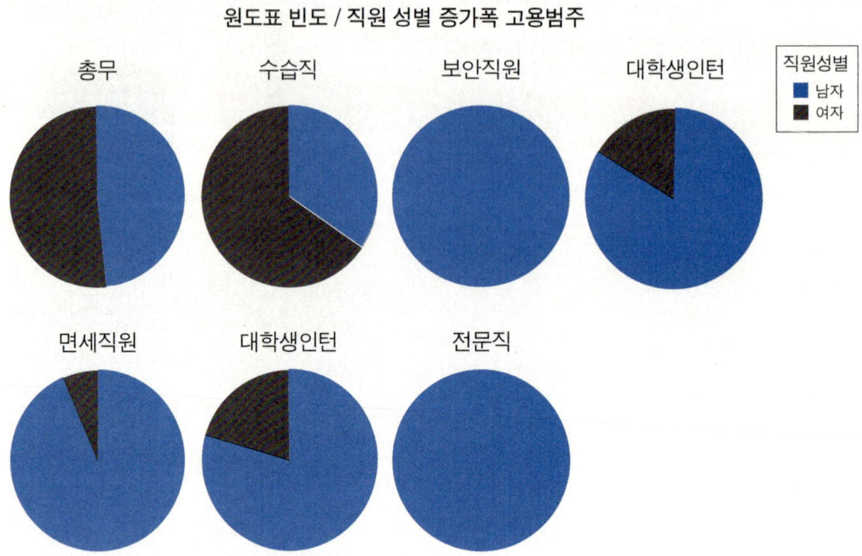

"차트 작성기"대화상자의 우측에서 "옵션"단추를 클릭한다. "옵션"탭 대화상자의 하단우측의 "패널"박스에서 "패널 둘러싸기"를 지정한다.

변수리스트에서 "성별"을 "원도표 빈도"박스의 하단에 있는 "조각기준"사각형(Slice By rectangle)으로 끌기넣기를 한다.

변수리스트에서 "직책"을 원도표 빈도"박스의 위에 있는 "패널입니까?"사각형(Panel rectangle)으로 끌어넣기를 한다.

"차트 작성기"대화상자의 "확인"단추를 클릭하면 〈그림 4-8〉의 원도표가 생성된다.

09 수평누적 범위막대 그래프

수평누적 범위막대 그래프(clustered range bar graph)는 5개 변수들의 관계를 보여준다. 다른 차트로는 명확히 이렇게 많은 변수들을 보여줄 수 없다.

"수평누적.sav"파일을 지정하고 열기를 한다.

메뉴 바에서 "그래프/차트 작성기"를 지정한다. 생성된 "차트 작성기"대화상자의 갤러리 탭에서 "상한–하한 차트"(High-Low)를 선택한다.

그래프 이미지에서 셋째 그림인 수평누적 범위막대도표를 선택하여 우측위로 끌어넣기를 한다.

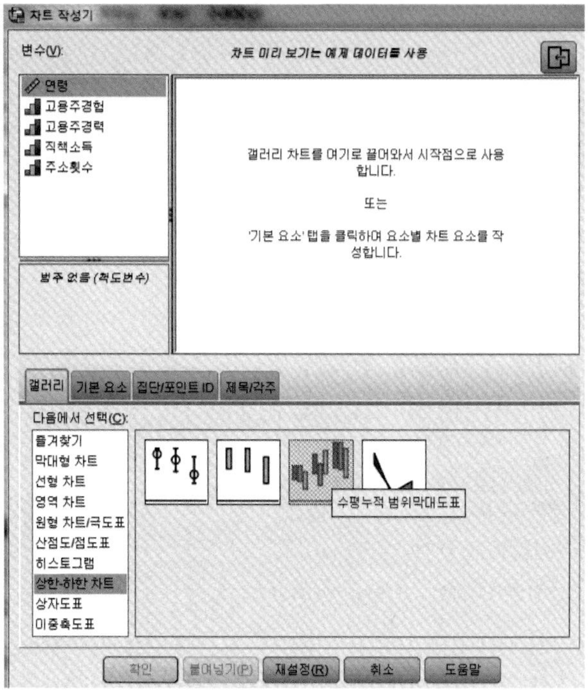

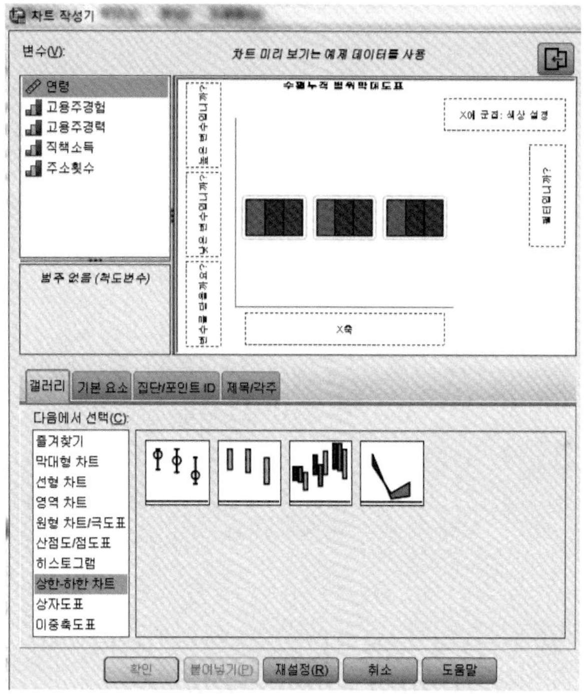

변수 리스트에서 "고용주경력"을 그림 칸의 우측 위에 있는 "X에 군집: 색상 설정"사각형(Cluster on X rectangle)으로 끌어넣기를 한다.

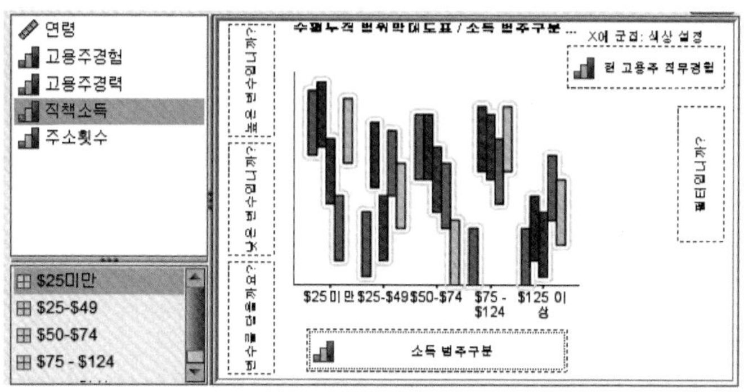

변수 리스트에서 "직책소득"을 "수평누적 범위막대도표"박스 아래의 X축 사각형으로 끌어넣기를 한다.

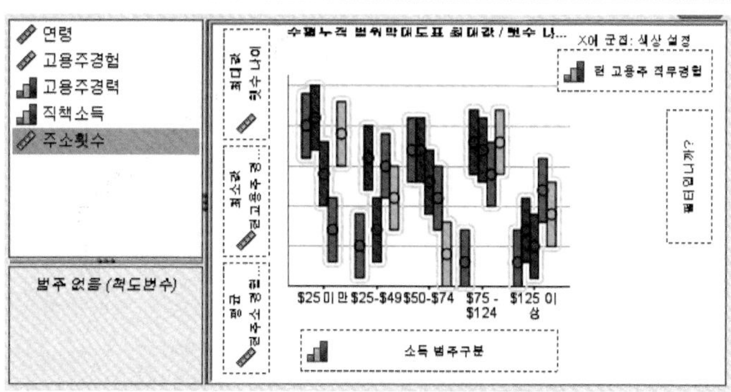

변수 리스트에서 "연령"을 우측 클릭하여 척도로 지정한 후에 "수평누적 범위막대도표"박스의 좌측 위의 "높은 변수입니까?" 사각형(High Variable rectangle)으로 끌어넣기를 한다.

변수 리스트에서 "고용주경험"을 우측 클릭하여 척도로 지정 후에 "수평누적 범위막대도표"박스의 좌측중간에 있는 "낮은 변수

그림 4-9 수평누적 범위막대도표

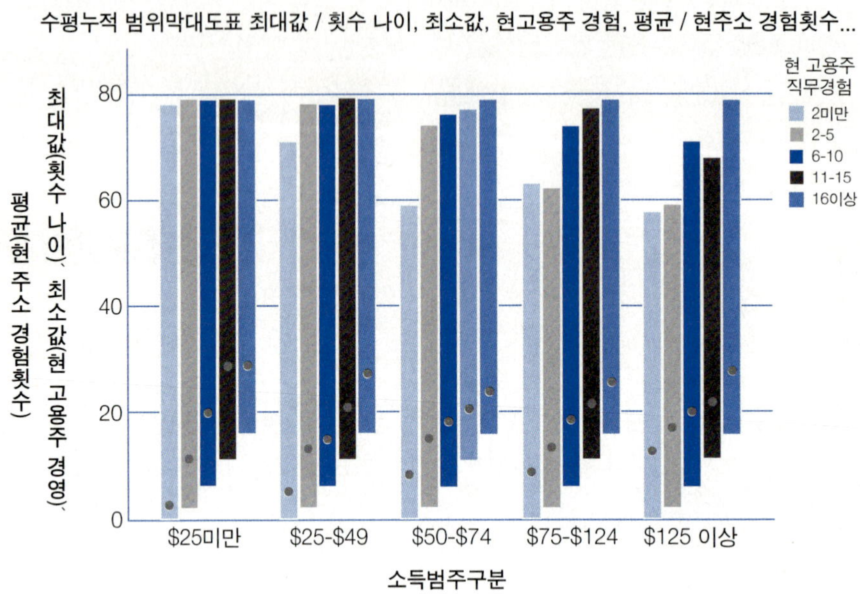

입니까?"사각형(Low Variable rectangle)으로 끌어넣기를 한다.

변수 리스트에서 "주소햇수"를 우측 클릭하고 척도로 지정한 후, "수평누적 범위막대도표"박스 좌측 아래에 있는 "변수를 닫을까요?"사각형(Close Variable rectangle)으로 끌어넣기를 한다.

"차트 작성기"대화상자의 "확인"단추를 클릭하면, 〈그림 4-9〉와 같이 수평누적 범위막대도표를 도출할 수 있다.

10 격차영역 그래프

격차영역 그래프(differenced area graph)는 두 변수들 간의 격차를 짙은 색상으로 그 변수들 사이의 면적을 채워서 강조하는 선그래프들의 쌍을 제공한다. 2개 그래프들이 한 범주변수의 점들에 대해 작성된다.

"격차영역.sav"파일을 지정하고 열기를 한다.

메뉴 바에서 "그래프/차트 작성기"를 지정한다. 생성된 "차트 작성기"대화상자의 갤러리 탭에

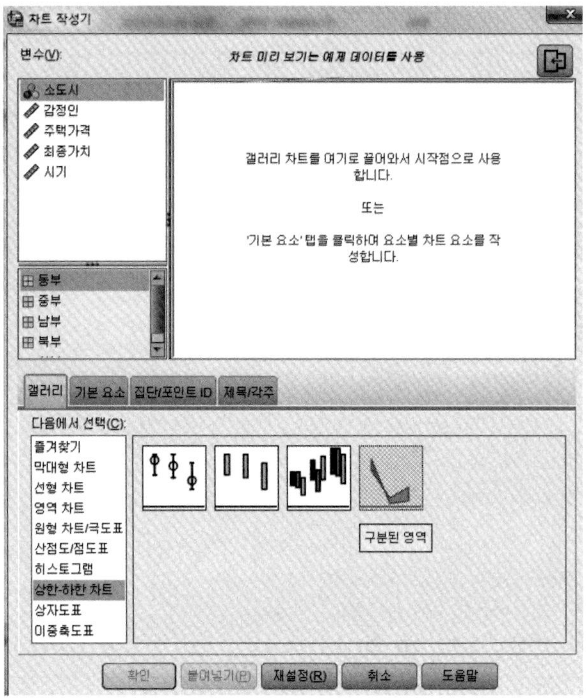

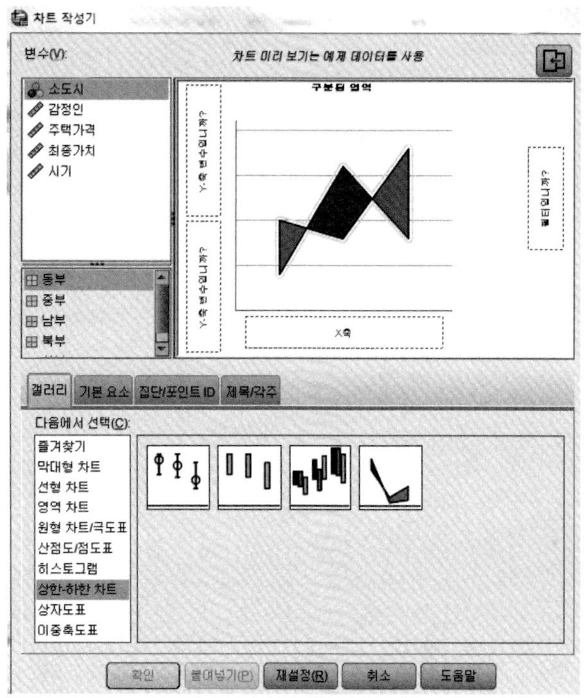

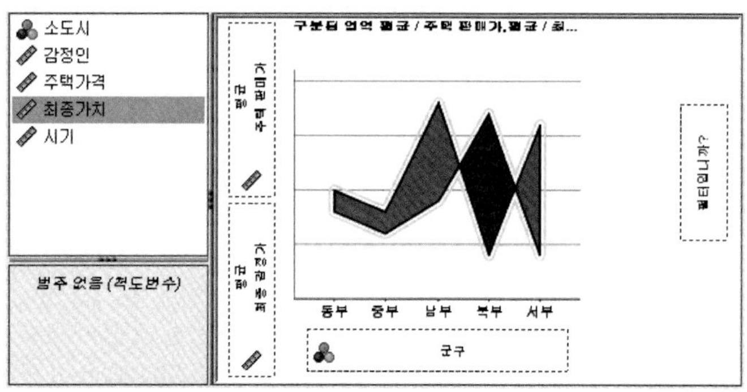

서 "상한-하한 차트"(상한-하한 도표)를 선택한다.

그래프 이미지에서 넷째 그림인 "구분된 영역"도움말(Differenced Area tooltip)을 선택하여 우측위로 끌어넣기를 한다.

변수 리스트에서 "소도시"를 "구분된 영역"박스의 아래에 있는 X축 사각형으로 끌어넣기를 한다.

변수 리스트에서 "주택가격"과 "최종가치"를 "구분된 영역"박스의 "Y축 변수입니까?"사각형들에 각각 끌어넣기를 한다.

"차트 작성기"대화상자의 "확인"단추를 클릭하면, 〈그림 4-10〉과 같이 격차영역그래프를 도출할 수 있다.

그림 4-10 격차영역 그래프

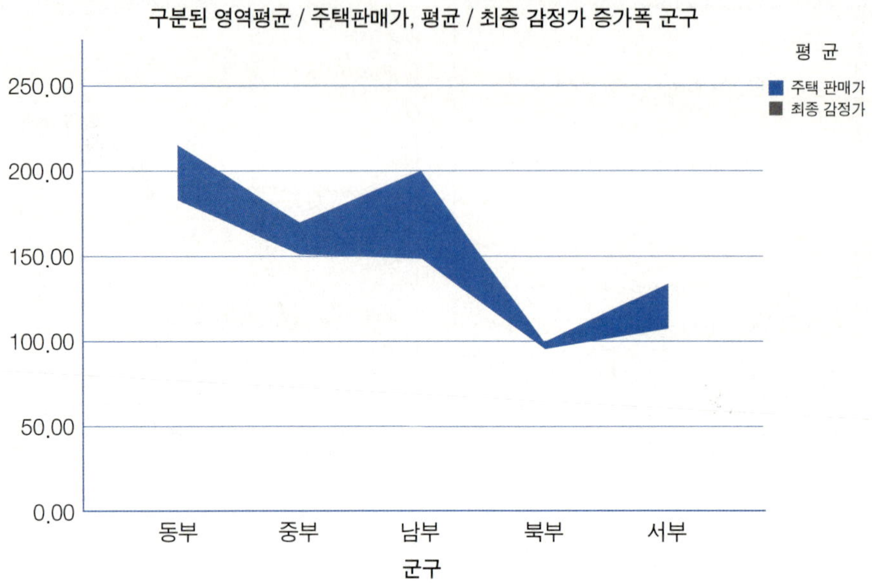

11 이중축 도표

동일한 차트에 2개 이상의 변수들을 그리는 그래프들이 많지만, 동일척도에 대해 반드시 그려야 한다.

이중축 그래프(dual-axis graph)에서 두 변수들이 작성되고, 2개의 다른 척도들을 사용하여 두 변수들의 그래프가 작성된다. 따라서 값들은 동일범위를 요구하지 않고, 두 변수들이 다른 척도를 갖더라도, 그들의 곡선들과 추세들을 쉽게 비교할 수 있다. 동일한 범주들 집합에 따라 변동하는 다른 범위들을 가진 두 변수들을 함께 그림을 다음과 같이 그릴 수 있다.

“격차영역.sav”파일을 지정하고 열기를 한다.

메뉴 바에서 “그래프/차트 작성기”를 지정한다. 생성된 “차트 작성기”대화상자의 “재설정”단추를 클릭하여 남아있는 차트를 제거한다. 다시 갤러리 탭에서 “이중축도표”(Dual Axes)를 선택한다.

그래프 이미지에서 첫째 그림인 범주형 X축이 있는 이중 Y축 도움말(Dual Y Axes with Categorical X Axis tooltip)을 선택하여 우측 위로 끌어넣기를 한다.

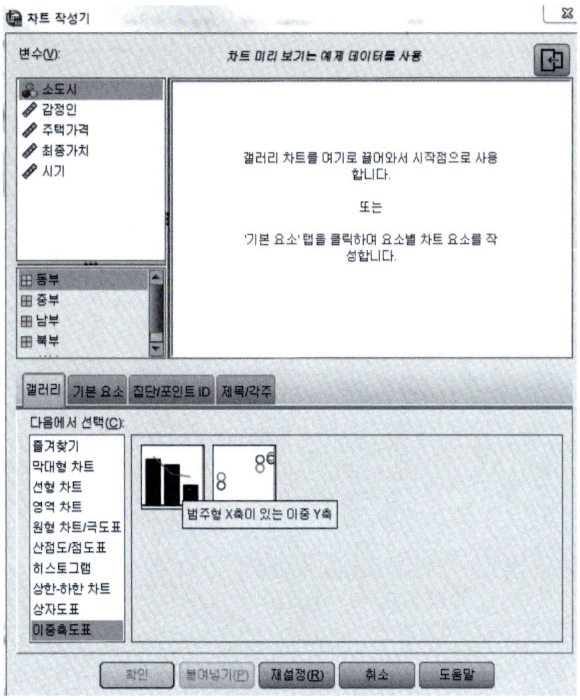

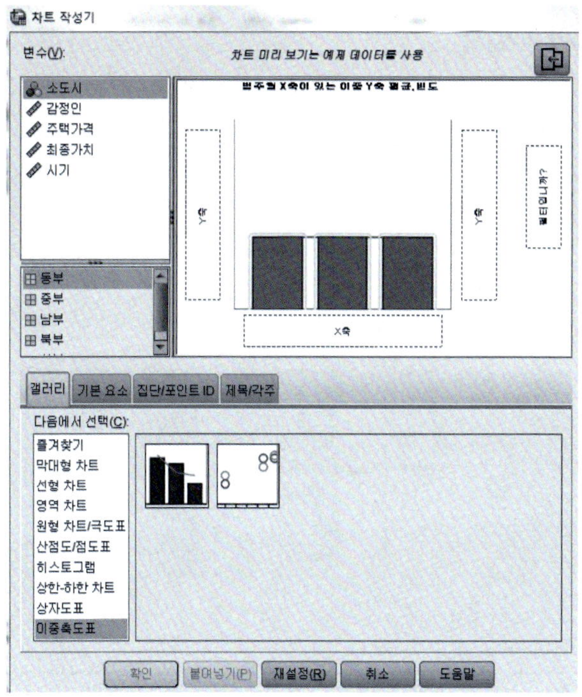

변수 리스트에서 "최종가치"와 "주택가격"을 각각 "범주형 X축이 있는 이중 Y축 평균, 도표"박스의 좌측 "Y축"사각형과 우측 "Y축"사각형에 끌어넣기를 한다.

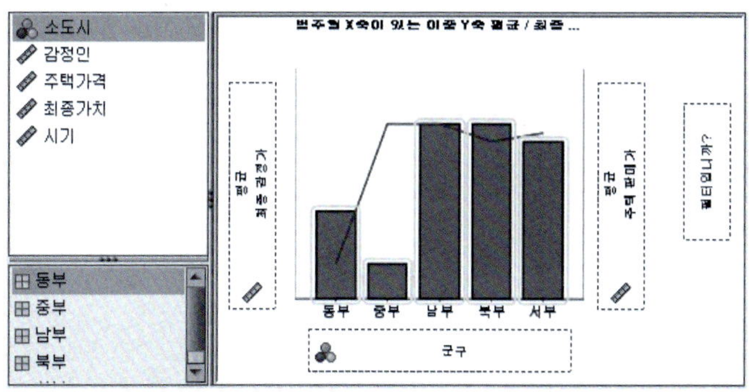

변수 리스트에서 "소도시"를 "범주형 X축이 있는 이중 Y축 평균, 도표"박스의 아래에 있는 X축 사각형으로 끌어넣기를 한다.

"차트 작성기"대화상자의 "확인"단추를 클릭하면, 〈그림 4-11〉과 같이 이중축 도표를 도출할 수 있다.

그림 4-11 이중축 도표

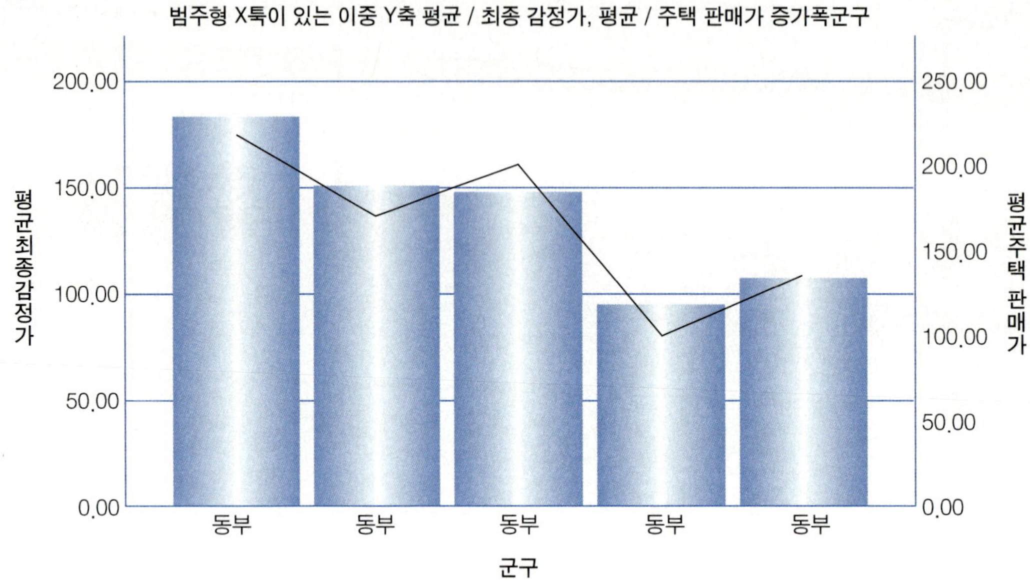
범주형 X툭이 있는 이중 Y축 평균 / 최종 감정가, 평균 / 주택 판매가 증가폭군구
200.00
150.00
100.00
50.00
0.00
평균최종감정가
250.00
200.00
150.00
100.00
50.00
0.00
평균주택 판매가
동부
동부
동부
동부
동부
군구

제5장

통계검정 입문과 정규성 검정

01 가설검정 기초사항
02 모수적 검정
03 정규분포 여부파악을 위한 히스토그램 작성
04 정규곡선 작도
05 정규성 검정
06 균등분산의 가정과 대처방법

01 가설검정 기초사항

1. 가설검정의 절차와 수행요소

가설(hypothesis)은 연구를 위해 임시로 진실이라고 채택한 진술이며, 항상 귀무가설과 대립가설의 쌍으로 제시된다.

귀무가설은 보통 관찰하는 어떤 차이라도 확률오차(random error)에 의해 발생되는 것으로 진술하며 통계적 가설이라고도 한다. 한편 대립가설은 관찰하는 어떤 차이라도 그룹들 간의 계통적 차이에 의해 초래된다고 진술하며, 연구가설, 과학적 가설 또는 실험가설이라고도 한다.

다음과 같은 검정통계량의 결과를 기초로 실제 세상에 대한 결론을 가설검정을 통해 도출할 수 있다.

$$\text{검정통계량} = \frac{\text{표본통계량} - \text{귀무가설 모수}}{\text{평균의 표준오차}}$$

검정통계량은 모집단이 정규분포를 갖는 경우에 모집단분산을 알고 있다면 z값을, 모집단분산을 모르는 경우에는 표본크기가 30 이상이면 z값을 사용하고, 30 미만이면 t값을 사용한다. 또한 모집단이 정규분포를 갖지 않는 경우에 표본크기가 30 이상이면서 모집단분산을 알고 있다면 z값을, 모른다면 t값을 사용한다. 그리고 표본크기가 30 미만이면 비모수검정 통계량을 사용한다. 그런데 SPSS는 z통계량 검정을 제공하지 않는다.

가설검정에서 제1종 오류는 참인 귀무가설을 기각하는 오류이고, 제2종 오류는 거짓인 귀무가설을 기각하지 못하는 오류이다. 유의성 검정(Significance tests)은 α(alpha)라고 하는 제1종 오류를 범하는 확률을 결정한다.

귀무가설이 참이라고 가정하는 것과는 아주 다른 값을 얻을 확률을 유의확률이라고 한다. 관습적으로 유의확률을 5%로 설정하는데, 검정통계량의 유의확률인 p-값이 5% 이하로 나타나면 귀무가설을 기각한다. 이러한 경우에 관찰하는 그룹들 간의 차이는 통계적으로 유의하다라고 말한다.

SPSS는 검정통계량 값에 관련된 정확한 α 수준을 제공하여 준다. 이는 결과물에서 Sig. 또는 p 값으로 표시되고, 귀무가설을 기각하여 제1종 오류를 범할 가능성을 나타낸다.

SPSS는 일반적으로 (결과물에서 보통 Sig.로 표시되는) 양측 알파수준(two-tailed alpha level)을 제공해준다. 양측꼬리가설(two-tailed hypothesis)은 표본통계량과 가설 모수 간에 어떤 차이라도 존재하는지의 여부를 결정하려고 시도한다. 그래서 정규분포의 양측꼬리들 중 하나에서 제1종 오류를 범할 가능성을 갖는다.

단측꼬리검정은 특정 방향으로의 차이를 검토하므로, 분포의 한 측면(꼬리)에서만 제1종 오류를 범할 수 있다. 단측가설을 갖는 경우에는 (양측검정을 수행하는) SPSS 결과물에서 나온 유의수준을 찾아 2로 나누어 결정할 수 있다. 예컨대 차이가 우측방향으로 있고 SPSS결과물에서 유의수준이 0.084라면, 단측가설 검정을 위해서는 0.042의 유의수준으로 결정할 수 있다.

2. 실험의 가설검정 절차

독립변수와 종속변수의 개념은 종속변수에 대한 효과를 실제로 관찰하기 위해 조사자가 독립변수를 조작하는 실험에서 보다 명확히 규명할 수 있다. 이러한 경우에 독립변수를 처리변수(treatment variable)라고도 한다.

예컨대 조사자는 (특정 처리에 대해 환자들을 무작위로 할당하여) 환자들에게 제공되는 처리형태를 조작하고 그 결과들을 측정할 수 있다. 여기서 처리형태는 (침술에 대한 물리치료와 같은) 독립변수가 되고 그 결과는 (허리통증 수준과 같은) 종속변수가 될 것이다. 독립변수와 종속변수 간의 관계에 대한 예측을 하는 실험가설은 다음과 같이 공식화할 수 있다.

- 실험가설 : 침술은 물리치료보다 요통수준을 더 크게 감소시킬 것이다.
  그리고 실험가설을 제안한 후에 다음과 같이 독립변수와 종속변수 간의 관계부재를 언급하는 귀무가설이라는 것을 공식화해야 한다.
- 귀무가설 : 환자들이 경험한 요통수준에 대해 침술과 물리치료 간에는 차이가 없을 것이다.

실험결과들은 귀무가설을 유지시키거나 기각시킬 수 있게 근거를 제공 할 것이다. 그래서 만약 침술이 실제로 요통감소를 더 크게 가져 온다는 것을 안다면, 우리는 귀무가설을 기각시키는 결론을 갖는다. 만약 어떤 차이도 없다면 우리는 귀무가설을 채택하는 결론을 갖는다.

고려할 필요가 있는 또 다른 요인은 가외변인(무연변수, extraneous variable) 또는 혼재변수들(confounding variables)이다. 이들은 종속변수에 대한 결과들에 영향을 미칠 수 있는 독립변수 이외의 변수들이다.

예컨대 요통감소에 물리치료보다 침술이 더 좋다면 이러한 결과에 기여한 여타 요인들이 있을 수 있다. 아마 침술사가 환자들과 더 많은 만남을 가졌거나, 아마 침술사를 만났던 환자들이 치료를 보다 잘 받아들이는 만성정도가 더 작은 보다 젊을 수 있는 등의 뜻밖의 결과들이 발생할 수 있다. 따라서 이러한 가설적 예제에서 적어도 침술사와의 만남 수준과 비교가능한 환자들 표본을 보장하는데 있어, 실험들의 디자인에서 조건들을 통제하는 것이 중요하다.

02 모수적 검정

많은 통계검정들이 표본들 간 차이를 검토하기 위해 표본들이 동일한 모집단에서 추출된 것인지의 여부를 추론하기 위해 표본들을 비교한다. 이와 관련하여 Pearson 상관계수와 같은 표본들 간의 연관이나 카이자승 검정과 같은 독립성 검정들을 검토할 수 있다.

모집단에 대한 표본들로부터의 추론을 위해서는 모수라고 하는 모집단 값들을 대표하도록 표본평균 등의 표본통계량들을 사용하여 통계적 검정을 해야 한다. 통계적 검정은 표본의 결과들에 대해 일반화시킬 수 있는 방식을 제공하는 탁월한 조사도구이다.

그런데 통계적 검정은 특정 가정들을 기반으로 하는 상황에서 표본평균 및 표준편차를 사용한 추정으로 모집단에 대한 판단을 제공하므로 모수적 검정(parametric tests)이라고 한다. 모수검정의 수행을 위한 고려사항들은 다음과 같다.

① **표본선정** : 표본의 편향된 선정은 표본이 모집단을 정확히 나타낼 수 없는 것을 의미한다. 보통 표본은 모집단에서 무작위로 선정되어야 한다. 만약 표본이 편향되면 표본값들은 모집단 값들의 우량추정수단들이 아닐 것이다.

② **측정척도**(measurement scale) : 모수검정은 측정척도의 연속적 숫자들이 균등한 간격들을 갖는 등간자료를 요구한다. 순수한 0을 갖는 척도로 측정된 등간자료는 비율자료(ratio data)이다. 등간자료가 아닌 경우에는 평균 및 표준편차 등의 통계량을 원래 점수들을 사용하여 계산하는 것은 의미가 없다.

③ **정규성** : 정규성 가정은 모든 모수적 검정의 기초가정이다. 정규성 가정이 충족되지 않는다면, 검정결과들은 통계량의 값을 과소추정 또는 과대추정을 하게 된다.

④ **분산 동일성** : 2개 이상 표본들을 비교하는 경우, 표본들이 선정된 모집단들이 균등한 분산들을 가진다고 가정한다. 만약 이러한 가정이 충족되지 않는다면 통계적 검정은 이러한 자료에 가장 적합한 것이 아닐 수도 있다.

03 정규분포 여부파악을 위한 히스토그램 작성

"산포도.sav"파일을 열고, 화면상단 메뉴 바에서 "그래프/차트 작성기"를 클릭한다.

생성된 갤러리에서 히스토그램을 선택하고, 첫째 (단순)히스토그램을 미리보기 영역(preview area)으로 끌어넣기를 한다.

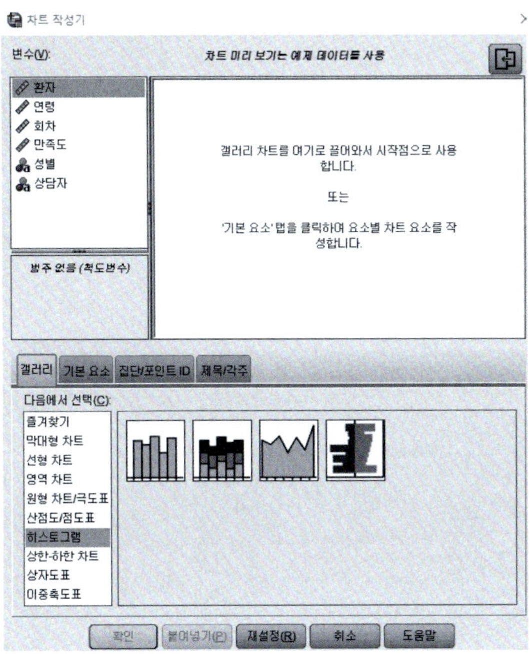

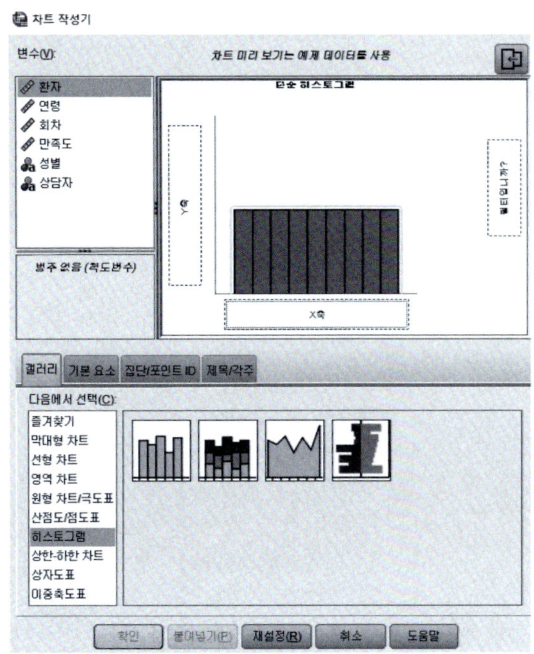

"만족도"를 X축으로 끌어넣기를 한다.

"집단/포인트 ID"를 클릭하여 "행 패널 변수"를 지정한다.

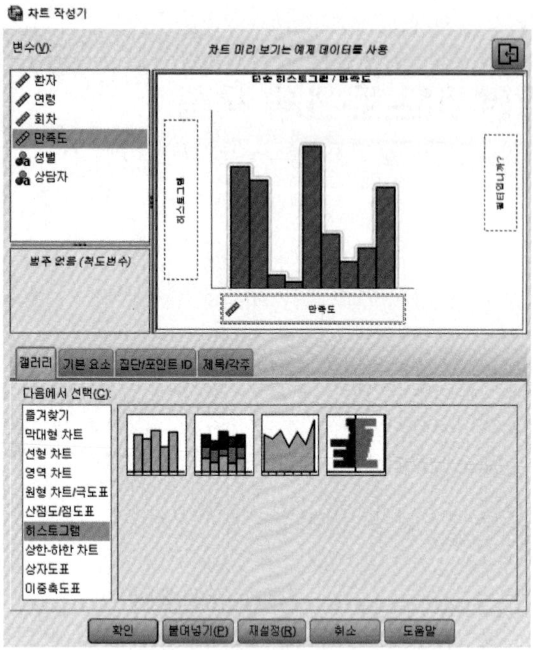

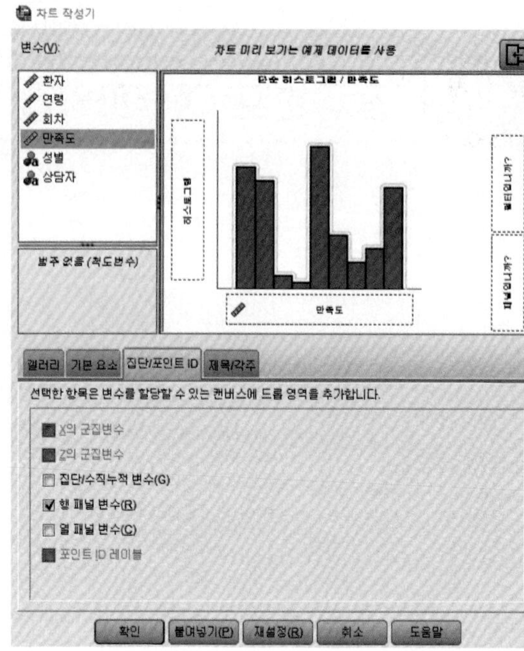

"행 패널 변수"를 지정한 후에 "단순히스토그램/만족도"박스에서 "패널입니까?"박스(Panel box)가 생성된다. "상담자"를 "패널입니까?"박스로 끌어넣기를 한다.

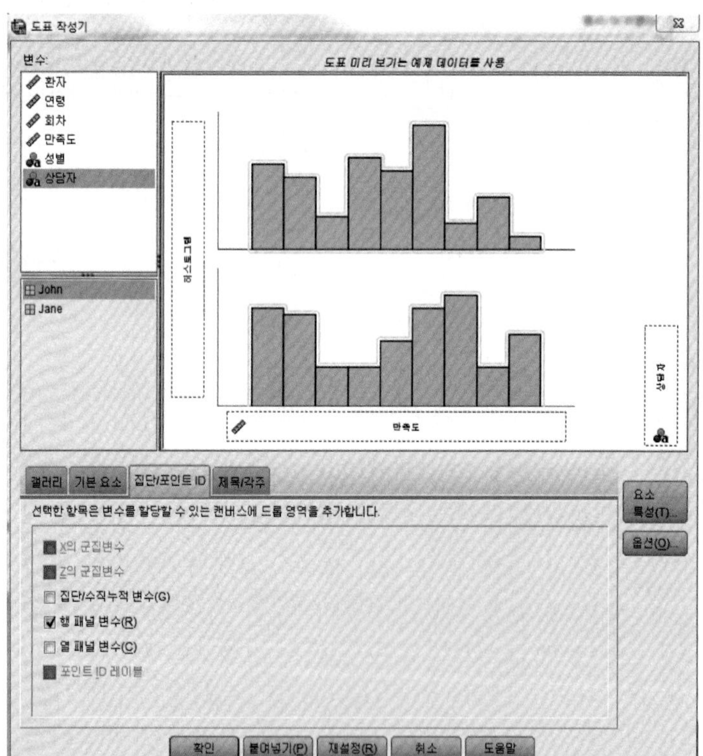

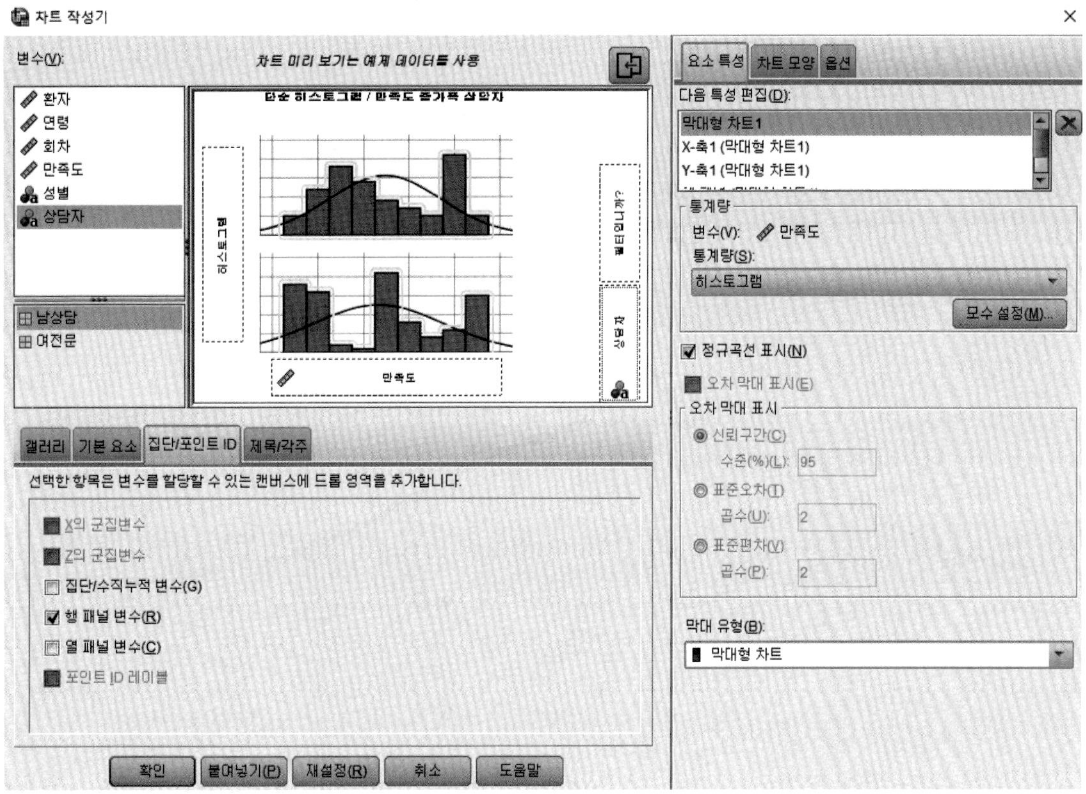

끝으로 “차트 작성기”에서 우측의 요소특성(Element Properties) 부분에서 중간에 있는 “정규곡선 표시”박스에 체크표시를 하고 아래에 있는 “확인”단추를 클릭한다.

“확인”을 클릭한다. 이에 따라 2개의 히스토그램이 출력되며, 선 아래 히스토그램은 대부분 점수들이 중간에 있고 양끝으로 차츰 감소하여 자료가 상대적으로 정규분포된다는 것을 보여준다.

〈그림 5-1〉에 따라 많은 조사자들이 자료가 정규분포와 비슷한 것을 히스토그램으로 시각적으로 검토할 수 있다.

정규분포 검정법은 “보통 수준 이탈”에 대해 정확하며 세심한 적용기준을 채택하기 때문에, 정규분포와 비슷하면 된다. 그렇지만 이러한 검정법은 아주 주관적이어서 남용될 여지가 있다. 그래서 분포가 정규적인지의 여부에 대한 보다 객관적인 측정을 위해 Kolmogorov-Smirnov와 Shapiro-Wilk의 2가지 추가검정법들을 언급할 수 있다.

만약 이러한 검정법들의 결과들이 통계적으로 유의적이라면, 분포는 정규분포에서 유의적으로 벗어나 있다는 것을 암시한다.

그림 5-1 각 상담자에 대한 만족도 평점들을 보여주는 히스토그램

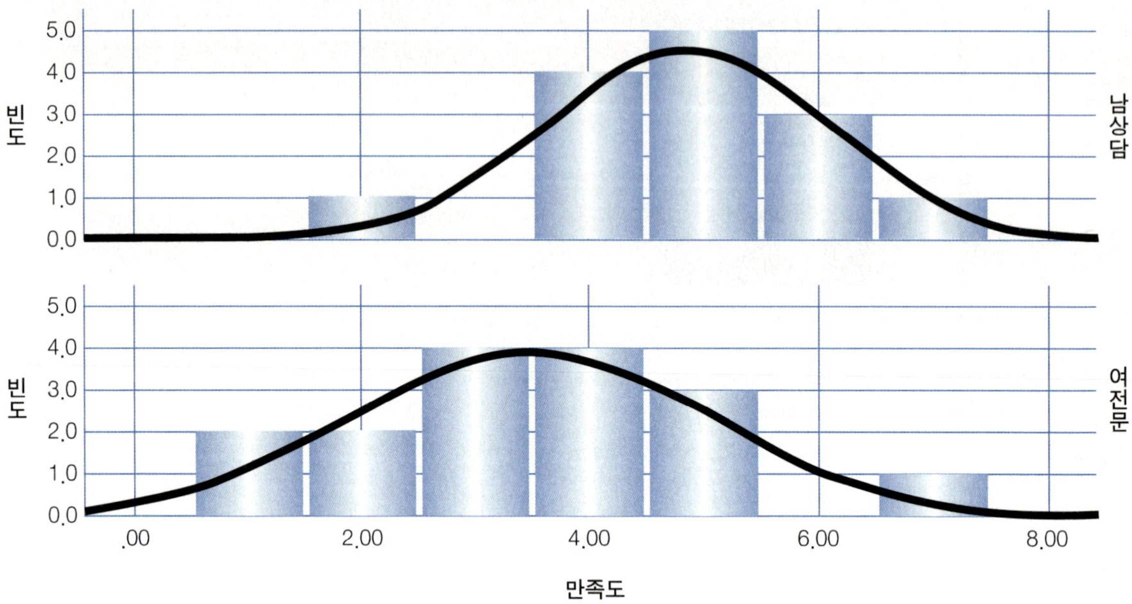

04 정규곡선 작도

표본에서 점수들 분포를 시각적으로 검토하는 방법들은 많다. SPSS에서는 기술통계/빈도 명령어와 그래프들을 사용하여 정규곡선을 덧붙인 자료의 히스토그램을 작성할 수 있다.

여기서는 빈도명령어를 사용하여 표본분포에 대한 정규곡선을 그려보기로 한다. 스포츠센터가 어떤 회원들이 체육관에 가장 자주 출석하는지를 검토하기 위해, 구체적으로 21–25세, 26–30세, 기타와 같이 다른 연령그룹들에 대한 출석을 비교한다고 하자. 이를 위해 지난 달 동안 회원들 연령과 방문횟수를 기록했다고 하자.

이러한 자료를 기록한 "정규곡선.sav"파일을 지정하고 열기를 한다. 이는 30명의 표본들 3개로 구성되어 있다. "변수 보기"창의 레이블에서 표본 1은 21–25세, 표본2는 26–30세, 표본3은 31–35세로 구분된다.

메뉴 바에서 "분석/기술통계량/빈도분석"을 지정하고, 생성된 "빈도분석"대화상자에서 우측의 변수박스로 모든 변수들을 이동시킨다. 그리고 "빈도표 표시" 항목선택을 취소시킨다.

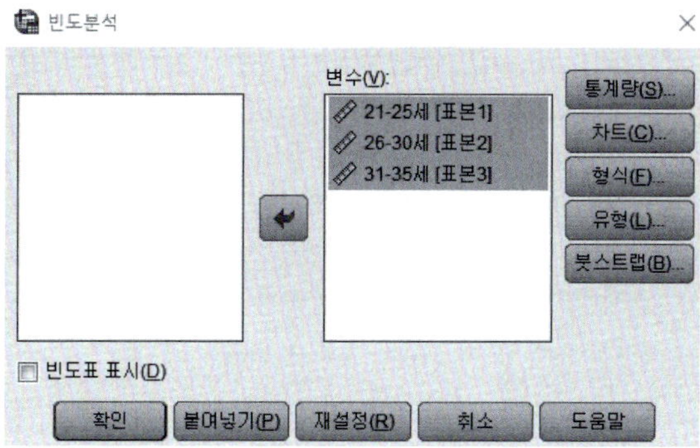

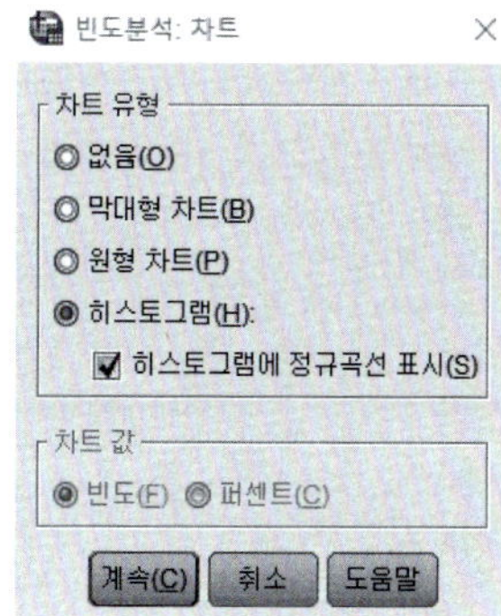

"차트" 단추를 클릭한 후, 생성된 "빈도분석: 차트" 대화상자에서 히스토그램 라디오버튼을 선택한다. "히스토그램에 정규곡선표시"(Show normal curve on histogram) 박스를 지정한 후에 "계속" 단추를 클릭한다. 그리고 "빈도분석" 대화상자에서 "확인"단추를 클릭한다.

첫째 결과표는 단순히 유효한 케이스들의 수를 제공한다.

통계량

		21–25세	26–30세	31–35세
N	유효	30	30	30
	결측	0	0	0

그리고 〈그림 5-2〉와 같이 3개 표본들 각각에 대한 히스토그램들이 나타난다.

히스토그램의 막대들이 정규곡선과 유사한 패턴을 따른다면, 그 점수들은 정규분포 모집단에서 추출된 것일 수 있다. 모집단검정을 수행하려는 경우, 자료는 수행하려는 검정의 가정들을 충족시키도록 반드시 정규분포되어야 하기 때문에 이러한 검정이 중요하다.

히스토그램의 결과물은 또한 표준편차, 평균, 참가자들의 수를 보여준다. 정규분포는 첫째 표본 21–25세의 히스토그램에 우량한 적합을 나타낸다. 그러나 둘째 표본 26–30세는 대부분의 자료가 높은 값에 있어 좌측꼬리를 가져 좌측왜곡인 음의 왜도를 갖는다. 그리고 셋째 표본 31–35세는 대부분의 자료가 낮은 값에 있어 우측꼬리를 가져 우측왜곡인 양의 왜도를 갖는다.

왜도는 분포의 대칭정도를 의미한다. 정규분포와 같은 대칭분포는 0의 왜도를 갖는다. 점수들이 평균의 우측으로 무더기를 보이면 왜도는 음이고, 평균의 좌측으로 점수들이 쌓여있다면 왜도는 양의 값을 갖는다.

이와 같이 0이 아닌 왜도를 보이는 두 히스토그램의 경우 표본들이 정규분포 모집단에서 발생하지 않을 수 있다. 이를 메뉴의 "분석/기술통계/탐색"을 사용하여 다음과 같이 검토할 수 있다.

그림 5-2 히스토그램과 정규곡선

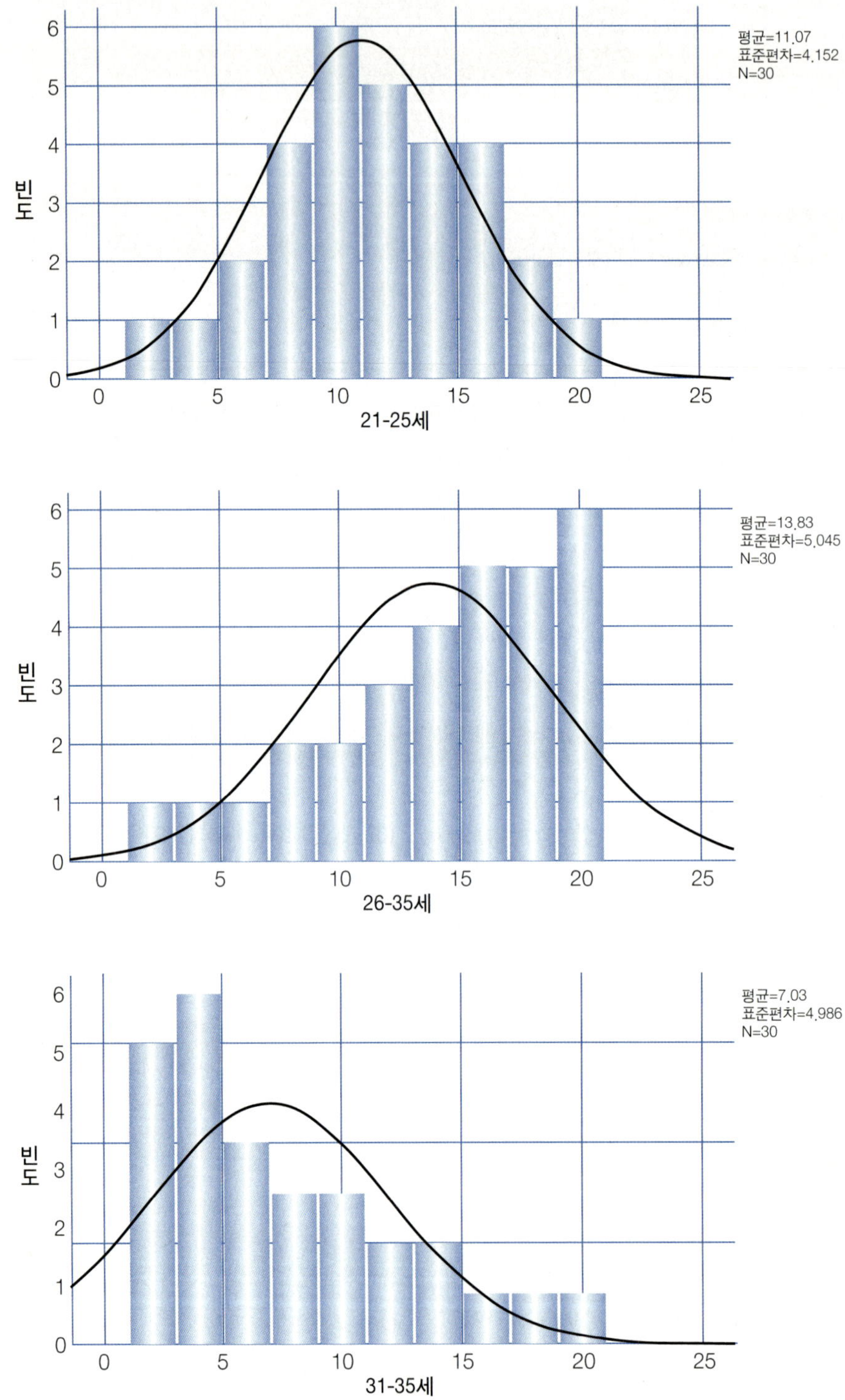

05 정규성 검정

“데이터 탐색”명령어로 기술통계량, 평균의 신뢰구간 등의 많은 정보를 구할 수 있고, 정규성 가정에 대한 정보를 얻을 수 있다.

첨도는 뾰족함과 형태의 측정치이며, 표본의 첨도는 표본분포의 형태에 대한 정보를 제공한다. 정규분포는 분포의 특수한 정도의 첨도, 어깨들의 기울기, 꼬리형태로 구성되는 특징적인 종모양을 갖는데, SPSS에서 정규분포는 0의 첨도를 갖는다.

메뉴 바에서 “분석/기술통계량/데이터 탐색”을 지정하여, 생성된 “데이터 탐색” 대화상자에서 모든 변수들을 “종속변수” 박스로 이동시킨다.

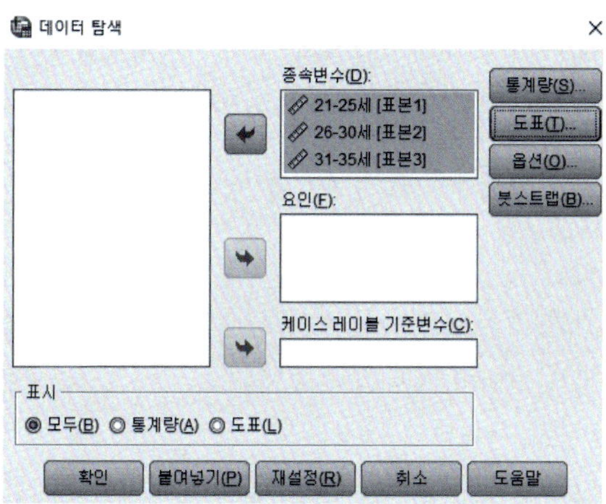

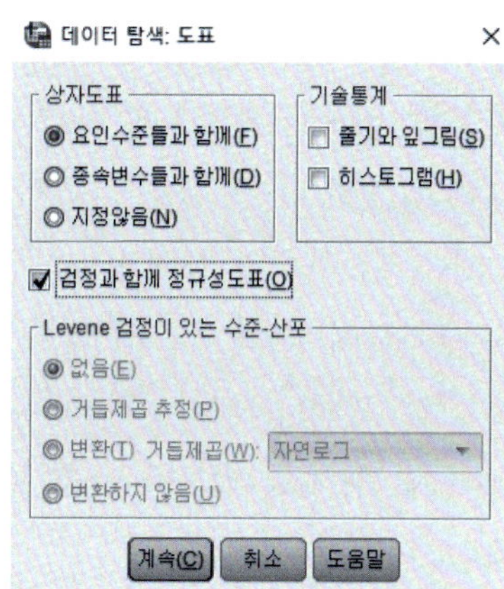

“도표”단추를 클릭하여 생성된 “데이터 탐색: 도표”대화상자에서 “줄기와 잎그림” 선택을 해제하고, “검정과 함께 정규성 도표”(Normality plots with tests)를 지정한다. “계속” 단추를 클릭한다.

“데이터 탐색” 대화상자에서 “확인”을 클릭한다. 이에 따라 추가옵션이 없이도 “데이터 탐색” 명령어는 〈표 5-1〉부터 〈표 5-3〉까지, 그리고 〈그림 5-3〉부터 〈그림 5-6〉까지와 같은 광범위한 기술통계적 정보를 생산한다.

〈표 5-1〉의 케이스처리 요약표는 각 변수에 대해 자료를 갖는 유효참가자들의 수 N과 % 및 결측케이스들의 수 및 그 비중 %의 분류로 구성된다.

〈표 5-2〉의 기술통계표는 표본들에 대한 완전한 서술을 제공한다. SPSS 메뉴의 “데이터 탐색” 명령어는 표본들의 세부적 설명을 제공하는 다양한 통계량들을 도출하여 제공해 준다.

모집단추정을 위해 표본을 사용하고 있으므로, 기술통계는 평균의 신뢰구간들을 또한 제공한다.

표 5-1 케이스처리 요약

	케이스					
	유 효		결 측		전 체	
	N	퍼센트	N	퍼센트	N	퍼센트
21-25세	30	100.0%	0	0.0%	30	100.0%
26-30세	30	100.0%	0	0.0%	30	100.0%
31-35세	30	100.0%	0	0.0%	30	100.0%

〈표 5-2〉의 기술통계표를 보면, 21-25세 표본에서 평균은 11.07이고, 평균의 95% 신뢰구간은 9.52부터 12.62까지이다. 이러한 신뢰구간은 95%의 신뢰도를 갖고 표본이 추출된 모집단 평균은 9.52와 12.62 사이에 놓여 있다고 말한다.

그리고 표준화오류(표준오차) 0.758은 표준화 편차(표준편차) 4.152를 표본크기 자승근 $\sqrt{30}$으로 나눈 값이다. 자유도 29(=30-1) 및 5% 수준의 양측검정 t통계량 2.04523에 표준오차 0.758을 곱한 오차한계 1.5504를 평균에 대해 더하거나 빼면 평균의 95% 신뢰구간 상한 12.62와 하한 9.52를 구할 수 있다.

표본의 정규분포 여부를 검토하는 방식 중 하나는 왜도 및 첨도값들을 검토하는 것이다. 정규분포는 SPSS 결과물에서 0의 첨도와 왜도를 갖는다.

왜도가 정규분포에서 괴리된 정도의 측정치는 왜도의 값을 왜도의 표준오차(standard error of skew)로 나누어 구하고, 첨도가 정규분포에서 괴리된 정도의 측정치는 첨도의 값을 첨도의 표준오차(standard error of kurtosis)로 나누어 구할 수 있다.

21-25세 표본에서 왜도는 0.427의 표준오차를 갖는 -0.165이어서 왜도측정치(measure of skewness)는 -0.387(=-0.165/0.427)이고, 첨도는 0.833의 표준오차를 갖는 -0.437이어서 첨도측정치는 -0.525(=-0.437/0.833)이 된다. 이러한 값들 중 하나 또는 모두가 절대치로 2 이상이면 정규성 가정은 기각된다. 〈표 5-2〉의 경우 약간의 음의 왜도 및 첨도가 있지만, 이러한 값들은 2보다 아주 작아 정규성 가정은 기각되지 않는 것으로 밝혀진다.

26-30세 표본에서 왜도는 0.427의 표준오차를 갖는 -0.867로 -2.031의 왜도측정치를, 첨도는 0.833의 표준오차를 갖는 -0.027로 -0.033의 첨도측정치를 갖는다. 큰 음의 왜도가 2의 값을 초과하므로 정규성 가정이 기각되는 것으로 나타난다.

31-35세 표본에서 왜도는 0.427의 표준오차를 갖는 0.916으로 2.145의 왜도측정치를, 첨도는 0.833의 표준오차를 갖는 -0.137로 -0.165의 첨도측정치를 보여준다. 큰 양의 왜도가 2의 값을 초과하므로 정규성 가정이 기각되는 것으로 나타난다.

표 5-2 기술통계

			통계량	표준화 오류
21-25세	평균		11.07	
	평균의 95% 신뢰구간	하한	9.52	
		상한	12.62	
	5% 절사평균		11.13	
	중위수		11.00	
	분산		17.237	
	표준화 편차		4.152	
	최소값		2	
	최대값		19	
	범위		17	
	사분위수 범위		6	
	왜도		-.165	.427
	첨도		-.437	.833
26-30세	평균		13.83	.921
	평균의 95% 신뢰구간	하한	11.95	
		상한	15.72	
	5% 절사평균		14.13	
	중위수		15.00	
	분산		25.454	
	표준화 편차		5.045	
	최소값		2	
	최대값		20	
	범위		18	
	사분위수 범위		7	
	왜도		-.867	.427
	첨도		-.027	.833
31-35세	평균		7.03	.910
	평균의 95% 신뢰구간	하한	5.17	
		상한	8.90	
	5% 절사평균		6.69	
	중위수		5.50	
	분산		24.861	
	표준화 편차		4.986	
	최소값		2	
	최대값		19	
	범위		17	
	사분위수 범위		7	
	왜도		.916	.427
	첨도		-.137	.833

표 5-3 정규성 검정

	Kolmogorov-Sminov[a]			Shapiro-Wilk		
	통계량	자유도	유의확률	통계량	자유도	유의확률
21-25세	.068	30	.200*	.988	30	.976
26-30세	.147	30	.99	.915	60	.020
31-35세	.162	30	.044	.881	30	.003

*: 이것은 참 유의성의 하한입니다.
a : Lilliefors 유의확률 수정

한편 〈표 5-3〉의 정규성 검정표(Tests of Normality table)는 정규분포와 표본분포를 비교하는 통계분석을 제공해 준다.

정규성 검정에서는 다음 사항을 주의할 필요가 있다.

① 표본크기 n이 50개 미만인 경우에는 Kolmogorov-Smirnov검정보다는 Shapiro-Wilk검정이 더 강력하다. 이러한 통계량들의 유의확률 p가 0.05보다 작은 값은 표본분포가 정규분포와는 유의적으로 다르다는 것을 나타낸다.

② 검정변수가 여러 동일한 값들을 많이 보이거나 또는 더 큰 표본크기를 보인다면, Lilliefors 유의확률 수정을 가진 Kolmogorov-Smirnov검정을 사용한다.

두 검정통계량 모두 21-25세에 대해 귀무가설을 기각하지 않는다.

그런데 높은 양의 왜도표본을 가진 31-35세에 대해 두 검정통계량 모두 5% 유의수준에서 귀무가설을 기각한다.

높은 음의 왜도를 갖는 26-30세 표본에 대해 Shapiro-Wilk검정은 5% 유의수준에서 정규성 가정을 기각하는 것으로 나타난다. 그러나 Kolmogorov-Smirnov검정은 유의수준에 도달하지 않지만, Kolmogorov-Smirnov검정이 정규성 검정 파기여부를 파악하는데 충분히 강력하지 않다. 따라서 이 표본이 정규분포되지 않는다는 것을 나타낸다. 이러한 경우에 Shapiro-Wilk검정으로 왜도의 그림분석 및 증거를 함께 사용하여 보다 적합한 검정을 수행할 수 있다.

〈표 5-3〉의 정규성 검정표를 검토한 후에 〈그림 5-3〉부터 〈그림 5-5〉와 같은 각 표본에 대한 정규 Q-Q도표(Normal Q-Q Plot), 비추세화(Detrended) 정규 Q-Q도표, 상자-수염도표(box-and-whisker plot)를 검토할 수 있다. 비교를 하도록 3개의 정규 Q-Q도표들, 3개의 비추세화 정규 Q-Q도표들, 3개의 상자-수염도표를 다음과 같이 구성하기로 하자.

여기서 Q는 변위치(quantile)를 나타낸다. 도표는 정규분포를 변위치들(수량들이나 비율들)로 구

그림 5-3 정규 Q-Q도표

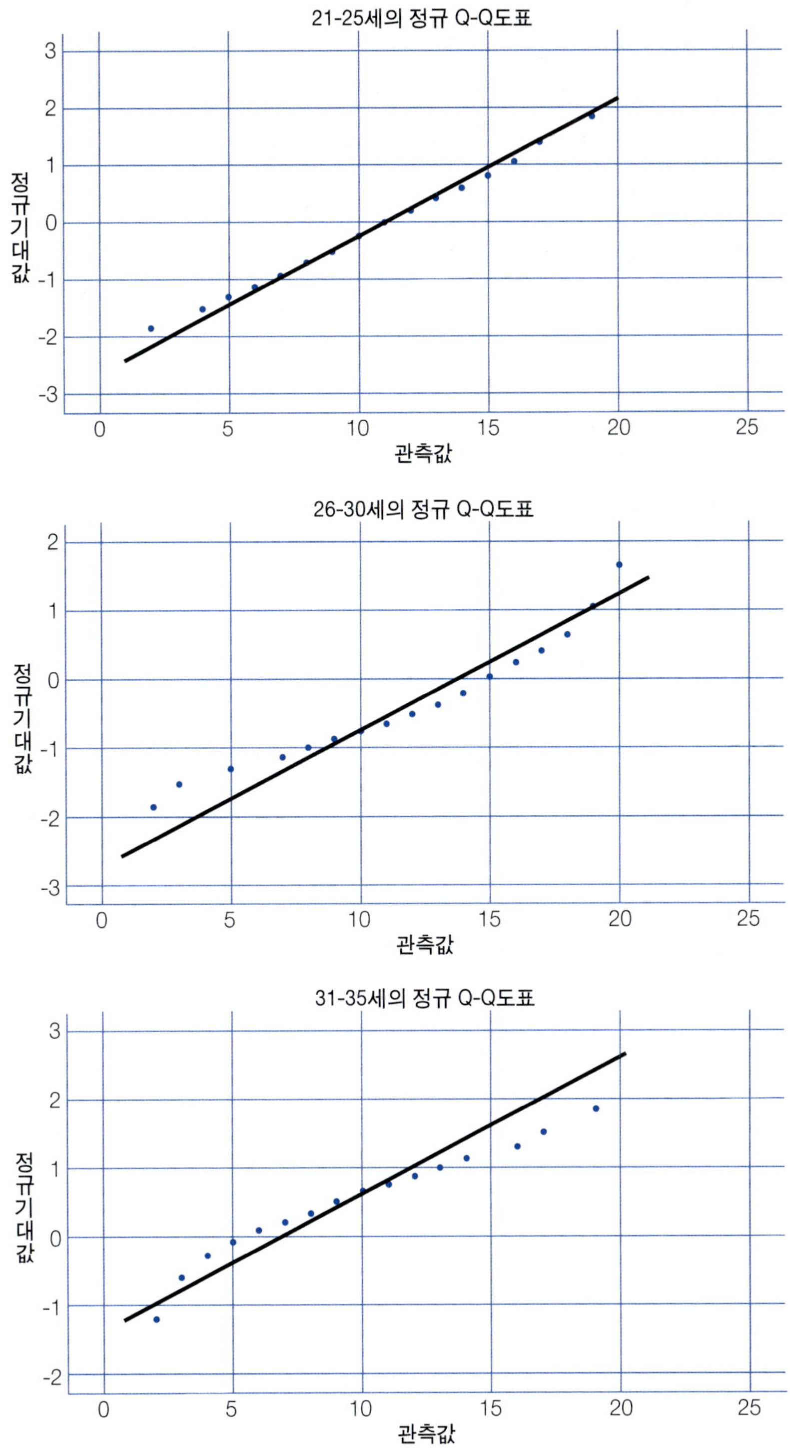
21-25세의 정규 Q-Q도표
정규기대값
관측값
26-30세의 정규 Q-Q도표
정규기대값
관측값
31-35세의 정규 Q-Q도표
정규기대값
관측값

분하고, 변위치들이 일치하는지를 보기 위해 같은 방식으로 표본분포를 구분하여 작성한 것이다.

한편 변위치는 확률변수의 분포를 균등하게 n개의 조각으로 자른 경우에 나타나는 위치, 2변위치는 중위수이며, 4변위치는 4분위수이다.

잔차(residual)는 실제점수와 예측점수 사이의 격차이며, 실제값에서 모형에 의해 결정되는 값을 뺀 오차(error)의 추정값이다. 따라서 점수들이 (정규분포곡선과 같은) 모형에 의해 예측된다면, 잔차는 자료가 모형에 얼마나 잘 적합되는지에 대한 측도를 제공한다.

만약 자료가 정규분포와 유사한 패턴을 따른다면, Q-Q도표에서 모든 점들은 45도 직선에 근접하게 위치할 것이다. 정규분포에서의 괴리들은 그 직선과 점들의 거리로 표시된다.

〈그림 5-3〉에서 21-25세 그룹의 Q-Q도표는 직선에 있거나 아주 근접한 점들을 보여준다. 그러나 26-30세 그룹과 31-35세 그룹의 도표는 직선의 패턴을 따르지 않아 이러한 표본들은 정규분포의 패턴을 따르지 않는 것을 나타낸다.

〈그림 5-4〉의 비추세화 정규 Q-Q도표는 관찰된 점수들과 점수들이 정규분포를 따르면 나타날 것으로 예상되는 점수들 간의 차이를 보여준다.

만약 표본분포가 정규분포라면 이러한 차이들은 모두 0이 되어 모두 수평선에 있을 것이다. 본질적으로 이는 정규분포추세가 제거된 후의 잔차들이다. 이는 민감한 측도여서 해석하기가 쉽지 않다.

〈그림 5-5〉의 상자-수염도표(box-and-whisker plots)는 분포형태를 나타낸다. 21-25세 그룹은 대칭적이며 중위수 선(median line)은 거의 중앙이며, 표본의 50%는 박스에 있고, 수염들은 모두 거의 동일하다.

둘째 상자-수염도표에서 박스 아래의 수염은 박스 위의 수염보다 아주 길어 이는 26-30세 그룹의 점수들이 음의 왜도를 갖는 것을 나타낸다.

31-35세 그룹표본을 보여주는 셋째 도표는 양의 왜도를 갖는다. 이는 상자 위의 수염이 아래 수염보다 더 길게 나타난다.

그림 5-4 비추세화 정규 Q-Q도표

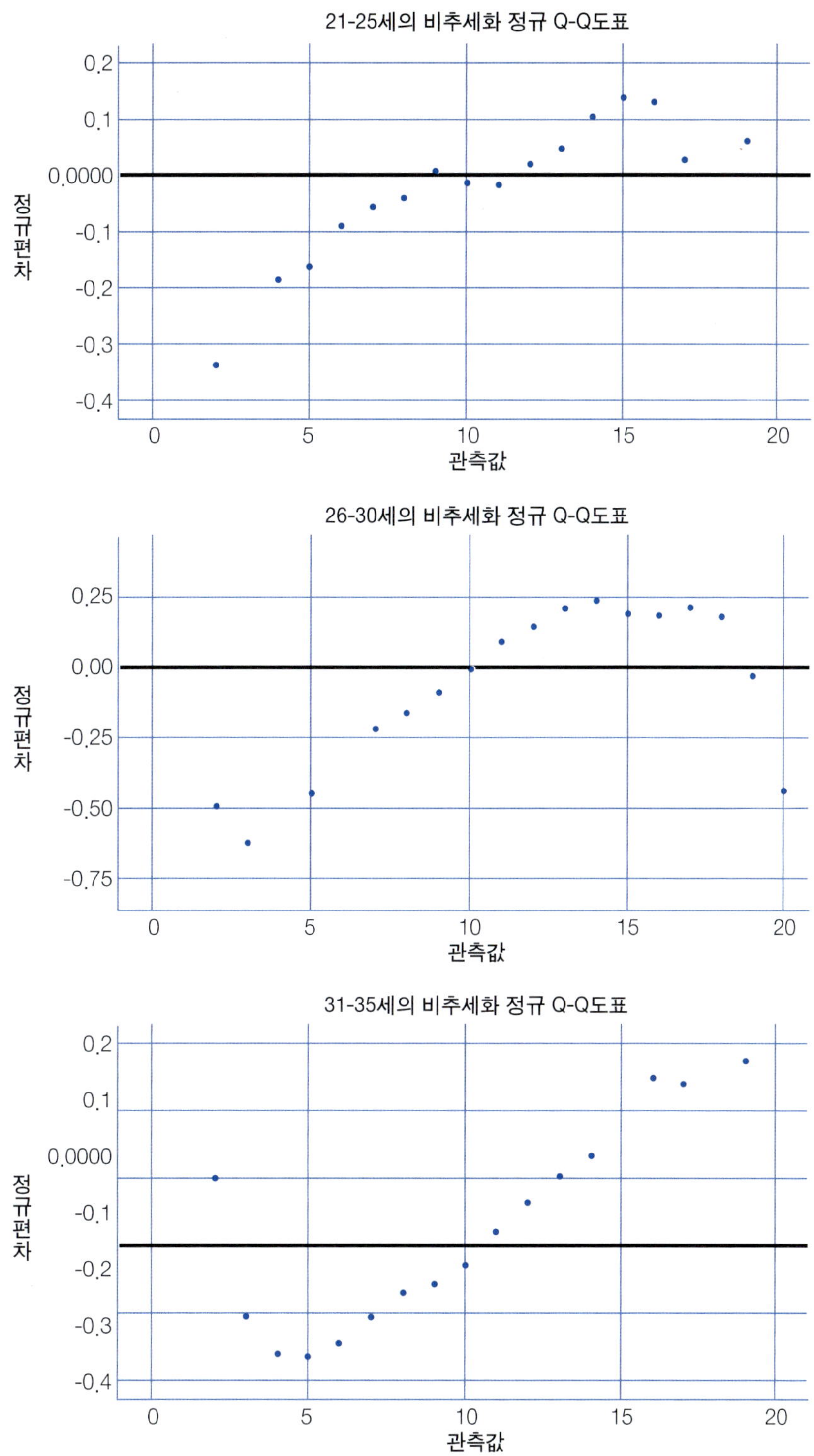

그림 5-5 상자-수염 도표

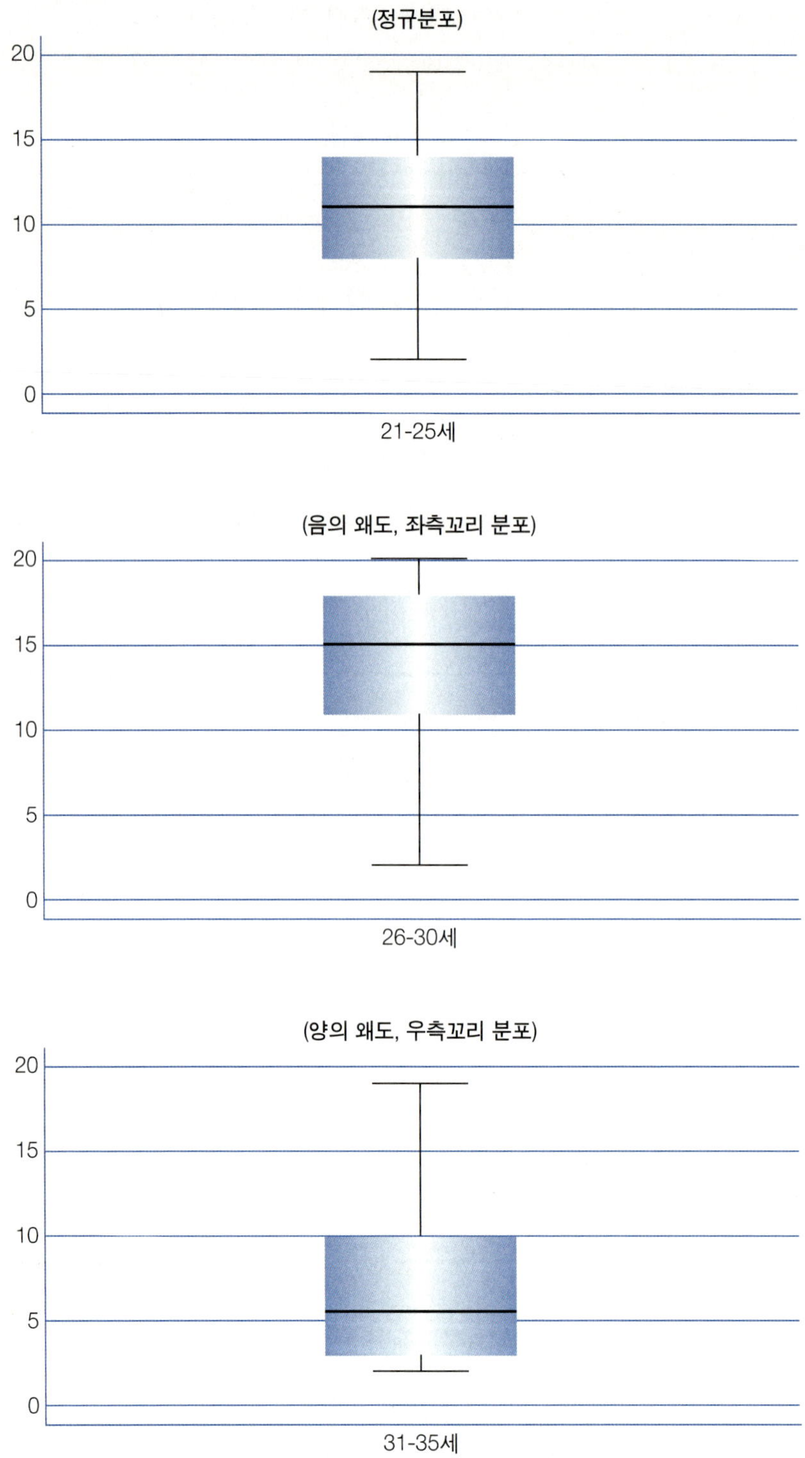
(정규분포)
20
15
10
5
0
21-25세
(음의 왜도, 좌측꼬리 분포)
20
15
10
5
0
26-30세
(양의 왜도, 우측꼬리 분포)
20
15
10
5
0
31-35세

06 균등분산의 가정과 대처방법

적절히 검정을 수행하기 위해서는 (성과에 대한 잡음효과 등의) 우리가 수행하는 어떤 조작이라도 동일한 정도로 모집단의 각 구성요소에 영향을 주어 모집단 점수들의 분포의 형태 또는 전반적 퍼짐(분산)에 영향을 주지 않는다고 가정한다.

그러므로 모집단 분산들은 반드시 동일해야 하며, 우리 표본들은 그들의 모집단 값들을 추정하도록 사용하는 것과 동일한 분산을 가져야 한다.

분산균등성 가정(homogeneity of variance assumption)은 여러 방식으로 검정된다. SPSS에서 균등분산 가정은 독립 t검정 및 ANOVA에서 동일분산(equal variances)으로 사용하고, 반복측정 ANOVA에서는 구형성(sphericity)으로, 회귀에서는 으로 표현한다.

구형성은 반복측정치 디자인의 자료에 대해 설정한 가정이다. 구형성은 균등분산뿐만 아니라, 균등공분산을 가정하여 표본들 간의 격차분산의 균등을 가정한다. 모수검정의 가정들이 파기되는 경우에 여러 조치들로 대응할 수 있다.

첫째, 자료를 잘못 입력했을 수도 있기 때문에, 변칙들이 있는지를 자료집합에서 검토하는 것이 좋다.

둘째, 상자-수염도표 등의 그래프 작성으로 자료에 영향을 줄 수 있는 어떤 이상치가 있는지를 보도록 검토할 수 있다.

셋째, 모수검정의 가정들을 충족시키는지에 대한 우려요소가 있다면 비모수검정 사용을 고려할 수도 있다. 보통 모수검정이 보다 강력하여 실제점수를 사용하여 수행하는 것을 선호하는 반면에, 비모수검정은 자료에 대해 거의 가정을 하지 않지만, 점수들 자체보다는 점수들의 순위에 대한 분석을 수행한다.

이와는 달리 변환을 사용하여 자료를 정규화시킬 수 있다. 로그변환은 자료들을 함께 함축시켜 왜곡되거나 또는 이상치를 갖는 자료를 처리하는데 사용할 수 있다. 많은 검정들에 대한 하나의 문제는 여러 그룹들의 표준편차들이 아주 다르다면 검정을 수행하지 말아야 한다는 것이다. 로그변환은 이러한 상황을 개선시킨다. 다음 예제를 보기로 하자.

"타이핑.sav"파일를 열기를 한다. 자료를 이용하여 한 줄의 문장을 타자하는데 전문 타이피스트와 초보 타이피스트의 수행시간 차이가 있는지를 검정하기로 하자.

초보들에 대한 표준편차는 전문가 표준편차보다 6배가 더 크다는 것을 발견할 경우에, 이는 수행하려는 t검정에 필요한 균등분산 가정이 실패하는 결과로 나타날 것이다. 이를 메뉴 바의 "변환/변수 계산"으로 추적하기로 하자.

생성된 "변수 계산"대화상자에서 변수리스트를 지정하여 "변수 이름 표시"로 전환한 후에, "목표변수"박스에 새로운 변수의 이름을 "변형"이라고 설정하자.

함수집단(Function group) 리스트에서 "산술"을 누르고, 그리고 함수 및 특수 변수 란에서 나타나는 리스트에서 "Ln"을 지정 후 더블클릭을 한다.

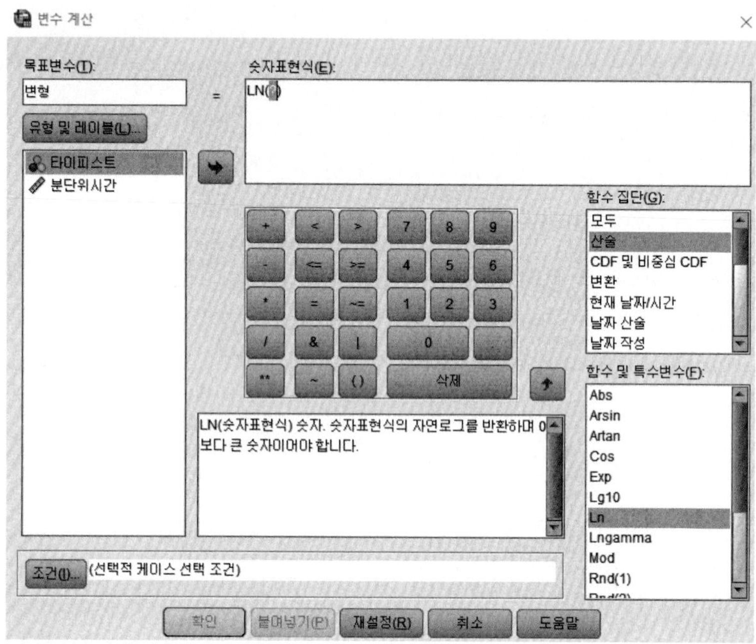

"숫자표현식"박스에서 "LN(?)"가 나타나면, 좌측의 "분단위시간"을 더블클릭하여 "LN(분단위시간)"의 식이 완성되면, "확인"단추를 클릭한다.

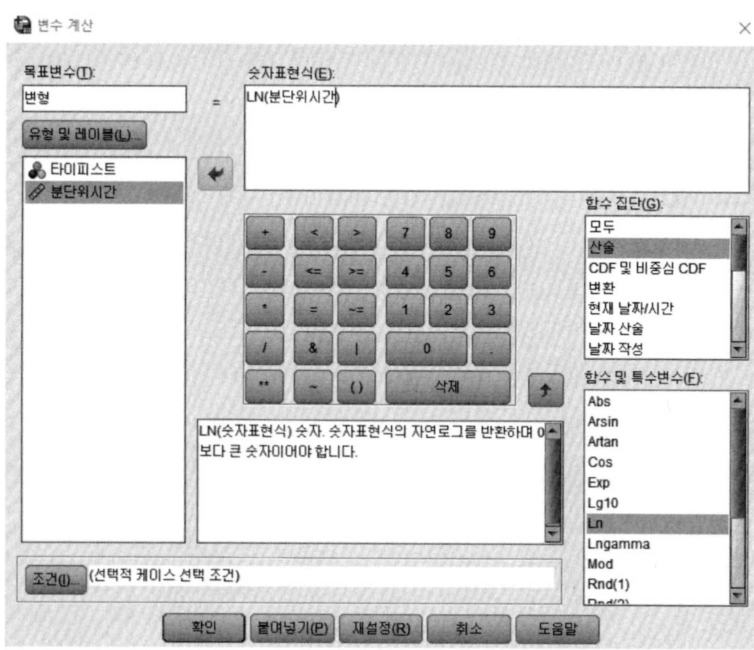

이제 "데이터 보기"창에서 새로운 열에 "변형"이라는 새로운 변수가 나타난다. 이를 "타이핑 1.sav"로 저장하고, 새로운 변수변형을 이용하여 검정을 수행할 수 있다.

변형변수를 기준으로 초보 타이피스트에 대한 표준편차의 크기 차이는 전문 타이피스트에 비해 이제 단지 2배에 불과하다. 따라서 통계적 검정이 보다 적절하게 수행될 수 있는 가능성이 높은 것으로 볼 수 있다.

제6장

t검정

01 t검정원리

t검정은 두 표본들 비교에 대해 가장 인기 있는 검정방법 중 하나이다. 어떤 실험조작의 효과에 대한 여부를 검토하길 원하는 많은 상황들에 t검정을 유용하게 사용할 수 있다. t검정은 모수검정이어서 많은 가정들에 의존하고 있다.

① 표본들은 무작위로 그리고 독립적으로 모집단들로부터 선택된다. t검정은 표본들을 사용하여 모집단의 세부사항들을 추정하기 때문에 이러한 가정은 중요하다. 특히 표본들이 편향된 방식으로 선택되면 이는 추정의 정확성에 영향을 줄 것이다.

② 수집된 자료는 등간 또는 비율이어야 하고, 연속분포 및 정규분포 모집단에서 온 것이어야 한다. 분포가 점근적으로 정규분포이고 특히 30 개 이상의 큰 표본들에 대해 검정을 할 수 있다.

③ 두 표본들의 자료는 균등한 분산을 가진 모집단에서 나온 것이어야 한다. 이러한 가정은 (균등한) 모집단 분산을 추정하기 위해 두 표본들의 분산들을 "통합"계산하여 t검정을 적용하는데 사용한다.

그러나 t검정은 강력하여 분산들이 약간 다른 경우에도 타당하게 될 가능성이 있다.

많은 연구에서 조작이 일정한 효과를 가진다고 가정하여, 표본분산들은 반드시 동일해야 한다. 불균등 분산들을 발견하는 경우 그 분산들이 다른 이유를 파악할 수 있다면, t검정을 계속하여 균등분산들이 가정되지 않는 경우에서의 t검정 결과를 선택할 수 있다.

본질적으로 t검정은 두 가지 결과들을 갖는다.

첫째, 두 표본들의 평균점수들의 차이이다.

둘째, 귀무가설이 참인 경우에 평균들 차이가 예상되는 것에 대한 추정치이다.

평균들 차이가 예상된 차이보다 크지 않다면 우리는 귀무가설을 기각할 수 없다. 이는 실험조작이 효과를 갖는 증거를 발견하지 못한 것이다.

평균들의 차이가 예상된 차이보다 크다면, 귀무가설을 기각시키기에 충분히 큰 것인지를 검토하고, 우리의 실험조작이 통계적으로 유의적 효과를 갖는다고 주장할 수 있다.

02 일표본 t검정

일표본 t검정(single-sample t test)은 알려진 모집단평균에 대해 일표본의 평균을 비교한다. 이는 현재 자료집합이 장기적 값에서 변화되었는지를 결정하는데 도움이 된다.

t검정은 강력하여 정규분포 가정들이 성립하지 않는 경우에도 적용할 수 있다.

일표본 t검정은 단일변수를 요구한다. 그 변수는 모집단평균에 대해 비교하려는 점수들 집합을 제공해야 한다.

"신장6-sav"파일을 지정하여 열기를 한다. 그리고 메뉴 바에서 "분석/평균 비교/일표본 T검정"을 지정한다.

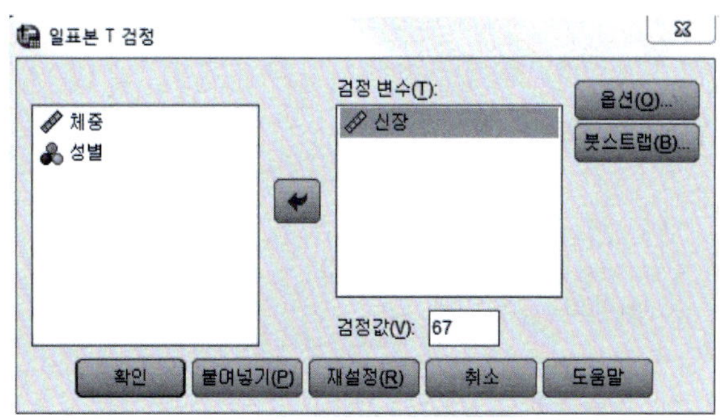

생성된 "일표본 T검정"대화상자에서 "검정 변수"박스로 현행 점수집합을 나타내는 "신장"을 이동시키고, "검정값"박스에 모집단 평균을 입력해야 한다.

이는 변수신장을 모집단 평균 67에 대해 검정하는 것으로서, 지금 분석하는 표본이 평균 67의 모집단에서 나온 것인지의 여부를 검정하는 것이다.

"확인"을 클릭하면 출력결과는 다음 2개 부분으로 구성된다.

〈표 6-1〉의 일표본 통계량은 표본변수와 일부 기초적 기술통계량들(표본크기, 평균, 표준편차, 표준오차)을 열거한다.

표 6-1 일표본 통계량

	N	평균	표준화 편차	표준오차 평균
신장	16	66.9375	3.90672	.97660

〈표 6-2〉 일표본 검정은 t검정 결과를 포함한다. 67의 모집단 값에 대해 표본의 평균신장을 비교하는 일표본 t검정에서 t(15)=-0.642, p=0.95이다. -0.0625의 평균 차이는 표본평균 66-9375와 모집단 평균 67간의 차이이며, 66-9375의 표본평균(sd=3.907)은 모집단 평균보다

표 6-2 일표본 검정

	검정값=67					
	t	자유도	유의확률(양측)	평균차이	차이의 95% 신뢰구간	
					하한	상한
신장	-.064	15	.950	-.06250	-2.1442	2.0192

유의적으로 더 크지 않다.

t검정을 수행하는 경우의 가정은 평균들이 동일하다는 것이다. 그래서 유의적 결과는 표본평균이 모집단 평균에 일치하지 않는 것을 나타낸다. 이를 통계적으로 유의하게 다르다고 말한다.

유의적이 아니라는 결과는 평균들 간에 의미있는 차이가 없다는 것을 의미한다. 이는 평균들이 동일하다는 것을 의미하지는 않는다. 이에 따라 귀무가설을 기각할 수 없다. 이러한 예제는 모집단 평균과 표본평균 사이에 유의적인 차이가 없는 것으로 나타났다.

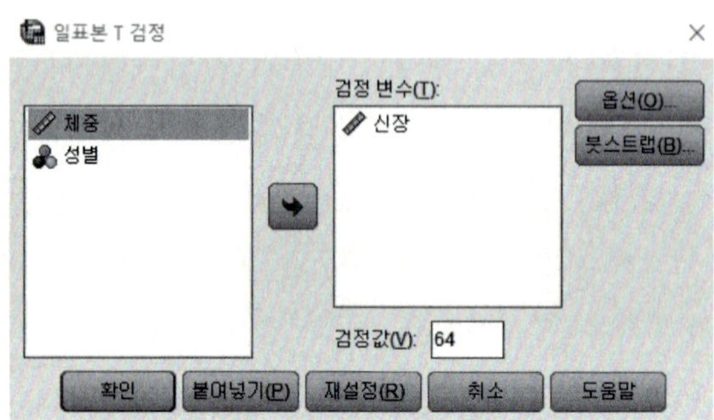

다시 메뉴 바에서 "분석/평균 비교/일표본 T 검정"을 지정하고, 생성된 "일표본 T검정" 대화상자에서 "검정값" 박스에 모집단 평균을 67 대신에 64를 입력하고 "확인"을 클릭하자.

출력결과는 다음과 같다.

〈표 6-4〉는 64의 모집단평균에 대한 표본의 평균신장을 비교하는 일표본 t검정 결과이다. t(15)=3.008, p=0.0019로 유의적 차이가 발견된다. 66-9375의 표본평균(sd=3.907)은 모집단평균보다 유의적으로 더 크다.

표 6-3 일표본 통계량

	N	평균	표준화 편차	표준오차 평균
신장	16	66.9375	3.90672	.97668

표 6-4 일표본검정

	검정값=64					
	t	자유도	유의확률(양측)	평균차이	차이의 95% 신뢰구간	
					하한	상한
신장	3.008	15	.009	2.93750	.8558	5.0192

03 독립표본 t검정

1. 독립표본 t검정의 원리와 가정

독립표본 t검정(independent-samples t test)은 두 독립표본들의 평균들을 비교한다. 두 표본들 간에 어떤 관계도 없다면 두 표본은 독립적이다.

비교할 두 그룹들은 서로 독립적이어야 한다. 한 그룹에 대한 정보가 다른 그룹과 관련이 없다면 관측치들은 독립적이다. 보통 이는 한 응답자그룹이 한 표본에 대한 자료를 제공하고, 다른 응답자그룹은 다른 표본의 자료를 제공하는 것을 의미한다. 그리고 한 그룹의 개인들은 다른 그룹의 개인들과 대응되지(일치하지) 않는다.

이러한 두 집단들을 구성하는 한 가지 방식은 무작위할당(random assignment)이다. 점수들은 정규분포되어야 하지만 t검정은 강력하여 정규분포 가정들이 성립하지 않는 경우를 처리할 수 있다.

종속변수는 등간척도 또는 비율척도로 측정되어야 하는 반면에, 독립변수들은 반드시 단지 2개의 이산적 수준들을 가져야 한다.

독립표본 *t*검정과 대응표본 *t*검정 모두 정규분포를 기초로 하는 모수검정이다. 이들은 모두 다음을 가정한다.

- 표본추출분포는 정규분포된다. 독립표본 t검정에서 이는 점수들 그 자체가 아니라 점수들 간의 차이의 표본분포가 반드시 정규분포여야 하는 것을 의미한다.
- 자료들은 적어도 등간수준으로 측정되어야 한다.
- 독립표본 t검정에서는 모집단들에서의 분산들은 거의 균등하다(분산 동질성).
- 점수들은 독립적이다(점수들은 다른 사람들에서 발생하기 때문이다).

독립표본 t검정을 위한 파일은 2개 변수들을 가져야 한다. 그룹(분류)변수(grouping variable)인 한 변수는 독립변수의 값을 나타내며, 반드시 (통제그룹의 0과 실험그룹의 1과 같은) 2개의 별도값들을 가져야 한다. 둘째 변수는 검정에서의 점수 등과 같은 독립변수를 나타낸다.

분산 동질성 가정이 충족되는 것을 확인한다면, 우리는 *t*검정 자체를 검토할 수 있다. t통계량의 원리는 다음과 같다.

(6-1) $t=\dfrac{\text{표본평균들 간의 관찰된 격차 - 모집단평균들 간의 예상격차}}{\text{두 표본평균들 간 격차의 표준오차 추정치}}$

(6-2) $t=\dfrac{\bar{D}-\mu_D}{s_D/\sqrt{N}}$

표본평균들 격차 $\bar{D}$, 모집단평균들 간의 예상격차 μ_D, 표본크기 N, 격차들의 표준오차 $s_D/\sqrt{N}$

μ_D=0으로 귀무가설을 설정하는 경우에, 표본 1과 2의 표준편차 및 표본크기 s_i 및 N_i, i=1,2에 대해 다음이 성립한다.

$$t=\frac{\bar{X}_1-\bar{X}_2}{\sqrt{\frac{s_1^2}{N_1}+\frac{s_2^2}{N_2}}} \qquad (6\text{-}3)$$

2. 독립표본 t검정의 수행절차

주간과 야간운전업무 동안에 범하는 과실(오류)들의 수를 조사하기 위해 운전시뮬레이터(drive simulator)를 사용했다고 하자. 야간검정에서 더 많은 과실이 발생할 것이라고 예상된다고 하자.

"운전과실.sav"파일을 열면 각 사람에 대한 운전과실의 숫자가 기록되어 있다. 이러한 자료에서 운전은 주간 및 야간운전자를 구분하며, 주간운전은 0, 야간운전은 1의 값을 갖는 범주변수이다. 운전시뮬레이터에서 나타난 과실들의 수가 "과실"이라는 변수로 기록되어 있다.

야간운전과 주간운전을 비교하는 독립측정치 디자인을 수행하도록 메뉴 바에서 "분석/평균 비교/독립표본 T검정"을 지정한다.

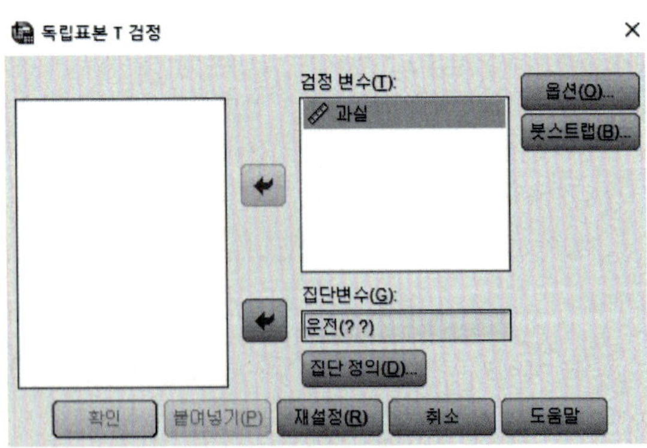

생성된 "독립표본 T검정"대화상자에서 변수리스트를 지정하여 "변수 이름 표시"로 전환시킨 후, 종속변수 "과실"을 "검정변수"박스로 이동시킨다. 그리고 독립변수 "운전"을 "집단변수"박스로 이동시킨다. "운전"을 "집단변수"박스로 이동시키면, "집단 정의" 단추가 나타난다. "집단 정의"단추를 클릭하고, 그룹1과 그룹2에 각각 1과 0을 입력한 후에 "계속"단추를 클릭하고 "확인"단추를 클릭한다.

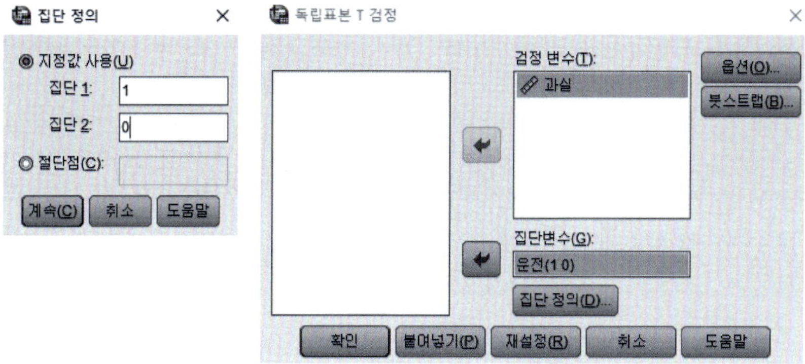

출력결과는 〈표 6-5〉 집단통계량과 〈표 6-6〉 독립표본 검정의 두 가지 표들로 나타난다.

〈표 6-5〉 집단통계량표에서 첫째 열은 종속변수인 "과실"을, 둘째 열은 독립변수인 "운전"을 나타낸다. 그리고 이들에 대한 세부적인 기술통계량을 제공한다.

N은 참가자들의 수를 나타낸다. 평균열에서 야간운전에서의 과실횟수가 주간운전보다 2.9 이상이 크지만 이러한 차이가 유의적이 아닐 수도 있다. 이러한 차이가 유의적인지 아니면 우연한 것인지 여부를 확인하기 위해 "독립표본검정"표(Independent Samples Test)를 반드시 검토해야 한다.

표준편차는 야간운전 참가자들이 주간운전그룹보다 더 좁은 확신을 가진 것을 보여준다.

표 6-5 집단통계량

	주야구분	N	평균	표준화편차	표준오차평균
운전 중 과실횟수	야간운전	6	8.6667	1.03280	.42164
	주간운전	8	5.7500	1.28174	.45316

그리고 표준오차 평균(Std. Error Mean)은 평균의 표준오차(standard error of the mean)이며, 검정하는 평균의 표본분포 표준편차의 추정치이다. 이는 표본평균이 모집단평균에 대해 갖는 다른 표준적 거리 또는 오차이다. 평균의 표준오차는 표본평균들의 분포의 표준편차이며, 동일한 모집단에서 추출한 동일 크기의 모든 표본들의 표본평균들의 평균에서 어떤 표본평균이 갖는 표준적 (평균) 차이의 측정치이다.

평균의 표준오차는 t검정과 같은 유의성 검정 및 신뢰구간들의 계산에 사용되는 중요한 숫자이다. 여기서 평균의 표준오차는 6명의 야간운전 참가자들의 각 표본의 평균들을 모두 획득하고 분석한다면, 이러한 평균들의 표준편차는 0.42164가 된다는 것을 말해준다. 마찬가지로 8명의 주간운전 참가자들의 모든 표본에서 평균들의 표준편차가 0.45316이 될 것으로 추정한다.

표 6-6 독립표본 검정

		Levene의 등분산 검정		평균의 동일성에 대한 T검정						
									차이의 95% 신뢰구간	
		F	유의확률	t	자유도	유의확률(양측)	평균차이	표준오차 차이	하한	상한
운전 중 과실횟수	등분산을 가정함	.390	.544	4.560	12	.001	2.91667	.63964	1.52300	4.31033
	등분산을 가정하지 않음			4.712	11.890	.001	2.91667	.61898	1.56665	4.26669

〈표 6-6〉에서 등분산에 대한 Levene검정은 독립표본 t검정에서 어떤 값을 사용할 것인지를 나타낸다. 모수 t검정 사용기준들 중 하나는 모집단들 모두 동일분산들을 갖는다는 가정이다. 따라서 보통 "등분산을 가정함"행을 사용하여 검정을 수행한다.

"등분산을 가정함"행은 가정된 일정한 모집단분산의 통합추정치(pooled estimate)를 사용하는 (6-3)식의 전형적인 t검정결과를 제공한다.

Levene의 검정법은 두 집단의 분산들 격차가 0이어서 두 집단의 분산들이 균등하다는 가설을 검정하는데 있어 *t*검정과 유사하므로, Levene의 검정은 유의확률 p가 5% 이하에서 유의적이면, 분산의 동질성 가정이 파기되는 것으로 간주한다.

〈표 6-6〉에서 검정통계량 F의 유의확률이 54.4%이므로 5%보다 아주 커서 Levene의 검정은 비유의적이어서, 분산들이 거의 균등하다고 가정할 수 있다. 따라서 우리는 등분산이 가정됨으로 표시된 행의 검정통계량을 판독해야 한다. Levene의 검정이 유의적이었다면, 검정통계량이 "등분산이 가정되지 않음" 행에 나타날 것이다.

만약 검정통계량 F가 유의적이라면, Levene검정은 두 분산들이 유의적으로 다르다는 것을 의미한다. 이러한 경우에 아래의 "등분산을 가정하지 않음"행에 나타나는 값을 사용해야 한다. 위의 예제에서는 $F=0.390$, $p>0.05$이므로 분산들이 유의적으로 다르지 않아 등분산가정을 채택하고 위의 값들인 $t(12)=4.560$을 사용한다.

그런데 "등분산을 가정하지 않음"행은 표본분산 추정치들이 통합되지 않은 Behrens-Fisher 통계량 t를 갖는 검정의 결과를 제공한다.

두 통계량들의 값들이 근접하게 일치하지만, t의 자유도는 12에서 11.890으로 약간 하향조정되어 있다는 것을 주의해야 한다. 이러한 자유도의 하향조정은 Welch-Satterthwaite공식을 사용하여 수행된 것이다.

신뢰구간은 표본의 특정 비율에서 (평균이나 평균차이 등의) 모수의 진정한 값을 포함할 표본통계량 값의 주변한계를 구성하는 값들의 범위이다.

만약 Levene의 검정통계량이 〈표 6-6〉과는 달리 유의적이라면, 표본분산들이 불균등하다는 것을 나타낸다. 그리고 아래 행의 값을 채택할 것인지 또는 모수검정 가정들의 파기를 비모수적 Mann–Whitney U검정을 대신 수행하는 것을 정당화로 봐야할 것의 여부는 학술적 판단의 문제이다.

만약 예상치 못한 등분산가정의 미충족이 발생한다면, 연구결과의 해석에 신중해야 한다. t값을 제시하는 경우에는 SPSS 결과표에서 "등분산을 가정하지 않음"의 값인지를 확인해야 한다.

t통계량의 제시는 보통 자유도를 ( )안에 표시하여 제시하고, 그 뒤에 유의확률 p를 표시한다. 자유도(degrees of freedom)는 이미 확보하고 있는 정보를 사용하여 나머지를 계산(산출)하기 전에 알아야하는 점수들의 수이다. 이는 분석에서 자유롭게 변동할 수 있는 점수들의 수이다.

위의 예제에서 야간운전 검정에서 운전과실이 더 많이 발생할 것으로 예상하는 단측가설을 설정할 수 있다. 양측가설에서는 평균들 간의 차이가 있을 것이라고 제시하지만, 차이의 방향은 예측하지 않는다. 만약 단측예측을 한다면 유의확률(양측)을 2로 나누어야 한다.

평균들 간에 유의적 차이가 있다면 평균들이 예측했던 방향으로 차이를 나타내는지를 확인해야 한다. 이러한 예제에서 유의수준(양쪽)이 0.001이므로 단측가설에 대한 p값은 0.0005이다. 그래서 0.0005의 확률은 0.001보다 작아 분석결과가 0.001유의수준에서 유의적이라는 것을 나타내도록 "〈"기호를 사용하여 "p〈0.001"로 표시한다.

평균차이(Mean Difference)는 두 그룹들의 평균들 간의 차이이다. 귀무가설이 참이라고 생각하면 모집단 평균들의 실제 차이는 0이다. 크기 6과 크기 8의 모든 표본들을 선택하고 그 평균들의 차이를 산출한다면, 평균들의 차이들이 단지 우연한 것이라는 것을 발견할 수 있다.

표준오류편차(Std. Error Difference) 또는 표준오차는 귀무가설이 참인 경우에 표본평균들의 모든 차이들의 표준편차를 추정한다. 이는 귀무가설이 참이라면 우리가 예상할 평균들의 차이를 보여준다. 위의 경우에 차이의 표준오차는 0.63964로 추정된다. t검정은 차이의 표준오차로 평균들의 차이를 다음과 같이 비교한다.

$$t = \frac{\text{평균 차이}}{\text{표준오류편차}}$$

t=4.560은 2.91667의 표본평균들 차이(평균차이)가 표준오류편차 0.63964의 4배가 넘어, 모집단 평균들의 차이가 0이라는 귀무가설을 기각한다는 것을 나타낸다.

차이의 95% 신뢰구간은 모집단평균 차이가 상한 및 하한사이에 있을 것을 95% 확신한다는 것을 나타낸다.

t통계량은 평균차이가 유의적인지의 여부를 말해준다. 그러나 신뢰구간은 차이의 크기에 대해 더 많은 정보를 제공하여 준다.

신뢰구간은 모집단 평균차이의 추정치를 제공한다. 위의 결과에서 신뢰구간의 하한 1.52300과 상한 4.31033은 모집단평균 차이가 이러한 두 값들 사이에 있을 것을 확신할 수 있다는 것을 나타낸다. 그러므로 최악의 시나리오(worst-case scenario)에서 야간운전자는 주간운전자보다 1.5배가 넘는 더 많은 과실을 여전히 범하고 있다. 이는 중요한 차이가 된다. 95% 신뢰구간은 발생횟수의 95%로 모수의 값을 포함하며, 99% 신뢰구간은 발생횟수의 99%로 모수의 값을 포함한다.

t검정은 동일한 평균들을 가정한다. 그러므로 유의적 결과는 평균들이 일치하지 않는다는 것을 나타낸다. t검정의 결론을 도출하는 경우에 차이의 방향(어떤 평균이 다른 것보다 크다는 것)을 표시해야 한다.

또한 t통계량의 값, 자유도, 유의수준, 두 그룹들의 평균들 및 표준편차들에 대한 정보를 제공해야 한다.

신뢰구간들은 결과들을 보고하는 방식으로서 통계적 유의수준에 대한 보완수단이나 대안적 수단으로 자주 사용된다. 위의 경우에 대해서는 다음과 같이 표시를 할 수가 있다.

평균차이 = 2.917(95% CI : 1.523부터 4.310까지)

04 쌍체표본 t검정

종속 t검정(dependent t test)이라고도 하는 쌍체표본(대응표본) t검정(paired-samples t test)은 관련 표본들의 두 점수들의 평균들을 비교한다.

쌍체표본 t검정은 두 변수 모두 등간 또는 비율수준들이며 정규분포된다고 가정한다. 또한 두 변수들은 반드시 동일한 척도로 측정되어야 한다.

“쌍체등급.sav”파일을 열고, “분석/평균비교/평균분석”을 지정한다. 생성된 “평균분석”대화상자에서 종속변수란에 “예비시험, 중간시험, 기말시험”을 이동시키고, 독립변수에 “강사구분”를 이동시킨 후에 “확인”을 클릭한다.

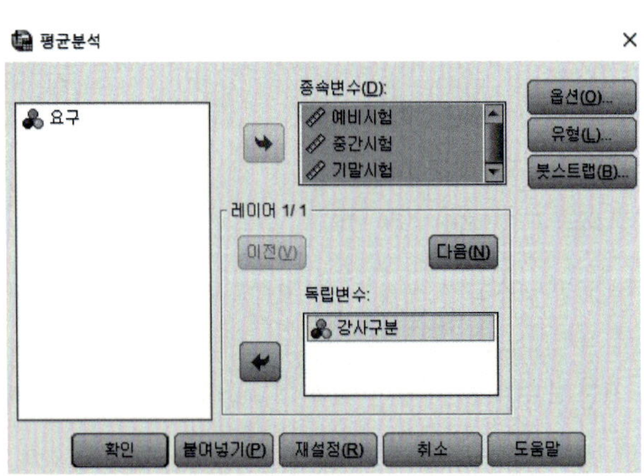

표 6-7 보고서

강사구분		예비시험	중간시험	기말시험
1.00	평균	67.5714	78.7143	79.5714
	N	7	7	7
	표준편차	8.38366	9.94509	7.95523
2.00	평균	63.1429	79.1429	86.4286
	N	7	7	7
	표준편차	10.60548	11.71080	10.92180
3.00	평균	59.2857	78.0000	92.4286
	N	7	7	7
	표준편차	6.55017	8.62168	5.50325
전체	평균	63.3333	78.6190	86.1429
	N	21	21	21
	표준편차	8.92935	9.66166	9.63476

출력결과에서 〈표 6-7〉 보고서는 각 시험의 결과를 각 강사별로 구분하여 표시하고 있다.

이제 예비시험과 기말시험 점수들을 비교하도록 쌍체표본 t검정을 하기로 하자.

메뉴 바에서 “분석/평균 비교/대응표본 T검정”을 지정하고, 생성된 “대응표본 T검정” 대화상자에서 “예비시험”을 지정한 후에 “ ”를, “기말시험”을 지정한 후에 “ ”를 각각 클릭한다[변수를 지정한 후에 더블클릭으로 이동시킬 수 있다]. 그리고 “확인”을 클릭하여 검정을 수행한다.

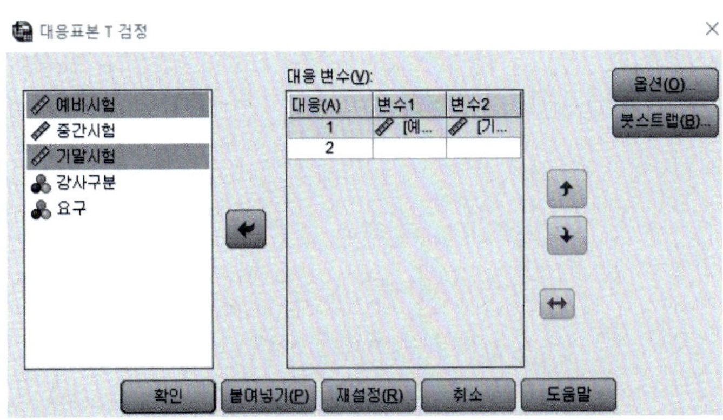

출력결과는 대응표본 통계량, 대응표본 상관계수, 대응표본 검정의 3개 부분으로 나타난다.

〈표 6-8〉 대응표본 통계량은 표는 변수들 쌍에 대한 기술통계량들을 보여준다. 표본크기, 표준편차(표준화 편차), 표준오차 평균(평균의 표준오차)을 제공하고 있다.

표 6-8 대응표본 통계량

		평균	N	표준화 편차	표준오차 평균
대응 1	예비시험	63.3333	21	8.92935	1.94854
	기말시험	86.1429	21	9.63476	2.10248

〈표 6-9〉 대응표본 상관계수는 변수들 쌍에 대한 Pearson상관계수 0.535와 그 양측 유의확률을 표시하고 있다.

표 6-9 대응표본 상관계수

		N	상관관계	유의확률
대응 1	예비시험 & 기말시험	21	.535	.013

〈표 6-10〉 대응표본 검정(Paired Samples Test)표는 "쌍체(대응표본) 차이라고도 하며, 2개 변수들 간의 차이에 대한 정보를 포함한다.

표 6-10 대응표본 검정

		대응차					t	자유도	유의확률(양측)
					차이의 95% 신뢰구간				
		평균	표준화 편차	표준오차 평균	하한	상한			
대응 1	예비시험 · 기말시험	−22.80952	8.97563	1.95864	−26.89518	−18.72387	−11.646	20	.0000

대응표본 t검정은 본질적으로 점수들 간의 차이를 기초로 계산된 일표본 t검정이다. 마지막 3개 열들에서 t통계량, 자유도, 유의확률이 표시된다.

대응표본 검정표에서 p값은 양측가설에 대한 것이며 유의수준(양쪽)[Sig. (2-tailed)]로 표시된다. 만약 단측가설을 검정한다면 이를 2로 나누어서 적용한다.

검정수행 결과의 관습적 보고방식은 검정통계량(자유도) t(df)와 확률값 p를 제시하는 것이다. 여기서는 t(20)=−11.646, p=0.000〈0.001로 표시할 수 있다.

- 대응차이(Paired Differences)는 두 표본들의 점수들 간의 차이를 보여준다.
- 평균은 두 표본들의 평균들 간의 차이이며, −22.81=63.33−86−14이다.
- 표본이 대응이어서 각 참가자의 차이점수는 처음 예비시험 점수에서 기말시험 점수를 빼서 구할 수 있다. 표준편차(표준화편차)는 모든 점수차이들의 표준편차를 나타낸다.
- 표준오차 평균(Std. Error Mean)은 귀무가설이 참인 경우에 N=21 크기의 표본들에 대한 표본 평균들 간의 모든 차이들의 표준편차이다. 이는 귀무가설이 참이라면 우연으로 우리가 예상하는 평균들 차이를 나타낸다. 여기서 평균차이는 −22.81이며, 이는 1.96의 평균의 표준오차(표준오차 평균)보다 아주 크다. 여기서 계산된 t 값은 다음 두 값들의 비율이다.

$$t = -22.81/1.96 = -11.65$$

- 차이의 95% 신뢰구간(95% Confidence Interval of the Difference)은 평균들의 진정한 (모집단) 차이들이 상한 및 하한 사이에 있을 것이라고 95% 확신하는 것을 나타낸다. 표본평균 차이는 이러한 두 값들 사이에 있다.
- 신뢰구간은 0을 포함하지 않기 때문에 최악의 경우에도 신뢰구간 하한에서 예상된 차이가 존재한다.
- 신뢰구간은 자주 통계적 유의수준의 보완지표 또는 대안적 지표로 사용된다. 이러한 결과 사항들을 보고하는 방식은 "평균 차이 = −22.81(95% CI : -26-895 to −18.724)"이다.

t(20)=−11.646, p〈0.001이어서 예비시험과 기말시험의 두 평균들이 서로 유의적으로 다른 것을 나타낸다. 따라서 예비시험 평균점수를 기말시험 평균점수에 비교하기 위해 계산된 대응표본 t 검정에서 예비시험 평균 63.33(sd=8.929)보다 기말시험 평균 86−14(sd=9.635)는 유의적으로 증가한 것을 반영한다.

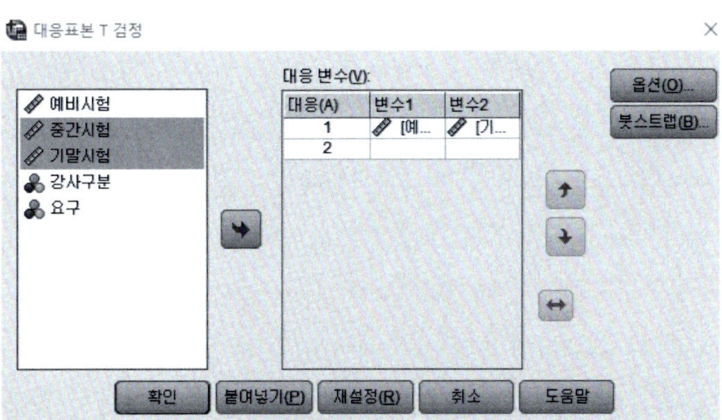

이제 중간시험 평균과 기말시험 평균에 대해 대응표본 t검정을 수행하도록 메뉴 바에서 "분석/평균 비교/대응표본 T검정"을 지정하고, 생성된 "대응표본 T검정" 대화상자에서 "Shift"를 누른 채로 "중간시험" 및 "기말시험"을 동시에 지정하여

마우스 좌측단추를 더블클릭하여 "대응변수"박스로 이동시킨다. 그리고 "확인"단추를 클릭한다.

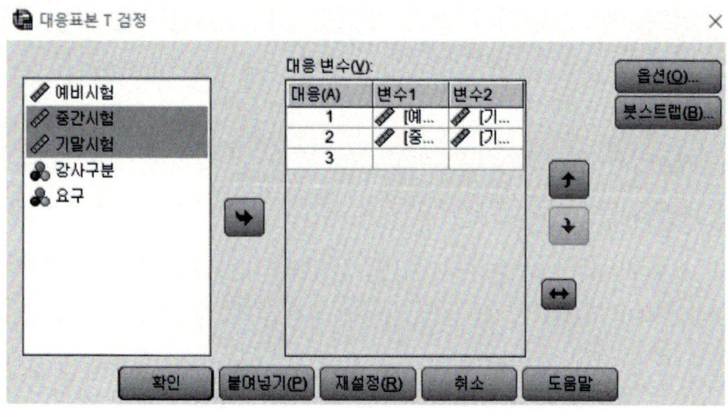

〈표 6-11〉 대응표본 통계량에서 중간시험과 기말시험의 평균이 각각 78.62와 86-14로 다르게 나타나고, 표준편차들은 중간시험 9.66과 기말시험 9.63으로 거의 비슷하다. 또한 표준오차 평균 역시 2.108과 2.102로 유사한 수준을 보인다.

표 6-11 대응표본 통계량

		평균	N	표준화 편차	표준오차 평균
대응 1	예비시험	63.3333	21	8.92935	1.94854
	기말시험	86.1429	21	9.63476	2.10248
대응 2	예비시험	78.6190	21	9.66166	2.10835
	기말시험	86.1429	21	9.63476	2.10248

〈표 6-12〉에서 대응표본 상관계수는 예비시험과 기말시험의 0.535보다 중간시험과 기말시험의 0.767로 더 크게 양의 상관을 표시하고 있다.

표 6-12 대응표본 상관계수

		N	상관관계	유의확률
대응 1	예비시험 & 기말시험	21	.535	.013
대응2	중간시험 & 기말시험	21	.767	.000

〈표 6-13〉에서 예비시험과 기말시험의 평균 차이는 t통계량 -5.236의 유의확률이 0.000〈0.001이어서 1%수준에서도 유의적으로 발생하고 있다.

따라서 중간시험 평균 78.62(sd=9.662)보다 기말시험 평균 86-14(sd=9.635)는 유의적으로 증가한 것을 알 수 있다.

표 6-13 대응표본 상관계수

		대응차							
					차이의 95% 신뢰구간				
		평균	표준화 편차	표준오차 평균	하한	상한	t	자유도	유의확률(양측)
대응 1	예비시험 · 기말시험	−22.80952	8.97563	1.95864	−26.89518	−18.72387	−11.646	20	.0000
대응 2	중간시험 · 기말시험	−7.52381	6.58498	1.43696	−10.52125	−4.52636	−5.236	20	.0000

제7장

신뢰도와 타당도 분석

개념에 대한 조작적 정의를 하는 경우, 제안된 측정치가 나중에 사용할 측정도구로도 신뢰가능하고 타당해야 한다. 관찰치 구조는 다음과 같이 표시할 수 있다.

> 관측치=참값+계통오차+확률오차
> 관측치=참값+측정오차

도구가 사용될 때마다 오차가 발생하면, 이는 계통오차(systematic error)가 된다. 계통오차가 발생하면 잘못된 측정을 의미하므로 신뢰도(reliability)가 있더라도 타당도는 없게 된다. 따라서 신뢰도는 타당도의 필요조건이다. 그러나 신뢰도가 있다고 하여 타당도가 있는 것은 아니므로, 신뢰도는 타당도의 충분조건은 아니다.

타당도를 충족시키려면 반드시 신뢰도를 확보해야 하며, 우량한 자료는 〈표 7-1〉과 같은 신뢰도와 타당도를 충족시켜야 한다.

표 7-1 우량자료 요건

신뢰도(측정 정확성)				타당도(올바른 것을 측정)					
안정성(외적)		일관성(내적)		내용 타당도	기준(실용) 타당도		구성(개념) 타당도		
							특색 타당도		
검정-재검정 신뢰도	동형 신뢰도	반분 신뢰도	크론바흐 알파 (항목간 일관성 신뢰도)	액면 타당도	동시 타당도	예측 타당도	수렴 타당도	판별 타당도	법칙 (이해) 타당도

01 신뢰도

측정치의 신뢰도는 그 값들의 일치성(consistency) 또는 안정성(stability)을 말한다. 신뢰도는 동일한 객체에 대해 측정이 반복되는 경우 동일한 수치 값을 측정수단이 제공한다는데 대해 가질 수 있는 확신이다. 신뢰도 개념은 외적 신뢰도와 내적 신뢰도라는 2개의 개별측면들을 수반한다.

신뢰도 개선을 위해서는 구성개념들의 개념을 명확히 설정하고, 정밀한 수준의 측정치와 복수표지들을 사용해야 하며 예비조사검정을 수행해야 한다.

1. 외적 신뢰도

외적 신뢰도(external reliability)은 두 의미중에서 보다 보편적이며, 시간이 지난 후에도 어떤 측정치가 일관성을 갖는지의 정도를 말한다. 외적 신뢰도를 평가하는 경우에 동일한 대상들 그룹에 두 가지 경우들에 대한 검정을 관리하여 검정-재검정 신뢰도(test-retest reliability)를 검토한다.

① 신뢰도 측정치로 상관계수를 사용하면, 그 상관계수를 신뢰도계수(reliability coefficient)라고 한다.

신뢰도계수가 0이면 전혀 신뢰성이 없는 것을, 음(-)이면 신뢰도가 없고 검정이 잘못된 것을, +1이면 완전신뢰도(perfect reliability)를 나타낸다.

검정-재검정법(test-retest method)에서는 신뢰도를 측정이 반복되면 동일한 결과를 가질 수 있는 정도로 간주한다. 이는 동일한 대상을 두 번 측정하여 그 결과들을 관련시켜 일관성이나 안정성으로 신뢰도를 측정하는 방식이다.

예컨대 100명에 대해 지능검사를 한 후에, 일정 기간이 지나고 나서 다시 그들을 대상으로 지능검사를 할 수 있다. 첫째 결과와 둘째 결과의 점수들에 대한 상관계수를 구하여 검정-재검정 신뢰도를 평가할 수 있다.

② 동형검사 신뢰도(equivalent form reliability)는 다른 형식들로 동일한 특징을 측정한 점수들 집합의 일관성으로 평가한다.

예컨대 어떤 검정대상에 대해 다른 2개 이상의 형식들이 동일한 응답을 얻도록 난이도와 항목들의 수를 동일하게 하고, 동일한 구성개념을 측정하도록 항목들을 작성할 수 있다. 이러한 경우에 동일한 것을 측정하는 여러 형식의 검정에 대해 응답자들의 점수들이 일관성을 갖는 경우에 동형검사 신뢰도가 존재한다. 동일한 응답자들 집단에 대해 동일한 내용이지만 형식이 다른 검사를 2회에 걸쳐 수행하면, 2번째 검사의 소요시간은 아주 단축될 것이다. 그러한 각 검사의 점수들에 대한 상관분석을 하여 신뢰도를 평가할 수 있다.

2. 내적 신뢰도

내적 신뢰도는 다중 항목 척도들(multiple-item scales)과 관련하여 특히 중요하다. 내적 신뢰도는 검정항목들이 단일한 구성개념 또는 개념을 얼마나 일관성이 있게 측정하는지에 대한 문제이다.

내적 신뢰도를 대등신뢰도(equivalence reliability)라고 한다. 설문지에서 여러 질문들(항목들)을 사용하는 복수특정 측정치들로 어떤 동일한 구성개념을 측정하는 경우, 그 측정결과들의 일관성을 복수표지들(multiple indicators) 간의 대등신뢰도로 규정한다.

동질 또는 단일차원 검정은 항목들이 해독능력이나 철자법 사용능력과 같이 단일한 구성개념 또는 단일한 차원을 측정하는 검정이다. 한편 이질 또는 복수차원 검정은 2개 이상의 구성개념이나 차원을 측정하는 검정이다.

내적 일관성(internal consistency)은 검정의 척도들이 단일 아이디어(구성개념)를 측정하는 것이며, 동질적 검정(homogeneous test)은 모든 항목들이 단일구성 개념을 측정하는 검정이다.

동질검정은 항목들이 하나의 구성개념에 초점을 두어 동일한 길이의 이질검정보다 더 많은 내적 일관성을 갖는다. 따라서 검정의 동질성은 내적 일관성을 갖게하여, 보다 간단한 해석을 할 수 있게 하므로 바람직한 특성이다.

내적 신뢰도는 한 번에 검정을 수행할 수 있어 외적 신뢰도보다 편리하다. 내적 신뢰도는 반분신뢰도(split-half reliability)와 알파계수를 사용한다.

③ 반분 신뢰도는 가장 쉬운 내적 일관성 검정방식이다. 척도의 항목들을 2개의 동등한 그룹들로 (무작위 또는 짝수-홀수 기준으로) 구분하고, 두 개의 절반들에 대한 응답자들의 점수들 간의 일관성에 대한 관계를 계산한다.

Spearman-Brown 공식으로 구한 수정 상관계수 b가 0.8 이상이면 내적 신뢰도가 있는 척도로 본다. 한편 0.60 이하의 점수는 항목들의 내적 일관성이 없는 평가한다. 또한 전체 항목들에 대한 상관관계는 0.50을 초과하고, 항목 간 상관관계는 0.30을 초과해야 한다.

$$(7\text{-}1) \quad b = \frac{2r}{1+r}$$

동등한 그룹들로 분할하는 방식은 많다. 간단히 중간에서 나누는 방식은 난이도, 작성시간, 응답 거부감 등이 다르기 때문에 적합하지 않다. 보다 수용도가 큰 방식은 홀수번호와 짝수번호로 나누거나, 내용 및 난이도를 고려하여 나누거나, 또는 무작위로 두 그룹으로 할당하는 것이다. 일단 2개로 분할한 후 수정상관계수를 통해 반분신뢰도를 계산한다.

④ 보통 자주 사용하는 신뢰성 평가기법들은 범주자료들에 대한 Cohen's kappa 계수와 질문들(척도들) 집합의 내적 신뢰도에 대한 크론바흐 알파(Cronbach's alpha)가 있다. 크론바흐 알파는 본질적으로 모든 가능한 반분 신뢰도계수들의 평균을 계산한다. 따라서 크론바흐 알파는 항목들이 상관된 정도를 반영하며, 다음 기준을 사용한다. 그런데 검정-재검정 신뢰도의 경우에는 대충 0.8 이상을 사용한다.

- >0.90 : 매우 높게 신뢰 가능

- 0.80–0.90 : 높게 신뢰 가능
- 0.70–0.79 : 신뢰 가능
- 0.60–0.69 : 한계적으로/최소한도로 신뢰가능[0.67 이상 수용가능]
- <0.60 : 받아들이기 어렵게 낮은 신뢰도

실제로 탐색적 요인분석이 어떤 측정치가 많은 차원들을 포함하는 것을 확인한다면, 전반적 척도는 낮은 수준의 내적 신뢰성을 보일 것이다.

3. 항목–총계분석

항목–총계분석(Item–total analysis)은 자료집합의 내적 일관성(internal consistency) 평가방식이다. 항목–총계분석은 신뢰도 검정의 하나이며, (지능 등의) 단일 구성개념을 측정하도록 고안된 척도 또는 검정으로 구성된다.

항목–총계분석은 동일 구성개념을 측정하는 모든 항목들의 차수를 결정하지만, 올바른 구성개념을 측정하는지의 여부는 제시하지 않는다. 그러나 검정의 타당도를 보기전에 신뢰도를 규명해야 한다.

척도의 모든 항목은 등간 또는 비율척도로 측정되어야 하며, 각 항목은 정규분포를 이루어야 한다. 만약 항목들의 특성이 서열척도라면 Pearson r 상관계수 대신에 Spearman ρ(rho) 상관계수를 사용하여 분석을 수행할 수 있다.

척도에서 각 항목(질문)에 대해 하나의 변수가 필요하므로, 그 척도에 대한 총 점수를 표시하는 변수가 있어야 한다.

"질문.sav"파일을 열기를 하여 SPSS로 항목–총계분석을 Pearson 상관계수 명령어를 사용하여 수행하기로 하자.

먼저 총 점수를 표시하는 "전체"변수를 생성하도록 메뉴 바에서 "변환/변수 계산"을 지정하고, 생성된 "변수 계산"대화상자에서 "목표변수"박스에 "전체"를 입력하고, "숫자표현식"에서 "질문1+질문2+질문3"으로 작성한 후에 "확인"을 클

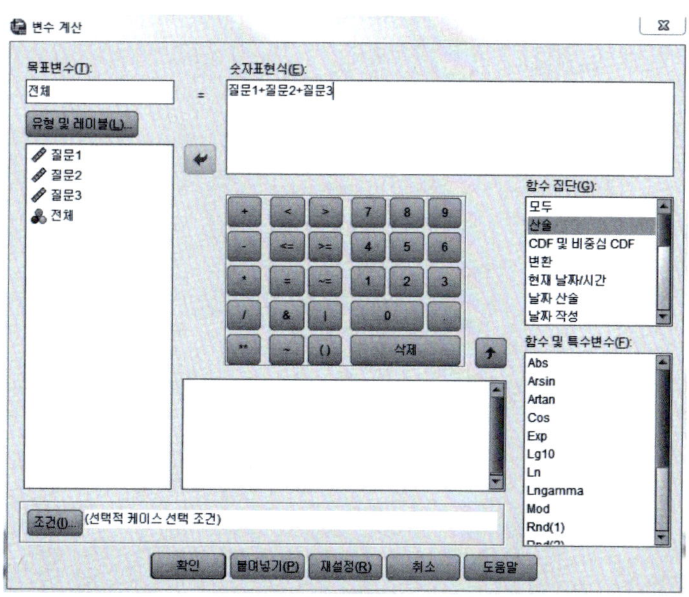

릭한다.

이제 "전체"변수를 기초로 "그룹"변수를 생성하자. 메뉴 바에서 "변환/다른 변수로 코딩 변경"을 지정한다.

생성된 "다른 변수로 코딩 변경"대화상자에서 "전체"를 "숫자변수 → 출력변수"박스로 이동시키고, "출력변수"의 이름 및 레이블박스에 "그룹"과 "점수별 구분그룹"을 입력하고 "변경"을 클릭한다.

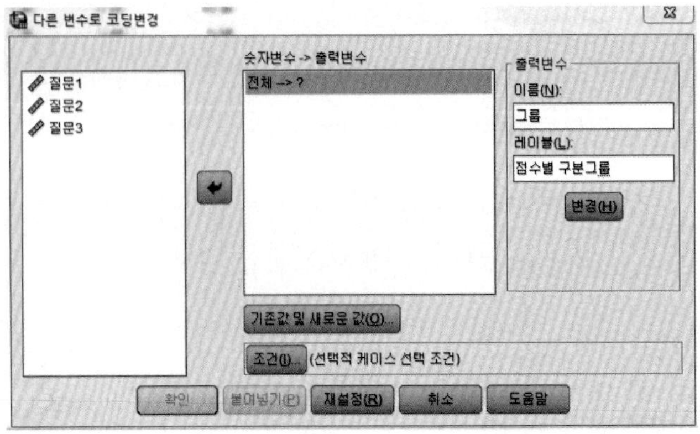

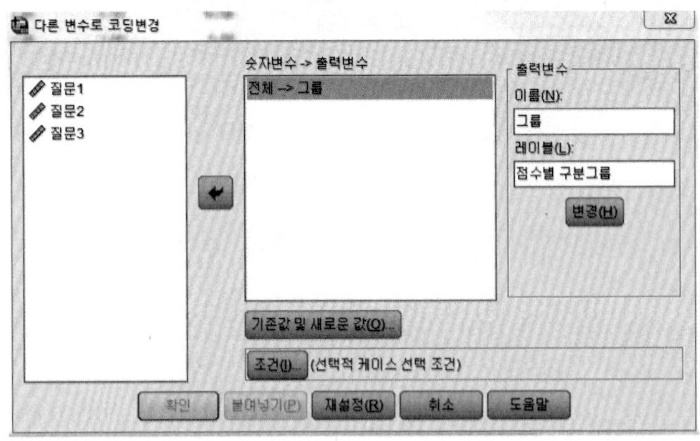

"전체"변수가 5, 7, 9, 10으로 구성되어 있으므로, "5-7"과 "9-10"을 그룹들로 구분하자. 이제 "기존값 및 새로운 값"단추를 클릭하여 "최저값에서 다음 값까지 범위"를 지정 후 "7"을 입력하고, "새로운 값"박스에 "1"을 입력하여 "추가"를 클릭한다. 다시 "최저값에서 다음 값까지 범위"박스에 10을 입력 후, "새로운 값"박스에 "2"를 입력하여 "추가"를 클릭하고, "계속"을 클릭한다.

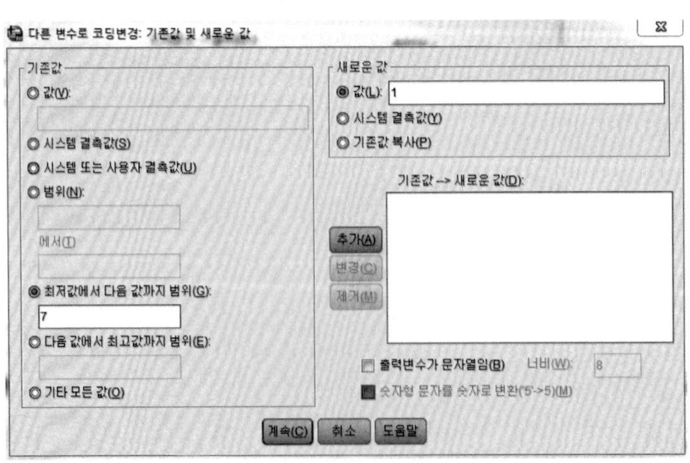

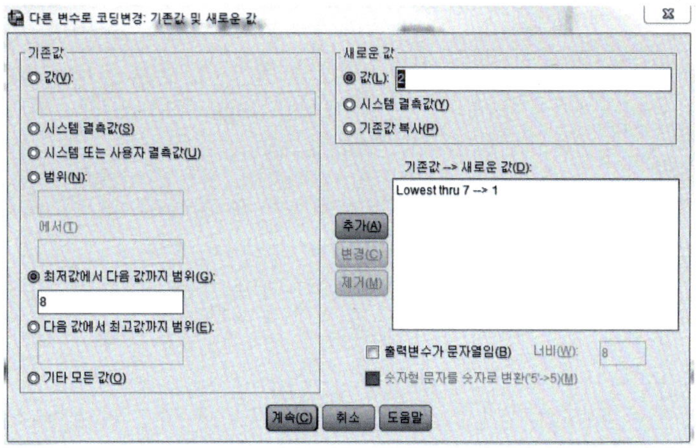

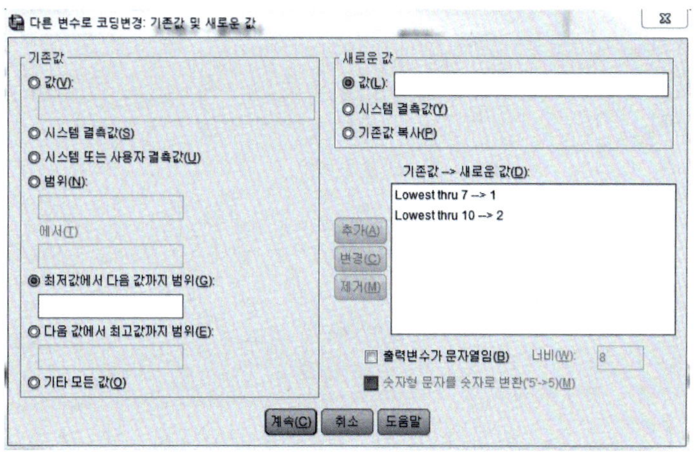

“다른 변수로 코딩 변경”대화상자에서 “확인”단추를 클릭하여 “그룹”변수가 새롭게 생성되면, “전체”변수를 척도변수로 바꾸고 “파일/다른 이름으로 저장”을 지정한 후에 파일이름을 “질문 1.sav”로 저장한다.

이변량 상관명령어를 시행하도록 메뉴 바에서 “분석/상관분석/이변량 상관”을 지정한다. 생성된 “이변량 상관계수”대화상자에서 모든 척도변수들을 우측의 “변수”박스로 이동시킨 후에 “확인”을 클릭한다.

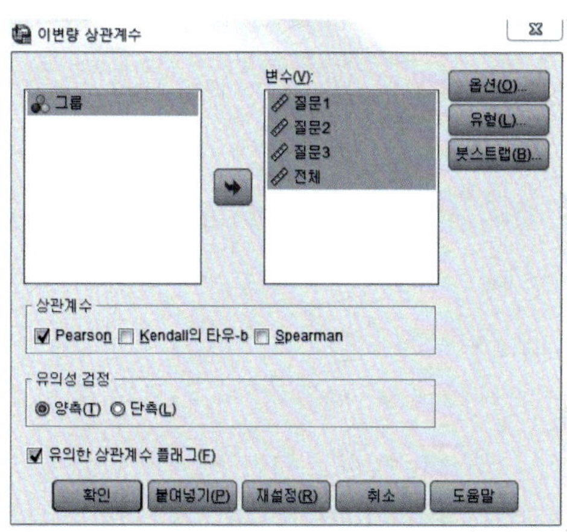

표 7-2 상관관계

		질문 1	질문 2	질문 3	전체
질문 1	Pearson 상관	1	-.447	.718	.873
	유의확률(양측)		.553	.282	.127
	N	4	4	4	4
질문 2	Pearson 상관	-.447	1	-.229	-.130
	유의확률(양측)	.553		.771	.870
	N	4	4	4	4
질문 3	Pearson 상관	.718	-.229	1	.926
	유의확률(양측)	.282	.771		.074
	N	4	4	4	4
전 체	Pearson 상관	.873	-.130	.926	1
	유의확률(양측)	.127	.870	.074	
	N	4	4	4	4

〈표 7-2〉와 같이 모든 질문과 전체를 포함하는 상관계수 행렬로 결과물이 나타난다. 전체 열의 전체점수를 기준으로 각 질문 간의 상관계수를 보면, 질문 1은 0.873, 질문 2는 -0.130, 질문 3은 0.926으로 나타난다.

항목-전체 상관계수는 항상 양이어야 한다. 그래서 음의 상관계수를 갖는 질문은 척도에서 제거해야 한다.

일반적으로 항목-전체 상관계수는 0.7을 초과하면 바람직한 것으로 간주되고, 0.3보다 작으면 약한 것이어서 척도에서 제거되어야 한다.

보통 최악의 질문을 제거하고 전체를 재계산한다. 전체를 재계산하고 항목-전체분석을 반복 수행하여 모든 질문들에 전체에 대해 갖는 상관계수가 0.3 이상이 될 때까지 질문의 제거와 재계산을 계속한다.

다시 "질문2"와 "그룹"으로 표시된 열머리에 마우스 커서를 두고 "Delete"키를 클릭하여 "질문2"와 "그룹"을 제거 후 "파일/다른 이름으로 저장"을 지정 후에 "질문2.sav"로 새로운 파일이름을 지정 후 "저장"을 클릭하자.

메뉴 바에서 "변환/변수 계산"을 지정 후 생성된 "변수 계산"대화상자를 다음과 같이 지정한 후에 "확인"을 클릭, "기존 변수를 변경하시겠습니까?"대화상자에서 "확인"을 클릭한다.

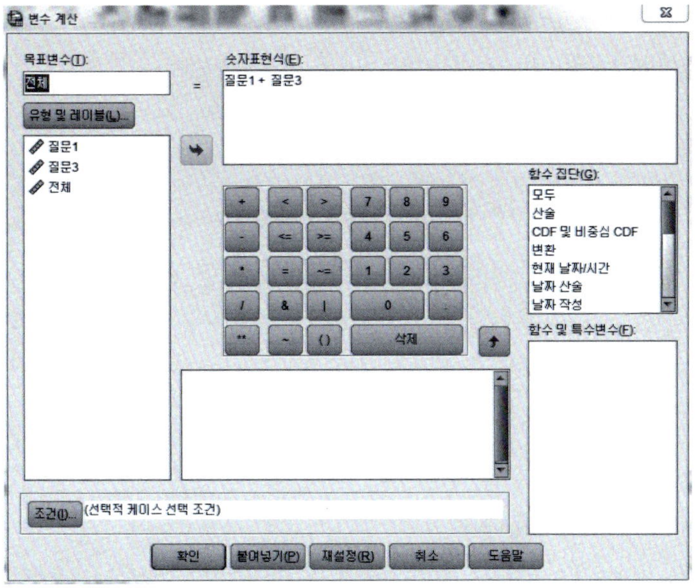

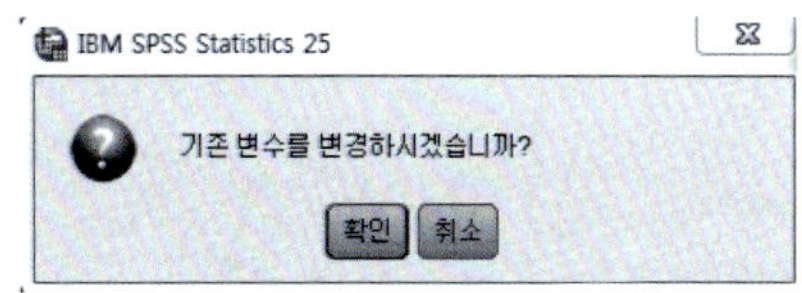

메뉴 바에서 “분석/상관분석/이변량 상관”을 지정한다. 생성된 “이변량 상관계수”대화상자에서 모든 척도변수들을 우측의 “변수”박스로 이동시킨 후에 “확인”을 클릭한다.

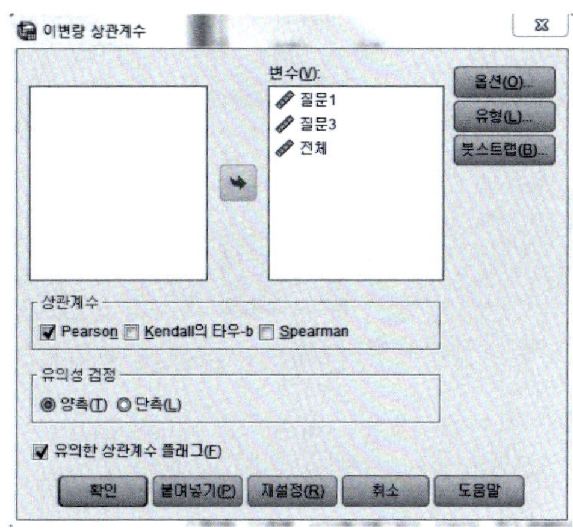

표 7-3 상관관계

		질문 1	질문 3	전체
질문 1	Pearson 상관	1	.718	.929
	유의확률(양측)		.282	.017
	N	4	4	4
질문 3	Pearson 상관	.718	1	.925
	유의확률(양측)	.282		.075
	N	4	4	4
전 체	Pearson 상관	.929	.925	1
	유의확률(양측)	.071	.075	
	N	4	4	4

〈표 7-3〉에서 전체에 대해 상관계수가 모두 0.925 이상으로 나타나지만, 유의확률(양측)이 5%를 초과하므로 척도의 항목들은 내적 일관성을 가진 것으로 간주할 수 없는 상황이다.

4. 크론바흐 알파

크론바흐 알파는 내적 일관성 측정치이며, 단일 구성개념을 측정하도록 고안된 척도를 구성하는 여러 항목들이 그 동일구성개념을 측정하는 차수를 결정한다. 그렇지만 측정하는 것이 타당성의 질문사항으로서 올바른 구성개념인지를 나타내지는 않는다.

크론바흐 알파는 척도의 모든 항목들은 반드시 등간 또는 비율척도로 측정되어야 하고, 각 항목이 정규분포되어 있다고 가정한 상황에서 검정을 수행한다.

"직무만족.sav"파일을 열고, "분석/척도분석/신뢰도 분석"을 지정하고, 생성된 "신뢰도 분석"대화상자에서 "항목"박스에 "만족1, 만족2, 만족3, 만족4"를 이동시킨 후 "확인"단추를 클릭하자.

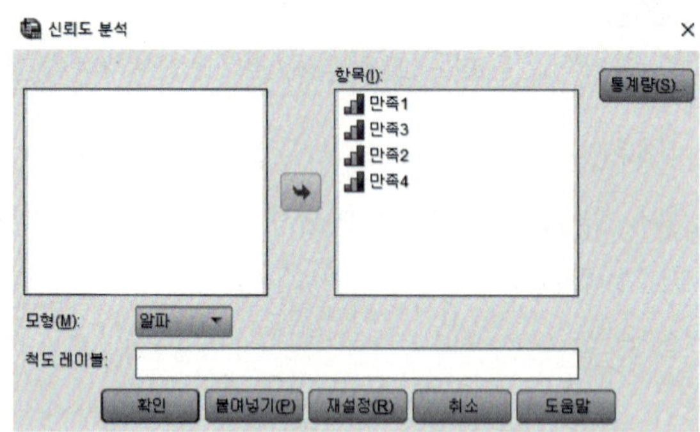

출력결과의 〈표 7-4〉 신뢰도 통계량에서 신뢰도 계수(reliability coefficient)가 0.762로 0.7 이상으로 신뢰가능한 수준으로 간주된다. 만약 0.6 미만으로 나타난다면, 열악한 내적 일관성(internal consistency)을 나타낸다.

표 7-4 신뢰도 통계량

Cronbach의 알파	항목 수
.762	4

5. 반분신뢰도

"직무만족.sav"파일의 "데이터 보기"창의 메뉴 바에서 "분석/척도분석/신뢰도 분석"을 지정하고, 생성된 "신뢰도 분석"대화상자에서 "모형: 알파" 대신에 "모형: 반분"을 지정하고, "확인"을 클릭하여 반분(split-half)검정을 수행한다.

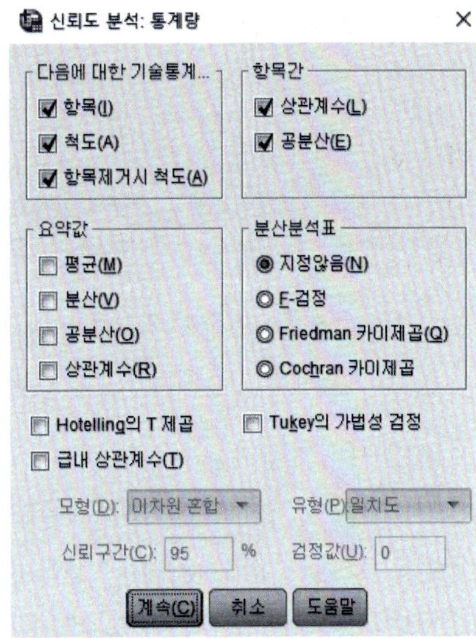

표 7-5 신뢰도 통계량

Cronbach의 알파	파트 1	값	.608
		항목 수	2[a]
	파트 2	값	.643
		항목 수	2[b]
	전체항목 수		4
문항간 상관관계			.604
Spearman-Brown 계수	같은 길이		.753
	다른 길이		.753
Guttman 반복계수			.751

a. 항목 : 만족 1, 만족 3
b. 항목 : 만족 2, 만족 4

〈표 7-5〉의 신뢰도 통계량에서 Spearman-Brown 반분신뢰도 계수(split-half reliability coefficient)는 0.753으로 0.80에 미달한다. 그렇지만 이는 0.60을 초과하므로 약간은 내적 신뢰도가 있는 것으로 간주할 수 있다.

이와 같이 어떤 척도가 낮은 내적 신뢰성을 가진 것으로 나타나면, 이러한 우발성을 처리하기 위한 전략은 신뢰성을 제고시킬 수 있도록 척도에서 하나 또는 그 이상 항목들을 제거하는 것이다.

이를 위해서는 신뢰성 분석 대화상자에서 “통계량” 단추를 선택한다. “신뢰도 분석: 통계량”대화상자에서 “다음에 대한 기술통계: 항목제거시 척도”를 지정한 후에 “계속”을 클릭한다. 그리고 “신뢰도 분석”대화상자에서 “확인”단추를 클릭한다.

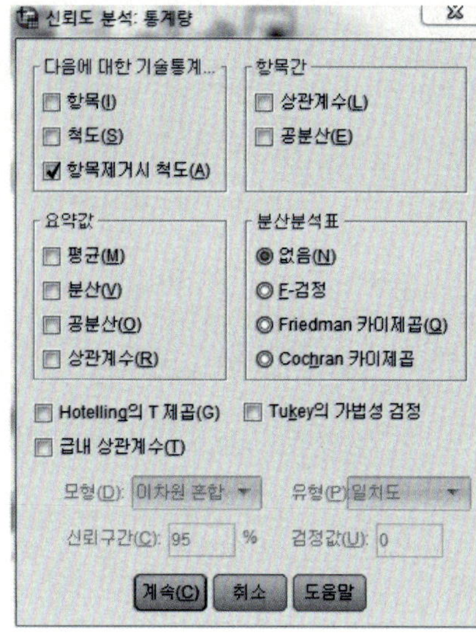

〈표 7–6〉에서 각 항목의 삭제된 경우의 알파계수절대값이 〈표 7–4〉의 0.762보다 높게 나타난다면, 그 해당 항목을 제거해야 한다.

그렇지만 〈표 7–6〉에서 0.762를 초과하는 알파계수는 없으므로 전체 신뢰도에 나쁜 영향을 주는 항목을 없는 것으로 판단된다.

표 7–6 항목 총계 통계량

	항목이 삭제된 경우 척도 평균	항목이 삭제된 경우 척도 분산	수정된 항목–전체 상관계수	제곱 다중 상관계수	항목이 삭제된 경우 Chonbach 알파
만족 1	8.12	7.031	.553	.309	.711
만족 3	8.19	6.694	.550	.366	.711
만족 2	8.15	6.665	.504	.291	.738
만족 4	8.06	6.116	.642	.432	.659

6. 검정–재검정 신뢰도

검정–재검정 신뢰도(test–retest reliability)는 일시적 안정성(temporal stability)의 측도이며, 신뢰도 측도이다. 척도를 구성하는 모든 질문들이 동일한 구성개념을 측정하는 정도를 표시하는 다른 내적 일관성 측도와는 달리, 일시적 안정성의 측도들은 시간의 경과 또는 여러 상황에서 측정도구가 일관적인지의 여부를 알려준다.

척도의 전체점수는 반드시 등간 또는 비율척도여야 하며, 척도점수들은 반드시 정규분포를 이루어야 한다.

SPSS는 첫째 집행(administration)시점에서의 척도에 대한 전체점수를 나타내는 변수를 요구한다. 첫째와 동일한 참가자들에 대해 보통 2주 후의 다른 시점에서의 전체점수를 나타내는 둘째 변수가 있어야 한다.

검정-재검정 신뢰도 계수는 단순히 2번의 집행에 대한 전체 점수들 간의 관계에 대한 Pearson 상관계수를 나타낸다. 계수를 계산하도록 SPSS에서 "분석/상관분석/이변량 상관계수"를 지정하여 Pearson상관계수를 계산한다.

두 번의 집행에 따른 전체점수들 2개 변수들 간의 Pearson상관계수를 검토하여 1에 가까우면 강력한 신뢰성을, 0에 근접하면 약한 신뢰성을 표시한다

7. 평가자 간 신뢰도

내적 및 외적 신뢰도에 추가하여 신뢰도의 다른 측면들을 보기로 하자.

첫째, 자료를 주제들에 대해 입력할 경우, 입력계획의 신뢰도를 검정해야 한다. 이러한 문제는 질문에 대한 응답들을 입력할 경우에 발생할 수 있다.

입력계획이 입력자들에 의해 일관적으로 해석되는 것을 보장하도록 입력자 간 신뢰성의 추정치(inter-coder reliability)가 제공되어야 한다.

둘째, 조사자가 행위를 구분하는 경우에는 관찰자 간 신뢰도(inter-observer reliability) 또는 평가자 간 신뢰도(inter-rater reliability) 추정치가 제공되어야 한다.

평가자 간 신뢰도를 측정하는 방식은 많다. 등간 또는 비율척도를 갖는다면 두 관찰자 점수들 간의 상관계수로 간단히 구할 수 있고, 명목척도인 경우에도 Spearman ρ(rho)를 계산하여 수행한다.

그리고 Cohen의 Kappa는 제한된 수의 범주들을 갖는 명목척도들을 사용하는 경우에 최상의 성과를 제공한다.

SPSS에서 한 변수는 한 사람의 평가를 나타내고, 둘째 변수는 다른 평가자의 평가결과를 나타내는 자료를 분석하기로 하자.

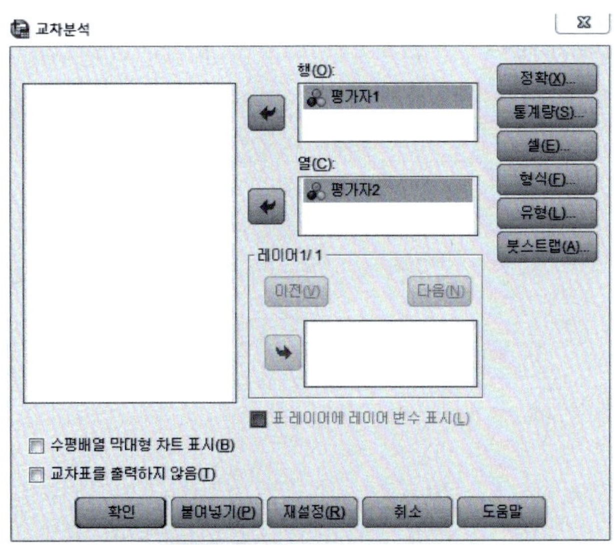

"평가자.sav"파일을 열고, "분석/기술통계량/교차분석"을 지정한다. 생성된 "교차분석"(Crosstabs)대화상자에서 우측"행"박스에 "평가자1"을, "열"박스에 "평가자2"를 이동시킨다.

우측의 "통계량"단추를 클릭하고, 생성된 "교차분석: 통계량"대화상자에서

"카파"를 지정한 후에 "계속"을 클릭한다. 그리고 "교차분석"대화상자에서 "확인"을 클릭한다.

이러한 명령에 따라 출력된 결과들은 케이스처리요약, 평가자1*평가자2 교차표, "대칭적 측도"(symmetric measures) 표로 나타난다.

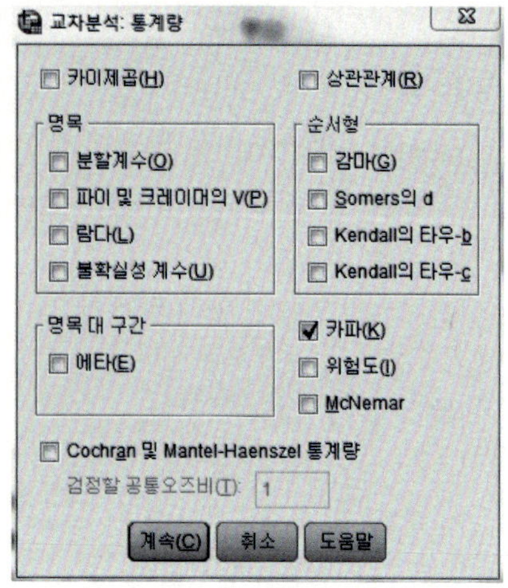

표 7-7 대칭적 측도

	값	근사 표준오차[a]	근사 T값[b]	근사 유의확률
일치측도 카파	.651	.157	5.449	.000
유효케이스 수	10			

a. 영가설을 가정하지 않음.
b. 영가설을 가정하는 점근 표준오차 사용

〈표 7-7〉의 대칭적 측도표에서 카파(Kappa)는 0.651이며, 유의수준은 0.000이다. 이러한 카파의 값은 〈표 7-8〉의 Landis and Koch(1977)의 합의 강도기준에 따르면 상당한 합의의 강도를 반영하므로, 평가자 간에 상당한 정도의 신뢰도가 존재한다고 간주할 수 있다.

표 7-8 카파통계량과 합의 강도

카파 통계량(Kappa Statistic)	동의 강도(Strength of Agreement)
$\kappa < 0.00$	열악(poor)
$0.00 \leq \kappa \leq 0.20$	근소함(약간, slight)
$0.21 \leq \kappa \leq 0.40$	제법(괜찮은, fair)
$0.41 \leq \kappa \leq 0.60$	적당한(적정한, moderate)
$0.61 \leq \kappa \leq 0.80$	상당한(Substantial)
$0.81 \leq \kappa \leq 1.00$	거의 완벽한(Almost Perfect)

자료 : Landis and Koch(1977), 165.

02 타당도

타당도(Validity)는 측정하려는 특성을 측정수단이 실제로 측정하는 것을 의미한다. 따라서 타당도는 검정점수들을 기초로 하는 추론, 해석 또는 조치의 정확성을 말한다.

측도는 숫자형식 자료를 수집한 것이다. 항목분석은 측정도구에서 대상항목들이 있는지 여부를 검토하는 것이며, 해당 측정도구의 다른 항목들과 차별화되는지를 검색한다. 항목들의 차별성이 확인된 후에 측정도구의 신뢰도 검정을 수행하고, 그 측도의 타당도를 확인한다.

보통 검정 타당도(test validity)는 측도 타당도(measurement validity)를 의미하며, 측정을 위해 제시된 수단측도들의 적합성 정도와 검정점수들을 사용하여 수행된 특정 추론들 및 해석들의 적절함 정도를 말한다. 따라서 측정 타당도는 표지가 측정하려는 구성개념에 대한 실증표지와 개념적 정의가 함께 얼마나 적합한지에 대한 정도이다. 따라서 검정 타당도는 구성개념들 및 측정치들 간의 관계에 대해 직접적으로 관련되지 않는 다음 세 가지의 타당도와는 다르다.

① 통계적 결론 타당도(statistical conclusion validity)는 현행연구가 두 변수들 간의 관계의 존재 및 정도를 확인할 수 있는지의 여부에 대한 것이다.

② 내적 타당도(Internal validity)는 인과효과에 대한 신뢰도정도를 말한다. 따라서 내적 타당도는 가정된 원인 및 효과 간의 관계가 다른 원인들 또는 방법론상의 인위적(작위적) 결과들로 달리 설명되는지를 보는 것이다.

③ 외적 타당도(external validity)는 연구의 발견사항들이 다른 표본들, 환경들, 기간체계들에 대해 일반화될 수 있는지의 여부에 대한 것이다. 예컨대 현장실험은 일반적으로 실험실실험에 비해 외적 타당도는 높고 내적 타당도는 낮다.

타당도는 수단자체에 내재된 것이 아니라, 어떤 수단이 특정 목적에 대해서만 타당한 것으로 고려된다는 것을 의미한다. 검정 타당도는 수단 타당도 확인을 위해 자료가 수집된 실증연구수행을 포함한다. 타당도 검정은 신뢰가능하고 일관적인 것으로 가정되지만, 신뢰도 검정은 특정 목적에 대해서만 타당할 수 있다.

타당도의 세 가지 기초형태에는 내용 타당도, 기준(준거)타당도, 구성 타당도가 있다.

1. 내용 타당도

내용 타당도(content validity)는 수단(측도)이 추론을 하려는 행동들 및 내용영역의 대표적 표본을 얼마나 잘 측정하는지를 기술한다. 즉, 내용 타당도는 측도가 구체적으로 의도된 내용의 영역을 반영하는 정도이다.

내용 타당도는 대상 내용범위의 규정, 그 범위를 나타내는 항목들의 선정이나 개발, 검정을 위한 설문조사 또는 기타 수단으로 그 항목들을 구성하여 입증할 수 있다.

내용 타당도는 실증절차나 통계절차를 사용하여 평가되는 것이 아니라, 수단을 개발하기 위해 사용된 절차들이 중요한 내용을 표본추출로 충분히 나타내도록 보장하는 "이성에 대한 호소"에 의해 좌우된다. 검정의 항목들, 과제들, 또는 질문들이 대상 구성개념 범위를 충분히 표현하는 정도에 대한 판단의 관점에서 내용타당도는 다음 절차에 따라 입증된다.

- 검정이 측정하려고 가정된 구성개념을 파악한다.
- 특정 검정에 대해 그 내용을 검토한다.
- 검정의 내용이 내용범위를 충분히 표현하는지 여부를 평가한다.

이와 같이 내용 타당도 입증과정은 검정내용을 판단하는 합리적 접근법이다. 따라서 내용 타당도는 표현하려는 내용을 규정하고 난 후에 항목들이 그 내용을 충분히 나타내는지를 결정하는 것이다.

액면 타당도(face validity)는 그 이름이 의미하는 것처럼 측정하려고 의도한 것을 제대로 측정하는지를 입증하는 정도이다. 액면 타당도는 문제가 되는 개념의 내용을 측정치가 명백하게 반영하는 정도이며, 관찰자는 최소한도로 새로운 측정치가 액면 타당성을 갖도록 해야 한다.

액면 타당도 검정은 전문가들 및 실제 실험대상들에게 수단을 제시하고, 측정치가 대상이 되는 개념을 획득할 것으로 보이는지의 여부에 대한 그들의 응답들을 정성적으로 분석하여 수행한다.

2. 기준 타당도

기준(준거) 타당도(criterion-related or criterion-oriented validity)는 측정수단에 대한 성과가 중요하다고 생각되는 여타 외부측도(유사한 구성개념들 또는 기존 기준들의 여타 표준측정치들)에 대한 성과와 상관되는 정도를 나타낸다.

측정치가 실제로 얼마나 잘 작용하는지에 대한 문제여서, 기준 타당도를 실용 타당도(pragmatic validity)라고도 한다. 기준은 검정점수들을 기초로 예측하려고 하는 표준이나 비교기준을 말한다.

외부측도를 기준이라 하고, 상관계수를 타당도 계수라고 한다. 기준 타당도는 실증 추정목적으로 사용된 측정치들의 성과를 반영하며, 측정치의 개념해석보다는 그 측정치로 어떤 기준을 예측하는 능력을 중시한다. 관련기준은 다음 특성들을 보유해야 한다.

- **관련성**(relevance) : 관련기준을 적합한 측정치라고 우리가 판단하는 조건으로 규정된 특성
- **불편성**(freedom from bias) : 관련기준이 각 주제에 대해 평가점수 획득의 동일한 기회를 제공하는 특성
- **신뢰도**(reliability) : 기준의 안정적 또는 복제가능한 특성
- **유용성**(availability) : 기준으로 설정된 정보의 입수가능한 특성

검정점수가 다른 검정이나 미래성과와 같은 어떤 기준에 따른 성과를 예측이나 추론하는데 사용될 수 있는 정도를 통해 기준 타당성을 입증한다. 이러한 목적에서 계산한 검정점수들과 기준점수들 간의 상관계수들을 타당도 계수라고 한다.

두 점수들 간의 Pearson상관계수가 기준관련 타당도 계수가 되며, 반드시 양이어야 하고, 1에 근접하면 강력한 타당도를 0에 근접하면 약한 타당도를 나타낸다.

- **동시 타당도**(concurrent validity) : 타당성을 평가하려는 검정측도가 동시에 동일한 것을 측정하는 다른 기존수단의 성과와 얼마나 상관되는지를 평가하는 개념이다. 대상검정(focal test)과 기준검정(criterion test)을 거의 동시에 관리하여 계산한 두 점수집합의 상관계수가 높으면 동시타당도가 입증된다.
- **예측 타당도**(predictive validity) : 검정이 어떤 미래성과를 얼마나 잘 예측하는지를 기술한다. 예측변수를 이용하여 타당도 평가를 하고 미래성과는 기준변수로 평가한다. 따라서 예측타당도는 측정결과를 사용하여 동일한 것의 다른 측도들을 예측할 수 있는지에 대한 검정이다. 따라서 한 번은 대상(초점)검정에서 참가자들의 점수들을 측정하고, 이후에 기준 측정치에서 참가자들 점수들을 측정하여 구한 상관계수가 높게 나타나다면 예측 타당도가 입증된다.

3. 구성개념 타당도

구성개념 타당도(construct validity)는 가장 복잡한 형식의 타당성으로, 검정점수로 얻은 결과들이 그 검정을 작성한 기반이 되는 이론에 얼마나 잘 적합한지를 나타내는 정도이다.

구성개념은 지능, 사교성, 공격성 등과 같이 직접 측정할 수는 없는 특징들을 나타내는데 사용한다. 구성타 당도는 어떤 수단이 이론적 특성이나 특징에 대해 정확한 정보를 측정하고 제공하는 정도이다. 구성 타당도는 이론을 기초로 구성개념과 그에 대해 측정된 표지변수들 간의 관계들의

관련성 및 예상패턴들을 찾는 것이다.

구성 타당도 검정에서는 먼저 이론적 관계를 확인하고, 실증관계를 검토하여 측도가 특정 구성개념 및 특성을 나타내어 믿을 만한 추론을 수행할 수 있게 하는 정도를 파악한다. 구성 타당도는 특색 타당도(trait validity)와 법칙(이해) 타당도(nomological validity)로 구분할 수 있다.

① 특색 타당도는 구성개념과 그 구성개념이 근거로 하는 이론에서 분리시킨 측정치 간의 관계에 초점을 두며, 동일한 구성개념을 나타내도록 의도된 측정치들의 수렴 및 다른 구성개념들을 나타내도록 작성된 측정치들 간의 발산에 의해 입증된다.

- **수렴 타당도**(convergent validity) : 동일한 구성개념에 대한 별도 측정치들과 대상검정점수들 간에 높은 상관관계를 보이는 정도
  - 동일방법을 공유하는 측정치들의 수렴은 신뢰도를 표시하지만, 다른 방법들을 사용하는 측정치들의 수렴은 수렴타당도를 표시
  - 수렴 타당도는 동일한 개념을 측정하는 다른 변수들로 얻은 점수들이 높은 상관을 갖는 경우에 달성
  - 신뢰도와 수렴 타당도는 측정치들의 공동원인으로 역할을 하는 어떤 구성개념에 대한 증거를 제공
- **판별 타당도**(discriminant validity) : 이론적으로 다른 구성개념들을 측정하도록 구성한 다른 검정들 점수들에 대해 대상검정 점수들이 높은 상관관계를 보이지 않는 정도
  - 동일한 방법이나 다른 방법들을 사용하는 측정치들 간의 발산은 판별타당도의 증거를 제공
  - 여타 의도하지 않은 구성개념들의 발생을 방지하는 증거를 제공

② 법칙논리(이해)타당도(nomological validity)는 어떤 구성개념의 측정치들이 다른 구성개념들의 측정치들과의 관계를 관련 이론에 따라 보여주는 증거를 기초로 한다. 그래서 법칙(이해) 타당도는 이론을 기반으로 작성한 구성개념 표지변수들의 점수들이 척도는 다르지만 관련된 여타 표지변수 측정점수들과 이론적으로 예측된 방식으로 상관된 정도를 나타내므로, 특정 구성개념의 원인들, 효과들, 상관관계를 기술하는 이론의 범주에서 어떤 측정치를 평가할 수 있는 정도이다.

구성개념 타당성의 복잡한 쟁점을 처리하는 방식으로 고려할 수 있는 형태의 타당성들은 알려진 집단들(known-groups) 타당도와 삼각측량(triangulation)이다.

- 알려진 집단 타당도(known-group validity)는 어떤 측정치 점수들이 2개의 특정한 개인 집단들 간에 예측 가능한 방식으로 다르게 확인할 수 있다면, 이는 검사의 값에 대한 증거

로써 검사의 알려진 집단들 타당도이다. 우량한 알려진 집단들 타당도를 가진 측정치는 명확하게 특정 집단의 사람들을 다른 집단의 사람들과 차별화시킬 수 있다. 그래서 알려진 집단들 타당도는 구성개념의 과학적 가치에 대한 신뢰도를 추가시킬 수 있는 관계들의 네트워크 일부가 되는 경우에만 있다.

- 삼각측량(triangulation)은 구성개념의 복수측정치들을 사용한다. 만약 어떤 관계가 여러 다른 형태들의 검사들 또는 측정치들을 사용하여 확인된다면, 이는 관계타당성의 증거이다. 어떤 방식들에 따른 삼각측량은 공존 타당도와 예측 타당도의 조합으로 간주될 수 있다. 기초적 가정은 표면상으로 동일한 구성개념에 대한 두 가지 다른 측정치들이 모두 그 구성개념과 관련될 것으로 예상되는 어떤 변수와 상관된다면, 이는 구성개념에 대한 신뢰도를 증가시킨다는 것이다. 삼각측량을 사용하여 구성개념을 규명하기 위해서는 삼각형의 3개 구성요소들이 모두 서로 상관되어야 한다. 이는 동시타당도 및 예측 타당도를 별도로 수행한 것보다 구성개념에 대해 아주 더 큰 증거를 제공한다. 삼각측량은 구성개념 타당화의 어떤 기초적 형식으로 간주될 수 있다. 삼각측량은 명확하게 기준 타당도의 대충적 경험론에 대한 중요한 개선결과이지만, 구성개념 타당도와 완전히 동일한 것은 아니다.

제8장

분산분석 원리와 일원배치 ANOVA

01 분산분석의 원리

1. 분산분석의 개념

분산분석(analysis of variance) ANOVA는 어떤 자료집합의 총변동이 어떤 변동요인에 의해 유발되었으며, 얼마나 많이 변동하게 되었는가를 추정하는 방법이다.

일반적으로 분산분석은 정량반응변수의 평균값이 하나 이상의 범주설명요인들(categorical explanatory factors)에 대해 어떻게 관련되어 있는지를 분석하는 다목적도구이다.

분산분석에서 반응변수(종속변수)에 대해 유효한 독립변수를 요인(factor)이라 하고, 조사에 사용되는 한 요인의 범주들을 처리(treatments) 또는 수준(levels)이라고 한다. 그룹들을 구별하는 변수를 요인변수(factor variable)라고 하고, 비교를 하는 그룹들에 대해 나타나는 요인의 값들을 요인수준(factor levels)이라고 한다. 예컨대 밀의 크기인 종속변수가 품종(variety)에 따라 다르다고 하자. 품종 1, 2, 3이 있다고 하면 품종이라는 한 요인에 3개 범주가 있어 3개 처리들이 존재한다.

분산분석은 표본자료의 변동원천들을 검토하여 모집단평균들의 차이를 평가한다. 본질적으로 분산분석은 표본평균들에서의 어떤 변동이 처리들 차이들로 인한 것인지(표본들이 실제로 다른 평균들이 다른 모집단들에서 추출된 것인지) 또는 동일한 모집단들(또는 같은 모집단)에서 표본추출을 한 경우에도 발생된 확률변동(random variation)으로 인해 표본평균들 차이가 발생한 것인지 여부를 결정한다.

ANOVA는 우연히 발생하지 않는 변동을 분석하는데 사용하는 요인의 수에 따라 일원모형과 이원모형으로 구분한다. 분산분석 수행에서 하나의 독립변수(요인)만 있다면, 측정자료는 하나의 기준에 의해서만 분류되므로 1원(단일요인, 1요인, 또는 단일분류) ANOVA라고 한다.

하나의 ANOVA 실험에서 하나의 종속변수에 대해 2개 요인들을 사용하여 자료를 2개 기준으로 분류한다면 2원(two-way) ANOVA라고 한다. 한편 3개 이상의 기준들을 사용하면 다중(multiway) ANOVA라고 한다.

2. 분산분석의 특성과 검정방법

일원분산분석(one-way ANOVA) 또는 일원ANOVA는 표본분산들을 분석하여 3개 이상의 모집단 평균들을 검정하는 방법으로 다음 특징들을 갖는다.

① 종속변수의 특성 파악을 위한 실험요인이 되는 하나의 처리 또는 요인을 사용하여, 여러 처리집단의 각각에 대해 무작위로 실험대상인 개체들을 할당하여 얻은 표본평균간 차이를 분석하는 방법이다. 예컨대 자동차를 크기라는 하나의 처리 또는 요인을 사용하여 구분하면, 그 처리 또는 요인은 소형, 중형, 대형 등의 범주들을 갖는다.

일원 ANOVA에서 조사하는 요인의 처리들을 관심대상 처리들만으로 비확률적으로 선택을했다면 고정효과(fixed-effects) ANOVA라고 한다. 한편 일원 ANOVA에서 처리들이 조사요인에 대한 처리들의 더 큰 집합에서 추출한 하나의 무작위(확률)표본이라면 변량효과(random-effects) ANOVA라고 한다.

고정효과 설계인 경우에 조사의 결론들은 사용된 특정 처리들로 한정되어야 한다. 한편 랜덤효과 설계인 경우에 조사결론들은 보다 일반적이다.

일원 고정효과 ANOVA로 분석하는 실험에서 결과들을 도출하기 위해서는 하나의 독립변수(요인)과 하나의 종속변수를 갖고, 해당 요인에 대한 처리들은 관심처리들로만 비확률적으로 선택해야 한다. 그리고 다음 가정들을 충족시켜야 한다.

- 관찰대상의 어떤 특성을 정량화하고 기록하도록 설계된 측정도구를 척도라 한다. 척도는 기초적으로 명목·서열·등간·비율의 4개로 구분된다. ANOVA는 독립적인 무작위표본들을 등간수준 또는 비율수준 척도들의 K개 모집단들에서 추출한다. 이러한 독립확률표본들은 크기가 동일($n_1 = n_2 \ldots n_K = n$)하거나 또는 불균등할 수 있다.
- K개 모집단들의 각 모집단은 평균 $\mu_i (i = 1,2,\ldots,K)$ 및 분산 $\sigma_i^2 (i = 1,2,\ldots,K)$를 갖고 정규분포된다.
- K개 모집단분산들은 균등하여 $\sigma_1^2 = \sigma_2^2 = \cdots = \sigma_K^2$이다. 그래서 분산균등성(homogeneity of variance)을 가정한다.

② ANOVA는 모집단평균들에 대한 통계적 가설들을 검정하는 기법이다. 일원 고정효과 ANOVA에서는 한 쌍의 서로 대립적인 통계적 가설들인 귀무가설 H_0와 대립가설 H_1을 사용한다. 각 범주의 평균이 동일하다는 귀무가설과 동일하지 않다는 대립가설을 F 통계량을 사용하여 검정한다.

H0 : $\mu_1 = \mu_2 = \cdots = \mu_k$

H1 : K개 평균들이 모두 균등하지는 않다. (또는)

(2개 이상의 평균들은 균등하지 않다)

(모든 평균들이 균등한 것은 아니다)

(귀무가설은 참이 아니다)

여기서는 정규분포와 공통분산 σ^2을 가정하므로, 표본들이 균등한 모집단들에서 추출되었는지의 여부만을 검정한다.

- 모집단들이 동일한 분산들을 갖는다고 가정하고, 두 모집단분산 σ^2에 대해 (표본평균들 간의 변동을 기초로 하는) 표본간 변동(variation between samples)과 (표본분산들을 기초로 하는) 표본내 변동(variation within samples)의 두 가지 추정치들의 비율인 F 검정통계량을 사용한다.
- F분포의 우측꼬리 검정(right-tail test)만을 사용하여 수행한다. F비율의 분자인 표본간 추정치(among-samples estimate)는 표본평균들의 총평균에 대한 표준편차를 계산한 평균의 추정표준오차 $s_{\bar{X}}$를 계산한 후에 제곱을 하고, 균등표본 크기 n을 곱한 값이다. 그리고 F비율의 분모인 표본내 추정치(within-samples estimate) 또는 오차추정치(error estimate)는 각 표본의 자체표본평균에 대한 분산을 계산하고, 공통분산가정에 따라 그 분산들을 통합한 공통(통합) 분산 s_P^2을 계산한 것이다.

$$F = \frac{ns_{\bar{X}}^2}{s_P^2} = \frac{\text{표본크기 평균} \times \text{표본평균 분산}}{\text{표본분산 평균}}$$

- 분자 자유도는 표본들의 수 K에서 1을 차감한 "K−1"이고, 분모 자유도는 각 표본크기 n에서 1을 차감한 값에 K를 곱한 "K(n−1)"이다. nK는 N(전체 표본크기)이므로, 분모 자유도는 N−K(전체 표본크기−그룹들 수)이다. 이러한 분석방법을 일원(one-way) ANOVA라고 한다.
- F비율의 분자는 표본들 (표본평균−총평균) 차이제곱의 평균이며, 그룹평균 편차제곱들의 평균의 약자인 제곱평균이라는 용어를 사용하여 공통 모집단분산의 표본간 추정치 제곱평균이라고 한다.
- F비율의 분모는 공통 모집단분산의 표본내 추정치 제곱평균(mean square within estimate of the common population variance)이라고 한다. σ^2의 공통 통합분산 추정치 s_P^2이다.
- σ^2의 공통(통합)분산 추정치 s^2는 각 관찰치 차이(=각 관찰치−총평균) 제곱의 총합인 총변동을 자유도 N−1(=nK−1)로 나누어 계산한다. 이는 그룹(표본)내 변동이 0인 경우에만 성립한다.
- "총제곱합 자유도 = 표본간 제곱합자유도 + 표본내 제곱합 자유도"와 같이 제곱합항등식(sum-of-square identity)이 각 제곱합에 관련된 자유도들에 대해서도 성립한다.

③ F 검정통계량(F비율)의 분자는 표본평균간 변동을 측정한다. F검정 통계량은 체계적 분산(그룹 간 제곱평균)으로 설명된 분산을 비체계적 분산(그룹 내 제곱평균)으로 설명된 분산으로 나눈 비율이어서 항상 0 이상이므로 기각역을 찾는데 유의수준 α에 2를 곱할 필요가 없다.

분모의 분산추정치는 단지 표본분산에만 의존하며 표본평균들 사이의 차이들에 의해 영향을 받지 않는다. ANOVA에서는 표본들 내부의 분산은 단지 우연히 발생하는 것이고, 표본평균들간의 분산은 일부는 우연히 발생하지만 일부는 J개 모집단 평균들의 차이로 인하여 발생한다고 가정한다.

- 귀무가설이 참이라면, 표본자료에서 계산된 F비율은 반드시 1에 근접해야 한다. 한편 귀무가설이 거짓이라면, F비율은 1보다 현저하게 더 커야 한다. 따라서 일원ANOVA의 기초원리는 귀무가설의 진위여부에 민감한 표본간 추정치를 그에 민감하지 않은 표본내 추정치에 비교하는 것이다.
- 값이 유사한 표본평균들은 작은 F 검정통계량 및 높은 P-값을 가져와서, 표본평균들 사이에 어떤 유의적 차이도 없다고 결론을 얻게 할 것이다.

④ 일원ANOVA는 여러 처리모집단 평균간 차이의 검정을 위해 각 처리집단에서 표본을 추출하여 전체표본을 구성하며, *k*개 표본평균을 이용한 단일요인 완전무작위 설계법을 사용하는 선형모형이다.

관찰치 = 총평균 + (집단평균-총평균) + (관찰치-집단평균)
관찰치 = 총평균 + 처리효과 + 무작위효과

- 총평균 : 다른 요인의 영향을 받지 않으며, 자체요인에 의해 그 변동을 설명할 수 있는 자기설명적 요인
- 처리효과 : 총평균 μ에 대한 *k*번째 처리모집단 평균인 μ_k의 차이, 처리효과로 인하여 실험에서 K개의 처리집단을 다루는 경우에 K개의 처리효과가 발생하며, K개처리 모집단평균들의 평균이 총평균이어서 K개 처리효과들의 합은 0이 되어야 하는 것으로 가정한다.
- 무작위(표집)오차 : 처리모집단 내부의 변동성을 반영하며, 표집행위의 특성상 무작위성(비일관성) 과정(process of randomness)으로 인해 발생된다. 무작위오차는 관찰치에서 처리모집단 평균을 차감한 잔차(residual)이며, 그 기대치는 0이다.

3. Levene의 검정

두 모집단의 분산이 동일한지의 여부를 결정하는 Levene의 검정(Levene' s test)은 표본분산의 F검정(F-test of sample variance)이라 하며 다음 가설을 사용한다.

- H_0 : $\sigma_1^2 = \sigma_2^2$
- H_1 : $\sigma_1^2 \neq \sigma_2^2$

Levene의 검정은 그룹 간 변동성(검정통계량의 분자)을 그룹내 변동성(검정통계량의 분모)과 비교한다. 그룹 간 변동성 비율이 높을수록 검정통계량의 값은 더 높아 H_0을 기각할 경향이 더 커진다. 3개 이상인 K개 그룹들의 분산들이 동일한 여부에 대한 결정은 다음 가설을 사용한다.

- H_0 : $\sigma_1^2 = \cdots = \sigma_K^2$
- H_1 : $\sigma_i^2 \neq \sigma_j^2$, $i \neq j$
- 관측치들의 총수 n과 j그룹의 표본크기 n_j에 대해
- 검정통계량 : $F = \dfrac{n-K}{n-1} \dfrac{\sum_{j=1}^{K} n_j (\bar{y}_j - \bar{y})^2}{\sum_{j=1}^{K} n_j \sum_{i=1}^{n_j} (y_{ij} - \bar{y}_j)^2}$
- 기각역 : $F \geq F_{1-\frac{\alpha}{2}}(K-1, n-K)$

F통계량이 F(K−1,n−K)분포의 (1−(α /2)) 분위수(변위치, quantile) 이상이면 귀무가설이 기각된다. SPSS는 Levene (검정)통계량에 대한 유의확률을 제공하므로, 5% 이하이면 등분산 귀무가설을 기각할 수 있다.

4. 효과들의 강도측정

에타제곱(eta squared) η^2(=SS_B/SS_T)을 요인변수가 종속변수에 주는 효과의 강도(효과크기)를 결정하도록 직접 계산할 수 있다. 이는 총변동에 대한 그룹 간 변동의 비율이어서 표본자료에 의해 설명되는 분산을 나타낸다. η^2= 0.5는 총변동의 50%를 해당요인이 발생시킨다는 것이다.

에타제곱은 0과 1 사이의 값을 갖는다. 모든 그룹들이 동일한 평균값을 갖는다면, 요인은 종속변수에 어떤 영향도 주지 않는다고 가정할 수 있어 η^2=0이다. 반대로 에타제곱의 값이 크다면 요인은 종속변수에 강력한 영향을 행사하는 것이다.

한편 보완적으로 작은 표본크기(50개 이하의 표본)에 대해서는 회귀분석의 조정 R^2에 해당하는 오메가제곱(omega squared) ω^2[=(SSB−(K−1)MSW)/(SST+MSW)]을 계산하여 사용할 수 있다.

일반적으로 표본크기가 50개를 초과하면 에타제곱을, 50개 이하이면 오메가제곱을 사용해야 한다. 그러나 에타제곱(η^2) 계수가 선형관계의 Pearson 상관계수와 유사하므로 다음과 같이 효과크기를 판단할 수 있다.

- 0.30 이하 : 효과 약함
- 0.31–0.49 : 효과 보통(중간, moderate)
- 0.50 이상 : 효과 강함(strong)

5. 분산분석의 사후검정방법

사후검정(Post hoc tests)은 각 그룹쌍에 대해 다중비교검정을 수행하고, 어떤 그룹들이 서로 유의적으로 다른지를 검정한다.

사후검정의 기초적 방안은 각 그룹쌍에 대해 검정을 수행하고 해당 검정의 유의수준을 올바르게 고치려는 것이다. 이러한 방식으로 모든 비교들에서의 전반적인 제1종 오류비율(집단전반 오류비율, familywise error rate)은 α=5%와 같은 특정 수준에서 일정하게 유지된다.

여러 사후검정들 중에서 가장 쉬운 것은 Bonferroni조정(Bonferroni adjustment)이며, 이러한 수정은 비교횟수로 통계적 유의수준 α로 나눈 새로운 쌍별 α로 집단전반 오류비율을 유지시킨다.

Bonferroni수정에 따라 제1종 오류비율을 감소시키면 제2종 오류비율이 증가하므로, 통계적 검정력이 감소하고 그에 따라 유의적 효과를 파악하지 못할 수도 있다. Bonferroni수정에 대한 대안들이 많지만 너무 많은 사후검정방법을 SPSS가 제공하고 있다. 그 중에서 Tukey검정과 Sidak 검정이 가장 많이 사용되고 있다.

일반적으로 사후검정방법들은 평균값들이 유의적으로 다르지 않은 그룹쌍들을 검색한다. 각종 검정방법들은 다른 가정들과 다른 목적들에 따른 것이어서 간단하게 사용하는 방법을 선택할 필요가 있다. 시장조사에서 가장 널리 사용되는 사후검정은 Tukey검정 또는 Tukey 정직유의차검정(Tukey's HSD test)이다. Tukey의 HSD는 제1종 오류를 통제하여 보수적 특성을 가진 아주 다용도로 적용하는 검정방법이다.

한편 보수적 특성이 낮아 보통 사용할 수 있는 대안은 R–E–G–WQ(Ryan/Einot-Gabriel/Welsch Q)절차이며, 이는 제1종 오류를 통제하지만 높은 통계검정력을 갖고 있다. 이러한 사후검정법들은 다음 두 가지 중요한 특성을 갖는다.

- 각 그룹에 대해 동일한 관측치 수를 요구(약간의 차이는 문제가 없음)
- 모집단 분산들이 동일하다고 가정

그리고 이상의 특성들이 충족되지 않는 경우에는 Hochberg's GT2를 사용할 수 있다. 그렇지만 모집단 분산들이 동일하지 않다면 일반적으로 최상의 성과를 제공하는 것으로 보이는 Games–Howell절차를 사용하는 것이 가장 좋다. 사후검정의 수행절차 지침은 다음과 같이 요약할 수 있다.

1. 모집단 등분산가정에 대한 Levene의 검정 수행
2A. 모집단 분산들이 다른 경우에 Games-Howell절차 사용
2B. 모집단 분산들이 같은 경우에 그룹별 표본크기들 검토
2B.1 표본크기가 (대략) 같은 경우에 R-E-G-WQ절차 사용
2B.2 표본크기가 다른 경우에 Hochberg's GT2절차 사용

사후검정은 집단전반 오류비율을 유지하면서 그룹들 간의 쌍별비교를 수행하는 적절한 방식을 제공하는 반면에, 어떤 요인의 종속변수에 대한 효과들의 강도에 관해서는 전혀 설명을 하지 못한다.

02 일원분산분석의 SPSS 적용

"광고효과.sav"파일을 열고, POP(구매시점)광고 수단들인 매장전시, 무료시음, 매장광고의 3개 판촉수단들 중에서 판매량에 유의적 효과를 주는 것을 규명하기로 하자. 메뉴 바에서 "분석/평균비교/일원배치 분산분석"을 클릭한다.

생성된 "일원배치 분산분석"대화상자에서 "판매량"을 우측의 "종속변수" 박스로, "판촉"을 우측 아래의 "요인"박스로 이동시킨다.

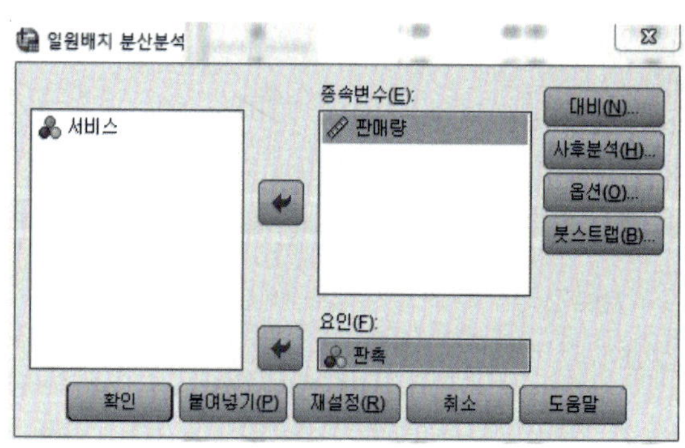

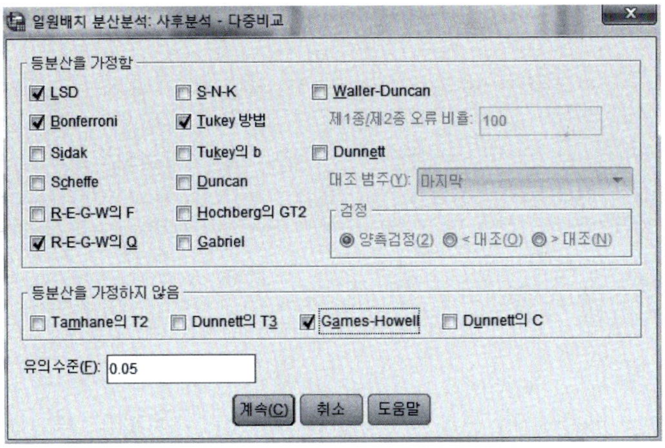

"사후분석"(Post Hoc)단추를 클릭한 다음, "등분산을 가정함"박스에서 "LSD, Bonferroni, Tukey 방법"과 동일한 그룹크기에 대한 "R-E-G-WQ"를 지정한다. 그리고 "등분산을 가정하지 않음"박스에서 "Games-Howell"절차를 지정한 후에 "계속"단추를 클릭한다. 만약 그룹크기들이 다르다면 "등분산을 가정함"박스에서 "Hochberg's GT2"를 지정해야 한다.

다시 "옵션"단추를 클릭하고 생성된 "일원 분산 분석: 옵션"대화상자에서 "통계량"박스의 모든 항목과 "평균도표"를 지정한 후에 "계속"을 클릭한다. 그리고 "일원배치 분산분석"대화상자의 "확인"을 클릭한 결과는 다음과 같다.

종속변수 판매량과 요인의 그룹들에 대한 기술통계표에서 그룹 간의 차이는 모집단 평균차이를 반영하는데 충분한 것으로 보인다. 이론적으로 실험을 반복하는 경우에 동일한 그룹을 사용하면 요인을 고정효과(fixed effect)로 가정하여 평균차이들이 실험에 사용되는 요인에 의해서만 발생하는 것으로 간주한다.

표 8-1 기술통계

판매수량

		N	평균	표준화 편차	표준화 오류	평균에 대한 95% 신뢰구간		최소값	최대값	성분-간 분산
						하한	상한			
매장전시		10	47.3000	3.19896	1.01160	45.0116	49.5884	43.00	52.00	
무료시음		10	52.0000	4.18994	1.32497	49.0027	54.9973	44.00	57.00	
매장광고		10	44.7000	2.58414	.81718	42.8514	46.5486	42.00	50.00	
전체		30	48.0000	4.48753	.81931	46.3243	49.6757	42.00	57.00	
모형	고정 효과			3.38953	.61884	47.7302	49.2698			
	변량 효과				2.13620	38.8087	57.1913			12.54111

표 8-2 분산의 동질성 검정

		Levene 통계량	자유도 1	자유도 2	유의확률
판매수량	평균을 기준으로 합니다.	2.629	2	27	.091
	중위수를 기준으로 합니다.	.829	2	27	.447
	자유도를 수정한 상태에서 중위수를 기준으로 합니다.	.829	2	17.415	.453
	절삭평균을 기준으로 합니다.	2.374	2	27	.112

한편 실험에 포함되지 않았지만 도출될 수 있는 그룹들을 포함하는 모형은 랜덤효과모형(random effects model)이며, 대상요인(판촉종류)는 독립변수의 수준들을 나타내는데 가능하게 사용될 수 있는 모든 그룹들의 무작위표본으로 간주된다.

고정효과모형에 비해 변량효과(랜덤효과)모형에서 평균의 95% 신뢰구간은 더 큰 범위를 갖는다.

〈표 8-2〉의 모집단 분산들의 동일성 검정표에서 "평균을 기준으로 합니다"의 Levene 검정통계량의 유의확률은 9.1%로 모집단 분산들이 균등하다는 귀무가설을 5%수준에서도 기각할 수 없다. 그래서 한 그룹평균이 다른 그룹평균과 다른지 여부를 결정하도록 Welch검정보다는 정규 F 검정을 사용할 것을 고려해야 한다.

〈표 8-3〉의 일원배치 분산분석표에서 F통계량 11.916의 유의확률 p=0.000〈0.001이어서, 3개 그룹(판촉종류)의 판매수량의 균등하다는 귀무가설을 1% 수준에서도 기각할 수 있다. 보다 정확하게 표현하자면, 이러한 결과들은 둘 이상의 그룹들 평균들이 유의적으로 다르다는 것을 의미한다.

〈표 8-3〉의 구성내용들은 다음과 같다.

- 집단 간 제곱합 SS_B : 그룹평균들의 변동으로 표시되는 독립변수 변동이며, 설명된 변동, 처리변동(treatment variation), 그룹평균(처리평균)에서 총평균을 차감한 차이의 제곱에 그룹 관

표 8-3 ANOVA

평균 수량

	제곱합	자유도	평균제곱	F	유의확률
집단-간	273.800	2	136.900	11.916	.000
집단-내	310.200	27	11.489		
전체	584.000	29			

찰치들 수를 곱한 값

- 집단 내 제곱합 SS_W : 오차제곱합으로 각 그룹내부에서의 설명변수 변동이며 "설명되지 않는 변동", 확률 또는 오차변동(random or error variation), 각 관찰치와 그 그룹평균(처리평균) 간의 차이제곱합, 이러한 변동이 작을수록 관찰된 변동이 자료의 그룹결정에 의해 설명될 확률이 증가한다.
- 전체(총) 제곱합 SS_T : 각 관찰치와 총평균 간의 차이제곱들의 합
- 처리집단 간 제곱평균(between-treatments mean square) MS_B : 처리제곱평균(Mean Square for Treatments : MST)이라고 하며, SS_B를 그룹들 수 K에서 1을 차감한 값으로 나누어 계산, $MS_B=SS_B/(K-1)$설명된 분산
- 집단 내 제곱평균(within groups mean square) MS_W : 그룹 내 분산추정치, 오차항 또는 오차제곱평균(mean square error), 표본크기 N에서 그룹들 수 K를 차감한 N−K로 오차제곱합 SS_W를 나누어 계산, $MS_W=SS_W/(N-K)$
- F 통계량 = MS_B / MS_W

〈표 8-4〉는 등분산가정이 파기되는 경우, 결과가 절충되지 않았다는 것을 확신하도록 참조해야 하는 Welch 및 Brown-Forsythe 통계량들을 제공한다.

이는 자유도 및 F비율결과에 대해 조정을 수행한다. 등분산가정이 충족된다면, 〈표 8-4〉의 통계량을 사용할 필요가 없다.

표 8-4 평균의 동질성 로버스트 검정(등분산에 대한 조정결과)

평균 수량

	통계량[a]	자유도 1	자유도 2	유의확률
Welch	10.700	2	17.391	.001
Brown-Forsythe	11.916	2	23.369	.000

a. 자동으로 F분해합니다.

〈표 8-5〉 사후검정의 다중비교에서 Tukey HSD, LSD, Bonferroini, Games-Howell검정통계량들이 모두 다르게 나타난다.

보통 등분산가정의 충족에 대해 불확실한 경우에는 Tukey HSD와 Games-Howell을 선택하여 평가할 수 있다. 시장조사에서 가장 널리 사용되는 사후검정인 Tukey 정직유의차 검정(Tukey's HSD test)은 제1종 오류를 통제하여 보수적 특성을 가진 아주 다용도의 검정방법이라는 것을 앞에서 보았다.

표 8-5 사후검정 : 다중비교

종속변수 판매수량

	(I) 판촉종류	(J) 판촉종류	평균차이(I-J)	표준화 오류	유의확률	95% 신뢰구간	
						하한	상한
Tukey HSD	매장전시	무료시음	-4.70000*	1.51584	.012	-8.4584	-.9416
		매장광고	2.60000	1.51584	.218	-1.1584	6.3584
	무료시음	매장전시	4.70000*	1.51584	.012	.9416	8.4584
		매장광고	7.30000	1.51584	.000	3.5416	11.0584
	매장광고	매장전시	-2.60000	1.51584	.218	-6.3584	1.1584
		무료시음	-7.30000*	1.51584	.000	-11.0584	-3.5416
LSD	매장전시	무료시음	-4.70000*	1.51584	.004	-7.8103	-1.5897
		매장광고	2.60000	1.51584	.098	-.5103	5.7103
	무료시음	매장전시	4.70000*	1.51584	.004	1.5897	7.8103
		매장광고	7.30000*	1.51584	.000	4.1897	10.4103
	매장광고	매장전시	-2.60000	1.51584	.098	-5.7103	.5103
		무료시음	-7.30000	1.51584	.000	-10.4103	-4.1897
Bonferroni	매장전시	무료시음	-4.70000	1.51584	.013	-8.5691	-.8309
		매장광고	2.60000	1.51584	.293	-1.2691	6.4691
	무료시음	매장전시	4.70000	1.51584	.013	.8309	8.5691
		매장광고	7.30000*	1.51584	.000	3.4309	11.1691
	매장광고	매장전시	-2.60000	1.51584	.293	-6.4691	1.2691
		무료시음	-7.30000*	1.51584	.000	-11.1691	-3.4309
Games-Howell	매장전시	무료시음	-4.70000*	1.66700	.030	-8.9804	-.4196
		매장광고	2.60000	1.30043	.142	-.7318	5.9318
	무료시음	매장전시	4.70000*	1.66700	.030	.4196	8.9804
		매장광고	7.30000*	1.55671	.001	3.2560	11.3440
	매장광고	매장전시	-2.60000	1.30043	.142	-5.9318	.7318
		무료시음	-7.30000*	1.55671	.001	-11.3440	-3.2560

*. 평균차이는 0.05 수준에서 유의합니다.

〈표 8-5〉에서 첫째 열은 사후검정 통계량 이름을, 둘째 열은 블록들(그룹들)을 표시한다. 그리고 셋째 열은 각 그룹이 나머지 두 그룹과 어떻게 비교되는지를 보여준다.

넷째 열은 그룹 간 차이를, 다섯째 열은 그 차이에 대한 표준오차를 표시한다. 그리고 그룹 간 차이원천을 평가하기 위해 여섯째 열의 유의확률을 사용한다.

여기서는 〈표 8-2〉의 Levene 검정통계량에 의해 등분산이 확인되었으므로, 가장 많이 사용되는 Tukey HSD를 사용하면 된다. Tukey HSD검정통계량의 유의확률 p값이 5% 이하인 각 판촉수단 그룹들 조합들은 "매장전시-무료시음" 0.012과 "무료시음-매장광고" 0.000이다.

〈표 8-5〉에서 그룹들 간의 차이를 두 번씩 표시하고 있다. 그래서 유의확률이 5% 이하의 조합들이 각 검정통계량에 대해 4개가 나타나면, 실제로는 2개의 조합들에서 평균차이가 유의적이라고 해석해야 한다.

〈표 8-6〉 동실석 부분집합은 동일한 평균값으로 5% 수준에서 간주되는 그룹들을 Tukey HSD 검정 및 R-E-G-W(Ryan/Einot-Gabriel/Welsch)검정절차의 결과를 기준으로 분류하고, 그 차이에 대한 p값을 표시한 것이다.

3개 그룹들의 평균들을 동일 부분집합(서브세트)로 통합한 결과인 동질적 부분집합(동일서브세트)에서 5% 유의수준에서 다르지 않은 부분집합들은 동일한 열에서 평균을 표시하고, 유의적으로 다른 평균의 부분집합은 별도 열들에 위치한다.

무료시음은 매장광고 및 매장전시 그룹들과는 다른 열에 있어 무료시음은 다른 두 그룹들과는 유의적으로 다른 것을 나타낸다. 한편 매장광고와 매장전시는 동일한 열에 있어 유의적으로 다르

표 8-6 동질적 부분집합

	판촉종류	N	유의수준 = 0.05에 대한 부분집합	
			1	2
Tukey HSD*	매장광고	10	44.7000	
	매장전시	10	47.3000	
	무료시음	10		52.0000
	유의확률		.218	1.000
Ryan-Einot-Gabriel-Welsch 범위	매장광고	10	44.7000	
	매장전시	10	47.3000	
	무료시음	10		52.0000
	유의확률		.098	1.000

등질적 부분집합에 있는 집단에 대한 평균이 표시됩니다.
a. 조합평균 표본크기 10.000을(를) 사용합니다.

그림 8-1 평균도표

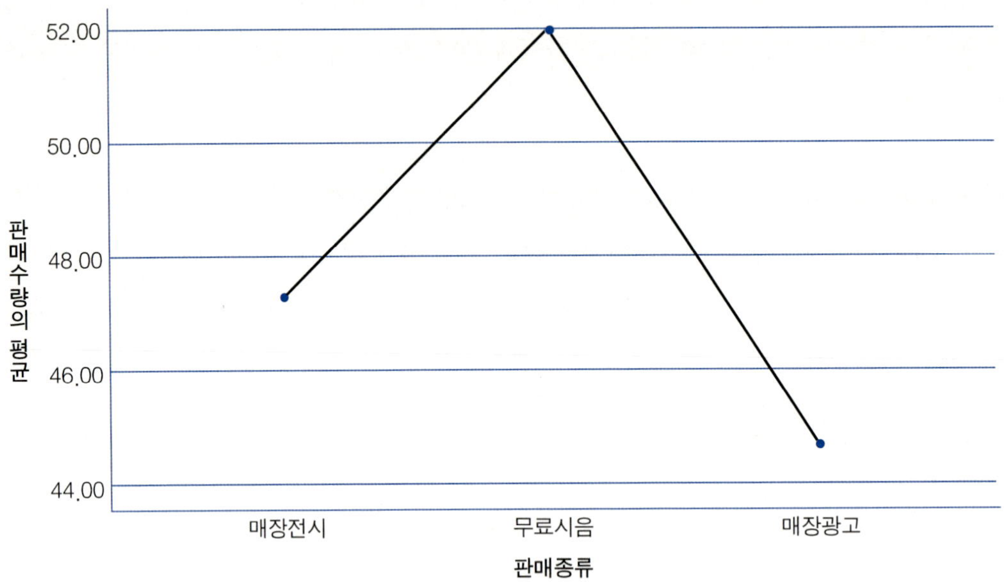

지 않은 것을 나타낸다.

〈그림 8-1〉의 평균도표는 3개 그룹의 표본평균을 표시하는 것이다.

요인변수가 종속변수에 주는 효과의 강도(효과크기)를 결정하도록 〈표 8-3〉의 분산분석표를 사용하여 효과크기 $\eta^2(=SS_B/SS_I)$를 계산하고, 보완적으로 $\omega^2[=SS_E-(K-1)MS_W)/(SS_T+MS_W)]$를 계산한 결과는 다음과 같다.

$\eta^2 = 0.469$로 0.31–0.49의 사이여서 효과의 강도인 효과크기는 중간에서 높은 쪽으로 속한다. 이러한 결과는 판매수량이 판촉종류에 의해 영향을 받는 것을 의미한다. 또한 오메가제곱 역시 0.42로 나타나 판매수량은 판촉종류에 영향을 받는 것을 알 수 있다.

	A	B	C	D	E	F
1	분산 분석(판매수량)					
2		제곱합	df	평균 제곱	F	유의수준
3	그룹 사이 SS_B	273.800	2	136.900	11.916	.000
4	그룹 내 SS_W	310.200	27	11.489		
5	총계 SS_T	584.000	29			
6	η^2	0.468836	=B3/B5			
7	ω^2	0.421204	=(B3-C3*D4)/(B5+D4)			

03 일원 ANOVA 반복측도 검정법

일원 ANOVA 반복측도 검정법(one-way ANOVA repeated measures test)은 여러 시점에서 동일한 개인들에 대해 조사한 척도수준 측정값들을 비교하는데 사용된다.

어떤 교사가 학급의 15명 학생들 시험점수가 한 학기(15주간) 동안 유의적으로 개선되었다는 추측을 검정한다고 하자. 이러한 ANOVA 반복측도 검정은 다른 조건들에서 동일한 대상에 대한 측정값들을 필요로 한다.

한편 Friedman검정은 모수검정 가정들을 사용할 수 없는 경우에 ANOVA 반복측도 검정의 대안으로 사용하는 비모수검정이다. Friedman검정은 3개 이상 대응그룹들의 순위들의 평균들을 비교한다.

15명의 시험성적에 대한 척도자료(scale data)를 갖고, 평균들 간의 차이를 찾을 수 있으며 동일분산들을 가정할 수 있다. 그런데 3개 검정그룹들을 대상으로 하여 쌍체(대응)표본 t검정을 사용할 수 없다.

여기서는 한 학기 동안 시행한 동일 학생그룹에 대한 3번의 시험결과인 3개 검정그룹들에 대해 평균점수들 간에 유의적인 차이가 있는지를 결정하는 것이어서 일원ANOVA 반복측도 검정을 수행해야 한다. 5% 유의수준에서 다음 검정을 수행한다고 하자.

- H_0 : $\mu_1 = \mu_2 = \mu_3$(3번의 시험성적 평균들이 모두 같다)
- H_{01} : 3번의 시험성적 평균들 중에서 하나 이상이 다르다.

"시험3회.sav"파일을 열고, 메뉴 바에서 "분석/일반선형모형/반복측도"를 지정한다. 생성된 "반복측도 요인 정의"대화상자에서 "개체-내 요인이름"박스의 "요인1"을 "회차"로 변경하고, "수준 수"박스에 3을 입력 후 "추가"단추를 클릭하고, "정의"단추를 클릭한다.

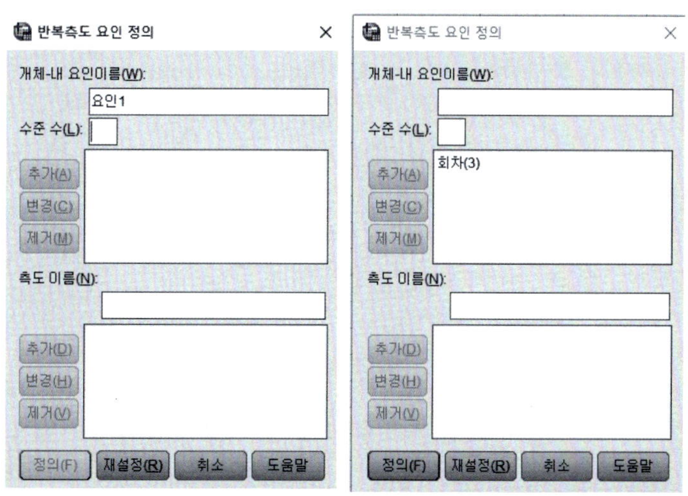

생성된 "반복측도" 대화상자에서 좌측의 변수들을 모두 지정하여 우측의 "개체-내 변수"란으로 이동시킨다.

"EM 평균"단추를 클릭한다. 생성된 "반복측도: 추정 주변 평균"대화상자에서 "회차"를 지정하여 "평균 표시 기준"박스로 이동시키고, "주효과 비교"를 지정하고, "신뢰구간 수정:LSD(지정않음)"을 확인하고 "계속"단추를 클릭한다.

["EM 평균"단추는 없고, "옵션"단추만 있는 SPSS버전에서는 관련 기능이 모두 포함되어 있으므로 "옵션"단추를 클릭하여 작업 수행]

"옵션"단추를 클릭하여, 생성된 "반복측도: 옵션"대화상자에서 "기술통계량"을 지정하고 "계속"단추를 클릭한다.

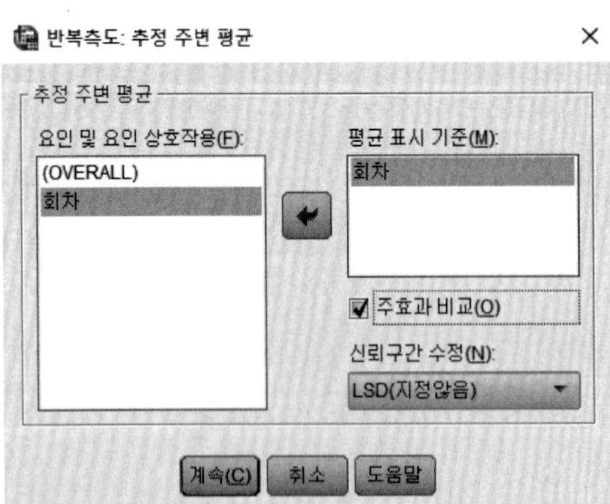

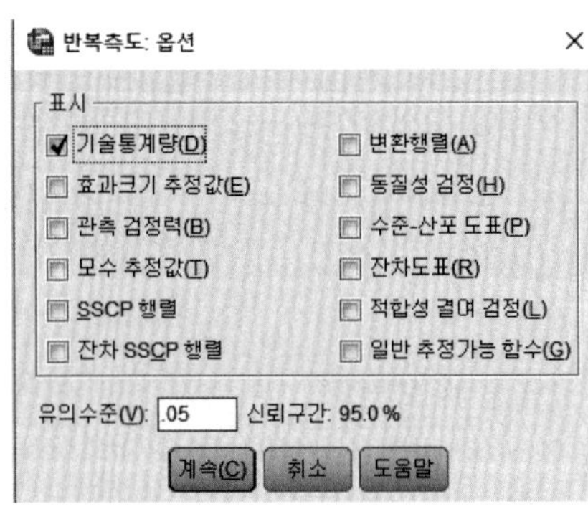

"반복측도" 대화상자에서 "확인"을 클릭한다.

출력결과들 중 〈표 8-7〉에서 3개 시험 각각의 평균과 표준편차가 제시된다. 평균을 보면 시험

표 8-7 기술통계량

	평균	표준편차	N
시험 1	64.13	9.410	15
시험 2	74.60	8.862	15
시험 3	78.40	9.179	15

회차가 증가할수록 성적평균은 상승한다.

〈표 8-8〉은 개체 내(그룹 내) 분산 동일성에 대한 Mauchly의 구형성검정 결과이다. 반복측도 일원ANOVA에서 3개 이상의 그룹들의 경우에 적용된다. Mauchly의 W가 그룹 내에서 1의 최대 구형성을 갖는다면 완전한 등분산이 성립을 반영한다.

ANOVA에서 F비율의 정확성은 여러 조건들에서의 점수들이 독립적이라는 가정에 달려있다. 그런데 반복측정치들을 사용하는 경우에 이러한 가정은 파기된다.

다른 실험조건들에서 얻은 점수들은 동일한 주체들에서 나왔기 때문에 관련된 가능성이 있는 경우에 관습적 F검정은 정확성을 잃게 되므로, 다른 처리조건들에서의 점수들간의 관계는 실험조건들 쌍들간의 관계가 유사하다는 구형성 가정(assumption of sphericity)을 추가로 설정하게 된다. Mauchly검정은 조건들간의 차이들의 분산들이 균등하다는 가정을 검정한다.

만약 Mauchly검정통계량의 유의확률이 5% 등의 설정수준보다 작아 유의적이라면, 차이들의 분산들간에 유의적 차이들이 존재하므로 구체(구형성)조건은 충족되지 않는다는 결론을 얻는다. 그렇지 않다면 차이들의 분산들은 대략 동일하다는 결론을 갖는 것이 합리적이다. 그래서 Mauchly 검정이 유의적이라면 구형성 가정파기로 인하여 F비율은 설명력을 상실하고, 가정된 분포인 F분포를 갖지 않는 검정통계량이 발생한다는 것이다.

구형성은 사후검정에 대해서도 의미를 제공한다. 구형성 가정이 파기되는 경우에, Bonferroni

표 8-8 Mauchly의 구형성 검정

측도: MEASURE_1

개체-내 효과	Mauchly의 W	근사 카이제곱	자유도	유의확률	엡실런[b]		
					Greenhouse-Geisser	Huynh-Feldt	하한
회차	.942	.770	2	.680	.946	1.000	.500

정규화된 변형 종속변수의 오차 공분산 행렬이 항동 행렬에 비례하는 영가설을 검증합니다.
a. Design: 절편
개체-내 계획: 회차
b. 유의성 평균검정의 자유도를 조절할 때 사용할 수 있습니다. 수정된 검정은 개체내 효과검정 표에 나타납니다.

방법은 설명력 및 제1종 오류비율의 통제를 조건으로 단일변량기법들 중에서 가장 강력한 것으로 보인다. 구형성이 명확하게 파기되지 않는 경우에는 Tukey검정을 사용할 수 있다.

〈표 8-8〉에서 그룹들에 대해 차이들의 분산들이 동일하다는 귀무가설에 대한 통계량의 유의확률은 0.680으로 5%보다 아주 커서 귀무가설은 기각되지 않는다. 따라서 구형성 가정은 타당하게 성립하므로, Greenhouse-Geisser 검정 및 Huynh-Feldt 검정을 수행할 필요가 없다.

〈표 8-9〉의 개체-내 효과검정(tests of within-subjects effects)에서 3개 시험의 평균들이 유의적으로 다른지의 여부를 표시하는 유의성 수준을 제공하는 "회차 : 구형성 가정"을 표시하는 행을 검토하면 된다.

"회차 : 구형성 가정" 행의 F값은 180.496이며, 그 유의성 수준은 0.000으로 5%보다 아주 작아 "평균들이 동일하다"는 귀무가설을 기각할 있다. 따라서 시험점수들이 시간이 지남에 따라 유의적으로 변화한다는 통계적 증거를 가질 수 있다.

표 8-9 개체-내 효과검정

측도: MEASURE_1

소스		제 III 유형 제곱합	자유도	평균제곱	F	유의확률
회차	구형성 가정	1637.644	2	818.822	180.496	.000
	Greenhouse-Geisser	1637.644	1.891	865.930	180.496	.000
	Huynh-Feldt	1637.644	2.000	818.822	180.496	.000
	하한	1637.644	1.000	1637.622	180.496	.000
오차(회차)	구형성 가정	127.022	28	4.537		
	Greenhouse-Geisser	127.022	26.477	4.797		
	Huynh-Feldt	127.022	28.000	4.537		
	하한	127.022	14.000	9.073		

〈표 8-10〉은 3개 시험들의 모든 가능한 쌍들인 1회차와 2회차, 1회차와 3회차, 2회차와 3회차의 쌍들에 대한 유의성 검정을 보여준다. 그런데 1회차 및 2회차와 2회차 및 1회차, 1회차 및 3회차와 3회차 및 1회차, 2회차 및 3회차와 3회차 및 2회차가 중복되어 6개 행들을 보여주고 있지만, 중복되는 쌍들간에 결과는 동일하다.

모든 비교들에 대해 유의수준들을 검토하면 5%보다 작은 0.000의 값들을 보여주어, 시험평균들이 동일하다는 귀무가설이 기각되고 3개 시험들의 평균점수들이 유의적으로 다르다는 증거를 제공한다.

표 8-10 모든 가능조합들에 대한 대응별 비교

측도: MEASURE_1

(I) 회차	(J) 회차	평균차이(I-J)	표준오차	유의확률[b]	차이에 대한 95% 신뢰구간[b]	
					하한	상한
1	2	−10.467*	.682	.000	−11.930	−9.003
	3	−14.267*	.842	.000	−16.073	−12.460
2	1	10−467*	.682	.000	9.003	11.930
	3	*3.800*	.800	.000	−5.516	−2.084
3	1	14.267*	.842	.000	12.460	16.073
	2	3.800*	.800	.000	2.084	5.516

추정 추변 평균을 기준으로

*. 평균차이는 .05 수준에서 유의합니다.

b. 다중비교를 위한 수정: 최소유의차(수정하지 않은 상태와 동일합니다.)

〈표 8-10〉은 시험1에서 뺀 시험2 평균의 차이 −10.467은 유의적이며, 시험1에서 뺀 시험3 평균의 차이 −14.267 역시 유의적이라는 것을 나타낸다. 그리고 시험2과 시험3의 비교는 −3.800의 유의적 평균차이를 보여준다. 이에 따라 〈표 8-7〉에서 시간에 따른 시험점수 평균의 증가는 통계적으로 유의적인 증가를 나타내는 것으로 파악할 수 있다.

04 Friedman검정

"시험3회.sav"파일의 자료들은 모수검정에 필요한 가정들인 "척도 자료와 정규분포되는 균등한 분산"을 충족시키는 것으로 나타났다. 이제 이러한 가정들이 충족되지 않는 경우에 이용할 수 있는 Friedman검정을 보기로 하자.

Friedman검정은 자료의 순위를 기초로 한다. 학생순위들을 3회시험 각각의 점수를 평가하여, 3회 시험 중에서 점수가 가장 낮은 시험의 순위를 1위, 중간을 2위, 가장 높은 시험순위를 3위로 설정하자. 이에 따라 계산한 서열척도자료를 "시험반복.sav"으로 저장한다.

"시험반복.sav"파일을 열고, "분석/비모수검정/대응표본"을 지정한다.

생성된 "비모수 검정: 2개 이상의 대응표본"대화상자에서 "목표"에서 "관측 데이터와 가설값

자동으로 비교"가 지정된 것을 확인한다.

"필드"단추를 클릭하고, "사용자 정의 필드 할당 사용"을 지정한다. 그리고 왼쪽의 필드박스에서 "시험1, 시험2, 시험3"을 모두 지정하여 오른쪽의 검정필드로 이동시킨다.

"설정"(Settings)단추를 클릭하고, "사용자 정의에 의한 검정"을 지정하고, "분포비교"에서 "Friedman의 순위 이원배치 분산분석(k 표본)"을 지정한다. 그리고 "다중비교"박스에서 "모든 대응별"이 지정된 것을 확인한 후에 "실행"을 단추를 클릭한다.

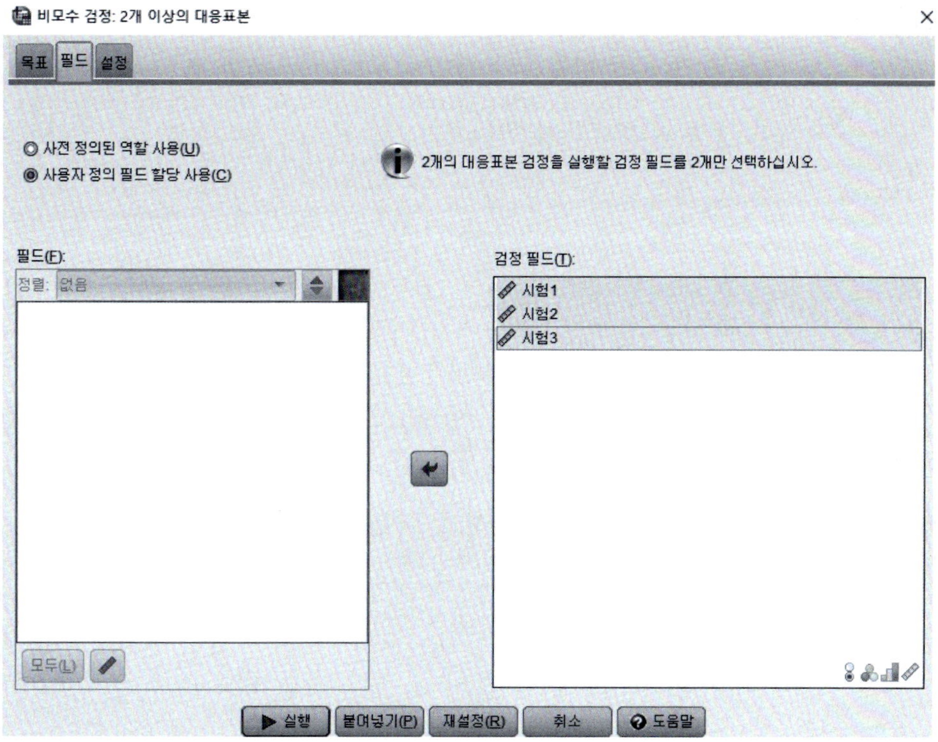
비모수 검정: 2개 이상의 대응표본
목표 필드 설정
사전 정의된 역할 사용(U)
사용자 정의 필드 할당 사용(C)
2개의 대응표본 검정을 실행할 검정 필드를 2개만 선택하십시오.
필드(F):
정렬: 없음
검정 필드(T):
시험1
시험2
시험3
모두(L)
실행
붙여넣기(P)
재설정(R)
취소
도움말

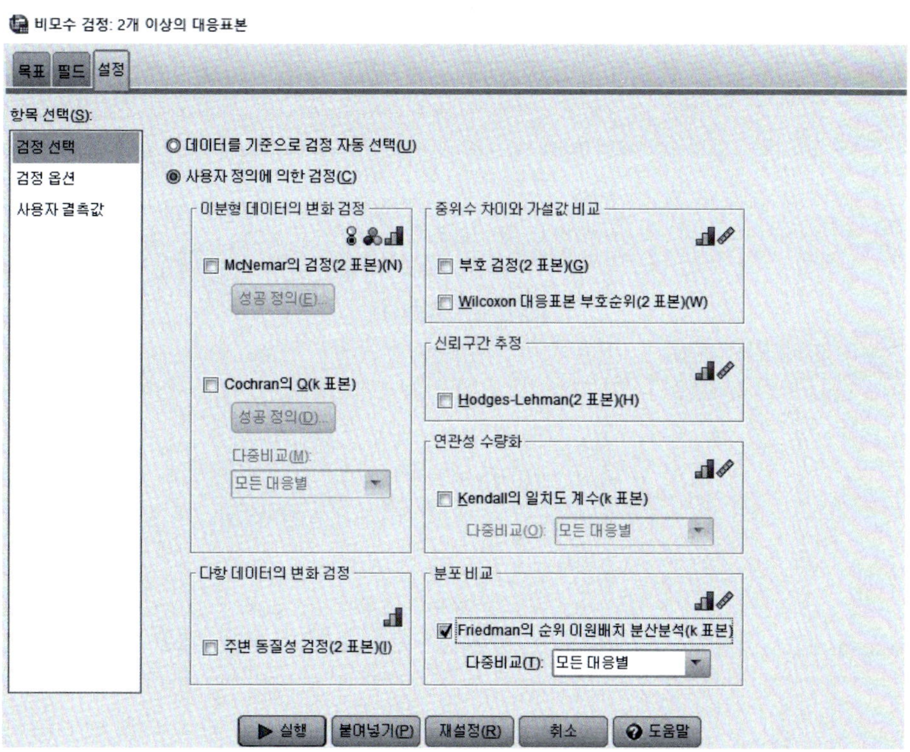
비모수 검정: 2개 이상의 대응표본
목표 필드 설정
항목 선택(S):
검정 선택
검정 옵션
사용자 결측값
데이터를 기준으로 검정 자동 선택(U)
사용자 정의에 의한 검정(C)
이분형 데이터의 변화 검정
McNemar의 검정(2 표본)(N)
성공 정의(E)...
Cochran의 Q(k 표본)
성공 정의(D)...
다중비교(M):
모든 대응별
중위수 차이와 가설값 비교
부호 검정(2 표본)(G)
Wilcoxon 대응표본 부호순위(2 표본)(W)
신뢰구간 추정
Hodges-Lehman(2 표본)(H)
연관성 수량화
Kendall의 일치도 계수(k 표본)
다중비교(O): 모든 대응별
다항 데이터의 변화 검정
주변 동질성 검정(2 표본)(I)
분포 비교
Friedman의 순위 이원배치 분산분석(k 표본)
다중비교(T): 모든 대응별
실행
붙여넣기(P)
재설정(R)
취소
도움말

표 8-11 가설검정 요약

	귀무가설	검정	Sig.	의사결정
1	1회차, 2회차 그리고 3회차의 분포는 동일합니다.	대응 표본 Friedman의 순위별 분산 이차원 분석	.000	귀무가설을 거부합니다.

근사 유의수준이 표시됩니다. 유의수준은 .05입니다.

〈표 8-11〉과 같이 가설검정요약 표(Hypothesis Test Summary table)가 출력결과에 나타난다.

〈표 8-11〉에서 Friedman검정의 귀무가설은 시험점수 순위들의 분포들이 동일하다는 것이다. 그런데 유의확률이 0.000으로 5%보다 작아 차이가 없다는 귀무가설을 기각하게 된다. 이러한 검정결과는 3개 시험의 평균순위들에 유의적 차이가 있다는 것을 나타낸다.

〈표 8-11〉의 출력결과를 마우스커서로 지정하고 왼쪽단추를 더블클릭하면 〈그림 8-2〉와 같이 "모형 뷰어"창이 나타난다.

〈그림 8-2〉의 왼쪽은 〈표 8-11〉과 같고, 오른쪽은 〈그림 8-3〉과 같이 Friedman 순위별 분산 이차원 검정모형뷰어로 나타난다.

그림 8-2 모형뷰어

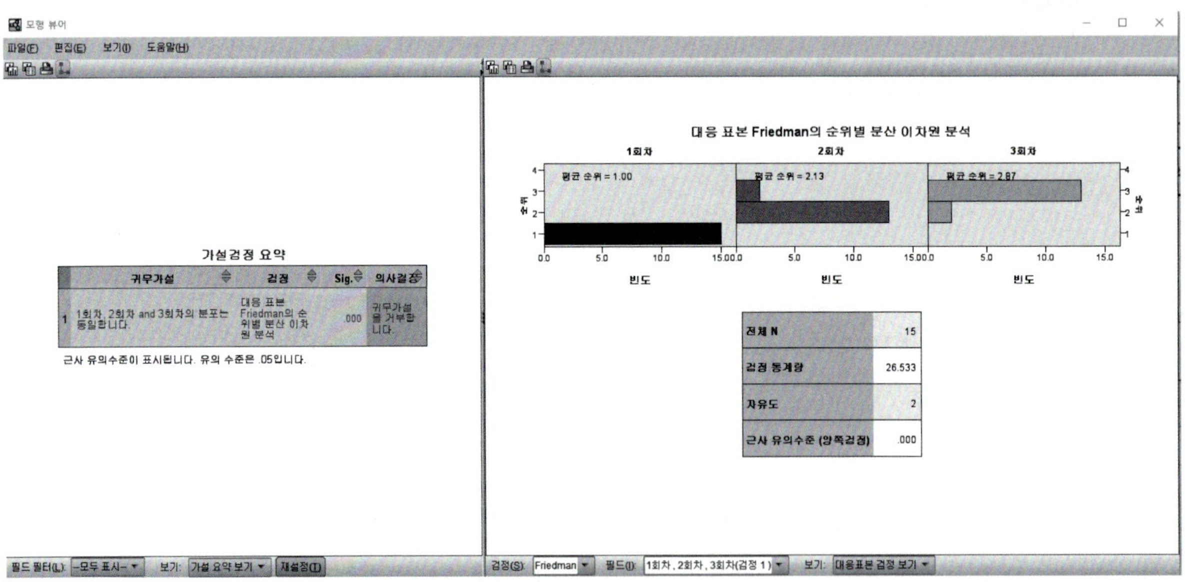

그림 8-3 Friedman 이원검정모형 뷰어

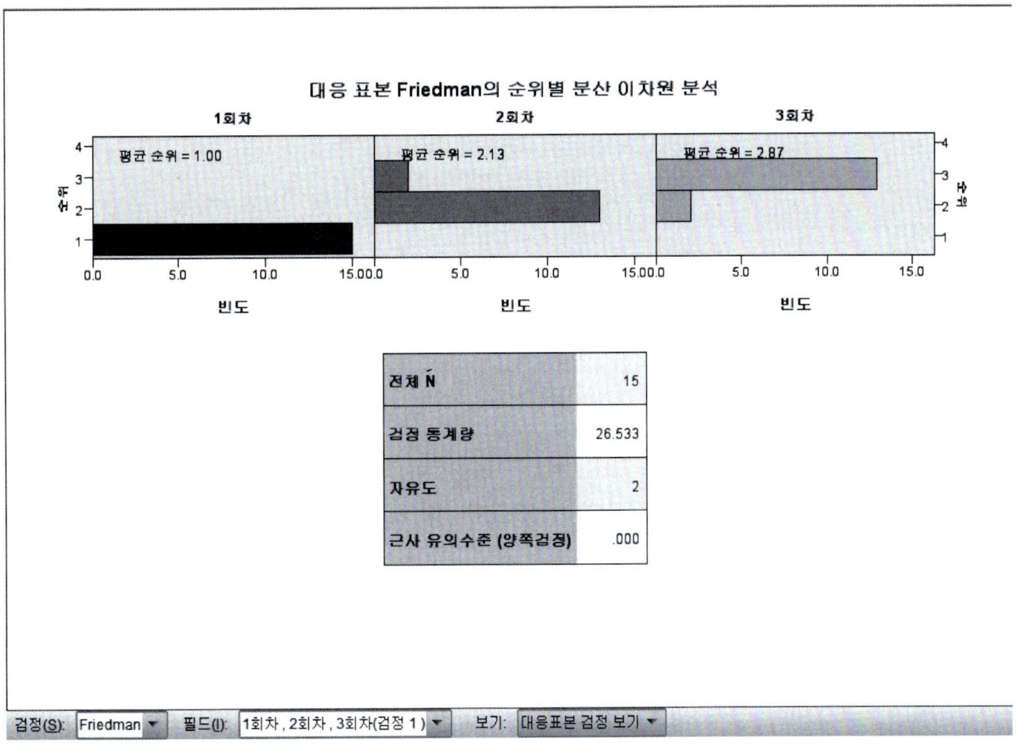

〈그림 8-3〉에서 순위별 분산 이차원 분석결과는 각 회차 시험의 평균순위들 정보를 1회차=1.00, 2회차=2.13, 3회차=2.87로 제공한다. 또한 검정통계량 26.533과 0.000의 근사 유의수준을 제시하여 3개 시험의 순위평균들에는 차이가 없다는 귀무가설을 5%뿐만 아니라 1% 유의수준에서도 기각하게 한다. 또한 창의하단에 있는 "보기"의 풀다운(pull-down) 화살표로 3개 평균 순위들의 모든 가능한 조합들을 비교할 수 있도록 "대응별 비교"를 선택할 수 있게 해준다.

다시 모형뷰어 창의 우측하단의 메뉴 바에서 "보기"에서 "대응별 비교"(Pairwise Comparisons)를 지정하면 〈그림 8-4〉의 Friedman 이원검정을 위한 대응별 비교 결과가 도출된다.

〈그림 8-4〉의 표는 1회차 대 2회차, 1회차 대 3회차, 2회차 대 3회차의 각 쌍들에 대해 순위분포들을 비교한 결과이다. 시험1과 시험2를 비교하면, 0.006의 조정된 유의수준이어서 귀무가설을 기각할 수 있고, 순위들이 동일하지 않다고 주장할 수 있다.

시험1과 시험3을 비교하면 조정된 유의수준은 0.000이어서 귀무가설이 기각된다. 그러나 시험2와 시험3의 비교에서는 조정된 유의수준이 0.134로 5%보다 커서 순위 동일에 대한 귀무가설을 기각할 수 없다. 따라서 Friedman 이원 검정은 시험 2의 시험 3에 대한 비교에서 순위들의 유의

그림 8-4 Friedman 이원검정모형 뷰어

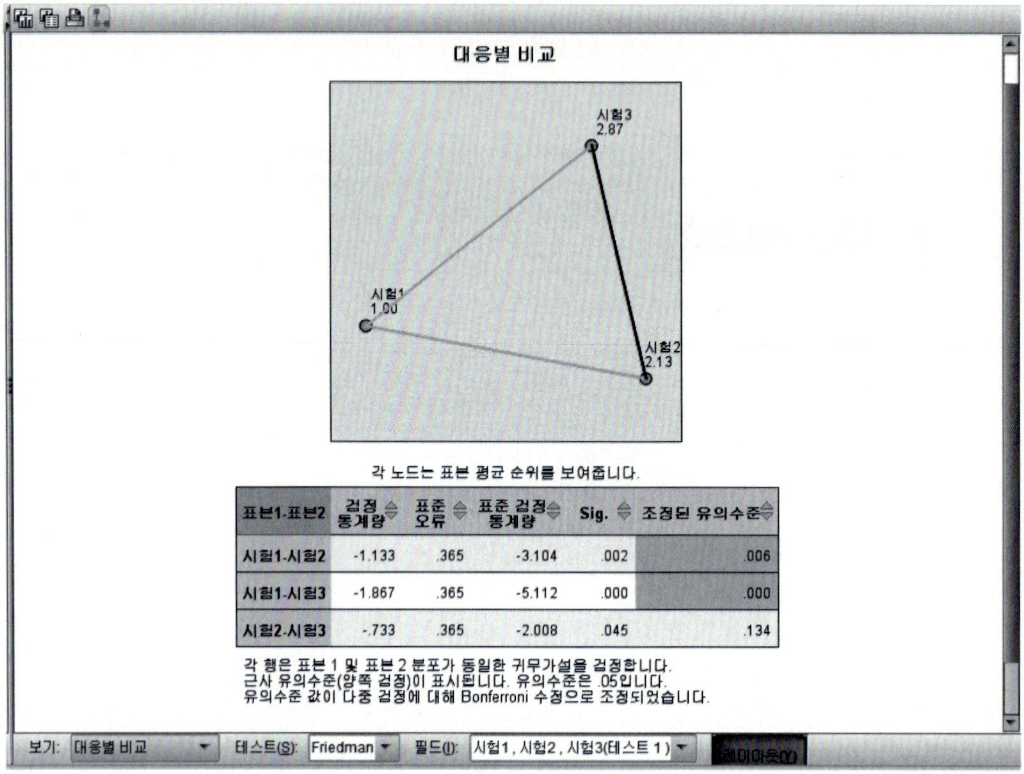

표본1-표본2	검정 통계량	표준 오류	표준 검정 통계량	Sig.	조정된 유의수준
시험1-시험2	-1.133	.365	-3.104	.002	.006
시험1-시험3	-1.867	.365	-5.112	.000	.000
시험2-시험3	-.733	.365	-2.008	.045	.134

각 행은 표본 1 및 표본 2 분포가 동일한 귀무가설을 검정합니다.
근사 유의수준(양쪽 검정)이 표시됩니다. 유의수준은 .05입니다.
유의수준 값이 다중 검정에 대해 Bonferroni 수정으로 조정되었습니다.

적 차이가 없다는 것을 보여준다.

이상의 분석결과는 Friedman검정의 차이 탐지위력이 일원ANOVA 반복측도 접근법보다 작다는 것을 나타낸다.

제9장

이원분산분석

01 이원분산분석과 교호작용의 개념

1. 이원분산분석의 개념

일원 ANOVA는 3개 이상의 그룹(처리 또는 수준)을 갖는 하나의 독립변수에 대해 사용하였다.

일원 분산분석디자인을 단순무작위 그룹디자인, 독립그룹디자인, 또는 단일요인실험 독립그룹 디자인이라고 한다. 이러한 디자인의 특징은 유일한 설명변수(하나의 요인)를 조사하고, 그 설명변수는 2개 이상 수준들 또는 조건들을 갖고, 조사대상들을 각 조건에 무작위로 할당한다.

이원 또는 2요인 분산분석(two-way or two-factor ANOVA)은 각각 어떤 수의 그룹들(수준들)을 갖는 두 독립(설명)변수들이 하나의 종속(반응)변수 평균에 어떻게 영향을 주는지를 검토하는데 사용된다.

이원 ANOVA는 하나의 반응변수(종속변수)의 특성 파악을 위해 실험요인을 2개의 인자(설명변수)로 구성하므로, 요인 ANOVA라고 한다.

요인실험(factorial experiment)은 하나의 실험에서 2개 이상 요인들을 평가하여 동시 결론들을 얻을 수 있게 하는 실험디자인이다. 용어요인은 실험조건들이 모든 가능한 요인들 조합들을 포함하기 때문에 사용된다.

이원분산분석은 2차원의 분류 또는 처리를 통해 요인간 독립성과 종속성을 규명하도록 무작위로 실험대상의 처리집단을 할당하여 얻은 표본평균간 차이를 분석하는 방법이다.

한편 실험자가 각 요인의 수준들을 무작위로 선정하지 않고 계통적으로 선택한다면, 이를 고정효과 디자인이라고 한다.

이원 ANOVA는 종속변수에 대한 각 독립변수의 효과들을 평가한다. 이러한 효과를 주효과(main effects)라고 한다. 또한 이원 ANOVA는 2개의 독립변수들이 함께 작용하여 종속변수에 대해 미치는 유의적 변화인 교호작용효과(interaction effects)도 규명을 한다.

예컨대 배경음악의 종류와 크기가 직장 생산성에 어떻게 영향을 주는지를 검토하거나, 평균소득에 대한 성별 및 인종의 영향이 있는지 등을 검토하는 경우이다. 이러한 경우에 개별설명요인 각각의 효과와 두 설명요인들의 결합효과가 나타난다.

2. 교호작용의 개념

교호작용(interaction)은 두 처리집단들이 독립적이 아니어서 한 요인의 특정한 처리효과가 다른 요인의 수준에 따라 변화하는 효과이다.

이원분산분석에서는 교호작용의 검정을 위해 2개 이상의 관찰치 또는 표본추출된 측정치를 이원자료표의 각 셀에 포함한다.

한편 주효과는 단일 설명변수의 반응변수에 대한 총효과를 말한다. 주효과는 단일설명변수의 범주들에 대한 주요 반응들의 차이들과 관계가 있다.

그림 9-1 2요인 ANOVA의 분석구조

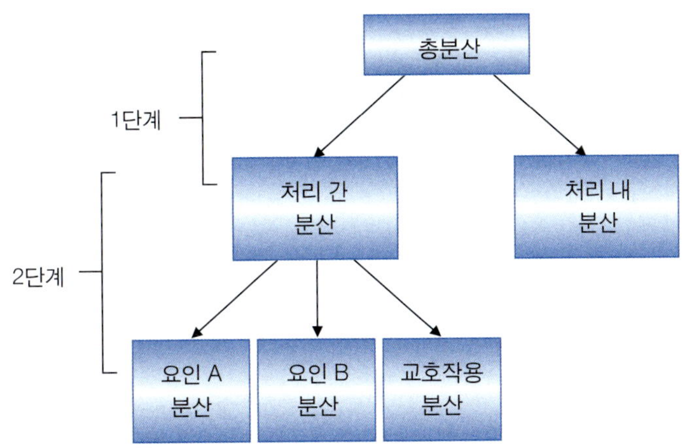

3. 반복없는 이원분산분석

이원분할 자료표의 하나의 셀에 하나의 관찰치를 갖는 이원분산분석 모형을 무작위 블록설계법(randomized block design)이라고 한다. 이러한 이름과 같이 반복없는 이원분산분석은 다음 특징을 갖는다.

① 블록이라는 대응집단(matched groups)을 규명하고, 그 블록들에 개별 자료값들을 무작위로 선정 · 할당하는 방법이다.

② 두 표본평균의 비교를 위한 대응(쌍체) 관찰치들을 사용할 경우, k개의 대응쌍들로 구성된 자료들이 필요한 원리를 이용한다.

③ 블록차원은 처리차원이 아니며, A처리 효과의 검정을 위해 사전설정한 블록에 실험대상간

표 9-1 반복없는 이원분산분석(무작위 블록설계법)의 요약표

변동의 요인	제곱 합(SS)	자유도(v)	제곱 평균(MS)	F 비율
블록간(A)	SSB	J−1 (블록 수 −1)	$MSB = \frac{SSB}{J-1}$	$F = \frac{MSB}{MSE}$
처리집단간(B)	SST	K−1 (그룹 수 −1)	$MST = \frac{SST}{K-1}$	$F = \frac{MST}{MSE}$
표본추출오차(E)	SSE = TSS−SSB−SST	(J−1)(K−1)	$MSE = \frac{SSE}{(J-1)(K-1)}$	
총변동(T)	TSS	N−1 (표본크기 −1)		

변동성의 일부를 할당하는 방법이다. 〈표 9−1〉과 같은 무작위 블록설계법의 요약표를 이용한다.

〈표 9−1〉과 같이 TSS, SSB, SST, SSE를 규정하고, 블록간 효과와 처리간 효과의 2가지 효과를 교호작용없이 분석한다.

- 처리집단 편차제곱들의 총합 TSS(total sum of squares, 전체제곱합) : 총평균에 대해 각 관찰치가 갖는 차이제곱의 합계
- 구성블록간 제곱합 SSB(between−blocks sum of squares) : 총평균에 대한 블록평균이 갖는 차이제곱의 합계
- 처리집단간 제곱합 SST(between−treatments sum of squares) : 총평균에 대해 각 표본평균이 갖는 차이제곱의 합계
- 오차제곱합 SSE(error sum of squares) : 각 표본평균 및 블록평균에 대해 해당 표본관찰치가 갖는 차이에 총평균을 더한 값 제곱의 합계

4. 반복있는 이원 ANOVA

반복있는 이원 ANOVA는 이원분할 자료표의 하나의 셀에 다수의 관찰치를 갖는 이원분산분석 모형으로 두 요인간의 교호작용을 검정하는데 사용하는 2요소 완전무작위설계법(two−factor completely randomized design)이다.

반복 있는 이원 ANOVA는 3개의 F통계량으로 2개의 개별 주요 효과들과 1개의 교호작용에 대

표 9-2 반복있는 이원분산분석의 요약표

변동의 요인	제곱 합(SS)	자유도(v)	제곱 평균(MS)	F 비율
블록간(A)	SSB	J−1 (블록 수 −1)	$MSB = \frac{SSB}{J-1}$	$F = \frac{MSB}{MSE}$
처리그룹간(B)	SST	K−1 (그룹 수−1)	$MST = \frac{SST}{K-1}$	$F = \frac{MST}{MSE}$
A와 B요인간 교호작용(I)	SSI	(J−1)(K−1)	$MSI = \frac{SSI}{(J-1)(K-1)}$	$F = \frac{MSI}{MSE}$
표본추출오차(처리집단내)(E)	SSE	JK(L−1) 블록 수×그룹 수 ×(블록 개체 수−1)	$MSE = \frac{SSE}{JK(L-1)}$	
총변동(T)	TSS	N−1 (표본크기−1)		

한 다음 3개의 다른 귀무가설들의 통계적 유의성을 검정하는데 사용한다.

① 열평균이 유의적으로 다르지 않아, 어떤 열효과(column effect)도 없다.
② 행평균이 유의적으로 다르지 않아, 어떤 행효과(row effect)도 없다.
③ 행요인과 열요인의 두 요인들이 독립적이어서 두 요인들 사이에 어떤 교호작용도 없다.

한 요인에 대한 처리집단들의 효과는 다른 요인의 수준에 따라 변동하는 것을 반영하여 유의적인 교호작용효과를 갖는 반복있는 이원 ANOVA(two-way analysis of variance model with replication)의 선형모형은 다음과 같다.

관찰치 = 총평균 + 블록효과 + 처리효과 + 교호작용효과 +무작위효과

수행결과에 따른 〈표 9-2〉와 같은 분산분석 요약표로 블록효과, 처리효과, 교호작용효과를 설정한 유의수준에 대해 존재를 규명할 수 있다.

02 이원 ANOVA의 SPSS적용

1. 반복없는 이원 ANOVA

세제를 사용하는 경우에 세제종류와 물온도가 표백성과에 다른 영향을 주는지에 대해, 이러한 요인들(처리들)을 모두 사용하는 반복없는 이원 ANOVA로 다음 3개 귀무가설들을 설정하여 검정하기로 하자.

- H01 : 일반세제와 강력세제의 표백성과는 동일하다[첫째 요인(세제종류)의 모든 수준들의 모집단평균들은 동일하다].
- H02 : 온수와 냉수의 표백성과는 동일하다[둘째 요인(물온도)의 모든 수준들의 모집단 평균들은 동일하다].
- H03 : 표백성과에 영향을 주는 세제종류와 물온도 간의 교호작용은 없다[두 요인들 간에는 어떤 교호작용도 없다].

또한 이원 ANOVA를 수행하기 위해서는 다음 가정들이 필요하다.

- 표본을 추출한 모집단은 정규분포되어야 한다.
- 표본들은 독립적이다.
- 모집단 분산들은 동일하다.

"세제효과.sav"파일을 열기

메뉴 바에서 "분석/일반선형모형/일변량"을 지정, 생성된 "일변량 분석"대화상자에서 "표백"을 종속변수 박스로, "세제"와 "물온도"를 고정요인 박스로 이동시킨다.

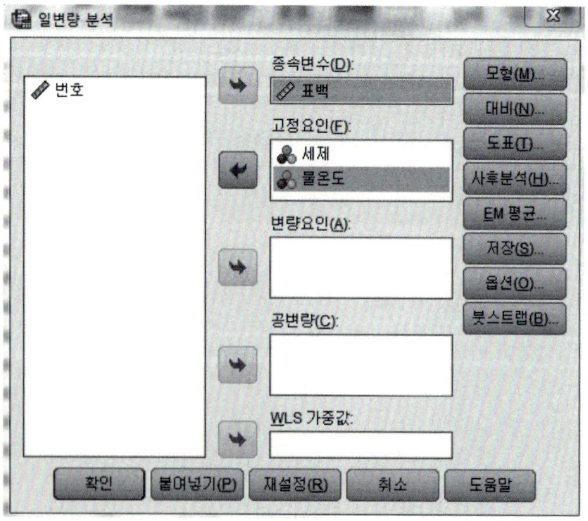

"옵션"단추를 클릭하여 생성된 "일변량: 옵션"대화상자에서 "기술통계량, 동질성 검정"을 지정 후 "계속" 클릭한다. 그리고 "일변량 분석"대화상자에서 "확인"을 클릭한다.

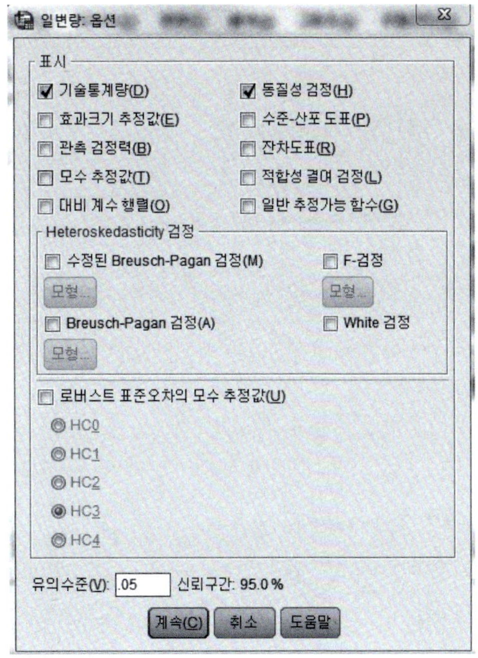

표 9-3 기술통계량

종속변수: 표백성과

세제종류	냉온수	평균	표준편차	N
일반	온수	45.7700	12.47157	10
	냉수	61.3400	6.53762	10
	전체	53.5550	12.55860	20
강력	온수	52.5400	10.89242	10
	냉수	64.4000	6.88977	10
	전체	58.3200	10.84424	20
전체	온수	49.0050	11.86984	20
	냉수	62.8700	6.72271	20
	전체	55.9375	11.83005	40

〈표 9-3〉의 기술통계량표에서 각 세제에 대해 평균열에서 전체는 주효과(main effect)를 표시한다. 세제 종류전체에서 온수 및 냉수의 각 평균 49.005와 62.870은 물온도의 주효과를 표시한다.

표백성과에 대한 물 온도의 주 효과를 규명하도록 세제종류의 영향을 근본적으로 제거하자. 전체에서 온수와 냉수의 평균을 보면 온수 49.005의 값은 일반의 45.77과 강력의 52.24에 대한 평

표 9-4 오차분산의 동일성에 대한 Levene의 검정

		Levene 통계량	자유도 1	자유도 2	유의확률
표백성분	평균을 기준으로 합니다..	1.105	3	36	.360
	중위수를 기준으로 합니다.	1.015	3	36	.397
	자유도를 수정한 상태에서 중위수를 기준으로 합니다.	1.015	3	29.136	.400
	절삭평균을 기준으로 합니다.	1.087	3	36	.367

여러 집단에서 종속변수의 오차분산이 동일한 영가설을 검정합니다.
a. 종속변후: 표백성과
b. Design: 절면 + 세제 + 물온도 + 세제 × 물온도

균이다. 이러한 온수효과는 표백성과에 대해 세제종류가 갖는 영향력을 제거한 효과와 같다.

세제종류의 영향을 제거하면, 그 효과는 온수 및 냉수의 평균값들로 나타난다. 유의적 차이를 규명하기 전에 〈표 9-4〉를 검토하자.

〈표 9-4〉는 요인별 분석수행에서 아주 중요하다. "종속변수의 오차분산(error variance)이 모든 집단에서 동일하다"는 귀무가설이 기각된다면, 요인분석에 의해 규정된 유의적 차이가 의심되므로 다른 접근법을 사용하는 것이 좋다. 따라서 이는 이원 ANOVA가 적절하지 하지 않다는 것을 의미한다.

〈표 9-4〉에서 "평균을 기준으로 합니다"의 Levene 통계량 1.105의 유의확률이 0.360으로 귀무가설 기각의 실패를 보여주어, 모든 그룹들에 대해 오차분산이 동일하다는 통계적 증거를 제공한다. 이에 따라 요인분석의 결과에 대한 신뢰도를 갖고 분석을 할 수 있다. 〈표 9-5〉는 귀무가설 기각 여부에 대해 다음 정보를 제공한다.

- 세제 행에 대한 유의확률 0.123은 5%보다 커서 "53.555 대 58.320"로 나타나는 일반세제 대 강력세제의 주효과들(표백성과들)의 차이가 비유의적인 것으로 분석된다. 그래서 세제의 주효과는 유의적이 아니라고 말할 수 있다.
- 물온도 행에 대한 유의확률 0.000은 0.001보다 작아 "49-005 대 62.870"의 온수 대 냉수의 주효과들(표백성과들)의 차이가 유의적인 것으로 나타난다. 그래서 세제의 주효과는 유의적이어서, 물온도는 표백수준에 유의적으로 영향을 준다고 말할 수 있다.
- 세제 및 물온도 간의 교호작용의 유의확률이 0.576으로 5%보다 아주 커서 비유의적이므로, 이러한 어떤 교호작용도 우연에 의한 것으로 간주될 수 있다.

이와 같이 이원(요인) ANOVA는 표백성과가 세제종류에 따라 유의적으로 변화하지는 않지만,

표 9-5 주효과와 교호작용효과 표

개체-간 효과검정

종속변수: 표백성과

소스	제 III 유형 제곱합	자유도	평균제곱	F	유의확률
수정된 모형	2178.505[a]	3	726.168	7.971	.000
절편	125160.156	1	125.160	1373.898	.000
세제	227.052	1	227.052	2.492	.123
물온도	1922.382	1	1922.38	21.102	.000
세제×물온도	29.070	1	29.070	.319	.576
오차	3279.549	36	91.099		
전체	130618.210	40			
수정된 합계	5458.054	39			

a. R 제곱 = .399(수정된 R 제곱 = .349)

냉수는 표백성과를 유의적으로 증가시킨다는 것을 반영한다. 그리고 세제종류와 물온도에 대해 어떤 교호작용도 규명되지 않아, 세제종류와 물온도는 함께 작용해도 표백성과를 변화시키지는 않는다고 판단할 수 있다.

2. 이원반복측도 ANOVA 예제

어떤 종속변수에 대한 개체-내 변수들(within-subjects)인 2개 요인들의 효과를 동시에 조사하는데 이원반복측도(two-way repeated measures) ANOVA를 사용한다.

이원반복측도 ANOVA를 "반복 측도를 갖는 2요인 ANOVA"(two-factorial ANOVA with repeated measures)라고 한다. 이원반복측도 디자인에서 모든 개체들은 두 요인 모두의 각 수준에서 검정된다.

2개 수준들의 첫째 요인과 3개 수준들의 둘째 요인들을 갖는 2원 반복측도 ANOVA를 계획한다면, 모든 개체들은 6개 처리조건들 각각에서 검정되어야 한다.

조사자가 운동선수의 피로회복시간을 분으로 측정하여 열기와 냉기의 온도환경에서 목욕, 휴식, 찜질의 개입수단에 따른 회복효과가 같은 지를 검정한다고 하자.

이러한 검정을 위해 다음 절차를 수행하기로 하자.

① 각 처리조건에서 자료에 대한 정규성 가정검정

② 주효과 및 교호작용효과에 대한 가설 공식화

③ Mauchly의 검정으로 종속변수 및 교호작용에 대한 구형성 검정, 구형성 가정이 파기되면 F 통계량 유의성에 자유도 수정을 적용

④ 구형성 가정이 파기되고 엡실런 값이 0.75 미만이면 Greenhouse−Geisser 수정을 적용하고, 그렇지 않으면 Huynh−Feldt 수정을 적용

⑤ F 통계량이 유의적이면, Bonferroni수정을 적용하여 그룹평균들 간에 대한 쌍별비교 수행

조사자는 이러한 조사디자인에서 검토할 세 가지 조사질문을 다음과 같이 규정하고 가설을 설정할 수 있다.

첫째, "환경이 개입과 무관하게 회복시간에 유의적으로 영향을 주는가?"라는 "환경의 주효과"(main effect of environment)에 대한 가설 집합

- H_0 : $\mu_{열기}=\mu_{냉기}$
- H_1 : $\mu_{열기}\neq\mu_{냉기}$

둘째, "개입이 환경과 무관하게 회복시간에 유의적으로 영향을 주는가?"라는 "개입의 주효과"(main effect of intervention)에 대한 가설 집합

- H_0 : $\mu_{목욕}=\mu_{휴식}=\mu_{찜질}$
- H_1 : 하나 이상의 그룹평균이 다름

셋째, "환경 및 개입 간의 교호작용이 유의적인가?"라는 "환경×개입의 교호작용효과"(Interaction effect between Environment and Intervention)에 대한 가설 집합

이상의 가설들의 집합을 다음과 같이 표시하자.

- H_0 : 환경 및 개입 간의 어떤 교호작용도 없음
- H_1 : 환경 및 개입 간의 어떤 교호작용이 유의적임

"회복분.sav"파일 열고, 자료의 형식과 독립성 유무를 검토한다.

독립변수들인 요인환경 및 개입은 범주변수이고, 종속변수회복시간은 비율척도로 측정된 것이어서 자료형식에 대한 가정이 충족된다.

모든 개체들이 각 처리조건 내에서 독립적으로 검정되어 자료는 각각 독립적인 것으로 간주될 수 있다.

이제 정규성 검정을 위해 "분석/기술통계량/데이터탐색"을 지정한다. 생성된 "데이터 탐색" 대화상자에서 왼쪽의 변수들 모두를 마우스로 지정 후 오른쪽 단추 종속변수 박스로 이동시킨다.

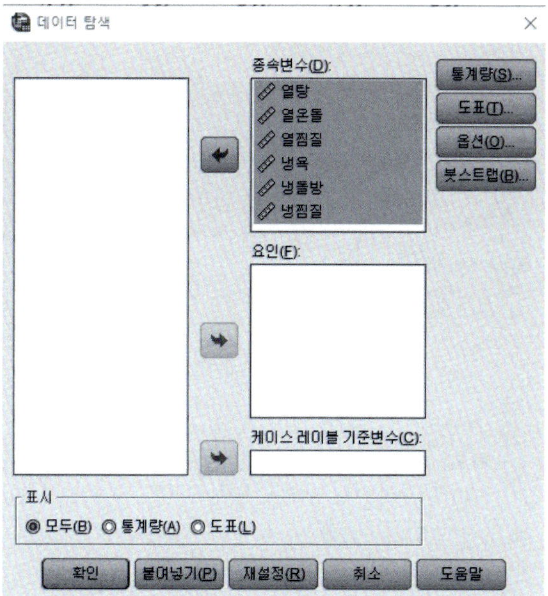

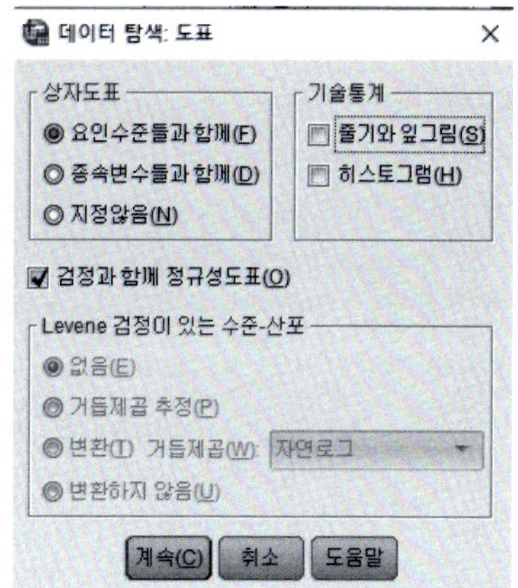

정규성 검정

	Kolmogorow–Smironov[a]			Shapiro–Wilk		
	통계량	자유도	유의확률	통계량	자유도	유의확률
열탕	.136	5	.200*	.987	5	.967
열온돌	.237	5	.200*	.961	5	.814
열찜질	.221	5	.200*	.902	5	.421
냉욕	.221	5	.200*	.902	5	.421
냉돌방	.180	5	.200*	.952	5	.754
냉찜질	.287	5	.200*	.914	5	.490

*. 이것은 참 유의성의 하한입니다.
a. Liliefors 유의확률 수정

정규성 검정결과에 따르면, 표본크기 50개 미만인 경우에 적용하는 Shapiro–Wilk 통계량의 유의확률들이 6개 자료집합들에 대해 모두 5%를 크게 초과하여 각 변수가 정규분포를 따르는 것이 확인된다.

메뉴 바에서 "분석/일반선형 모형/반복측도"를 지정한다. 생성된 "반복측도 요인 정의"대화상자에서 "개체–내 요인이름"박스의 "요인1"을 "환경"으로 바꾸고, "수준 수"박스에 "2"를 입력 후 "추가"단추를 클릭한다.

다시 "개체–내 요인이름"박스에 "개입"을 입력하고, "수준 수"박스에 "3"을 입력 후 "추가"단추를 클릭한다. "측도 이름"에 "회복시간"을 입력 후 "추가"단추를 클릭하고, "정의"단추를 클릭한다.

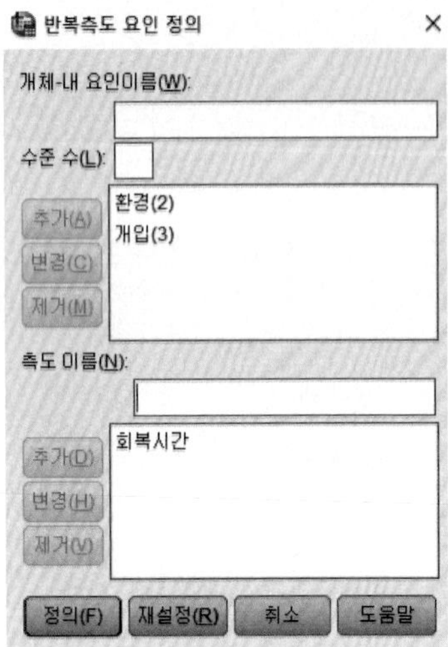

생성된 반복측도 대화상자에서 왼쪽 변수들 리스트를 모두 지정하여, 화살표를 이용하여 우측 "개체-내 변수"박스로 이동시킨다.

"도표"단추를 클릭하여 생성된 "반복측도:프로파일 도표"대화상자에서 회복시간에 대한 환경과 개입의 주효과들에 대한 도표를 작성하도록, 우측의 "수평축 변수"(Horizontal Axis)박스에 "환경"을 이동시킨 후에 중간에 있는 "추가"단추를 클릭한다. 이에 따라 "도표"박스에는 "환경"이 생성된다.

다시 "개입"을 우측의 "수평축 변수"박스로 이동시킨 후에 중간에 있는 "추가"단추를 클릭한다. 이에 따라 "도표"박스에는 "개입이 생성된다.

이제 환경의 각 수준에서 개입의 단순 효과들을 비교하는 도표를 작성하도록 "환경"을 "수평축 변수"박스로, "개입"을 "선구분 변수"(Separate Lines)박스로 이동시킨 후에 "추가"단추를 클릭한다. 이에 따라 "도표"박스에는 "환경*개입"이 생성된다.

다시 개입의 각 수준에서 환경의 단순효과들을 비교하는 도표를 작성하도록 "개입"을 "수평축 변수"박스로, "환경"을 "선구분 변수"박스로 이동시킨 후에 "추가"단추를 클릭한다. 이에 따라 "도표"박스에는 "환경*개입"이 생성된다. "선형 차트"를 확인한 후 "계속"단추를 클릭한다.

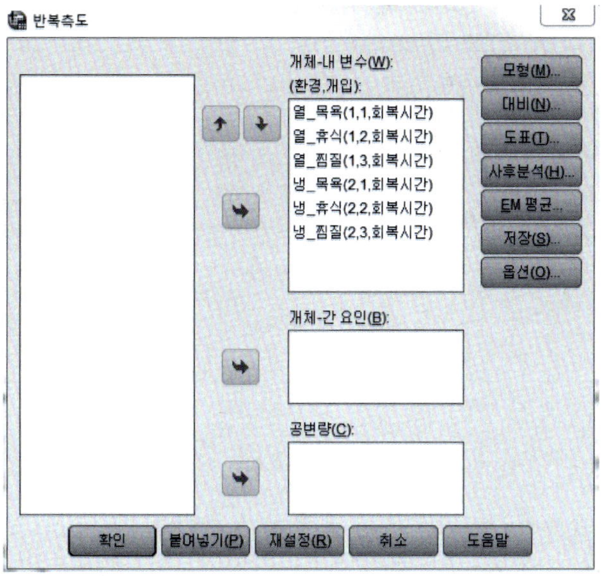

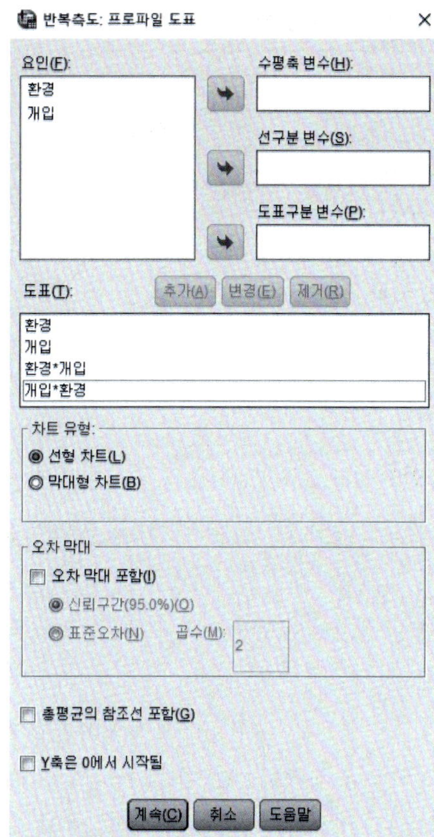

[SPSS 버전이 낮은 경우에는 “옵션”단추를 클릭하여 다음 작업을 수행]

“EM평균”단추를 클릭하여 생성된 “반복측도:추정 주변 평균”대화상자에서 “환경, 개입, 환경*개입”을 “평균 표시 기준”박스로 이동시키고, “주효과 비교”를 지정하고, 다시 생성되는 “신뢰구간 수정” 아래에서 “Bonferroni”를 지정한 후에 “계속”을 클릭한다.

“옵션”단추를 클릭하여 생성된 “반복측도: 옵션”대화상자에서 “기술통계량, 변화행렬환경, 효과크기 추정값, 관측 검정력”을 지정한 후“계속”을 클릭한다.

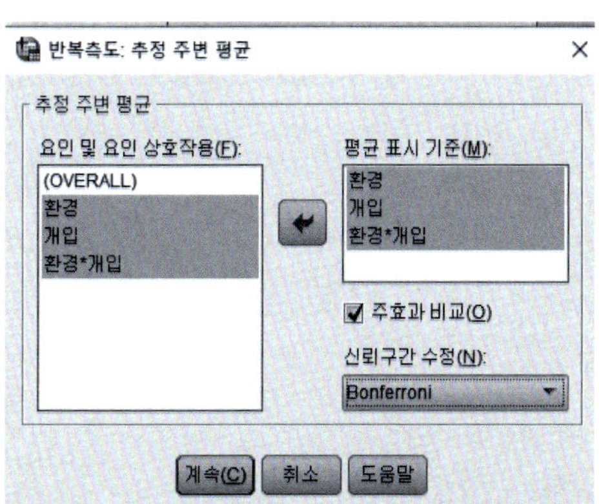

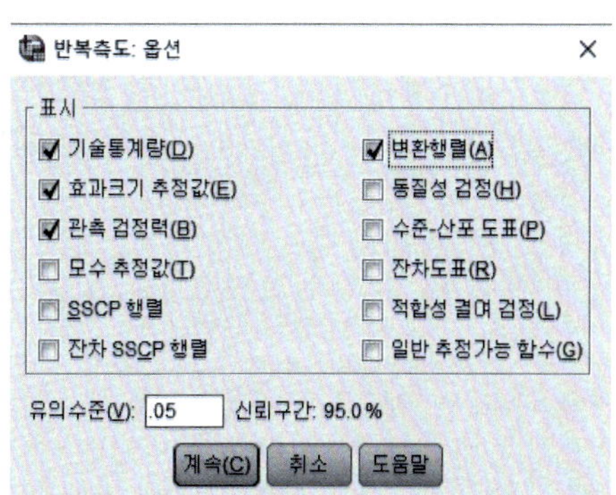

표 9-6 기술통계량

	평균	표준편차	N
열_목욕	6.0000	.79057	5
열_휴식	8.6000	1.14018	5
열_찜질	5.9000	.65192	5
냉_목욕	6.9000	.65192	5
냉_휴식	11.2000	1.03682	5
냉_찜질	7.1000	.82158	5

"반복측도"대화상자에서 "확인"을 클릭한다. 실험출력결과를 다음과 같이 조사할 수 있다.

〈표 9-6〉은 각 처리조건에서 회복시간에 대한 기술통계량을 보여준다. 이러한 평균들은 회복시간에 대한 다른 처리조건들의 효과에 대한 추론을 도출하는데 사용된다. 실제로 환경 및 개입의 주변평균들(marginal means)은 이러한 평균을 기초로 계산된다.

독립변수들 모두 개체-내 변수들이므로, 환경, 개입, 교호작용(환경×개입)의 구형성을 검토해야 한다. 〈표 9-7〉은 직교 정규변환된(orthonormalized transformed) 종속변수들의 오차 공분산 행렬이 항등행렬과 비례적이라는 귀무가설을 검정한다.

〈표 9-7〉에서 개입과 환경*개입에 대한 Mauchly의 검정은 유의확률이 5%보다 크기 때문에 비유의적으로 나타난다. 한편 요인들이 단지 2개 수준들만을 갖는 환경에는 구형성 문제가 없기 때문에 Mauchly의 W통계량은 계산되지 않는다. 그래서 어떤 효과에서도 구형성 가정이 파기되지 않으므로, 어떤 효과에도 자유도의 수정은 요구되지 않는다.

표 9-7 Mauchly의 구형성 검정

측도: 회복시간

개체-내 효과	Mauchly의 W	근사 카이제곱	자유도	유의확률	엡실런[b]		
					Greenhouse-Geisser	Huynh-Feldt	하한
환경	1.000	.000	0		1.000	1.000	1.000
개입	.412	2.659	2	.265	.630	.784	.500
환경*개입	.429	2.542	2	.281	.636	.800	.500

정규화된 변형 종속변수의 오차 공분산 행렬이 항등행렬에 비례하는 영가설을 검증합니다.
a. Design: 절편
개체-내 계획: 환경 + 개인 + 환경 × 개입
b. 유의성 평균검정의 자유도를 조절할 때 사용할 수 있습니다. 수정된 검정은 개체내 효과검정 표에 나타납니다.

세 가지 효과들 모두에 대해 구형성 가정이 충족되므로, 각 효과에 대한 F값을 어떤 수정없이 유의성에 대해 검정할 수 있다.

표 9-8 개체내 효과들의 유의성에 대한 F검정

개체-내 효과검정

측도: 회복시간

소스		제Ⅲ유형 제곱합	자유도	평균제곱	F	유의확률	부분에타 제곱	비중심 모수	관측검정력[a]
환경	구형성 가정	18.408	1	18.408	17.124	.014	.811	17.124	.865
	Greenhouse-Geisser	18.408	1.000	18.408	17.124	.014	.811	17.124	.865
	Huynh-Feldt	18.408	1.000	18.408	17.124	.014	.811	17.124	.865
	하한	18.408	1.000	18.408	17.124	.014	.811	17.124	.865
오차(환경)	구형성 가정	4.300	4	1.075					
	Greenhouse-Geisser	4.300	4.000	1.075					
	Huynh-Feldt	4.300	4.000	1.075					
	하한	4.300	4.000	1.075					
개입	구형성 가정	78.217	2	39.108	70.307	.000	.946	140.614	1.000
	Greenhouse-Geisser	78.217	1.260	62.096	70.307	.000	.946	88.559	1.000
	Huynh-Feldt	78.217	1.568	49.871	70.307	.000	.946	110.269	1.000
	하한	78.217	1.000	78.217	70.307	.000	.946	70.307	1.000
오차(개입)	구형성 가정	4.450	8	.556					
	Greenhouse-Geisser	4.450	5.038	.883					
	Huynh-Feldt	4.450	6.274	.709					
	하한	4.450	4.000	1.113					
환경*개입	구형성 가정	4.117	2	2.058	1.926	.208	.325	3.852	.289
	Greenhouse-Geisser	4.117	1.273	3.235	1.926	.230	.325	2.451	.218
	Huynh-Feldt	4.117	1.600	2.573	1.926	.220	.325	3.081	.251
	하한	4.117	1.000	4.117	1.926	.238	.325	1.926	.190
오차 (환경*개입)	구형성 가정	8.550	8	1.069					
	Greenhouse-Geisser	8.550	5.091	1.679					
	Huynh-Feldt	8.550	6.400	1.336					
	하한	8.550	4.000	2.138					

a. 유의수준 = .05을(를) 사용하여 계산

〈표 9-8〉에서 두 가지 주효과들 환경 및 개입에 대한 F값들은 그 P-값들이 각각 0.014와 0.000이어서 5%보다 작기 때문에 유의적이다. 이와는 달리, 교호작용효과에 대한 F값은 P-값이 0.208로 5%보다 커서 비유의적이다.

환경 및 개입의 주효과들은 유의적이므로, 평균들의 쌍별비교는 그룹차이에 대한 확실한 구도를 얻도록 이러한 효과들에 대해 수행되어야 한다.

반복측도 디자인의 경우에 반복측도에 의해 자료를 획득했기 때문에, 어떤 사후 검정도 적용되지 않는다. 그리고 SPSS는 변수가 개체-내 변수들인 경우에는 "사후분석"에 대한 옵션을 보여주지 않는다.

그래서 개체-내 변수들의 경우에 평균들의 쌍별비교는 대응표본(쌍체) t검정을 적용하고 Bonferroni수정을 사용하여 수행된다. 쌍별 그룹평균들의 다중비교들로 인하여, α의 값은 증가되고 이러한 오류를 시정하도록 Bonferroni수정이 적용된다.

"반복측도:추정 주변 평균"대화상자의 "신뢰구간 수정"박스에서 옵션으로 지정한 "Bonferroni"에 의해 SPSS는 자동으로 수정을 하여 각 대응 쌍 평균차이에 관련된 p-값을 높여준다.

SPSS가 이러한 수정을 자동으로 하기 때문에 결과를 검정하는데 대한 유의성수준을 표의 결과를 그대로 적용하면 된다. 교호작용은 비유의적이어서 단순효과를 추가적으로 검정할 필요가 없다.

환경의 주효과가 유의적이므로, 환경은 회복시간에 영향을 주는 것으로 결론을 내릴 수 있다. 이제 어떤 환경이 회복에 더 좋은지를 알기 위해 주변평균들을 비교해야 한다. 환경은 2개 수준을 갖기 때문에 주변평균들의 1개 쌍만이 비교할 필요가 있다. 〈표 9-9〉는 환경의 주변평균들의 기술통계량을 보여준다.

표 9-9 다른 환경에서의 주변평균 회복시간 추정치들

추정값

측도: 회복시간

환경	평균	표준오차	95% 신뢰구간	
			하한	상한
1	6.833	.247	6.147	7.520
2	8.400	.155	7.971	8.829

표 9-10 각 환경그룹에서 회복시간의 주변평균들의 쌍별 비교

대응별 비교

측도: 회복시간

(I) 환경	(J) 환경	평균차이(I-J)	표준오차	유의확률[b]	차이에 대한 95% 신뢰구간[b]	
					하한	상한
1	2	-1.567*	.379	.014	-2.618	-.516
2	1	1.567*	.379	.014	.516	2.618

추정 주변평균을 기준으로
*. 평균차이는 .05 수준에서 유의합니다.
b. 다중비교를 위한 수정: Bonferroni

〈표 9-10〉은 평균차이가 열기 및 냉기그룹들에 대해 그 P-값이 5%보다 작은 0.014이므로 유의적이라는 것을 보여준다. 단지 환경은 2수준만이 있기 때문에, F값이 유의적이라면 어떤 주변평균이 크기를 검토하여 더 큰지에 대한 결론을 직접 도출할 수 있다.

열기환경그룹에 대한 주변평균이 냉기그룹보다 작기 때문에, 회복시간은 냉기그룹과 비교하여 열기그룹이 더 작다고 결론을 내릴 수 있다. 환경에 대한 주변평균들의 비교는 〈그림 9-2〉로 나타난다.

그림에 마우스커서를 두고 왼쪽단추를 더블클릭한 후에 생성된"도표편집기"에서 각 표식을 누

그림 9-2 여러 환경그룹들에서 회복시간의 평균 그림

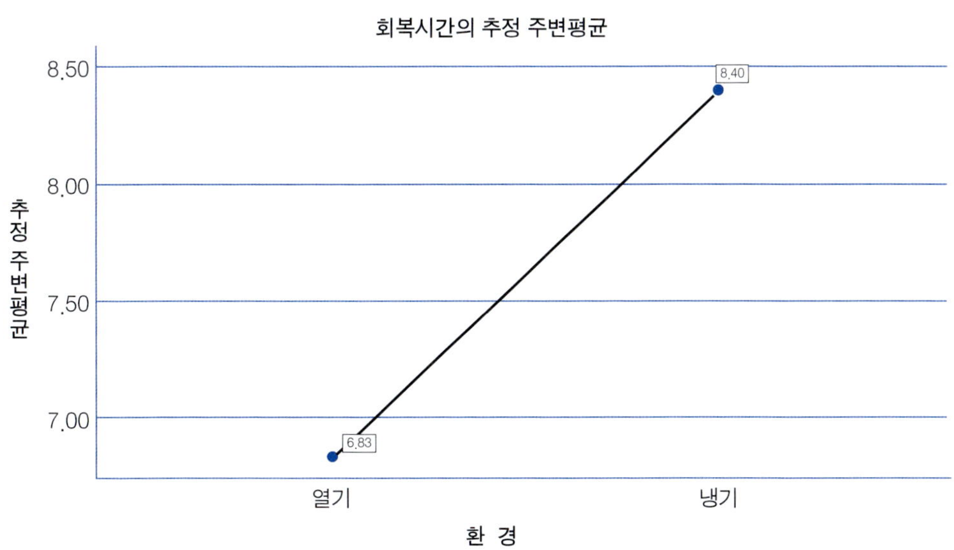

표 9-11 각 개입그룹에서 주변평균 회복시간 추정치들

추정값

측도: 회복시간

개입	평균	표준오차	95% 신뢰구간	
			하한	상한
1	6.450	.289	5.647	7.253
2	9.900	.203	9.336	10.464
3	6.500	.079	6.281	6.719

른 후 "데이터 레이블 표시"  를 눌러 숫자 레이블을 표시하고, 각 축 및 해당범례를 더블 클릭한 후에 숫자를 이름들로 변경할 수 있다.

환경과 마찬가지로 개입은 개체-내 변수이다. 그러므로 사후비교는 불가능하다. 따라서 쌍별 주변평균들의 비교는 Bonferroni수정을 사용하여 대응표본 t검정을 통해 수행된다.

〈표 9-11〉은 개입의 기술적 평균들을 보여준다. 이러한 주변평균들은 개입의 주효과에 대한 평균 그림들을 얻도록 사용한다.

〈표 9-12〉에서 목욕 및 휴식그룹들 간의 평균차이와 휴식 및 찜질그룹들 간의 평균차이는 그 p-값들이 각각 0.003과 0.000으로 5%보다 작아 유의적이다. 그러나 목욕 및 찜질그룹들 간에는

표 9-12 다른 개입그룹들에서 주변평균 회복시간의 쌍별(대응별) 비교

대응별 비교

측도: 회복시간

(I) 개입	(J) 개입	평균차이(I-J)	표준오차	유의확률[b]	차이에 대한 95% 신뢰구간[b]	
					하한	상한
1	2	-3.450*	.414	.003	-5.089	-1.811
	3	-.050	.366	1.000	-1.499	1.399
2	1	3.450*	.414	.003	1.811	5.089
	3	3.400*	.170	.000	2.728	4.072
3	1	.050	.366	1.000	-1.399	1.499
	2	-3.400*	.170	.000	-4.072	-2.728

추정 주변평균을 기준으로

*. 평균차이는 .05 수준에서 유의합니다.

b. 다중비교를 위한 수정: Bonferroni

그림 9-3 여러 개입 그룹들에서 회복시간의 평균들 그림

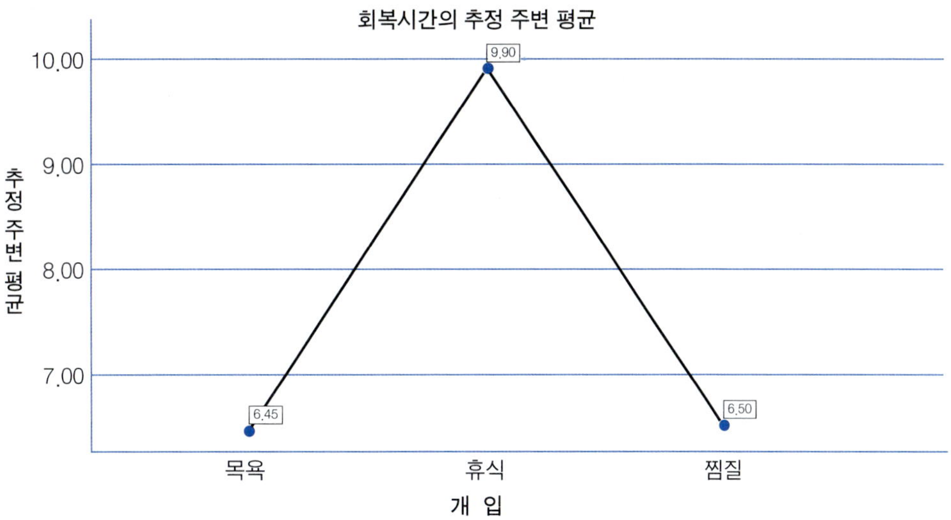

어떤 차이도 존재하지 않는다. 이는 〈그림 9-3〉에서 개입의 평균효과에 대한 평균들 그림으로 보여 진다.

〈그림 9-3〉에서 목욕과 찜질에서의 회복시간은 휴식개입의 회복시간과 비교하여 유의적으로 더 작다는 결론을 내릴 수가 있다.

교호작용효과가 비유적이라면, 단순효과들은 검정되지 않고 그러한 경우에 그에 관련된 어떤 결과물도 발견사항에서 보고되어서는 안된다. 그러나 이해를 할 수 있도록 〈표 9-13〉의 결과와 〈그

표 9-13 각 셀(환경×개입)에서 평균 회복시간의 추정치들

환경*개입

측도: 회복시간

환경	개입	평균	표준오차	95% 신뢰구간 하한	95% 신뢰구간 상한
1	1	6.000	.354	5.018	6.982
	2	8.600	.510	7.184	10.016
	3	5.900	.292	5.091	6.709
2	1	6.900	.292	6.091	7.709
	2	11.200	.464	9.913	12.487
	3	7.100	.367	6.080	8.120

그림 9-4 개입×환경에서의 평균 그림

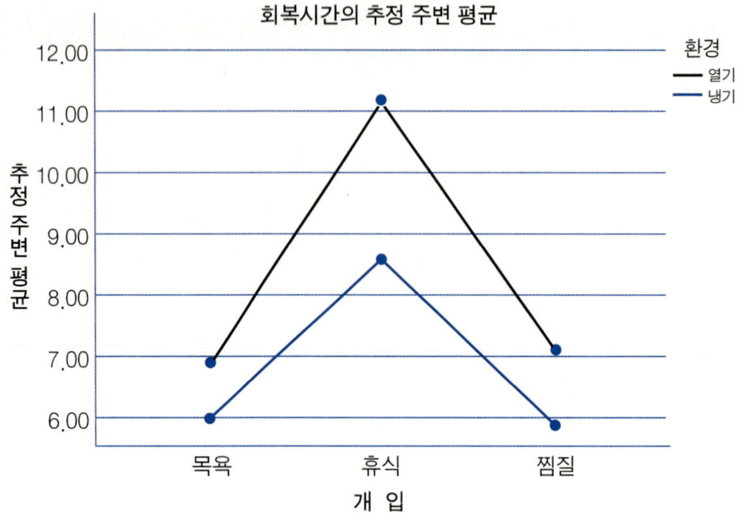

림 9-4〉 및 〈그림 9-5〉의 단순효과들에 대한 두 그림들이 제시된다.

개입효과가 비유의적이어서 이러한 그림들에는 어떤 결론도 도출되어서는 안된다. 〈표 9-13〉에서 각 셀에서 평균회복시간은 환경×개입그림과 개입×환경그림에서 평균그림들을 얻도록 사용된다.

그림 9-5 환경×개입에서의 평균 그림

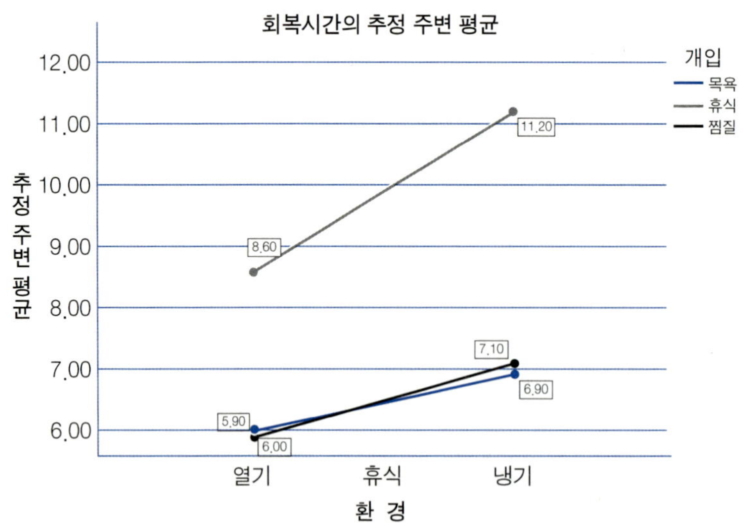

개입×환경의 교호작용은 〈그림 9-4〉에서 목욕그룹의 경우에 열기그룹에 비교하여 냉기그룹의 회복시간이 더 긴 것으로 나타났다. 유사한 추세가 휴식 및 찜질그룹들에도 존재한다. 가장 흥미로운 특성은 회복시간의 가장 큰 차이가 다른 2개 개입그룹들의 차이들과 비교하여 휴식그룹에서 나타났다는 것이다.

〈그림 9-5〉는 각 개입그룹에서 개입의 단순효과들에 대한 평균들 그림을 보여준다. 열기환경에서 휴식의 회복시간이 찜질과 목욕에 비해 가장 길다. 유사한 추세가 냉기환경에도 관찰된다. 그러나 찜질과 목욕개입은 열기 및 냉기환경에서 회복시간에 동일한 효과를 갖는다.

결론적으로 Mauchly의 검정은 〈표 9-7〉에서 개입과 교호작용(환경×개입)에 대해 비유의적이므로, 구형성 가정은 이러한 효과에 대해 파기되지 않는다. 그래서 F값들의 유의성 조사에서 자유도에 대한 어떤 수정도 수행되지 않는다.

환경 및 개입의 주효과는 〈표 9-8〉과 같이 유의적으로 나타나는 반면에, 교호작용효과는 유의적이 아니다. 환경의 주효과의 주변평균 그림을 검토하면 회복은 냉기보다 열기환경에서 빠르다는 결론을 얻을 수 있다. 개입이 보여주는 주효과의 평균그림은 목욕과 찜질그룹들의 회복이 휴식그룹과 비교하여 빠른 것을 보여준다.

따라서 개입과는 무관하게 냉기환경보다 열기환경에서 회복이 빠르다는 결론을 얻을 수 있다. 그리고 목욕과 찜질개입은 환경과는 무관하게 회복에 효과적이라고 볼 수 있다.

제10장

ANCOVA

01 공분산분석
02 ANCOVA의 적용
03 모형변경 ANCOVA

01 공분산분석

공분산분석(Analysis of covariance) ANCOVA는 규명된 공변량의 효과를 제거한 후에 처리들의 효과를 비교하는데 사용된다.

공분산분석의 목표는 그룹들의 초기변동들을 조정하여 그 그룹들의 처리후 평균(post-treatment means)을 비교하는 것이다.

통계적 통제는 처리를 수행한 후에 주된 관심변수 Y에 추가하여 수반변인(concomitant variable) X에 대한 측도를 포함시켜 달성된다. 실험대상이 아닐 수도 있는 수반변수를 "공변량"(covariate)이라고 하며 X로 표시한다.

종속변수로 알려진 실험대상인 변수를 Y로 표시하면, ANCOVA 디자인에서 두 관측치들 X와 Y는 각 개체(subject)에 대해 획득된다. 공변량 X에 대한 측도는 처리집행 이전에 획득되고 주로 Y의 측도들을 조정하는데 사용된다.

공변량은 종속변수에 관련된 것으로 가정되는 변수이다. X와 Y가 연관된 경우에 Y의 변동성의 일부는 X의 변동에 의한 것이다. 만약 공변량 X의 값이 실험단위들에 대해 일정하다면, Y의 분산에서 대응되는 감소가 있을 것이다.

실험오차를 축소시키는데 ANCOVA가 적용될 수 있는 예제를 보기로 하자. 개체들의 심혈관 효율성에 대한 호흡조절 형태인 B와 U의 효과를 보기로 하자. 실험자는 3개 학교에서 접촉하지 않은 3개 그룹들을 이용해야 한다고 하자.

각 그룹에 호흡조절 형태를 무작위로 할당할 수 있는데, 3개 그룹 중 한 그룹이 통제그룹의 역할을 한다고 가정하자.

처리는 개체들에 무작위로 할당될 수 없으므로, 심혈관 효율성에 대한 그룹 간 초기(실험집행전의) 차이의 가능성이 존재한다.

처리적용전에 각 개체에 대한 심혈관 효율성의 초기측도를 갖는 것으로 결정할 수 있다. 호흡조절수행 이전에 측정될 이러한 공변량 측도는 처리후에 획득된 심혈관 효율성에 대한 측도를 조정하도록 사용된다.

변수 X와 Y는 다음과 같이 규정될 수 있다.

- X : 3개 처리그룹의 각각에서 심혈관 효율성의 처리 전 점수
- Y : 3개 처리그룹의 각각에서 심혈관 효율성의 처리 후 점수

ANCOVA에서 다른 그룹들에서 종속변수 Y의 평균들은 처리그룹에서 공변량 X의 변동을 보완하도록 조정된다. 그래서 ANCOVA에서는 B, U, C의 3그룹에 대해 다음 귀무가설이 검정된다.

- H_0 : $\mu_{조정B} = \mu_{조정U} = \mu_{조정C}$

이러한 귀무가설과는 정반대인 대립가설은 하나 이상의 조정된 처리 후 그룹평균이 다르다는 것이다.

ANCOVA는 SPSS에서 유의수준과 함께 F-통계량 값을 포함한다. 만약 F가 유의적이면 귀무가설은 기각되고, 사후검정은 다른 쌍별그룹들의 조정된 후처리평균을 비교하는데 사용된다.

02 ANCOVA의 적용

운동효율성 개선프로그램을 시작한다고 하자. 전문가제안 컨디션조절 프로그램 C1, C2, C3는 다른 강도들 및 지속시간을 갖는다. 어떤 프로그램을 실시해야 하는지를 보기 위해 고등학교 학생에게 C1, 대학교 학생에게 C2, 직장인에게 C3를 적용한다고 하자.

이들 집단은 나이가 다르므로 운동효율성의 처리 후 성과차이의 일부는 나이 차이에도 영향이 있다. 여기서 나이 X는 공변량(covariate)이고, 운동효율성의 처리 후 자료 Y는 종속변수이다.

ANCOVA 디자인은 나이변동을 보완하여 컨디션조절 프로그램의 유효성을 비교하는데 사용할 수 있다.

모든 처리그룹들에서 검정후와 전의 차이가 있는 자료에 대해 일원ANOVA를 적용하는 것은 잘못된 결론을 초래할 수 있다. 이는 처리효과가 그룹들 간의 초기변동에 의해 보완되지 않기 때문이다.

각 그룹을 15개 개체로 구성하여 호흡연습(pranayama)방식들의 정지맥박수(resting pulse rate)에 대한 효과검정을 수행했다. C1 및 C2 프로그램과는 달리 C3는 통제그룹이다. 정지 맥박수를 3그룹들에 대한 처리전과 후에 측정한 결과를 입력한 자료는 "맥박수.sav"와 같다.

정지 맥박수의 조정된 처리후 평균을 C1그룹은 μ_1, C2그룹은 μ_2, C3의 통제그룹은 μ_{C3}라고 하자. 이러한 경우에 귀무가설과 대립가설은 다음과 같다.

- 귀무가설 H_0 : $\mu_1 = \mu_2 = \mu_{C3}$
- 대립가설 H_1 : μ_1, μ_2, μ_{C3} 중 하나 이상은 서로 다르다.

SPSS 결과는 조정된 처리 후 평균들을 다른 처리집단들에 대해 쌍별비교를 갖는 ANCOVA표를 제공한다. 결과물에 제공된 쌍별비교는 F비율이 유의적인 경우에만 사용되어야 한다.

ANCOVA표는 일원 ANOVA표와 비슷하지만, 조정된 처리후 그룹평균만을 비교한다. F값은 유의수준과 함께 제시되며, 5%수준과 비교하여 그 이하이면 유의적이 될 것이다.

일단 F값이 유의적으로 나타나면, 평균들의 쌍별비교는 Bonferroni수정을 사용하여 수행된다. SPSS 결과는 그룹평균 차이의 각 쌍에 대해 유의적 값을 제공하므로, 평균들 값을 검토하여 최상의 처리를 규명할 수 있다.

메뉴 바에서 "분석/일반선형모형/일변량"을 지정하고, 생성된 "일변량 분석"대화상자에서 왼쪽 변수 박스의 하나의 변수를 지정한 후 마우스 오른쪽 단추를 눌러 생성된 대화상자에서 "변수 이름 표시"를 지정한다.

"처리후"를 "종속변수"박스로 이동시키고, "처리집단"을 "고정요인"(Fixed Factor(s))박스로, "처리전"을 "공변량"박스로 이동시킨다.

"모형"단추를 클릭하여, "제곱합:제1유형"을 지정하고 "계속"단추 클릭,

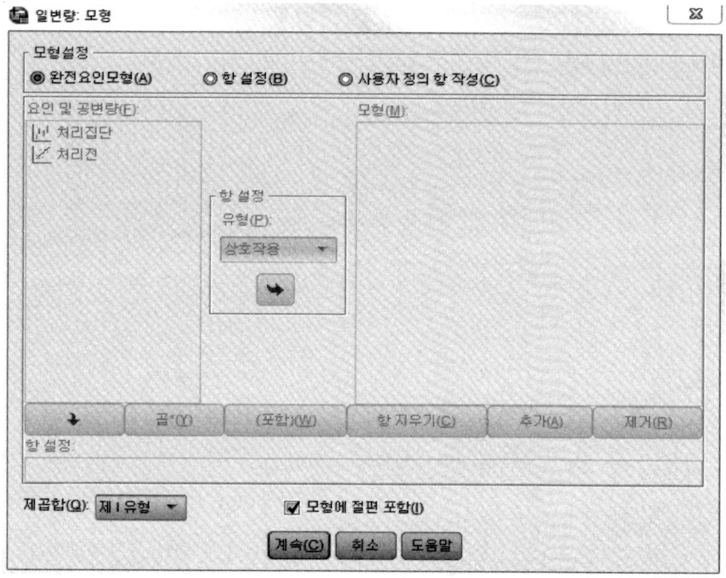

(낮은 SPSS버전은 "옵션"단추를) "EM 평균"단추를 클릭하여 생성된 대화상자에서 "처리집단"을 "평균 표시 기준"박스로 이동시키고, "주효과 비교"를 지정하고, "신뢰구간 수정"박스에서 "Bonferroni"를 지정 후 "계속"을 클릭한다.

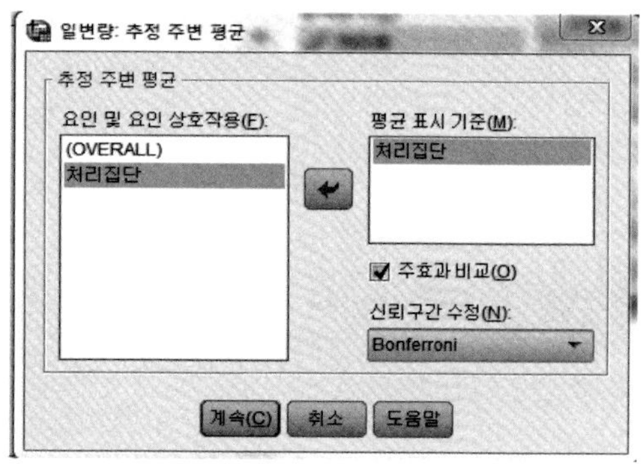

다시 "옵션"단추를 클릭하여 "기술통계량, 효과 크기 추정값"을 지정한 후에 "유의수준:0.05"를 확인 후 "계속"을 클릭한다.

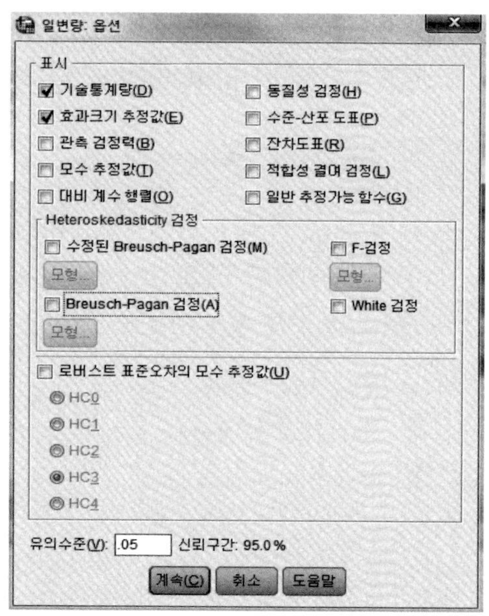

"도표"단추를 클릭하여 생성된 "일변량: 프로파일 도표"대화상자에서 "처리집단"을 "수평축 변수"박스로 이동시킨 후 "추가"단추를 클릭하고 "계속"을 클릭한다.

그리고 "일변량 분석"대화상자에서 "확인"을 클릭한다.

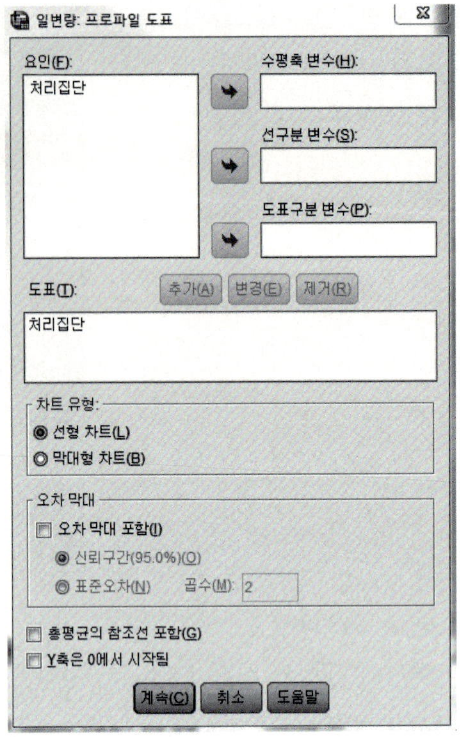

표 10-1 기술통계량

종속변수: 처리 후 정지 맥박수

처리집단	평균	표준편차	N
고교생	71.0667	3.82598	15
대학생	71.4667	4.40562	15
통제(직장인)	74.1333	5.28970	15
전체	72.2222	4.65095	45

〈표 10-1〉은 여러 처리 후 그룹들에서 정지 맥박수에 대한 자료의 평균 및 표준편차를 보여준다. 〈표 10-2〉는 조정된 처리 후 그룹들에서 정지 맥박수에 대한 기술통계량들을 보여준다. 이는 처리 후 평균들 차이들이 초기점수 차이들에 대해 보완되기 때문에 〈표 10-1〉과는 다르다. 다시 말하자면, 처리 후 검정에서 처리의 유효성 비교를 하는데 공변량 효과가 제거된 것으로 표시한 것이다.

표 10-2 추정값

종속변수: 처리 후 정지 맥박수

처리집단	평균	표준오차	95% 신뢰구간	
			하한	상한
고교생	71.932[a]	.232	71.464	72.401
대학생	71.900[a]	.231	71.434	72.365
통제(직장인)	72.835[a]	.234	72.363	73.307

a. 모형에 나타나는 공변량은 다음 값에 대해 계산됩니다.: 처리 전 정지 맥박수 = 73.1333.

〈표 10-3〉의 개체-간 효과 검정(Tests "Between-Subjects" Effects)은 ANCOVA분석의 주된 결과이다. 이러한 결과들 중에서 필요로 하지 않는 항목들을 제거하여 〈표 10-4〉의 ANCOVA표(ANCOVA Table)를 작성한다.

표 10-3 개체-간 효과 검정(Tests "Between-Subjects" Effects)

종속변수: 처리 후 정지맥박수

소스	제Ⅲ유형 제곱합	자유도	평균제곱	F	유의확률	부분 에타제곱
수정된 모형	919.146[a]	3	306.382	384.954	.000	.966
절편	234722.222	1	234722.222	294916.888	.000	1.000
처리전	911.057	1	911.057	1144.698	.000	.965
처리집단	8.089	2	4.045	5.082	.011	.199
오차	32.632	41	.796			
전체	235674.000	45				
수정된 합계	951.778	44				

a. R제곱 = .966(수정된 R제곱 = .963)

〈표 10-4〉에서 F값들은 "처리전"의 경우에는 그 평균제곱을 오차의 평균제곱으로 나누어, "처리집단"의 경우에는 그 평균제곱을 오차의 평균제곱으로 나누어 계산한 결과이다.

F값에 대한 유의확률 p값이 모두 0.05보다 작기 때문에, F값들은 유의적이어서 조정된 처리 후 그룹평균들 간의 차이가 없다는 귀무가설은 5%수준에서 기각된다.

표 10-4 정지 맥박수의 처리 후 자료에 대한 ANCOVA표

소스	제 I 유형 제곱합	자유도	평균제곱	F	유의확률	부분 에타제곱
처리 전	911.057	1	911.057	1,144.698	0.000	0.965
처리집단	8.089	2	4.045	5.082	0.011	0.199
오차	32.632	41	0.796			
수정된 합계	951.778	44				

〈표 10-4〉의 F값이 유의적이어서 〈표 10-5〉과 같이 대응별 비교를 수행할 필요가 있다. 처리 후 측도에 대한 평균들의 이후(post hoc) 비교를 〈표 10-2〉의 다른 조정된 처리후 그룹평균들의 값들을 사용하고, 〈표 10-5〉의 평균차이들에 대한 p값들을 사용하여 〈그림 10-1〉의 프로파일 도표와 같이, 그리고 〈표 10-6〉과 같이 그래프로 나타낼 수 있다.

표 10-5 대응별 비교(Pair-Wise Comparisons)

종속변수: 처리 후 정지맥박수

(I)처리집단	(J)처리집단	평균차이(I-J)	표준오차	유의확률[b]	차이에 대한 95% 신뢰구간[b]	
					하한	상한
고교생	대학생	.033	.326	1.000	-.781	.847
	통제(직장인)	-.902*	.333	0.29	-1.732	-.072
대학생	고교생	-.033	.326	1.000	-.847	.781
	통제(직장인)	-.935*	.330	.021	-1.759	-.111
통제(직장인)	고교생	.902*	.333	.029	.072	1.732
	대학생	.935*	.330	.021	.111	1.759

추정 주변평균을 기준으로
* 평균차이는 .05 수준에서 유의합니다.
b. 다중비교를 위한 수정: Bonferroni

표 10-6 처리후 그룹평균들의 대응별 비교

대학생	고교생	통제(직장인)
71.900	71.932	72.835

“ ” 는 5% 유의수준에서 어떤 유의적 차이도 없음을 표시

그림 10-1 프로파일 도표

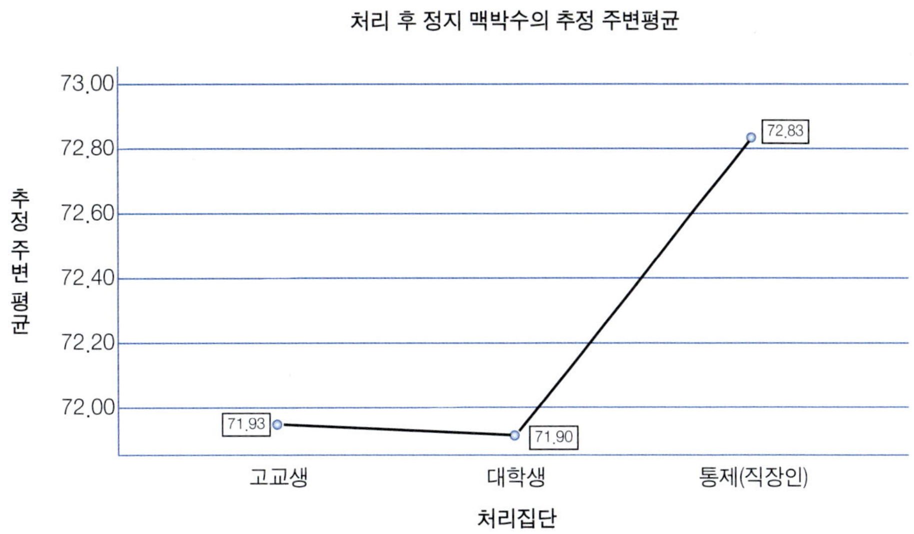

〈표 10-5〉에서 F값들이 유의적이면 다중비교를 위한 Bonferroni수정을 사용하여 대응별 비교가 수행된다. 고교생과 직장인 사이의 평균차이 관련 p값은 0.029이고, 대학생과 직장인 사이의 평균 차이에 관련된 p값은 0.021이어서 5%보다 작아 그러한 차이들은 모두 5% 수준에서 유의적이다. 따라서 다음 결론들을 도출할 수 있다.

① 고교생과 대학생 그룹의 조정된 정지 맥박수들에는 유의적 차이가 없다.

② 고교생과 직장인 그룹의 조정된 정지 맥박수들에는 유의적 차이가 있다.

③ 대학생과 직장인 그룹의 조정된 정지 맥박수들에는 유의적 차이가 있다.

이제 어떤 처리가 최상인지를 찾도록, 〈표 10-2〉로 주어진 처리후 검정 동안의 다른 처리 그룹들의 조정된 평균들을 검토할 수 있다.

이러한 조정된 평균들을 〈표 10-5〉의 3개 결과들과 함께 묶어 비교하면, 해를 구할 수 있다. 〈표 10-6〉을 작성할 수 있다면, 이러한 과업은 보다 쉬워진다. 〈표 10-6〉에서 다른 그룹들의 조정된 처리후 평균들은 오름차순으로 나타나 있다.

만약 두 그룹평균들 간 차이가 유의적이라면 어떤 표시도 없고, 평균차이들이 유의적이 아니라면 두 집단을 포함하는 굵은 선을 표시했다. 그래서 대학생 및 고교생의 결과적 맥박수는 동일하고, 직장인 맥박수보다 유의적으로 작다는 결론을 얻을 수 있다. 따라서 고교생 및 대학생 호흡조절 프로그램들은 직장인 그룹의 맥박수와 비교하여 개체들 간의 정지 맥박수를 축소시키는데 같은 효과를 갖는다고 추론될 수 있다.

03 모형변경 ANCOVA

ANCOVA는 통계검정력 증가를 위해 하나 이상 변수들에 대해 그룹들을 통계적으로 균등하게 하는 방법이다.

ANCOVA는 공변량으로 알려진 통제변수 또는 알려진 부대상황(부수물, concomitant)의 효과를 제거할 수 있게 해준다.

종속변수에 영향을 주지만, 실험 디자인에 대해서는 설명할 수 없는 어떤 변수의 효과를 설명하는 분석에 공변량을 포함한다. 이는 또 다른 변수의 초기차이들에 대해 종속변수의 점수들을 조정하도록 공변량을 사용하는 것이다.

예컨대 검정전 및 검정후 분석(pretest-posttest analysis)에서 검정전 점수들에 대해 모든 참가자들을 통계적로 균등하게 만들고, 이후에 검정후 점수를 검토하도록 검정전 점수들에 대해 통계적으로 통제를 하도록 공변량으로 검정전 분석을 수행할 수 있다.

ANCOVA는 공변량에 의해 설명되는 분산을 제거한 후 어떤 요인들이 종속변수에 영향을 주는지의 여부를 본질적으로 검정한다.

ANCOVA사용에 대해 엄격한 가정들이 충족되어야 한다. 즉, 공변량은 종속변수와 타당한 상관관계를 가져야 하며, 독립변수와 공변량 간에는 선형관계가 존재한다고 가정된다.

ANCOVA는 반드시 동일한 회귀기울기의 가정을 충족시켜 공변량과 종속변수 간의 관계를 나타내는 회귀선들의 기울기들이 독립변수의 회귀선 기울기들과 유사해야 한다. 이러한 동일 회귀선 기울기 가정들이 충족되지 않는 상황에서는 ANCOVA를 사용해서는 안된다.

교수법 효과를 측정하기 위해 24명의 3등급 학생들을 무작위로 선발하여 네 가지 교수법에 각각 6명씩을 할당했다고 하자. 24명에게 독해력 사전시험을 시행하고, 여러 달 후에 사후시험을 독해력에 대해 시행했다고 하자.

종속변수(사후시험점수)가 척도수준으로 측정되므로 일원ANOVA가 타당한 절차로 고려될 수 있다. 그런데 독립변수는 교수법으로 명목변수이다. 이러한 접근법의 문제는 사전시험점수가 교수법과는 무관하게 사후시험점수에 영향을 주는 것으로 생각된다는 것이다.

그러므로 학생의 사전시험점수가 사후시험 점수에 줄 수도 있는 어떤 영향력에 대해서라도 통계적으로 통제할 수 있는 디자인을 필요로 한다.

ANCOVA는 사전시험 점수가 사후시험 점수에 줄 수 있는 어떤 영향력이라도 통제할 수 있는 능력을 분석자에게 제공하므로 해답이 된다.

조사자는 4개 특유의 교수법들이 독해능력에 대해 유의적으로 다른 사후시험 점수를 가져올 것이며, 사전시험 값들이 사후시험 값들에 영향을 줄 가능성이 있다고 생각할 수 있다.

이러한 가능성(사전시험영향)이 통제되는 경우, 조사자는 4개 교수법들에 대한 평균점수들이 유의적으로 다른 것을 보여줄 것이라고 확신하여 귀무가설을 다음과 같이 설정할 수 있다.

- H_0 : $\mu_1 = \mu_2 = \mu_3 = \mu_4$

대립가설은 다음과 같이 설정된다.

- H_1 : 하나 이상의 그룹평균 사후시험 점수들이 동일하지 않다.

ANCOVA의 결과들을 해석하는 경우에 회귀기울기들의 동일성 가정은 중요하다. 동일한 회귀기울기들의 가정은 종속변수(사후시험점수)와 공변량(사전시험점수) 간의 관계는 각 처리그룹(4개의 독해 교수방법)에서 동일하다는 것을 의미한다.

예컨대 교수법 1에서 사전시험 점수들과 사후시험 점수들 간의 양의 관계가 있다면, 교수방법 2, 3, 4에 대해서도 사전시험 점수와 사후시험 점수 간의 양의 관계가 있다고 가정한다. 따라서 4개 교수법들 각각에 대해 사전시험 점수들을 사후시험 점수들을 조건으로 작성한 회귀선들은 본질적으로 평행하여, 동일한 기울기를 가져야 한다.

회귀기울기들의 동일성에 대한 SPSS검정을 위해 교수법 및 사전시험 점수들 간의 상호작용에 대한 검정을 요구할 수 있는 방식으로 ANCOVA검정을 수행하자.

사전시험 점수들과 사후시험 점수들 간 상호작용의 결과들은 회귀선들의 동일성에 대한 질문의 해답을 제공할 것이다. 검정을 종료한 경우 회귀기울기들이 동일하다면, 표준 ANCOVA절차를 수행할 수 있다.

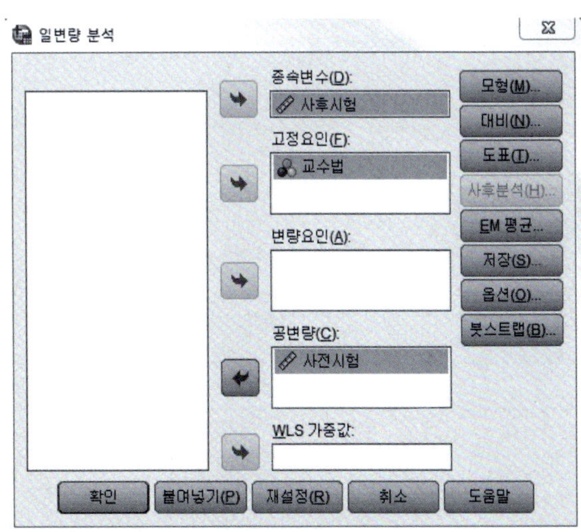

"독해점수.sav"파일을 열고, 메뉴 바에서 "분석/일반선형모형/일변량"을 지정한다. 생성된 "일변량 분석"대화상자에서 변수 리스트들을 "변수 이름 표시"형식으로 전환한 후에 "사후시험"을 종속변수박스로, "교수법"을 "고정요인"박스로, "사전시험"을 "공변량"박스로 이동시킨다.

회귀선 기울기들의 동일성 검정수행을 위해 "모형"단추를 클릭하여, 생성된 "일변량: 모형"대화상자에서 "항 설정"을 지정하고,

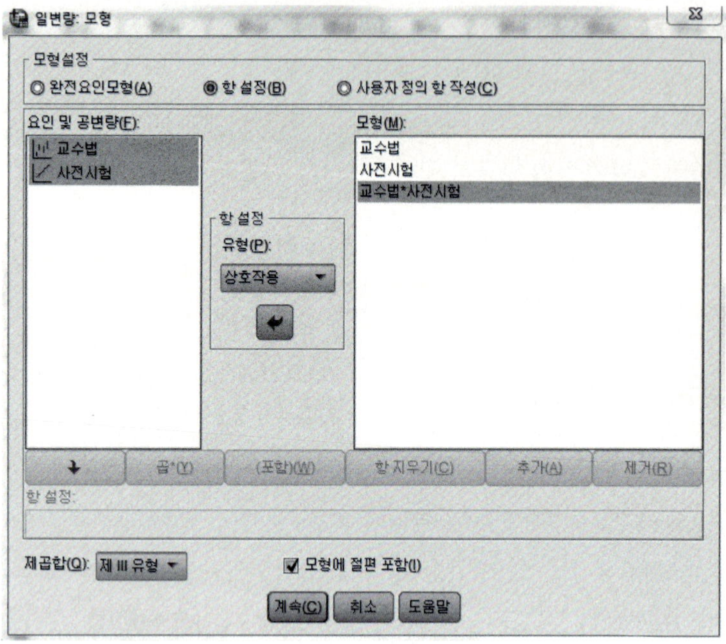

"교수법"과 "사전시험"을 "모형"박스로 이동시킨다.

다시 "항 설정/유형/상호작용"을 선택한 상황에서 "사전시험" 및 "교수법"을 "Ctrl"키를 누른채로 마우스커서로 지정한 후에 를 클릭하여 "교수법*사전시험"변수를 "모형"박스에서 생성한 후에 "계속"을 클릭한 후에 "확인"단추를 클릭한다.

〈표 10-8〉은 회귀기울기들의 동일성에 대한 검정결과들을 보여준다. 교수법*사전시험의 행에서 상호작용 항의 F값에 대한 유의확률 0.340은 5%를 크게 상회하므로 상호작용이 없다는 귀무가설을 채택해야 한다. 이는 회귀선 기울기들이 동일한 것을 나타내며, ANCOVA절차를 수행해도 좋다는 것을 의미한다.

표 10-8 회귀기울기 동일성 검정결과

개체-간 효과검정

종속변수: 처리 후 시험점수

소스	제 III 유형 제곱합	자유도	평균제곱	F	유의확률
수정된 모형	7194.115[a]	7	1027.731	18.468	.000
절편	3253.904	1	3253.904	58.472	.000
교수법	216.960	3	72.320	1.300	.309
사전시험	3193.681	1	3193.681	57.390	.000
교수법*사전시험	200.931	3	66.977	1.204	.340
오차	890.385	16	55.649		
전체	659506.000	24			
수정된 합계	8084.500	23			

a. R 제곱=.890(수정된 R 제곱=.842)

다시 "분석/일반선형모형/일변량"을 지정한다. 생성된 "일변량 분석"대화상자에서 "모형"을 클릭하고, 생성된 "일변량: 모형"대화상자에서 "완전요인모형"을 설정한 후에 "계속"을 클릭한다.

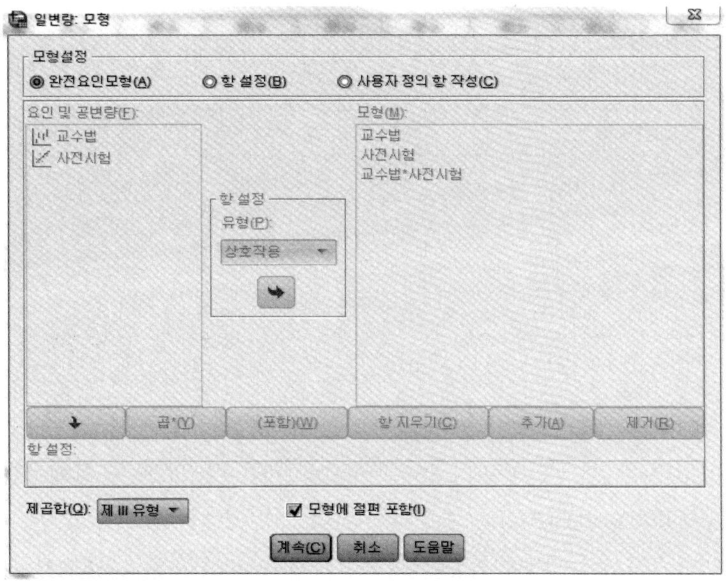

"EM 평균"단추를 클릭(이전 버전들에서는 "옵션"단추를 클릭)하고, 생성된 "일변량: 추정 주변 평균"대화상자에서 "(Overall), 교수법"을 우측의 "평균 표시 기준"박스로 이동시킨다. 그리고 "주효과 비교"를 지정하고, "신뢰구간 수정"박스 아래에서는 "LSD"를 선택한 후에 "계속"단추를 클릭한다.

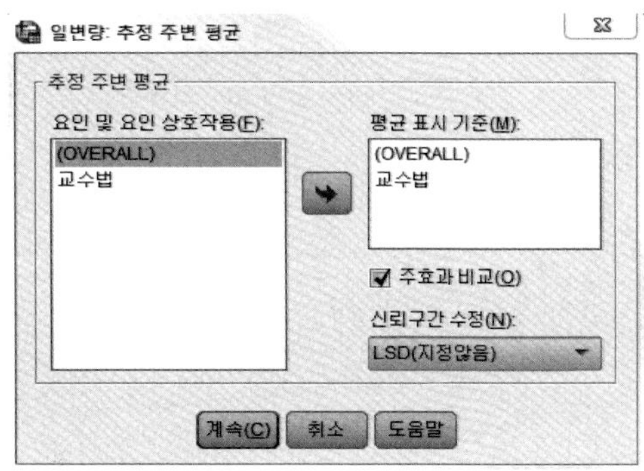

"옵션"단추를 클릭하고, 생성된 "일변량: 옵션"대화상자에서 "기술통계량, 동질성 검정"을 지정한 후에 "계속"을 클릭한다. 그리고 "일변량 분석"대화상자에서 "확인"을 클릭한다.

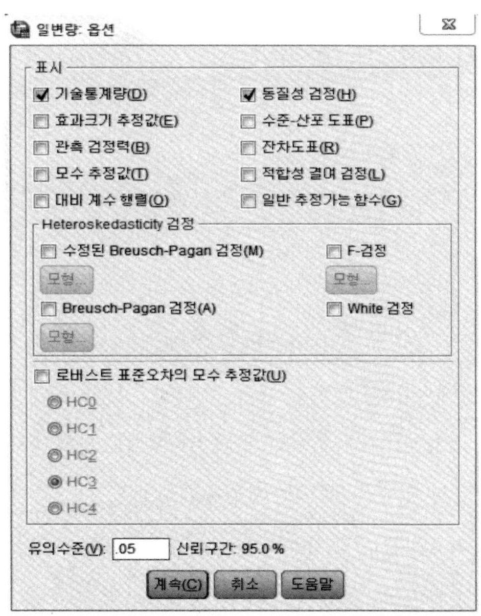

표 10-10 교수법의 기술통계량

종속변수: 처리 후 시험점수

교수방법	평균	표준편차	N
교수법1	151.50	14.816	6
교수법2	167.00	6.957	6
교수법3	162.50	20.236	6
교수법4	178.00	22.494	6
전체	164.75	18.748	24

〈표 10-10〉은 3등급 학생들에 대한 4개 교수법들의 평균 사후시험 점수들(종속변수)을 보여준다. 평균들 표에서 교수법들의 격차를 최대 26.5점(교수법 1 및 4)과 최소 4.5점(교수법 2와 3)의 범위로 구할 수 있다. 2가지 추가비교들은 15.5점의 차이(교수법 1과 2, 교수법 3과 4)가 있다. 이러한 값들의 유의적 차이여부를 전반적으로 검토하기로 하자.

〈표 10-11〉은 오차분산의 동일성에 대한 Levene의 검정(Levene's Test of Equality of Error)의 결과를 보여준다. 이는 분산들의 동일성에 관한 가정이 파기되지 않는 것을 5%보다 높은 유의확률 0.728을 갖는 F값으로 보여준다. 그래서 분산들이 동일하다는 귀무가설을 기각하지 못한다. 이는 ANCOVA의 또 다른 중요한 요건이 충족된 것을 의미한다.

표 10-11 오차분산의 동일성에 대한 Levene의 검정

종속변수: 처리 후 시험점수

F	자유도1	자유도2	유의확률
.438	3	20	.728

여러 집단에서 종속변수의 오차 분산이 동일한 영가설을 검정합니다.
a. Design: 절편+사전시험+교수법

ANCOVA의 중요한 결과들은 〈표 10-12〉의 개체-간 효과검정에 대한 주요 ANCOVA결과에서 나타난다.

먼저 교수법들이 종속변수(사후시험 점수들)에 대해 유의적으로 다른 점수들을 초래했는지를 파악하도록 독립변수그룹(교수법)에 대한 행을 검토하고, 유의확률(Sig.)열을 확인해야 한다. 여기서 유의확률이 0.04이므로 5%보다 작아 균등한 평균들의 귀무가설을 기각할 수 있다. 이에 따라 4개 교수법들이 사전시험의 효과를 통제한 후에 사후시험에 대한 독해점수에 영향을 준다는 증거를 갖

표 10-12 개체-간 효과검정에 대한 주요 ANCOVA결과들

종속변수: 처리 후 시험점수

소스	제 III 유형 제곱합	자유도	평균제곱	F	유의확률
수정된 모형	6993.184[a]	4	1748.296	30.438	.000
절편	3254.488	1	3254.488	56.661	.000
사전시험	4825.684	1	4825.684	84.016	.000
교수법	579.914	3	193.305	3.365	.040
오차	1091.316	19	57.438		
전체	659506.000	24			
수정된 합계	8084.500	23			

a. R 제곱=.860(수정된 R 제곱=.837)

는다. 또 다른 중요한 결과는 공변량(사전시험)에 대한 결과들을 나타내는 행에서 발견된다. 이러한 사전시험 행은 종속변수(사후시험)와 공변량(사전시험)의 유의적 연관여부를 말해 준다. 〈표 10-12〉에서 공변량(사전시험)의 유의확률은 0.000이어서, 종속변수(사후시험)에 대해 유의적 관계를 갖는다.

이제 전반적 유의성이 확인되면, 대응별 비교표(Pairwise Comparisons table)를 검토하여 어떤 교수법들이 유의적으로 다른지를 파악할 수 있다.

〈표 10-13〉에서 교수법 1 및 2와 1 및 3은 유의적으로 다르며, 그 유의확률은 각각 0.010과 0.021이다. 그러므로 5%의 유의수준에서 교수법 1 및 2가 동일하다는 귀무가설과 교수법 1과 3이 동일하다는 귀무가설은 기각된다.

ANCOVA는 무작위할당과 같은 방법에 의해 방법론적으로 통제될 수 없는 요인들에 대해 통계적 통제를 제공하도록 사용된다.

만약 조사자가 방법론적으로 통제될 수 없지만 종속변수에 영향을 줄 수 있는 어떤 요인이나 요인들이 있는 증거를 갖는다면, 이러한 요인들은 ANCOVA를 통해 통계적으로 통제해야 한다. 이때 그러한 요인들은 독립변수와 반드시 선형관계를 가져야만 한다.

표 10-13 교수법들에 대한 대응별 비교

종속변수: 처리 후 시험점수

(I)교수방법	(J)교수방법	평균차이(I-J)	표준오차	유의확률[b]	차이에 대한 95% 신뢰구간[b]	
					하한	상한
교수법1	교수법2	−12.521*	4.388	.010	−21.705	−3.338
	교수법3	−11.000*	4.376	.021	−20.158	−1.842
	교수법4	−5.648	4.932	.266	−15.970	4.674
교수법2	교수법1	12.521*	4.388	.010	3.338	21.705
	교수법3	1.521	4.388	.733	−7.662	10.705
	교수법4	6.873	4.790	.168	−3.154	16.899
교수법3	교수법1	11.000*	4.376	.021	1.842	20.158
	교수법2	−1.521	4.388	.733	−10.705	7.662
	교수법4	5.352	4.932	.291	−4.970	15.674
교수법4	교수법1	5.648	4.932	.266	−4.674	15.970
	교수법2	−6.873	4.790	.168	−16.899	3.154
	교수법3	−5.352	4.932	.291	−15.674	4.970

추정 주변 평균을 기준으로

* 평균차이는 0.5수준에서 유의합니다.

b. 다중비교를 위한 수정: 최소유의차(수정하지 않은 상태와 동일합니다.)

제11장

MANOVA

01 MANOVA의 특징

ANOVA는 분석에 2개 이상의 독립변수를 갖지만 단지 하나의 종속변수만을 포함하므로 일변량검정(univariate test)이라고 한다. ANOVA에서 종속변수는 연속변수인 반면에 독립변수는 정성변수로서 어떤 요인의 수준들을 나타낸다.

일변량 ANOVA는 하나의 종속변수를 갖는 반면에, 요인 ANOVA는 2개 이상의 독립변수를 갖고 변수들 간의 교호작용에 대한 가설을 포함한다.

2개 이상의 종속변수들을 갖는 경우에는 MANOVA(Multivariate Analysis of Variance : 다변량 분산분석)를 사용할 수 있다.

개인의 일과 가정 모두에 대한 만족도(종속변수들)를 4개 연령그룹들(독립변수)을 대상으로 비교하려고 한다면, 2개의 별도의 일요인 독립측도 ANOVA를 수행하기 보다는 하나의 MANOVA를 자료에 대해 수행할 수 있다.

MANOVA에서 주의할 점은 복합종속변수(composite dependent variable)에 대한 독립변수의 효과를 본질적으로 검토한다는 것이다.

MANOVA의 장점은 5% 등의 선정된 수준에서 고정된 제1종 오류의 전체확률을 유지할 수 있다는 것이다. 동일한 자료에 대해 더 많은 검정을 수행할수록 제1종 오류를 범할 확률은 증가하는 경향이 있다. 또한 MANOVA는 종속변수들 간의 관계를 검토할 수 있게 해준다.

SPSS는 MANOVA결과에서 4개의 통계량들을 제공한다.

① Pillai−Bartlett trace(or Pillai’s trace)는

$$V = \sum_{i=1}^{s} \frac{\lambda_i}{1+\lambda_i}$$

λ는 각 판별변량들의 고유치들을 나타내며, s는 변량들의 수이다. Pillai’s trace는 판별함수들에 대한 설명된 분산의 비율의 합이다. Wilk람다와는 달리 보다 직관적이어서 F값과 같이 클수록 유의적일 가능성이 커진다.

② Hotelling−Lawley trace(or Hotelling’ s T^2)은 각 변량에 대한 고유치들 합이다.

$$T = \sum_{i=1}^{s} \lambda_i$$

③ Wilks’s lambda는 각 변량들에 대한 미설명분산의 곱이다.

$$\Lambda = \prod_{i=1}^{s} \frac{1}{1+\lambda_i}$$

이는 역순서기준(inverse criterion)으로 다변량효과가 없다면 Λ는 1이 된다.

④ Roy's largest root는 최초 판별함수에서 미설명분산에 대한 설명분산의 비율을 나타낸다. 이는 단일변량 ANOVA에서의 F비율과 개념상 같다.

$$\theta = \lambda_{l\arg est}$$

이러한 값들은 모두 독립변수에 의해 설명되는 종속변수 변동성의 비율을 표시하기 위해 고안된 것이다. MANOVA에서 적합한 통계량 선택은 고급수준의 지식을 요구한다. 그러나 일반적으로 이러한 통계량들은 모두 귀무가설에 대해 동일한 결정을 제안하므로, 이러한 값들의 유의확률을 기초로 귀무가설의 기각여부를 결정할 수 있다.

한편 통계량 선택은 검토할 차이들에 의해 좌우되지만, Wilk의 람다는 자료와는 무관하게 보편적인 통계량으로 사용할 수 있다.

ANOVA에서는 전반적인 유의적 F값을 초래하는 차이들의 특정 위치를 찾도록 비교를 수행한다. MANOVA 역시 유의적인 Wilk 람다가 종속변수들에 대한 독립변수의 효과 존재를 알려주는 것은 비슷하지만, 그 효과가 정확히 어디인지는 알려주지 않는다.

SPSS는 추가정보를 제공하는데, 각 종속변수에 대해 개별적으로 독립변수의 효과에 대한 일변량 ANOVA계산들을 제공한다. MANOVA에서 유의적인 발견사항을 갖는 경우에는 독립변수가 가장 큰 효과를 갖는 곳을 찾도록 표를 이용할 수 있다.

간단한 일변량 ANOVA들이 아니므로, MANOVA를 먼저 계산하는 경우에는 제1종 오류의 증가된 위험에 대해 수정을 할 필요가 있다.

02 MANOVA의 가정과 점검방법

MANOVA의 가정들은 다음과 같다.

- **독립성** : 잔차들은 통계적으로 독립적이어야 한다.
- **무작위 표본추출** : 자료는 대상 모집단에서 무작위로 표본추출되어야 하고, 등간수준으로 측정되어야 한다.

- **다변량 정규성**(multivariate normality) : ANOVA에서는 잔차들이 정규분포되는 것을, MANOVA에서는 잔차들이 다변량 정규성을 갖는 것을 가정한다.
- **공분산행렬 동일성**(Homogeneity of covariance matrices) : ANOVA에서는 각 그룹의 분산들이 대략 균등하다는 분산 동일성을 가정했다. MANOVA에서는 각 종속변수에 대해 분산들이 균등하며, 어떤 두 종속변수들 간의 상관은 모든 그룹들에서 동일하다고 가정한다. 이러한 가정은 분석의 다른 그룹들의 모집단 분산-공분산 행렬들이 균등한 여부를 검정하여 검토된다. 공분산 행렬의 균등가정을 파기시키는 효과는 불명확하지만, Hotelling T^2은 표본크기들이 균등한 경우에 2개 그룹상황에서는 효과를 제대로 반영한다. 일반적으로 표본크기들이 균등하다면 불안정한 Box's test보다는 Hotelling과 Pillai 통계량이 선호된다.

03 독립 MANOVA

1. 독립 MANOVA의 개념

독립 MANOVA는 독립변수들에 대해 독립적 측도들(independent measures)이 있는 MANOVA이다. 여러 문제해결의 성과에 대한 외향적 사람들 그룹과 내성적 사람들 그룹 간의 차이를 검토한다고 하자. 이러한 경우 내향성-외향성은 독립적 측도변수(independent measures variable)이다.

문제해결과업에 대해 외향성-내향성의 효과가 있는지를 검정하기로 하자.

보통 일변량 ANOVA들은 유의적인 MANOVA에 대해 종속변수들이 기여하는 정도를 보여주도록 충분한 정보를 제공하므로, 내향성-외향성의 각 과업에 대한 효과를 검토할 수 있다.

그러나 하나의 독립변수에 대해 결합된 종속변수들 간의 기초적 관계에 흥미를 갖는다면, 이러한 관계를 조사하도록 판별함수분석(discriminant function analysis)을 수행할 수 있다.

이러한 경우 어떤 사람을 내향적 또는 외향적으로 분류할 수 있는 종속변수들의 함수를 분석으로 도출할 것이다. 판별함수는 어떤 종속변수의 조건들에 대해 판별을 하도록 사용될 수 있는 독립(예측변수)변수들 집합에서 도출된 함수이다.

2. 독립 MANOVA의 SPSS 수행

영어 및 수학성적에 대한 새로운 교수법 성과를 평가하도록 기존 학교와 신생학교의 2개 학교들을 선택했다.

신생학교에는 새로운 교수법을 시험 사용하도록 하고, 기존 학교는 기존 교수법을 계속하도록 했다.

수학성적들은 100점 만점척도이고, 영어는 60점 만점척도이다.

"교수법M.sav"파일을 열고, "분석/일반선형모형/다변량"을 지정한다. 생성된 "다변량" 대화상자에서 "종속변수"박스에 "영어, 수학"을, "고정요인"박스에 "학교"를 이동시킨다.

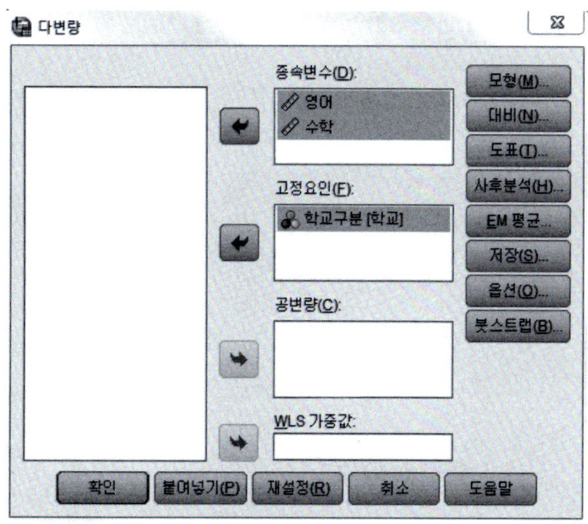

"옵션"단추를 클릭하여 생성된 "다변량: 옵션"대화상자에서 "기술통계량, 동질성 검정"을 지정하고 "계속"을 클릭한다. 그리고 "다변량"대화상자에서 "확인"을 클릭한다.

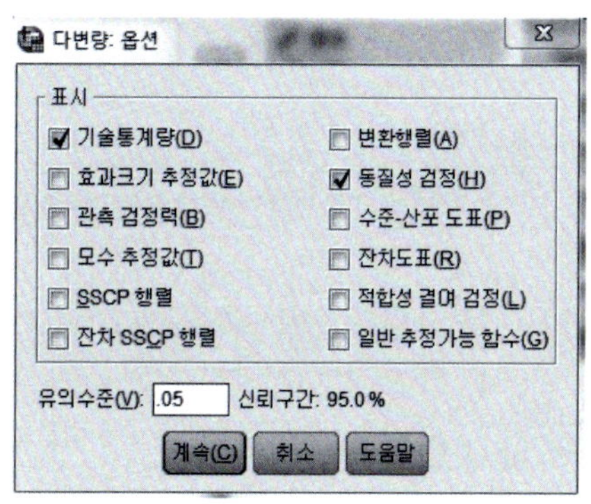

〈표 11-1〉의 개체-간 요인표는 각 그룹에서의 참가자들의 수와 독립요인이 갖는 요인들의 수를 표시한다.

표 11-1 개체-간 요인

		값 레이블	N
학교구분	1.00	신생학교	10
	2.00	기존 학교	10

표 11-2 기술통계량

	학교구분	평균	표준편차	N
영어	신생학교	53.9000	3.57305	10
	기존학교	47.7000	5.55878	10
	전체	50.8000	5.54977	20
수학	신생학교	59.6000	9.69765	10
	기존학교	62.5000	8.60555	10
	전체	61.0500	9.04652	20

〈표 11-2〉의 기술통계량은 각 학교에 대한 영어 및 수학시험 점수들인 2개의 종속변수들의 평균, 표준편차, 참가자들의 수를 각 그룹에 대해 표시한다. 2개 학교들의 점수들을 각 종속변수들에 대해 비교를 할 수 있다. 전체는 전반적 평균점수를 두 그룹 모두에 대해 표시하고, 표준편차는 두 시험 모두에서 나온 점수들의 폭을 보여준다.

〈표 11-3〉의 공분산 행렬에 대한 Box의 동일성 검정표는 자료가 동일한 공분산의 가정을 파기시키는지의 여부를 보여준다.

MANOVA가정들 중의 하나는 독립적 그룹들 간에는 종속변수들의 공분산에서 차이가 없다는 것이다. Box의 공분산 행렬들의 동일성(Equality of Covariance Matrices)에 대한 검정은 공분산에 문제를 갖는지의 여부를 나타낸다.

모든 분산분석에서 분산동일성 가정을 점검해야 한다. MANOVA 내부에서 이러한 가정은 분산동일성의 Levene검정과 Box검정으로 검토한다.

만약 유의적 결과를 발견한다면 이러한 결과는 등분산가정이 파기된 것을 의미한다. 〈표 11-3〉에서 Box검정결과는 비유의적이어서 이러한 가정을 충족시킨다.

표 11-3 공분산 행렬에 대한 Box의 동일성 검정

Box의 M	4.023
F	1.180
자유도1	3
자유도2	58320.000
유의확률	.316

여러 집단에서 종속변수의 관측 공분산 행렬이 동일한 영가설을 검정합니다.
a. Design: 절편+학교

표 11-4 다변량 검정

효과		값	F	가설 자유도	오차 자유도	유의확률
절편	Pillai의 트레이스	.994	1409.663[b]	2.000	17.000	.000
	Wilks의 람 다	.006	1409.663[b]	2.000	17.000	.000
	Hotelling의 트레이스	165.843	1409.663[b]	2.000	17.000	.000
	Roy의 최대근	165.843	1409.663[b]	2.000	17.000	.000
학교	Pillai의 트레이스	.353	4.645[b]	2.000	17.000	0.25
	Wilks의 람 다	.647	4.645[b]	2.000	17.000	0.25
	Hotelling의 트레이스	.547	4.645[b]	2.000	17.000	0.25
	Roy의 최대근	.547	4.645[b]	2.000	17.000	0.25

a. Design: 점편+학교
b. 정확한 통계량

이제 독립적 MANOVA를 이용하여 2개의 종속변수들인 영어점수와 수학점수가 함께 새로운 교수법 전략에 의해 영향을 받는지를 검토하자. 이와 같은 정보는 〈표 11-4〉의 다변량 검정표로 제공된다.

〈표 11-4〉의 다변량 검정에서 Wilk의 람다 검정 통계량이 유의적이어서, 전반적으로 두 종속변수들에 대해 새로운 교수전략의 유의적 효과가 있다는 것을 나타낸다.

F값 4.645는 그 유의확률이 0.025이므로, 이는 두 종속변수들의 조합에 대해 새로운 교수전략의 유의적 효과가 있다는 것을 보여준다.

F(2, 17)=4.645, p=0.025〈0.05; Wilk의 람다=0.647

〈표 11-5〉의 오차분산의 동일성에 대한 Levene의 검정표는 각 종속변수에 대한 오차분산들의 동일성에 대한 검정 결과이다.

오차분산의 동일성에 대한 Levene의 검정은 각 종속변수에 대한 오차분산의 동일성 가정을 검토할 수 있게 해준다. 유의적 결과는 분산동일성 가정이 파기된 것을 나타낸다. 두 종속변수들 모두의 평균(중위수 등)에서 나타나는 Levene 통계량의 비유의적인 결과들은 오차분산이 동일하다는 귀무가설을 채택하도록 한다.

〈표 11-6〉 개체-간 효과검정 표는 각 종속변수를 개별적으로 검토할 수 있게 해준다.

종속변수 영어점수에 대해 F값 8.803과 유의확률 0.008[F(1,18)=8.803; p=0.008〈0.05]은 교수방법의 유의적 효과를 보여준다. 그렇지만 종속변수 수학에 대해 F값 0.500과 유의확률

표 11-5 오차 분산의 동일성에 대한 Levene의 검정

		Levene통계량	자유도1	자유도2	유의확률
영어	평균을 기준으로 합니다.	1.028	1	18	.324
	중위수를 기준으로 합니다.	.914	1	18	.352
	자유도를 수정한 상태에서 중위수를 기준으로 합니다.	.914	1	13.654	.356
	절삭평균을 기준으로 합니다.	1.066	1	18	.316
수학	평균을 기준으로 합니다.	.088	1	18	.770
	중위수를 기준으로 합니다.	.009	1	18	.926
	자유도를 수정한 상태에서 중위수를 기준으로 합니다.	.009	1	15.968	.926
	절삭평균을 기준으로 합니다.	0.25		18	.877

여러 집단에서 종속변수의 오차 분산이 동일한 영가설을 검정합니다.
a. Design: 절편+학교

표 11-6 개체-간 효과 검정

소스	종속변수	제 Ⅲ 유형 제곱합	자유도	평균제곱	F	유의확률
수정된 모형	영어	192.200[a]	1	192.200	8.803	.008
	수학	42.050[b]	1	42.050	.500	.488
절편	영어	51612.800	1	51612.800	2363.945	.000
	수학	74542.050	1	74542.050	886.877	.000
학교	영어	192.200	1	192.200	8.803	.008
	수학	42.050	1	42.050	.500	.488
오차	영어	393.000	18	21.833		
	수학	1512.900	18	84.050		
전체	영어	52198.000	20			
	수학	76097.000	20			
수정된 합계	영어	585.200	19			
	수학	1554.950	19			

a. R 제곱 = .328(수정된 R 제곱 = .291)
b. R 제곱 = .027(수정된 R 제곱 = −.027)

0.488[F(1,18)=0.50; p=0.488〉0.05]은 교수방법의 유의적 효과를 보여주지 않는다.

〈표 11-6〉에서 제곱합은 특수한 변동성 원천으로 인한 점수들의 변동성의 측도를 제공한다. 평균제곱은 그 원천의 결과로 발생한 분산의 크기이다.

〈표 11-6〉에서 표 아래의 R 제곱 값(R Squared values)은 독립요인에 의해 설명될 수 있는 각 종속변수의 변동크기를 나타낸다. 예컨대 0.328의 영어에 대한 R제곱은 새로운 교수법이 영어점수 변동의 32.8%를 설명할 수 있다는 것을 보여준다.

가능한 제1종 오류로 인하여 ANOVA결과들에 Bonferroni 수정을 수행하는 것도 가치가 있을 수 있다.

04 반복측도 MANOVA

반복측도 MANOVA에서 독립변수에 대한 반복측정치들을 갖는다. 그래서 어떤 분류변수(grouping variable)도 갖지 않는다.

영어 및 수학성적을 개선시키는지를 보기 위해 시간에 따라 새로운 교수법을 평가하기 위해 수학성적들은 100점 만점 척도로 새교수법 전의 시험성적을 "수학1"로, 교수법수행 후인 2개월 후의 시험성적을 "수학2"로 표시했다. 영어 역시 100점 만점척도로 교수법수행 전의 시험성적을 "영어1"로, 2개월 후 교수법수행 후의 영어성적을 "영어2"로 표시했다.

"반복교수.sav"파일을 열고, 자료가 2요인 반복측도 디자인 ANOVA(two factor repeated measures design ANOVA)와 유사한 패턴인지를 점검한다.

여기서 사전시험 측도와 사후시험 측도의 하나의 반복측도 요인과 영어 및 수학의 2개의 종속변수를 갖는다.

메뉴 바에서 "분석/일반선형모형/반복측도"을 지정한다.

생성된 "반복측도 요인 정의"대화상자에서 "개체-내 요인이름"박스에 "전후"를, "수준 수"에 "2"를 지정한다. 그리고 "추가"단추를 클릭한다.

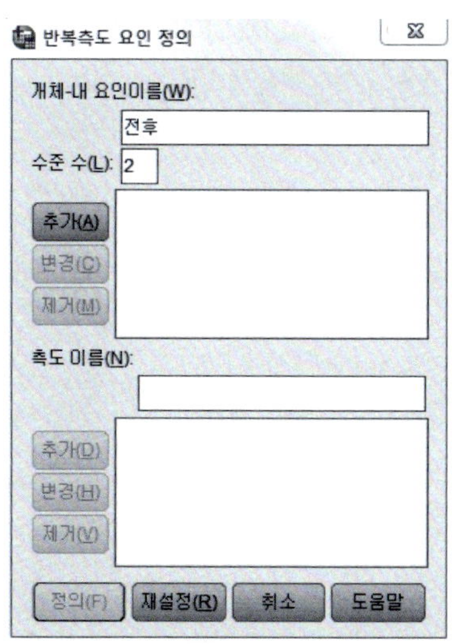

"측도이름"박스에 "영어"를 입력하고 "추가"단추를 클릭한다. 그리고 다시 "수학"을 입력하고 "추가"를 클릭한다. "정의"단추를 클릭한다.

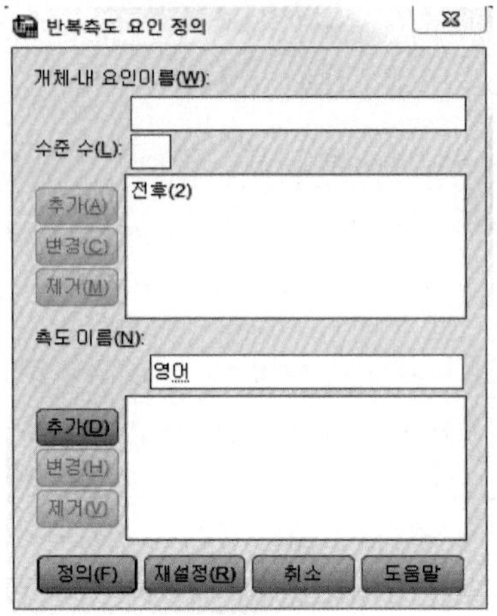

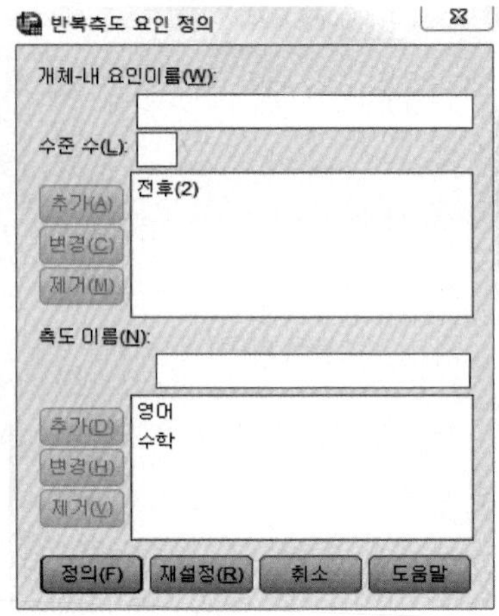

생성된 "반복측도"대화상자에서 왼쪽의 변수 리스트박스에서 "영어1"을 지정한 후에 "개체-내-변수(전후)"박스의 왼쪽에 있는 를 클릭한다.

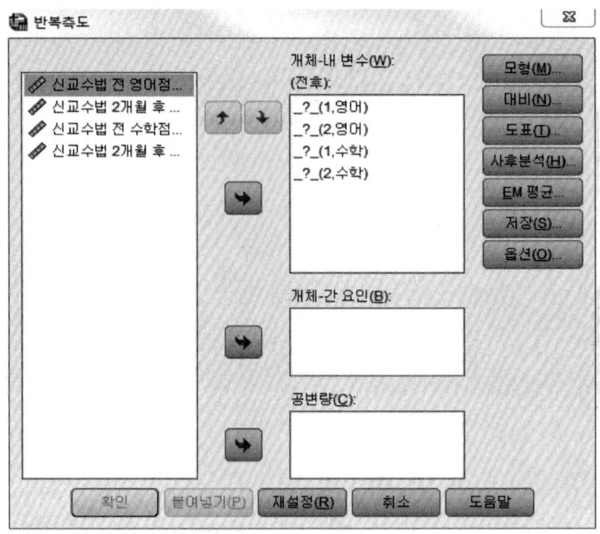

계속하여 "영어2"를 지정한 후에 를 클릭하고, "수학1"을 지정한 후에 를 클릭하고, "수학2"를 지정한 후에 를 클릭한다.

"옵션"단추를 클릭한다. "기술통계량"을 지정 후 "계속"을 클릭한다. "반복측도"대화상자에서 "확인"을 클릭한다.

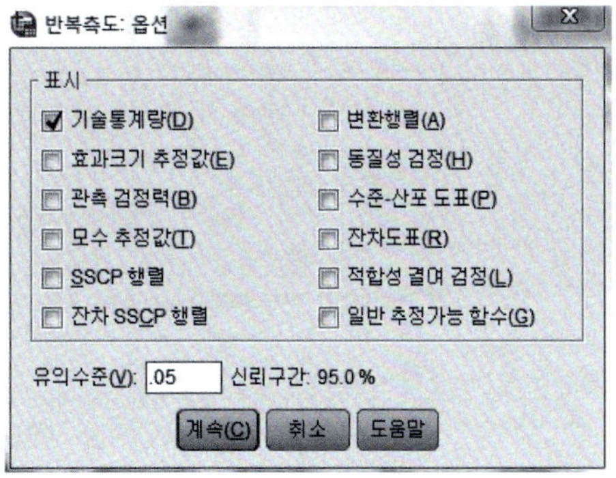

〈표 11-7〉의 개체-내 요인표에서 MANOVA계산에 입력된 2개의 종속변수에 대한 설명을 첫째 열에서 종속변수 영어 및 수학 모두를 보여주고, 둘째 열은 반복측도 요인을 나타낸다.

표 11-7 개체-내 요인

측도	전후	종속변수
영어	1	영어1
	2	영어2
수학	1	수학1
	2	수학2

개체-내 요인표에서 영어1은 연구초기의 영어성적에 대한 레이블이다. 연구말기의 영어성적을 영어2로 표시했다. 요인들의 다른 수준조합들을 유사한 방식으로 지정했다.

〈표 11-8〉의 기술통계량 표에서 시험점수들에서 가능한 차이들에 대한 자료집합을 검토할 수 있다.

교수법수행 후 연구말기의 영어점수 평균 52.8은 연구초기 51.7보다 약간 더 높다. 수학점수에 대해 초기 평균 57.8은 연구말기에 71.1로 증가했다. 표준편차들은 영어점수들 내부보다는 수학점수들 내부에서 점수들의 더 큰 퍼짐(spread)이 있다는 것을 나타낸다.

표 11-8 기술통계량

	평균	표준편차	N
신교수법 전 영어점수	51.7000	6.42996	10
신교수법 2개월 후 영어점수	52.8000	6.94102	10
신교수법 전 수학점수	57.8000	7.85706	10
신교수법 2개월 후 수학점수	71.1000	7.76674	10

표 11-9 다변량검정

효과			값	F	가설 자유도	오차 자유도	유의확률
개체-간	절편	Pillai의 트레이스	.991	437.154b	2.000	8.000	.000
		Wilks의 람 다	.009	437.154b	2.000	8.000	.000
		Hotelling의 트레이스	109.289	437.154b	2.000	8.000	.000
		Roy의 최대근	109.289	437.154b	2.000	8.000	.000
개체-내	전후	Pillai의 트레이스	.865	25.546b	2.000	8.000	.000
		Wilks의 람 다	.135	25.546b	2.000	8.000	.000
		Hotelling의 트레이스	6.386	25.546b	2.000	8.000	.000
		Roy의 최대근	6.386	25.546b	2.000	8.000	.000

a. Design: 절편
개체-내 계획: 전후
b. 정확한 통계량

〈표 11-9〉의 다변량 검정결과표는 모든 반복측도 일반 선형모형 절차들을 SPSS로 지정하면 도출되는 것이다.

〈표 11-9〉 다변량 검정은 중요한 검정결과를 제공한다. 구체적으로 Wilk의 람다 검정통계량이 유의적인지를 조사하면, 종속변수들 모두에 대해 새교수법 전략의 유의적 효과가 전반적으로 있다는 것을 파악할 수 있다.

Wilk의 람다 검정통계량의 F값 25.456과 유의확률 0.000은 종속변수 영어 및 수학에 대한 새로운 교수법전략의 유의적 효과를 보여준다.

$F(2,8)=25.546,\ p=0.000<0.05$; Wilk의 람다 = 0.135

〈표 11-10〉의 Mauchly의 구형성 검정표는 구형성 검정결과를 보여준다. 유의확률열은 공란이고 자유도는 0으로 표시되어 있다. 이는 반복측도 요인들에 대해 3개 이상의 조건들을 갖는 경우에만 구형성이 문제가 있기 때문이다. 여기서는 요인 "전후"가 단지 2개 수준들을 가져 구형성은 문제가 되지 않는다.

표 11-10 Mauchly의 구형성 검정

개체-내 효과	측도	Mauchly의 W	근사 카이제곱	자유도	유의확률	엡실런[b]		
						Greenhouse-Geisser	Huynh-Feldt	하한
전후	영어	1.000	.000	0	.	1.000	1.000	1.000
	수학	1.000	.000	0	.	1.000	1.000	1.000

정규화된 변형 종속변수의 오차 공분산 행렬이 항등 행렬에 비례하는 영가설을 검정합니다.
a. Design: 절편
개체-내 계획: 전후
b. 유의성 평균검정의 자유도를 조절할 때 사용할 수 있습니다. 수정된 검정은 개체 내 효과검정 표에 나타납니다.

〈표 11-11〉의 다변량 표(Multivariate table)는 개체-내 효과들의 세부사항들을 보여준다. 〈표 11-10〉과 동일하며, 검정통계량의 F값 25.456과 유의확률 0.000은 종속변수 영어 및 수학에 대한 새로운 교수법 전략의 유의적 효과를 보여준다.

표 11-11 다변량

개체-내 효과		값	F	가설 자유도	오차 자유도	유의확률
전후	Pillai의 트레이스	.865	25.546[c]	2.000	8.000	.000
	Wilks의 람 다	.135	25.546[c]	2.000	8.000	.000
	Hotelling의 트레이스	6.386	25.546[c]	2.000	8.000	.000
	Roy의 최대근	6.386	25.546[c]	2.000	8.000	.000

a. Design: 절편
개체-내 계획: 전후
b. 검정은 평균변수를 기준으로 결정됩니다.
c. 정확한 통계량

〈표 11-12〉의 일변량 검정표는 각 종속변수를 개별적으로 검토할 수 있게 해준다.

〈표 11-12〉의 일변량 검정표에서 중요한 행은 구형성 가정이다. 2개 종속변수 "영어" 및 "수학"에 대한 변수 "전후"의 유의적 효과를 찾을 수 있다.

영어에 대한 구형성 가정의 F값 2.538과 유의확률 0.146이 있다. 그러므로 종속변수 영어에 대한 요인 "전후"의 유의적인 주효과는 없는 것을 반영한다.

수학에 대한 구형성 가정에서 F값 53.049 및 유의확률 0.000은 종속변수 "수학"에 대해 요인 "전후'의 유의적 효과를 반영한다.

표 11-12 일변량 검정

소스	측도		제Ⅲ유형 제곱합	자유도	평균제곱	F	유의확률
전후	영어	구형성 가정	6.050	1	6.050	2.538	.146
		Greenhouse-Geisser	6.050	1.000	6.050	2.538	.146
		Huynh-Feldt	6.050	1.000	6.050	2.538	.146
		하한	6.050	1.000	6.050	2.538	.146
	수학	구형성 가정	884.450	1	884.450	53.049	.000
		Greenhouse-Geisser	884.450	1.000	884.450	53.049	.000
		Huynh-Feldt	884.450	1.000	884.450	53.049	.000
		하한	884.450	1.000	884.450	53.049	.000
오차(전후)	영어	구형성 가정	21.450	9	2.383		
		Greenhouse-Geisser	21.450	9.000	2.383		
		Huynh-Feldt	21.450	9.000	2.383		
		하한	21.450	9.000	2.383		
	수학	구형성 가정	150.050	9	16.672		
		Greenhouse-Geisser	150.050	9.000	16.672		
		Huynh-Feldt	150.050	9.000	16.672		
		하한	150.050	9.000	16.672		

$$F(1,9)=53.039,\ p=0.000<0.001$$

〈표 11-13〉의 개체-내 대비검정표는 반복측도 일반선형모형의 계산을 수행하면 SPSS에서 제공되는 결과이며, 추세분석(trend analysis)이다.

추세분석결과는 자료를 최상으로 적합시키는 기초모형에 대한 정보를 제공한다. 반복측도 요인

표 11-13 개체-내 대비 검정

소스	측도	전후	제Ⅲ유형 제곱합	자유도	평균제곱	F	유의확률
전후	영어	선형	6.050	1	6.050	2.538	.146
	수학	선형	884.450	1	884.450	53.049	.000
오차(전후)	영어	선형	21.450	9	2.383		
	수학	선형	150.050	9	16.672		

에 대해 2개 수준들만을 갖기 때문에, 유일하게 가능한 추세들은 선형모형을 따르는 추세들이다.

〈표 11-14〉의 개체-간 효과검정표 역시 SPSS로 MANOVA를 수행하는 경우에 제공된다. 여기서 사용하는 요인은 반복측도들이므로, 개체-간 요인을 갖지 않는다. 그리고 이러한 표는 절편에 대한 정보를 제공한다.

어떤 독립 측도들도 갖지 않는 상황이어서 단지 절편만이 존재한다. 유의확률이 0.000이므로 이는 종속변수들 모두에 대한 전반적 평균이 0과는 유의적으로 다른 것을 말해준다.

여러 결과변수들에서 그룹들을 비교하려는 경우에 MANOVA는 ANOVA를 여러 종속변수들이 있는 상황에서 적용하는 것이다. 따라서 ANOVA와 마찬가지로 MANOVA는 하나 또는 여러 독립변수를 가질 수 있지만, 2개 이상의 종속변수들(결과변수들)을 동시에 검토하고 분석하도록 디자인된 다변량검정이다.

다중 종속변수(multiple DV variable)를 선형조합이라고도 한다. MANOVA는 반응변수들의 선형조합에 대해 평균차이들이 있는지의 여부를 보여준다.

MANOVA는 다변량 정규성, 선형성, 독립성의 가정뿐만 아니라 등분산성 대신에 동일한 분산-공분산 행렬의 가정을 요구한다. 한편 동일한 분산-공분산 행렬가정은 Box-M검정으로 평가할 수 있다.

표 11-14 개체-간 효과검정

변화된 변수: 평균

소스	측도	제 III 유형 제곱합	자유도	평균제곱	F	유의확률
절편	영어	54601.250	1	54601.250	626.600	.000
	수학	83076.050	1	83076.050	788.322	.000
오차	영어	784.250	9	87.139		
	수학	948.450	9	105.383		

제12장

비모수검정

01 비모수검정의 개념과 유형

비모수검정법(nonparametric tests)은 모수들의 특정한 값들에 대한 어떤 가정도 없거나, 자료가 구간척도나 비율척도 대신에 명목척도나 순위척도를 갖는 경우에 평균, 중위수, 신뢰구간 등의 추정이나 가설검정에 사용되는 방법이다.

특히 모집단변수가 정규분포를 갖지 않는 가운데 표본크기가 30개 미만인 경우 비모수검정법을 사용하도록 권장하고 있다. 비모수검정법의 특징은 다음과 같다.

① 척도별 상이한 수행기능으로 인해 관찰대상들의 정확한 비교를 위해서는 등간척도나 비율척도를 사용한 자료가 필요하지만 입수가 곤란한 경우에 적용한다.

② 모집단의 기초적 특성에 따르지 않으면서 가설검정이나 신뢰구간 추정을 수행하는 방법이어서 비분포방법(distribution-free methods)이라고 한다.

- 비모수검정법은 정규분포를 가정하지 않기 때문에 계산이 용이
- 표본크기가 증가할수록 주어진 유의수준에서 검정력은 증가
- 비모수검정은 모집단의 형식, 분산(dispersion) 또는 위치에 대한 가설들에 대해 직접 수

표 12-1 차이에 대한 비모수검정법의 유형

기준 변수 특성	자료형태	비교 그룹들 수	비모수검정법
범주 (명목 또는 도수)	비관련	1	이항
		2 이상	단일 표본 카이제곱
		2 이상	2개 이상 표본 카이제곱
	관련	2	McNemar
		3 이상	Cochran Q
범주 이외 변수들	비관련	1–2	Kolmogorov–Smirnov
		2	Mann–Whitney
		2 이상	중위수(중앙값)검정
		3 이상	Kruskal–Wallis H
	관련	2	부호검정, Wilcoxon검정
		3 이상	Friedman검정

행이 가능

- 소표본에는 중심극한정리가 성립할 수 없기 때문에, 비모수접근법을 많이 사용

평균 차이검정을 하는 경우에 〈표 12-1〉과 같이 모집단(기준)변수의 특성, 자료형태, 비교집단들 수에 따라 적합한 비모수접근법들을 적용하도록 유의해야 한다.

02 비관련 범주변수들과 비모수검정

1. 이분변수에 대한 이항검정

이항검정(binomial test)은 어떤 기준으로 예상되는 경우들을 가진 이분변수(dichotomous variable)의 2개 범주들에서 실제로 발견되는 케이스들의 도수를 비교하는데 사용된다.

예컨대 산업에서 여자 근로자들의 남자 근로자들에 대한 비율이 일반적으로 1:3으로 알려진 것과 동일한지의 여부를 파악하려 한다고 하자. 그래서 여성의 1:3의 예상비율과 표본에서 여성 비율을 비교하도록 이항검정으로 이를 수행할 수 있다.

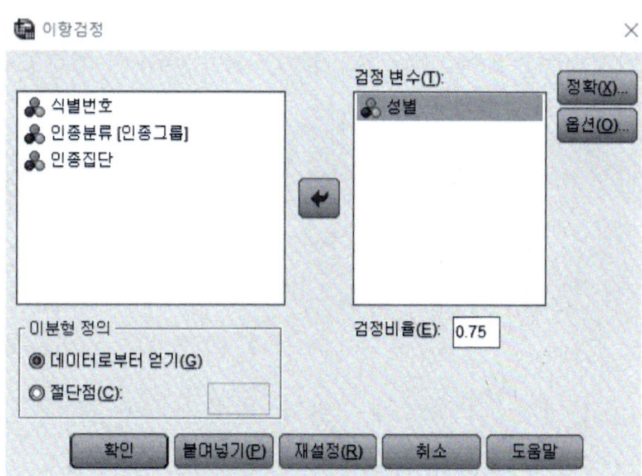

"이항검정.sav"파일을 지정하고 열기를 한다. 메뉴 바에서 "분석/비모수검정/레거시 대화상자/이항"을 지정하고, 이항검정 대화상자에서 "검정변수"에 "성별"을 이동시키고, 전체근로자에서 차지하는 남자의 검정비율을 0.75(=3/4)로 변경시킨 후 "확인"단추를 클릭한다. 이는 남자들을 1로 입력했기 때문에 남자들은 첫째 범주를 형성하고, 남자들 비율은 3:4 또는 0.75가 되기 때문이다.

비교되는 두 범주들은 "데이터로부터 얻기"의 지정에 의해 자료에서 획득되어, 성별과 같은 이분변수의 작은 범주는 하나의 그룹을, 더 높은 범주는 다른 그룹을 형성한다.

만약 3개 이상의 그룹들이 존재하고 그 그룹들 중에서 2개를 비교하려 한다면, "이항검정"대화상자에서 "절단점"(cut-off point)을 이용하여 2개 그룹을 정의할 수 있다. 절단점을 지정하고, 박

표 12-2 이항검정

		범주	N	관측비율	검정비율	정확 유의확률(단측)
성별	집단1	남자	39	.56	.75	.000[a]
	집단2	여자	31	.44		
	전체		70	1.00		

a. 대립가설은 처음 집단의 케이스 비율이 .75보다 작다고 선언합니다.

스에 특정값 이하의 그룹들과 이외의 값들의 그룹들을 구분하기 위한 절단점으로 사용될 값을 입력한다.

〈표 12-2〉의 이항검정표에서 남자의 수 39는 여자의 수 31보다 약간만 더 크기 때문에, 여자에 대한 남자의 비율은 3:1이 아니라 1:1에 거의 가깝다. 검정비율 0.75 이상이라는 귀무가설은 통계량의 정확 유의확률(단측)이 0.000으로 나타나 1% 수준에서도 기각되는 것을 반영한다. 따라서 근로자 구성에서 남자비율이 0.75보다 작다는 대립가설이 채택된다. 그러므로 남자의 여자에 대한 비율은 3:1이 아니라는 결론을 갖는다.

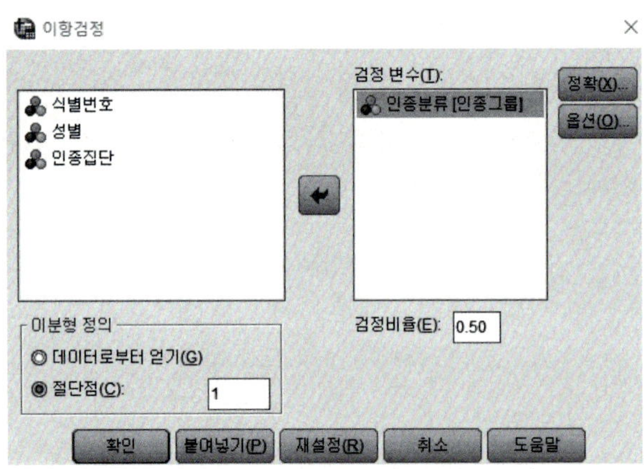

백인과 이외 인종들의 비율이 거의 1:1인지의 가설을 검정한다고 하자. 메뉴 바에서 “분석/비모수검정/레거시 대화상자/이항”을 지정하고, 생성된 “이항검정”대화상자에서 “검정변수”에 “인종그룹”을 이동시키고, 검정비율을 0.50으로 사용한다. 자료에서 인종이 4개 그룹이어서 “이분형 정의”에서 절단점을 지정하고 박스에 1을 입력한 후 “확인” 단추를 클릭한다.

〈표 12-3〉의 3개 이상 집단들의 이항검정표에서와 같이 백인(레이블 값 1)과 백인 이외(레이블 값 2 이상) 근로자들의 수가 거의 같고, 이러한 결과를 얻을 확률이 아주 높은 0.905이다. 따라서

표 12-3 3개 이상 집단들의 이항검정

		범주	N	관측비율	검정비율	정확 유의확률(양측)
인종분류	집단1	<=1	36	.51	.50	.905
	집단2	>1	34	.49		
	전체		70	1.00		

해당 산업현장에서 백인과 여타 인종 근로자들의 수가 동일하다는 가설을 채택된다.

2. 이항균등검정

이항균등검정(binomial test of equality)은 일표본 t검정(one-sample t test)의 정규성 및 균등분산의 가정들이 충족되지 않는 경우의 대안으로 사용된다.

이항검정은 범주자료인 명목변수의 어떤 표본비율을 가정된 비율과 균등한지를 비교할 경우에 사용한다.

"달리기.sav"파일을 지정하고 열기를 한다. 파일의 자료집합은 30세 한국인의 50미터 달리기 속도(초)이다. 30세 중국인의 50미터 달리기 속도가 평균 8.3초라고 한다면, 30세 한국인들이 50미터 달리기 속도가 8.3초 아래 및 위의 구간에서 차지하는 비율들이 균등하다는 것을 귀무가설로 설정하자.

"분석/비모수검정/레거시 대화상자/이항"을 지정하고, 생성된 "이항검정"대화상자에서 변수를 마우스 오른쪽 단추를 클릭하여 생성된 대화상자를 이용하여 "변수이름 표시"로 전환시킨다.

"이항검정" 대화상자에서 "한국30세"를 "검정 변수"박스로 이동시킨다. "이분형 정의"박스에서 "절단점: 8.3"을 지정 및 입력하고, "검정비율: 0.50"을 확인하고 "확인"을 클릭한다.

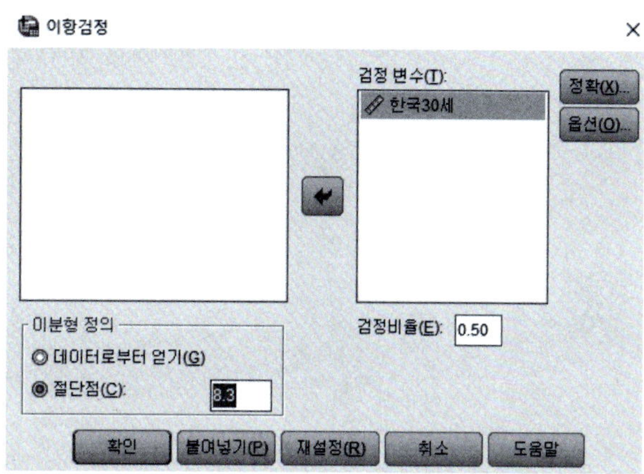

〈표 12-4〉의 이항검정 결과에서 검정비율 0.50의 귀무가설은 양측검정 정확 유의확률이 0.824로 0.05보다 아주 크기 때문에 기각될 수 없다.

표 12-4 이항검정

		범주	N	관측비율	검정비율	정확 유의확률(양측)
50미터 달리기속도	집단1	<=8.3	9	.45	.50	.824
	집단2	>8.3	11	.55		
	전체		20	1.00		

9명이 8.3초 이하이고, 11명이 8.3초를 초과하여 관찰된 비율은 0.50으로 동일하지 않다. 그러나 정확한 유의확률에 따르면 이러한 관찰결과는 가설로 설정된 비율과는 유의적으로 다르다는 결론을 도출하기에는 증거가 부족한 것을 반영한다.

다시 "분석/비모수검정/일표본"을 지정한 후에 "확인"을 클릭한다. 생성된 "일표본 비모수검정"대화상자에서 "설정"단추를 클릭하고, "사용자 정의에 의한 검정: 관측이분형 확률과 가설값 비교(이항검정)"을 지정하고 "옵션"단추를 클릭한다.

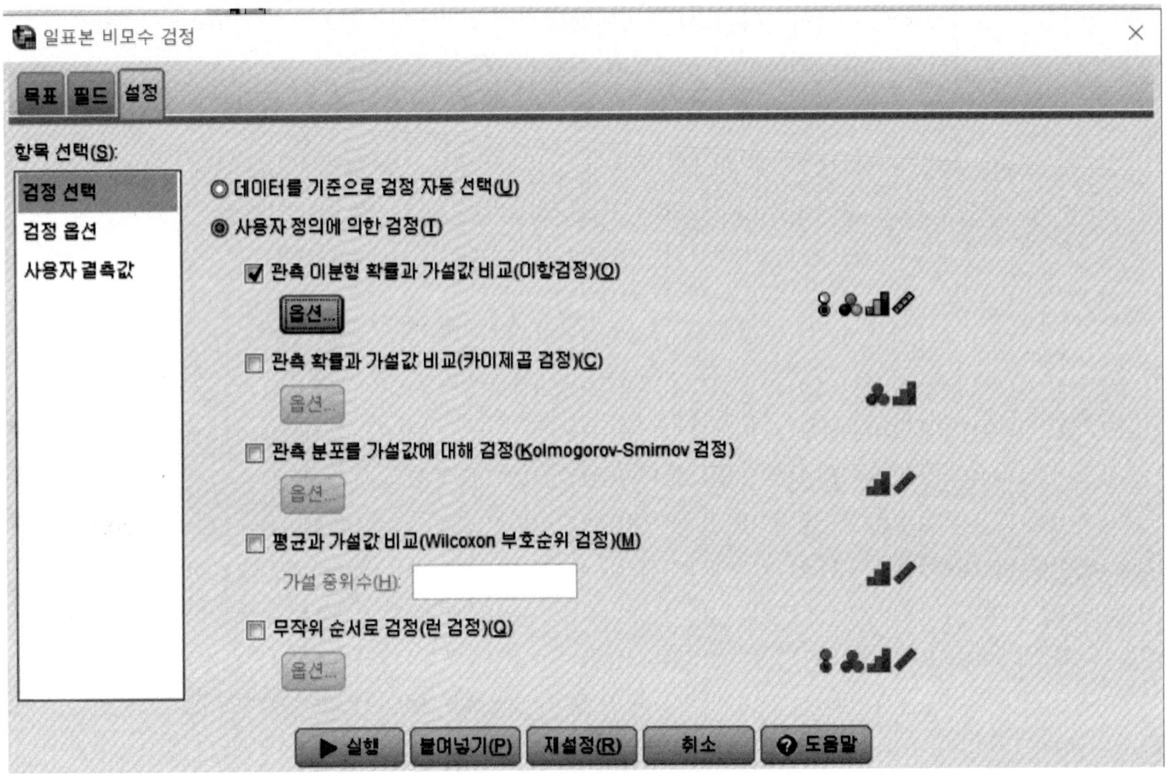

생성된 "이항검정 옵션"대화상자에서 "성공값 범위/사용자 정의 절단점"을 지정하고 "8.3"을 입력한 후 "확인"을 클릭하고, 다시 "실행"을 클릭한다.

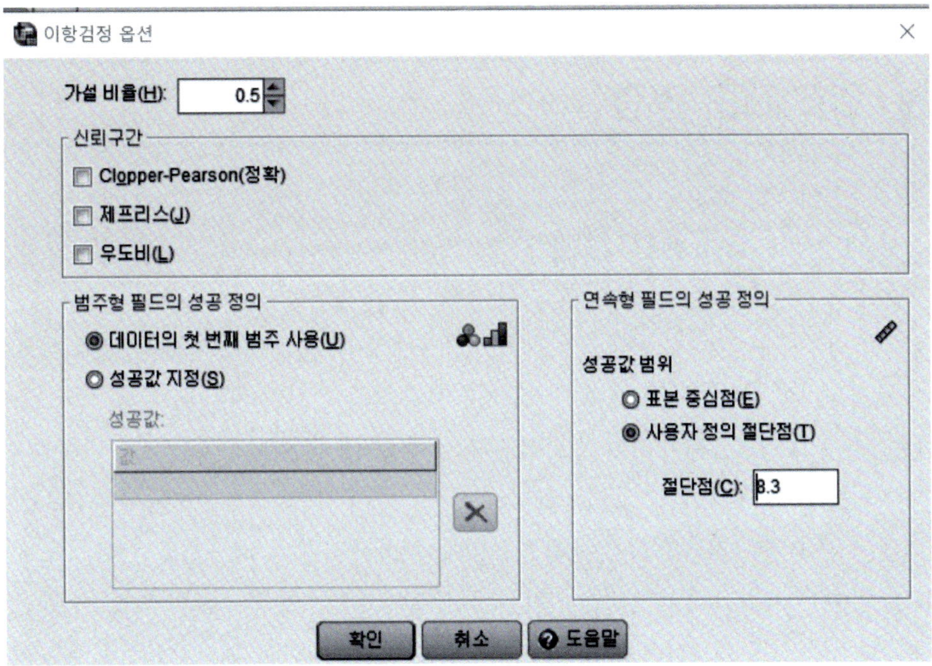

〈표 12-5〉의 일표본검정에 대한 가설검정요약(Hypothesis Test Summary for One-Sample Test)은 확률표시로 된 귀무가설을 제시하고, 검정방식을 일표본 이항검정으로 유의확률을 0.824로, 의사결정을 귀무가설유지로 제시한다.

이러한 결과는 "분석/평균 비교/일표본 T검정"의 결과에서 t(19)=0.813, p=0.426에 따른 귀무가설 지지와 동일한 의사결정을 가져오는 것이다.

표 12-5 일표본검정에 대한 가설검정요약

	귀무가설	검정	Sig.	의사결정
1	50미터 달리기 속도〈=8.30 및 〉8.30에서 정의된 범주가 확률 0.5 및 0.5에서 발생합니다.	일표본이항 검정	.824[1]	귀무가설을 유지합니다.

근사 유의수준이 표시됩니다. 유의수준은 .05입니다.

[1]이 검정에 대한 정확한 유의수준이 표시됩니다.

03 카이제곱 검정

1. 일표본에 대한 카이제곱 검정

3개 이상의 범주들을 갖는 변수에서 케이스들의 관찰도수(관측빈도)와 예상도수(기대빈도)를 비교하려면, 이항검정이 아니라 카이제곱검정을 사용한다.

4개 인종그룹들의 근로자들이 같은 수로 있는지 여부를 보기 위해 하나의 표본에 대한 카이제곱 검정을 수행하기로 하자.

"이항검정.sav"파일을 지정하고 열기를 한다. 메뉴바에서 "분석/비모수검정/레거시 대화상자/카이제곱 검정"을 지정하고, "카이제곱 검정"대화상자에서 변수들 리스트박스에서 마우스 오른쪽 단추를 클릭하여 생성된 대화상자에서 "변수이름 표시"를 선택하여 레이블표시를 변수이름 표시로 전환시킨다.

"카이제곱 검정" "인종그룹"을 검정변수로 이동시키고, 범주가 3개 이상이므로 기대범위에서 "지정한 범위 사용"을 지정하고 하한 및 상한에 범주들의 번호들 1과 4를 각각 입력한다. 그리고 "확인"단추를 클릭한다.

한편 이와 달리 검토할 범주들 범위를 모두 포함않는다면 구체화시켜야 한다. 그리고 예상도수가 동일하지 않다면, "카이제곱 검정"대화상자의 "기대값"박스에서 "값"을 지정한 후에 각 그룹에 대한 예상도수들을 기록한다.

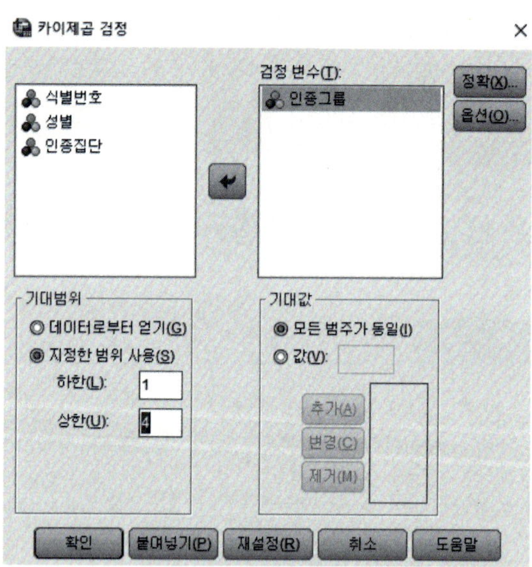

〈표 12-6〉의 빈도표에서 인종그룹에 대한 관측빈도가 평균빈도로 계산된 기대빈도와 함께 제시되어 잔차(=관측빈도-기대빈도)를 각 인종그룹에 대해 제공한다.

표 12-6 카이제곱 검정 : 빈도

인종 분류

	범주	관측빈도	기대빈도	잔차
1	백인	36	17.5	18.5
2	아시아계	18	17.5	.5
3	서부인디안	14	17.5	−3.5
4	아프리카계	2	17.5	−15.5
전체		70		

〈표 12-7〉의 검정 통계량표에서 자유도항은 자유롭게 변동하는 구성 요소들의 수이다. 여기서는 범주들의 수에서 1을 차감하여 계산한다. 표본크기를 알고 관측빈도(관찰도수)를 알고 있다면, 나머지 범주의 관측빈도를 계산할 수 있다.

표 12-7 카이제곱 검정 통계량

인종 분류

카이제곱	34.000[a]
자유도	3
근사 유의확률	.000

a. 0개의 셀(0.0%)은(는) 5보다 작은 기대빈도를 가집니다.
기대 빈도 셀 값 중 최소값은 17.5입니다.

관측빈도는 4개 범주들 각각에서 동일한 수의 케이스들이 되는 기대빈도(예상도수)와는 유의적으로 다르다. 카이제곱 통계량의 근사유의확률이 0.000이어서, 우연히 이러한 결과를 획득하는 확률은 아주 낮다. 따라서 각 인종그룹의 근로자들 수가 동일하다는 귀무가설은 기각되고, 각 인종그룹의 근로자들 수가 다르다는 결론을 내려야 한다.

그런데 기대빈도들이 작은 경우에는 카이제곱 검정을 사용하기 곤란하다. 2개의 범주들만 있어 자유도가 1인 경우에는 이러한 범주들에 속할 것으로 예상되는 케이스들의 수는 카이제곱 검정이 적용되려면 5 이상이어야 한다. 만약 기대빈도가 5 미만이라면 이항검정을 사용해야 한다.

그리고 3개 이상의 범주들이 있는 경우에 기대빈도가 1 미만인 범주가 있거나 또는 기대빈도들의 20% 이상이 5 미만인 경우에는 카이제곱 검정을 사용하는 것은 타당하지 않다. 이러한 경우에는 다른 범주와 통합하여 한 범주의 기대빈도를 증가시켜서 적용하면 된다.

2. 비관련 표본들이 2개 이상인 경우의 카이제곱 검정

한 변수에서 발견된 케이스들의 도수를 또 다른 변수의 2개 이상의 비관련 표본들 또는 범주들과 비교하려면, 카이제곱 검정을 사용할 수 있다.

계속 "이항검정.sav"파일을 이용한다.

메뉴바에서 "분석/기술통계량/교차분석"을 지정하고, 생성된 "교차분석"대화상자에서 변수들 리스트박스에서 마우스 오른쪽 단추를 클릭하여 생성된 대화상자에서 "변수이름 표시"를 선택하여 레이블 표시를 변수이름 표시로 전환시킨다.

"교차분석"대화상자에서 "행"에는 "성별"을, "열"에는 "인종그룹"을 이동시키고, "셀" 단추를 클릭한다.

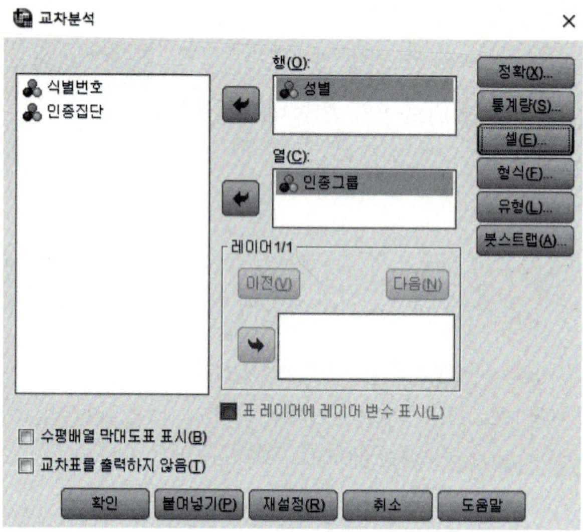

생성된 "교차분석: 셀 표시" 대화상자에서 기대빈도, 비표준화를 지정 후 "계속" 단추를 누르고,

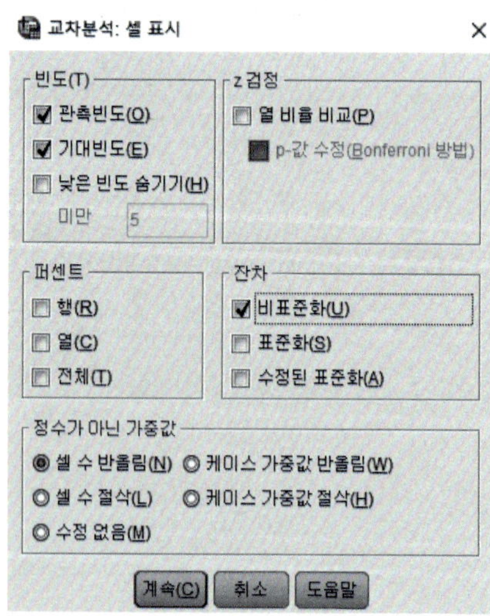

다시 "통계량" 단추를 누른 후 대화상자에서 "카이제곱"을 지정 후 "계속"을 누르고, "교차분석" 대화상자에서 "확인"을 클릭한다.

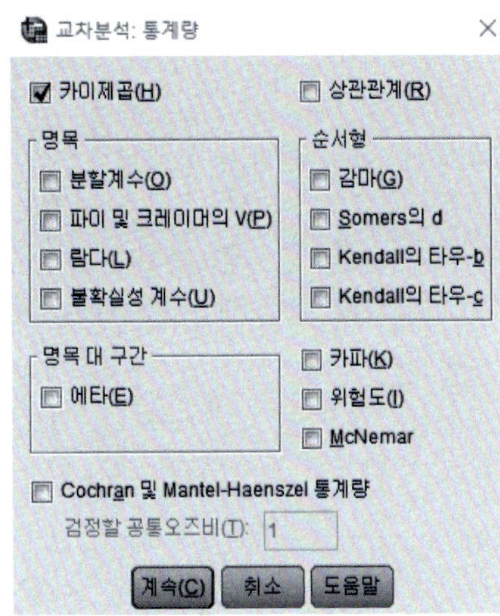

출력물로 제공되는 〈표 12-8〉 성별*인종분류 교차표에서 기대빈도가 5 미만인 셀이 모두 아프

표 12-8 성별*인종 분류 교차표

			인종 분류				
			백인	아시아계	서부인디안	아프리카계	전체
성별	남자	빈도	22	8	8	1	39
		기대빈도	20.1	10.0	7.8	1.1	39.0
		잔차	1.9	-2.0	.2	-.1	
	여자	빈도	14	10	6	1	31
		기대빈도	15.9	8.0	6.2	.9	31.0
		잔차	-1.9	2.0	-.2	.1	
전체		빈도	36	18	14	2	70
		기대빈도	36.0	18.0	14.0	2.0	70.0

표 12-9 카이제곱 검정

	값	자유도	근사 유의확률(양측 검정)
Pearson카이제곱	1.390a	3	.708
우도비	1.386	3	.709
선형 대 선형결합	.291	1	.590
유효 케이스 수	70		

a. 2 셀(23.0%)은(는) 5보다 작은 기대빈도를 가지는 셀입니다. 최소 기대빈도는 .89입니다.

리카계 2개가 있다. 그래서 인종에 대한 그룹들을 백인과 백인 이외 인종의 2개로 별도 구분하여 작성한 변수인 "인종집단"을 이용하기로 하자.

다시 메뉴바에서 "분석/기술통계량/교차분석"을 지정하고, 생성된 "교차분석"대화상자의 "열"박스에 "인종집단"을 이동시킨 후에 "확인"을 클릭한다.

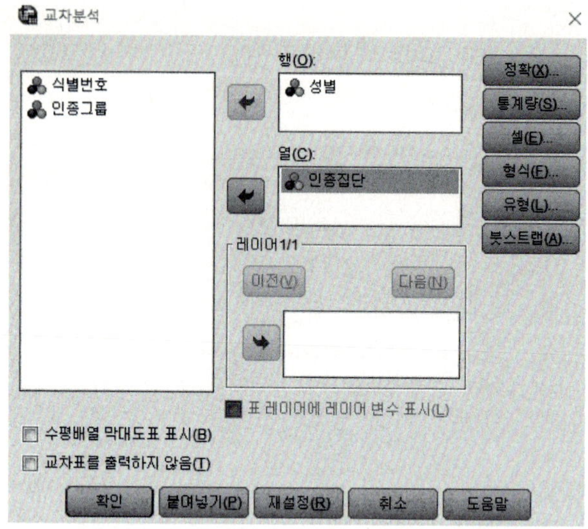

〈표 12-10〉의 성별*인종집단 교차표에서 최소 기대빈도가 15.1이며, 5 미만의 기대빈도를 갖는 셀은 없다. 따라서 카이제곱 검정을 사용하는 것이 적합하다.

자유도는 두 변수 각각에서 범주들의 수에서 1을 차감한 값들의 곱이며, 각 셀에서 관측빈도는 기대빈도 위에서 "빈도"로 표시된다. 그래서 백인남자의 관측빈도는 22인 반면에 기대빈도는 20.1이다. 또한 잔차 또는 차이는 1.9이다.

보통 2×2보다 큰 표들과 5(보통 10을 초과)보다 큰 셀 도수들을 표준적인 카이제곱표로 사용할

표 12-10 성별*인종집단 교차표

			인종 분류		
			백인	비백인	전체
성별	남자	빈도	22	17	39
		기대빈도	20.1	18.9	39.0
		잔차	1.9	−1.9	
	여자	빈도	14	17	31
		기대빈도	15.9	15.1	31.0
		잔차	−1.9	1.9	
전체		빈도	36	34	70
		기대빈도	36.0	34.0	70.0

표 12-11 카이제곱 검정

	값	자유도	근사 유의확률 (양측 검정)	정확 유의확률 (양측 검정)	정확 유의확률 (단측 검정)
Pearson카이제곱	.875[a]	1	.350		
연속성 수정[b]	.483	1	.487		
우도비	.876	1	.349		
Fisher의 정확검정				.471	.244
선형 대 선형결합	.862	1	.353		
유효 케이스 수	70				

a. 0 셀(0.0%)은(는) 5보다 작은 기대빈도를 가지는 셀입니다. 최소 기대빈도는 15.06입니다.
b. 2x2 표에 대해서만 계산됨

수 있다. 만약 셀들이 (5 미만의 기대 빈도의) 작은 수를 갖지만 표가 크다면, 더 많은 자료를 수집할 가치가 있다. 또는 이것이 가능하지 않다면 〈표 12-10〉과 같이 기대빈도가 5를 초과할 수 있도록 셀들을 통합하는 것이 좋다.

〈표 12-11〉과 같이 SPSS는 2×2 교차표를 분석하는 경우에는 언제나 Fisher의 정확 검정(Fisher's Exact Test)을 제공한다.

한편 카이제곱은 연속분포이며 (2×2의) 작은 표는 추정을 개선하도록 Yates의 연속성 수정(continuity correction)을 포함한다.

정확 확률계산의 옵션이 있지만, 큰 자료집합의 경우에는 거의 사용하지 않는다. 또한 카이제곱 근사(점근) 유의수준 값은 큰 빈도 개수에 대해 아주 우량한 근사치이므로 요구되지 않는다.

Yates의 수정은 2×2표에 대해서만 주어지고, 더 이상은 필요하지 않다.

〈표 12-11〉에서 2개의 카이제곱들이 주어진다. 첫째 카이제곱인 Pearson 카이제곱은 올바르지 않은 값인 반면에, 둘째 카이제곱인 연속성 수정은 도수가 (정수 및 분수 또는 소수들로 구성되는) 정수가 아닐 수도 있다고 가정하는 Yates의 수정을 포함한다.

카이제곱 값은 유의적이지 않기 때문에 귀무가설을 5%수준에서도 기각하지 못한다. 따라서 여자 근로자에 대한 남자 근로자들의 비율은 백인과 백인 이외에 대해 동일하다는 결론을 얻을 수 있다.

3. 카이제곱 검정수행 주의사항

이상의 분석결과들을 사용하여 카이제곱 검정을 수행하는 경우에 다음 사항들을 주의해야 한다.

① 카이제곱 검정을 수행하는 경우에 표본이 무작위이며, 대표적이고 크기가 충분한 것을 확인해야 한다.

② 빈도가 %형식이면 카이제곱을 계산하지 말고 이러한 경우에 빈도를 숫자로 전환해야 한다.

③ 셀의 빈도는 5 이상이어야 하며, 5 미만의 셀이 있다면 각 셀에 대해 관측 및 기대빈도차이에서 0.5를 차감하여 카이제곱을 계산하는 Yates의 수정을 수행해야 한다. SPSS는 자동으로 이러한 수정을 수행한다.

④ 관측빈도들의 합은 기대빈도들의 합과 일치해야 한다.

SPSS에서 카이제곱의 유의성 검정은 귀무가설이 참이지만 기각되는 확률인 p-값을 사용하여 수행한다. 그래서 p-값이 5%를 초과하면 카이제곱은 5%수준에서 비유의적이라고 한다.

04 관련 범주변수들과 비모수검정

1. McNemar검정

"McN검정.sav"파일을 사용하여, 2개의 비관련 표본들에 대한 McNemar검정을 수행하기로 하자.

McNemar검정은 두 시점에서 동일 케이스들로부터, 2개 처리들 또는 연령, 성별, 사회경제적 지위의 동일한 분포들을 갖는 것과 같은 어떤 측면들에서 유사한 것으로 대응되는 2개 표본들로부터의 이분변수의 도수들을 비교하기 위해 사용된다.

2개월 연속으로 기업의 월별회담에 근로자들의 출석변화가 있는지를 찾아내려 한다고 하자. 2개 이상의 관련 표본들에서의 정보를 분석하기 위한 검정의 사용은 〈표 12-12〉의 작은 자료집합으로 설명할 수 있다.

이는 12명 근로자들에 대한 3개의 연속적 월별간격으로 측정된 세 가지 종류(범주, 서열, 등간/비율)의 변수들을 사용한 것이다.

범주변수 "참석1"과 "참석2"는 기업의 월별위원회 회의에 대해 첫째 달과 둘째 달의 출석상황을 표시하며, 1은 참석을, 2는 불참을 표시한다. 서열변수 "평정1"이나 "평정3"은 감독들에 의해 평가된 근로자들 근무의 질적수준이다. 등간/비율변수 "만족1"부터 "만족3"은 자기표명 직무만족이다.

표 12-12 기업 노사위원회 연구자료

	참석1	참석2	참석3	평정1	평정2	평정3	만족1	만족2	만족3
1	1	1	1	5	4	5	17	18	16
2	1	2	2	4	3	2	12	9	7
3	2	1	2	3	4	3	13	15	14
4	2	2	2	4	5	3	11	14	8
5	2	2	1	2	3	3	7	10	9
6	1	1	2	4	4	3	14	15	10
7	1	2	1	3	1	4	15	6	12
8	2	1	1	4	3	4	12	9	13
9	1	2	1	4	5	3	13	14	15
10	1	2	2	1	2	3	5	4	9
11	1	2	1	3	3	3	8	7	6
12	1	2	1	4	4	3	11	13	10

이상과 같이 2개 이상의 차원들을 기초로 하는 점들에서의 동일한 개인들에 대해 수집한 자료는 예상, 종적, 또는 패널디자인으로 알려져 있다.

메뉴바에서 "분석/비모수검정/레거시 대화상자/2-대응표본"을 지정하고, 생성된 "2-대응표본 비모수검정" 대화상자에서 "검정 대응"(Test Pairs) 박스에서 대응 "1"에 대한 변수 1에 "참석1"을,

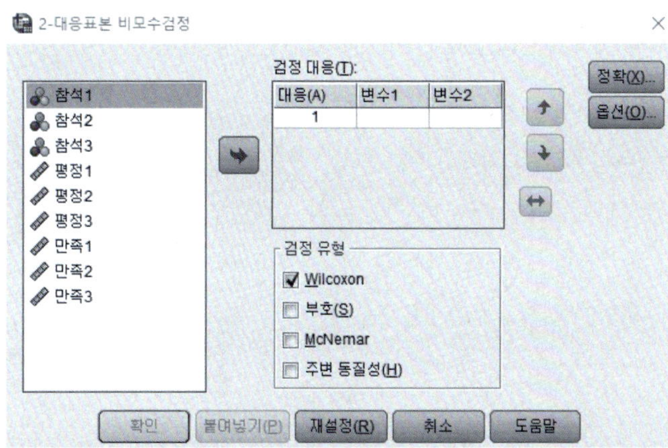

변수 2에 "참석2"를 입력한다. 그리고 "검정유형"박스에서 MeNemar를 지정 후 "확인"을 클릭한다.

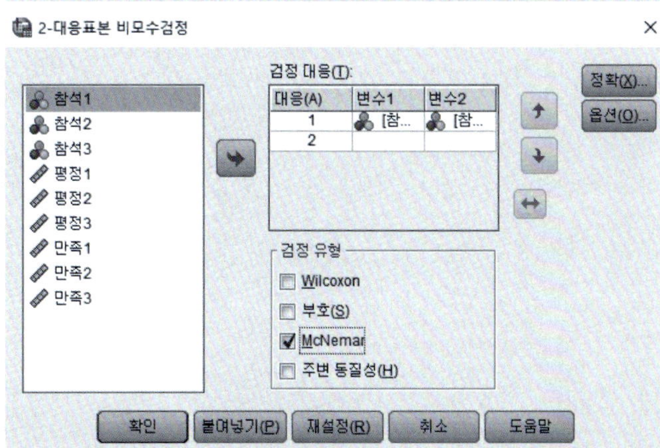

표 12-13 교차분석 : 참석1 & 참석2

참석1	참석2	
	참석	불참
참석	2	6
불참	2	2

〈표 12-13〉의 교차분석표에서 첫째부터 둘째 개월까지 출석이 변경되거나 동일하게 유지된 사람들의 수를 보여준다.

"참석"에서 1은 참석이고, 2는 불참이므로, 6명 근로자들이 첫째 달에는 참석했다가 둘째 달에는 불참했고, 2명은 첫째 달에 불참했다가 둘째 달에 참석했다.

만약 26개보다 더 적은 케이스들이 한 표본에서 다른 표본으로 변경된다면, 이항검정이 계산된다. 이와는 달리 26개 이상의 케이스들에는 일표본 카이제곱 검정이 사용된다.

표 12-14 McNemar 검정 통계량

	참석1 & 참석2
N	12
정확 유의확률(양측)	.289[b]

a. McNemar 검정
b. 이항분포를 사용함

여기서는 12개 케이스여서 〈표 12-14〉의 검정통계량은 이항검정을 사용하고, 그에 대한 정확 유의확률이 0.289로 확률의 양측꼬리수준이 5%보다 크기 때문에, 이는 첫째 달과 둘째 달 사이에 참석의 유의적 변화가 없는 것을 의미한다. 따라서 유사한 수의 사람들이 첫째 및 둘째 회의에 참석했다는 결론을 가질 수 있다.

2. Cochran Q검정

3개 이상의 관련 표본들에 대한 이분변수의 분포비교를 위해 Cochran Q검정이 적용된다. 그래서 〈표 12-12〉의 위원회 연구에서 3개월 기간 동안 기업의 회의에 대한 참석을 검토하길 원한다면 이러한 검정통계량을 다음 절차로 계산할 수 있다.

메뉴 바에서 "분석/비모수검정/레거시 대화상자/K-대응표본"을 지정하고, 생성된 "K-대응 표본 비모수검정"대화상자에서 "검정 변수" 박스에 "참석1, 참석2, 참석3"을 입력한다. 그리고 "Cochran의 Q"를 지정 후 "확인"을 클릭한다.

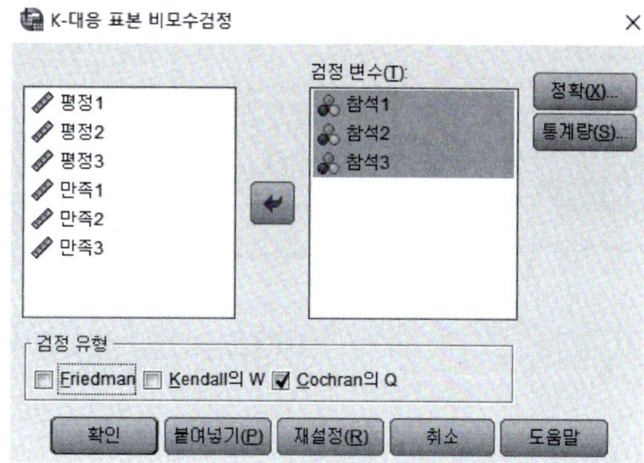

〈표 12-15〉 빈도표는 3개월 모두의 회의에 참석 및 불참한 사람들의 수를 보여준다. 첫째 달이 참석이 가장 많았고, 둘째 달이 불참이 가장 많았다.

표 12-15 Cochran검정 : 빈도

	값	
	1	2
참석1	8	4
참석2	4	8
참석3	7	5

〈표 12-16〉에 따르자면, 근사 유의확률이 5%를 초과한 0.273이어서, 3개월의 회의 참석자들 간에는 유의적인 차이가 없다는 것을 나타낸다.

표 12-16 Cochran 검정 통계량

N	12
Cochran의 Q	2.600[a]
자유도	2
근사 유의확률	.273

a. 1은(는) 성공한 것으로 처리됩니다.

05 범주변수이외 변수들의 비관련 표본들과 비모수검정

1. 일표본에 대한 Kolmogorov-Smirnov검정

Kolmogorov-Smirnov검정은 근무의 평가된 질과 같은 서열변수들의 값들의 관측빈도들을 어떤 설정한 이론적 분포에 대해 비교하는데 사용한다.

Kolmogorov-Smirnov검정은 관측빈도들 간의 최대차이들의 통계적 유의성을 결정한다.

SPSS에서 이론적 분포는 정규(Normal), 균일(균등, Uniform), 포아송(Poisson) 또는 지수(Exponential)가 될 수 있고, 이들 4개 옵션들 중에서 하나는 반드시 선택해야 하는 핵심어들이다.

"일KS.sav"파일을 사용하자. 근무평정으로 나타난 질적수준을 5개(아주 불량, 불량, 보통, 양호, 아주 양호)로 예상한다면, 다음 명령으로 차이가 유의적으로 발생하는지를 검정할 수 있다.

메뉴 바에서 "분석/비모수검정/레거시 대화상자/1-표본 K-S"를 지정하고, 생성된 "일표본 Kolmogorov-Smirnov"대화상자에서 "검정 변수"박스로 "근평점수"를 이동시킨다. 그리고 "검정분포"박스에서 "정규, 균일"을 지정 후 "확인"을 클릭한다.

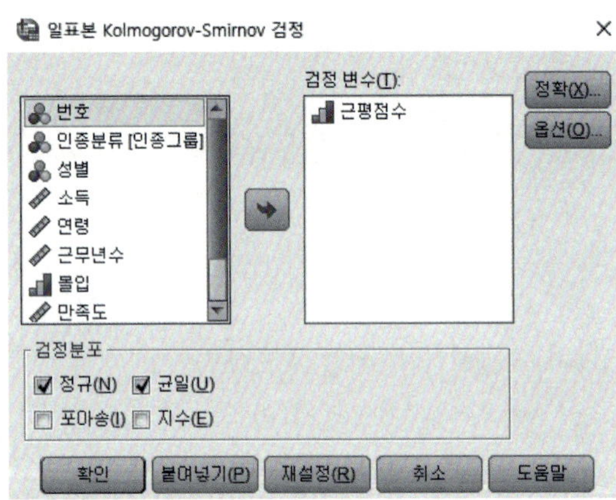

〈표 12-17〉에서 표본자료의 최소값과 최대값이 사용되어 최저평가는 1이고, 최고는 5이므로 이러한 값들의 범위에 대한 분포를 비교한다. 표본평균 및 표준편차가 정규분포에 대해 사용되었다. 한편 포아송분포를 지정한다면 표본평균이 사용된다.

좌측 산출물에서 관측분포 및 이론적 분포 간의 최대의 절대값, 양수 및 음수의 차이들이 제시되고, Kolmogorov-Smirnov Z 통계량과 그 확률값이 주어진다.

최대의 절대값 차이는 방향과 무관하게 단순히 최대차이이다. Kolmogorov-Smirnov Z 통계량의 p값인 근사 유의확률 0.005는 양측 5% 수준보다 아주 작으므로 차이는 유의적이다. 이는 5개 수준들의 각각에서 케이스들의 수가 균등하지 않다는 것을 의미한다.

표 12-17 일표본 Kolmogorov-Smirnov 검정

		근평점수
N		70
균일 모수[a,b]	최소값	1
	최대값	5
최대 극단차이	절대값	.207
	양수	.129
	음수	-.207
Kolmogorov-Smirnov의 Z		1.733
근사 유의확률(양측)		.005

a. 결정 분포가 균일입니다.
b. 데이터로부터 계산

		근평점수
N		70
정규모수[a,b]	평균	3.19
	표준편차	1.266
최대 극단차이	절대값	1.97
	양수	.126
	음수	-.197
검정통계량		.197
근사 유의확률(양측)		.000[c]

a. 검정 분포가 정규입니다.
b. 데이터로부터 계산
c. Lilliefors 유의확률 수정

2. 비관련 2개 표본들에 대한 Kolmogorov-Smirnov검정

Kolmogorov-Smirnov검정은 두 그룹들 값들의 분포를 비교하기 위한 것이다. 계속 "일KS.sav" 파일을 사용하여, 남자들 근무평정의 질적 수준들의 분포가 여자들 간의 분포와 다른지를 검정하기 위해 다음 절차를 사용하자.

메뉴 바에서 "분석/비모수검정/레거시 대화상자/2-독립표본"을 지정하고, 생성된 "2-독립표본 비모수검정"대화상자에서 "검정 변수"박스에 "근평점수"을 입력하고, "검정유형"박스에서 "Kolmogorov-Smirnov의 Z"를 지정하고, 집단변수"박스에 "성별"을 이동시킨다.

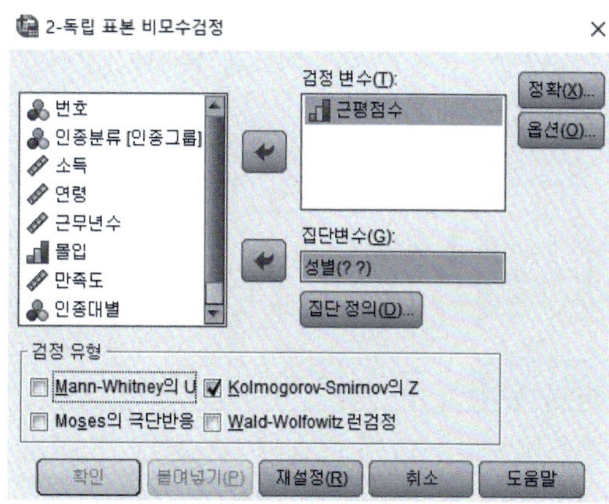

"집단 지정"단추를 클릭하여 생성된 대화상자에 남자인 1과 여자인 2를 입력하고 "계속"을 클릭한다. 다시 "2-독립표본 비모수검정"대화상자에서 "확인"을 클릭한다.

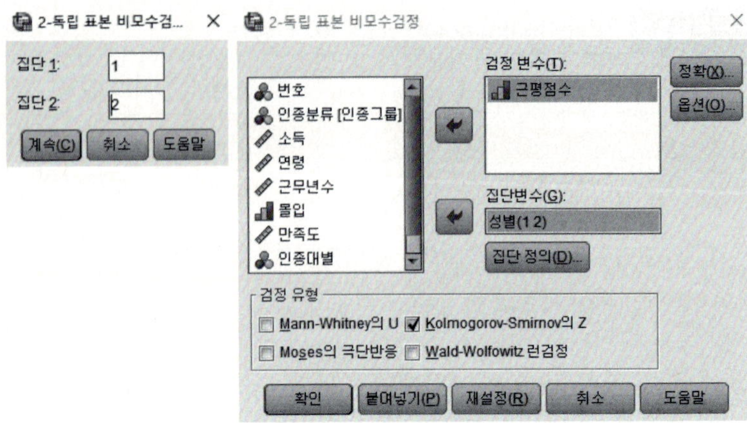

〈표 12-18〉의 이표본 Kolmogorov-Smirnov 검정에 따른 빈도표에서 두 그룹들 각각에서 케이스들 또는 참가자들의 수가 39명 및 31명이다.

표 12-18 이표본 Kolmogorov-Smirnov 검정 : 빈도

	성별	N
근평점수	남자	39
	여자	31
	전체	70

그리고 〈표 12-19〉 이표본 Kolmogorov-Smirnov 검정통계량에서 최대 극단차이의 절대값, 양의 값 및 음의 값을 제공하며, Kolmogorov-Smirnov의 Z통계량을 함께 제공한다.

Kolmogorov-Smirnov의 Z통계량의 점근 유의확률(양쪽)인 p값은 0.948로 설정유의수준 5%를 아주 크게 초과하여, 남자 및 여자의 근무의 질 평정들 분포에서는 어떤 차이도 없다는 것을 의

표 12-19 이표본 Kolmogorov-Smirnov 검정 통계량

		근평점수
최대 극단차이	절대값	.126
	양수	.017
	음수	-.126
Kolmogorov-Smirnov의 Z		.522
근사 유의확률(양측)		.948

a. 집단변수: 성별

미한다.

3. 비관련 2개 표본들에 대한 중앙값 검정

중앙값 검정(median test)은 공동 중앙값을 갖는 어느 한 쪽의 값들의 분포가 2개 이상의 비관련 표본들에 대해 다른지의 여부를 결정하는데 사용된다.

근평점수 질적수준의 분포가 남자와 여자 간에 유사한지를 결정하려 한다면, 다음 절차를 사용하면 된다.

메뉴 바에서 "분석/비모수검정/레거시 대화상자/K-독립 표본"을 지정하고, 생성된 "K-독립 표본 비모수검정"대화상자에서 "검정 변수"박스에 "근평점수"를 입력한다.

"집단변수"박스에 "성별"을 이동시키고, "범위지정"을 클릭하여 생성된 대화상자에 남자인 1과 여자인 2를 입력하고 "계속"을 클릭한다. 다시 대화상자의 검정유형에서 "중위수"(중앙값)을 지정 후 "확인"을 클릭한다.

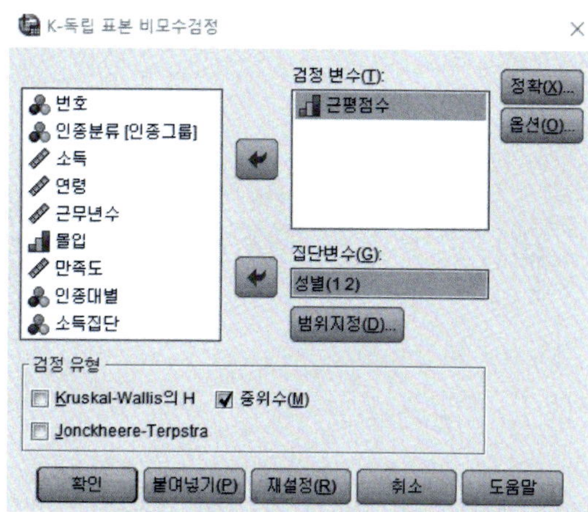

〈표 12-20〉의 중위수검정 빈도표로 생성된 2×2 분할표는 중앙값을 초과하는 케이스들의 수와 중앙값 이하인 케이스들의 수를 남자와 여자에 대해 보여준다. 여기서 20명의 남자는 중앙값을 초과하고, 19명의 남자는 중앙값 이하이다.

표 12-20 중위수 검정 : 빈도

		성별	
		남자	여자
근평점수	>중위수	20	12
	<=중위수	19	19

〈표 12-21〉의 중위수 검정 통계량표에서 중위수가 3으로 계산되고, 연속성을 위한 미수정 카이제곱 통계량 1.1 및 그 근사 유의확률 0.294와 연속성을 위한 Yates의 수정 카이제곱 통계량 0.652 및 그 근사 유의확률 0.419가 주어진다. 관찰통계량 유의수준 p값은 5%보다 아주 커서 남자와 여자 간에 근평점수 질적수준의 중위수들은 다르지 않다는 결론을 얻을 수 있다.

표 12-21 중위수 검정 통계량

		근평점수
N		70
중위수		3.00
카이제곱		1.100
자유도		1
근사 유의확률		.294
Yates의 연속성 수정	카이제곱	.652
	자유도	1
	근사 유의확률	.419

a. 집단변수: 성별

4. 비관련 2개 표본들에 대한 Mann-Whitney U 검정

Mann-Whitney 검정은 중위수를 초과하는 점수들의 수보다는 다른 표본의 점수보다 높게 평가된 한 표본의 점수가 나타나는 횟수를 비교하므로 중위수 검정보다 강력하다.

남자와 여자의 근평점수 분포의 질적 수준들이 유사한지를 검정하기 위한 절차는 다음과 같다. 메뉴 바에서 "분석/비모수검정/레거시 대화상자/2-독립표본"을 지정한다.

생성된 "2-독립 표본 비모수검정" 대화상자에서 "검정 변수"박스에 "근평점수"를 입력하고, "집단변수"에 "성별"을 이동시킨다. "집단 정의"를 클릭하여 생성된 대화상자에 남자인 1과 여자인 2를 입력하고 "계속"을 클릭하다. 다시 대화상자의 검정유형에서 "Mann-Whitney U"를 지정 후 "확인"을 클릭한다.

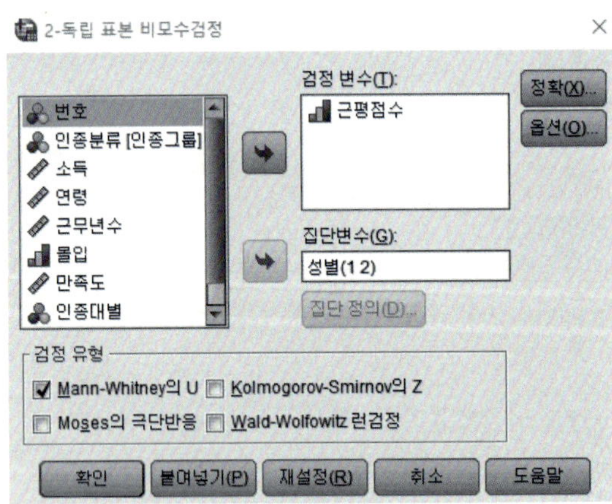

〈표 12-22〉의 Mann-Whitney검정순위표에서 남자와 여자에 대한 평정들의 평균순위(mean rank)와 순위들 합계, 이들의 기초가 되는 케이스들의 수가 나타난다. 남자보다 여자들의 평균순위가 더 낮아 우월하다.

표 12-22 Mann-Whitney검정 : 순위

	성별	N	평균순위	순위합
근평점수	남자	39	36.94	1440.50
	여자	31	33.69	1044.50
	전체	70		

〈표 12-23〉의 Mann-Whitney검정통계량표에서는 Mann-Whitney U 통계량, 그리고 (더 작은 그룹의 순위들의 합계여서 무시할 수 있는) Wilcoxon통계량이 주어진다. 여기서 Wilcoxon통계량은 〈표 12-22〉에서의 여자들의 순위들 합계를 나타낸다.

동일순위에 대해 관련있는 점수들의 수에 대해서는 시정할 필요가 있기 때문에, Z 통계량 및 그 유의수준을 제공한다.

Mann-Whitney U통계량의 유의수준은 제공되지 않지만, 순위동점들에 대한 수정은 Z의 값을 약간 증가시킨다. Z통계량은 그 p값이 0.496으로 5%보다 아주 크기 때문에 비유의적이다. 따라서 남자와 여자 간에 근무의 평정된 질적 수준들에는 차이가 없다는 결론을 얻을 수 있다.

표 12-23 Mann-Whitney검정 통계량

	근평점수
Mann-Whitney의 U	548.500
Wilcoxon의 W	1044.500
Z	-.680
근사 유의확률(양측)	.496

a. 집단변수: 성별

5. 비관련 3개 표본들에 대한 Kruskal-Wallis H검정

Kruskal-Wallis H검정은 다른 표본들의 케이스들을 일렬로 함께 순위를 결정한다는 점에서 Mann-Whitney U검정과 유사하다. 그러나 Mann-Whitney U검정과는 달리 3개 이상 그룹들의 점수들을 비교하는데 사용할 수 있다.

4개 인종 그룹들의 사람들에 대한 "근평점수"의 질적 수준들을 비교하도록 다음 절차를 사용하자.

메뉴 바에서 "분석/비모수검정/레거시 대화상자/K-독립표본"을 지정하고, 생성된 "K-독립 표본 비모수검정"대화상자에서 변수리스트를 지정하여 "변수이름 표시"로 전환한다. 그리고 "검정 변수"박스로 "근평점수"을 입력하고, "집단변수"박스로 "인종그룹"을 이동시키고, "범위지정" 단추를 클릭하여 생성된 대화상자에 1부터 4를 입력하고 "계속"을 클릭한다.

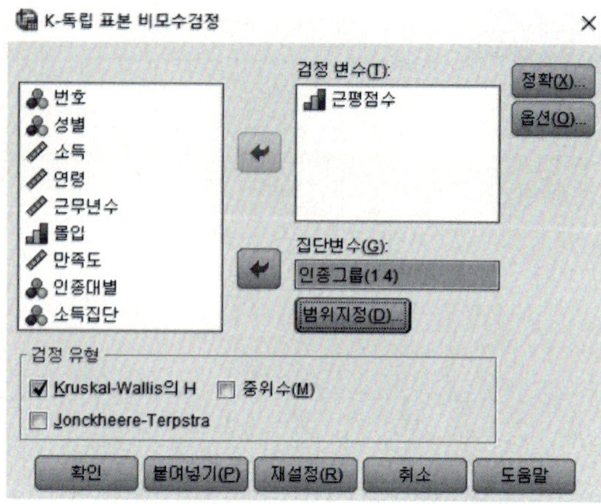

다시 "K-독립 표본 비모수검정"대화상자의 "검정유형"박스에서 "Kruskal-Wallis의 H"를 지정 후 "확인"을 클릭한다.

〈표 12-24〉 Kruskal-Wallis H검정의 순위표는 각 그룹의 평균순위와 그들의 케이스들 수를 보여준다.

표 12-24 Kruskal-Wallis H검정 : 순위

	인종분류	N	평균순위
근평점수	백인	36	34.99
	아시아	18	33.47
	인디언	14	37.71
	아프리카계	2	47.50
	전체	70	

〈표 12-25〉 Kruskal-Wallis H검정 통계량에서는 카이제곱 통계량, 동일한 순위들에 대해 시정된 유의수준을 보여준다. 관찰 유의수준 p값이 0.772로 5%보다 아주 크기 때문에, 근무의 질적 수준 평정의 평균순위에서 4개 인종그룹들의 근로자들 간에 차이가 없다는 것을 나타낸다.

표 12-25 Kruskal-Wallis H검정 통계량

	근평점수
카이제곱	1.121
자유도	3
근사 유의확률	.772

a. Kruskal-Wallis 검정
b. 집단변수: 인종 분류

06 범주이외 변수와 관련표본들의 비모수검정

1. 관련된 2개 표본들에 대한 부호검정

부호검정(sign test)은 앞에서 보았던 회사 위원회연구의 경우와 같이 동일하거나 유사한(대응된) 표본들의 2점수들 간에서 양의 차이들 및 음의 차이들의 수를 비교하고, 차이들의 크기는 무시한다.

만약 두 표본들이 유사하다면, 이러한 차이들의 수는 유사해야 한다. 그래서 예컨대 위원회 연구에서 횟수들 중에서 2개월에 대한 2회에서의 근무 질적수준 평정들을 비교할 수 있다.

만약 양의 차이들의 수(순위들의 하락)가 음의 차이들의 수(순위들의 상승)와 유사하다면, 두 경우들 간의 특정 방향으로의 변화가 없다는 것을 의미한다. 이제 "McN검정.sav"파일을 이용하여 다음 절차를 수행한다.

메뉴 바에서 "분석/비모수검정/레거시 대화상자/2-대응표본"을 지정하고, 생성된 "2-대응표본 비모수검정"대화상자에서 "검정 대응"박스의 변수 1에 "평정1"을, 변수 2에 "평정2"를 입력한다. 그리고 "부호"를 지정 후 "확인"을 클릭한다.

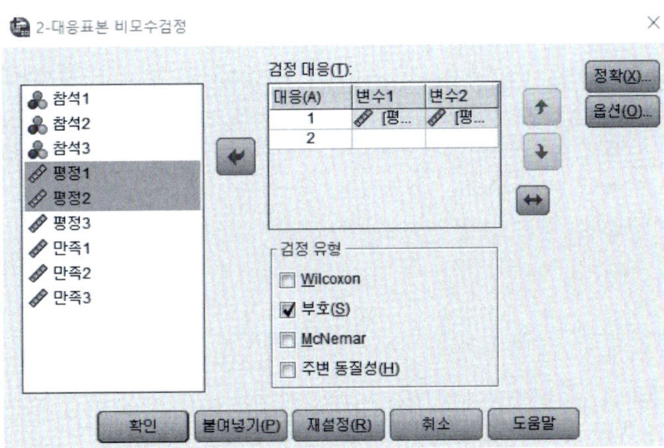

〈표 12-26〉 부호검정의 빈도표는 음수차이, 양수차이, 등순위의 수를 보여준다. 3개의 동률, 5개의 양수차이, 4개의 음수차이가 있다.

표 12-26 부호검정 : 빈도

		N
평정2–평정1	음수차이[a]	4
	양수차이[b]	5
	등순위[c]	3
	전체	12

a. 평정2 〈평정1
b. 평정2〉 평정1
c. 평정2=평정1

〈표 12–27〉과 같이 26개보다 작은 12개에 대한 차이들이어서, 이항 유의성 수준(binomial significance level)을 제공한다. 만약 26개 이상 차이들을 구한다면, Z통계량에 대한 유의성 수준이 제공될 것이다.

표 12-27 부호검정 통계량

	평정2–평정1
정확 유의확률(양측)	1.000[b]

a. 부호검정
b. 이항분포를 사용함.

〈표 12–27〉에서 양의 차이들과 음의 차이들의 수가 거의 같으므로, 이 검정결과가 비유의적인 것은 당연한 것이다. 다시 말하자면, 2개월 동안 근무의 질적수준평정은 변화가 없다고 할 수 있다.

2. 관련된 2개 표본들에 대한 Wilcoxon 대응쌍 부호순위검정

Wilcoxon 대응쌍 부호순위검정(matched–pairs signed–ranks test)은 Mann–Whitney검정과 마찬가지로, 2개 관련점수들 집합들 간 순위결정에 의한 차이들의 크기를 고려하고 동일부호들을 가진 차이들의 합계를 구한다.

만약 두 표본들 간에 어떤 차이도 없다면, 양의 차이들의 평균순위는 반드시 음의 차이들의 평균순위와 유사해야 한다.

이제 “McN검정.sav”파일로 나타난 기업위원회 연구의 근평점수가 첫째 달과 둘째 달에 동일하여 “평정1”과 “평정2”가 같은지를 결정하도록 Wilcoxon 대응쌍 부호순위 검정을 다음 절차를 사용하여 수행하기로 하자.

메뉴 바에서 “분석/비모수검정/레거시 대화상자/2-대응표본”을 지정하고, 생성된 대화상자에서 “검정 대응”박스에서 변수 1에 “평정1”을, 변수 2에 “평정2”를 입력한다. 그리고 “Wilcoxon”을 지정 후 “확인”을 클릭한다.

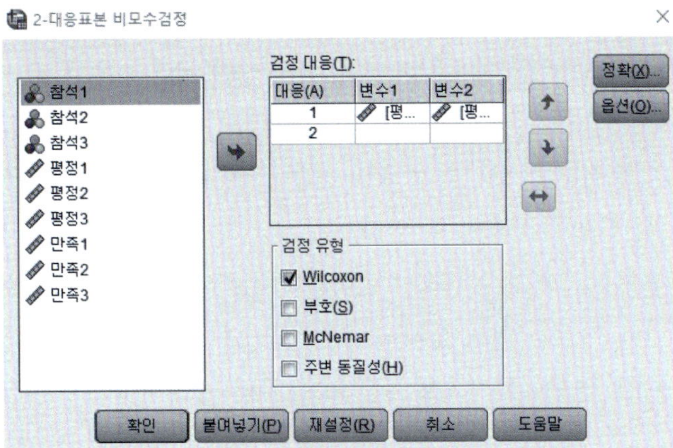

〈표 12-28〉 Wilcoxon 부호순위 검정의 순위표는 음수 및 양수 순위들에 대한 평균순위와 순위합계, 등순위들의 수와 함께 기초가 되는 케이스들의 수를 제공한다.

표 12-28 Wilcoxon 부호순위 검정 : 순위

		N	평균순위	순위합
평정2-평정1	음의 순위	4[a]	5.63	22.50
	양의 순위	5[b]	4.50	22.50
	등순위	3[c]		
	전체	12		

a. 평정2 < 평정1
b. 평정2 > 평정1
c. 평정2 = 평정1

〈표 12-29〉 Wilcoxon 부호순위 검정통계량에서 검정통계량 Z와 그 유의수준을 제공된다. 이러한 검정에서는 동일한 결과를 획득했다.

표 12-29 Wilcoxon 부호순위 검정통계량

	평정2-평정1
Z	.000[b]
근사 유의확률(양측)	1.000

a. Wilcoxon 부호순위 검정
b. 음의 순위의 합계는 양의 순위의 합계와 같습니다.

〈표 12-28〉에서는 2개월째 평정이 1개월째보다 순위가 상승한 양의 순위가 하락한 음의 순위보다 1명이 더 많은 것으로 나타나지만, 〈표 12-29〉의 검정통계량은 0으로 나타나 근무의 질적 수준 평정의 평균순위는 2개월 동안 차이가 없다는 결론에 이르게 한다.

3. 관련된 3개 이상 표본들에 대한 Friedman검정

3개월 동안의 근무의 질적수준 평정들과 같이 3개 이상의 관련표본들의 점수들을 비교하려면, Friedman 2원 분산분석 검정을 사용할 수 있다.

Friedman검정은 각 케이스들의 점수들의 순위를 결정하고, 각 표본에 대한 평균순위점수를 계산한다. 만약 표본들 간에 어떤 차이도 없다면, 그 평균순위들은 유사해야 한다. "McN검정.sav" 파일로 관찰된 기업위원회 연구에서 3개월 동안의 근무의 질적수준들을 비교하도록 다음 절차를 사용할 수 있다.

메뉴 바에서 "분석/비모수검정/레거시 대화상자/K-대응표본"을 지정하고, 생성된 "K-대응표본 비모수검정"대화상자에서 "검정 변수"박스에 "평점1, 평정2, 평정3"을 이동시킨다.

그리고 "K-대응 표본 비모수검정"대화상자의 "검정 유형"박스에서 "Friedman"을 지정 후 "확인"을 클릭한다.

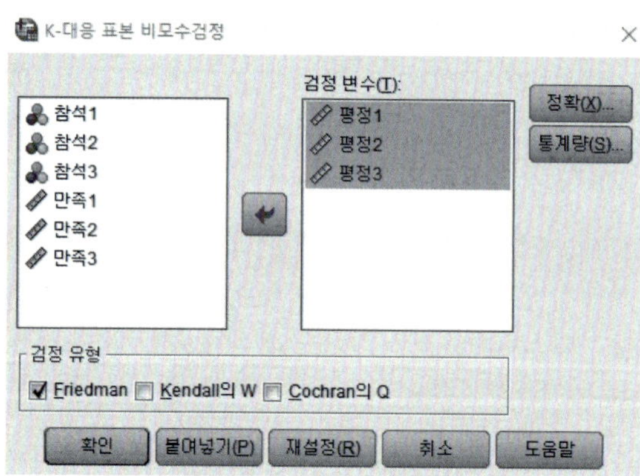

〈표 12-30〉 Friedman검정의 순위표에서 3개 표본들에 대한 평균순위를 보여준다.

표 12-30 Friedman검정 : 순위

	평균순위
평정1	20.4
평정2	2.13
평정3	1.83

그리고 〈표 12-31〉 Friedman검정 통계량표에서는 케이스들의 수, 카이제곱 통계량 및 그 자유도(=표본들 수-1), 그에 따른 근사 유의확률을 제공한다.

표 12-31 Friedman 검정통계량

N	12
카이제곱	.684
자유도	2
근사 유의확률(양측)	.710

a. Friedman 검정

카이제곱 통계량의 근사 유의확률이 0.710으로 5%보다 아주 커서 비유의적이므로, 3개월 동안 근무의 질적수준 평정의 평균순위들에서 어떤 차이도 없다는 결론을 얻을 수 있다.

제13장

카이제곱 적합도 검정과 독립성 검정

01 적합성 검정으로서 카이제곱

02 카이제곱 독립성 검정

03 2×2 교차도표 활용 독립성 검정

04 연관정도 추정계수

카이제곱 검정을 수행하려면 항상 2개 모집단을 사용해야 한다. 하나는 관찰한 참가자들의 빈도에 대응하는 모집단이고, 다른 하나는 귀무가설에 따라 예상되는 참가자들의 빈도에 대응하는 모집단이다.

카이제곱 적합성 또는 독립성 검정을 사용하기 위해서는 여러 조건들이 충족되어야 한다. 통계적 검정들의 가정들이 충족되지 못하는 경우에는 제1종 오류를 범하는 확률에서 왜곡이 발생한다. 카이제곱 검정사용에서 중요한 가정과 제약들은 다음과 같다.

① 관찰치들의 독립성이 보장되어야 한다. 이는 변수들 간의 독립성과는 다르다. 어떤 사람이 2개 이상의 범주로 분류되거나 하나의 범주에 2개 이상 도수를 가질 수 있는 응답을 한다면, 카이제곱 검정은 부적절하다.

② 예상도수 크기는 반드시 5 이상이어야 한다. 어떤 셀이라도 예상도수가 5 미만이면 카이제곱검정을 수행해서는 안 된다. 작은 예상도수 값은 카이제곱 값에 큰 영향을 줄 수 있는데, 5미만인 경우에는 심각하게 큰 영향을 주게 된다. 따라서 작은 예상도수를 회피하도록 큰 표본을 사용하는 것이 좋다.

01 적합성 검정으로서 카이제곱

적합도 검정은 카이제곱 통계량을 이용하여 예측패턴과 결과들 패턴이 일치(적합)하는지 여부를 평가한다. 카이제곱 값들이 0에 근접하도록 작다면 귀무가설이 참인 경우에 우측꼬리에 속하는 큰 값들이 나타날 가능성이 거의 없다. 한편 특이하게 큰 카이제곱 값들은 가설검정의 기각영역을 형성한다.

각 카이제곱분포는 범주들의 수가 아니라 자유도(degrees of freedom) df로 규명한다. 적합성 검정에 대해 자유도 df는 범주들 수에서 1을 차감한 값으로 사용한다. 범주들 수와 자유도 df가 증가할수록 카이제곱 값들은 더 커서 우측으로 이동하는 경향을 갖는다.

"차색상.sav"파일을 열고 사람들에 따라 승용차 선호색상에 대한 차이가 크게 나타나는지를 검정하기로 하자. 파일의 자료는 같은 승용차에 대한 네 가지 색상 적색, 청색, 흑색, 백색을 100명의 참가자들에게 제시하고 선호 색상을 물어보고 응답을 기록한 결과라고 하자.

어떤 선호도 없다면 각 색상들이 균등하게 선택될 것이므로, 4개의 범주여서 각 범주의 선택확률이 p=0.25(=1/4)로 나타날 것으로 예상할 수 있다.

총 100명(N)의 참가자에 대해 각 범주가 Np명인 25(=100×0.25)명의 참가자들에 의해 선택될 것이 예상된다. 실험을 수행한 결과는 적색 48명, 청색 15명, 흑색 10명, 백색 25명의 선택으로 나타났다. 이러한 관측빈도들이 예상빈도들과 유의적으로 다른지를 보기로 하자.

"차색상.sav"파일을 열고 메뉴바에서 "데이터/가중 케이스"를 지정하여, 생성된 "가중 케이스" 대화상자에서 "가중 케이스 지정"을 지정한 후다. "빈도 변수"박스로 "빈도"를 이동시키고 "확인"을 클릭하여 "데이터 편집기"의 우측하단에 "가중 설정"이 표시되도록 한다.

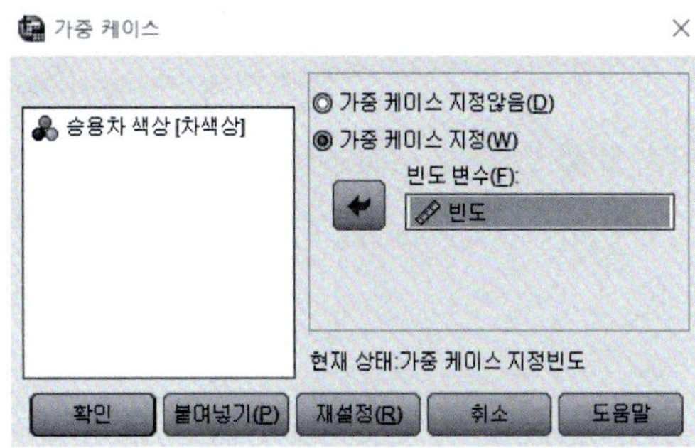

메뉴 바에서 "분석/비모수검정/레거시 대화상자/카이제곱"을 지정하고, 생성된 "카이제곱 검정"대화상자에서 변수리스트를 지정하여 마우스 우측단추로 "변수이름 표시"로 전환시킨다.

그리고 "검정 변수"박스에 "차색상"을 이동시키고, 자료가 가중 케이스방법으로 입력되어 있어 빈도변수는 더 이상 필요하지 않으므로 그대로 둔다. 그리고 "기대값" 박스에서 "모든 범주가 동일"을 지정하고 "확인"단추를 클릭한다.

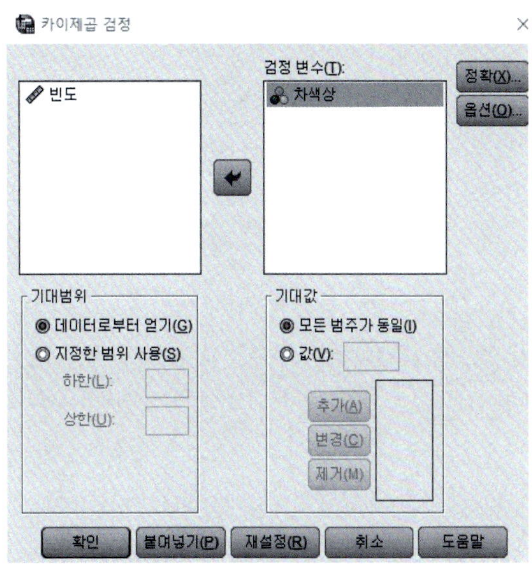

출력결과는 〈표 13-1〉과 같이 4개 색상에 대한 관측빈도와 기대빈도 및 그들 간의 잔차를 제공

표 13-1 카이제곱 검정 : 빈도

승용차 색상

	관측빈도	기대빈도	잔차
적색	48	25.0	23.0
청색	15	25.0	-10.0
흑색	10	25.0	-15.0
백색	27	25.0	2.0
전체	100		

한다. 관측빈도는 각 색상을 선호하는 사람들의 수를 표시하고, 기대빈도는 귀무가설이 참인경우에 각 색상을 선택할 것으로 예상되는 사람들의 수를 나타낸다. 그리고 이는 잔차열을 조사하면 확인된다.

잔차 값들은 백색승용차의 선호에서만 관측빈도가 기대빈도와 일치하는 것을 나타낸다. 청색 및 흑색승용차들은 모두 기대빈도에 미달하여 잔차는 음의 값으로 나타나는 반면에, 적색승용차는 기대빈도를 23만큼 초과한다.

수집자료를 통해 발견된 분포가 기대패턴과 다른지 여부를 평가하도록 검정 통계량표를 검토할 필요가 있다. 〈표 13-2〉의 카이제곱 검정 통계량결과는 다음과 같이 표시할 수 있다.

$$x^2=34.32,\ df=3,\ p=0.000<0.001$$

표 13-2 카이제곱 검정 통계량

	승용차 색상
카이제곱	34.320[a]
자유도	3
근사 유의확률	.000

a. 0개의 셀 (0.0%)은(는) 5보다 작은 기대빈도를 가집니다.
기대빈도 셀값 중 최소값은 25.0입니다.

카이제곱 통계량의 p값이 5%보다 아주 작고 1%보다도 작아, 1% 수준에서도 관측빈도와 기대빈도 간에는 유의적 차이가 있다는 결론을 내릴 수 있다. 그러므로 귀무가설을 기각할 수 있어, 4개 색상들은 균등하게 선호되지 않는다는 판단을 할 수 있다.

이상과 같이 적합성 카이제곱 검정(chi-square goodness of fit test)은 자료를 가설모형에 일치시킬 수 있게 해주고, 예상 응답패턴과 질문을 비교할 수 있도록 하는 역할을 한다.

02 카이제곱 독립성 검정

"조세견해.sav"파일의 자료를 사용하여 범주변수들 간 연관성이 존재하는지를 검정하기로 하자.

메뉴 바에서 "데이터/가중 케이스"를 지정하고, 생성된 "가중 케이스"대화상자에서 변수리스트를 "변수이름 표시"로 전환시킨다. 그리고 "가중 케이스"대화상자에서 "가중 케이스 지정"을 지정하고 "빈도 변수"박스에 "응답횟수"를 이동시켜 "확인"을 클릭한다.

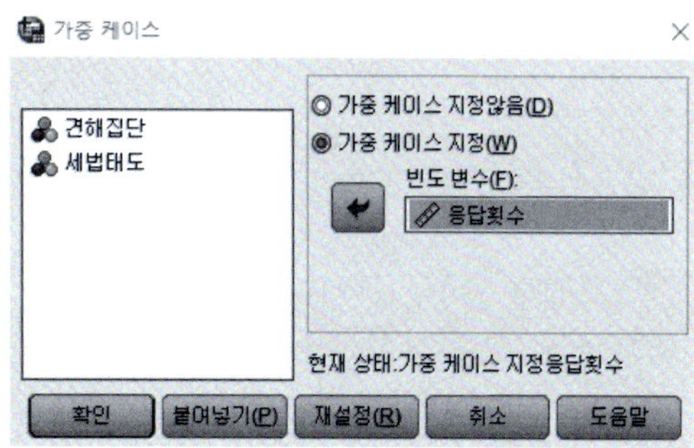

메뉴 바에서 "분석/기술통계량/교차분석"을 지정한다. 생성된 "교차분석"대화상자에서 변수리스트를 "변수이름 표시"로 전환하자.

"교차분석"대화상자에서 영향변수와 영향을 받는 변수를 결정하여 행과 열에 위치시키도록, 영향변수(influencing variable)를 "견해집단"으로 설정하자.

엄격한 규칙은 없지만, 일반적인 경험법칙은 영향변수를 열에 위치시켜 결과물이 나타날 때 표를 열에 따라 아래로 읽기보다는 가로로 표를 읽는 것이 편리하다는 관습을 따르는 것이다.

그래서 "교차분석"대화상자에서 행박스에는 "세법태도"를, 열박스에는 "견해집단"을 이동시킨다.

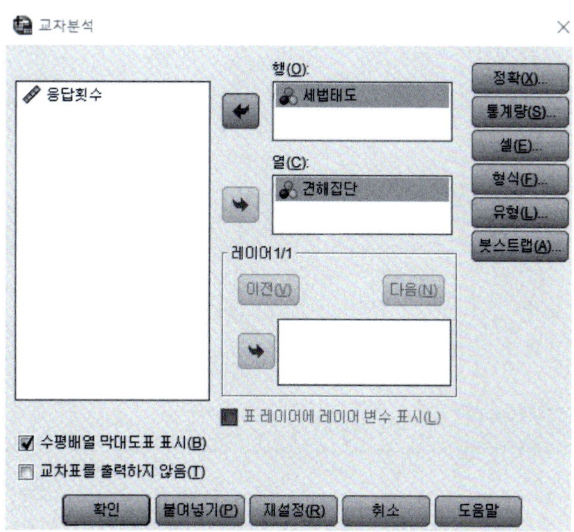

교차도표의 발견사항들을 나타내는 가장 적절한 방식은 묶은 막대차트(clustered bar chart)이며, 이는 절차의 통합부분에서 생성될 수 있다. 이러한 차트를 작성하려면 "묶은 가로 막대형 차트 표시"를 클릭한다.

만약 자료집합을 "데이터/케이스 가중"을 지정한 상황이라면, 열(빈도)에서 제3의 변수가 나타날 것이다. 그렇지만 이러한 제3의 변수를 무시하고 2개 변수들만을 선택하여 수행한다.

"통계량" 단추를 클릭하여 생성된 "교차분석: 통계량" 대화상자에서 "카이제곱"을 지정 후 "계속"을 클릭한다.

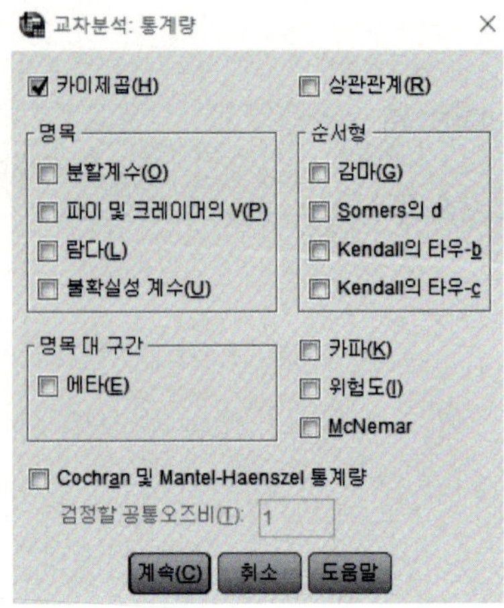

교차도표 및 카이제곱을 수행하는 것은 어떤 범주에 있는 사람들 수(관측빈도)와 귀무가설이 참인 경우에 그 범주에 있을 것으로 예상되는 사람들의 수(예상빈도)를 비교하는 것이다.

이러한 비교를 위해 "셀" 단추를 클릭하고, 생성된 "교차분석: 셀 표시"대화상자에서 관측빈도와 기대빈도를 지정한다. 그리고 영향변수를 위치시킨 열에 백분율로 나타내도록 "퍼센트: 열"을 지정하고 "계속"을 클릭한다.

다시 "교차분석"대화상자에서 "확인"을 클릭한다.

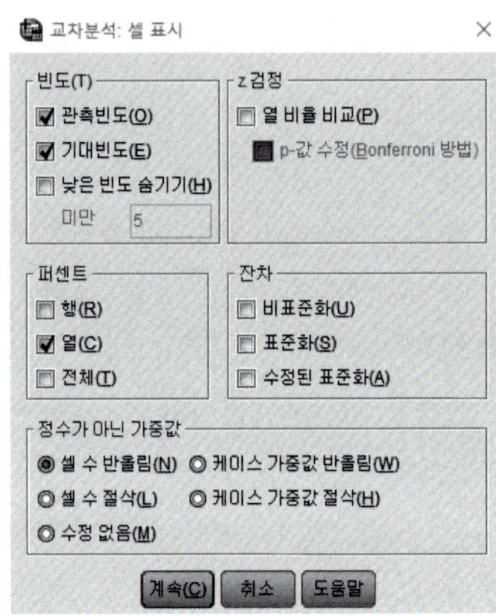

1. 카이제곱 독립성 수행결과표의 해설

〈표 13-3〉의 케이스처리 요약은 어떤 결측값도 없어 두 변수들 간의 연관에 대한 판단을 하는

표 13-3 케이스처리 요약

	케이스					
	유 효		결 측		전 체	
	N	퍼센트	N	퍼센트	N	퍼센트
세법안 찬반형태 *관점집단구분	200	100.0%	0	0.0%	200	100.0%

표 13-4 세법안 찬반형태*관점집단구분 교차표

			관절집단구분		
			보수	진보	전체
세법안 찬반형태	반대	빈도	30	50	80
		기대빈도	48.0	32.0	80.0
		관점집단구분 중 %	25.0%	62.5%	40.0%
	모름	빈도	12	12	24
		기대빈도	14.4	9.6	24.0
		관점집단구분 중 %	10.0%	15.0%	12.0%
	찬성	빈도	78	18	96
		기대빈도	57.6	38.4	96.0
		관점집단구분 중 %	65.0%	22.5%	48.0%
전체		빈도	120	80	200
		기대빈도	120.0	80.0	200.0
		관점집단구분 중 %	100.0%	100.0%	100.0%

경우에는 모두 200명의 참가자들을 고려하는 것을 반영하여 준다.

〈표 13-4〉 세법안 찬반형태*관점집단구분 교차표는 차원 2×3의 교차표이다. 빈도는 설문조사에서 실제로 획득된 실제빈도 개수들이며, 기대빈도는 귀무가설이 참(빈도들 분포가 완전히 확률적)인 경우에 이러한 조합에서 발견할 것으로 예상하는 빈도개수들이다.

범주들의 수가 같지않아 자료표현에 %를 사용하는 것이 더 좋다. 각 열들에 표시된 %들을 합하면 100%가 되고, 이러한 열들은 영향변수인 견해집단(정치적 입장)이다.

진보에서 18명이 조세법안을 찬성하는데 이는 진보당 전체 80명의 22.5%를 차지한다. 총계 열에서 전체 %는 각 선호범주에 속하는 모집단의 비율을 나타낸다. 전체 모집단의 48.0%가 정치입장과는 무관하게 조세법안을 찬성한다.

〈표 13-4〉에서 영향변수를 열에 위치시켰기 때문에 열로 %들을 합계를 하여, %들 간의 차이가 있는지를 확인하도록 가로로 표를 읽는다. 만약 차이가 나타난다면, 변수들 간에 연관이 있을 수 있다는 것을 말해준다. 이러한 연관존재의 유의성은 〈표 13-5〉의 카이제곱 검정 통계량으로 평가한다.

보수당의 65%가 조세법안을 찬성하는 반면에, 진보당의 22.5%가 조세법안을 찬성한다. 이러한 추세는 조세법안 반대에서는 역전되어, 보수당의 25%가 조세법안을 반대하고 진보당의 62.5%가 조세법안을 반대한다. "모름"으로 대답한 그룹은 정치적 입장에서 보수 10%와 진보 15%로 합리

표 13-5 카이제곱 검정

	값	자유도	근사 유의확률(양측 검정)
Pearson 카이제곱	35.938[a]	2	.000
우도비	37.429	2	.000
선형 대 선형결합	34.989	1	.000
유효 케이스 수	200		

a. 0셀(0.0%)은(는) 5보다 작은 기대 빈도를 가지는 셀입니다. 최소 기대빈도는 9.60입니다.

적으로 균등하게 분리되어 있다.

〈표 13-5〉의 카이제곱 검정표를 검토하면 빈도패턴의 차이가 유의적인지의 여부를 확신할 수 있다. 교차도표에 의해 기술된 연관성이 유의적인 연관인지의 여부를 결정하기 위해 보통 선택된 검정통계량은 Pearson 카이제곱이다.

〈표 13-5〉에서 Pearson 카이제곱은 2의 자유도를 갖는 35.938이며, $p=0.000<0.001$수준에서 유의적이다. 이러한 카이제곱의 결과들은 다음과 같이 보고한다.

$$x^2=35.938,\ df=2,\ p=0.000<0.001$$

〈표 13-5〉에서 카이제곱 통계량은 점근 유의수준(양면)으로 표시되는 비방향성 가설(non-directional hypothesis)을 가정한다. 여기서 점근 유의수준은 p값 계산으로 구한 근사치이다.

〈표 13-5〉에서 우도비(Likelihood Ratio)는 다른 방법을 채택하는 카이제곱에 대한 대안적 검정이다. 보통 카이제곱 결과를 사용하지만 표본크기가 작은 경우에는 가끔 이러한 통계량을 선호한다. 선형 대 선형결합(Linear-by-Linear Association)은 범주들이 서열이고 추세를 모색하려는 경우에 사용된다.

카이제곱 검정의 하단의 주석은 교차도표의 각 셀들이 5보다 작은 기대빈도(예상개수)를 갖는지의 여부를 나타낸다. 2×2표에 대해 SPSS는 자동적으로 연속성 수정(continuity correction)을 수행한다. 차원이 더 큰 표에 대해 5 미만의 값들을 많이 갖는다면 개별 셀 크기를 증가시키도록 셀들을 통합할 수 있다.

그림 13-1 묶은 가로막대도표

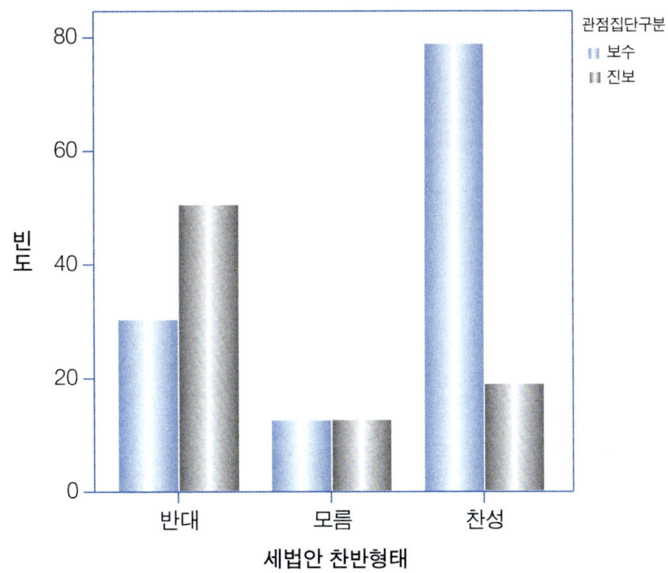

2. 묶은 가로막대형 차트의 활용

〈그림 13-1〉의 묶은 가로막대형 차트는 자료의 표현에 도움을 준다. 빈도들의 패턴이 2개 정치적 입장들에 대해 어떻게 다른지를 볼 수 있다.

사용자 정의 표(Custom Tables) 명령어로 〈표 13-4〉 및 〈표 13-5〉를 통한 분석을 수행할 수 있다.

메뉴 바에서 "분석/표/사용자 정의 표"를 지정하여 생성된 다음 대화상자에서 "확인"단추를 클릭한다.

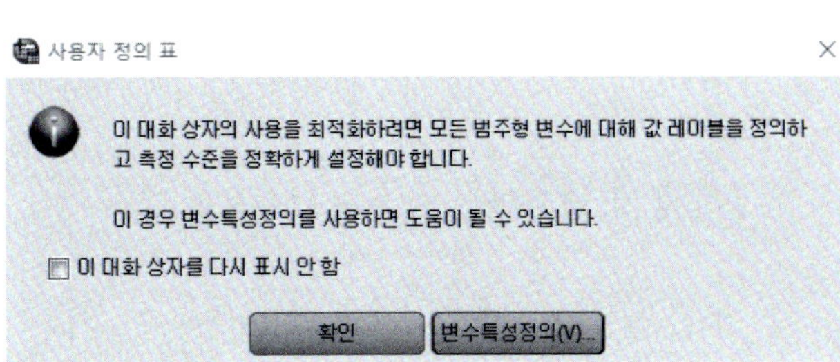

생성된 "사용자 정의 표" 대화상자에서 변수리스트를 "변수이름 표시"로 전환시킨다.

"사용자 정의 표"대화상자에서 "세법태도"를 행으로, "견해집단"을 열로 끌어 위치시킨다.

"사용자 정의 표"대화상자에서 왼쪽 하단에 있는 "정의" 박스의 "범주 및 합계"단추를 클릭하고, 생성된 "범주 및 합계" 대화상자에서 상단의 레이블에서 "선택한 변수: 관점집단구분"과 같이 수정변수를 선택한 것을 파악한다.

그리고 "범주 및 합계" 대화상자에서 우측의 "표시"박스 란에서 "총계"박스를 클릭하고, "적용"단추를 클릭한다.

다시 "사용자 정의표" 대화상자의 위에 있는 "검정 통계량"탭을 선택한다. 중간에 있는 "독립성 검정(카이제곱)"박스를 지정하여 카이제곱검정을 수행하도록 지시하고, "확인"단추를 클릭한다.

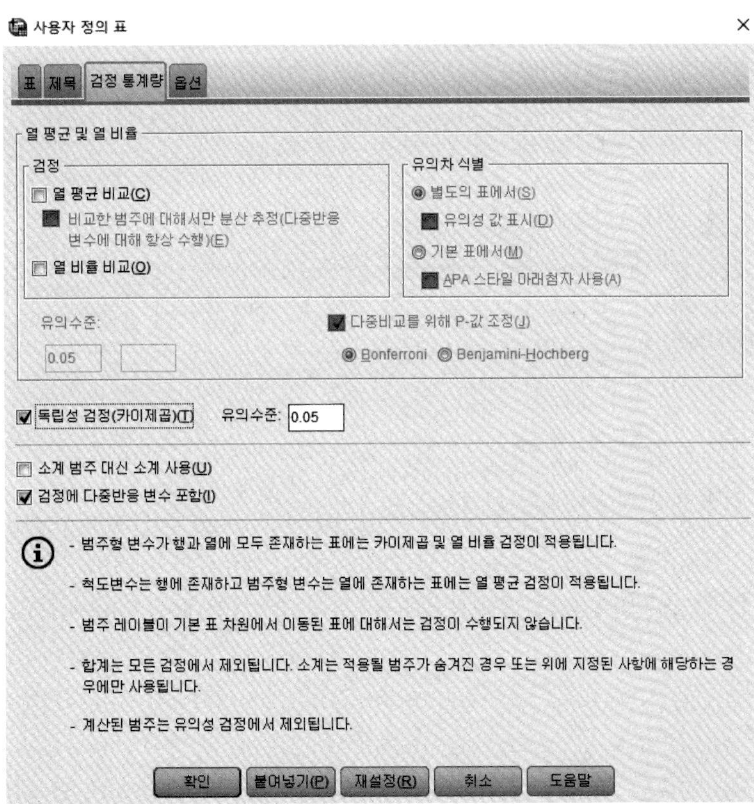

표 13-6 사용자 정의 표 : 표1

		관점집단구분		
		보수빈도	진보빈도	총계빈도
세법안 찬반형태	반대	30	50	80
	모름	12	12	24
	찬성	78	18	96

〈표 13-6〉 사용자 정의 표에서 표1은 〈표 13-4〉와 유사하다.

〈표 13-7〉은 〈표 13-5〉와 유사하다. 이러한 "사용자 정의 표"는 단순하게 카이제곱결과들의 집합만을 포함하므로, 교차분석표보다 다루기가 쉬어 선호하는 사람들이 있다.

표 13-7 Pearson 카이제곱 검정

		관점집단구분
세법안 찬반형태	카이제곱	35.938
	자유도	2
	TPL 유의확률	.000*

결과는 가장 안쪽에 있는 각 부표의 비어 있지 않은 행과 열을 기준으로 합니다.
*. 카이제곱 통계량은 .05수준에서 유의합니다.

03 2×2 교차도표 활용 독립성 검정

2×2 교차도표를 갖는 경우에 SPSS는 카이제곱 수행에 대해 Fisher의 정확검정과 연속성 보정을 추가로 제공한다.

"연속극지역.sav"파일은 국내에서 다른 지역들에서 TV시청 습관에 대한 설문조사를 2개의 가장 유명한 연속극인 "전원생활"과 "도시구역"에 대한 시청자 수를 비교하여 수행한 결과를 나타낸다. 이러한 조사는 사람들 선호와 자신들 거주지역 간의 연관이 있는지를 남부와 북부에 대해 파악하려는 것이다.

카이제곱 검정으로 연관성을 규명하기 위해, 메뉴바에서 "데이터/가중치 케이스"를 지정하고, 변수리스트에 대해 "변수이름 표시"로 전환시킨 후에, "빈도"에 대한 가중 케이스지정을 수행하자.

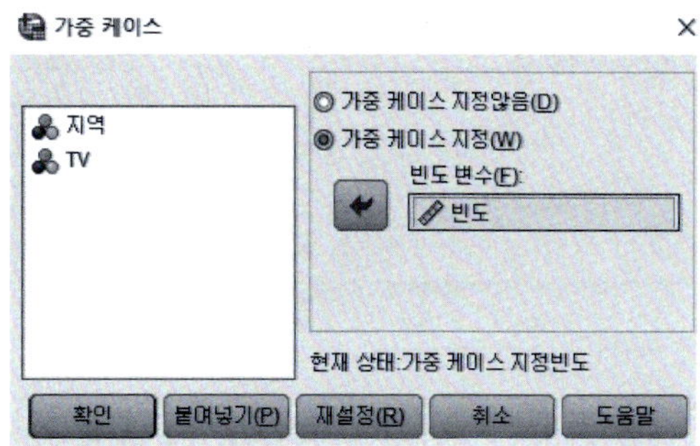

"분석/기술통계량/교차분석"을 지정하고, 생성된 "교차분석" 대화상자에서 변수리스트를 "변수이름 표시"로 전환시킨 후 "열"박스로 "지역"을, "행"박스로 "TV"를 이동시키고, "수평배열 막대도표 표시"를 지정한다.

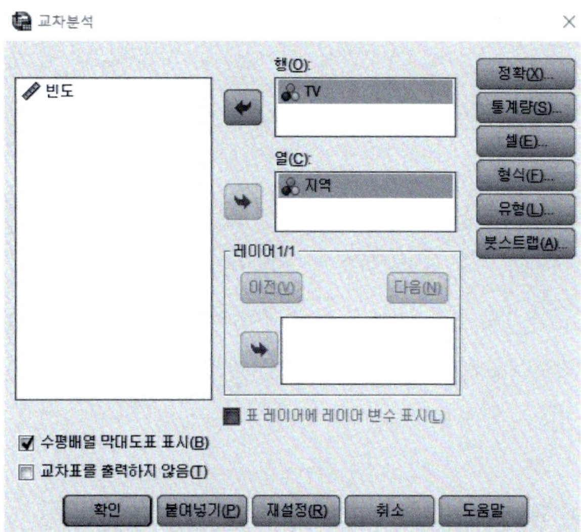

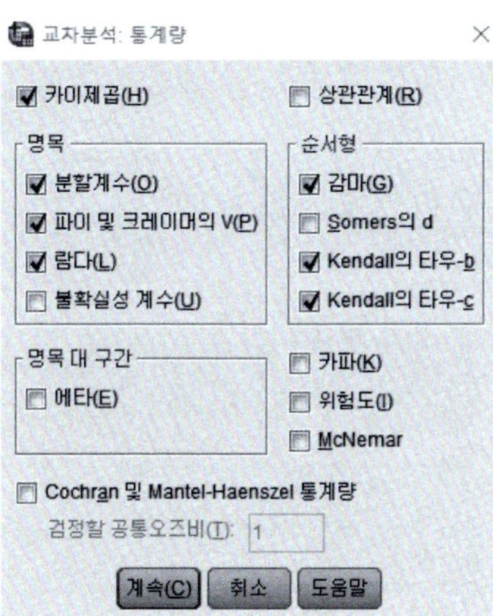

"통계량"단추를 클릭하여 "카이제곱"을 지정하고, "명목"박스에서 "분할계수, 파이 및 크레이머의 V, 람다"를, "순서형"박스에서 "감마, Kendall의 타우 b, c"를 선택한 후에 "계속"을 클릭한다.

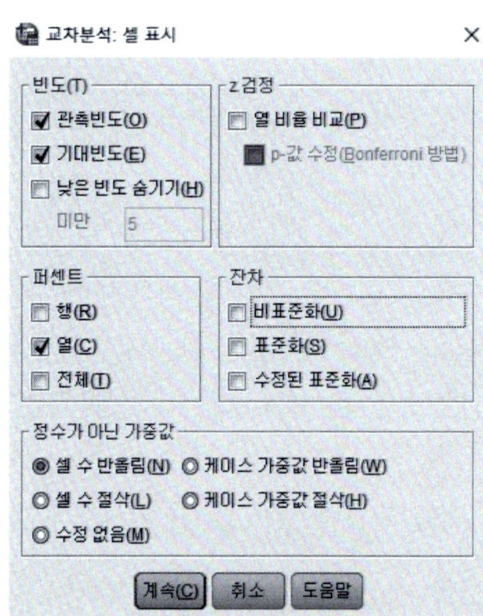

그리고 "셀"단추를 클릭하여 생성된 "교차분석: 셀 표시"대화상자에서 "관측빈도, 기대빈도"를, 그리고 "퍼센트: 열"을 지정한 후에 "계속"을 클릭한다.

표 13-8 케이스처리 요약표

	케이스					
	유 효		결 측		전 체	
	N	퍼센트	N	퍼센트	N	퍼센트
연속 극명칭*거주지역	26	100.0%	0	0.0%	26	100.0%

"교차분석" 대화상자에서 "확인"을 클릭한다.

〈표 13-8〉의 케이스처리 요약표는 26명의 응답자 모두에 의해 결측치가 없이 두 변수들 간의 연관에 대한 판단을 할 수 있다는 것을 반영하여 준다.

〈표 13-9〉의 2×2 교차분석표에서 거주지역과 선호연속극 간에는 연관이 있는 것으로 나타나는 것을 볼 수 있다. 북부에 사는 사람들은 "전원생활"을, 남부에 사는 사람들은 "도시구역"을 더 좋아하는 것으로 비중이 크게 다르게 나타났다.

이러한 선호현상은 남부보다 북부가 더 큰 비율로 선호 연속극을 보여주고 있다. 그런데 전반적으로 "도시구역"보다 "전원생활"이 더 선호되는 연속극이어서 그 차이가 유의적인지에 대해서는 검정통계량으로 파악할 필요가 있다.

표 13-9 연속극명칭* 거주지역 교차표

			거주지역		
			남부	북부	전체
연속 극명칭	전원생활	빈도	5	10	15
		기대빈도	7.5	7.5	15.0
		거주지역 중 %	38.5%	76.9%	57.7%
	도시구역	빈도	8	3	11
		기대빈도	5.5	5.5	11.0
		거주지역 중 %	61.5%	23.1%	42.3%
전체		빈도	13	13	26
		기대빈도	13.0	13.0	26.0
		거주지역 중 %	100.0%	100.0%	100.%

〈표 13-10〉의 카이제곱 검정 통계량표는 연속성 수정과 Fisher의 정확검정을 추가로 제공하고 있다.

표 13-10 카이제곱 검정

	값	자유도	근사 유의확률(양측 검정)	정확 유의확률(양측 검정)	정확 유의확률(단측 검정)
Pearson카이제곱	3.939[a]	1	.047		
연속성 수정[b]	2.521	1	.112		
우도비	4.057	1	.044		
Fisher의 정확검정				.111	.055
선형 대 선형결합	3.788	1	.052		
유효 케이스수	26				

a. 0셀(0.0%)은(는) 5보다 작은 기대빈도를 가지는 셀입니다. 최소 기대빈도는 5.50입니다.
b. 2x2 표에 대해서만 계산됨

교차분석표에 의해 표시된 연관이 유의적인지의 여부를 결정하도록 보통 선택되는 검정통계량은 Pearson 카이제곱이다. 여기서 Pearson 카이제곱은 1의 자유도를 가진 3.939이며, p값은 0.047로 5%보다 작다. 따라서 두 지역들에서 유의적으로 다른 시청패턴이 존재한다는 결론을 내릴 수 있다. 이러한 결과는 다음과 같이 작성한다.

$$x^2=3.939,\ df=1,\ p=4.7\%<5\%$$

〈표 13-10〉에서와 같이 아주 작은 값들의 검정통계량들을 갖는 2×2표이며, Pearson 카이제곱의 값의 확률은 유의수준에 근접하므로 이러한 결과는 주의해서 해석해야 한다.

2×2표에 대해 제시된 연속성 보정은 Yates의 보정을 수행한다. 이는 보수적 조정이며 이러한 보정의 사용은 논쟁거리가 되어 자주 추천되지 않는다. 〈표 13-9〉에서 "도시구역*북부"셀은 빈도가 3으로 5 미만의 빈도가 있어, 이러한 2×2표에 대해서는 이보다는 Fisher의 정확검정을 사용하는 것이 좋다.

Fisher의 정확검정은 교차분석표에서 빈도분포들의 모든 가능한 조합들의 계산을 기초로 정확확률을 계산한다. 더 큰 교차도표에 의해 제공되는 빈도분포들의 가능한 조합들의 증가로 인해 이는 2×2표에 대해서만 계산된다. 실제 확률이 계산되므로 이는 자주 보다 보수적이다. 여기서는 Pearson카이제곱이 3.939이며, 이는 4.7%의 p값의 확률을 제공한다. 그렇지만 Fisher의 정확검정을 기초로 하는 계산에서는 p=0.111이다.

우도비율은 다른 방법을 채택하는 카이제곱에 대한 대안적 검정이다. 보통 카이제곱 결과를 사용하지만, 우도비율은 표본크기가 작은 경우에 가끔 선호된다.

선형 대 선형결합은 범주들이 서열인 경우에 사용된다. 이는 또한 카이제곱 검정통계량과 동일한 방식으로 해석된다.

근사 유의수준은 SPSS에 의해 지정확률로 계산되며, 크고 적절히 분포된 자료집합에 대해 적절한 근사치이다. 그러나 여기서는 표본크기가 작아 연관성의 없다는 귀무가설은 Fisher의 정확검정에 따르면 기각될 수가 없다.

04 연관정도 추정계수

"교차분석: 통계량"대화상자에서 카이제곱 이외에도 여러 연관추정계수들을 다음과 같이 지정하였다. 이러한 결과는 〈표 13-11〉의 방향성 측도와 〈표 13-12〉의 대칭적 측도로 나타난다.

〈표 13-11〉에서 람다계수(Lambda coefficient)는 교차표에서 연관의 강도를 검정하는데 사용된다. 변수들은 명목수준으로 측정된다고 가정한다. 람다는 0(연관 없음)부터 1(이론적 최대가능 연관)까지의 범위를 갖는다. 비대칭적 람다(Asymmetric lambda)는 종속변수예측에서의 개선비율을 측정하고, 대칭적 람다(Symmetric lambda)는 예측을 두 방향 모두로 수행하는 경우의 개선비율을 측정한다.

표 13-11 방향성 측도

			값	근사 표준오차[a]	근사T값[a]	근사 유의확률
명목척도 대 명목척도	람다	대칭적	.333	.226	1.342	.180
		연속 극명칭 종속	.273	.280	.843	.399
		거주지역 종속	.385	.234	1.334	.182
	Goodman과 Kruskal타우	연속 극명칭 종속	.152	.140		.052[c]
		거주지역 종속	.152	.139		.052[c]

a. 영가설을 가정하지 않음.
b. 영가설을 가정하는 점근 표준오차 사용
c. 카이제곱 근사값을 기준으로

여기서 대칭적 람다의 근사 유의확률은 0.180으로 5%를 초과하여 연관성을 평가하는데 유의적으로 사용할 수 없다.

〈표 13-12〉의 대칭적 측도에서 파이계수, Cramer의 V, 분할계수 모두 5% 수준에서 유의적으로 두 변수의 연관성을 설명한다.

표 13-12 대칭적 측도

		값	근사 표준오차[a]	근사T값[b]	근사 유의확률
명목척도 대 명목척도	파이	−.389			0.47
	Cramer의 V	.389			.047
	분할계수	.363			.047
순서척도 대 순서척도	Kendall의 타우-b	−.389	.179	−2.155	.031
	Kendall의 타우-c	−.385	.178	−2.155	.031
	갈마	−.684	.232	−2.155	.031
유효케이스 수		26			

a. 영가설을 가정하지 않음
b. 영가설을 가정하는 접근 표준오차 사용

첫째, 파이계수(Phi coefficient)는 두 변수들이 모두 이항변수들인 경우에 결합정도를 측정하는 데 사용한다. 이러한 측도는 그 해석이 상관계수와 유사하다. 대부분의 자료가 대각선 셀들을 따라 배열되면 두 이항변수들은 양의 결합을 갖는 것으로 고려되고, 대각선을 벗어나 배열되면 음의 결합을 갖는 것으로 간주된다.

0.90 및 0.95 또는 0.10 및 0.05에 근접한 비율들의 경우와 같이 범주들이 극히 불균등하면 정규성 및 동일성의 가정들은 파기될 수 있다. 이러한 경우에 파이계수는 유의적으로 축소된다. 상관의 파이계수 맥락에서는 선형선 가정은 파기될 수 없다.

둘째, 분할(유관)계수(contingency coefficient) C는 교차표에서 속성들 간의 연관정도를 반영하며, 0(결합 없음)부터 1(이론적 최대가능 결합)까지의 범위를 갖는다. 카이제곱은 어떤 두 속성 간의 결합의 유의성을 검정하지만, 결합정도를 제공하지 않는다. 그래서 카이제곱 값이 유의적이라면, 속성들 간의 결합정도를 알기 위해서는 분할계수 C를 계산해야 한다. 분할표에서 모든 빈도들의 합 N에 대해 분할계수 C는 다음과 같다.

$$C = \sqrt{\frac{x^2}{x^2 + N}} \quad (13\text{-}1)$$

셋째, Cramer의 V는 파이계수의 변형으로 행들 및 열들의 수에 대해 조정되며, 속성들 간의 결합강도를 측정한다. Cramer의 V는 0(결합 없음)부터 1(이론적 최대가능 결합)까지의 범위를 갖는다.

한편 순서척도로의 결합을 설명하는 Kendall 타우 b(Tau b) 및 타우 c(Tau c)와 감마 모두 근사 유의확률이 5% 미만이어서 모두 5% 수준에서 유의적으로 두 변수의 결합을 설명한다.

첫째, Kendall 타우 b(Tau b) 및 타우 c(Tau c)는 모두 두 변수들이 모두 서열수준으로 측정되는 경우에 교차표의 결합강도를 검정한다. 검정 타우 b 및 타우 c 모두 결합에 대한 조정을 하지만, 타우 b는 정사각형 분할표에 대해 가장 적합한 반면에 타우 c는 직사각형 분할표에 대해 가장 적합하다. 그 값들은 −1(100% 음의 결합 또는 완전역전)부터 +1(100% 양의 결합 또는 완전일치)까지의 범위를 가질 수 있다. 0의 값은 결합없음을 표시한다.

둘째, 감마(Gamma)는 두 변수들이 모두 서열수준으로 측정되는 경우에 교차표의 결합강도를 검정하는데 사용된다. 표의 크기 또는 결합에 대한 어떤 조정도 하지 않는다. 감마는 −1(100% 음의 결합 또는 완전역전)부터 +1(100% 양의 결합 또는 완전일치)까지의 범위를 가질 수 있다. 0의 값은 결합부재를 표시한다.

제14장

상관분석과 선형회귀

01 산점도

두 변수의 자료점들이 확률적으로 산포된 경우에는 일반적으로 두 변수들 간에는 어떤 상관도 없다. 비록 산점도가 설명에 도움을 주는 상관관계를 표시하지만 산점도는 원래 점수를 보여준다.

그래서 실제 자료가 아니라 순위점수를 사용하는 비모수분석들인 Spearman 상관계수 및 Kendall tau-b 상관계수와 산점도를 함께 사용하지 않아야 한다.

산포도를 작성하는 경우 최우량 적합선(line of best fit)인 회귀선을 SPSS로 도출할 수 있다.

"공부상관.sav"파일을 지정하여 열기를 한다. "그래프/도표 작성기"를 지정하고, 생성된 "도표 작성기"대화상자에서 "변수특성정의"단추로 변수의 측도수준을 결정할 수 있다. 보통 측도수준을 결정하여 도표작성을 수행하므로, "확인"단추를 클릭한다.

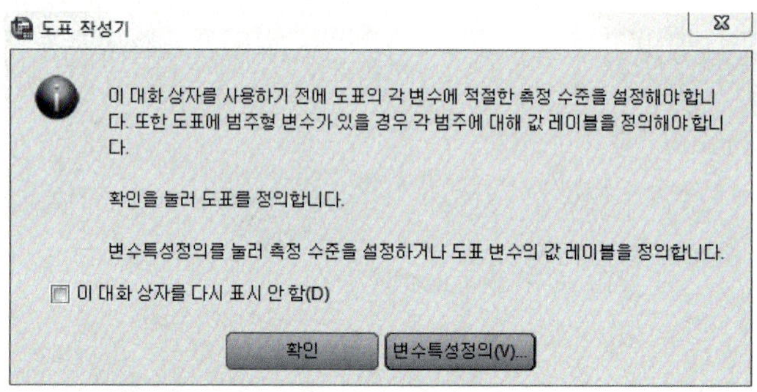

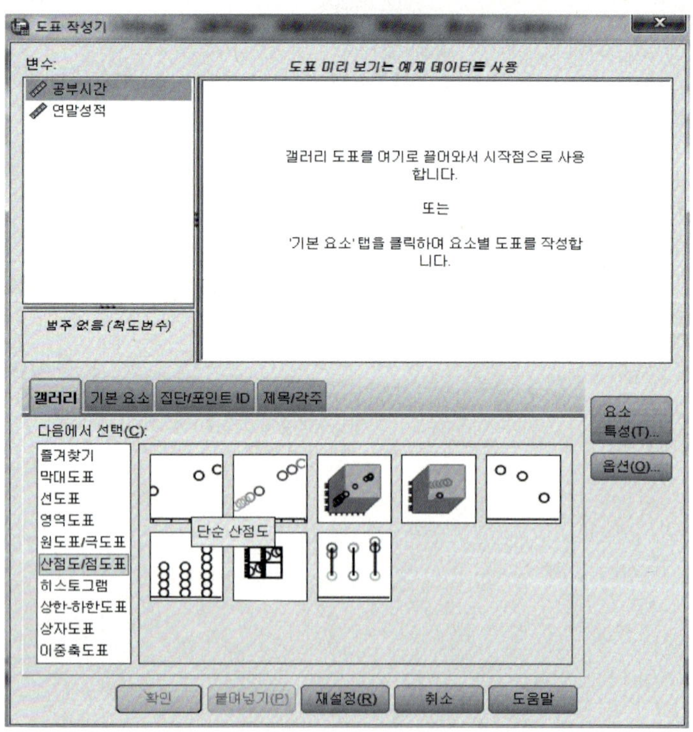

"도표 작성기" 대화상자가 나타난다. 변수리스트에서 "변수이름 표시"로 전환을 한 후에 왼쪽에서 "산점도/점도표"를 선택하고, 우측의 그림들 중에서 제일 왼쪽 위(단순 산점도)를 선택하여 더블클릭을 한다. "도표 작성기" 대화상자에 "요소 특성"창이 추가로 생성된다.

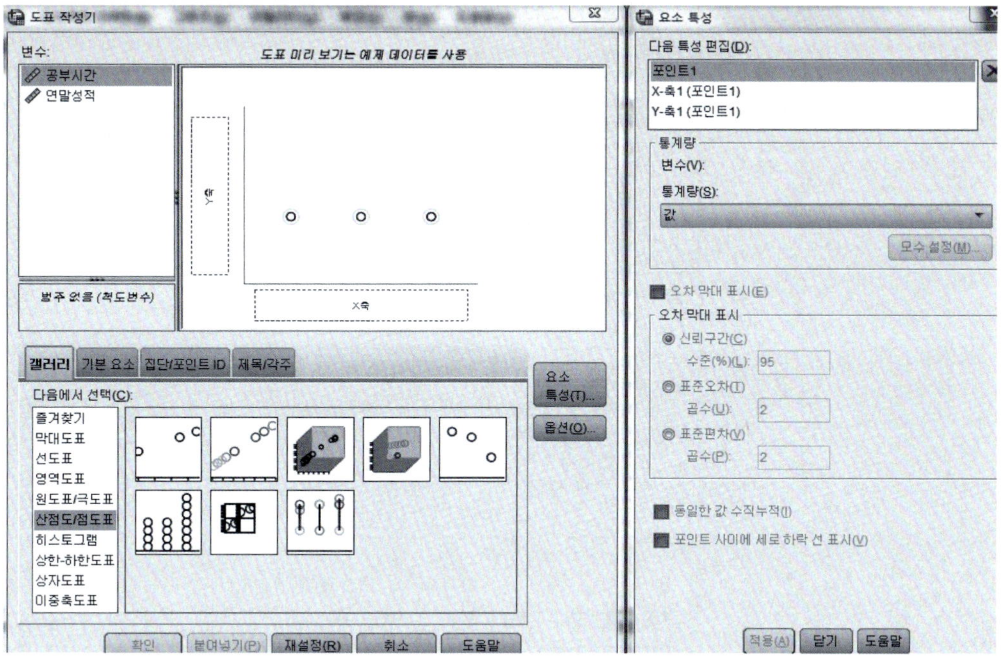

공부시간"은 X축으로, "연말성적"은 Y축으로 이동시킨다. 그리고 "확인"을 클릭한다.

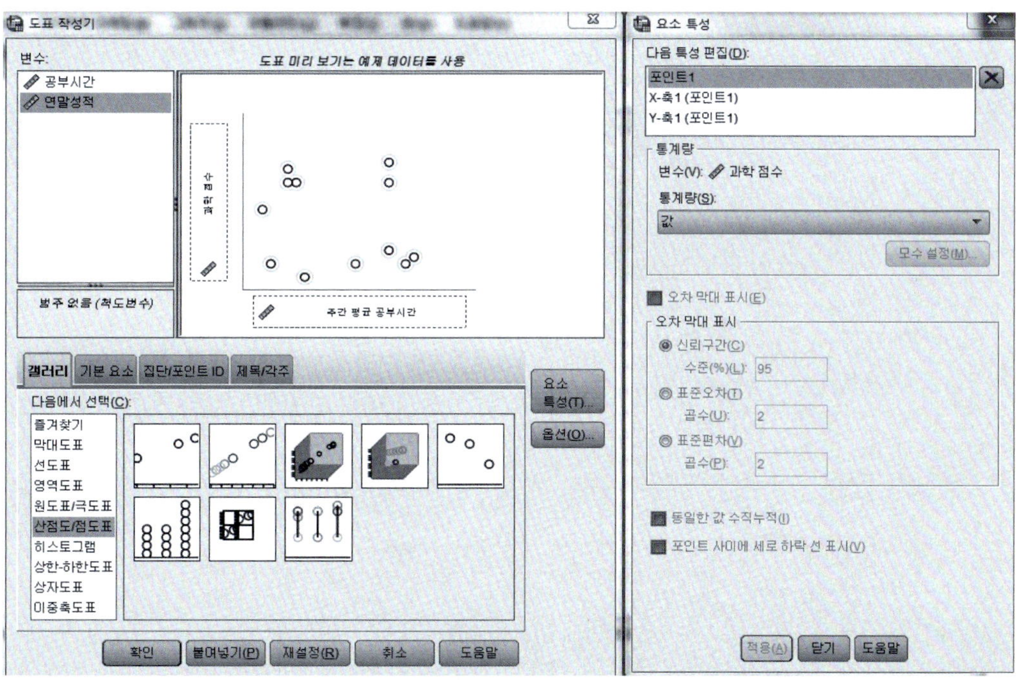

〈그림 14-1〉과 같이 단순 산점도가 도출된다. 여기서 양의 선형관계를 파악할 수 있다. 이제 보다 정확한 판단을 할 수 있도록 회귀선을 추가하도록 그림을 더블클릭하여 "도표 편집기"를 생성한다.

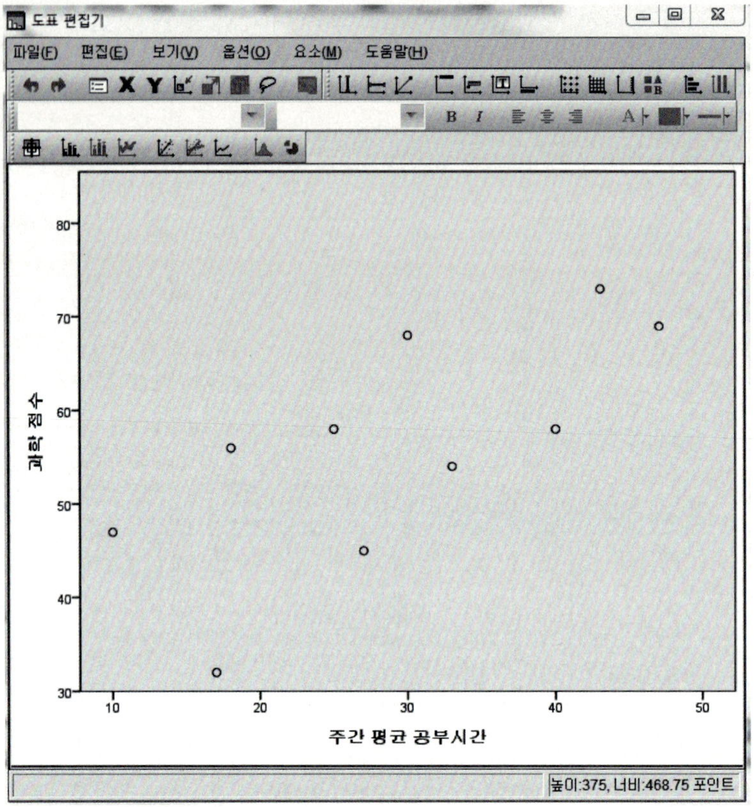

그림 14-1 단순 산점도

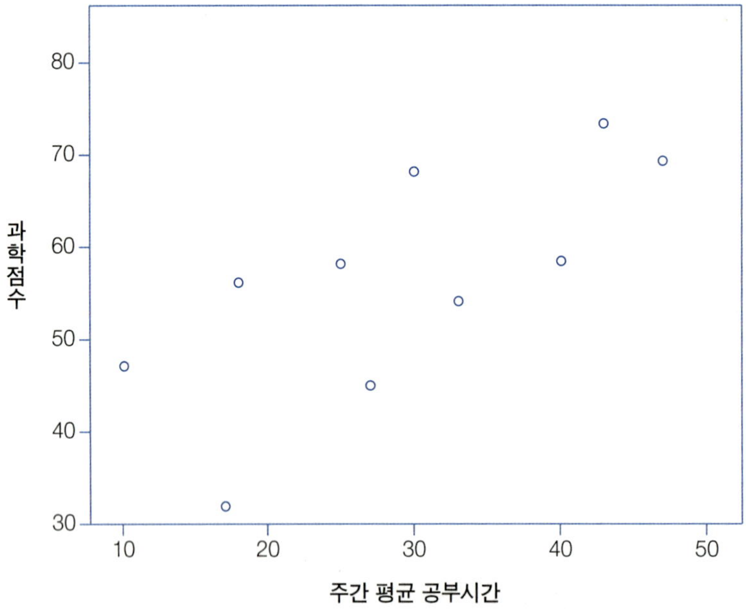

"전체 회귀선 적합 추가" 아이콘 "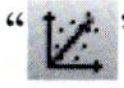"을 클릭하면 ["요소/전체 회귀선 적합"을 지정하면], "특성"대화상자가 나타난다. "회귀선 적합"에서 "적합 방법:선형"을 지정하고, "선에 레이블 추가"를 확인한 후에 "닫기"를 클릭한다. 그리고 "도표 편집기"를 닫는다.

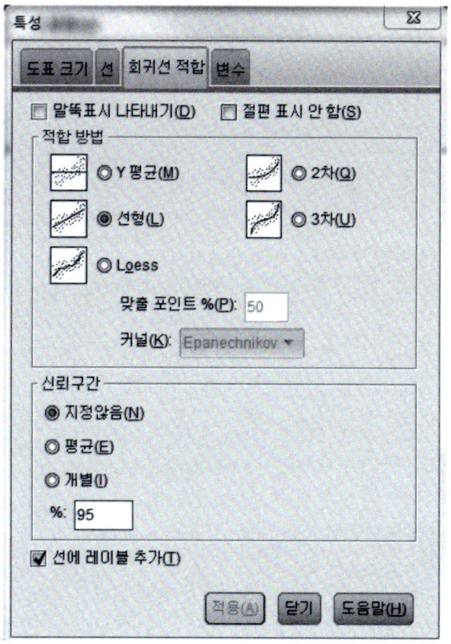

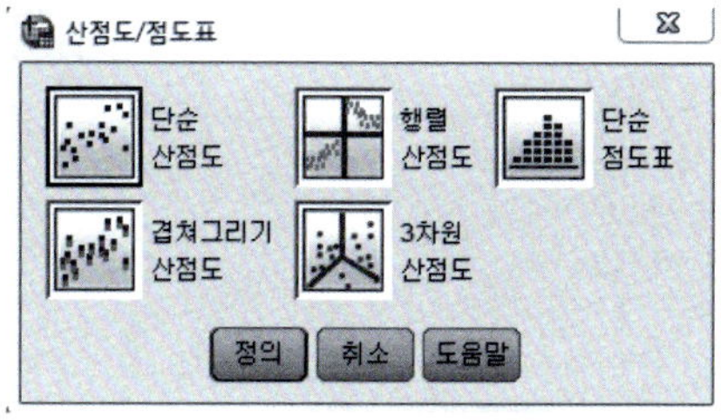

한편 위의 결과를 다른 방식으로 도출하도록 "그래프/레거시 대화 상자/산점도/점도표"를 지정하고, 생성된 "산점

그림 14-2 전체 적합선을 갖는 단순 산점도

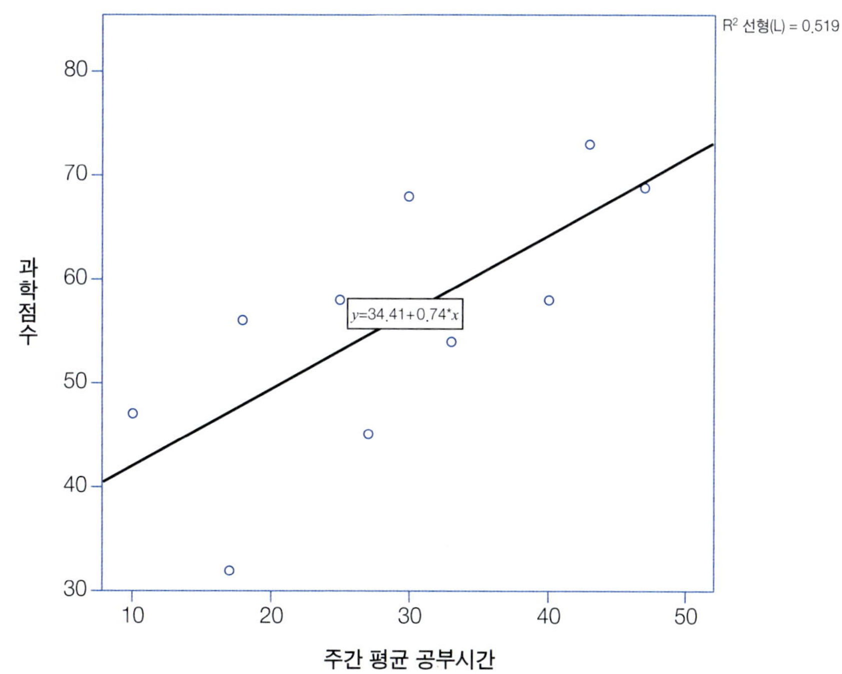

도/점도표"대화상자에서 "단순 산점도"를 지정한 후에 "정의"를 클릭한다.

생성된 "단순 산점도"대화상자의 변수리스트를 "변수 이름 표시"로 전환시킨 후에 "Y축 : 연말성적", "X축: 공부시간"으로 이동시킨다. "확인"을 클릭한다. 〈그림 14-1〉이 출력된다.

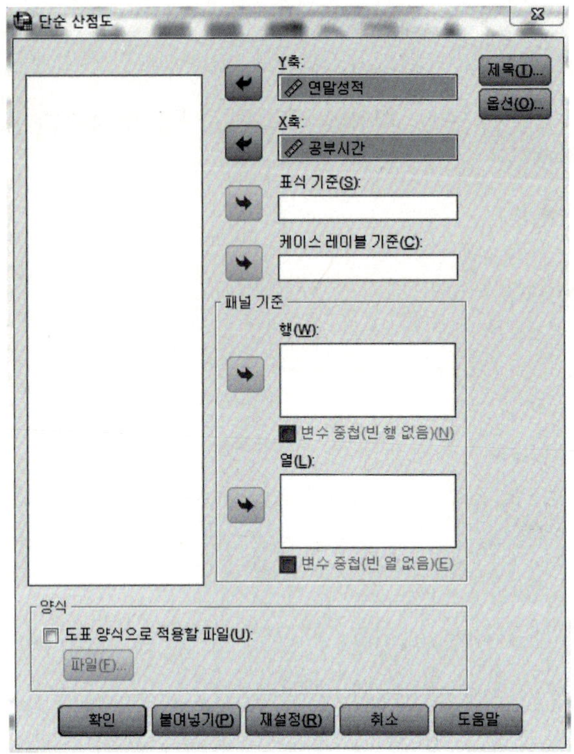

02 상관분석

1. Pearson 상관계수

Pearson 상관계수(correlation coefficient) 또는 Pearson 적률상관(product moment correlation)은 두 변수의 값이 얼마나 크게 함께 변동하는지에 대한 어떤 측정치를 제공한다.

공동 변동성(joint variability)을 곱들의 합이라고 하며, 한 변수의 높은 값들이 둘째 변수의 높은 값들에 대응되는 경우에 최대가 될 것이다. 공동 변동성이 개별적인 점수변동과 일치한다면, 이러한 값들은 동일하여 이들을 서로 나눈 값은 r=1을 가져올 것이다. 이러한 경우에 곱들의 합이 음이라면 $r=-1$이 될 것이다. 한편 어떤 공동 변동성도 없다면 점수들은 전혀 상관이 없어 r은 0이 될 것이다.

다른 모수적 분석방법들과 마찬가지로, Pearson 상관계수는 많은 가정들에 의해 좌우된다.

- 변수들 관계는 선형이다.
- 점들은 직선을 따라 균등하게 분포된다. 이를 등분산가정이라고 한다. 만약 자료가 제안된 직선을 따라 불균등하게 퍼진 점들을 갖는다면, Pearson 상관계수는 정확하지 않은 연관성 측도가 된다.
- 자료는 정규분포 모집단에서 추출된다.
- 수집된 자료는 반드시 연속분포에서의 등간 또는 비율자료이어야 한다.

주의할 점은 선형상관을 고려하는 것이어서, 핵심 가정은 점들이 상관이 된다면 직선을 따르다는 것이다. 변수들 간의 관계가 선형이 아닌 경우에, Pearson 상관계수 대신에 Spearman 또는 Kendall tau-b를 사용해야 한다.

공부를 가장 많이 하는 학생은 과학시험에서 최고성적을, 가장 적게 하는 학생은 가장 낮은 점수를 갖는다는 가설을 설정하자. 연구자는 10명의 대학신입생을 대상으로 1년 동안 주간평균 공부시간과 연말시험성적으로 조사했다.

가설에 따르면 양의 상관이 주간평균 공부시간과 연말시험성적 사이에서 나타나야 한다. 그래서 예측은 단측이다. 만약 두 변수들 간의 관계가 어떤 방향인지 모른다면 양측검정을 수행하여 음 또는 양의 상관계수를 찾을 수 있다.

"공부상관.sav"파일을 열고 메뉴 바에서 "분석/상관분석/이변량 상관"을 지정한다. 생성된 "이변량 상관계수"대화상자에서 변수리스트를 "변수이름 표시"로 전환시킨 후에 "공부시간, 연말성적"을 모두 우측의 "변수"박스로 이동시킨다.

"Pearson"이 자동으로 선정되어 있다. "유의성 검정"박스에서 단측 또는 양측여부를 선택한다. 여기서는 양의 상관을 검정하므로 "유의성 검정: 단측"을 지정한 후에 "확인"을 클릭한다.

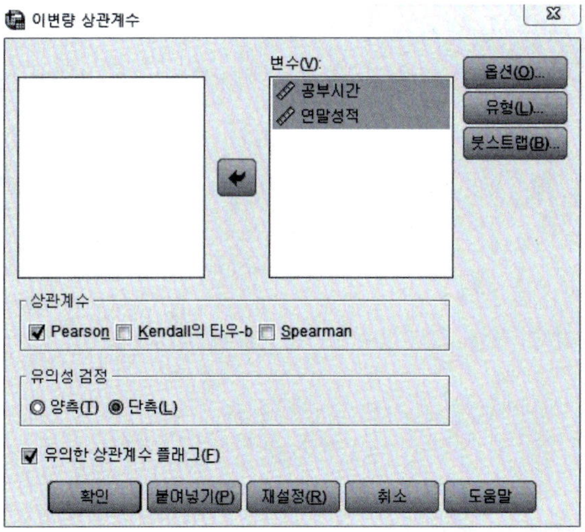

그리고 "유의한 상관계수 플래그"가 자동으로 지정된다. 유의적 상관계수들은 결과표에서 *표시로 강조되며, *는 $p<0.05$를 **는 $p<0.01$의 유의성을 나타낸다.

표 14-1 상관계수

		주간 평균 공부시간	과학점수
주간 평균 공부시간	Pearson상관	1	.721**
	유의확률(단측)		.009
	N	10	10
과학점수	Pearson상관	.721**	1
	유의확률(단측)	.009	
	N	10	10

**. 상관관계가 0.01 수준에서 유의합니다(단측).

각 변수에 대해 평균과 표준편차가 필요한 경우에는 "옵션"단추를 클릭하여, 생성된 "이변량 상관계수: 옵션"대화상자에서 "평균과 표준편차"를 지정하면 된다.

출력결과는 〈표 14-1〉의 상관계수표 하나만 나타난다.

Pearson 상관계수 검정통계량은 0.721이며, **는 단측꼬리예측에 대해 1%수준에서도 유의적이다. 실제 p값은 0.009로 나타난다. 이러한 숫자들은 이중으로 표시되어 있다. 이러한 숫자들을 보고하는 관습적 방법은 다음과 같다.

$$r=0.721,\ n=10,\ p=0.009<0.01$$

이러한 결과는 공부시간이 증가할수록 과학시험 성과 역시 증가한다는 것을 반영한다. 이는 양의 상관계수이다.

r값이 양이고 p=0.009〈0.1이므로, 두 변수 간에는 양의 상관계수를 가져 귀무가설은 기각될 수 있다. 만약 r의 값이 음이라면, 이는 음의 상관계수를 나타낸다.

Pearson상관계수 출력행렬은 r값을 보여주고, 공부시간이 그 자체에 갖는 상관계수는 완전상관계수 1이다.

2. Spearman 상관계수

하나 이상의 변수들이 등간척도가 아니라 서열척도이거나, 자료가 정규분포되지 않거나, 또는 Pearson 상관계수의 여타 가정들이 파기되는 경우에 Pearson 상관계수의 비모수대응물(nonparametric equivalent)인 Spearman 상관계수를 사용한다.

Spearman 상관계수는 Pearson과 정확히 동일한 계산방식을 사용하지만, 실제 자료값들 대신에 점수들의 순위에 대해 분석을 수행한다.

Spearman 상관계수 r_S는 실제 점수들보다는 순위들을 사용하므로, 두 변수들 간의 관계가 비선형인 경우에도 여전히 사용될 수 있다.

Spearman 상관은 r_S에 대한 효과를 우려할 필요없이 소수의 동점순위를 처리할 수 있다. 그러나 많은 동점값들이 있는 경우에; 그 결과는 r_S를 본래보다 더 크게 만들 것이다. 이러한 경우에 Kendall tau-b를 사용할 수 있다.

2명의 교사들이 대학진학을 수행할 확률을 보기 위해 각각 8명의 고등학생들을 평가한다고 하자. 20점 척도로 0은 가능성이 없고 20은 아주 가능성이 높다고 하자. 교사들의 순위결정 간에는 유의적인 상관이 존재한다고 가정하자.

이러한 예측은 양 또는 음의 상관을 예상하는지를 언급하지 않으므로, 양측예측을 갖는다. 만약 상관관계가 음 또는 양이 될 수 있다면 단측예측을 가질 것이다.

"교사순위.sav"파일을 열고, "분석/상관분석/이변량 상관"을 지정한다. 생성된 "이변량 상관계수"대화상자에서 "변수"박스로 "교사1, 교사2"를 모두 이동시킨다.

"상관계수: Spearson"을 지정하고, "유의한 상관계수 플래그"가 자동으로 지정되어 있는지를 확인한다. 그리고 "확인"을 클릭한다.

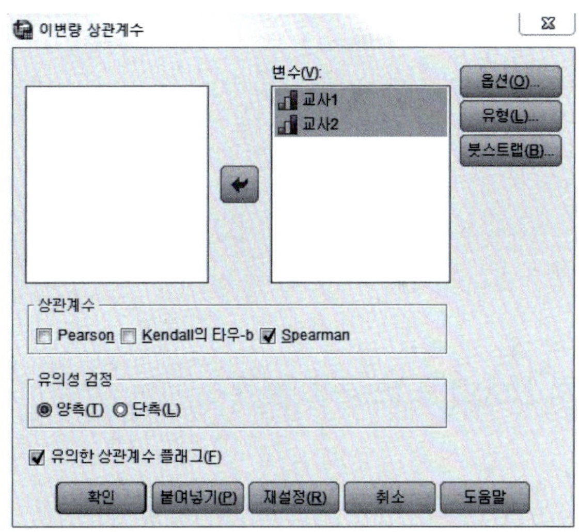

〈표 14-2〉에서 Spearman의 로(rho) 상관검정 통계량(correlation test statistic) 0.833은 두 교사들 순위들 간의 양의 상관을 보여준다. SPSS의 *는 양측예측에 대해 5% 수준에서 유의적인 것을 보여준다.

실제 p값은 0.010으로 나타난다. 그 값에 마우스커서를 두고 더블클릭을 하면 0.010176으로 나타나 0.010보다 큰 것을 알 수 있다.

Spearman상관계수 출력행렬에서 교사1과 교사2 간의 상관계수는 다음과 같이 표시할 수 있다.

$$r_S=0.0833,\ n=8,\ p=0.010176<0.05$$

표 14-2 Spearman 상관계수표

			교사1	교사2
Spearman의 rho	교사1	상관계수	1.000	.833*
		유의확률(양측)		.010
		N	8	8
	교사2	상관계수	.833*	1.000
		유의확률(양측)	.010	.
		N	8	8

*. 상관관계가 0.05 수준에서 유의합니다(양측).

이러한 결과들은 한 교사의 평가순위가 증가하면 다른 교사의 순위가 증가하는 것을 나타낸다. 그러므로 각 교사의 예상 대학진학 성과에 순위는 유사하며, 한 교사가 예상 대학진학 성과를 높게 평가한 학생은 다른 교사에 의해 높게 평가된다.

산포도가 일반적으로 상관을 지지하는 가장 적합한 설명적 통계량인 반면에, Spearman 검정수행은 주의깊게 사용되어야 한다. Spearman의 로(rho) 상관계수는 실제 자료보다는 점수들 순위를 사용하여 계산하는 반면에, 산포도는 실제 점수들을 사용한다.

Spearman 상관계수는 실제 점수가 아니라 점수들 순위를 기초로 한다. 이는 점수들이 단조적으로 관련되어 함께 증가하는 것을 예측하는 것이지, 직선을 따라 위치하는 예측하는 것은 아니다.

3. Kendall tau-b 상관

Kendall tau-b 상관은 또 다른 비모수 상관계수이며, Spearman상관의 대안이다.

Kendall tau-b 상관은 두 서열변수들 간의 연관측도(measure of association)이며, 동등 순위들을 고려하여 많은 동등 순위들을 가진 작은 자료집합들에 대해서 사용될 수 있다.

Spearman검정과는 달리 동등 순위들의 존재는 인위적으로 통계량의 값을 확대시키지 않는다.

Kendall tau-b 상관은 Pearson 또는 Spearman 상관계수들에 대해 다른 원리들을 이용한 계산을 수행한다. Kendall tau-b 상관은 둘째 변수에 대한 순위정리법(ordering)이 첫째 변수에 대한 순위정리법과 얼마나 잘 일치하는지를 평가한다.

만약 첫째 변수의 순위들을 순서에 따라 결정하면, 둘째 변수의 대응된 순위를 나란히 위치시킬 수 있다. 그리고 이것이 둘째 변수의 순위들의 순서를 결정하는 방법을 볼 수 있다.

Kendall tau-b에서 둘째 변수에 대한 각 순위 또는 순위들의 각 쌍이 검토된다. 이러한 쌍들이 첫째 변수의 순위들의 순서에 일치하는 경우에 그 쌍은 일치하며 순서가 역전되는 경우에 그 쌍은 조화되지 않는다.

조화 및 부조화 쌍들의 수의 차이가 계산된다. 이러한 값은 각 단일 쌍이 tau-b를 생산하도록 조화되는 경우에 그 값에 비교된다.

다른 상관계수들과 마찬가지로 tau-b는 −1부터 +1까지의 범위를 갖는다. 그러나 사용방법들이 다르기 때문에 Kendall tau-b는 Spearman과는 다른 값을 갖지만, 그 확률들은 아주 비슷하다.

소비자 검정회사가 새로운 아침용시리얼을 시험사용(pilot)을 원한다고 하자. 사람들에게 새로운 브랜드가 현재 선두브랜드와 같이 맛이 있는지를 묻기로 했다. 20명에게 현재 선두브랜드 A를 제공하고 또한 새로운 시리얼 브랜드 B도 제공을 했다.

참가자들이 각 브랜드의 맛을 느낀 순서는 달라서 정리효과(order effects)를 상쇄시킨다. 그리고 각 참가자는 시리얼의 즐거움을 1-10점 척도로 평가하도록 요청받았다. 1점은 맛이 없는 것을, 10점은 아주 맛이 있는 것이다.

"시험사용.sav"파일을 열고 메뉴 바에서 "분석/상관분석/이변량 상관"을 지정한다. 생성된 "이변량 상관계수"대화상자에서 "A브랜드, B브랜드"를 "변수"박스로 이동시킨다.

"상관계수: Kendall의 타우-b"를 지장하고, 기존 브랜드와 같은 맛을 내는 것을 연구가설로 설정했기 때문에, "유의성 검정: 단측"을 지정한다.

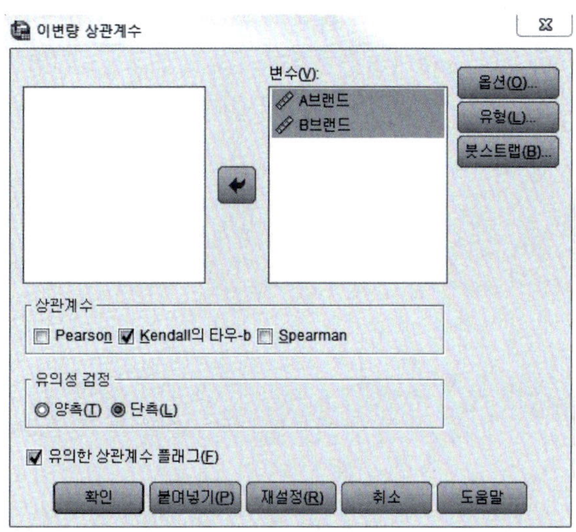

Kendall tau-b 상관계수 결과행렬은 0.397의 상관계수를 보여준다. 이러한 값이 양수이므로, 이는 자료가 양의 상관을 갖는 것을 보여준다. 이러한 경우는 다음과 같이 표시한다.

$$\text{Kendall tau-b} = 0.397,\ n=20,\ p=0.022<0.05$$

이러한 결과들은 A브랜드의 순위가 증가함에 따라, B브랜드의 순위도 증가하는 것을 나타낸다. 두 브랜드에 대한 즐김의 유사한 순위들이 있기 때문에, 소비자 검정회사는 맛있는 아침 시리얼을 기쁘게 추천한다.

표 14-3 Kendall 타우-b 상관계수 표

			A브랜드	B브랜드
Kendall 타우-b	A브랜드	상관계수	1.000	.397*
		유의확률(단측)	.	.017
		N	20	20
	B브랜드	상관계수	.397*	1.000
		유의확률(단측)	.017	.
		N	20	20

*. 상관관계가 0.05 수준에서 유의합니다(단측).

4. 편상관계수

"공부상관.sav"파일의 자료집합에서 공부시간과 연말성적 간에는 유의적 상관관계가 있었다. Pearson 상관계수 r=0.721과 유의확률 p=0.009〈0.01을 보여 주었다.

이제 "지능"이라는 다른 변수가 상관관계에 영향을 주는지를 보기로 하자. 만약 지능이 공부시간에 양으로 관련되어 지능이 높을수록 공부를 더 많이 하고 연말성적과 양으로 상관된다면 지능이 높은 학생일수록 시험성적이 더 높다.

이러한 경우에 공부시간과 연말성적의 상관관계는 단순히 제3의 요인인 지능에 의한 것일 수도 있다. 그러한 경우이면 공부시간과 연말성적 간의 관계는 진정한 것이 아니고 그들은 모두 지능에 의해 영향을 받는다.

이는 지능이 높은 학생일수록 더 많이 공부하여 더 높은 연말성적을 받는다는 것이다. 그래서 지능의 효과를 제거한다면 공부시간의 연말성적에 대한 관계는 사라질 것이다.

공부시간/연말성적 상관관계에 대한 지능의 영향을 규명하기 위해서는 지능효과를 제거한 후의 공부시간 및 연말성적의 상관관계를 검토해야 한다. 만약 상관관계가 사라진다면 그 상관관계는 제3의 요인으로 인한 것이다. 이를 위해 편상관관계(partial correlation)를 계산한다.

"공부상관.sav"파일의 자료집합에 "지능"변수를 추가한 "편상관.sav"파일을 열기를 한다.

메뉴 바에서 "분석/상관분석/편상관"을 지정하고, 생성된 "편상관계수"대화상자에서 변수리스트를 "변수이름 표시"로 전환시킨 후에 우측의 "변수"박스에 "공부시간, 연말성적"을 "제어변수"박스에 "지능"을 이동시키고, "유의성 검정: 단측"을 지정하고 "확인"을 클릭한다.

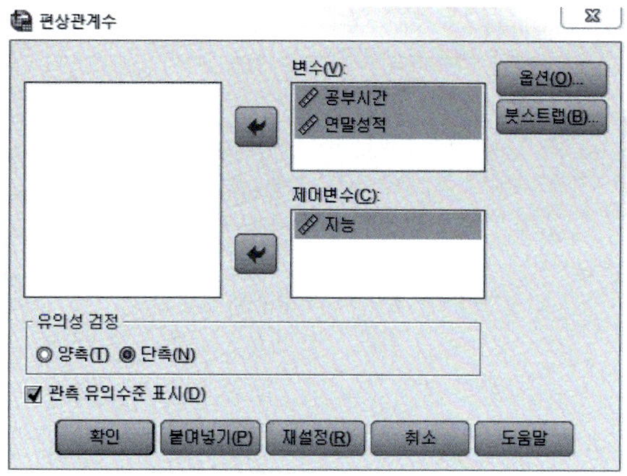

표 14-4 상관관계

대조변수			주간 평균 공부시간	과학점수
지능지수	주간 평균 공부시간	상관관계	1.000	.665
		유의확률(단측)	.	.025
		자유도	0	7
	과학점수	상관관계	.665	1.000
		유의확률(단측)	.025	.
		자유도	7	0

편상관관계는 제3의 변수효과를 두 변수들로부터 제거한 후의 그 두 변수의 상관관계이다.

만약 지능에 대한 제어없이 3개 변수 모두에 대한 상관계수들을 필요로 한다면, "옵션"단추를 클릭하고, 생성된 "편상관계수: 옵션"대화상자에서 "통계량: 0차 상관"을 지정후 "계속"을 클릭하고 "확인"을 클릭하면 다음 결과를 얻는다.

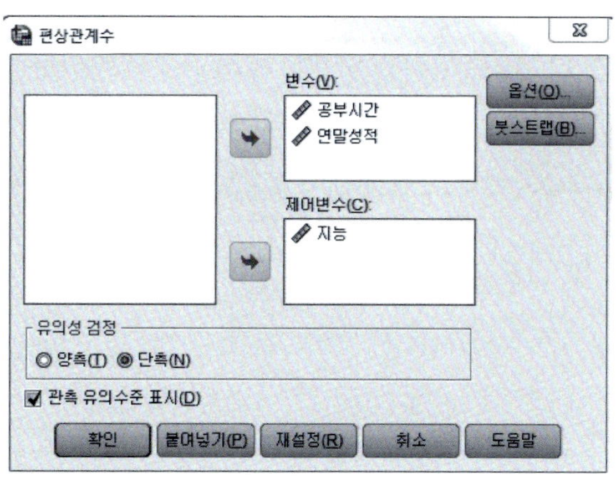

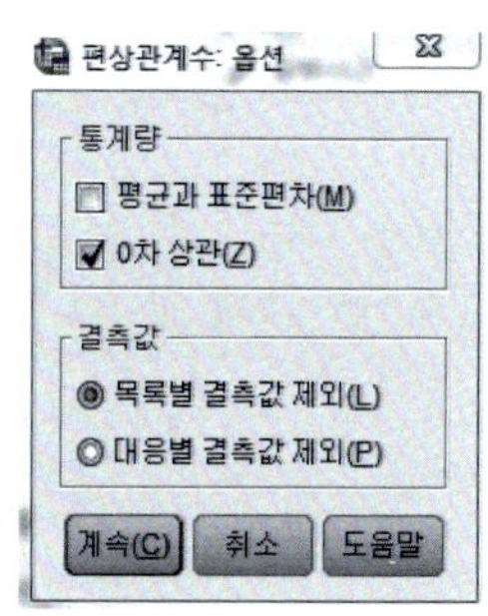

대조(제어)변수(control variable)를 지능으로 지정한 경우 상관검정통계량은 0.665이며 유의확률은 0.025이다. $p=0.025<0.05$이므로, 유의적인 상관관계가 존재한다. 이러한 숫자들이 아래

표 14-5 상관관계

대조변수			주간 평균 공부시간	과학점수	지능지수
-지정않음-a	주간 평균 공부시간	상관관계	1.000	.721	.373
		유의확률(단측)	.	.009	.144
		자유도	.0	8	8
	과학점수	상관관계	.721	1.000	.483
		유의확률(단측)	.009	.	.079
		자유도	8	0	8
	지능지수	상관관계	.373	.483	1.000
		유의확률(단측)	.144	.079	.
		자유도	8	8	0
지능지수	주간 평균 공부시간	상관관계	1.000	.665	
		유의확률(단측)	.	.025	
		자유도	0	7	
	과학점수	상관관계	.665	1.000	
		유의확률(단측)	.025	.	
		자유도	7	0	

a. 셀에 0차(Pearson) 상관이 있습니다.

행렬에서도 중복된다. 이러한 숫자들을 보고하는 관습적 방식은 "r=0.665, df=7, p=0.025 <0.05"이다.

이러한 결과들은 지능의 효과를 통제한 경우에 공부시간이 증가함에 따라 연말성적 역시 증가하는 것을 나타낸다. 이는 양의 상관관계이다. 그래서 공부시간과 연말성적 간의 관계는 지능의 결과가 아니다. 출력결과에서 자체에 대해 1로 나타나는 상관계수들을 해석할 필요가 없다.

03 선형회귀

선형회귀(linear regression)는 선형모형을 따르는 것으로 가정된 회귀이며, 2개 변수들에 대해 오차를 최소화시켜 직선으로 최상의 적합방정식을 구하는 방법이다. 그래서 최소자승법이라고도 한다.

단순선형회귀는 한 변수를 사용하여 다른 변수에 대한 예측을 할 수 있게 한다. 단순선형회귀는 다음의 가정들을 기초로 한다.

① 사용하는 두 변수들은 모두 등간척도 또는 비율척도이다.
② 종속변수는 예측선 주위에서 정규분포되어야 하고, 두 변수 모두 정규분포되어야 한다.
③ 두 변수들은 서로 선형으로 관련된다.
④ 이항변수들 역시 독립변수로 사용될 수 있다.

앞에서 두 변수 공부시간과 연말성적 간에 양의 상관관계를 규명했다. 공부시간이 신뢰할 수 있게 연말성적을 예측하는지의 여부를 선형회귀를 통해 검토하여 이러한 관계를 추가로 조사할 수 있다.

"편상관.sav"파일을 열기를 한다. 메뉴 바에서 "분석/회귀분석/선형"을 지정한다. 생성된 "선형 회귀"대화상자에서 변수리스트를 "변수이름 표시"로 전환시킨 후에 "종속변수"박스에 "연말성적"을, "독립변수"박스에 "공부시간"을 이동시킨다. 그리고 다른 것은 자동으로 수행되게 하여 "확인"을 클릭한다.

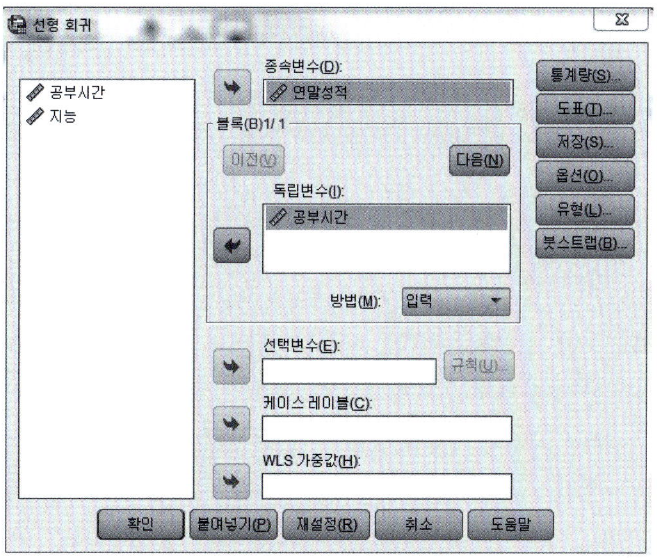

출력결과에서 〈표 14-6〉은 연말성적인 과학점수(종속변수)를 공부시간(독립변수)을 사용하여 예측하는 것임을 알려준다.

표 14-6 입력/제거된 변수

모형	입력된 변수	제거된 변수	방법
1	주간 평균 공부시간b	.	입력

a. 종속변수: 과학점수
b. 요청된 모든 변수가 입력되었습니다.

〈표 14-7〉의 모형요약은 상관계수를 제공한다. R=0.721는 〈표 14-5〉의 대조변수가 없는 상관계수와 같다. 그리고 R제곱은 결정계수라고 하며, 회귀방정식의 효과크기측정치이다. 단순회귀에서 R제곱은 독립변수에 의해 설명될 수 있는 종속변수의 분산의 크기를 보여주며, 예컨대 0.01, 0.09, 0.24는 각각 작은, 중간, 큰 효과크기에 해당한다. R제곱=0.519는 독립변수 공부시간이 연말성적의 변동성의 51.9%를 설명한다는 것을 반영하며 큰 효과크기를 나타낸다.

표 14-7 모형요약

모형	R	R제곱	수정된 R제곱	추정값의 표준오차
1	.721a	.519	.459	9.144

a. 예측자: (상수), 주간 평균 공부시간

R=0.721는 공부시간이 증가함에 따라 연말성적 역시 증가하여 양의 상관관계 r=0.721이라는 것을 나타낸다. 이는 Pearson 상관관계 출력표에서 통계적으로 유의적이라는 것을 〈표 14-1〉 및 〈표 14-5〉에서 보았다.

수정된(조정) R제곱은 R제곱의 편의에 대해 수정을 한 것이다. R제곱은 변수들의 수와 표본크기에 민감하므로, 이에 대한 조정을 한 것이다.

그리고 추정값의 표준오차(Std. Error of the Estimate)는 예측방정식에 대한 산포 측도이다. 회귀방정식으로 추정된 예측방정식을 사용하는 경우에 자료의 68%는 1배의 추정값(예측값) 표준오차 내부에서 발생할 것이며, 95%는 2배의 추정값 표준오차 내부에서 발생할 것이다. 그래서 자료의 95%를 포함하려면 추정된 과학점수는 18.288(=2×9.144) 이내의 변동을 가질 것이다.

〈표 14-8〉의 ANOVA 요약표는 회귀 유의성의 세부사항들을 보여준다. 회귀 및 잔차에 대한 제곱합을 그 자유도로 나눈 결과가 평균제곱이고, 회귀평균제곱을 잔차평균제곱으로 나눈 값이 F값이다.

ANOVA는 회귀모형의 유의성을 검정한다. 독립변수 공부시간은 종속변수 연말성적의 분산의 유의적 크기를 설명하는지를 F값과 그 자유도 및 p값을 통해 검정한다. 여기서 F(1,8)=8.647,

표 14-8 ANOVA

모형		제곱합	자유도	평균제곱	F	유의확률
1	회귀	723.038	1	723.038	8.647	.019b
	잔차	668.962	8	83.620		
	전체	1392.000	9			

a. 종속변수: 과학점수
b. 예측자: (상수), 주간 평균 공부시간

p=0.019<0.05는 회귀가 5%수준에서 통계적으로 유의적이라는 결론을 얻게 해준다.

〈표 14-9〉의 계수출력표는 회귀방정식을 제공한다. 계수출력표에서 비표준화 계수들(Unstandardized Coefficients) B열은 절편값과 회귀선 기울기의 값(여기서는 공부시간 행)을 제공하여, 다음 회귀방정식을 제공한다.

$$연말성적 = 34.406 + 0.745공부시간$$

표준화 베타계수(Standardized Beta Coefficient)열은 개별변수의 모형에 대한 공헌을 제공하며 베타가중치(beta weight)라고 한다. 표준화계수는 예측변수와 기준변수를 0의 평균 및 1의 표준편차를 갖는 z-값으로 표시한 경우의 회귀계수의 값과 같다. 표준화 계수에 따르면 공부시간은 연말성적에 대해 0.721의 기여를 한다. 이는 Pearson 상관계수 r의 값이다.

상수에 대한 t값 t=5.539 및 p=0.002<0.01은 절편이 0과는 유의적으로 다르다는 것을 나타낸다. 그리고 공부시간에 대한 t=2.941 및 p=0.019<0.05는 회귀가 유의적이라는 것을 나타낸다.

한편 단순회귀분석에서는 독립변수 계수에 대한 t통계량의 유의확률 0.019는 〈표 14-8〉 ANOVA의 F통계량의 유의확률과 일치하는 것을 알 수 있다.

표 14-9 계수

모형		비표준화 계수		표준화 계수	t	유의확률
		B	표준화 오류	베타		
1	(상수)	34.406	7.893		4.359	.002
	주간 평균 공부시간	.745	.253	.721	2.941	.019

a. 종속변수: 과학점수

제15장

다중회귀분석

01 다중회귀분석의 사용방법
02 표준 다중회귀
03 단계별 다중회귀
04 제거방식 회귀분석
05 회귀적합성 검정과 잔차의 역할

01 다중회귀분석의 사용방법

다중회귀(multiple regression)는 2개 이상의 독립변수들과 하나의 종속변수를 갖도록 하는 분석방법이다. 로짓, 비선형, 다항, 집합회귀 등 여러 종류의 회귀절차들이 있지만, 다중회귀에 대해 다음 보편적 접근법을 사용하는 경우가 많다.

① 표준 다중회귀는 모든 예측변수들(predictors)을 한 단계에 적재한다(사용한다).

② 단계적(stepwise) 다중회귀는 통계적(statistical) 다중회귀라고 하며 컴퓨터가 입력되는 변수를 선택한다. 이미 방정식에 있는 변수들의 효과를 통제한 후에 종속변수에 대해 가장 큰 편상관계수를 갖는 독립변수를 기준으로 선택을 한다.

단계별 다중회귀의 비이론적 특성(atheoretical nature)으로 인해 큰 표본크기와 반복이 사용되어야 한다.

단계별 다중회귀는 하나의 반응변수(종속변수)를 설명할 수 있는 많은 설명변수(독립변수) 중에서 회귀모형에 사용할 변수를 축차적으로 하나씩 선택하거나 제거하여 가장 좋은 회귀모형을 선택하는 방법으로 전진선택법(forward selection method), 후진제거법(backward elimination method), 단계별선택법(stepwise selection method) 등이 있다.

- 전진선택법은 반응변수와 상관관계가 가장 큰 설명변수부터 시작하여 하나씩 설명변수를 선택하는 방법이다. 전진선택법을 사용할 때 한 변수가 선택되면 이미 선택된 변수 중 중요하지 않은 변수가 있을 수 있다.
- 후진제거법은 설명변수를 모두 포함한 완전모형(full model)에서 설명력이 가장 작은 설명변수부터 하나씩 설명변수를 제거하는 방법이다.
- 단계별 선택법은 전진선택법의 각 단계에서 이미 선택된 변수들의 중요도를 다시 검사하여 중요하지 않은 변수를 제거하는 방법이다. 보통 단계별 선택법에서 선택된 변수들을 사용한 회귀모형을 이용하는 방법을 단계적 회귀분석이라고 한다.
- 제거법은 한 번에 블록의 모든 변수들을 제거하여 상수항으로만 구성된 회귀모형을 제공한다.

02 표준 다중회귀

다중회귀의 자동지정방법(default method)은 입력(enter)방법이다. 이는 직접회귀(direct regression) 또는 연립회귀(simultaneous regression)라고도 한다. 이는 단순히 모든 예측변인변수를 한 번에 검정하는 것을 의미한다. 이러한 방법은 분석에 입력할 변수들을 결정하는 어떤 기준도 갖지 않는 경우에 도움이 된다.

과학교사가 학생들의 과학시험성적에 대한 최상의 예측변수를 조사하기 위해 10명의 학생들에 대한 (주간별) 공부시간, 지능, (지난 해에 수업을 들었던 시간으로 표시한) 출석, 수학, 교양(점수)자료를 사용한다고 가정하자.

"직접회귀.sav"파일을 지정하고 열기를 한다.

메뉴 바에서 "분석/회귀분석/선형"을 지정한다.

생성된 "선형 회귀"대화상자에서 변수리스트를 "변수이름 표시"로 전환시킨 후에, "종속변수"박스에 "과학"을, "독립변수"박스에 "공부시간, 지능, 수학, 출석, 교양"을 모두 이동시킨다.

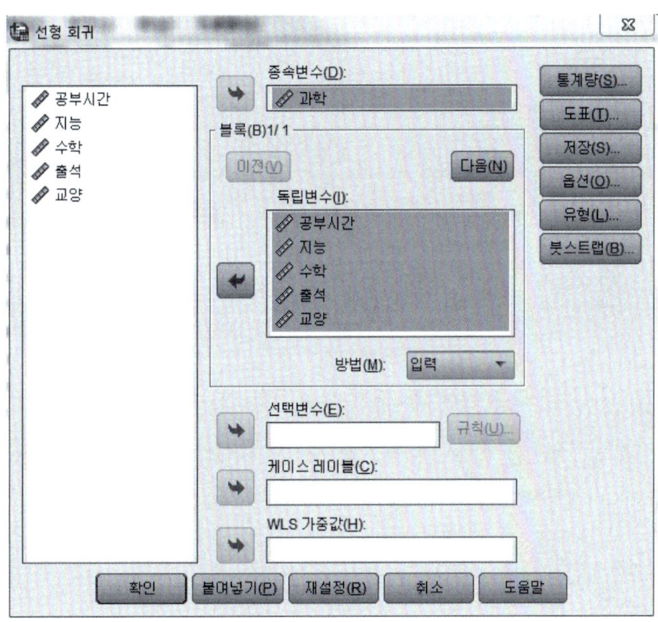

"통계량"단추를 클릭하여 생성된 "선형 회귀: 통계량"대화상자에서 "추정값, 모형 적합, 기술통계"를 지정하고 "계속"을 클릭한다.

"선형 회귀"대화상자에서 "확인"을 클릭한다.

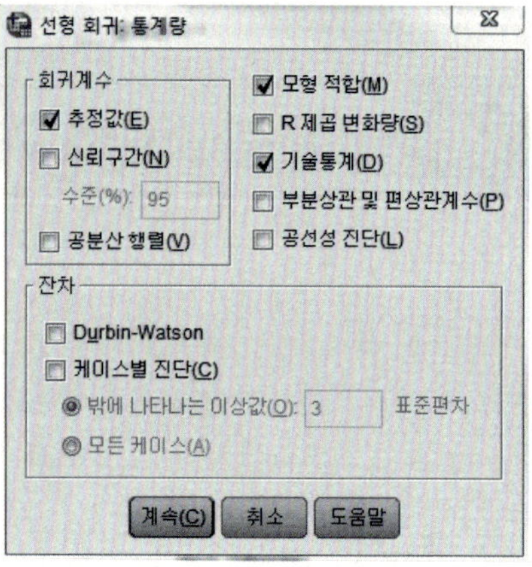

〈표 15-1〉의 기술통계량표는 점수들 변동을 관찰할 수 있게 해준다. 각 변수의 평균점수가 주어지고 표준편차는 각 변수의 값들의 퍼짐 정도를 보여주며, N은 참가자들의 수를 표시한다.

표 15-1 기술통계량

	평균	표준화 편차	N
과학점수	56.00	12.437	10
주간 평균 공부시간	29.00	12.037	10
지능지수	122.00	10.242	10
수학성적	55.30	9.452	10
출석점수	63.80	7.193	10
교양과목점수	31.80	12.136	10

〈표 15-2〉의 상관계수는 모든 변수들의 상관계수행렬을 표시한다. 각 변수쌍들의 Pearson 상관계수 r들을 확률값(유의확률) 및 참가자 수(N)와 함께 보여준다.

〈표 15-2〉에서 유의적인 상관관계들을 갖는 변수들은 과학점수에 대해 수학성적($p=0.007<0.01$)과 주간 평균공부시간($p=0.009<0.01$)이다. 상관행렬은 패턴파악과 다중공선성(multicollinearity) 검토에 도움이 된다.

표 15-2 상관계수

		과학점수	주간 평균 공부시간	지능지수	수학성적	출석점수	교양과목
Pearson 상관	과학점수	1.000	.721	.483	.740	–.010	점수
	주간 평균 공부시간	.721	1.000	.373	.293	–.026	–.111
	지능지수	.483	.373	1.000	.264	.326	–.352
	수학성적	.740	.293	.264	1.000	.352	–.195
	출석점수	–.010	–.026	.326	.352	1.000	.150
	교양과목점수	–.111	–.352	–.195	.150	–.051	–.051
유의확률(단측)	과학점수	.	.009	.079	.007	.489	1.000
	주간 평균 공부시간	.009	.	.144	.206	.472	.380
	지능지수	.079	.144	.	.231	.179	.159
	수학성적	.007	.206	.231	.	.159	.295
	출석점수	.489	.472	.179	.159	.	.340
	교양과목점수	.380	.159	.295	.340	.444	.444
N	과학점수	10	10	10	10	10	.
	주간 평균 공부시간	10	10	10	10	10	10
	지능지수	10	10	10	10	10	10
	수학성적	10	10	10	10	10	10
	출석점수	10	10	10	10	10	10
	교양과목점수	10	10	10	10	10	10

입력방법은 다중회귀방정식에 모든 변수들을 입력한다. 〈표 15-3〉의 입력/제거된 변수표는 입력방법의 회귀가 사용되고 어떤 변수가 회귀방정식에 입력되었는지를 보여준다. 모든 변수들이 종속변수 "과학 점수"에 대해 설명변수인 예측 변인변수들로 모두 입력되었다.

표 15-3 입력/제거된 변수

모형	입력된 변수	제거된 변수	방법
1	교양과목점수, 출석점수, 주간 평균 공부시간, 지능지수, 수학성적[b]	.	입력

a. 종속변수: 과학점수
b. 요청된 모든 변수가 입력되었습니다.

표 15-4 모형 요약

모형	R	R제곱	수정된 R제곱	추정값의 표준오차
1	.959a	.921	.821	5.256

a. 예측자: (상수), 교양과목점수, 출석점수, 주간 평균 공부시간, 지능지수, 수학성적

〈표 15-4〉 모형요약에서 입력방법의 한 블록을 선택했기 때문에 단지 하나의 모형만이 도출되었다. R제곱은 독립변수들에 의해 설명된 종속변수 분산의 크기를 보여준다. 일반적으로 효과크기 측도 R제곱은 다중회귀에서 0.02, 0.13, 0.26의 값들은 각각 작은, 중간, 큰 효과크기를 나타낸다.

〈표 15-4〉에서 R제곱 0.921은 아주 큰 효과로 간주되며, 과학점수 분산의 92.1%를 설명한다. 그리고 R값 0.959는 모든 입력된 독립변수들과 종속변수 간의 다중상관계수(multiple correlation coefficient)이다.

독립변수들 수 K와 표본크기 n을 사용하여 다음과 같이 계산한 조정 R제곱(Adjusted R Square) R_a^2 은 (15-1)식과 같이 표본크기 n 및 예측변수들(독립변수들)의 수 K에 대해 R제곱을 조정하여 개선시킨 것을 나타낸다.

(15-1) $$R_a^2 = 1-(1-R^2)\cdot\frac{n-1}{n-K}$$

만약 조정 R제곱과 R제곱이 아주 크게 다르다면, 이는 너무 많은 예측변수들을 사용했거나 또는 표본크기가 너무 작다는 신호이다.

수정된(조정) R제곱은 변수들 수가 증가함에 따른 R제곱의 편향들에 대한 조정을 한다. 적은 예측 변인변수들만이 있는 경우, R제곱은 수정된 R제곱과 유사해야 한다. 독립변수가 2개 이상인 경우에는 회귀방정식의 설명력을 수정된 R제곱으로 사용해야 한다.

횡단분석자료를 사용하는 경우 조정 R제곱이 보통 50% 이상이면 상대적으로 높은 설명력을 갖는 것으로 본다. 한편 조정 R제곱이 20% 미만으로 나타나면 설명력은 약한 것으로 간주하여, 종속변수에 대해 개별 설명변수들의 영향을 아주 정확히 예측하기는 곤란하므로 다른 모형을 설정할 필요가 있다.

〈표 15-4〉의 가장 우측열에 있는 추정값 표준오차는 회귀모형 잔차(=실제값−추정값)들의 표준편차이다. 아주 작은 추정값 표준오차는 모형이 아주 잘 적합된 것을 나타내며, 아주 높은 추정값 표준오차는 모형이 자료에 우량한 적합도를 제공하지 않는다는 것을 나타낸다. 이에 대한 제곱값은 〈표 15-5〉의 ANOVA표에서 잔차 추정값 분산인 잔차 평균제곱과 같다.

표 15-5 ANOVA

모형		제곱합	자유도	평균제곱	F	유의확률
1	회귀	1281.511	5	256.302	9.279	.025[b]
	잔차	110.489	4	27.622		
	전체	1392.000	9			

a. 종속변수: 과학점수
b. 예측자: (상수), 교양과목점수, 출석점수, 주간 평균 공부시간, 지능지수, 수학성적

〈표 15-5〉의 ANOVA표를 이용하여 회귀모형의 유의성을 검정한다. F값 9.279의 유의확률이 0.025로 5%보다 작기 때문에 예측변수들은 우연으로 예상할 수 있는 것보다는 유의적으로 양호하다. 독립변수들에 의해 예측되는 회귀선은 종속변수분산의 현저한 크기를 설명한다. 이러한 값들은 보통 "ANOVAs : F(5,4)=9.279; p=0.025<0.05)"로 표시한다.

평균제곱 또는 분산은 제곱합을 자유도로 나눈 값이며, 회귀가 오차 또는 잔차(추정된 오차)보다 더 많은 분산을 유의적으로 설명하는 것을 볼 수 있다. R제곱은 회귀(설명된)제곱합을 전체 제곱합으로 나누어 0.921(=1281.511/1392)로 계산한다.

〈표 15-6〉의 계수표는 종속변수에 대해 개별적으로 유의한 예측변수들이 어떤 변수들인지를 보여준다. 비표준화 계수 B열은 회귀방정식에서 모든 예측 변인변수들을 포함하는 독립 변수계수들을 보여준다. 이에 따른 추정 회귀방정식은 다음과 같다.

$$\text{과학점수} = -5.849 + 0.424\text{공부시간} + 0.304\text{지능} + 0.884\text{수학} - 0.552\text{출석} - 0.036\text{교양}$$

표 15-6 계수

모형		비표준화 계수		표준화 계수	t	유의확률
		B	표준화 오류	베타		
1	(상수)	-5.849	24.491		-.239	.823
	주간 평균 공부시간	.424	.181	.410	2.345	.079
	지능지수	.304	.198	.250	1.531	.201
	수학성적	.884	.222	.672	3.975	.016
	출석점수	-.552	.282	-.319	-1.961	.121
	교양과목점수	-.036	.164	-.035	-.218	.838

a. 종속변수: 과학점수

입력방법은 회귀방정식에 모든 변수들을 유의성과는 무관하게 입력한다. 표준화 계수 베타는 개별변수가 모형에 대해 주는 공헌도를 보여준다. 이러한 베타 가중치(beta weight)는 여타 독립변수들은 일정한 가운데 어떤 독립변수가 한 단위의 표준편차만큼 증가할 때에 종속변수가 증가하는 평균크기를 표시한다.

이러한 베타 가중치는 표준화된 것이어서 독립변수들에 대해 서로 비교가 가능하다. 과학점수에 가장 큰 영향을 주는 독립변수는 수학성적 0.672이고, 그 다음으로는 공부시간 0.410이다.

t검정은 베타 값이 0보다 유의적으로 높거나 또는 낮다는 양측(대립)가설을 검정하도록 수행된다. 이는 어떤 독립(예측)변수들이 유의적인지를 파악할 수 있게 한다.

수학성적 t값의 유의확률은 0.016으로 5%보다 작아 유의적이고, 여타 독립변수들의 유의확률은 모두 5%를 초과하여 비유의적이다. 공부시간의 t값이 수학성적 다음으로 크지만 유의확률은 0.079로 5%를 초과하여 비유의적이다.

비표준화 계수의 표준화오류로 표시되는 비표준화 계수의 표준오차들은 계수의 변동성 추정치(variability estimate)를 제공한다.

한편 "선형 회귀"대화상자에서 "저장"단추를 클릭하면, 생성되는 "선형 회귀: 저장"대화상자는 "예측값", "거리", "잔차", "통계량"에 대한 여러 제약들을 표시한다.

특히 "Mahalanobis의 거리"는 각 케이스에서 나머지 케이스들에 대한 독립변수의 평균까지의 거리측도이다. "Mahalanobis의 거리"의 값을 카이제곱 분포를 갖는 검정통계량으로 사용할 수 있다. 예컨대 2개의 독립변수와 1개의 종속변수를 갖는다면 자유도는 3이 되고, 5%의 유의수준에서 카이자승 임계값은 7.82[Excel에서는 "=CHISQ.INV.RT(5%,3)"으로 계산]가 된다. 그래서 7.82를 초과하는 "Mahalanobis의 거리"는 그 케이스가 이상값(outlier)이라는 것을 나타낸다.

Cook의 거리는 개별 케이스들의 영향력에 대한 종합적 측도를 제공한다. 1.0 이상인 경우에 레버리지 값이 0.50 이상인 경우와 같이 영향력이 과도한 케이스를 나타낸다.

(집중) 레버리지 값은 회귀적합도에 대한 한 점의 영향력에 대한 측도이고, 적합도에 어떤 영향도 없는 0부터 "(표본크기-1)/(표본크기)"까지의 값을 갖는다. 레버리지 값이 0.20보다 작은 경우에는 과도한 영향을 행사하는 케이스들의 문제가 없다는 것을 나타낸다. 0.50을 초과하는 값들은 문제가 있다고 간주한다.

영향력 통계량에 있는 DFBETA의 값은 케이스를 모형에서 삭제하는 경우에 예측된 값의 변화에 대한 정보를 제공한다. 표준화 DFBETA의 절대값이 2.0을 초과하는 경우 과도한 영향력을 반영한다.

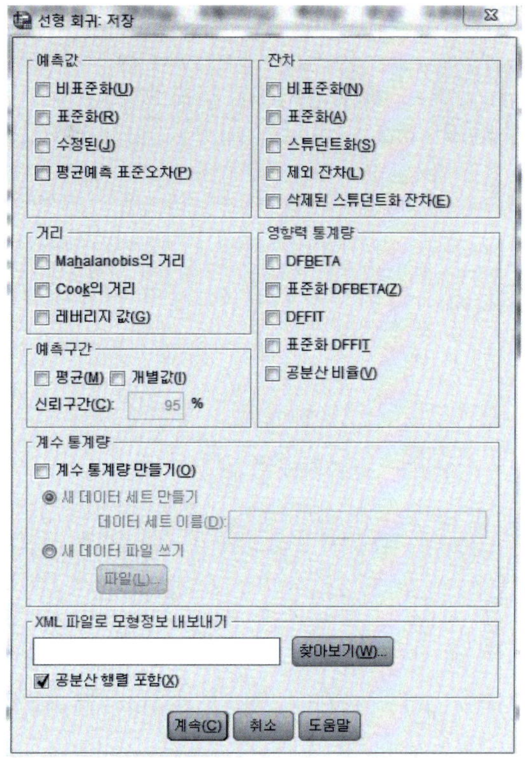

"선형 회귀"대화상자에서 "저장"단추를 클릭하면, "도표"단추를 클릭하면 생성되는 "선형회귀: 도표"대화상자에서 종속변수인 DEPEDDNT와 함께 다음 변수들이 나타난다.

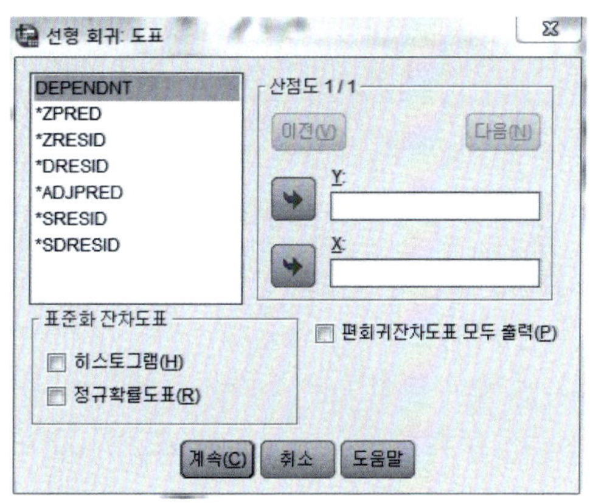

- *ZPRED는 모형을 기초로 하는 종속변수의 표준화 예측값이다. 이러한 값들은 모형에 의해 예측된 값들의 표준화형식을 갖는다.
- *ZRESID는 표준화된 잔차 또는 오차이다. 이러한 값들은 관측값에서 모형에 의한 예측값을 차감한 차이의 표준화형식을 갖는다.
- DRESID는 제거된 잔차들로 원관측 값에서 조정된 예측값을 차감한 차이이다.
- *ADJPRED는 조정된 예측값들로 분석에서 해당 케이스를 제거한 경우 발생한 예측값을 그 케이스에 대해 표시한 것이다.
- *SRESID는 스튜던트화 잔차(Studentized residual)이며, 비표준화 잔차를 점(케이스)마다 변동하는 표준편차의 추정값으로 나눈 결과이다.
- *SDRESID는 표준편차로 제거된 잔차를 나눈 스튜던트화 제거잔차(Studentized deleted residual)이다.

03 단계별 다중회귀

단계별 회귀는 최소자승회귀방정식(least squares regression equation)을 표준적 단계별(standard stepwise) 회귀, 또는 전진선택(forward selection)이나 후진선택(backward selection)을 통해 수행한다.

1. 표준적 단계별 회귀

전진 단계별 회귀(forward stepwise regression)라고도 하는 표준절차별 회귀절차(standard stepwise procedure)는 후진제거 및 전진선택 모두의 속성들을 통합한다.

표준 단계별방법은 하나의 보다 중요한 함수로 역할을 한다. 만약 2개 이상의 변수들이 중복된다면, 앞의 단계에서 선정된 변수는 이후 단계들에서 다른 변수들이 추가되는 경우에는 비유의적이 될 수 있다.

표준적인 단계별 절차는 이러한 비유의적 변수를 모형에서 제거할 것이다. 표준적인 단계별 회귀 역시 각 새로운 변수를 추가하는 경우에 회귀모형이 변화하는 방식을 볼 수 있어 다중공선성 문제를 관찰하는 수단을 제공한다.

표준적 단계별 회귀절차는 의사결정적용에서 널리 사용되며 일반적으로 유용한 회귀방법으로 인정된다. 그렇지만 변수선정순서가 모형에서 이미 있는 변수들을 기초로 선택적으로 이뤄지기 때문에, 단계별회귀를 사용하여 최우량 독립변수들 집합을 갖기 위해서는 공감대를 달성하도록 해야 한다.

예컨대 대규모 소매백화점 운영회사를 가정하자. 다른 백화점과 마찬가지로 들치기와 종업원 빼먹기로 인해 과도한 손실을 당하고 있다고 하자.

백화점 보안관리자가 월간 손실액을 설명하도록 회귀모형을 개발하길 원한다고 하자. 단계별 회귀를 사용한 다중회귀모형을 개발하는 경우, 먼저 종속변수와 잠재적 독립변수들을 규명하고 관계를 설명하는 모형을 설정해야 한다.

종속변수 y는 들치기 및 (직원들의) 빼먹기로 인한 월간 손실액이며, 이러한 손실에 영향을 주는 잠재적 독립변수들을 다음과 같다고 가정하자.

x_1 = 월기온(평균 월간기온)

x_2 = 판매수(판매거래들의 수)

x_3 = D공휴일(공휴일 개월에 대한 더미변수, 해당 월에 공휴일이 있으면 1, 아니면 0의 값을 가짐)

x_4 = 직원수(백화점 월급여 장부에 등재된 인원 수)

이러한 자료를 가진 "단계회귀.sav"파일을 지정하여 열기를 한다. 메뉴 바에서 "분석/회귀분석/선형"을 지정하고, 생성된 "선형 회귀"대화상자에서 변수리스트를 "변수이름 표시"로 전환시킨다. "선형 회귀"대화상자에서 "종속변수"박스로 "도난액"을, "독립변수"박스로 "월기온, 판매수, D공휴일, 직원수"를 이동시킨다. "방법: 단계선택"을 지정한다.

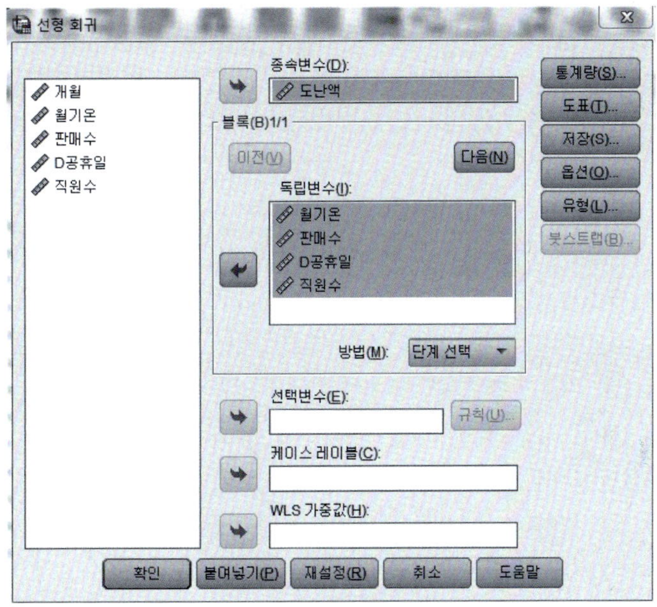

"통계량"단추를 클릭하여 생성된 "선형 회귀: 통계량"대화상자에서 "회귀계수: 추정값, 신뢰구간"을, "모형 적합, 기술통계, 공선성 진단"을, "잔차: Durbin-Watson"을 선택하고 "계속"을 클릭한다. 다시 "선형 회귀"대화상자에서 "확인"을 클릭한다.

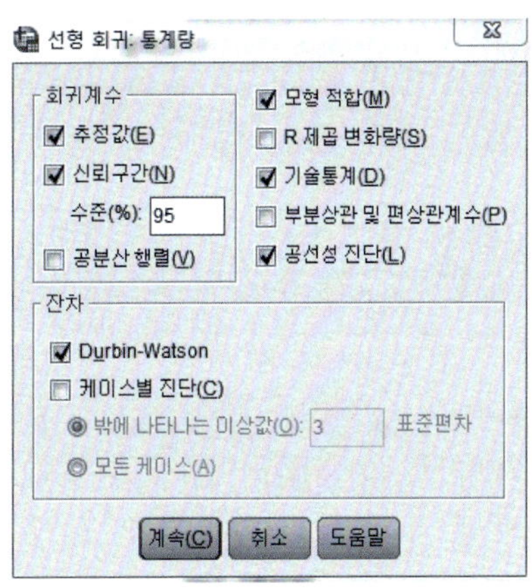

〈표 15-7〉의 기술통계량표는 각 변수의 평균과 표준편차를 나타낸다. 표본크기는 17이다.

표 15-7 기술통계량

	평균	표준화 편차	N
들치기 빼먹기 손실	3303.71	446.698	17
평균기온	64.85	13.510	17
판매거래수	12900.47	3526.787	17
공휴일	.47	.514	17
등재종업원수	181.92	21.995	17

〈표 15-8〉에서는 5% 수준에서 종속변수인 들치기 빼먹기 손실에 유의적인 상관관계를 갖는 독립변수들은 판매거래수와 등재 종업원 수이며, 등재 종업원 수는 0.413으로 양의 중간크기의 상관관계를 갖는다.

표 15-8 상관계수

		들치기 빼먹기 손실	평균기온	판매거래수	공휴일	등재 종업원수
Pearson 상관	들치기 빼먹기 손실	1.000	.286	.631	.136	.413
	평균기온	.286	1.000	−.024	−.143	−.082
	판매거래수	.631	−.024	1.000	.063	.918
	공휴일	.136	−.143	.063	1.000	−.197
	등재종업원수	.413	−.082	.918	−.197	1.000
유의확률(단측)	들치기 빼먹기 손실	.	.133	.003	.301	.050
	평균기온	.133	.	.463	.292	.377
	판매거래수	.003	.463	.	.406	.000
	공휴일	.301	.292	.406	.	.225
	등재종업원수	.050	.377	.000	.225	.
N	들치기 빼먹기 손실	17	17	17	17	17
	평균기온	17	17	17	17	17
	판매거래수	17	17	17	17	17
	공휴일	17	17	17	17	17
	등재종업원수	17	17	17	17	17

표 15-9 모형요약

모형	R	R제곱	수정된 R제곱	추정값의 표준오차	Durbin-Watson
1	.631[a]	.398	.358	358.000	
2	.758[b]	.574	.513	311.604	2.286

a. 예측자: (상수), 판매거래수
b. 예측자: (상수), 판매거래수, 등재 종업원수
c. 종속변수: 들치기 빼먹기 손실

〈표 15-9〉의 모형요약표에서 효과크기인 R제곱은 독립변수가 1개인 경우의 모형 1에서는 0.398이고, 독립변수가 2개인 경우의 모형 2에서는 0.574로 아주 크게 증가한다. 그리고 수정된 R제곱 역시 0.358에서 0.513으로 크게 증가했다.

추정값 표준오차는 회귀모형 잔차(=실제값－추정값)들의 표준편차를 나타내며, 모형 1보다는 모형 2가 더 작아 적합도가 증가한 것을 반영한다. 이러한 값들의 제곱들은 〈표 15-10〉에서 각 모형의 잔차분산인 잔차평균제곱들과 같다.

한편 Durbin-Watson(D-W)검정 통계량은 오차(=실제값－모형값)의 자기상관 또는 계열상관을 측정한다. 여기서 d=2.286은 상수항을 제외한 설명변수의 수가 2이고 표본크기가 17인 경우 d_U=1.536이며 4$-d_U$=2.464보다 작아 귀무가설의 채택역에 속하는 크기이다.

D-W검정은 보통양의 자기상관검색에 적용되는데, 이는 시계열자료를 포함하는 대부분 회귀분석에서 이러한 현상을 나타내는 가능성이 높기 때문이다.

D-W 통계량 d=0이면, 극단적인 양의 계열상관으로 $e_t = e_{t-1}$이며, $d \approx 4$이면, 극단적인 음의 계열상관으로 $e_t = -e_{t-1}$이고, $d \approx 2$이면 거의 계열상관이 없는 것으로 판정한다.

보통 d통계량의 유의수준에 대한 통계표들의 하한 d_L과 상한 d_U을 이용하여 자기상관 여부에 대해 〈그림 15-1〉과 같이 다음과 같은 결정을 한다.

- $d < d_L$이면 귀무가설 $\rho = 0$(계열상관없음)을 기각, 양의 계열상관

그림 15-1 D-W검정통계량과 단측검정 기준

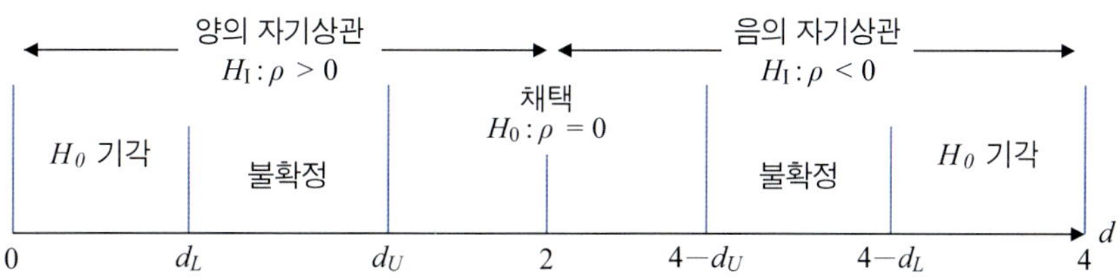

- $d>4-d_L$이면 귀무가설 기각, 음의 계열상관
- $4-d_U>d>d_U$이면 귀무가설 $\rho=0$을 채택
- $d_L<d<d_U$ 또는 $4-d_U<d<4-d_L$이면, 검정은 확정적이 아니다.

그러므로 2 근방의 D-W통계량을 갖는 예측모형은 예측오차(= 자료 − 패턴 = 자료값 − 추정치)가 본질적으로 확률적으로 발생하여 자기상관이 없는 것을 반영한다. 한편 2보다 작은 D-W통계량이 갖는 예측모형의 경우, 오차집합에서 양의 자기상관이 존재하고, 2보다 크다면 오차집합에서 음의 자기상관으로 인하여 오차가 (+와 −의 부호가 교대로 발생하는) 톱니형 변동으로 발생한다.

표 15-10 ANOVA

모형		제곱합	자유도	평균제곱	F	유의확률
1	회귀	1270172.193	1	1270172.193	9.911	.007[b]
	잔차	1922459.336	15	128163.956		
	전체	3192631.529	16			
2	회귀	1833270.524	2	916635.262	9.440	.003[c]
	잔차	1359361.005	14	97097.215		
	전체	3192631.529	16			

a. 종속변수: 들치기 빼먹기 손실
b. 예측자: (상수), 판매거래수
c. 예측자: (상수), 판매거래수, 등재 종업원수

〈표 15-10〉 ANOVA표에서 모형 1과 모형 2의 F통계량들에 대한 유의확률이 1%보다 작아 회귀모형이 1% 수준에서 종속변수의 변동을 설명할 수 있다는 연구가설이 성립된다.

〈표 15-11〉 계수표에서 모형 1에서의 판매 거래수의 종속변수에 대한 베타계수보다 모형 2에서의 베타계수가 아주 높게 나타난다. 그리고 p값인 유의확률 역시 더 작게 나타나 유의성이 더 강한 것을 보여준다.

등재 종업원 수가 1단위 증가할수록 종속변수는 21.567만큼 감소하는 효과가 나타나는 것을 5% 유의수준에서 타당하게 나타낸다.

한편 다중회귀분석은 독립변수들 간에는 서로 어떤 선형함수관계의 다중공선성을 갖지 않는다고 가정한다.

분산팽창요인(variance inflation factor) VIF는 어떤 예측변수(독립변수)가 다른 예측변수들에 대해 강력한 선형관계를 갖는지의 여부를 나타낸다. VIF 값에 대한 엄격한 규정은 없지만, 10보다

표 15-11 표준적 단계별 회귀계수

모형		비표준화 계수		표준화 계수	t	유의확률	B에 대한 95.0% 신뢰구간		공선성 통계량	
		B	표준오차	베타			하한	상한	공차	VIF
1	(상수)	2273.088	338.697		6.711	.000	1551.173	2995.003		
	판매거래수	.080	.025	.631	3.148	.007	.026	.134	1.000	1.000
2	(상수)	4600.805	1010.545		4.553	.000	2433.402	6768.208		
	판매거래수	.203	.056	1.606	3.642	.003	.084	.323	.156	6.394
	등재 종업원수	−21.567	8.956	−1.062	−2.408	.030	−40.776	−2.359	.156	6.394

a. 종속변수: 들치기빼먹기손실

크면 다중공선성으로 인해 회귀모형 추정결과는 편향을 초래한다고 간주한다.

보다 식별이 편리하도록 사용하는 VIF의 역수(=1/VIF)인 공차통계량(tolerance statistic)이 0.1 미만인 경우에는 심각한 다중공선성이 있고, 0.2 미만의 공차통계량 역시 우려해야 하는 수준이다. 그런데 VIF는 공차와 비슷한 한계점 값을 사용하며, VIF의 최대한계점(maximum threshold)은 전형적으로 1.33(=1/0.75)의 값이다. 그래서 1.33보다 큰 VIF는 다중공선성이 문제가 될 가능성이 있다는 것을, 1.33보다 작은 VIF는 다중공선성이 문제가 될 가능성이 없다는 것을 나타낸다.

〈표 15-11〉 계수표에서 모형 2의 독립변수들의 VIF가 1.33보다 아주 큰 6.394로 나타나 다중공선성의 문제가 있는 것을 반영한다.

2. 전진선택 단계별 회귀분석 적용

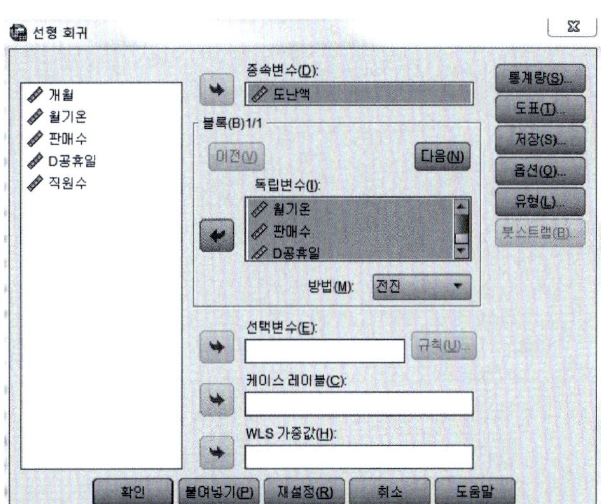

전진선택법은 반응변수(종속변수)와 상관관계가 가장 큰 설명변수부터 시작하여 하나씩 설명변수를 선택하는 방법이다.

"단계회귀.sav"파일을 지정하여 열기를 한다. 메뉴바에서 "분석/회귀분석/선형"을 지정하고, 생성된 "선형 회귀"대화상자에서 변수리스트를 "변수이름 표시"로 전환시킨다.

"선형 회귀"대화상자에서 "종속변수"박스로 "도난액"을, "독립변수"박스로 "월

표 15-12 전진 단계별 회귀의 계수표

모형		비표준화 계수		표준화 계수	t	유의확률	공선성 통계량	
		B	표준오차	베타			공차	VIF
1	(상수)	2273.088	338.697		6.711	.000		
	판매 거래수	.080	.025	.631	3.148	.007	1.000	1.000
2	(상수)	4600.805	1010.545		4.553	.000		
	판매 거래수	.203	.056	1.606	3.642	.003	.156	6.394
	등재 종업원수	−21.567	8.956	−1.062	−2.408	.030	.156	6.394

a. 종속변수: 들치기 빼먹기 손실

기온, 판매수, D공휴일, 직원수"를 이동시킨다. "방법: 전진"을 지정한다. 그리고 표준 단계별회귀방법에서와 동일하게 "통계량"단추를 클릭하여 지정을 한 후에 "계속"을 하고, "선형 회귀"대화상자에서 "확인"을 클릭한다.

〈표 15-12〉의 전진 단계별 회귀결과는 〈표 15-11〉의 표준적 단계별 회귀계수와 같이 나타난다.

3. 후진제거 단계별 회귀분석 적용

후진제거법은 설명변수를 모두 포함한 완전모형(full model)에서 설명력이 가장 작은 설명변수부터 하나씩 설명변수를 제거하는 방법이다.

"단계회귀.sav"파일에서 다시 "분석/회귀분석/선형"을 지정하고, 생성된 "선형 회귀"대화상자에서 "방법: 후진"을 지정한다. 그리고 "확인"을 클릭한다.

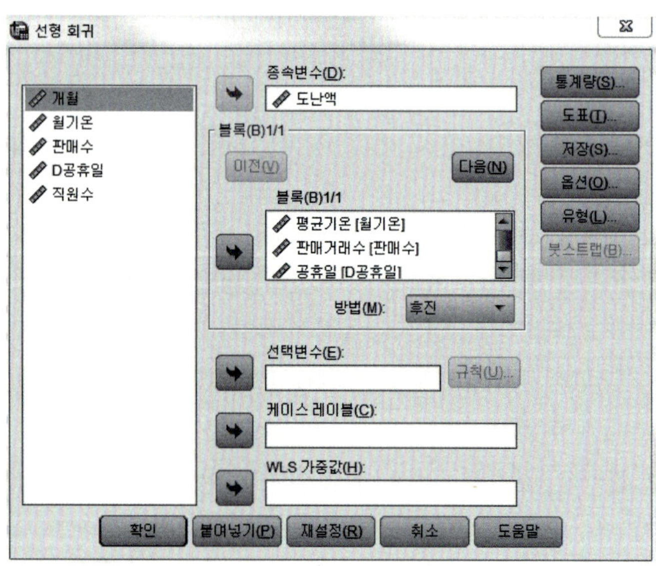

표 15-13 후진 단계별 회귀의 계수표

모형		비표준화 계수		표준화 계수	t	유의확률	공선성 통계량	
		B	표준오차	베타			공차	VIF
1	(상수)	4875.365	1543.275		3.159	.008		
	평균기온	6.263	5.963	.189	1.050	.314	.879	1.138
	판매 거래수	.239	.073	1.885	3.275	.007	.086	11.593
	공휴일	−190.259	202.545	−.219	−.939	.366	.525	1.905
	등재 종업원수	−27.322	11.974	−1.345	−2.282	.042	.082	12.166
2	(상수)	3865.944	1102.645		3.506	.004		
	평균기온	8.036	5.630	.243	1.427	.177	.976	1.024
	판매 거래수	.193	.054	1.526	3.557	.004	.154	6.504
	등재 종업원수	−19.676	8.742	−.969	−2.251	0.42	.153	6.544
3	(상수)	4600.805	1010.545		4.553	.000		
	판매 거래수	.203	.056	1.606	3.642	.003	.156	6.394
	등재 종업원수	−21.567	8.956	−1.062	−2.408	.030	.156	6.394

a. 종속변수: 들치기 빼먹기 손실

〈표 15−13〉에서와 같이 후진제거 단계별 회귀에 따라 모든 설명변수를 포함하는 모형 1부터 유의확률이 가장 높은 "공휴일"을 제거한 모형 2, 그리고 유의확률이 5%를 초과하는 "평균기온"을 제거한 모형 3에서 수행이 종료된다. 그리고 최종으로 나타나는 최우량 모형인 "모형 3"은 〈표 15−8〉의 전진선택의 "모형 2"와 〈표 15−14〉의 표준적 단계별 회귀의 "모형 2"와 일치한다.

이상과 같이 후진제거절차에서 모든 변수들이 과정을 시작하기 위해 모형에 도입되는 완전모형을 제시해야 한다. 변수들이 더 이상의 비유의적인 변수들이 발견되지 않을 때까지 한 번에 하나씩 제거된다. 어떤 변수가 모형에서 제거된 후에, 그 변수는 다시 투입될 수 없다.

04 제거방식 회귀분석

제거방식 회귀분석은 독립변수들을 모두 제거하고 상수항으로만 구성되는 모형을 추정하는 회귀방법이다.

"단계회귀.sav"파일에서 다시 "분석/회귀분석/선형"을 지정하고, 생성된 "선형 회귀"대화상자에서 "방법: 제거"를 지정한다. 그리고 "확인"을 클릭한다.

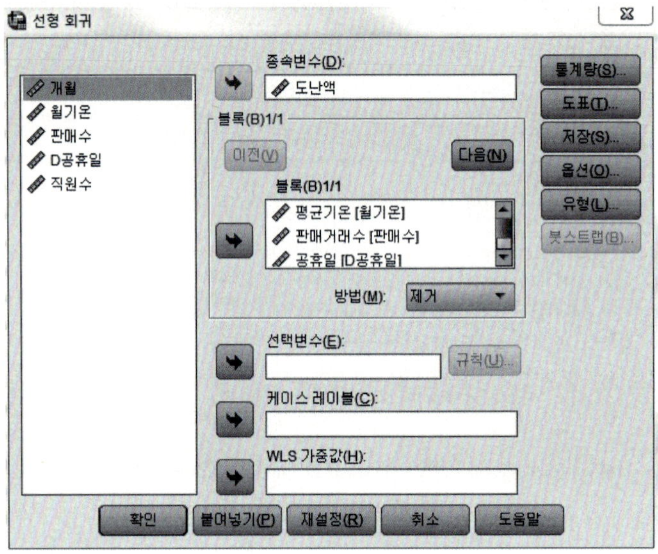

〈표 15-14〉의 제거방식 계수표에서 최종모형은 상수(절편)항만을 갖는 모형으로 나타난다.

표 15-14 제거방식 다중회귀분석 계수표

모형		비표준화 계수		표준화 계수	t	유의확률	공선성 통계량	
		B	표준오차	베타			공차	VIF
1	(상수)	4875.365	1543.275		3.159	.008		
	평균기온	6.263	5.963	.189	1.050	.314	.879	1.138
	판매 거래수	.239	.073	1.885	3.275	.007	.086	11.593
	공휴일	−190.259	202.545	−.219	−.939	.366	.525	1.905
	등재 종업원수	−27.322	11.974	−1.345	−2.282	.042	.082	12.166
2	(상수)	3303.706	108.340		30.494	.000		

a: 종속변수: 들치기 빼먹기 손실

05 회귀 적합성 검정과 잔차의 역할

1. 잔차의 개념

회귀분석에서 잔차들(또는 오차들 또는 교란들)[Residuals (or errors or disturbances)]은 Y의 관측치에서 예측치를 뺀 것이다.

$$\text{잔차 } e_i = Y_i - \hat{Y}_i,\ i = 1,2,3,\ldots,\text{n}$$

n은 관측치들의 수이다.

2. 잔차의 등분산성

선형회귀모형은 모집단 잔차들이 0의 평균과 회귀선 주변의 상수 퍼짐이나 분산을 갖는 것을 가정한다. 이러한 경우가 성립하면 표본의 회귀선 주변에서 일정한 잔차분산을 예상할 수 있다. 일정한 잔차분산의 특성을 등분산성(homoscedasticity)이라고 한다. 그리고 일정하지 않은 잔차분산의 특성을 이분산성(heteroscedasticity)이라고 한다.

3. 잔차 정규성

선형회귀모형은 잔차들이 반드시 정규분포될 것을 요구한다. 이는 가설검정 및 신뢰구간들에 대해 필요하다. 정규성에서의 작은 괴리는 회귀모형에 크게 영향을 주지 않지만, 큰 괴리는 잠재적으로 심각한 영향을 줄 수 있다.

잔차들이 정규분포보다 두껍거나 굵은 꼬리를 갖는 분포에서 나온다면, 최소제곱적합은 자료의 작은 부분집합에 대해서도 민감할 것이다. 굵은 꼬리 잔차분포들은 자주 그 분포들 방향으로 최소제곱선을 지우치게 하는 이상치들을 자주 포함하는 경향이 있다.

정규성 가정은 잔차들의 히스토그램이나 정규확률도표를 통해 시각적으로 검토할 수 있고, 공식적 통계검정은 Shapiro-Wilks검정을 사용한다.

4. 잔차 독립성

종속변수와 회귀변수(독립변수)는 시간에 대해 자연스러운 연속적 순서를 보통 갖는데, 시계열모형에서는 보편적이다. 선형회귀모형들은 잔차들이 독립적이거나 상관이 없다고 가정한다. 그런데 이러한 시계열자료의 가정은 전월의 값에 자주 관련이 되는 당월의 값을 갖는 변수들에는 적용할 수 없다.

계절적 영향력 및 소비자 모집단 크기 등의 변수들은 본질적으로 시간변수와 아주 밀접하다. 이와 같은 시간변수에 대한 독립성 결여를 임시자기상관(temporal autocorrelation)이라고 한다. 자기상관은 공간에 대해서도 발생할 수 있다.

예컨대 특정 지역의 작물산출량은 유사한 성장여건을 갖는 인접지역의 산출량과 상관된다. 이를 공간 자기상관(spatial autocorrelation)이라고 한다. 다음 그림은 양의 자기상관잔차들과 음의 자기상관 잔차들을 보여주고 있다.

아래 좌측 그림과 같이 양의 자기상관이 발생하면 동일한 부호를 갖는 많은 잔차들이 함께 무리를 이루는 경향을 갖는다. 아래 우측 그림과 같이 음의 자기상관은 잔차들 부호의 급격한 변화들에 의해 반영된다.

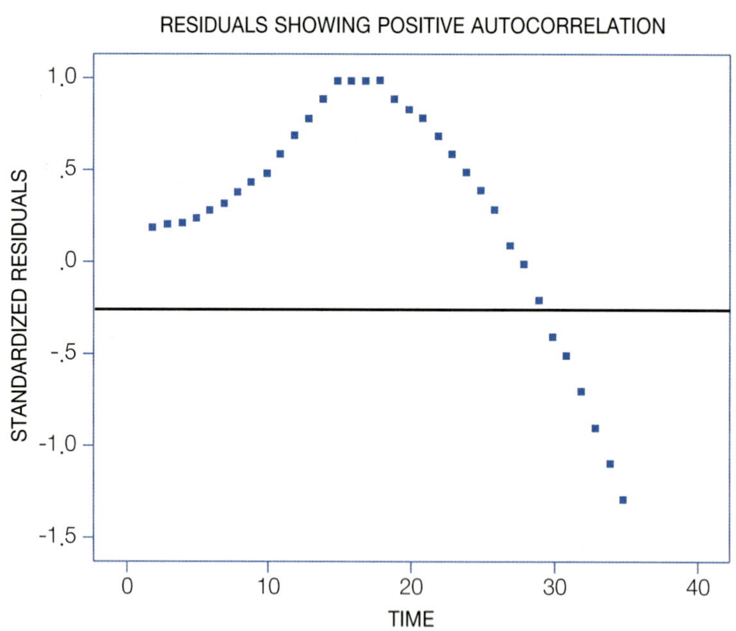

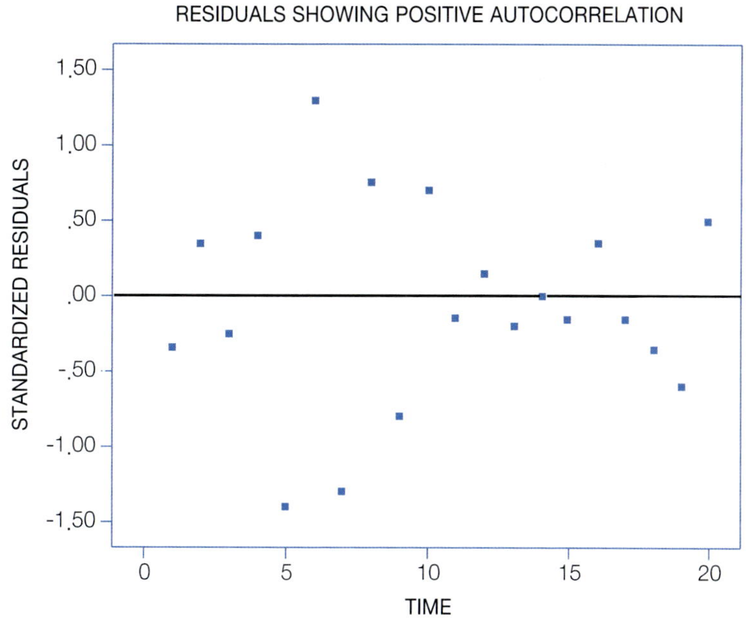

양의 자기상관은 잔차들의 모집단분산 추정치들이 크게 과소추정되게 한다. 이러한 추정치들은 가설검정이나 신뢰구간 추정에서 중요하므로, 이러한 영역에서 자기상관은 곤란을 초래한다. 양의 자기상관의 경우에 모집단 회귀계수들에 대한 신뢰구간들이 축소된다. 잔차들의 자기상관 문제를 극복하는 대표적 접근법에는 Cochrane-Orcutt절차가 있다.

5. 잔차의 이상치 검정

SPSS의 "선형 회귀" 대화상자에서 선택사항들 단추들 중에서 "통계량"단추를 클릭하여 생성되는 "선형 회귀: 통계량"대화상자에서 "잔차: 케이스별 진단: 모든 케이스"를 지정하면 모든 케이스에 대한 각 표준화 잔차들을 표시하는 "케이스별 진단"표가 출력된다. 보통 표준화 잔차의 절대값이 3 이상으로 나타나면 극도의 이상치(outlier)로 간주하여 그 케이스를 제거하고 다시 회귀분석을 수행할 필요가 있다.

표 15A-1 Durbin-Watson d통계량의 5% 유의수준에서의 상하한 값들

	k'=1		k'=2		k'=3		k'=4		k'=5		k'=6		k'=7		k'=8		k'=9		k'=10	
n	d_L	d_U	d_L	d_U	d_L	d_U	d_L	d_U	d_L	d_U	d_L	d_U	d_L	d_U	d_L	d_U	d_L	d_U	d_L	d_U
6	0.610	1.400	–	–	–	–	–	–	–	–	–	–	–	–	–	–	–	–	–	–
7	0.700	1.356	0.467	1.896	–	–	–	–	–	–	–	–	–	–	–	–	–	–	–	–
8	0.763	1.332	0.559	1.777	0.368	2.287	–	–	–	–	–	–	–	–	–	–	–	–	–	–
9	0.824	1.320	0.629	1.641	0.525	20.16	0.296	2.588	–	–	–	–	–	–	–	–	–	–	–	–
10	0.879	1.320	0.697	1.641	0.525	2.016	0.376	2.414	0.243	2.822	–	–	–	–	–	–	–	–	–	–
11	0.927	1.324	0.658	1.604	0.595	1.928	0.444	2.283	0.316	2.645	0.203	3.005	–	–	–	–	–	–	–	–
12	0.971	1.331	0.812	1.579	0.658	1.864	0.512	2.177	0.379	2.506	0.268	2.832	0.171	.0149	–	–	–	–	–	–
13	1.010	1.340	0.861	1.562	0.715	1.816	0.574	2.094	0.445	2.390	0.328	2.692	0.230	2.985	0.147	3.266	–	–	–	–
14	1.045	1.350	0.095	1.551	0.767	1.779	0.632	2.030	0.505	2.296	0.389	2.572	0.286	2.848	0.200	3.111	0.127	3.360	–	–
15	1.077	1.361	0.946	1.543	0.814	1.750	0.685	1.977	0.562	2.220	0.447	2.472	0.343	2.727	0.251	2.979	0.175	3.216	0.111	3.438
16	1.106	1.371	0.982	1.539	0.857	1.728	0.734	1.935	0.615	2.157	0.502	2.388	0.398	2.624	0.304	2.860	0.222	3.090	0.155	3.304
17	1.133	1.381	1.015	1.536	0.897	1.710	0.779	1.990	0.664	2.104	0.554	2.318	0.451	2.537	0.356	2.757	0.272	2.975	0.198	3.184
18	1.158	1.391	1.046	1.535	0.933	1.696	0.820	1.872	0.710	2.060	0.603	2.257	0.502	2.461	0.407	2.667	0.321	2.873	0.244	3.073
19	1.180	1.401	1.074	1.536	0.967	1.685	0.859	1.848	0.752	2.023	0.649	2.206	0.549	2.396	0.456	2.589	0.369	2.783	0.290	2.974
20	1.201	1.411	1.100	1.537	0.998	1.676	0.894	1.828	0.792	1.991	0.692	2.162	0.595	2.339	0.505	2.521	0.416	2.704	0.336	2.885
21	1.221	1.420	1.125	1.538	1.026	1.669	0.927	1.812	0.829	1.964	0.732	2.124	0.637	2.290	0.547	2.460	0.461	2.633	0.380	2.806
22	1.239	1.429	1.147	1.541	1.053	1.664	0.958	1.797	0.863	1.940	0.769	2.090	0.677	2.246	0.588	2.407	0.504	2.571	0.424	2.734
23	1.257	1.437	1.168	1.543	1.078	1.660	0.986	1.785	0.895	1.920	0.804	2.061	0.715	2.208	0.628	2.360	0.545	2.514	0.465	2.670
24	1.273	1.446	1.188	1.546	1.101	1.656	1.013	1.775	0.925	1.902	0.837	2.035	0.751	2.174	0.666	2.318	0.584	2.464	0.506	2.613
25	1.288	1.454	1.206	1.550	1.123	1.654	1.038	1.767	0.953	1.886	0.868	2.012	0.784	2.144	0.702	2.280	0.621	2.419	0.544	2.560
26	1.302	1.461	1.224	1.553	1.143	1.652	1.062	1.759	0.979	1.873	0.897	1.992	0.816	2.117	0.735	2.246	0.657	2.379	0.581	2.513
27	1.316	1.469	1.240	1.556	1.162	1.651	1.084	1.753	1.004	1.861	0.925	1.974	0.845	2.093	0.767	2.216	0.691	2.342	0.616	2.470
28	1.328	1.476	1.255	1.560	1.181	1.650	1.104	1.747	1.028	1.850	0.951	1.958	0.874	2.071	0.798	2.188	0.723	2.309	0.650	2.431
29	1.341	1.483	1.270	1.563	1.198	1.650	1.124	1.743	1.050	1.841	0.976	1.944	0.900	2.052	0.826	2.164	0.753	2.278	0.682	2.396
30	1.352	1.489	1.284	1.567	1.214	1.650	1.143	1.739	1.071	1.833	0.998	1.931	0.926	2.034	0.854	2.141	0.782	2.251	0.712	2.363
31	1.363	1.496	1.297	1.570	1.229	1.650	1.160	1.735	1.090	1.825	1.020	1.920	0.950	2.018	0.879	2.210	0.810	2.226	0.741	2.333
32	1.373	1.502	1.309	1.574	1.244	1.650	1.177	1.732	1.109	1.819	1.041	1.909	0.972	2.004	0.904	2.102	0.836	2.203	0.769	2.306
33	1.383	1.508	1.321	1.577	1.258	1.651	1.193	1.730	1.127	1.813	1.061	1.900	0.994	1.991	0.927	2.085	0.861	2.181	0.795	2.281
34	1.393	1.514	1.333	1.580	1.271	1.652	1.208	1.728	1.144	1.808	1.080	1.891	1.015	1.979	0.950	2.069	0.885	2.162	0.821	2.257
35	1.402	1.519	1.343	1.584	1.283	1.653	1.222	1.726	1.160	1.803	1.097	1.884	1.034	1.967	0.971	2.054	0.908	2.144	0.845	2.236
36	1.411	1.525	1.354	1.587	1.295	1.654	1.236	1.724	1.175	1.799	1.114	1.877	1.053	1.957	0.991	2.041	0.930	2.217	0.868	2.216
37	1.149	1.530	1.364	1.590	1.307	1.655	1.249	1.723	1.190	1.795	1.131	1.870	1.071	1.948	1.011	2.029	0.951	2.112	0.891	2.198
38	1.427	1.535	1.373	1.594	1.318	1.656	1.261	1.722	1.204	1.792	1.146	1.864	1.088	1.939	1.029	2.017	0.970	2.098	0.912	2.180
39	1.435	1.540	1.382	1.597	1.328	1.658	1.273	1.722	1.218	1.789	1.161	1.859	1.104	1.932	1.047	2.007	0.990	2.085	0.932	2.164
40	1.442	1.544	1.391	1.600	1.338	1.659	1.285	1.721	1.230	1.786	1.175	1.854	1.120	1.924	1.064	1.997	1.008	2.072	0.952	2.149
45	1.475	1.566	1.430	1.615	1.383	1.666	1.336	1.720	1.287	1.776	1.238	1.835	1.189	1.895	1.139	1.958	1.089	2.022	1.038	2.088
50	1.503	1.585	1.462	1.628	1.421	1.674	1.378	1.721	1.335	1.771	1.291	1.822	1.246	1.875	1.201	1.930	1.156	1.986	1.110	2.044
55	1.528	1.601	1.490	1.641	1.452	1.681	1.414	1.724	1.374	1.768	1.334	1.814	1.294	1.861	1.253	1.909	1.212	1.959	1.170	2.010
60	1.549	1.616	1.514	1.652	1.480	1.689	1.444	1.727	1.408	1.767	1.372	1.808	1.335	1.850	1.298	1.894	1.260	1.939	1.222	1.984
65	1.567	1.629	1.536	1.662	1.503	1.696	1.471	1.731	1.438	1.767	1.404	1.805	1.370	1.843	1.336	1.882	1.301	1.923	1.266	1.964
70	1.583	1.641	1.554	1.672	1.525	1.703	1.494	1.735	1.464	1.768	1.433	1.802	1.401	1.837	1.369	1.873	1.337	1.910	1.305	1.948
75	1.598	1.652	1.571	1.680	1.543	1.709	1.515	1.739	1.487	1.770	1.458	1.801	1.428	1.834	1.399	1.867	1.369	1.901	1.339	1.935
80	1.611	1.662	1.586	1.688	1.560	1.715	1.534	1.743	1.507	1.772	1.480	1.801	1.453	1.831	1.425	1.861	1.397	1.893	1.369	1.925
85	1.624	1.671	1.600	1.696	1.575	1.721	1.550	1.747	1.525	1.774	1.500	1.801	1.474	1.829	1.448	1.857	1.422	1.886	1.396	1.913
90	1.635	1.679	1.612	1.703	1.589	1.726	1.566	1.751	1.542	1.776	1.518	1.801	1.494	1.827	1.469	1.854	1.445	1.881	1.420	1.909
95	1.645	1.687	1.623	1.709	1.602	1.732	1.579	1.755	1.557	1.778	1.535	1.802	1.512	1.827	1.489	1.852	1.465	1.877	1.442	1.903
100	1.654	1.694	1.634	1.715	1.613	1.736	1.592	1.758	1.571	1.780	1.550	1.803	1.528	1.826	1.506	1.850	1.484	1.874	1.462	1.898
150	1.720	1.746	1.706	1.760	1.693	1.774	1.679	1.788	1.665	1.802	1.651	1.817	1.637	1.832	1.622	1.847	1.608	1.862	1.594	1.877
200	1.758	1.778	1.748	1.789	1.738	1.799	1.728	1.810	1.718	1.820	1.707	1.831	1.697	1.841	1.686	1.852	1.675	1.863	1.665	1.874

k' : 상수를 제외한 설명변수들의 수

n : 표본크기(케이스들의 수)

표 15A-2 Durbin-Watson d통계량의 5% 유의수준에서의 상하한 값들

	$k'=11$		$k'=12$		$k'=13$		$k'=14$		$k'=15$		$k'=16$		$k'=17$		$k'=18$		$k'=19$		$k'=20$	
n	d_L	d_U	d_L	d_U	d_L	d_U	d_L	d_U	d_L	d_U	d_L	d_U	d_L	d_U	d_L	d_U	d_L	d_U	d_L	d_U
16	0.098	3.503	–	–	–	–	–	–	–	–	–	–	–	–	–	–	–	–	–	–
17	0.138	3.378	0.087	3.557	–	–	–	–	–	–	–	–	–	–	–	–	–	–	–	–
18	0.177	3.265	0.123	3.441	0.078	3.603	–	–	–	–	–	–	–	–	–	–	–	–	–	–
19	0.220	3.159	0.160	3.335	0.111	3.496	0.070	3.642	–	–	–	–	–	–	–	–	–	–	–	–
20	0.263	3.063	0.200	3.234	0.145	3.395	0.100	3.542	0.063	3.676	–	–	–	–	–	–	–	–	–	–
21	0.307	2.976	0.240	3.141	0.182	3.300	0.132	3.448	0.091	3.583	0.058	3.705	–	–	–	–	–	–	–	–
22	0.349	2.897	0.281	3.057	0.220	3.211	0.166	3.358	0.120	3.495	0.083	3.619	0.052	3.731	–	–	–	–	–	–
23	0.391	2.826	0.322	2.979	0.259	3.128	0.202	3.272	0.153	3.409	0.110	3.535	0.076	3.650	0.048	3.753	–	–	–	–
24	0.431	2.761	0.362	2.908	0.297	3.053	0.239	3.193	0.186	3.327	0.141	3.454	0.101	3.572	0.070	3.678	0.044	3.773	–	–
25	0.470	2.702	0.400	2.844	0.335	2.983	0.275	3.119	0.221	3.251	0.172	3.376	0.130	3.494	0.094	3.604	0.065	3.702	0.041	3.790
26	0.058	2.649	0.438	2.784	0.373	2.919	0.312	3.051	0.256	3.179	0.205	3.303	0.160	3.420	0.120	3.531	0.087	3.632	0.060	3.724
27	0.544	2.600	0.475	2.730	0.409	2.859	0.348	2.987	0.291	3.112	0.238	3.233	0.191	3.349	0.149	3.460	0.112	3.563	0.081	3.658
28	0.578	2.555	0.510	2.680	0.445	2.850	0.383	2.928	0.325	3.050	0.271	3.168	0.222	3.283	0.178	3.392	0.138	3.495	0.104	3.592
29	0.612	2.515	0.544	2.634	0.479	2.755	0.418	2.874	0.359	2.992	0.305	3.107	0.254	3.219	0.208	3.327	0.166	3.431	0.129	3.528
30	0.643	2.477	0.577	2.592	0.512	2.708	0.451	2.823	0.392	2.937	0.337	3.050	0.286	3.160	0.238	3.266	0.195	3.368	0.156	3.465
31	0.674	2.443	0.608	2.553	0.545	2.665	0.484	2.776	0.425	2.887	0.370	2.996	0.317	3.103	0.269	3.208	0.224	3.309	0.183	3.406
32	0.703	2.411	0.638	2.517	0.576	2.625	0.515	2.733	0.457	2.840	0.401	2.946	0.349	3.050	0.299	3.153	0.253	3.252	0.211	3.348
33	0.731	2.382	0.668	2.484	0.606	2.588	0.546	2.692	0.488	2.796	0.432	2.899	0.379	3.000	0.329	3.100	0.283	3.198	0.239	3.293
34	0.758	2.355	0.695	2.454	0.634	2.554	0.575	2.654	0.518	2.754	0.462	2.854	0.409	2.954	0.359	3.051	0.312	3.147	0.267	3.240
35	0.783	2.330	0.722	2.425	0.662	2.521	0.604	2.619	0.547	2.716	0.492	2.813	0.439	2.910	0.388	3.005	0.340	3.099	0.295	3.190
36	0.808	2.306	0.748	2.398	0.689	2.492	0.631	2.586	0.575	2.680	0.520	2.774	0.467	2.868	0.417	2.961	0.369	3.503	0.323	3.142
37	0.831	2.285	0.772	2.374	0.714	2.464	0.657	2.555	0.602	2.646	0.548	2.738	0.495	2.829	0.445	2.920	0.397	3.009	0.351	3.097
38	0.854	2.265	0.796	2.351	0.739	2.438	0.638	2.256	0.628	2.614	0.575	2.703	0.522	2.792	0.472	2.880	0.424	2.968	0.378	3.054
39	0.875	2.246	0.819	2.329	0.763	2.413	0.707	2.499	0.653	2.585	0.600	2.671	0.549	2.757	0.499	2.843	0.451	2.929	0.404	3.013
40	0.896	2.228	0.840	2.309	0.785	2.391	0.731	2.473	0.678	2.557	0.626	2.641	0.575	2.724	0.525	2.808	0.477	2.892	0.430	2.974
45	0.988	2.156	0.938	2.225	0.887	2.296	0.838	2.367	0.788	2.439	0.740	2.512	0.692	2.586	0644	2.659	0.598	2.733	0.553	2.807
50	1.064	2.103	1.019	2.163	0.973	2.225	0.927	2.287	0.882	2.350	0.836	2.414	0.792	2.479	0.747	2.544	0.703	2.610	0.660	2.675
55	1.129	2.062	1.087	2.116	1.045	2.170	1.003	2.225	0.961	2.281	0.919	2.338	0.877	2.396	0.836	2.454	0.795	2.512	0.754	2.571
60	1.184	2.081	1.145	2.079	1.106	2.127	1.068	2.177	1.029	2.227	0.990	2.278	0.951	2.330	0.913	2.382	0.874	2.434	0.836	2.487
65	1.231	2.006	1.195	2.049	1.160	2.093	1.124	2.138	1.088	2.183	1.052	2.229	1.016	2.276	0.980	2.323	0.944	2.371	0.908	2.419
70	1.272	1.986	1.239	2.206	1.206	2.066	1.172	2.106	1.139	2.148	1.105	2.189	1.072	2.232	1.038	2.275	1.005	2.318	0.971	2.362
75	1.308	1.970	1.277	2.006	1.247	2.043	1.215	2.080	1.184	2.118	1.153	2.156	1.121	2.195	1.090	2.235	1.58	2.275	1.027	2.315
80	1.340	1.957	1.311	1.991	1.283	2.024	1.253	2.059	1.224	2.093	1.195	2.129	1.165	2.165	1.136	2.201	1.106	2.238	1076	2.275
85	1.369	1.946	1.342	1.977	1.315	2.009	1.287	2.040	1.260	2.073	1.232	2.105	1.205	2.139	1.177	2.172	1.149	2.206	1.121	2.241
90	1.395	1.937	1.369	1.966	1.344	1.995	1.318	2.025	1.292	2.055	1.266	2.085	1.240	2.116	1.213	2.148	1.187	2.179	1.160	2.211
95	1.418	1.929	1.394	1.956	1.370	1.984	1.345	2.012	1.321	2.040	1.296	2.068	1.271	2.097	1.247	2.126	1.222	2.156	1.197	2.186
100	1.439	1.923	1.416	1.948	1.393	1.974	1.371	2.000	1.347	2.026	1.324	2.053	1.301	2.080	1.277	2.108	1.253	2.135	1.229	2.164
150	1.579	1.892	1.564	1.908	1.550	1.924	1.535	1.940	1.519	1.956	1.504	1.972	1.489	1.989	1.474	2.006	1.458	2.023	1.443	2.040
200	1.654	1.885	1.643	1.896	1.632	1.908	1.621	1.919	1.610	1.931	1.599	1.943	1.588	1.955	1.576	1.967	1.565	1.979	1.554	1.991

k' : 상수를 제외한 설명변수들의 수

n : 표본크기(케이스들의 수)

제16장

C-O절차 및 PW추정과 로지스틱회귀

01 자기상관처리 Cochrane-Orcutt 절차

회귀계수들의 정규최소제곱 추정치들은 오차들의 자기상관이 존재한다면 더 이상 최소분산 추정치들이 아니어서, 가설검정과 신뢰구간들은 믿을 수 없게 된다.

이러한 경우 조사자는 문제극복을 위해 자기상관 구조를 명확하게 통합하는 모형을 사용할 수 있다.

자기상관은 유의적 회귀변수들의 누락에서 발생할 수 있다. 만약 이러한 회귀변수들이 모형에서 규명되고 통합된다면, 자기상관 문제는 제거될 수 있다. 자기상관 처리를 위해 널리 사용되는 방법은 Cochrane and Orcutt(C–O)에 의한 것이다.

"코크.sav"를 열고, 특정 치약브랜드의 시장점유율 Y_t와 20개월 동안의 판매가(천원) 자료들을 보기로 하자. t기 시장점유율의 동일시점 판매가에 대한 회귀모형을 구축하기로 하자.

메뉴 바에서 "분석/회귀분석/선형"을 지정하여 생성된 "선형 회귀"대화상자에서 변수리스트의 한 변수를 지정 후 마우스 우측단추를 클릭하여 나타난 대화상자에서 "변수이름 표시"를 지정하여 표시를 변수이름으로 전환시킨다.

"선형 회귀"대화상자에서 "종속변수"박스에 "점유율"을, "독립변수"박스에 "판매가"를 이동시킨다.

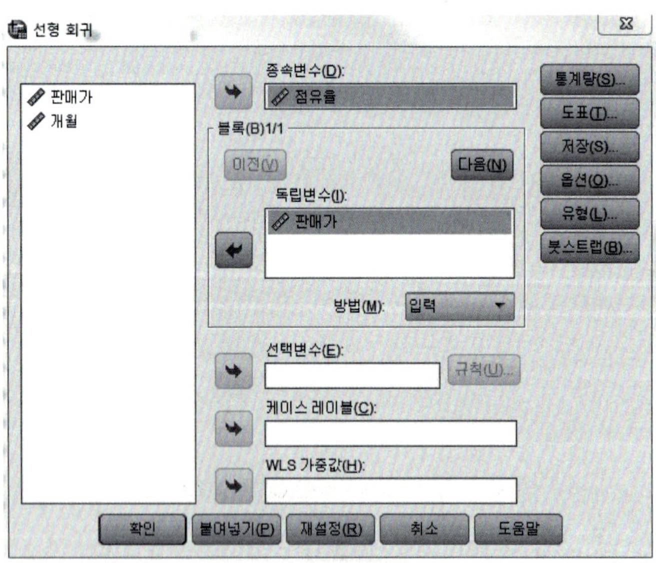

“통계량”단추를 클릭하여 “추정값” “Durbin−Watson”, “모형적합”, “공선성 진단”을 지정한 후에 “계속”을 클릭한다.

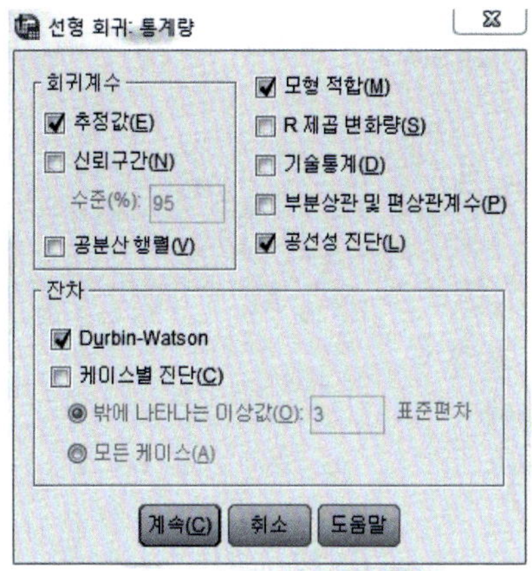

다시 “저장”단추를 눌러 생성된 “선형 회귀: 저장”대화상자에서 “잔차: 비표준화, 표준화”를, “예측값:비표준화, 표준화”를 지정한 후에 “계속”을 클릭한다.

그리고 “선형 회귀”대화상자에서 “확인”을 클릭한다.

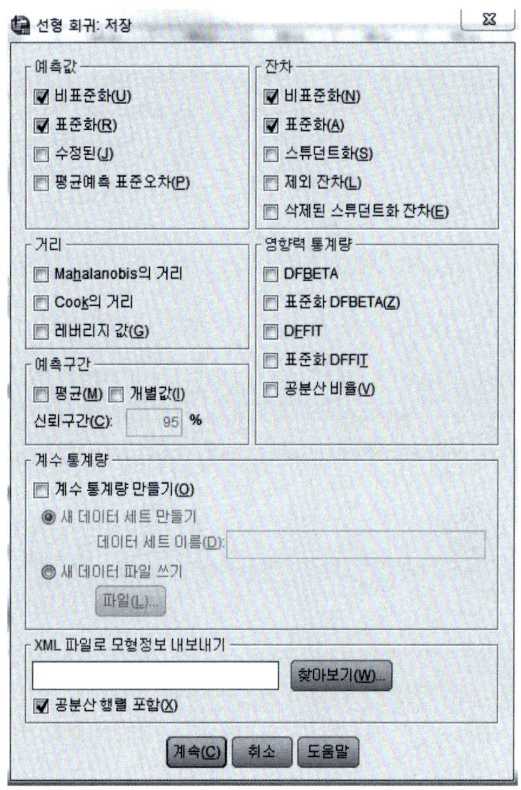

출력결과에서 나타나는 모형요약과 계수에 대한 표들을 〈표 16−1〉과 〈표 16−2〉와 같이 표시할 수 있다.

“선형 회귀: 저장”대화상자에서 “잔차: 비표준화, 표준화”와 “예측값:비표준화, 표준화”를 지정했기 때문에, “데이터 보기”창에서 PRES_1, RES_1, ZPR_1, ZRE_1변수들이 생성된다. 만약 회귀분석을 다시 수행하여 추정한다면 변수이름 뒤에 붙은 “_1”은 “_2”로 바뀐다.

표 16-1 모형요약

모형	R	R제곱	수정된 R제곱	추정값의 표준오차	Durbin-Watson
1	.975a	.951	.948	.42871	1.136

a. 예측자: (상수), 판매가격(천원)
b. 종속변수: 시장점유율

표 16-2 계수

모형		비표준화계수		표준화계수	t	유의확률	공선성 통계량	
		B	표준오차	베타			공차	VIF
1	(상수)	38.910	1.110		35.058	.000		
	판매가격(천원)	-24.290	1.298	-.975	-18.716	.000	1.000	1.000

a. 종속변수: 시장점유율(%)

- PRES_1 : 첫번 째로 추정된 비표준화 예측값
- RES_1 : 첫번 째로 추정된 표준화 예측값
- ZPR_1 : 첫번 째로 추정된 비표준화 잔차
- ZRE_1 : 첫번 째로 추정된 비표준화 잔차

이제 최소제곱을 사용하여 적합된 모형은 〈표 16-2〉의 계수표를 이용하여 다음과 같이 표시할 수 있다.

점유율 = 38.91-24.29*판매가

메뉴 바에서 "그래프/도표 작성기"를 지정한 후에 생성된 "도표 작성기" 대화상자에서 "갤러리:선도표"를 지정한다. 우측박스에서 첫째 "단순 선도표"를 지정한 후에 마우스 왼쪽단추를 더블클릭하여 "도표 미리 보기"박스에 도표(차트)가 나타나게 한다.

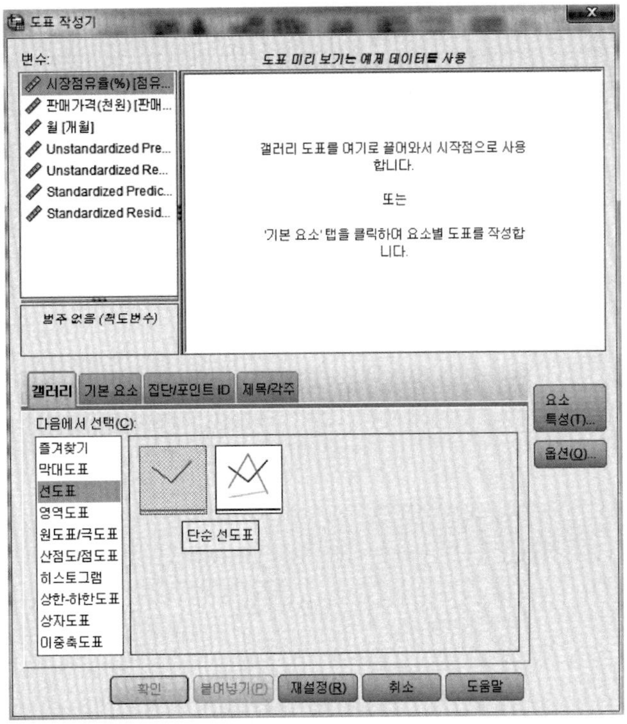

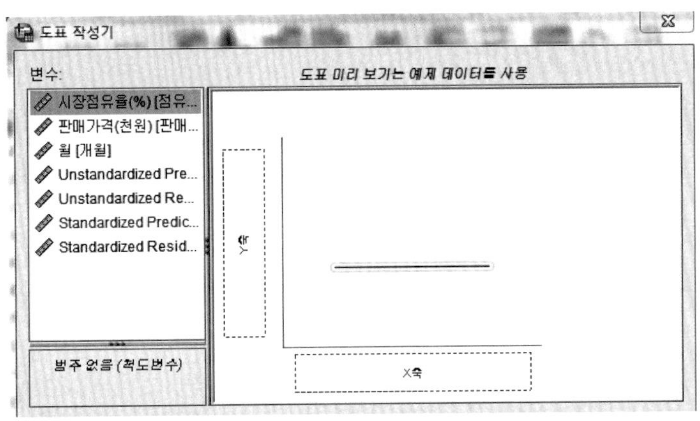

좌측상단의 변수리스트를 마우스 오른쪽 단추를 사용하여 "변수이름 표시"로 전환시키고, 그래프의 X축에 "개월"을, Y축에 "RES_1"을 이동시킨다.

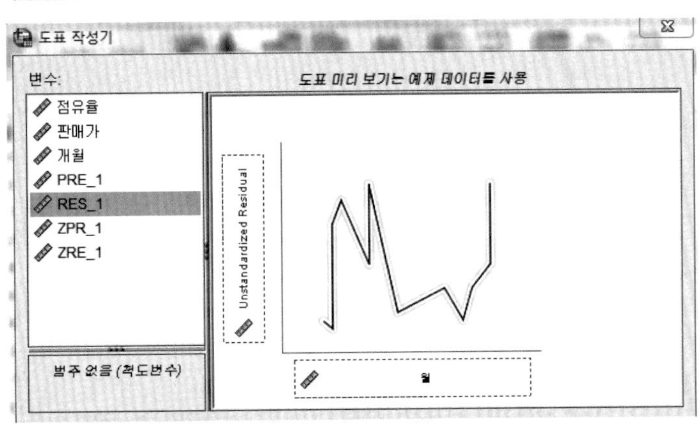

그림 16-1 월별 회귀잔차의 그림

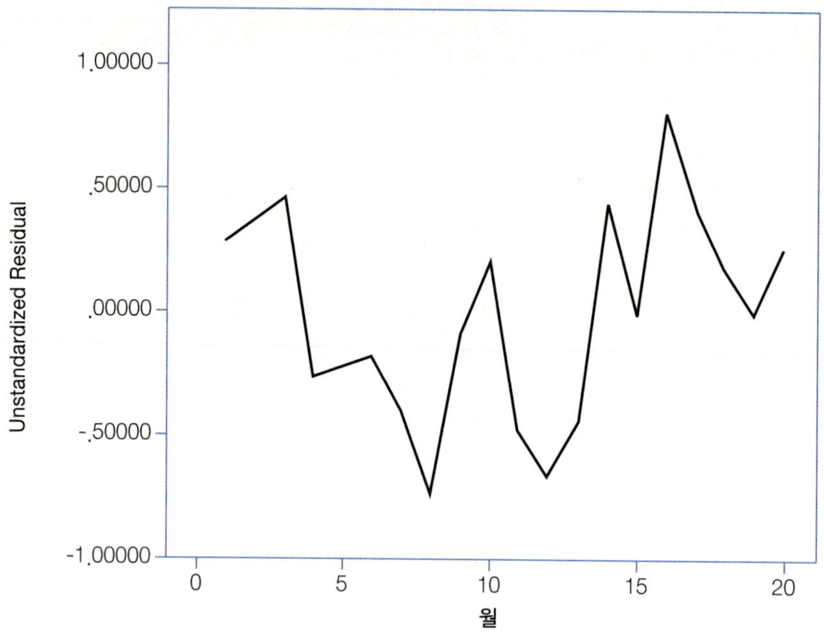

그리고 "도표 작성기"의 아래에 있는 "확인"단추를 클릭하면, 비표준화 잔차의 도표가 〈그림 16-1〉과 같이 나타난다.

〈표 16-1〉에서 D-W통계량 d는 1.136이다. 이러한 d값을 〈표 15A.1〉의 k'=1 및 n=20의 5% 유의수준에서의 d_L=1.201 및 d_U=1.411에 대해 〈그림 15-1〉을 기초로 비교하면, d값이 d_L보다 낮아 잔차의 양의 자기상관을 반영한다. 따라서 잔차의 자기상관이 없다는 귀무가설이 기각된다.

자기상관(계열상관)의 문제극복을 위해, AR(1) 및 더 높은 계수의 자기회귀계획들을 사용할 수 있는 Cochrane and Orcutt(C-O)반복절차를 모형모수들을 추정하는데 사용할 수 있다. 이는 syntax를 사용하여 수행한다.

메뉴 바에서 "파일/새파일/명령문"을 지정한다. 다음 명령어를 입력한 후에 메뉴 바에서 "실행/모두"를 클릭한다.

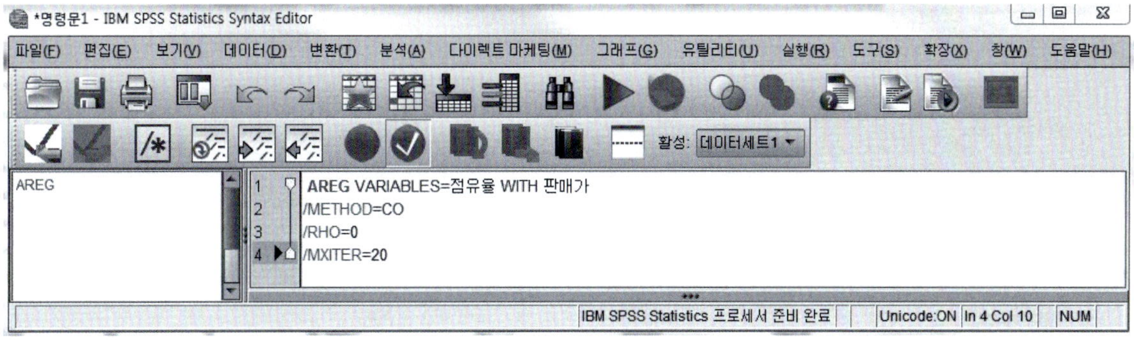

이제 출력결과는 다음과 같이 나타난다.

```
AREG VARIABLES=점유율 WITH 판매가
/METHOD=CO
/RHO=0
/MXITER=20
```

"최종 반복계산 3"에서 자기상관계수, 모형적합요약, ANOVA, 회귀계수가 표로 주어진다.

〈표 16-3〉에서와 같이 추정된 잔차자기상관 계수 ρ의 값은 0.413이며, 〈표 16-4〉에서 D-W 통계량 1.894는 d_U=1.411보다 크고 4-d_U=2.589보다 작아 추정된 회귀방정식에 대해 "ρ=0"이라는 귀무가설이 채택된다. 그래서 잔차의 자기상관은 없는 것으로 나타나, Cochrane-Orcutt 반복방법은 잔차의 자기상관 문제를 시정하였다.

표 16-3 자기상관계수

Rho(AR1)	표준오차
.413	.221

Cochrane-Orcutt 추정방법이 사용되었습니다.

표 16-4 모형 적합 요약

R	R제곱	수정된 R제곱	추정값의 표준오차	Durbin-Watson
.950	.903	.891	.408	1.894

Cochrane-Orcutt 추정방법이 사용되었습니다.

〈표 16-5〉의 ANOVA표에서는 회귀평균제곱이 잔차평균제곱보다 아주 크게 나타나 회귀방정식의 유효성이 성립한다.

표 16-5 ANOVA

	제곱합	자유도	평균제곱
회귀	24.804	1	24.804
잔차	2.660	16	.166

Cochrane-Orcutt 추정방법이 사용되었습니다.

표 16-6 회귀계수

	비표준화 계수				
모형	B	표준오차	표준화 계수 베타	t	유의확률
판매가격(천원)	−24.121	1.975	−.950	−12.215	.000
(상수)	38.753	1.664		23.290	.000

Cochrane-Orcutt 추정방법이 사용되었습니다.

〈표 16-6〉 회귀계수표에 따라 C-O절차에서 획득된 회귀방정식은 다음과 같다.

점유율 = 38.753-24.121*판매가

〈표 16-6〉의 기울기 추정치는 〈표 16-2〉의 최소자승회귀 기울기 추정치인 −24.290과는 약간 다르다.

* C-O수행방법

메뉴 바에서 “파일/새 파일/명령문”을 지정하면, “명령문1”대화상자가 다음과 같이 생성된다.

C-O반복절차를 위해 명령문1" 대화상자에서 다음 구문들을 입력한다.

```
AREG VARIABLES=dependent series name WITH independent series names
/METHOD=CO
/RHO=value
/MXITER=number
```

AREG는 자기회귀절차(AutoREGression procedure)의 약어이며, 1계 자기회귀 AR(1)을 갖는 회귀모형을 추정하는 명령어이다.

AREG에는 Cochrane-Orcutt, Prais-Winsten, Maximum-likelihood기법이 제공된다.

Cochrane-Orcutt(C-O)과 Prais-Winsten(PW)은 회귀방정식을 자기상관을 제거시키도록 변환한 후에 회귀를 다시 수행한다.

한편 Maximum-likelihood(ML)추정은 ARIMA절차와 동일한 연산을 사용하며, 결측값이 있더라도 더 나은 결과를 도출한다.

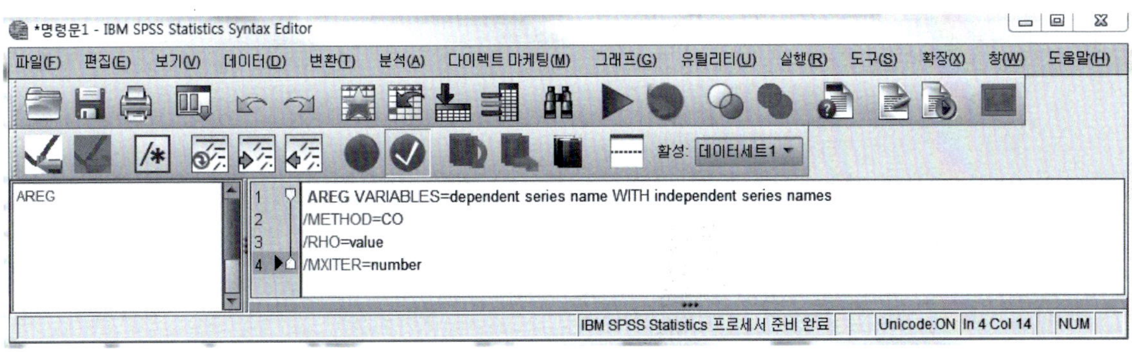

- AREG : AR(1) 오차들을 가진 회귀모형을 추정
- CO : Cochrane and Orcutt을 표시
- RHO : ρ의 초기값, 생략되면 지정은 ρ=0으로 자동인식
- MXITER : 반복(ITERation)의 최대값(MaX)로 최대반복 수를 의미, 생략되면 지정은 10회 반복

02 Prais-Winsten추정

1계 자기회귀 AR(1)모형의 실현가능한 GLS(generalized least squares : 일반최소자승)추정은 하나의 시계열 설명변수에 대해 종속변수의 최소제곱회귀를 수행하고, 그 잔차들을 각 시점에 대해 구한다.

그리고 직전 시점의 잔차에 대하여 각 잔차들의 회귀분석을 수행하고, 부록의 (16A.2)식의 최소제곱 추정을 수행한다.

이러한 실현가능 GLS추정과정에서 Prais-Winsten(PW)추정은 C-O절차와는 달리 첫째 관찰치를 사용한다. SPSS에서 PW추정은 다음 명령을 입력하여 실행한다.

```
AREG VARIABLES=점유율 WITH 판매가
/METHOD=PW
/RHO=0
/MXITER=20
```

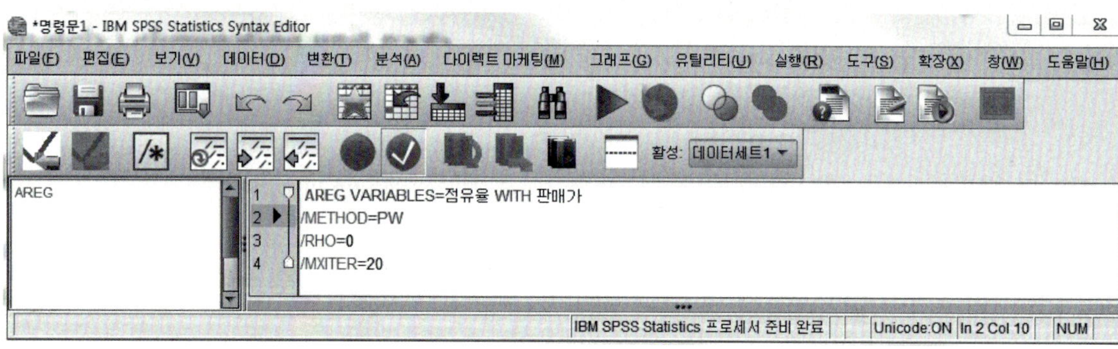

"명령문1"대화상자의 메뉴 바에서 "실행/모두"를 지정하면 출력결과는 "자동선형회귀"로 나타나며 "최종반복계산 4"로 다음과 같이 나타난다.

〈표 16-7〉의 ρ(AR1)=0.439는 〈표 16-3〉의 ρ=0.413보다 약간 크다. 그리고 〈표 16-8〉에서의 D-W통계량 1.909는 〈표 16-4〉의 D-W통계량 1.894보다 역시 약간 더 커서 추정된 회귀방정식에 의해서는 "ρ=0"이라는 귀무가설을 채택되도록 하여 잔차의 자기상관문제를 시정하였다.

한편 〈표 16-9〉의 ANOVA표는 C-O방법의 〈표 16-5〉의 ANOVA표와 비교하면 회귀평균제곱의 잔차 평균제곱에 대한 비율을 더 크게 발생시키고 있다.

표 16-7 자기상관계수

Rho(AR1)	표준오차
.439	.218

Prais-Winsten 추정방법이 사용되었습니다.

표 16-8 모형적합요약

R	R제곱	수정된 R제곱	추정값의 표준오차	Durbin-Watson
.957	.916	.906	.398	1.909

Prais-Winsten 추정방법이 사용되었습니다.

표 16-9 ANOVA

	제곱합	자유도	평균제곱
회귀	29.413	1	29.413
잔차	2.698	17	.159

Prais-Winsten 추정방법이 사용되었습니다.

표 16-10 회귀계수

모형	비표준화계수		표준화계수 베타	t	유의확률
	B	표준오차			
판매가격(천원)	−23.573	1.731	−.957	−13.614	.000
(상수)	38.318	1.486		25.785	.000

Prais-Winsten 추정방법이 사용되었습니다.

그리고 〈표 16-10〉의 회귀계수에서 판매가격의 비표준화 계수 −23.573은 OLS추정에 따른 〈표 16-2〉의 −24.290, C-O절차에 따른 −24.121보다 절대값 기준 크기가 축소되었다.

03 정확 최대우도 반복추정

정확 최대우도추정(Exact maximum-likelihood estimation)을 위해 다음 명령을 입력한 후에 실행을 하자.

```
AREG VARIABLES=점유율 WITH 판매가
/METHOD=ML
/RHO=0
/MXITER=20
```

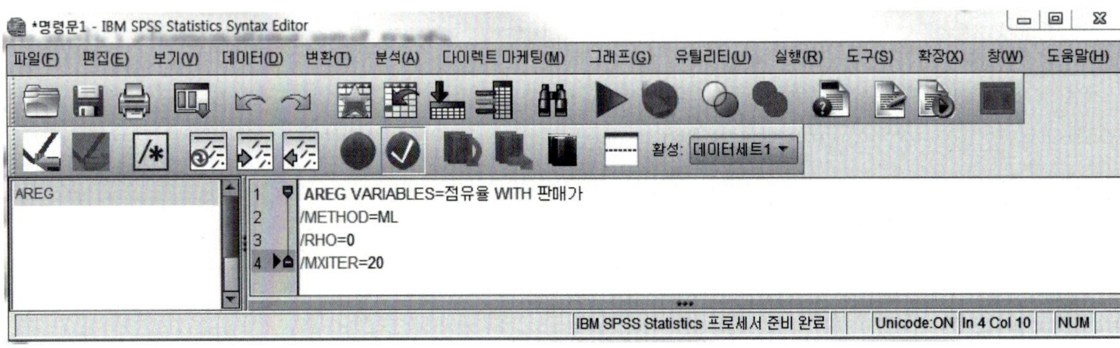

"명령문1" 대화상자의 메뉴 바에서 "실행/모두"를 지정하면 출력결과는 "자동선형회귀"로 나타

표 16-11 잔차진단

잔차수	20
모수의 수	3
잔차 자유도	17
수정된 잔차 제곱함	2.727
잔차 제곱합	2.699
잔차분산	.159
모형 표준오차	.398
로그 우도	-8.562
Akaike 정보기준(AIC)	23.125
Schwartz 베이지안 기준(BIC)	26.112

나며 "반복계산과정"과 "잔차진단" 등을 추가로 제공한다.

〈표 16-12〉의 모수 추정값에서 판매가격 −23.591은 PW추정 −23.573, C-O절차 −24.121, OLS추정 −24.290보다 그 절대값 크기가 약간 더 작다.

표 16-12 모수 추정값

		추정값	표준오차	t	근사 유의확률
Rho(AR1)		.432	.208	2.074	.054
회귀계수	판매가격(천원)	−23.591	1.722	−13.698	.000
상수항		38.332	1.478	25.938	.000

Melard 알고리즘이 추정에 사용되었습니다.

표 16-13 상관행렬

	Rho(AR1)	회귀계수 판매가격(천원)	상수항
Rho(AR1)	1.000	0[a]	0[a]
회귀계수 판매가격(천원)	0[a]	1.000	−.995
상수항	0[a]	−.995	1.000

Melard 알고리즘이 추정에 사용되었습니다.
a. Rho(AR1) 모수 추정값 및 회귀모수 추정값은 점근적으로 상호관련이 없습니다.

표 16-14 공분산행렬

	Rho(AR1)	회귀계수판매가격(천원)	상수항
Rho(AR1)	.043	0[a]	0[a]
회귀계수 판매가격(천원)	0[a]	2.966	−2.532
상수항	0[a]	−2.532	2.184

Melard 알고리즘이 추정에 사용되었습니다.
a. Rho(AR1) 모수 추정값 및 회귀모수 추정값은 점근적으로 상호관련이 없습니다.

04 로지스틱 회귀

로지스틱 회귀는 종속변수가 연속적 변수가 아니라 이항 종속변수(binary dependent variable)인 경우 그 변수의 값이 1 또는 0이거나, 아니면 "예" 또는 "아니오"가 되는지의 여부를 예측한다.

로지스틱 회귀는 이항 종속변수의 값이 독립변수들에 의해 예측될 수 있는지를 보기 위한 것이다. 예컨대 시험합격여부를 유의적으로 어떤 변수가 예측을 할 수 있는지를 보는 것이다.

이항 종속변수를 사용하는 로지스틱 회귀는 직선함수의 함수가 아니라 0과 1 사이의 값을 범위로 갖는 로지스틱 함수(logistic function)를 직접 이용한다.

만약 설문지에서 예/아니오 질문에 대한 응답 "예"의 확률이 p라면, "예"응답을 얻을 승산(odds)은 p/(1−p)이다.

이러한 승산의 자연로그 ln(p/(1−p))를 로짓(logit)이라고 한다. 그래서 독립변수 X에 선형으로 관련될 것으로 예측되는 것은 Y가 아니라 로짓이다. "로짓=a+bX"의 회귀방정식을 정리하여 p의 값들을 예측할 수 있다. 보통 p≥0.5인 경우에 Y=1이고, p〈0.5인 경우에 Y=0을 적용한다.

로짓함수에서 a+bX=0인 점은 0부터 1까지의 예측이 변화되는 점이며, 1(또는 "예"값)은 양의 값으로 예측되고, 0(또는 "아니오"값)은 음의 값들로 예측된다.

로지스틱 회귀는 등간척도로 측정되는 독립변수를 갖고, 명목범주에 대해 측정되는 종속변수에 대해 어떤 자격을 예측하려는 경우에 적절한 검정이다.

1. 단순 로지스틱 회귀검정절차

"통근전환.sav"파일을 열기를 하자. 자료는 통근자가 대중교통을 가격 인하에 따라 변경시킬지의 여부를 "전환"변수로 기록한 것이다. 0의 값은 "아니오"응답이며, 1은 "예"응답을 부호처리한 것이다.

메뉴 바에서 "분석/회귀분석/이분형 로지스틱"을 지정하자. 생성된 "이분형 로지스틱"대화상자에서 변수리스트를 "변수이름 표시"로 전환시킨다.

"이분형 로지스틱" 대화상자에서 "종속변수"박스에 "전환"을, "공변량"박스에 "거리"를 이동시킨다. 나머지 선택사항들은 자동처리로 두고 "확인"을 클릭한다.

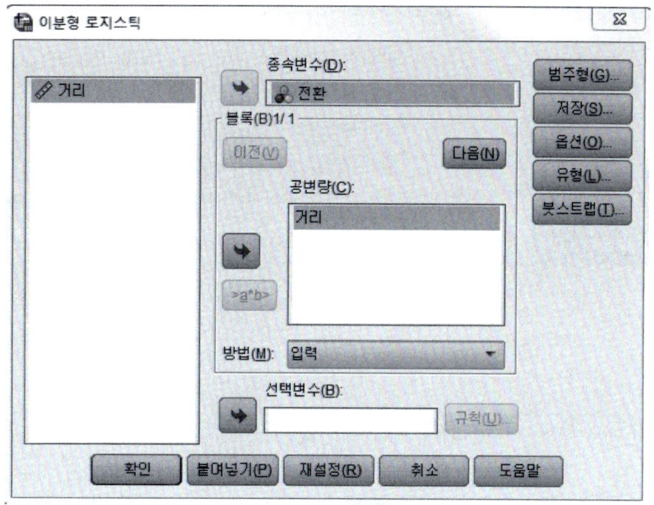

〈표 16-12〉의 케이스처리 요약은 분석에 포함된 케이스들의 수를 보여준다. 분석에 20개 케이스들이 있고, 결측케이스는 없다.

표 16-12 케이스처리 요약

가중되지 않은 케이스a		N	퍼센트
선택케이스	분석에 포함	20	100.0
	결측케이스	0	.0
	전체	20	100.0
비선택 케이스		0	.0
전체		20	100.0

a. 가중값을 사용하는 경우에는 전체 케이스 수의 분류표를 참조하십시오.

〈표 16-13〉의 종속변수 인코딩(부호화)표는 종속변수에 할당한 값들을 보여준다. "아니오"응답은 0으로, "예"응답은 1로 부호화된다.

표 16-13 종속변수 인코딩

원래 값	내부 값
아니오	0
예	1

블록 0: 시작블록(Block 0: Beginning Block)은 어떤 예측변수들도 없는 모형이 포함된 결과들을 보여준다.

〈표 16-14〉의 분류표는 종속변수에서 관찰된 0 및 1의 관측 수를 보여준다. “통근거리”변수를 포함하지 않고 “예”응답의 모든 결과들은 60%의 예측정확성을 제공할 것으로 예측하는 기초모형을 보여준다.

표 16-14 분류표[a,b]

관측됨			예측: 전환여부 아니오	예측: 전환여부 예	분류정확 %
0단계	전환여부	아니오	0	8	.0
		예	0	12	100.0
	전체 퍼센트				60.0

a. 모형에 상수항이 있습니다.
b. 절단값은 .500입니다.

〈표 16-15〉의 방정식 변수표는 “거리”변수의 포함이 없는 상황에서 기초모형의 유의성을 보여준다. 이러한 값들은 일반적으로 학술논문이나 보고서에서는 보고하지 않는다.

표 16-15 방정식의 변수

		B	S.E.	Wald	자유도	유의확률	Exp(B)
0단계	상수항	.405	.456	.789	1	.374	1.500

〈표 16-16〉의 방정식에 없는 변수에서 “통근거리”변수는 대중교통으로의 전환의 유의적 예측변수일 것이라는 것을 볼 수 있다.

이제 블록 1: 방법=입력(Block 1: Method = Enter)은 포함된 예측변수를 갖는 모형과 어떤 회귀방법이 사용되었는지를 보여준다.

표 16-16 방정식에 없는 변수

			점수	자유도	유의확률
0단계	변수	통근거리	7.190	1	.007
	전체 통계량		7.190	1	.007

〈표 16-17〉의 모형계수의 총괄검정(Omnibus Tests)은 현행단계, 블록, 모형이 블록의 기초모형에 비교된 종속변수를 얼마나 많이 예측하는지를 보여준다.

표 16-17 모형 계수의 총괄검정

		카이제곱	자유도	유의확률
1단계	단계	8.477	1	.004
	블록	8.477	1	.004
	모형	8.477	1	.004

〈표 16-17〉에서는 단지 하나의 독립변수를 갖기 때문에, 모든 값들은 동일하고, x^2=8.477, df=1, p=0.004이다. 카이제곱 통계량이 유의적이어서 이는 새로운 모형이 블록 0의 기초모형보다 더 나은 예측변수라는 것을 나타낸다.

〈표 16-18〉의 모형요약표는 로지스틱 회귀모형에 의해 설명되는 분산 크기의 추정을 나타낸다.

Cox와 Snell의 R제곱 값과 Nagelkerke R제곱 값은 독립변수에 의해 설명될 수 있는 종속변수의 분산 추정치들을 보여준다.

Nagelkerke R제곱 값은 보통 2개 이상 값들이 보고되는 경우에 더 큰 값으로 나타난다. 여기서 0.467은 모형에 의해 변동의 46.7%가 설명되는 것을 나타낸다.

표 16-18 모형 요약

단계	-2 로그 우도	Cox Snell의 R-제곱	Nagelkerke R-제곱
1	18.444[a]	.345	.467

a. 모수 추정값이 .001보다 작게 변경되어 계산반복수 5에서 추정을 종료하였습니다.

〈표 16-19〉의 분류표(Classification Table)는 모형에 의해 정확히 예측된 관측된 케이스들의 수를 보여준다. 이는 모형에 의해 예측된 케이스들의 전체비율을 보여준다.

〈표 16-19〉는 케이스들의 70%가 모형에 의해 예측되는 것을 보여준다. 이러한 전체퍼센트는 블록 0의 기초모형의 〈표 16-14〉의 분류표에서 60.0보다 더 큰 값이어서, 모형은 더 큰 예측력을 갖는 것을 보여준다.

표 16-19 분류표

관측됨			예측		
			전환여부		
			아니오	예	분류정확 %
1단계	전환여부	아니오	5	3	62.5
		예	3	9	75.0
	전체 퍼센트				70.0

a. 절단값은 .500입니다.

표 16-20 방정식의 변수

		B	S.E.	Wald	자유도	유의확률	Exp(B)
1단계[a]	통근거리	.104	.047	4.965	1	.026	1.100
	상수항	-2.522	1.334	3.577	1	.059	.080

a. 변수가 1: 통근거리 단계에 입력되었습니다.

〈표 16-20〉의 방정식의 변수표는 "통근거리"의 예측변수에 상수를 추가한 것을 포함하는 모형의 출력물을 보여준다. 이는 자료에 대해 생산된 로지스틱 회귀모형을 나타낸다.

Wald통계량은 로지스틱 회귀의 각 성분의 유의성을 제공한다. Wald=4.965, df=1, p=0.026 <0.05로 유의적이다.

통근거리는 예측에서 유의적인 효과를 갖는다. 마지막 열 Exp(B)값은 1.110으로 1보다 크기 때문에 "통근거리"가 한 단위 증가함에 따라 그 통근자가 "예"라는 응답으로 전환할 공산(가능성)은 증가한다는 것을 나타낸다.

B값들은 로짓값들을 예측하기 위한 공식에서 사용될 수 있는 로지스틱 회귀계수들을 제공한다. 로짓은 예측이 "아니오"에서 "예"로 변화하는 점에서는 0이다.

그래서 회귀방정식이 "로짓=aX+b"이므로 이러한 점으로 찾도록 B값들을 사용할 수 있다.

〈표 16-20〉에서 a=0.104 및 b=−2.522이므로, 0=0.104X−2.522에서 구분점(cut-off point)의 통근거리 값을 X=24.25(=2.522/0.104)의 해로 구할 수 있다.

그러므로 로지스틱 회귀모형은 24.25 이상을 여행하는 통근자들에 대해서는 "예"응답을, 24.25 미만을 운전하는 통근자들에 대해 "아니오"응답을 예측할 수 있게 해준다.

05 Cochrane-Orcutt 절차의 원리

1계 자기상관 오차들(first order autocorrelated errors)을 가진 단순한 선형회귀 모형을 고려하자. 이러한 국면은 t시점에서의 잔차들이 t−1기에서의 잔차들과 자기상관되어 있다는 것을 단순히 의미한다. 다시 말하자면, t기의 오차 e_t, e_t와는 독립적인 t기의 오차 a_t, 자기상관 측정치 ρ에 대해 다음이 성립한다.

$$e_t = \rho e_{t-1} + a_t$$

e_t와 a_t 모두 0의 평균들을 갖는 것으로 가정된다. 다음 형식의 단순한 회귀모형을 가정하자.

(16−1) $$y_t = b_0 + b_1 x_t + e_t$$

C−O절차 이면의 논리는 다음이 되도록 반응변수를 변환시키는 것이다.

(16−2) $$Y_t = y_t - \rho y_{t-1}$$

(16−1)식을 (16−2)식에 대입하면

(16−3) $$Y_t = b_0 + b_1 x_t + e_t - \rho(b_0 + b_1 x_{t-1} + e_{t-1})$$
$$Y_t = b_0(1-\rho) + b_1(x_t + e_{t-1}) + e_t - \rho e_{t-1}$$
$$Y_t = \beta_0 + \beta_1 X_t + a_t$$

재모수화된 모형 (16−2)식에서 오차항 a_t는 독립변수들이다. (16−1)식은 자기상관을 고려하지 않지만, (16−2)식은 자기상관을 고려한다.

회귀변수들(regressor variables)과 반응변수를 변환하면, 보통의 회귀가정들을 충족시키고 (16−2)식에 정규 최소자승이 적용될 수 있는 모형을 생성할 수 있다.

자기상관계수 ρ의 값은 e_t를 e_{t-1}에 대해 회귀시켜 추정된다. ρ의 추정된 값은 단순히 e_t를 e_{t-1}에 대해 회귀시킨 기울기이다.

제17장

다층모형회귀

01 다층모형의 개념과 특징
02 다층모형 회귀의 필요성 검토
03 일반화 선형혼합모형

01 다층모형의 개념과 특징

1. 다층모형의 개념

다층선형모형(Multilevel linear models)은 혼합모형, 혼합효과모형, 랜덤(무작위)계수모형, 분산요소모형, 또는 계층모형(hierarchical models)이라고도 한다.

예컨대 어떤 기업이 여러 점포를 갖고, 각 점포의 고객구매행동이 (소득, 연령, 성별 등과 같은) 고객수준 특징에 의해, 그리고 (점포 크기, 점포 여건, 직원 수 등의) 점포특징에 의해서도 영향을 받을 수 있다. 이러한 경우 고객 및 점포특징들 계층의 모든 수준들에서의 변수들을 사용하는 모형을 고려할 수 있다.

만약 이러한 모든 변수들을 선형모형에 통합시킨다면 고객수준 변수들에 대한 점포 및 입지변수들의 영향이 무시되고, 수준들 내부 관찰치들 간에 존재하는 상관관계를 무시하게 된다.

개념상으로 다층선형모형들은 OLS회귀와 유사하다. 다층선형모형은 하나 이상의 독립변수들의 함수를 기초로 어떤 연속적 종속변수의 예측을 하는 것을 목표로 한다. OLS회귀와 비교하면 다층모형은 예측모형이 2개 이상의 수준들에서 작용을 한다는 것이다.

다층모형은 동일 모형내부에서 각 단위의 개별적 모형설정과 모든 단위맥락들의 모형설정 간 절충을 나타낸다. 따라서 다층모형은 절편 및 기울기들을 결과변수들로서 가져, 고정효과와 랜덤효과를 갖기 때문에 OLS회귀와는 다르다.

첫째, 고정효과(fixed effect)는 연구대상인 모든 수준들이 포함되는 변수들을 고려하는 모형의 구조적 모수들 추론에 관련되어 있다. 고정효과는 모든 가능한 처리들이 실험에서 존재하는 상황을 묘사한다. 고정효과의 경우 추론들은 단지 사용된 특정 처리들에 대해서만 이뤄질 수 있다.

예컨대 변수(점포)여건에 대해 "구식"과 "신식" 값들만을 가질 것이므로 이러한 값들만을 고려하면 된다. 그래서 변수여건의 수준들은 고정된다. 그래서 모든 가능한 케이스들이 포함되기 때문에 효과들은 일정한 것으로 고려되어 오차없이 측정된다.

둘째, 변량(랜덤)효과(random effects)는 가능한 값들을 모두 포함하지는 않는 변수들이다. 단위들 간에 무작위로 변동하는 것으로 제안되는 모수들이며, 통계적 관점에서는 랜덤계수라고도 한다.

예컨대 실험조사에서 변량효과는 처리수준들이 처리들 또는 처리수준들 전체집합에서 추출된 표본을 나타내는 것으로 가정된 상황을 기술한다. 따라서 랜덤효과는 군집들 또는 그룹들 간 변동의 모형설정을 가능하게 한다. 모형에서 랜덤모수라고 하는 분산모수들에 대한 추론들에 관련되어 있다.

변수여건은 이론적으로 많은 값들을 가질 수 있다. 만약 이러한 값들 모두를 평가할 시간이나 자금을 갖지 못한다면, 그 값들 중 일부를 무작위로 표본추출을 할 수 있고, 그래서 발견결과들을 분석에서 사용된 실제값들에 대해서 뿐만 아니라 잠재적 값들의 전체에 대해서도 적용할 수 있다.

2. 다층모형의 특징

전통적인 단일수준 일변량 및 다변량접근법과 비교하여 다음과 같이 다층분석의 여러 장점들이 있다.

① 다층분석은 조사자들이 분석단위로 개인들 또는 그룹들 중 하나를 선택하는 문제를 피할 수 있게 한다.

② 조사자들이 보다 복잡한 표본추출전략들을 처리할 수 있게 해준다. 단일 수준분석들은 단순무작위표본들의 가정을 기초로 하는 반면에, 많은 자료수집전략들에서 개인들은 동일한 그룹내부에서 표본추출될 수 있거나 개인들의 하위그룹은 모집단에서 그 표현과 비교하여 과대표본추출할 수 있다.

그러한 복잡한 표본추출전략들은 (각 개인이 표본으로 추출될 확률을 동일하게 갖는다는) 단순무작위 표본추출의 가정들을 파기시키는 군집효과를 발생시킨다.

③ (유사한 상황들의 공유로 인한 군집효과들과 같이) 개인들 간의 유사성이 존재하지만, 다층모형은 단일수준 분석들에 비해 모형모수들의 보다 정확한 추정치들을 제공하는 것으로 인정되고 있다. 이는 주로 모수 추정치들과 연관된 표준오차들 계산에서 더 큰 정확성으로 인한 것이다.

가설검정들이 표준오차에 대한 미표준화 추정치의 비율을 기초로 하기 때문에 중첩된 자료구조의 존재를 무시하는 단일수준분석은 표준오차들의 과소추정을 초래하여, 그로 인해 모형 모수들의 유의성에 대한 잘못된 추론을 가져온다.

④ 다층모형분석은 조사자가 자료계층의 올바른 이론적 수준에서 변수들을 규정할 수 있게 해준다. 예컨대 2수준 계층에서 학교크기와 같은 변수는 표본에서 학교들의 수에 관해 결정될 수 있다. 반면에 성별과 같은 변수는 표본에서 개인들의 수에 대해 평가될 수 있다.

⑤ 다층모형은 조사자들이 자료에 대한 보다 복잡한 질문들을 할 수 있게 해준다. 하나의 질문은 그룹들 표본에 걸친 (평균 또는 회귀기울기 등의) 결과들의 분포에 대한 것이다. 예컨대 사

회경제적 지위 또는 이전 기량수준들로 인한 학생 학습의 차이들을 축소시킬 수 있는 학교(그룹)변수들의 형태를 결정하도록 시도할 수 있다.

02 다층모형 회귀의 필요성 검토

1. 상황규정과 처리모형의 요건

다층모형 설정의 기초형태들은 확률적으로 변동하는 결과모수들의 조사를 포함한다. 여기에는 그룹들에 걸친 결과 수준들(절편들)과 회귀계수들에 의해 표시된 그룹내 관계들의 강도(기울기들)의 변동을 포함한다. 일단 변동이 해당 모수들에서 존재하는 것을 규명한다면, 이러한 변동을 설명하는 모형들을 개발할 수 있다.

금수저 효과를 알기 위해 사회지위 등의 예측변수 X와 수학점수 등의 결과 Y 간에 연관이 있는지를 결정하길 원한다고 하자.

현행 교육정책 맥락이 학생결과에 대한 증가하는 책임을 요구하므로, 학교는 학생의 사회적 배경으로 인한 성취격차를 축소시키는데 책임이 있다. 그러한 고려사항은 학교내 학습의 사회적 분포에 관련된다.

이상적으로 학습성과가 일반적으로 학교의 모든 학생들에 대해 높고, 학생 부모들의 사회지위와 학습성과 간에 거의 또는 어떤 관계도 없는 학교상황은 평등하다고 간주된다. 한편 상황들이 학생들에게 비효과적이고 부당한 것으로 판명되면 효과적인 개입방안을 모색할 수 있을 것이다. 이러한 문제를 조사하기 위해 학생들의 수학점수가 학교들에 따라 다르게 변동하는지 여부를 보기로 하자.

첫째, 학교들 간에 학생 수학성적이 다른지 여부와 학생들 교내(사회)지위와 수학성적 간의 관계를 조사한다.

둘째, 개인 교내(사회)지위의 효과가 학생 수학성적에 영향을 주는데 있어 학교수준과 혼합적으로 발생하는지를 조사한다.

셋째, (학생구성과 학교형태의) 학교 맥락특성들과 (고교졸업 후 4년제 대학에 입학하려는 학생들 비율인) 학업환경이 개별 학생교내(사회)지위와 수학성적 간의 관계에 영향을 주는지 여부를 검토한다. 이는 학교맥락과 학업환경에 따라 개별학생 사회지위와 수학성적 간의 관계가 조절되는지의 여부를 보는 것이다.

그러므로 이러한 조사를 수행하기 위해서는 (수학성적 수준인) 확률적으로 변동하는 절편, (개인사회지위와 수학성적관계인) 확률적으로 변동하는 기울기를 조사하는 2수준 모형(two-level model)이 필요하다.

2. 조사자료의 특징

자료는 "2다층.sav"를 사용하기로 한다. 여기에는 419학교의 6,871명의 중등학생들을 포함하며, 개인은 수준 1로, 학교는 수준 2로 설정하고 있다. 자료의 세부내용은 다음과 같다.

- **학교번호** : 419학교들을 구분하는 번호이며 서열척도
- **교내순서** : 1부터 37까지의 값을 갖고, 419학교들에서 각 학교의 각 학생에 대한 순차적 식별번호를 표시하는 그룹 내 수준 식별번호이며 서열척도
- **학생번호** : 전체학생들에 대해 식별을 위해 부여한 번호이며 서열척도
- **여성여부** : 여성가변수이며 남자=0, 여자=1의 값으로 표시하며 척도변수
- **교내지위** : 학교내에서 학생의 사회경제적 구성요소들을 측정하는 예측등간변수로 z-점수를 가지며 −2.41부터 1.87까지의 범위를 갖는 척도
- **여성지위** : 여성에 의한 학생의 사회경제적 구성요소들을 측정하는 중심 총평균을 사용한 예측변수로 −2.41부터 1.87까지의 범위를 갖는 척도
- **수학점수** : 수학시점의 성적으로 27.42부터 99.98까지 범위를 갖는 척도
- **사회지위** : 학생의 사회경제적 지위를 측정하는 중심 총평균을 사용한 예측변수이며 −1.30부터 1.44까지의 범위를 갖는 척도
- **진학여부** : 해당 학교에서 4년제 대학으로 진학하려는 학생들의 %비율로 측정한 학교의 학습프로그램으로 0부터 1의 값을 갖는 척도
- **공립여부** : 학교공립 가변수로 공립이면 1, 아니면 0을 갖는 척도

3. 조사문제 예비검토

조사문제를 예비적으로 검토하기 위해 조사자는 교내지위와 수학점수 간의 산점도개발을 한다고 하자. 구체적으로 자료의 처음 80명에 대한 산점도를 개발하고자 한다.

메뉴 바에서 "데이터/케이스 선택"을 지정한다. 생성된 "케이스 선택" 대화상자에서 "시간 또는 케이스 범위를 기준으로"를 지정한 후 "범위" 단추를 클릭한다. 생성된 "케이스 선택: 범위" 대화상자에서 "관측값"의 첫 번째와 마지막 케이스박스에 각각 1과 80을 입력 후 "계속"을 클릭한다.

"케이스 선택" 대화상자에서 "확인"을 클릭한다.

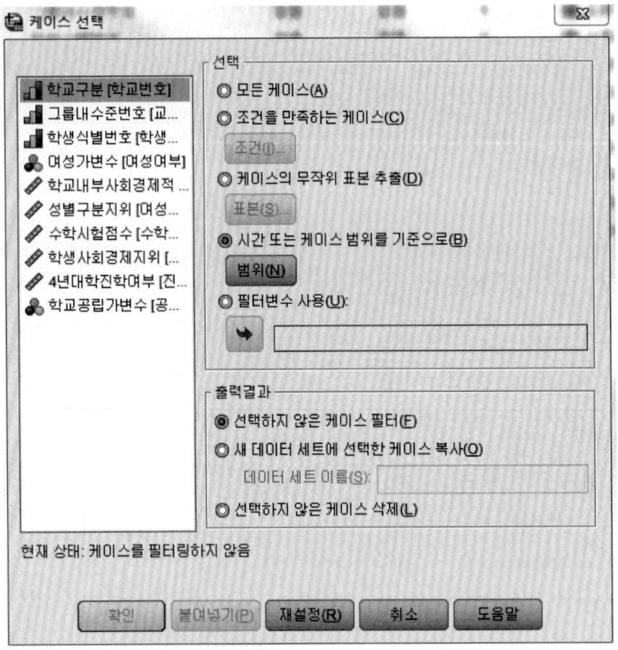

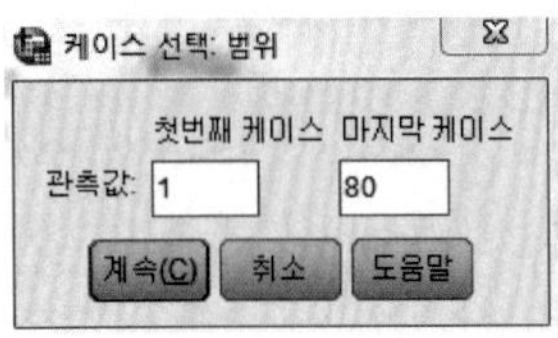

이제 "데이터 보기"창에서 화면이 다음과 같이 표시된 것을 확인한다.

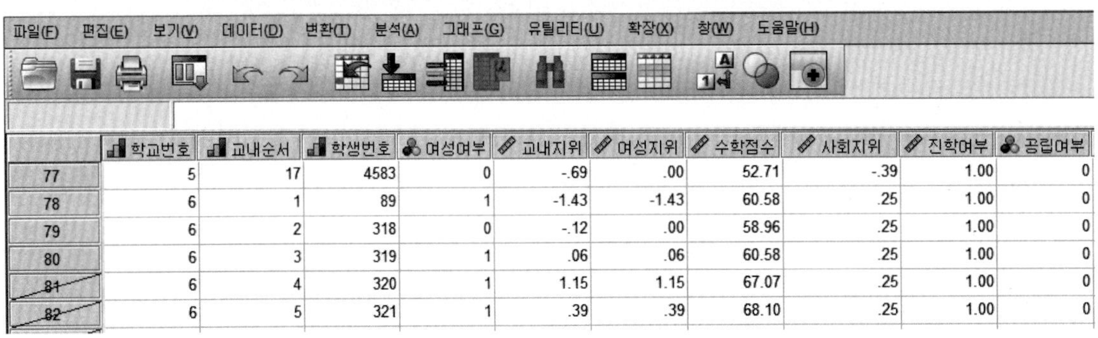

	학교번호	교내순서	학생번호	여성여부	교내지위	여성지위	수학점수	사회지위	진학여부	공립여부
77	5	17	4583	0	-.69	.00	52.71	-.39	1.00	0
78	6	1	89	1	-1.43	-1.43	60.58	.25	1.00	0
79	6	2	318	0	-.12	.00	58.96	.25	1.00	0
80	6	3	319	1	.06	.06	60.58	.25	1.00	0
81	6	4	320	1	1.15	1.15	67.07	.25	1.00	0
82	6	5	321	1	.39	.39	68.10	.25	1.00	0

메뉴 바에서 "그래프/레거시 대화상자"를 지정하고, 우측에 생성된 대화상자에서 "산점도/점도표"를 지정한다. 생성된 "산점도/점도표" 대화상자에서 첫째의 "단순 산점도"박스를 선택 후 "정의"단추를 클릭한다.

생성된 "단순 산점도"대화상자에서 좌측의 변수리스트에 마우스 우측단추를 사용하여 "변수이름 표시"로 전환한다. 그리고 Y축 박스에 수학점수를, X축 박스에 교내지위를 지정 후 "확인"단추를 클릭한다.

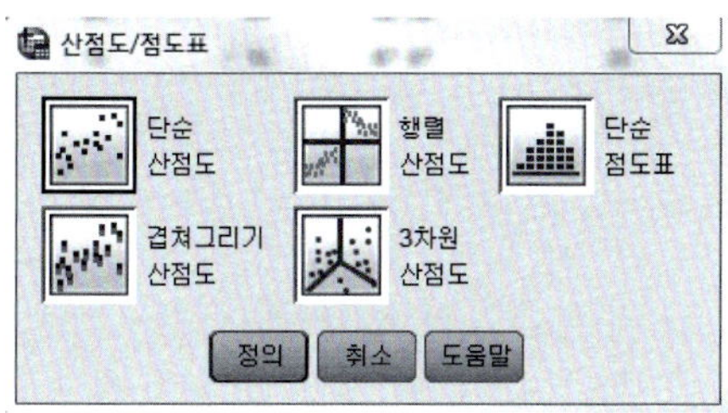

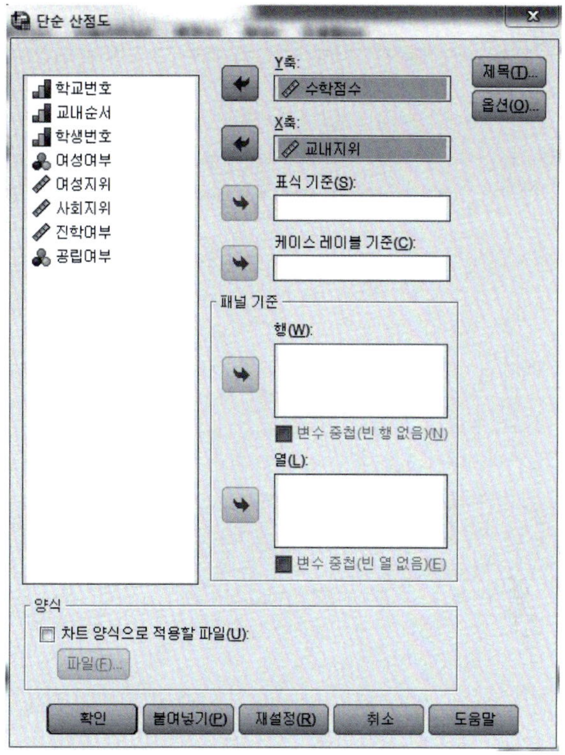

출력된 아래의 산점도에 마우스 커서를 두고 왼쪽 단추를 더블클릭하여 "도표 편집기"를 열기를 한다.

생성된 "도표 편집기"대화상자에서 "전체 회귀선 적합 추가" 아이콘 을 클릭하여 적합선(fit line)과 0.387의 선형 R제곱을 생성시킨 후에 "도표 편집기"를 닫기를 하면 〈그림 17-1〉의 회귀선을 가진 선도표가 나타난다.

〈그림 17-1〉은 학생 교내지위가 증가할수록 수학점수가 증가하는 것을 의미한다. 전반적 분석의 목표는 학생 교내지위와 점수 간 관계를 묘사하는 최상 적합선을 결정하는 것이다. 이는 절판 및 기울기에 대한 값들을 추정하여 달성된다.

두 변수들에 대해 각 개체에 대한 예측된 값들을 추정하면, (선에 위치할) 예측된 값들과 개체들의 실제 값들 간의 괴리가 교내지위 및 수학점수에 대해 나타날 것이다. 관측값 및 예측값 간의 차이를 오차로 표시한다.

절편계수는 교내지위가 0으로 교내지위에 대해 조정된 평균을 표시하는 경우에 학생점수의 평균수준을 나타낸다. 이러한 값들은 전체 표본에 대해 "고정"되어, 개인들이 무작위로 표본추출되기 때문에 값은 모집단 평균들을 나타내는 것으로 가정된다.

절편 및 기울기의 값들을 고정시키는 것은 교내지위 및 수학점수 간의 관계를 요약하는 〈그림

그림 17-1 교내지위와 수학성적에 대한 고정절편 및 기울기 표시 회귀선

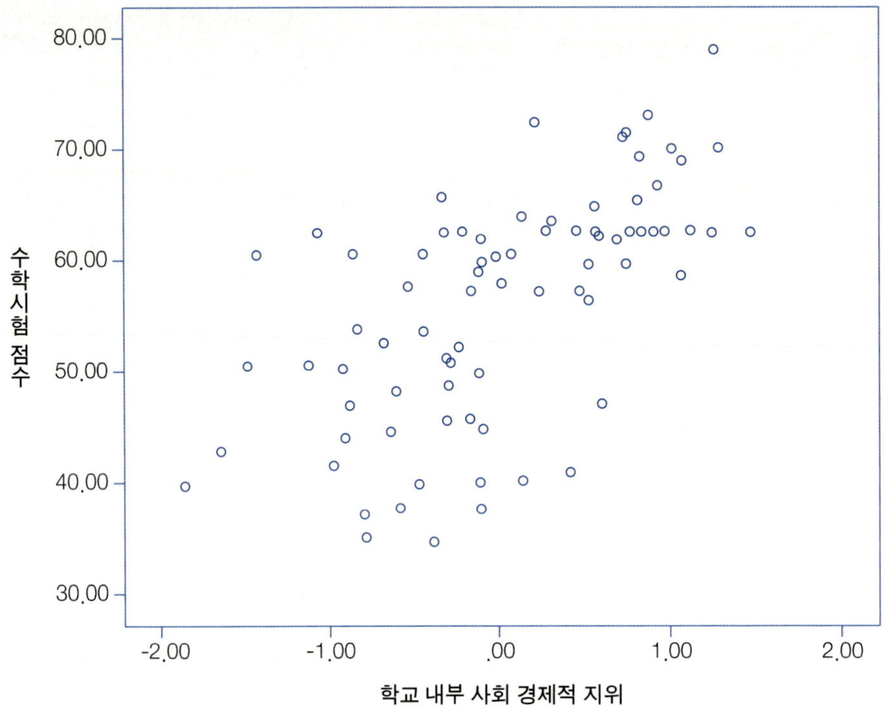

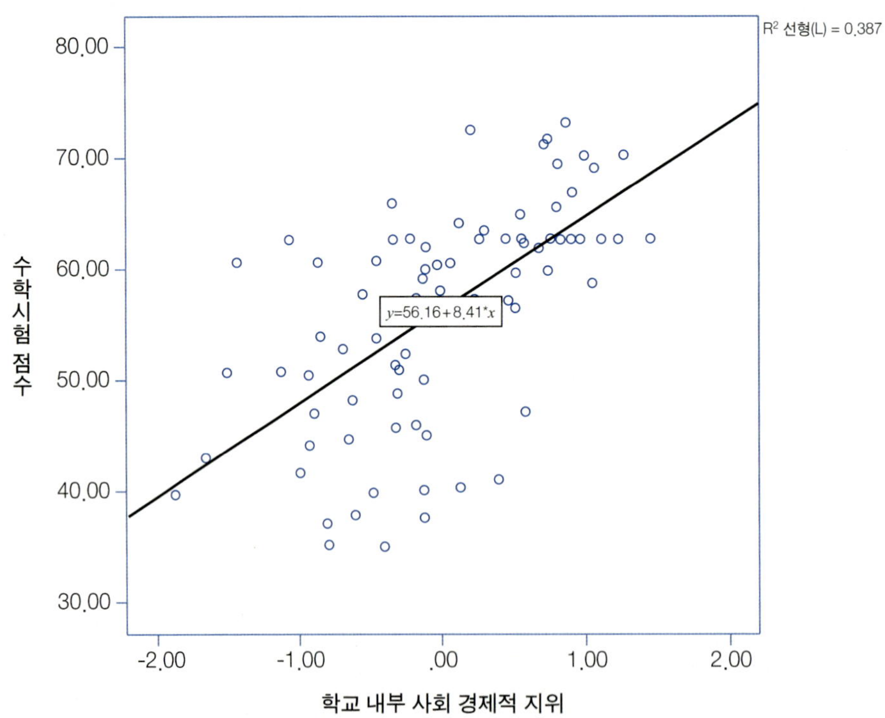

17–1〉의 회귀선을 초래한다.

최소제곱원리는 정확한 회귀선이 자료점들을 최상으로 적합시키는 선이라는 것을 말한다. 모형 적합도는 회귀선에 의존하는 예측값에서 각 관측값의 거리제곱을 합하여 평가된다. 이러한 거리제곱합을 최소화시키는 선은 자료를 최상으로 적합시키는 것으로 말한다. 그래서 최소제곱회귀라는 용어를 사용한다.

선형회귀모형에서 오차항은 무작위 변동원천이며, 평균은 0이고 정규분포를 갖는다. 그리고 오차항은 설명변수 X와는 독립적으로 변동되며, X의 모든 수준들에 걸쳐 고정된 분산을 갖는다.

4. 단일수준 선형모형 평가

〈그림 17–1〉이 강조하듯이, 단일수준 선형모형에서 절편 및 기울기를 묘사하는 계수들은 표본자료에서 추정된 모집단의 고정값들로 일반적으로 고려된다,

다시 메뉴 바에서 "데이터/케이스 선택"을 지정 후 생성된 "케이스 선택"대화상자에서 "모든 케이스"를 지정한 후에 "확인"을 클릭한다.

메뉴 바에서 "분석/회귀분석/선형"을 지정 후 생성된 "선형 회귀"대화상자에서 변수리스트를 "변수이름 표시"로 전환시킨다.

"선형 회귀"대화상자에서 "종속변수"박스에 "수학점수"를, "독립변수"박스에 "교내지위"를 이동시킨 후 "확인"을 클릭하면, 모형요약, ANOVA, 계수표가 출력된다.

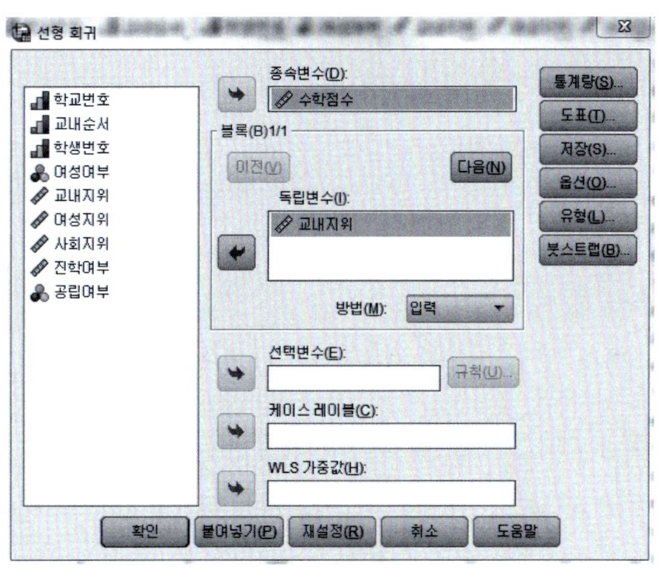

표 17-1 모형요약

모형	R	R제곱	수정된 R제곱	추정값의 표준오차
1	.378[a]	.143	.143	8.13220

a. 예측자: (상수), 학교 내부 사회경제적 지위

표 17-2 ANOVA

모형		제곱합	자유도	평균제곱	F	유의확률
1	회귀	7581.316	1	75813.316	1146.382	.000[b]
	잔차	454265.500	6869	66.133		
	전체	530078.816	6870			

a. 종속변수: 수학시험점수
b. 예측자: (상수), 학교내부 사회경제적 지위

표 17-3 계수

모형		비표준화 계수		표준화 계수	t	유의확률
		B	표준오차	베타		
1	(상수)	57.598	.098		586.608	.000
	학교내부 사회경제적 지위	4.255	.126	.378	33.858	.000

a. 종속변수: 수학시험 점수

〈표 17-3〉에서와 같이 절편은 57.598로 추정된다. 이는 개인 교내지위에 대해 조정된 수학점수의 표본평균으로 해석될 수 있다.

메뉴 바에서 "분석/기술통계/데이터 탐색"을 지정하고, 생성된 "데이터 탐색" 대화상자에서 종속변수 박스에 수학점수와 교내지위를 이동시킨 후 "확인"을 클릭하여 보면, 수학점수의 표본 평균은 57.7339로 나타난다.

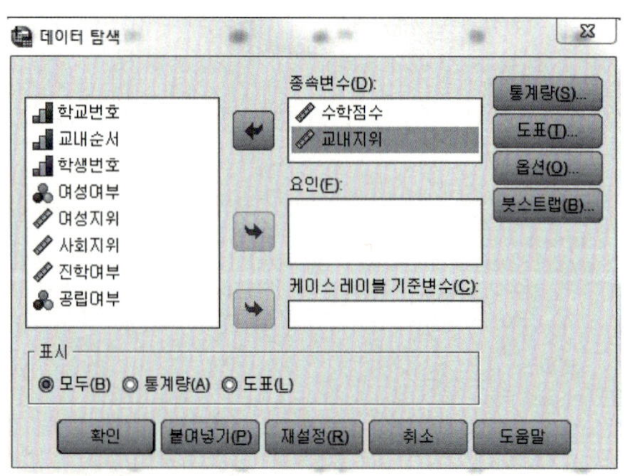

단일수준 다중회귀모형 방정식 "$Y_i = \beta_0 + \beta_1$교내지위$_i + \varepsilon_i$"을 참조하면, 수학성적 Y를 설명하도록 〈표 17-3〉을 통해 다음의 추정된 선형관계를 획득한다.

$$\hat{Y}_i = 57.798 + 4.255 * \text{교내지위}$$

여기서 $\hat{Y}_i$ 또는 Y hat은 Y_i의 예측값이 추정된 절편에 교내지위에 대한 계수의 합과 같다는 것을 표시한다. 수학성적에 개인 교내지위의 효과를 묘사하는 비표준화 회귀계수 β_1은 4.255이다. 기울기 계수는 평균적으로 학생 교내지위가 1단위 증가함에 따라 예상되는 학생점수는 4.225점 만큼 증가하여 62.053[=55.798+4.255(1)]로 증가하는 것을 의미한다.

만약 예측값을 알고자 한다면, 교내지위의 2단위 증가에 대한 학생의 수학점수는 66.308[=57.798+4.255(2)]이 될 것이다.

〈표 17-3〉의 계수결과는 단일 수준분석에서 표준화 회귀가중치 0.378을 제공해준다. 이는 결과에 대한 예측변수들의 효과들을 검토하는 공통지표(common metric)를 제공한다.

이러한 0.378의 값은 분모에 표준편차를 사용하는 z값으로 해석되기 때문에 예측변수의 1배의 표준편차 증가는 수학점수의 0.378배의 표준편차 증가를 가져오는 것을 해석될 수 있다.

5. 단일 수준모형의 문제점

〈표 17-3〉은 모형에서 예측변수들에 의해 설명되는 수학점수 변동성을 기술한다. 이는 평균 학생구성과 개인 교내지위를 사용하여 성적에 대해 설명된 분산을 추정하도록 사용될 수 있다.

여기서 〈표 17-1〉의 R제곱 값을 〈표 17-2〉의 ANOVA표에서 총분산에 대한 회귀분산의 비율로 "회귀 제곱합/전체 제곱합 = 0.143"(=75813.316/530078.816)으로 계산할 수 있다. 그렇지만 이러한 분석의 정확성에 대해 다음 문제들이 있다.

① 다중회귀모형들이 최상의 불편추정치들을 제공하는데 필요한 가정들은 자료가 단순무작위 표본을 통해 수집된 경우에 가장 현실적이다. 무작위 표본추출은 개체들이 서로 독립적이라고 가정한다. 그러나 연구의 특성에 따라 그룹들이 추가됨에 따라 이러한 가정은 보다 쉽게 파기된다.

예컨대 대규모 교육조사에서 단순무작위 표본추출은 거의 사용되지 않을 것이다. 그보다는 각종 형태의 복잡한 표본추출전략들이 학교, 학급, 학생들을 선택하도록 채택된다. 이로 인해 개인들이 각 그룹들 내부에서 표본추출되고, 일부그룹들의 과대표본추출이 발생할 수 있는 다단계 표본추출전략(multistage-sampling strategies)을 포함한다. 그러므로 군집된 자료는 대규모 데이터베이스에서 사용된 전략들에서 나타나고 학급 및 학교에서 자연스러운 학생들의 그룹작성들도 나타난다.

② 그룹수준영향을 결과에 대해 고려하는데 거의 흥미가 없다면 단일 수준분석들이 적절하다. 단일 수준모형에 대한 핵심사항은 절편 및 기울기의 추정치들은 표본에 대해 평균을 묘사하는 하나의 값으로 각각 고정된다는 것이다.

단일 수준회귀모형은 학생들이 유사한 배경 및 수학점수를 갖는 다른 학생들과 많은 학교들 내부에서 군집할 수 있다는 것을 고려할 수 없다.

③ 다중회귀분석은 학생들이 표본에서 419개 학교들 내부에서 중첩되는 것을 고려하지 않거나 또는 추정된 기울기는 이러한 학교들 간에 다를 수도 있다.

다층모형에서는 개인들이 더 높은 계수의 사회적 그룹분류(부서, 학교 또는 다른 조직형태 등)로 군집된다. 이러한 형태들의 연구에서 그룹들로 군집된 사람들이 어떤 방식들로 유사하게 될 경향을 가질 것이므로 단순무작위 표본추출은 타당하게 성립하지 않는다.

여기서 학교 내부에서 학생표본들의 크기는 12부터 37까지여서 평균이 17-4이고, 표준편차 SD는 4.74이다. 학생들 군집을 무시하면 계수들 및 그 표준오차들 추정에서 편향이 도입될 가능성이 있다.

6. 다층분석전환

학생들의 교내지위와 수학점수 간의 관계에 대해 〈그림 17-1〉과 같은 산점도를 개발할 수 있었다. 이제 학생들의 학교를 고려하기로 하자. 처음 80명의 학생들은 6개 학교에 있으므로 별도의 회귀방정식을 각 학교에 대해 추정할 수 있다.

각 학교는 자체의 (교내지위에 대해 조정된 학생들의 결과수준을 묘사하는) 절편과 (그 학교내에서 교내지위와 수학성적 간의 관계를 묘사하는) 기울기를 갖는다.

자료계층이 존재하는 곳에서 (학생 교내지위에 대해 조정된 평균 수학점수인) 학교절편들은 연구의 학교들 표본에 걸쳐 변동할 가능성이 있다.

또한 (회귀선의 기울기에 의해 나타나는) 수학성적에 대한 학생 교내지위의 효과는 평균 (또는 고정) 효과보다 크거나 작을 수 있다. 그리고 그 효과가 전혀없는 일부학교들이 있을 수 있다.

다시 말하자면, 군집된 자료들이 있는 경우에 절편들 및 기울기들 각각의 평균 고정효과들 주위에서의 분포가 있을 가능성이 있다. 이러한 상황에서 연구의 더 높은 수준단위들의 표본에 걸쳐 절편들 및 기울기들의 "랜덤"변동성을 조사하길 원할 수 있다.

다시 메뉴 바에서 “데이터/케이스 선택”을 지정하고, 생성된 “케이스 선택” 대화상자에서 “시간 또는 케이스범위를 기준으로”를 지정한 후 “범위” 단추를 클릭한다. 생성된 “케이스 선택: 범위” 대화상자에서 “관측값”의 첫 번째와 마지막 케이스박스에 각각 1과 80을 입력 후 “계속”을 클릭한다.

- 메뉴 바에서 “그래프/레거시 대화상자”를 지정하고, 우측에 생성된 대화상자에서 “산점도/점도표”를 지정
- 생성된 “산점도/점도표” 대화상자에서 “단순 산점도”박스를 선택 후 “정의”단추를 클릭
- 생성된 “단순 산점도”대화상자에서 Y축 박스에 수학점수를, X축 박스에 교내지위를, 표식 기준박스에 학교번호를 지정 후 “확인”단추를 클릭

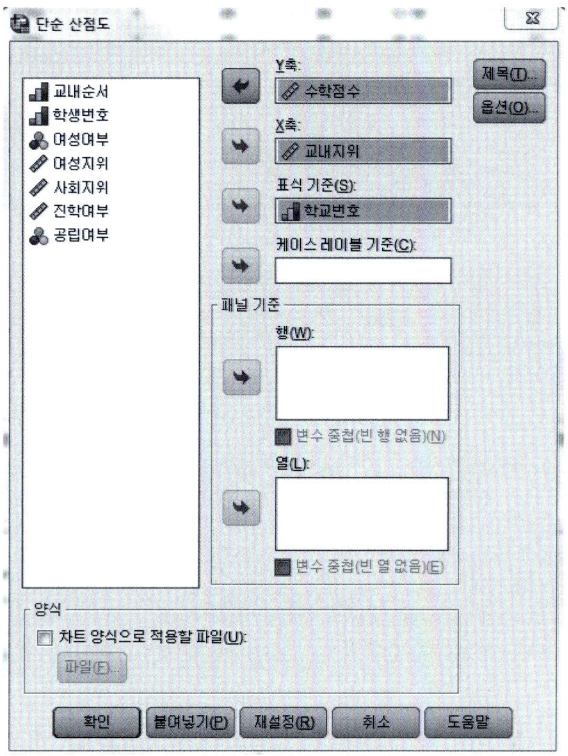

다음 그림이 출력된다. 그림을 마우스 커서로 지정한 후에 더블 클릭을 하여 “도표 편집기”대화상자를 열기, “도표 편집기”대화상자에서 “부집단 회귀선 적합 추가”아이콘 을 클릭하여 각 범주별로 회귀선들과 선형 R제곱을 생성 후에 “도표 편집기”를 닫기를 한다.

〈그림 17-2〉는 교내지위와 수학점수 간의 관계를 6개 학교들에 중첩된 처음 80명 개인들에 대해 보여준다.

〈그림 17-2〉에서 기울기관계는 각 단위내부에서 분산의 다른 크기를 설명하는 것으로 보여준다. 여기서 R제곱들은 0.016부터 0.205까지의 범위를 갖는다. 이는 이러한 6개 학교들 내부에서 수학학습의 사회적 분포가 상당하다는 것을 의미한다.

그림 17-2 6개 학교에서 확률적으로 변동하는 교내지위-수학성적 기울기들

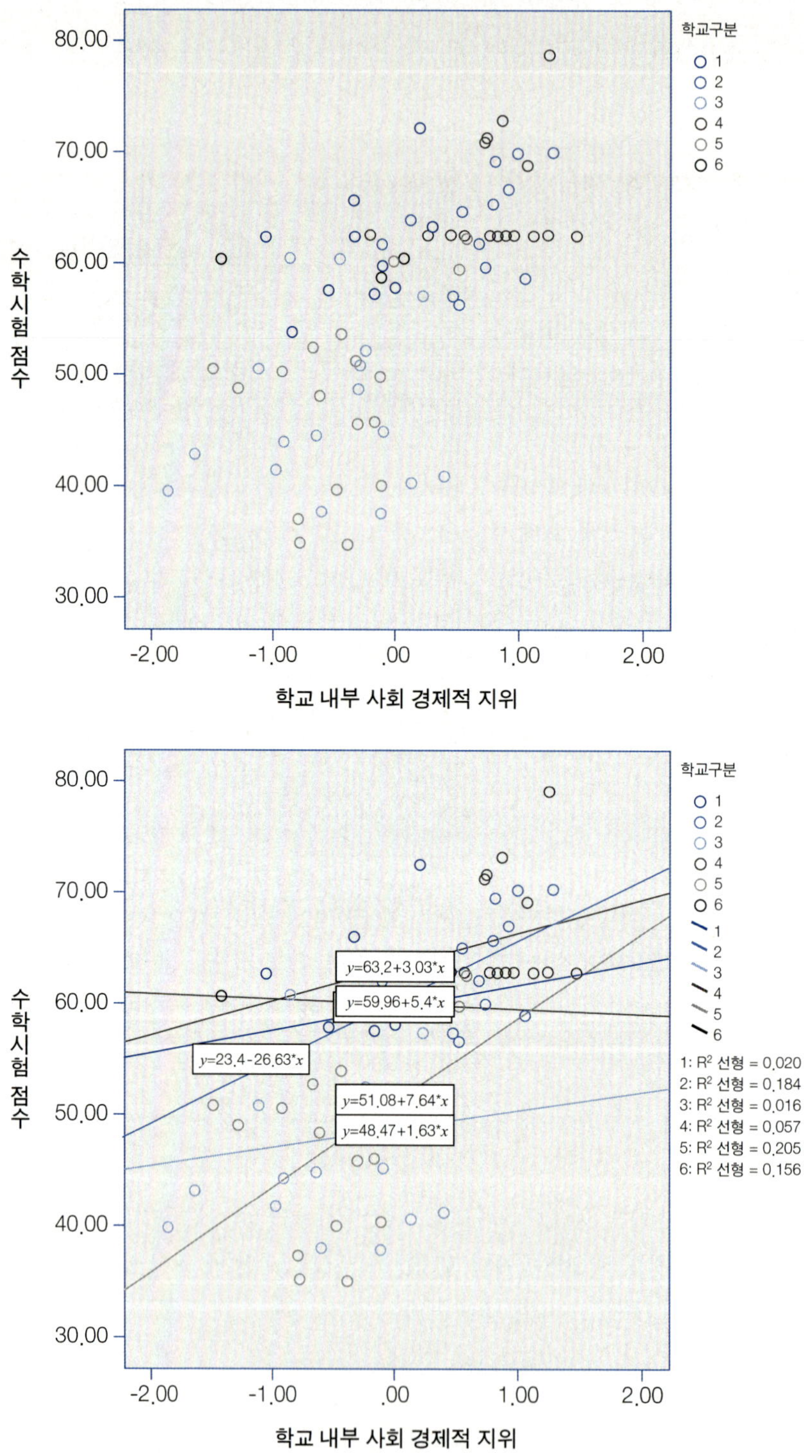

03 일반화 선형혼합모형

1. 일반화 선형혼합모형의 지정방식

"상품판매.sav"파일을 사용하자. 이 자료는 대기업의 고객구매자료이다. 기업은 실험재고방법이 판매량 개선에 효과적인지를 알고자 한다. 판매량 개선은 분석의 전반적 목표이다. 다른 영향력들에 대한 통제를 하면서 재고방법의 판매량 효과를 조사하고자 한다.

자료는 점포내부에서 분류된 고객그룹들과 유통센터내부에서 분류된 점포그룹들을 가진 3개 수준 계층구조(hierarchical three-level structure)를 갖는다. 자료에는 23개 유통센터, 97개 점포, 2133명의 고객들이 있다.

SPSS의 메뉴 바에서 "분석/혼합모형"을 지정하면 "선형"과 "일반화 선형"이 나타난다. 두 절차는 동일한 결과를 제공하지만 "일반화 선형"이 다루기가 더 쉽다. 여기서는 "일반화 선형"기법을 사용하기로 한다.

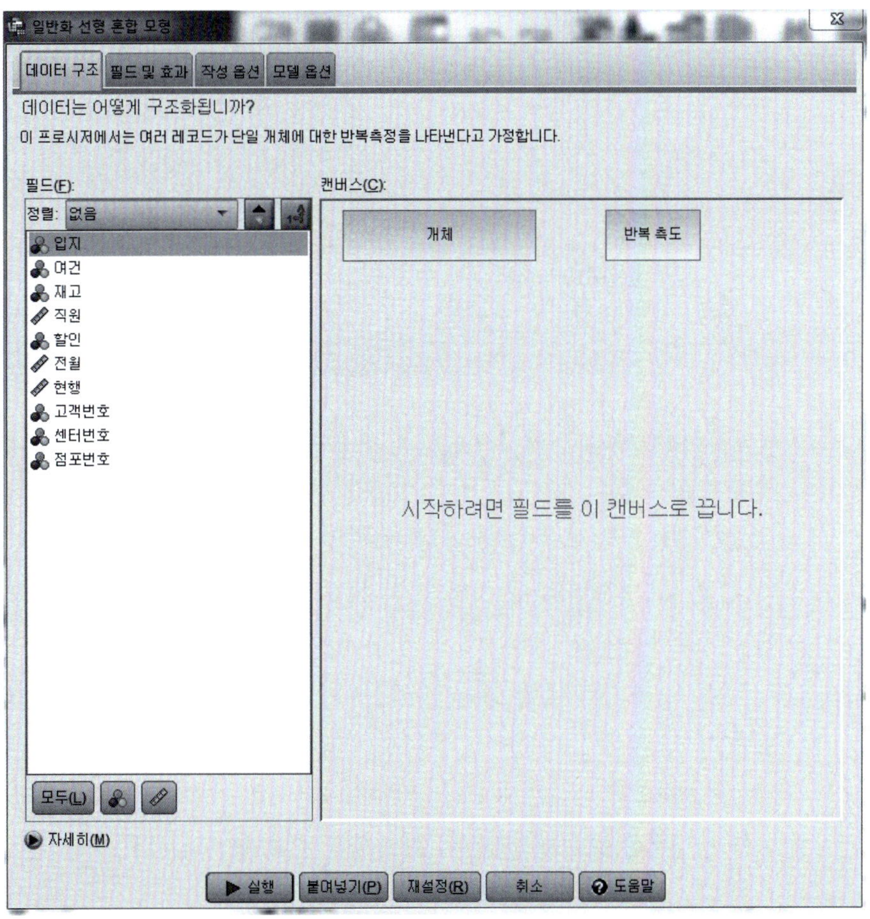

메뉴 바에서 "분석/혼합모형/일반화 선형"을 지정한다. 생성된 "일반화 선형 혼합 모형"대화상자는 다음 "데이터 구조"대화상자로 나타난다.

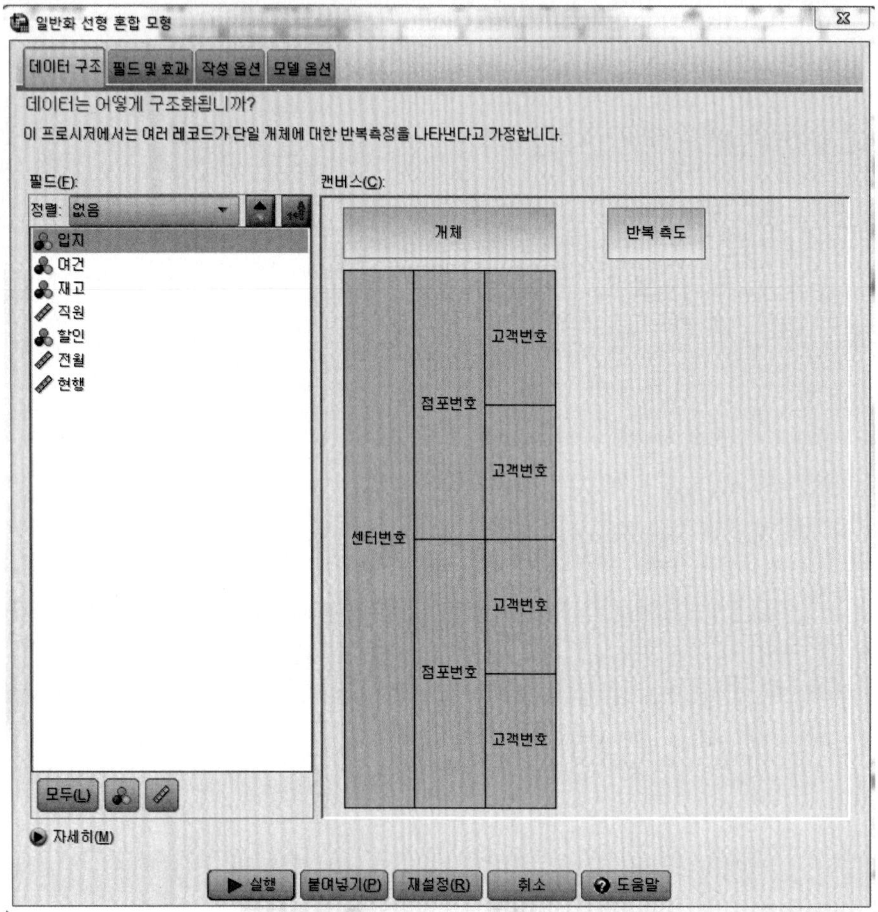

계층선형모형을 적합시키는 경우 연구에 대한 단위들을 규정하도록 하나 이상의 개체변수를 지정할 필요가 있다.

좌측 필드박스의 "센터번호"를 마우스커서로 지정한 후에 끌어서 우측의 "개체"박스로 이동시키고, 다시 "점포번호"를 지정하여 "개체"박스로 이동시킨다. 그리고 "고객번호"을 지정하여 "개체"박스로 이동시킨다.

"필드 및 효과"단추를 클릭한다. "목표"항목은 목표대상 또는 종속변수를 지정할 수 있게 한다. 또한 링크함수를 통해 예측변수들에 대한 목표의 분포 및 관계(링크)를 지정할 수 있다.

선형혼합모형 옵션은 목표에 대한 정규분포를 가정하고, 항등링크 함수를 사용했다. 여기서 일반화 선형혼합모형 하에서는 선형관계에 제약받지 않는다. 다른 분포들 및 링크함수들을 지정할 수 있다.

목표에서 "사용자 정의 목표 사용"을 지정하고, 목표아래의 "필수"란에 있는 우측 화살표를 누른 후 "현행"을 지정한다.

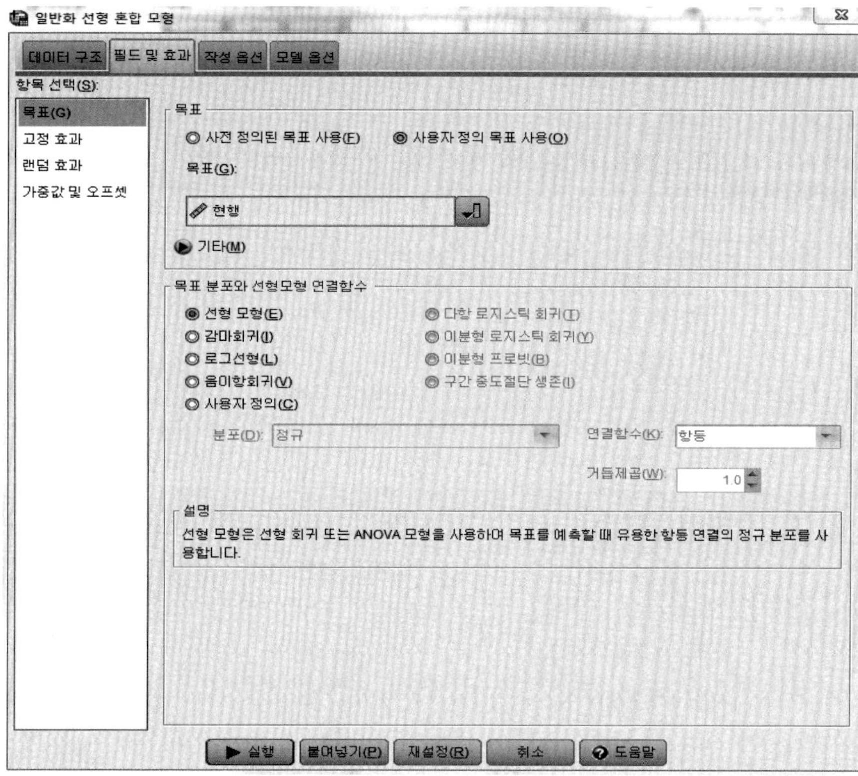

다시 좌측의 "고정 효과"를 지정하고 좌측의 "입지, 여건, 재고, 직원, 할인, 전월"을 지정 후 우측 "효과 작성기"박스의 "주"박스로 끌어서 이동시킨다.

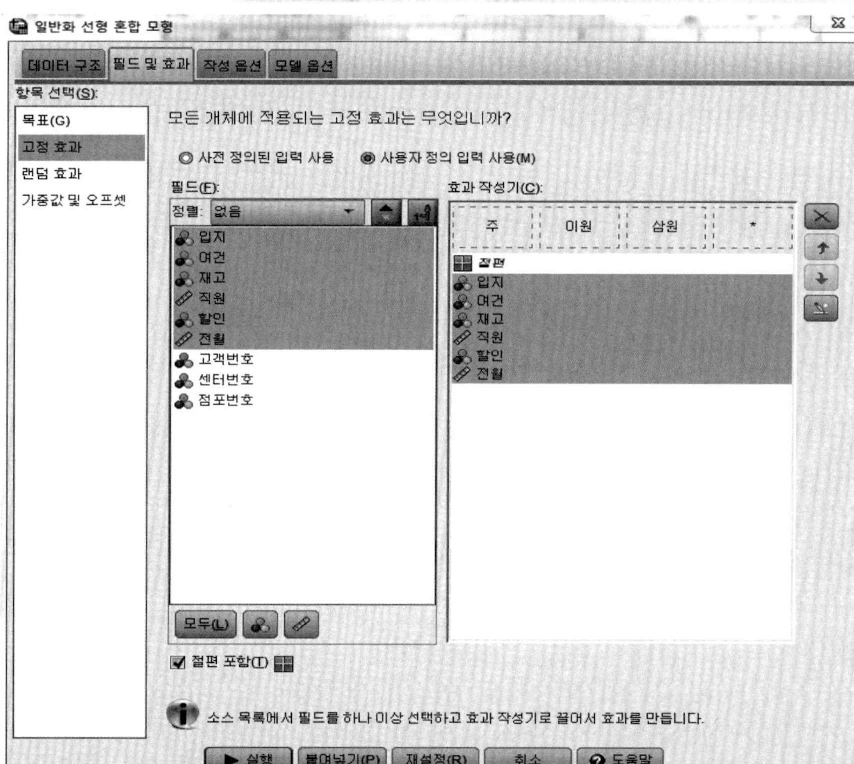

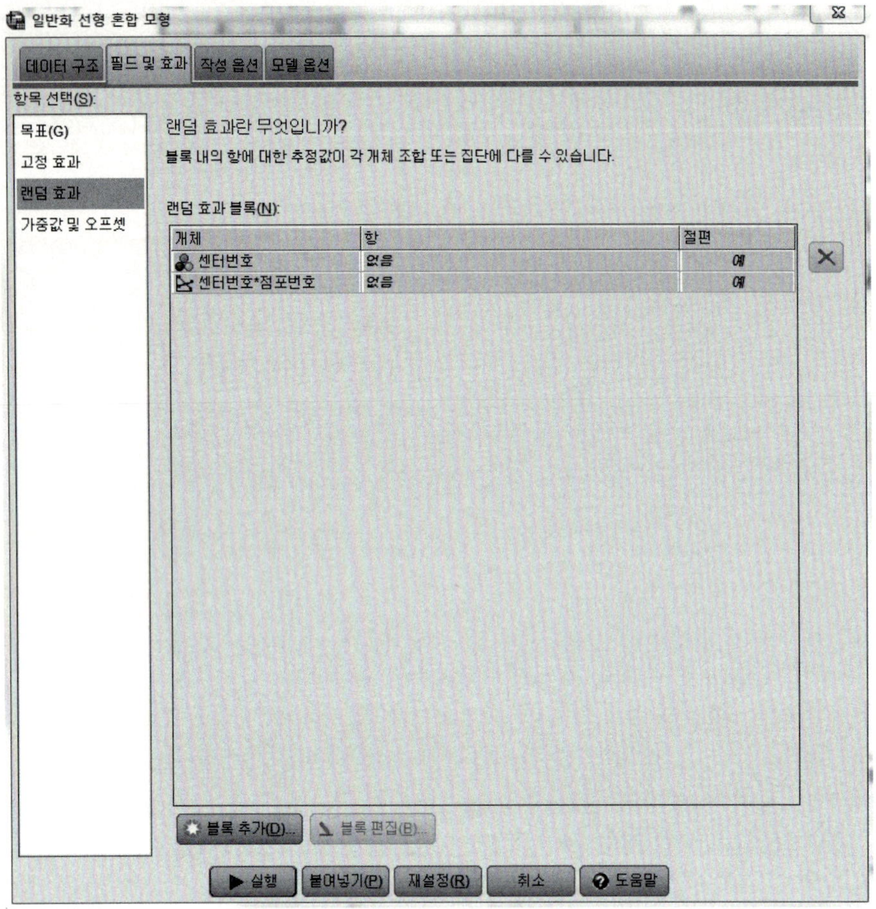

다시 "랜덤효과"항목을 클릭한다. "랜덤효과"항목에서는 사용자들이 모형에서 랜덤효과들을 설정할 수 있다. 랜덤효과 요인들은 자료의 값들이 값들의 더 큰 모집단에서 무작위 표본으로 간주될 수 있는 필드들이다.

랜덤효과 요인들은 대상의 초과변동을 설명하는데 도움이 된다. 일반화 선형혼합모형절차는 자동적으로 가장 중심부 개체를 초월하는 각 개체에 대한 랜덤효과 블록을 생성한다. 첫째 블록은 동일한 유통센터내부에서 점포들 간의 상관계수를 설명하고, 둘째 블록은 동일점포 내부에서 고객들 간의 상관계수를 설명한다.

그리고 "실행"을 클릭한다.

2. 일반화 선형혼합모형 출력물

출력물 뷰어(output viewer)에서 모형객체(model object)를 더블클릭한다. 이제 다음의 모형뷰어가 나타난다.

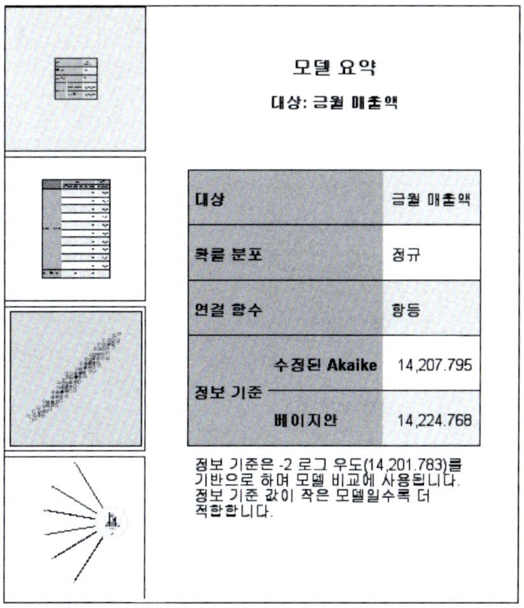

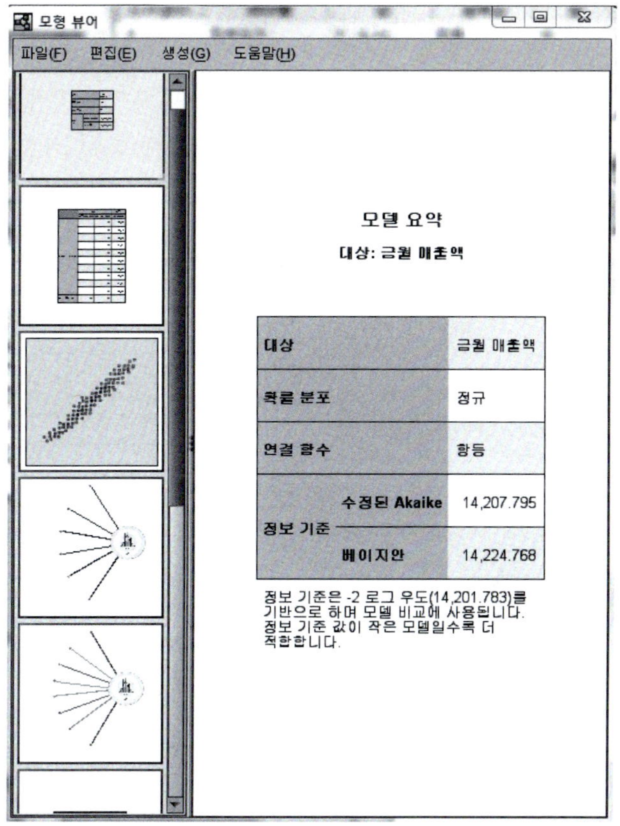

〈표 17-4〉의 모형요약표는 대상, 확률분포, 연결함수, 모형적합의 선택내용들과 같은 기초모형 선택내용들을 확인해준다. 수정 Akaieke 및 베이지안 측정치들이 모형들을 선택/비교하는데 사용되고, 작을수록 더 좋은 모형들을 표시한다. 이러한 값들은 선형혼합모형들 절차를 사용하여 획득한 값들과 정확히 일치한다.

표 17-4 모델요약

대상 : 금월 매출액		
대상		금월 매출액
확률분포		정규
연결함수		항등
정보기준	수정된 Akaike	14,207.795
	베이지안	14,224.768

정보기준은 -2 로그 우도(14,201.783)를 기반으로 하며 모델 비교에 사용됩니다.
정보 기준값이 작은 모델일수록 더 적합합니다.

〈표 17-5〉의 데이터구조표는 처음 개체의 실제값들을 보여준다. 이는 자료구조를 확인하는데 도움을 준다.

표 17-5 데이터 구조

	개체		대상
	유통센터번호	점포인식번호	금월 매출액
첫 개체의 데이터	1	23	160.56
	1	23	176.17
	1	23	169.48
	1	23	171.71
	1	23	169.48
	1	23	165.02
	1	23	167.25
	1	23	160.56
	1	23	171.71
	1	23	160.56
수준의 합계 수	23	97	

처음 10개 레코드만 표시됩니다.
1개 이상의 개체 필드가 지정되었지만 분석에는 실제 사용되지 않습니다.

〈그림 17-3〉의 관측빈도별로 예측그림은 대상변수의 실제값들과 모형에 의해 예측된 값들 간의 관계를 보여준다. 이상적으로 점들은 대각선 근방에 위치하는 것으로 볼 가능성이 있고, 이는 모형에 의해 나쁜 적합을 보이는 기록들은 전혀 없다는 것을 의미한다. 본 예제에서 모형은 좋게 임무를 완수하는 것으로 보인다.

그림 17-3 관측빈도별로 예측

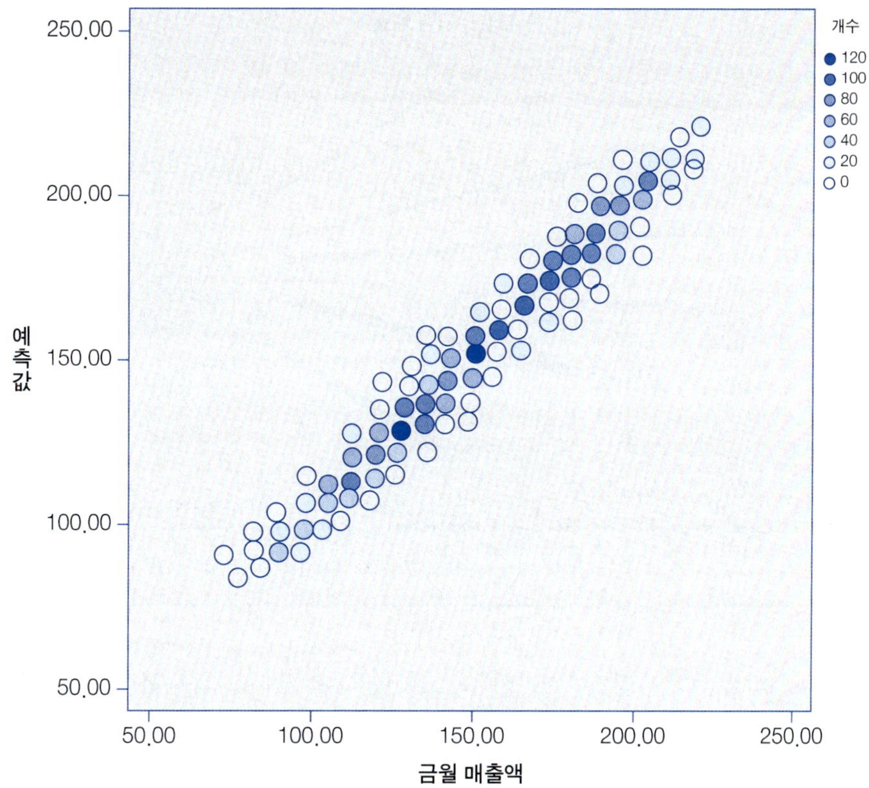

〈그림 17-4〉의 고정효과 그림은 고정효과 표의 전통적 검정결과의 시각화이다. 효과들은 고정효과 설정들에서 지정된 순서에 따라 위에서 아래로 정렬되고, 각 선의 굵기는 효과의 통계적 유의성을 기초로 한다. 여기서 변수재고, 할인, 전월은 가장 굵은 선들인 반면에, 변수직원은 가장 가는 선이다.

그림 17-4 고정효과 그림

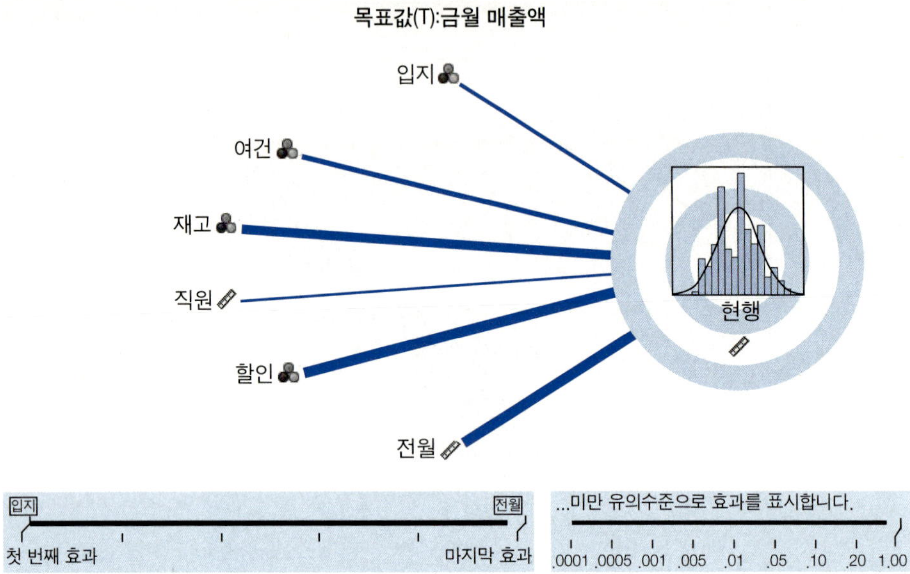

"모형 뷰어" 대화상자 아래의 "스타일"의 드롭다운 단추에서 "테이블"을 지정하면, 〈표 17-6〉과 같은 전체모형 및 개별 예측변수들에 대한 고정효과 표가 나타난다. "직원"을 제외한 모든 예측변수들이 통계적으로 유의적이어서, 모형은 통계적으로 유의적이다. 이러한 값들은 선형혼합모

표 17-6 고정효과표

소스	F	df1	df2	유의수준
수정한 모델	159.124	7	2.125	.000
입지	4.011	2	2.125	.018
여건	4.414	1	2.125	.036
재고	87.417	1	2.125	.000
직원	0.000	1	2.125	.990
할인	59.027	1	2.125	.000
전월	685.469	1	2.125	.000

확률분포: 정규
연결함수: 항등

그림 17-5 고정계수 그림

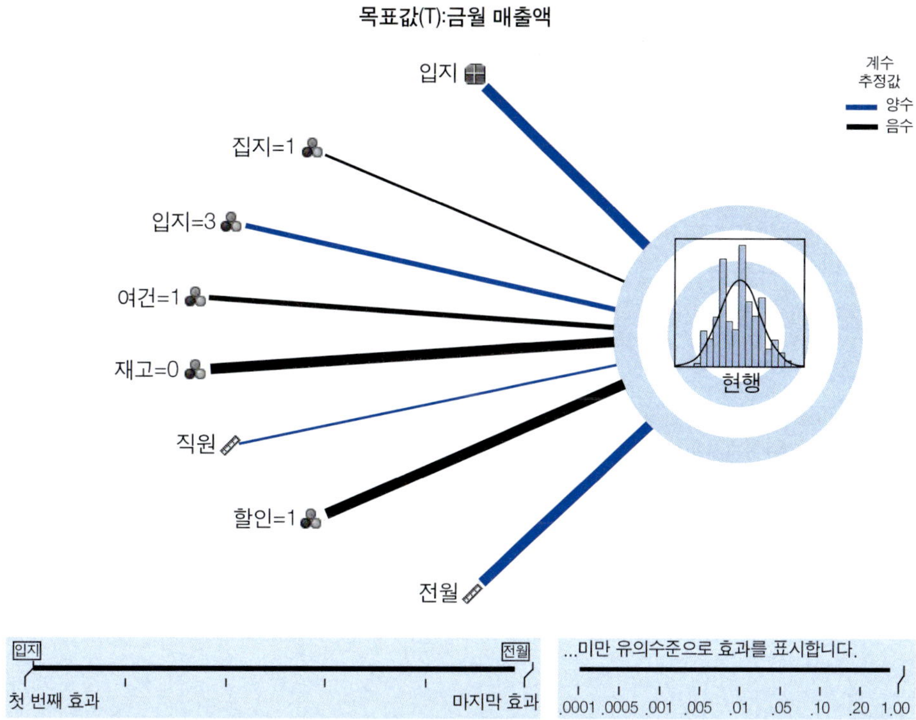

형 절차를 사용하여 획득한 값들과 유사한 것을 주의하라.

〈그림 17-5〉의 고정계수 그림은 전통적인 모수 추정값 표의 시각화이다. 계수들은 고정효과설정에서 지정된 순서로 위에서 아래의 순으로 정렬되어 있다.

또한 선들의 색상표시에서 파랑은 양의 관계를, 오렌지는 음의 관계를 표시하는 방식으로 관계의 방향을 표시한다. 예컨대 변수들 재고 및 할인은 음의 관계를 대상에 대해 갖는 반면에, 변수 전월은 대상과 양의 관계를 갖는다.

대화상자 유형의 드롭다운 단추에서 " 테이블" 지정으로 생성되는 〈표 17-7〉의 고정계수표는 효과들의 크기와 방향을 해석할 수 있게 해준다. 이는 선형혼합모형절차의 수행과 동일한 결과이다. 고정계수표는 선형혼합모형의 고정효과 추정값과 동일하다.

〈표 17-7〉에서 특별한 예측변수들과 그 영향들을 보면 다음과 같다.

첫째, 변수할인은 통계적으로 유의적이다. 모수추정값은 −3.767이며, 이는 할인을 수용하는 1(할인)의 점포는 2(할인 없음)의 점포에 비해 매출액이 3.767만큼 감소하는 것을 의미한다.

둘째, 변수재고는 통계적으로 유의적 결과를 제공하며 모수추정값은 −13.792이다. 이는 0(표

표 17-7 고정계수 표 : 목표값은 금월 매출액

모형 항	계수▼	표준오차	t	유의수준	95% 신뢰구간	
					하한	상한
절편	104.278	7.169	14.547	.000	90.220	118.336
입지=1	−3.326	5.261	−0.632	.527	−13.644	6.992
입지=2	10.456	5.221	2.003	.045	0.216	20.696
입지=3	0[a]					
여건=1	−9.743	4.638	−2.101	.036	−18.838	−0.648
여건=2	0[a]					
재고=0	−13.792	1.475	−9.350	.000	−16.684	−10.899
재고=1	0[a]					
직원	0.004	0.299	0.013	.990	−0.583	0.591
할인=1	−3.767	0.490	−7.683	.000	−4.728	−2.805
할인=2	0[a]					
전월	0.499	0.019	26.181	.000	0.462	0.537

확률분포: 정규
연결함수: 항등

[a] 이 계수는 중복되므로 0이 됩니다.

준)의 재고를 갖는 점포는 1(실험)의 재고를 갖는 점포보다 매출액이 약 13.792만큼 감소하는 것을 의미한다.

셋째, 변수여건은 통계적으로 유의적이며 모수추정값은 −9.743이다. 이는 1(구식)의 여건을 갖는 점포는 2(신식) 여건을 가진 점포보다 9.743만큼 매출액이 작은 것을 의미한다.

넷째, 변수전월은 통계적으로 유의적인 전월 매출액의 단위 증가는 0.499단위의 현행 매출액 증가를 가져오는 것을 의미한다.

다섯째, 104.278의 절편은 모든 변수들의 값이 0인 경우에 고객들에 의한 매출액을 나타낸다. (변수에서 평균을 차감하여) 연속적 예측변수들의 중심경향을 보는 것이 보통이다. 이러한 경우에 절편은 그 값이 0인 경우보다는 연속적 예측변수의 평균값으로 해석될 수 있다.

〈표 17-8〉의 공분산 매개변수(모수)표는 잔차효과 및 랜덤효과에 대한 공분산 모수 추정값들과

표 17-8 공분산 매개변수

공분산 매개변수	잔차효과	1
	랜덤효과	2
디자인 교차표 열	고정효과	12
	랜덤효과	7[a]
공통개체		23

공통개체는 잔차효과 및 랜덤효과에 대한 개체 지정에 근거하며 더 나은 성능을 위해 데이터를 집합화하는 데 사용됩니다.
[a] 공동개체당 열의 수입니다.

잔차효과	추정	표준오차	Z	Sig.	95% 신뢰구간	
					하한	상한
분산	39.096	1.236	31.635	.000	36.747	41.595

공분산 구조: 척도화 항등
개체 지정: (지정 않음)

관련 통계량들을 보여준다. 잔차 공분산모수들은 자동으로 나타나며, 잔차 공분산추정값 39.096이다. 또한 여기서 선형혼합모형절차 수행에서와 동일한 결과를 볼 수 있다.

〈그림 17-6〉의 추정평균의 유의효과는 5%보다 작은 p값에 대한 추정 평균차트를 보여주고 있다. 효과가 3개부터 시작하여 10개까지 표시되며, 표시되는 효과는 범주형 예측변수만을 포함한다.

그림 17-6 추정평균 : 유의효과

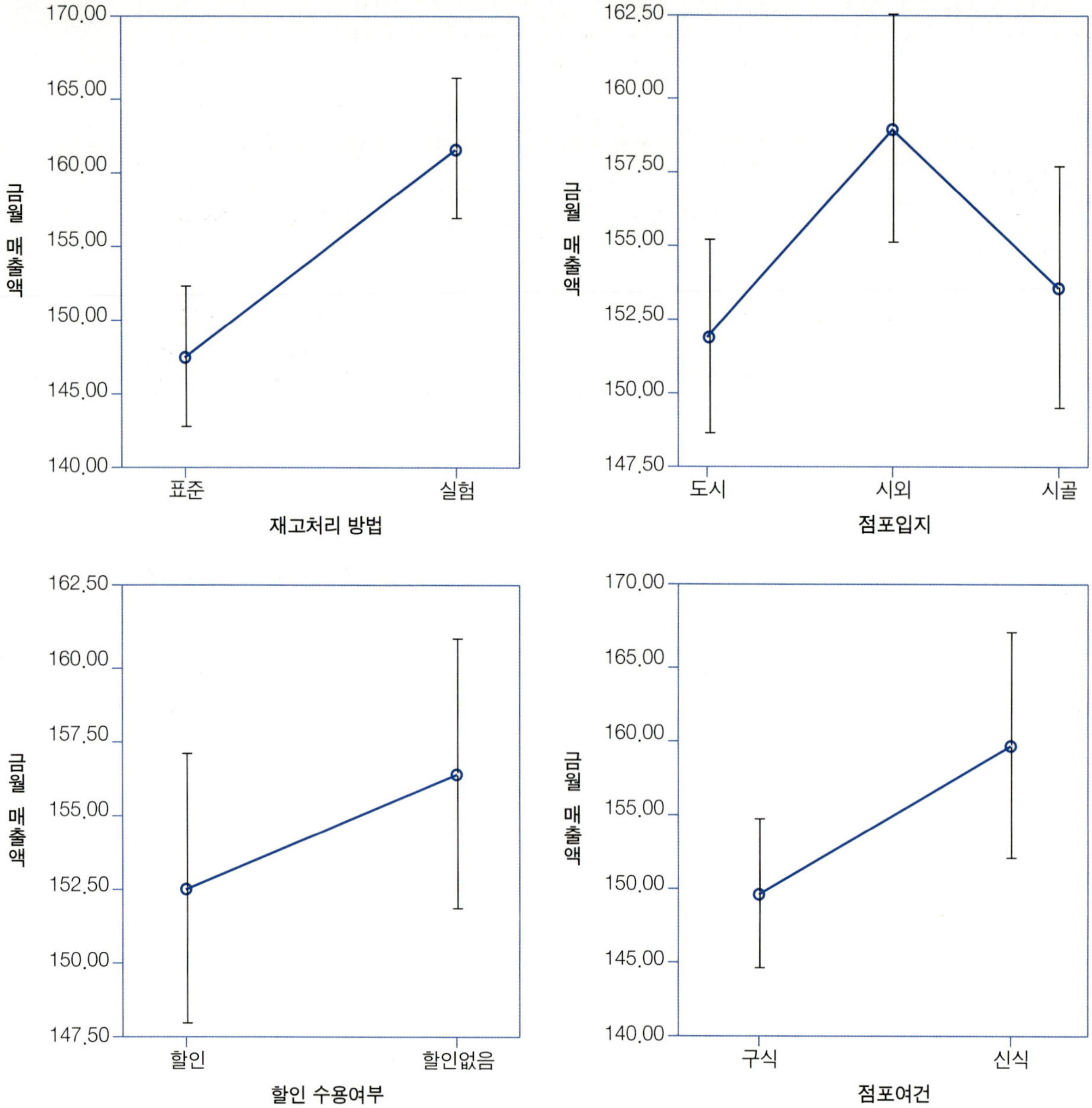

* 공변량(covariate) : 원래 회귀모형에서는 포함되지 않으면서, 결과변수인 종속변수에 영향을 줄 것으로 예상되어 모형에 추가하는 연속적인 예측변수들이다. 자료의 변동성(잡음)을 추가하거나 오차항을 증가시켜 귀무가설 기각의 통계적 검정력을 감소시키는 결과를 초래할 가능성을 가진 변수이다.

제18장

붓스트랩과 MC의태

01 붓스트랩

1. 붓스트랩의 원리

모수적 통계검정은 성공적 수행을 위한 많은 가정들을 요구한다.

붓스트래핑(bootstrapping)은 어떤 가정도 요구하지 않지만, 표본에 대해 유용한 정보를 제공한다. 붓스트랩 기법은 원래 표본에서 새로운 붓스트랩 표본들을 선정한다.

붓스트랩 기법은 원래 표본의 한 점수가 붓스트랩 표본에서 2회 이상 선택될 수 있도록 하는 것이므로 이러한 표본들은 원래표본과 동일한 크기를 갖는다.

예컨대 1, 2, 3, 4의 4개 점수들의 원래 표본을 사용하는 경우에, (4개 점수들의) 붓스트랩 표본들은 무작위로 복원 선택되어 1,2,2,3 또는 1,1,3,4 또는 2,2,4,4, 등이 될 수 있다. 이러한 기법을 사용하여 원하는 수량만큼 붓스트랩 표본들을 선정할 수 있다.

붓스트랩은 주어진 자료집합을 원래 모집단을 대표하는 독립표본으로 가정하고, 그 자료로부터 중복을 허용한 무작위재 추출로 복수의 자료를 작성하고 각각에서 얻어진 통계량을 계산하는 기법이며, 다음의 2가지 일을 할 수 있게 해준다.

첫째, 표본을 모집단에 대한 하나의 모형으로 사용할 수 있고, 모집단 모수들의 추정치들을 작성하도록 평균 등의 표본통계량들의 분포를 생성하기 위해 사용된 붓스트랩 표본들에 대한 모형으로 사용할 수 있다. 또한 신뢰구간은 어떤 표본통계량에 대해 작성할 수 있다.

예컨대 1,000개의 붓스트랩 표본들을 생성한다면, 각 붓스트랩 평균을 계산하여 오름차순으로 배열하고, 하위 2.5%와 상위 2.5%를 절단하여 사용한다. 그 나머지 붓스트랩 평균들의 범위는 평균에 대한 95% 신뢰구간을 제공한다. 중위수나 분산 등의 다른 표본통계량에 대해서도 이와 동일한 분석을 할 수 있다.

둘째, 표본통계량들에서 편의를 추정하도록 붓스트랩을 사용할 수 있다. 1,000개의 붓스트랩 표본들에서 각 평균들을 계산하고, 그 평균들을 원래 표본평균과 비교할 수 있다. 붓스트랩 평균이 원래의 표본평균과 다른 크기는 원래 표본평균과 모집단평균 사이의 차이(또는 편의)의 추정량으로 사용될 수 있다.

그러므로 붓스트랩은 통계량검정들에 대해 모집단 모수들을 추정하는 대안적 방식을 제공하기 때문에, 표본차이들을 붓스트랩으로 무작위 복원재추출할 수 있다.

예컨대 2개의 원래 표본들 각각에서 1,000개의 붓스트랩 표본들을 발견하여, 붓스트랩 표본들 간의 차이를 계산하고 차이들의 신뢰구간을 작성할 수 있다. 이는 표본평균들의 차이에 대한 추정치를 제공한다.

표본이 커질수록 표본들은 모집단의 더 좋은 추정치가 되어 붓스트랩은 표본이 충분히 크다면 아주 도움이 될 수 있다.

2. SPSS의 붓스트랩 절차

SPSS는 지정에 의해 1,000개의 표본들을 붓스트랩하여 하나의 표본에 대한 1,000개의 변형을 생성한다. 이는 1,000개가 아주 안정된 결과들 집합을 제공하기 때문이다. 만약 소수의 표본들을 생산한다면 그 추정치는 표본구성요소들이 선정되는데 따라 크게 의존하게 될 것이다. 이와는 달리 만약 수천개의 표본들을 선정했다면, 추정치들은 1,000개를 사용한 것과 거의 다르지 않을 것이다. 그래서 더 많은 수를 선택하는 것은 시간의 낭비를 초래할 수 있다.

붓스트랩에서는 어떤 Z, t, F 또는 기타 분포에 대해 분포를 적합시키는데 대한 어떤 가정도 요구되지 않는다. 그래서 붓스트랩은 가정들이 충족되지 않고 통계량의 이론적 분포가 알려지지 않거나 또는 단지 점근적으로 알려진 경우에 쓸모가 있다.

또 다른 편익은 특정 통계량이 SPSS에서 지원되는 모수적 신뢰구간을 갖지 않더라도 붓스트랩은 실제로 어떤 통계량에 대해 신뢰구간을 발생시킬 수 있다는 것이다.

다음 리스트는 SPSS 붓스트랩을 회귀 또는 고급통계량 모듈들과 결합하면 이용 가능한 절차들을 보여준다.

- 회귀
- 명목 회귀
- 로지스틱회귀
- 일반선형모형
- 선형혼합모형
- Cox회귀

표본이 모집단을 완전하게 대변하지 않는 이유들은 아주 많다. 그렇지만 많은 표본들을 갖는 경우에 분포를 작성할 수 있고 대용물로 그 분포를 흉내낼 수 있다. 이상치들이 일부 재표본에서 발견될 수 있지만, 다른 표본들에 의해 주어지는 맥락은 이상치의 영향을 희석시킬 수 있다.

02 SPSS사용 붓스트랩 예제

1. 데이터 탐색처리

"정규곡선.sav"를 열고, "분석/기술통계량/데이터 탐색"을 지정한다.

생성된 "데이터 탐색" 대화상자에서 "21-25세[표본1]"를 "종속변수"박스로 이동시키고, "붓스트랩" 단추를 클릭한다.

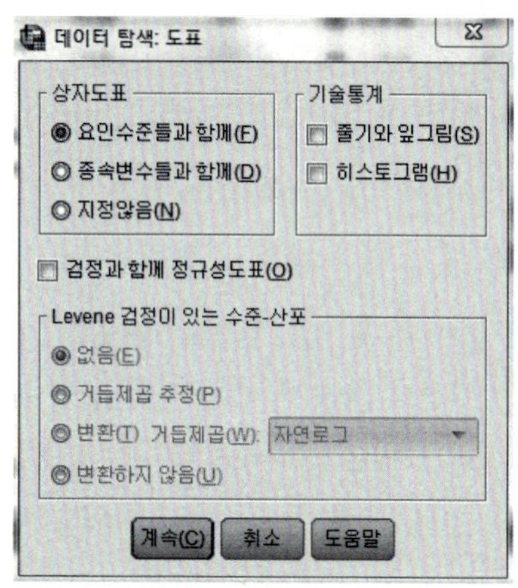

생성된 "붓스트랩"대화상자에서 "붓스트랩 수행"상자에 체크표시를 한다. 표본 수 1,000을 변경시킬 수 있지만 그대로 두자. 또한 나머지 지정 옵션들도 그대로 두고 "계속"을 클릭하자.

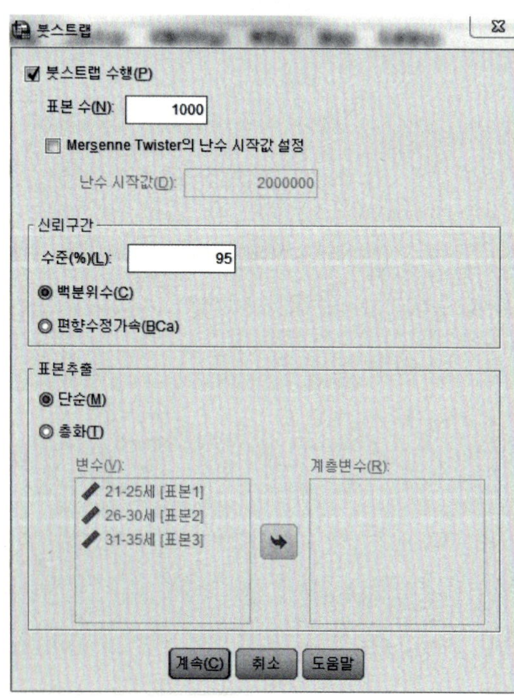

또한 "도표" 단추를 클릭하여 "줄기와 잎그림" 지정을 제거한 후에 "계속"을 클릭하자. 그리고 "확인"을 클릭한다.

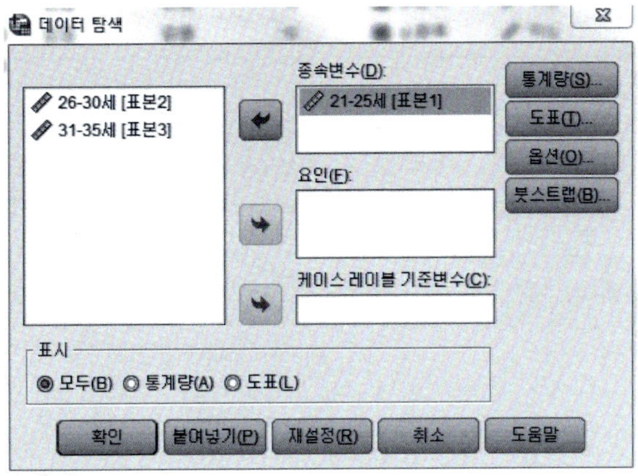

첫째 출력결과는 붓스트랩 지정사항표이며 이는 표본들 수 및 선택된 신뢰구간을 언급한다.

표 18-1 붓스트랩 지정사항

표본추출방법	단순	
표본 수		1000
신뢰구간 수준		95.0%
신뢰구간 유형	백분위 수	

둘째 표는 〈표 18-2〉의 케이스처리 요약표이며 유효케이스들의 수 30과 결측케이스 0을 표시한다.

표 18-2 케이스처리 요약

	케이스					
	유효		결측		전체	
	N	퍼센트	N	퍼센트	N	퍼센트
21-25세	30	100.0%	0	0.0%	30	100.0%

〈표 18-3〉의 기술통계표는 다음과 같다. 붓스트랩은 기술통계표에 편향, 표준오차, 하한 및 상한의 4개 추가열을 제공한다.

편향열은 붓스트랩 표본평균과 원래 표본평균의 평균차이를 제공한다. 이러한 값을 표준화시키도록 표준오차로 나누어 원래 표본평균에 비교되는 붓스트랩 평균들의 편향의 측정치를 제공할 수 있다. 이러한 경우에 편향은 아주 작지만, 더 크다면 그러한 숫자를 원래 표본평균과 모집단 평균의 편향추정치로 사용하여 그에 따라 표본평균을 시정할 수 있다.

표 18-3 기술통계

			통계량	표준오차	붓스트랩[a] 편향	붓스트랩[a] 표준오차	붓스트랩[a] 95% 신뢰구간 하한	붓스트랩[a] 95% 신뢰구간 상한
21-25세	평균		11.07	.758	.00	.73	9.60	12.53
	평균의 95% 신뢰구간	하한	9.52					
		상한	12.62					
	5% 절사평균		11.13		-.02	.77	9.57	12.59
	중위수		11.00		.03	.97	9.50	13.00
	분산		17.237		-.403	3.749	9.965	24.551
	표준편차		4.152		-.075	.463	3.157	4.955
	최소값		2					
	최대값		19					
	범위		17					
	사분위수 범위		6		0	1	4	9
	왜도		-.165	.427	.024	.303	-.712	.468
	첨도		-.437	.833	-.022	.487	-1.205	.688

a. 특별한 표기가 되어 있지 않으면 붓스트랩 결과는 1000개 붓스트랩 표본을(를) 기반으로 합니다.

붓스트랩 평균의 신뢰구간은 9.60과 12.53으로 나타난다. 이는 동일하지는 않지만 1열의 표본평균의 신뢰구간 9.52 및 12.62와 유사하다. 이는 두 신뢰구간들이 다른 방식으로 작성되기 때문이다. 표본평균의 신뢰구간은 (t분포를 채택하는) 통계적 추로방법들을 사용하여 구한 원래 표본평균의 신뢰구간이다. 그리고 붓스트랩 평균의 신뢰구간은 1,000개의 붓스트랩 표본들을 기초로 한다.

붓스트래핑은 편향 및 신뢰구간 값들을 어떤 표본통계량에 대해서라도 계산할 수 있게 해준다. 이러한 표는 5% 절사평균부터 사분위수 범위까지의 해당 값들이다.

중위수가 평균보다는 더 나은 중심경향 추정치로 간주되는 왜곡된 표본의 경우에 붓스트래핑은 추가분석에 아주 도움이 될 수 있는 95% 신뢰구간들 뿐만 아니라 중위수에서 대한 편향의 추정치를 제공한다.

따라서 〈표 18-3〉의 기술통계는 1,000개의 붓스트랩 표본들의 지정을 사용하면 안정적인 통계량을 구할 수 있다는 것을 보여준다.

2. 대응표본 t검정의 처리

"쌍체시간.sav"파일을 열고, 표본들의 안정성 및 신뢰성을 검토하도록 붓스트랩핑 절차를 사용하자. 메뉴 바에서 "분석/평균 비교/대응표본 T검정"을 지정하고, 생성된 "대응표본 T검정"대화상자에서 "붓스트랩" 단추를 클릭한다.

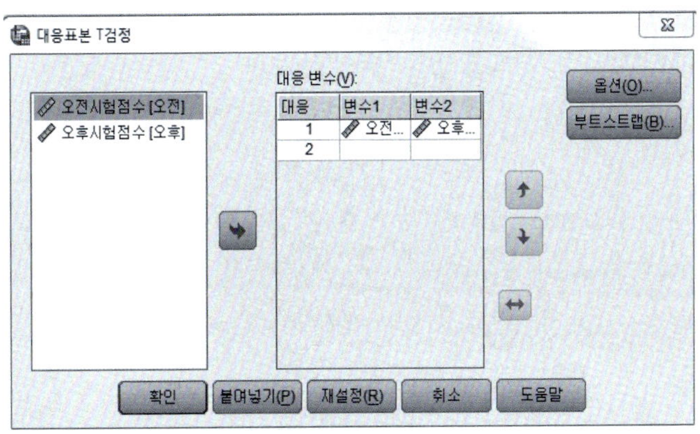

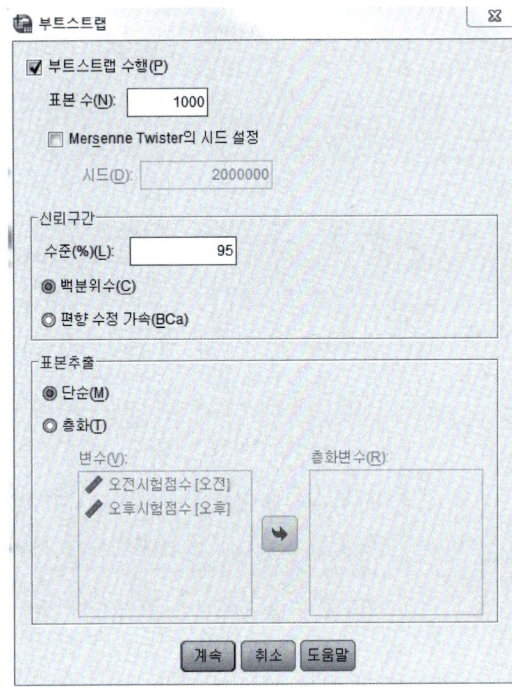

생성된 "붓스트랩" 대화상자에서 "붓스트랩 수행"을 지정하고, 표본 수가 1,000으로 지정된 것을 확인후에 "계속"을 클릭한다. 그리고 "확인"을 클릭한다. 붓스트랩의 결과는 대응표본 상관표 및 대응표본 검정표 이외에도 여러 표들을 제공한다. 붓스트랩 지정 사항표는 단순히 표본들 수 1,000과 선택된 신뢰구간 95.0%를 표시한다.

〈표 18-4〉의 대응표본 통계표에서 통계량(Statistic)열은 비붓스트랩 그룹통계와 동일한 정보를 제공한다. 〈표 18-4〉는 붓스트랩 표본들을 기초로 표본분포에 대한 추가정보를 제공한다.

편향값들은 모두 거의 0이어서 두 표본들 각각에 대한 붓스트랩 분포에서 거의 편향이 없다. 표준오차(표준화 오차)열은 모든 새로운 표본들의 평균들의 붓스트랩 표본분포의 표준편차를 제공한다. 또한 붓스트랩 표본들을 기초로 오전시험점수들과 오후시험 점수들에 대한 붓스트랩 표본평균들의 신뢰구간을 제공한다.

표 18-4 대응표본 통계량

			통계량	붓스트랩[a] 편향	표준화 오차	95% 신뢰구간 하한	95% 신뢰구간 상한
대응1	오전시험 점수	평균	11.0000	-.0048	1.0561	9.0000	13.0000
		N	8				
		표준편차	3.20713	-.31622	.66792	1.51186	4.14039
		평균의 표준오차	1.13389				
	오후시험 점수	평균	9.2500	-.0241	1.0372	7.2500	11.2500
		N	8				
		표준편차	3.19598	-.21630	.46794	1.88569	3.73927
		평균의 표준편차	1.12995				

a. 특별한 표기가 되어 있지 않으면 붓스트랩 결과는 1000개 붓스트랩 표본을(를) 기반으로 합니다.

〈표 18-5〉에서 대응표본 상관은 두 표본들의 상관계수에 대한 붓스트랩 결과들을 추가한다. 표본들을 붓스트래핑하면 상관계수의 신뢰성은 상관계수의 편향, 표준오차, 95% 신뢰구간을 검토하여 고려할 수 있다. 편향이 작고, (신뢰구간의 하한은 0.650으로 여전히 높은 상관을 보이고, 이는 $p < 0.05$로 유의적이어서) 신뢰구간은 신뢰가능한 상관계수를 보여준다.

표 18-5 대응표본 상관계수

		N	상관관계	유의확률	상관관계의 붓스트랩[a] 편향	표준화 오차	95% 신뢰구간 하한	95% 신뢰구간 상한
대응1	오전시험 점수&오후시험 점수	8	.864	.006	.011	.106	.650	.981

a. 특별한 표기가 되어 있지 않으면 붓스트랩 결과는 1000개 붓스트랩 표본을(를) 기반으로 합니다.

〈표 18-6〉의 대응표본 검정표는 t검정 결과를 제공한다. 이는 5% 수준에서 두 시험점수 간에 유의적 격차가 존재한다는 것을 반영한다.

〈표 18-7〉의 대응표본 검정의 붓스트랩 표는 t분포를 기초로 추정에 대한 다른 방법인 붓스트랩 표본분포를 사용하여 평균들의 차이의 95% 신뢰구간을 보여준다.

표 18-6 대응표본 검정

	대응차					t	자유도	유의확률(양측)
				차이의 95% 신뢰구간				
	평균	표준편차	평균의 표준오차	하한	상한			
대응1 오전시험 점수&오후시험 점수	1.75000	1.66905	.59010	.35464	3.14536	2.966	7	.021

표 18-7 대응표본 검정의 붓스트랩

	평균	붓스트랩[a]				
					95% 신뢰구간	
		편향	표준화 오차	유의확률(양측)	하한	상한
대응1 오전시험 점수-오후시험 점수	1.75000	.01938	.54132	.030	.75000	2.75000

a. 특별한 표기가 되어 있지 않으면 붓스트랩 결과는 1000개 붓스트랩 표본을(를) 기반으로 합니다.

3. 붓스트랩과 선형회귀

붓스트래핑은 편향된 표본을 고정시킬 수 없다. 그 대신에 통계량에 대한 불확실성 수준에 대해 다른 견해와 자료 특성 자체에 대해 더 참이고 분포가정에 대해 의존하지 않는 견해를 제공한다.

가장 보편적이며 중요한 기법들 중의 하나인 회귀를 아주 문제가 있는 자료집합의 시각을 통해 간단하게 조사하도록 "쓰레기.sav"파일을 사용하자.

메뉴 바에서 "분석/회귀분석/선형"을 지정하고, 생성된 "선형 회귀분석" 대화상자에서 변수리스트를 "변수이름 표시"로 전환시킨 후에 종속변수 란에 "쓰레기"를, 독립변수 란에 "산업용, 금속, 트럭, 소매점, 식당"을 이동시킨다.

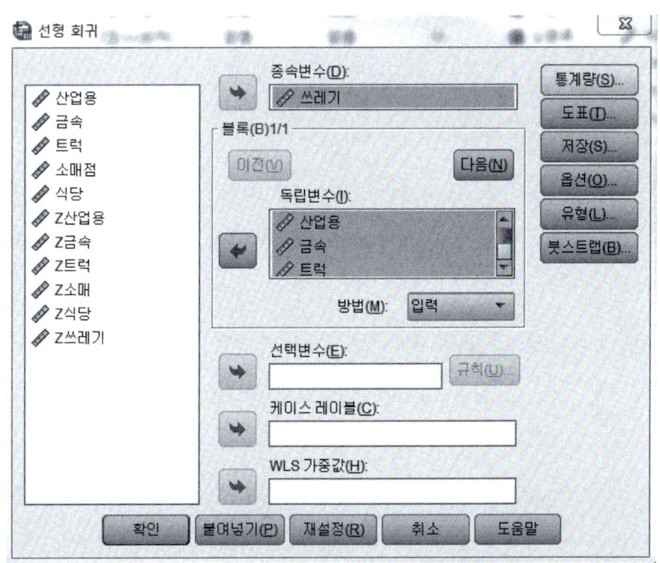

"통계량"단추를 클릭하고 생성된 "선형 회귀분석: 통계량"대화상자에서 "추정값, 신뢰구간, 모형 적합, 공선성 진단, Durbin-Watson"을 지정 후 "계속"을 클릭한다. 그리고 "선형 회귀분석" 대화상자에서 "확인"을 클릭한다.

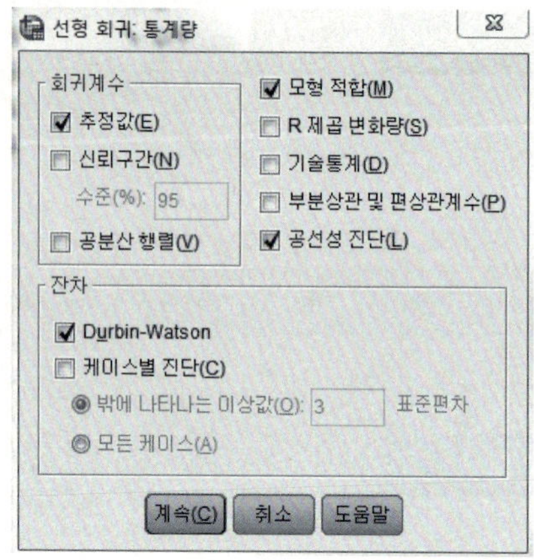

이러한 전통적 접근법을 사용한 결과는 다음의 〈표 18-8〉과 같다.

표 18-8 계수

모형		비표준화 계수		표준화 계수	t	유의확률	공선성 통계량	
		B	표준오차	베타			공차	VIF
1	(상수)	121.585	5.859		20.751	.000		
	산업용 토지	-.052	.003	-.232	-15.843	.000	.706	1.416
	금속가공용 토지	.043	.028	.045	1.529	.127	.178	5.626
	트럭도매업 토지	.250	.016	.491	15.285	.000	.147	6.787
	소매점 거래토지	-.860	.070	-.439	-12.351	.000	.120	8.311
	식당호텔용 토지	13.355	.422	1.083	31.647	.000	.130	7.712

a. 종속변수: 쓰레기량(미터톤)

종속변수는 미터톤(1,000kg)으로 측정된 쓰레기 발생량이다. 각 독립변수는 사업지역별 용도로 표시되어 있다. "금속용"을 제외한 다른 독립변수들의 베타계수들은 모두 0과는 유의적으로 다르다. 그리고 "식당"의 계수가 가장 큰 반면에 소매점과 산업용은 음의 계수들을 보이고 있다.

여기서 어떤 것이 잘못된 것인지를 보기로 하자. 소매업과 종속변수 간의 상관계수는 0.768이며, 산업용과 종속변수 간의 상관계수는 0.186로 실제로는 양이다. 이와는 다른 회귀분석결과는 강력한 상호작용이 있거나 또는 상관계수의 부호가 뒤바뀌게 하는 다중공선성의 은밀한 영향이 있다는 것이다.

식당의 표준화 계수는 1보다 크다. 공선성 통계는 극단적으로 높지 않지만 VIF가 10에 가까워 우려를 증가시키고 있다. 이상의 계수들에 대한 신뢰성에 대한 문제가 초래될 수 있어 더 많은 정

표 18-9 계수의 붓스트랩

모형		B	붓스트랩[a]				
			편향	표준오차	유의확률(양측)	95% 신뢰구간	
						하한	상한
1	(상수)	121.585	.018	5.190	.001	111.375	132.221
	산업용 토지	−.052	−9.027E−5	.004	.001	−.060	−.046
	금속가공용 토지	.043	.001	.032	.172	−.020	.106
	트럭도매업 토지	.250	8.471E−5	.021	.001	.209	.290
	소매점 거래토지	−.860	−.004	.104	.001	−1.058	−.640
	식당호텔용 토지	13.355	−.005	.624	.001	12.033	14.463

a. 특별한 표기가 되어 있지 않으면 붓스트랩 결과는 1000개 붓스트랩 표본을(를) 기반으로 합니다.

보가 요구된다.

다시 메뉴 바에서 "분석/회귀분석/선형"을 지정한다. 생성된 "선형 회귀분석"대화상자에서 "붓스트랩" 단추를 클릭하고, "붓스트랩 수행"을 지정한 후에 "계속"단추를 클릭한다. "선형 회귀분석"대화상자에서 "확인"을 클릭한다.

이제 동일한 회귀모형에 대해 붓스트랩 신뢰구간을 갖는 계수들을 〈표 18-9〉와 같이 제공하고 있다.

붓스트랩 결과들은 분포가정들을 충족시키지 않을 경우에 불안정하게 될 수도 있다. 붓스트랩 결과들은 실제로 식당만이 지속적으로 유의적이며 종속변수와 양의 상관을 갖는 것을 보여준다. 금속의 계수는 비유적이며 산업용과 소매점의 계수는 음으로 나타났다.

중요한 문제는 단일한 큰 이상치가 상관계수가 약한 경우에 부호를 뒤집을 수 있다는 것이다. 한 관찰치를 제거하고 이러한 효과를 탐색하여 회귀결과들의 변화를 관찰할 수 있다. 본질적으로 붓스트래핑은 이러한 종류의 실험을 체계적으로 수행한다. 이러한 증거에 따라 의심했던 사항을 확인시킨 것이다. 따라서 가장 문제가 되는 이상치들을 가능하다면 버리거나, 독립변수들을 생략하거나 또는 독립변수들을 전환시키는 방법들을 상황에 따라 적용하면 될 것이다.

03 몬테카를로 의태분석

1. 의태분석의 개념

이상적 세상에서는 분석하려는 전체 모집단의 정보를 획득하는 시간과 자금을 갖고 결론을 내릴 수 있을 것이다. 그러나 현실은 그렇지 못하다.

우리는 단지 표본에 의존해야 하므로, 표본이 모집단을 대표하는 것을 보장하길 원한다. 또한 전체 모집단이 아니라 표본들을 사용하므로, 사용하는 통계기법들이 가정을 충족시켜 최적수준에서 성과를 얻도록 해야 한다.

그렇지만 전통적 가정들이 성립하지 않거나 또는 표본값들에서 불확실성이 존재하는 경우들이 많다. 이러한 문제들에 대처하기 위해 SPSS는 평균, 표준편차 등의 통계량들을 추정할 수 있도록 버전 18 이후에는 붓스트래핑과 몬테카를로 시뮬레이션(Monte Carlo Simulation)을 추가하였다.

붓스트래핑은 함수들에서 추가로 사용할 수 있는 기능인 모듈지만, 시뮬레이션은 메뉴 바의 분석의 하위명령어로 제공되고 있다. 이와는 달리 몬테카를로 시뮬레이션은 (특정 모형모수들로 정의된) 특별한 분포함수로 시작을 하고, 각 표본의 통계량들을 계산할 수 있도록 많은 표본들을 생성하여, 통계량이 표본들 간 어떻게 분포되어 있는지를 볼 수 있게 한다.

시뮬레이션은 종속변수의 분포들을 생성하도록 (독립변수들인) 투입물을 재표본추출을 하는 것이다. 시뮬레이션인 의태분석은 "만약 문제"(what-if)분석을 수행하게 한다.

2. 몬테카를로 의태분석의 원리

몬테카를로 시뮬레이션은 자료분석 및 의사결정에서 위험을 설명할 수 있도록 해주는 계산수리 기법이다. 이 기법은 투입물 확률분포에서 무작위로 값들의 표본을 구한다. 각 표본집합을 반복이라고 하고 그 표본에서 나타나는 결과를 기록한다.

몬테카를로 의태분석은 수백회 또는 수천회를 수행하고 그 결과는 가능한 결과들의 확률분포이다. 이러한 방식으로 몬테카를로 의태분석은 발생할 수 있는 것에 대한 아주 더 포괄적 관점을 제공한다. 이는 발생할 수 있었던 것과 그 발생의 가능성까지를 나타낸다. 다시 말하자면 결과들의 전체분포를 추정할 뿐만 아니라 회귀분석과 같은 조건부 평균까지도 추정을 한다.

몬테카를로 의태분석은 의태시킨 자료생성과 예측모형 개발지원의 2가지 용도로 주로 사용된다. 여기서는 주로 새로운 자료집합의 생성에 대해 사용하기로 한다. 이러한 방식으로 변수들을 새로 만들고 그 변수들의 관계를 설정하는 다른 통계기법을 체험할 수 있다.

몬테카를로 의태분석의 가장 보편적 용도는 예측모형과 관련시켜 사용하는 것이다. 예컨대 선형회귀 등의 모형은 결과를 예측하도록 알려진 변수들의 집합을 갖도록 요구한다.

몬테카를로 의태분석은 불확실한 투입물들의 확률분포모형을 설정하고, 그 확률분포에서 그 투입물들의 의태시킨 값들을 생성한다. 그리고 의태시킨 값들을 예측모형에 사용하여 결과를 도출한다.

04 SPSS 이용 몬테카를로 의태분석 수행

"손풍기.sav"파일을 열고 손풍기 판매량예측을 위해 몬테카를로 시뮬레이션을 수행하기로 하자. 이러한 자료는 사업주가 자신의 매장에서 판매된 손풍기와 점포지역의 평균기온 정보에 대해 작성한 결과라고 하자.

이전의 조사를 기초로 그 사업주는 기온이 손풍기 판매량에 관련이 있다는 것을 알고 있다. 그러나 기온이 크게 변동하여 기온 불확실성이 증가함에 따라 판매량의 예측이 어렵다고 하자.

적어도 75%의 고객들에게 손풍기를 언제라도 판매할 수 있도록 하기 위해서는 얼마나 많은 손풍기 재고를 비축해야 하는지의 문제를 해결하기 위해 몬테카를로 시뮬레이션을 수행한다고 가정하자.

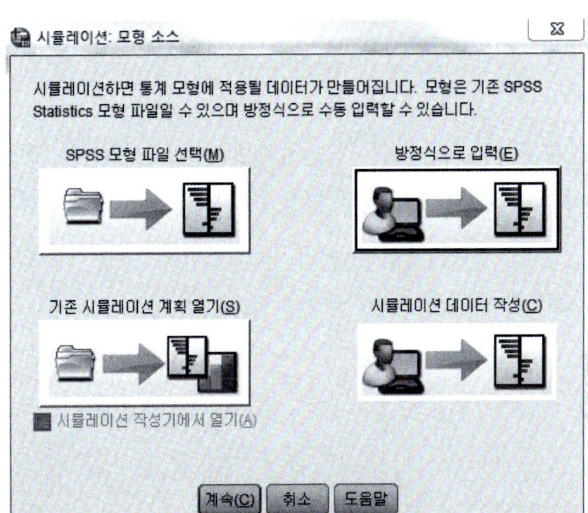

SPSS의 데이터 편집기의 메뉴 바에서 "분석/시뮬레이션"을 지정하면, "시뮬레이션: 모형 소스"대화상자가 생성되고, 그에 따른 몬테카를로 시뮬레이션을 수행하는 4개 옵션들이 나타난다. 이러한 옵션들을 시뮬레이션 작성기(Simulation Builder)라고 한다.

이러한 옵션들은 시뮬레이션을 디자인하고 수행을 하는 사용자들을 위한 고급 인터페이스이다. 이는 시뮬레이션의 디자인, 시뮬레이션을 위한 설정식들의 보관, 출력물지정 및 시뮬레이션 수행을 위한 가능 기능집합을 모두 제공한다.

"기존 시뮬레이션 계획 열기"옵션은 "시뮬레이션 수행대화"라고 한다. 이는 시뮬레이션 계획을 갖고 주로 시뮬레이션 수행을 원하는 사용자를 위해 고안된 것이다. 이는 다른 조건에서 시뮬레이션을 수행할 수 있도록 환경수정을 허용하지만, 시뮬레이션들을 디자인하는 것에 대해서는 시뮬레이션 빌더의 전반적 기능을 제공하지는 않는다.

지금 예제에서는 예측모형설정에 도움을 주도록 Monte Carlo 시뮬레이션을 사용하는 것이 가장 보편적 방식이기 때문에 "SPSS 모형 파일 선택"옵션을 사용하기로 하자.

메뉴 바에서 "분석/회귀분석/선형"을 지정하고, 생성된 "선형 회귀분석"대화상자에서 기온 및 할인율을 독립변수로 손풍기(판매량)을 종속변수로 지정한다.

그리고 "저장"단추를 클릭하여, 생성된 "선형 회귀분석: 저장"대화상자에서 "찾아보기"(Browse)단추를 클릭한다. 생성된 "선형 회귀분석: 파일로 저장"대화상자에서 해당 디렉토리에 "MC1"으로 입력하고 "저장"단추를 클릭한다. 그리고 "계속"단추를 클릭한다.

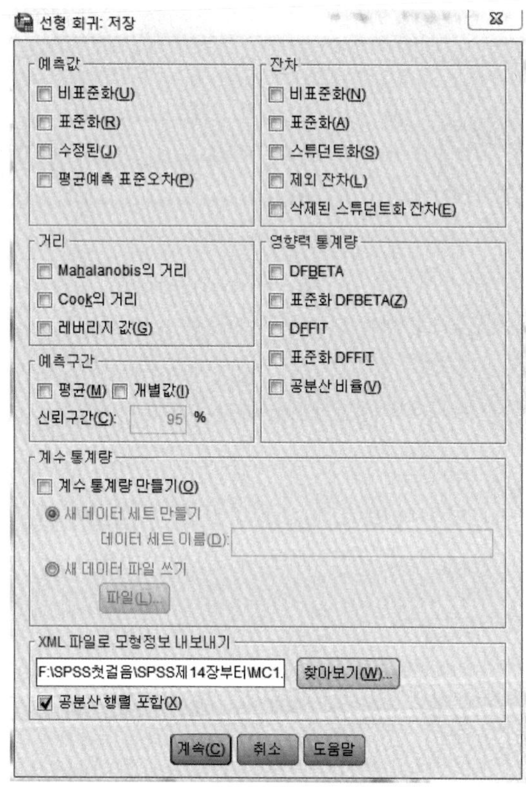

다시 "선형 회귀분석"대화상자에서 "확인"을 클릭한다. 그런데 SPSS에서 시뮬레이션 절차가 지원되는 모형들은 "선형회귀"와 함께 다음과 같다.

"일반선형모형, 이항로지스틱회귀, 다항로지스틱회귀, 순서형다항회귀, Cox회귀, 트리, 판별, 2단계 군집, K-평균 군집, 신경망"

이제 선형회귀결과들은 〈표 18-10〉부터 〈표 18-12〉와 같다. 손풍기 판매량 변동의 42.9%를 설명하는 통계적으로 유의적인 모형이 추정되었다. 그리고 계수표에서 두 예측변수들(predictors)도 $p<0.001$이어서 통계적으로 유의적이다.

종속변수의 총분산이 방정식 오차분산과 독립변수에 의한 분산의 2가지 원천에서 발생한 것을

표 18-10 모형 요약

모형	R	R제곱	수정된 R제곱	추정값의 표준오차
1	.655a	.429	.426	600.820

a. 예측자: (상수), 월별 제공 할인율, 월평균 기온

표 18-11 ANOVA

모형		제곱합	자유도	평균제곱	F	유의확률
1	회귀	126782031.7	2	63391015.84	175.606	.000b
	잔차	168940995.3	468	360985.033		
	전체	295723026.9	470			

a. 종속변수: 판매된 손풍기 대수
b. 예측자: (상수), 월별 제공 할인율, 월평균 기온

표 18-12 계수

모형		비표준화 계수		표준화 계수	t	유의확률
		B	표준화 오류	베타		
1	(상수)	−1221.608	165.398		−7.386	.000
	월평균 기온	28.783	1.601	.629	17.975	.000
	월별 제공 할인율	1736.355	271.075	.224	6.405	.00

a. 종속변수: 판매된 손풍기 대수

주의해야 한다.

만약 오차들이 정규분포를 따른다면, 종속변수의 전체 조건부분포를 생성시키도록 그 분산을 갖는 정규분포에서 도출하도록 추정된 오차분산을 사용할 수 있다. 시뮬레이션은 방정식에서의 독립변수들의 변동에 초점을 둔다.

한 달 후에 판매할 손풍기 수를 추정할 수 있기 때문에, 이와 같은 모형은 확실히 도움이 된다.

그러나 이러한 모형은 고객의 75% 이상에게 손풍기를 언제라도 제공할 수 있도록 얼마나 많은 재고를 보유해야 하는지에 대한 원래 질문의 해답을 주지 못한다. 이러한 문제의 해답을 얻도록 Monte Carlo 시뮬레이션을 다음과 같이 수행할 수 있다.

메뉴 바에서 "분석/시뮬레이션"을 지정하고, 생성된 "시뮬레이션: 모형 소스"대화상자에서 "SPSS 모형 파일 선택"을 지정한 후에 "계속"단추를 클릭한다.

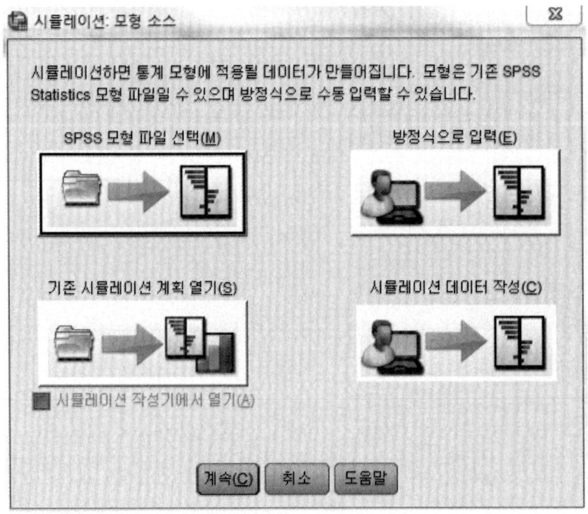

"SPSS 모형 파일 선택"대화상자가 열리면서 방금작성했던 "시뮬레이션모형 파일"로 진행한다.

"SPSS 모형 파일 선택(M)"대화상자에서 나타난 "MC1.xml"을 지정하고 "열기"단추를 클릭한다.

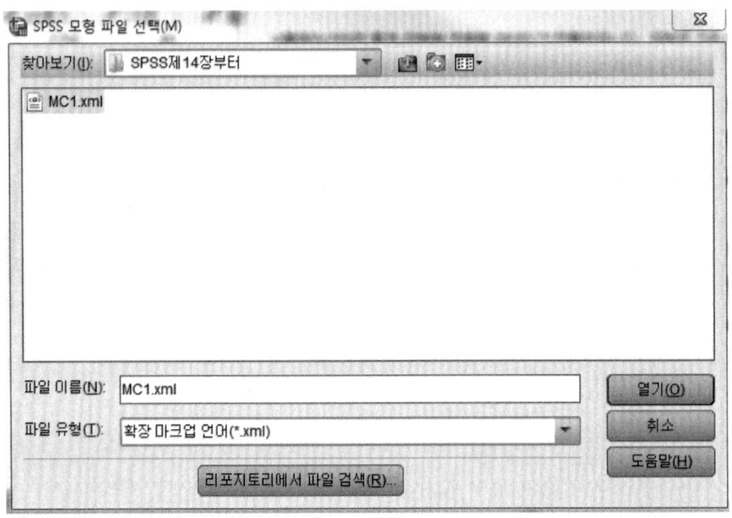

시뮬레이션 수행을 위해 고정되거나 시뮬레이션한 것으로 예측모형의 각 투입물을 설정해야 한다. 투입물들에 대한 과거자료들을 입수할 수 있다면, 그러한 투입물들 간의 어떤 상관관계들을 따라 자료에 가장 근접하게 적합된 분포들은 자동적으로 결정될 수 있다. 이를 수행하기 위해 (투입물 열의) 모형 투입물들이 각각 활성 자료집합에서 수정필드(열에 맞춤)와 대응되었는지(짝을 맞추어 놓았는지)를 확인해야 한다. 따라서 생성된 "시뮬레이션 작성기"대화상자의 "시뮬레이션"항에서 "모두 적합"단추를 클릭한다.

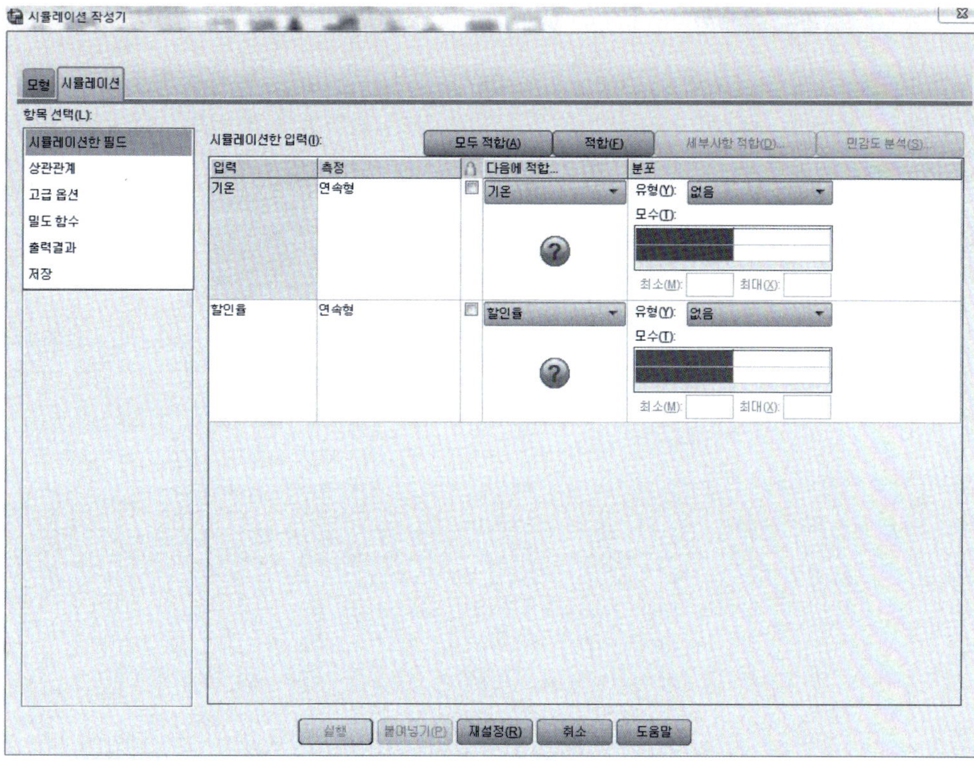
시뮬레이션 작성기
모형
시뮬레이션
항목 선택(L):
시뮬레이션한 필드
상관관계
고급 옵션
밀도 함수
출력결과
저장
시뮬레이션한 입력(I):
모두 적합(A)
적합(F)
세부사항 적합(D)...
민감도 분석(S)...
입력
측정
다음에 적합...
분포
기온
연속형
기온
유형(Y):
없음
모수(T):
최소(M):
최대(X):
할인율
연속형
할인율
유형(Y):
없음
모수(T):
최소(M):
최대(X):
실행
붙여넣기(P)
재설정(R)
취소
도움말

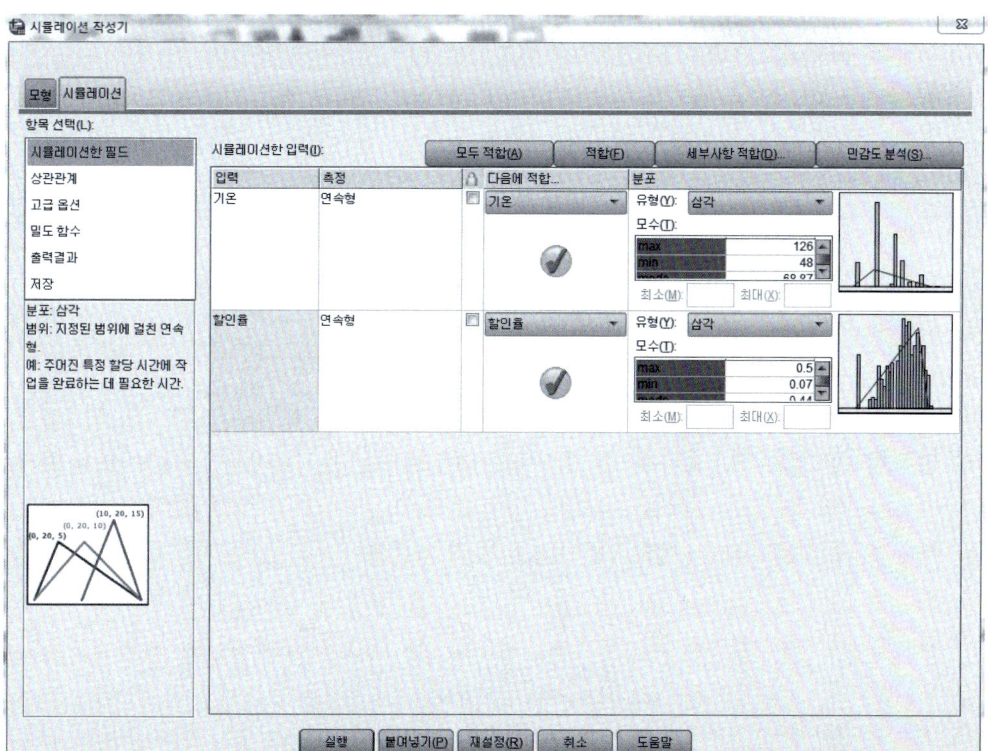
시뮬레이션 작성기
모형
시뮬레이션
항목 선택(L):
시뮬레이션한 필드
상관관계
고급 옵션
밀도 함수
출력결과
저장
분포: 삼각
범위: 지정된 범위에 걸친 연속형.
예: 주어진 특정 할당 시간에 작업을 완료하는 데 필요한 시간.
(10, 20, 15)
(0, 20, 10)
(0, 20, 5)
시뮬레이션한 입력(I):
모두 적합(A)
적합(F)
세부사항 적합(D)...
민감도 분석(S)...
입력
측정
다음에 적합...
분포
기온
연속형
기온
유형(Y):
삼각
모수(T):
max
126
min
48
최소(M):
최대(X):
할인율
연속형
할인율
유형(Y):
삼각
모수(T):
max
0.5
min
0.07
최소(M):
최대(X):
실행
붙여넣기(P)
재설정(R)
취소
도움말

가장 근접하게 적합된 분포와 관련 모수들이 과거자료에 대해 추가된 분포의 그림과 함께 분포열에서 제시된다. 지금의 예제에서는 각 필드에 대해 삼각형 분포가 선택되었다.

그런데 과거자료를 입수하지 못하거나 특정 분포 또는 상관계수를 필요로 한다면, 수동으로 분포 또는 상관계수들을 설정할 수 있다.

“세부사항 맞춤”단추를 클릭하면, 특정 투입물에 대한 분포자동적합의 결과들이 제시된다. 아래와 같이 분포들은 최상 적합분포가 제일 먼저 열거되는 형식으로 적합도에 의한 순서로 배열되어 있다. “계속”단추를 클릭한다.

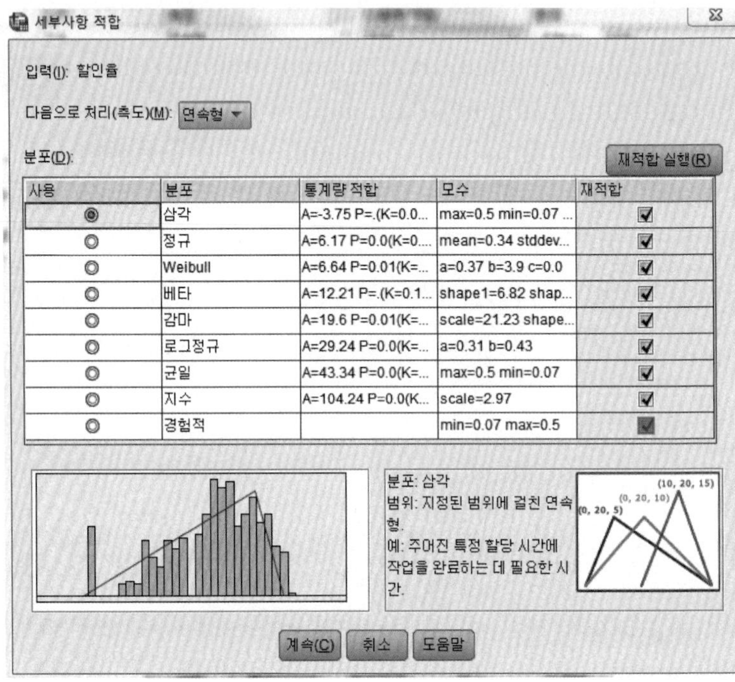

다시 “기온”을 지정한 후에 “세부사항 맞춤”단추를 클릭하면 할인율에 대한 분포자동적합(automatic distribution fitting)의 결과들이 제시된다.

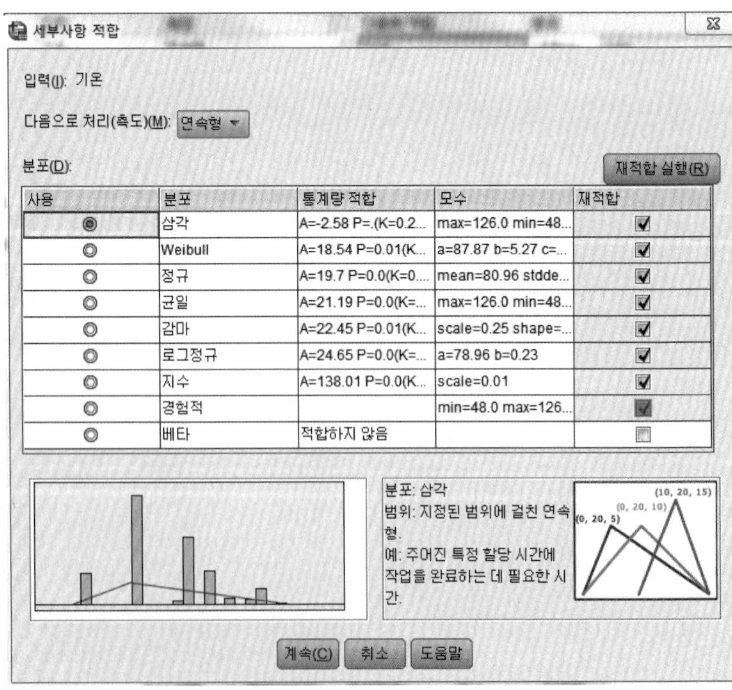

초기 시뮬레이션 대화상자에서 "SPSS 모형 파일 선택"을 지정했더라도, "시뮬레이션 작성기" 대화상자의 좌측 위에 있는 "모형"단추를 클릭하여 방정식을 변경하거나 또는 모형없이 시뮬레이션 자료를 생성할 수가 있다.

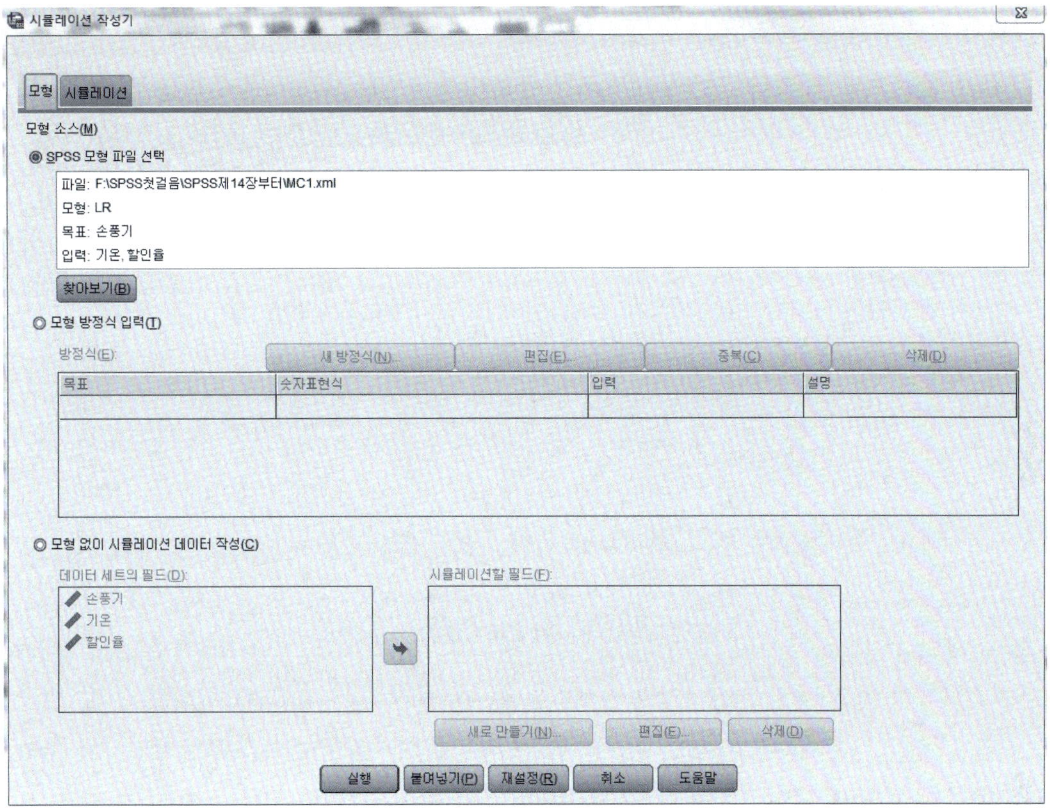

자료를 시뮬레이션하는 경우에 투입물들 간의 관계들을 유지를 위해 이들 간의 상관계수를 고려하는 것이 중요하다.

"시뮬레이션 작성기"대화상자에서 "시뮬레이션"단추를 클릭한 후에 생성되는 "항목 선택"란에서 "상관관계"를 지정하면, 2가지 옵션을 갖는다.

- "맞춤 시 상관 다시 계산"옵션은 투입물들 간의 상관계수들을 자동적으로 설정하는 경우에 사용
- "맞춤 시 상관을 다시 계산하지 않음"옵션은 사용자들이 상관계수들을 수동적으로 설정할 수 있게 해줌

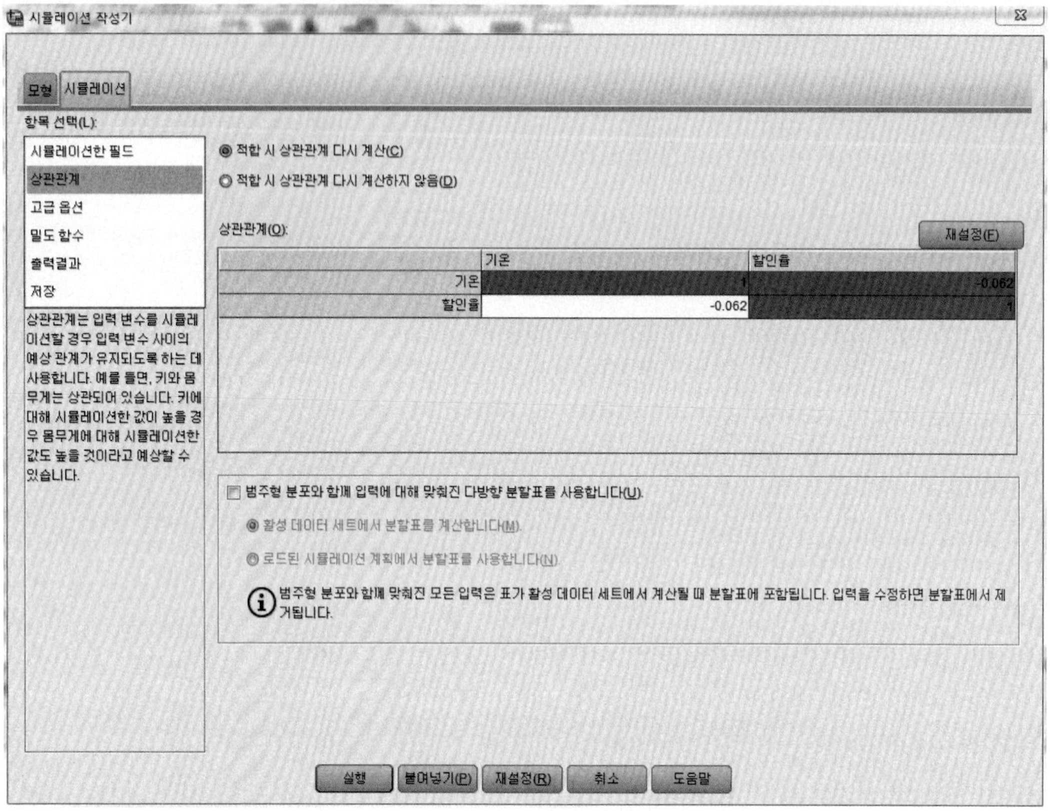

지금 예제에서 기온 및 할인율 간의 상관계수들이 −0.062으로 본질적으로 0이다.

"고급 옵션"은 사용자들이 시뮬레이션할 케이스들의 최대수와 중단기준들을 설정하게 하여 케이스 최대수에 도달하기 전에 시뮬레이션이 중단할 수 있게 해준다.

또한 고급옵션 칸은 사용자가 사용할 케이스 수 및 적합도 기준들을 설정하게 하고, 결과를 반복할 수 있도록 난수시드(seed)를 설정하도록 해준다.

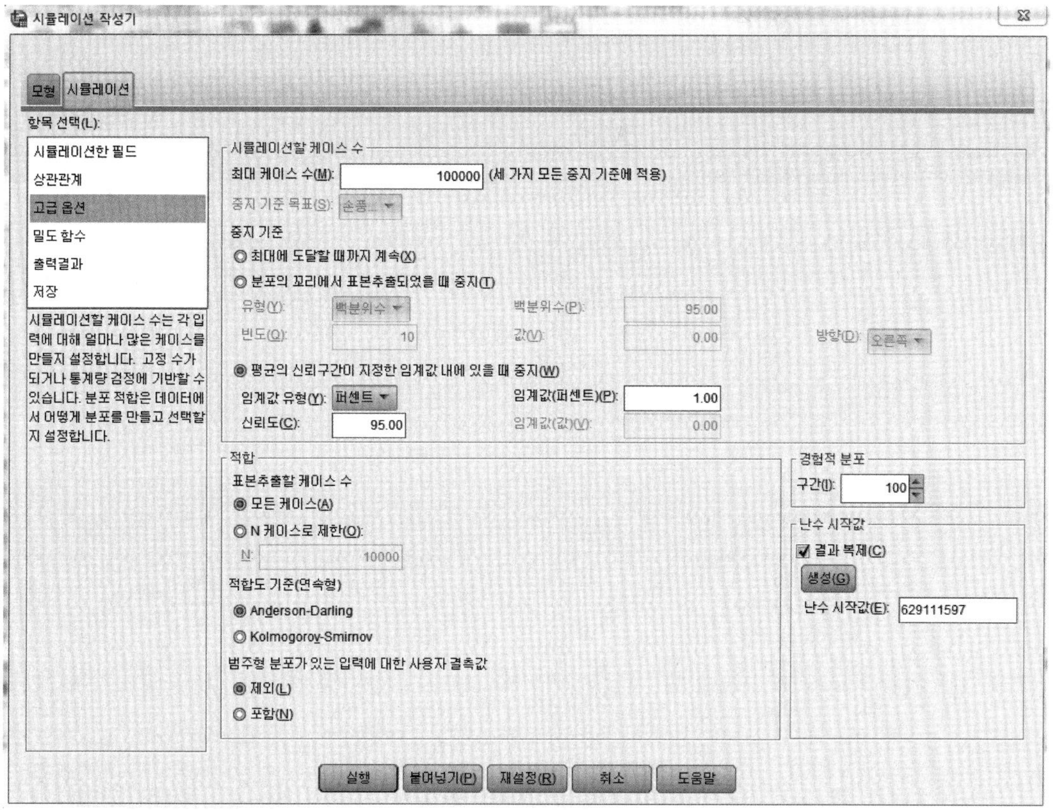

"밀도 함수"는 확률밀도 함수들 및 누적밀도 함수들에 대한 결과들을 맞출 수 있게 해준다. 확률밀도함수는 목표값들(target values)의 분포를 보여준다. 누적분포 함수는 목표의 값이 설정된 값 이하일 확률을 나타낸다. 확률밀도 함수 및 누적분포 함수들에 대해 추가할 수 있도록 각종 수직선 참조선들을 사용할 수 있다.

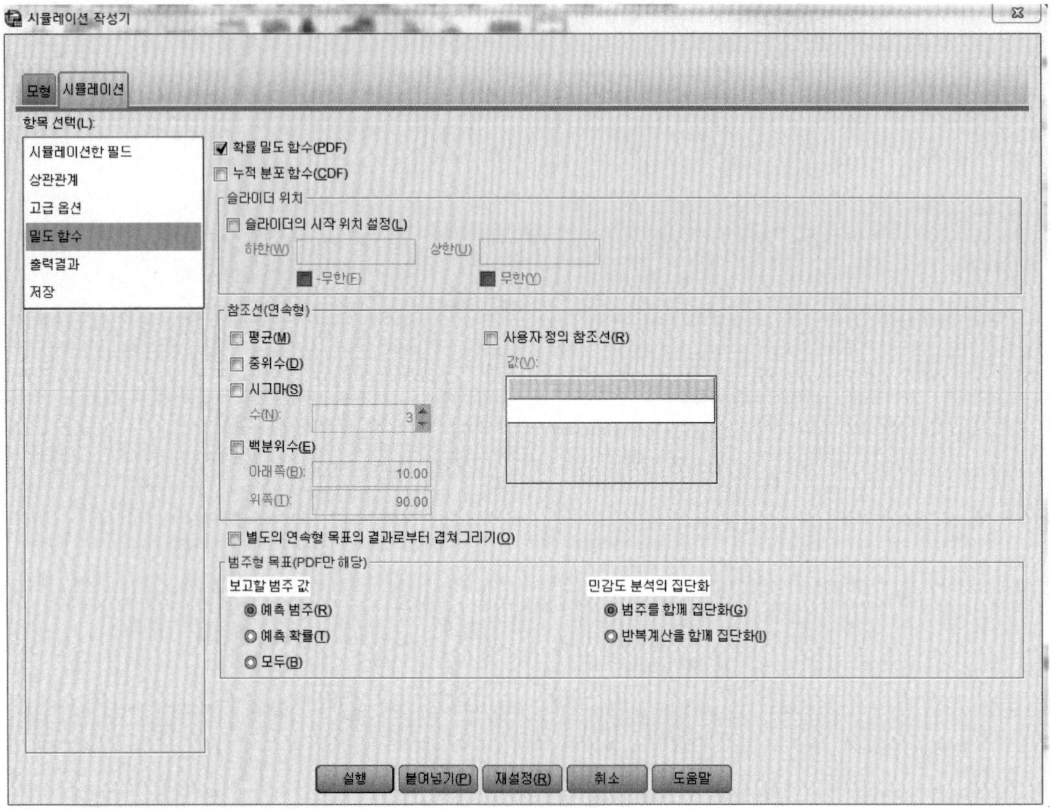

"출력결과"는 시뮬레이션에 의해 생성된 결과를 맞출 수 있게 해준다. 토네이도 차트(Tornado charts)는 각종 지표들을 사용하여 목표들 및 시뮬레이션된 투입물들 간의 관계를 보여주는 바차트들이다.

박스플롯은 이상치들을 보이도록 해주며, 산점도는 목표들 및 투입물 간의 관계를 보여준다. 각종 기술통계량들을 요청할 수 있고 사용자들은 변수들의 표시형식을 변경시킬 수 있다.

우측 아래의 표시형식에서 나타나는 기온 및 손풍기 필드에서 소수점 이하의 수를 0으로 변경시킨다.

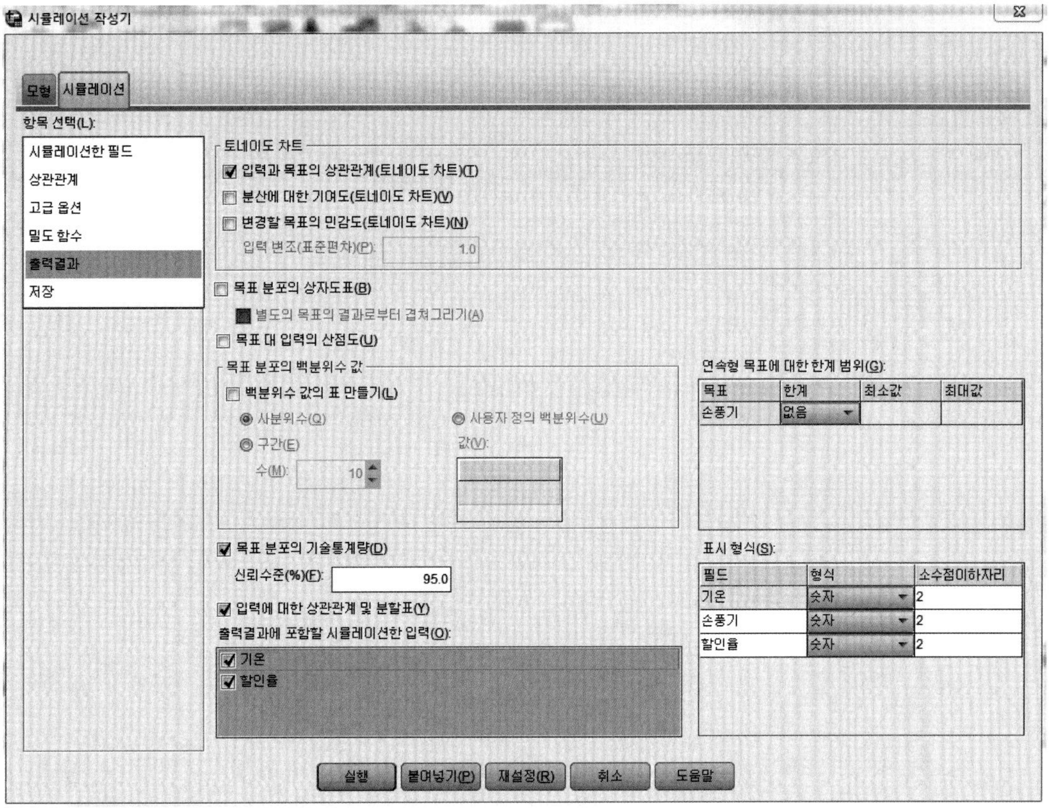

"저장"은 현재 수행하는 시뮬레이션의 설정식을 시뮬레이션 계획파일로 저장할 수 있게 해준다. 투입물, 고정된 투입물, 예측된 목표값들을 SPSS통계량 자료파일, 새로운 자료집합 또는 Excel파일에 저장을 할 수 있다. 이러한 파일들이 아주 클 수 있는 경우에는 저장하지 않는 것이 좋다.

"찾아보기"단추를 클릭하여, 생성된 "시뮬레이션 파일 저장" 대화상자에서 파일이름을 "MC결과"로 지정한 후 "저장"단추를 클릭하고, 다시 "실행"단추를 클릭한다.

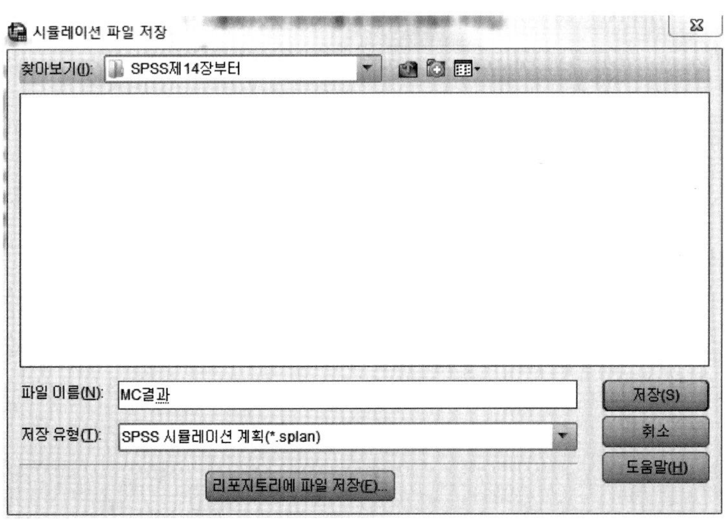

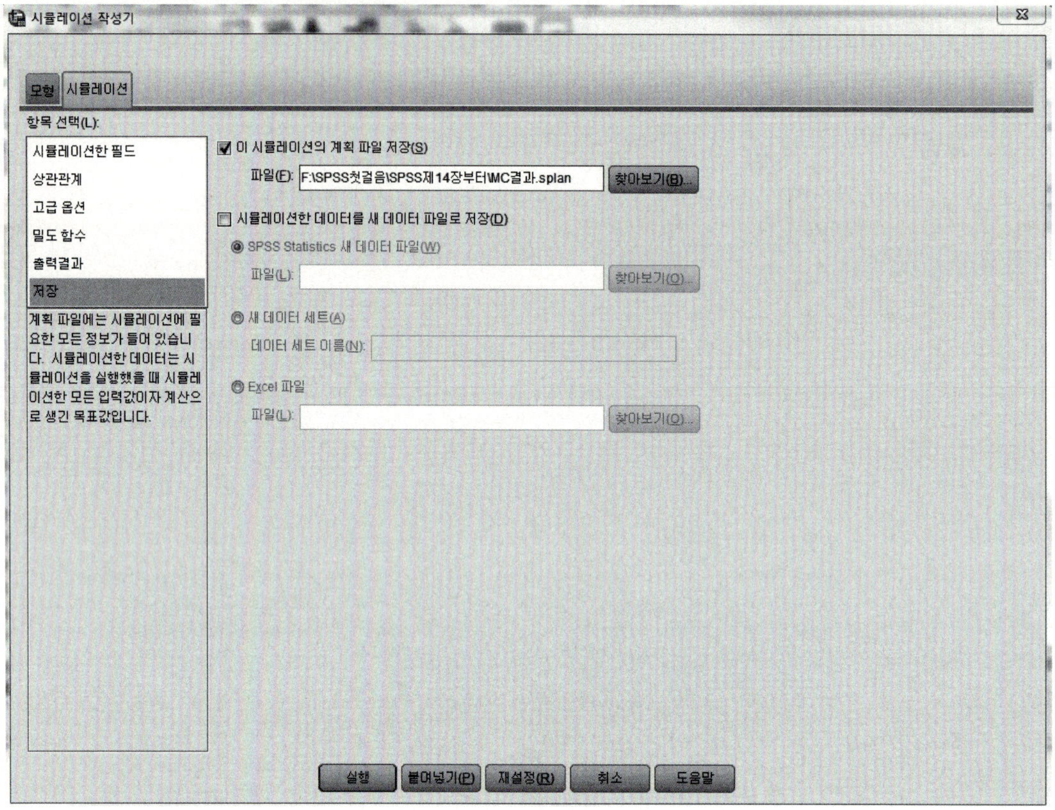

시뮬레이션 결과는 시뮬레이션계획의 세부사항들을 포함한다. 이는 시뮬레이션이 기초로 하는 예측모형에 대한 정보, 투입물을 시뮬레이션하는데 사용될 분포, 투입물들 간의 상관계수들과 각종 기타 설정들을 포함한다.

〈표 18-13〉 척도목표의 기술통계량은 종속변수에 대한 평균, 표준편차, 중위수, 최소값, 최대값, 신뢰구간과 5% 및 95% 백분위수를 보여준다.

표 18-13 척도목표의 기술통계량

	평균	표준화 편차	중위수	최소값	최대값	95% 평균의 신뢰구간		백분위수	
						하한	상한	5.0%	95.0%
손풍기	1682.555	495.968	1630.650	414.89	3153.00	1665.732	1699.377	959.375	2551.952

〈표 18-14〉 척도입력의 기술통계량은 입력변수(설명변수)의 평균, 표준편차, 최소값, 최대값을 보여준다.

표 18-14 척도 입력의 기술통계량

	평균	표준화 편차	최소값	최대값
기온	80.543	16.434	48.14	124.64
할인율	.337	.094	.08	.50

Cochrane-Orcutt 추정방법이 사용되었습니다.

〈표 18-15〉의 상관관계표는 시뮬레이션을 할 투입물들 간의 상관계수들을 보여준다. 여기서는 투입물기온 및 할인율 간에는 거의 상관관계가 없다.

표 18-15 상관관계

	기온	할인율
기온	1.000	-.030
할인율	-.030	1.000

시뮬레이션된 입력사이의 상관이 시뮬레이션 계획에서 해당 입력에 대해 지정된 상관관계가 다를 수 있습니다.

표 18-16 시뮬레이션 요약

최대 케이스	100000
총 시뮬레이션된 케이스	3339
중지 기준 이루어짐	예

시뮬레이션 계획파일: F:\SPSS첫걸음\SPSS제14장부터\MC결과.splan 목표 또는 입력이 지정된 범위를 초과하므로 케이스를 필터링할 수 있습니다. 필터링된 케이스가 시뮬레이션화된 케이스 빈도에 포함되지 않습니다.

〈표 18-16〉의 시뮬레이션 요약표는 중지 기준표라고도 하며, 시뮬레이션한 케이스들을 생성시키는 것을 중단하는 때를 결정하는데 사용기준을 보여준다. 또한 생성될 케이스들의 최대 수가 100,000이라고 설정을 하고 있다. 여기서는 중단기준이 이루어졌고, 3339케이스만이 시뮬레이션이 되었다.

〈그림 18-1〉의 확률밀도 차트는 목표의 분포를 보여준다. 이러한 식으로 목표에 대한 값들의 범위를 볼 수 있고, 특정 결과가 발생하는 확률을 볼 수 있다. 지정에 의해 참조선들이 분포의 5%와 95% 점들에 위치한다. 그리고 아래의 표는 참조선들에 의해 경계가 설정된 3개 지역들에서의 확률을 나타낸다. 그런데 여기 분석의 목적은 75% 이상의 고객들에게 손풍기를 언제나 판매할 수 있는 재고수준을 결정하는 것이다. 이러한 숫자를 나타내기 위해 추가 참조선을 추가할 수 있다.

그림 18-1 손풍기 판매대수 확률밀도

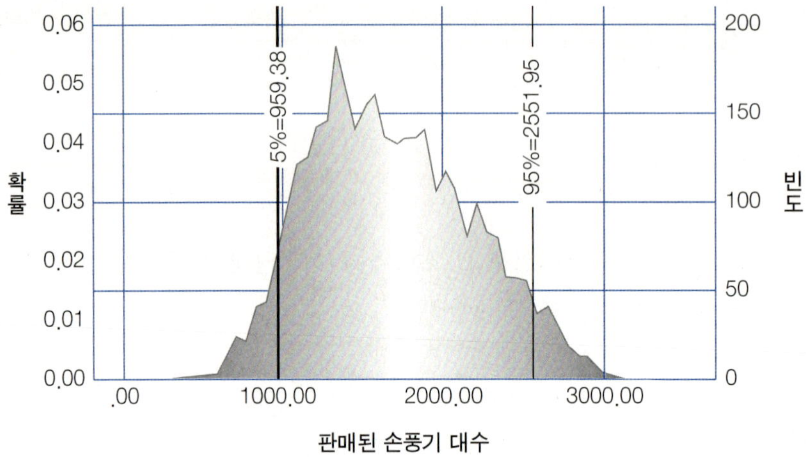

< 959.38	959.38 – 2551.95	> 2551.95
5%	90%	5%

확률밀도 차트를 더블 클릭한다. 생성된 "그래프보드 편집기" 대화상자에서 "차트 옵션"단추를 클릭한다.

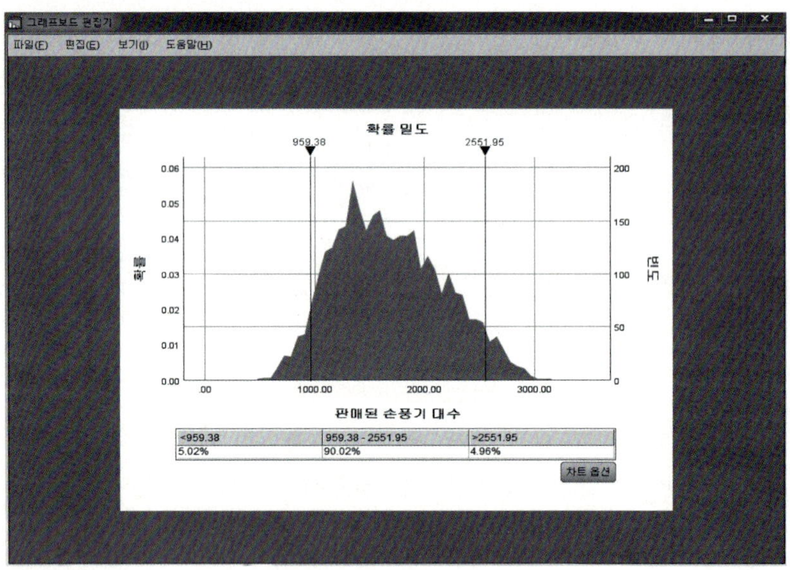

생성된 "차트 옵션"대화상자에서 "백분위수, 위쪽: 75"를 입력한 후에 "계속"을 클릭한다. 그리고 "그래프보드 편집기"를 닫는다.

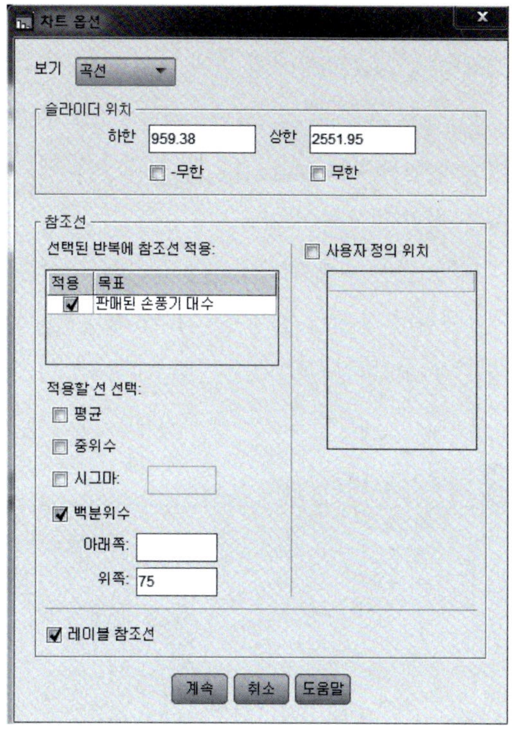

그림 18-2 손풍기 판매대수 확률 밀도와 75% 판매수준

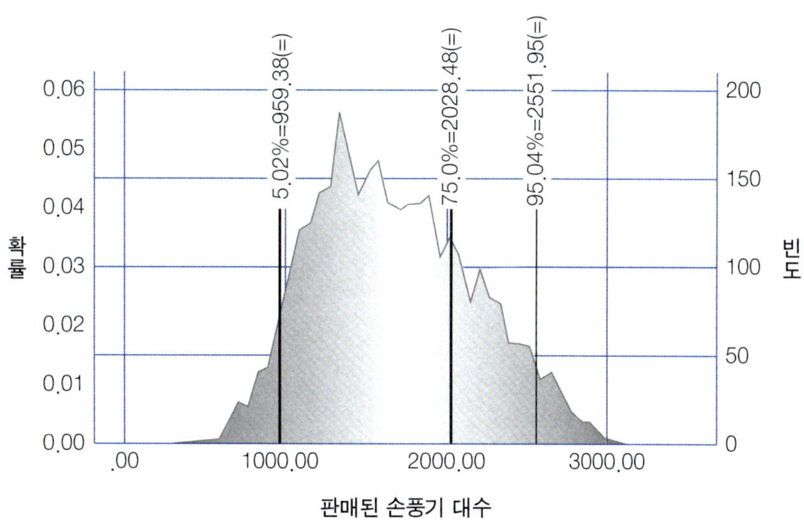

< 959.38	959.38 – 2551.95	> 2551.95
5%	90%	5%

이제 〈그림 18-2〉와 같이 새로운 참조선이 제75백분위수에 추가되었다. 이제 원래 문제인 75% 이상의 고객들에게 판매 가능한 재고량은 2,028개 이상이어야 한다.

회귀분석은 암묵적으로 판매량이 재고부족에 의해 단축되지 않는다는 것을 가정하고 있다. 만약 자료가 판매량이 이용 가능한 재고에 의해 제한되는 케이스들을 포함하고 있다면, 이것을 고려하는 기법이 필요할 것이다.

이제 상관 토네이도 차트는 목표와 그 시뮬레이션한 투입물들 간의 Pearson상관계수를 보여준다. 여기서 두 투입물들은 목표와 양의 상관을 갖지만, 그러나 기온은 할인율보다 더 강력한 관계를 갖는다. 할인율에 대해 민감도분석을 할 수 있다.

그림 18-3 토네이도 차트

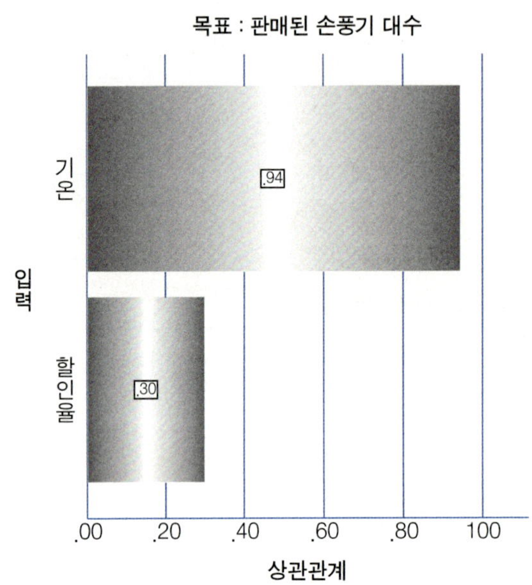

제19장

시계열과 계절지수 및 지수평활

01 시계열의 개념과 성분

1. 시계열의 개념과 종류

시계열은 연속된 시점 또는 기간으로 측정하여 시간에 따라 순차적으로 수집한 관측치들의 집합을 말한다. 동태분석에서 자료패턴은 시계열이 과거에 변동되어 온 패턴을 이해하는데 중요한 요인이다.

이는 시계열의 과거변동형태가 미래에도 계속될 수 있다면 과거패턴을 사용하여 적절하게 예측을 할 수 있기 때문이다. 시계열은 기록방법, 관찰치수, 성분 특성 등에 따라 다음과 같이 구분한다.

① 이산시계열과 연속시계열

- 이산시간 시계열은 관측값들을 이산집합으로 특정 기간에 대해 작성
- 연속시간 시계열은 어떤 기간에 대해 연속적으로 기록한 관측값들의 집합
- 보통 시계열분석은 이산시간 시계열에 대한 분석을 말한다.

② 일변량 및 다변량 시계열

- 일변량 시계열 : 각 시점에서 하나의 관찰치로 구성된 시계열
- 다변량 시계열 : 각 시점에서 2개 이상의 현상들을 동시에 기록하는 시계열

③ 정상적 및 비정상적 시계열

- 정상적 시계열 : 시간에 따라 불규칙적으로 변동하는 무작위적 현상이 계속 일정한 구조로 나타나는 시간불변 확률적 구조를 갖는 시계열
- 비정상적 시계열 : 확률적 구조가 시간에 따라 변화하는 시계열

④ 가우스 및 비가우스 시계열(Gaussian and non-Gaussian time series)

- 가우스 시계열 : 정규분포를 따르는 분포를 가진 시계열
- 비가우스 시계열 : 분포가 정규분포를 따르지 않는 시계열

⑤ 선형 및 비선형 시계열

- 선형 시계열 : 선형모형의 결과물로 표시가 가능한 시계열
- 비선형 시계열 : 비선형모형의 결과물로 나타나는 시계열

2. 시계열의 정상성과 패턴분석

정상적 시계열(stationary time series)은 그 자료가 일정한 평균주변에서 변동하여 수평선 패턴이 나타나는 방식으로, 통계적 특성들이 시간에 대해 무관한 시계열이다.

정상적 시계열은 자료를 생성시키는 진행과정이 일정한 평균을 갖거나, 시계열의 변동가능성이 시간에 대해 일정한 것을 의미한다. 그래서 정상적 시계열의 시계열 플롯은 수평선 패턴을 항상 갖는다.

정상적 모형은 정상적 시계열을 가정하여 시간에 따라 변화하지 않는 확률 특성들을 갖는 통계적 균형과정이 유지되어, 일정한 평균수준과 일정한 분산을 갖고 변동하는 것으로 설정한 모형이다. 따라서 시계열을 회귀분석으로 수행하려면 시계열의 정상성이 확인되어야 한다.

한편 시계열자료가 시간에 따라 변화하는 확률 특성들을 갖는 통계적 불균형 과정을 보여, 변동하는 평균수준과 불규칙한 분산을 갖고 변동을 보이는 모형을 비정상적 모형이라고 한다.

이와는 달리 시계열 자료가 무작위 변동을 일반적으로 보이지만, 장기간 동안 상대적으로 더 높거나 낮은 값들로 변동할 수 있다. 이러한 형태의 변동이 나타나면 추세패턴(trend pattern)이 존재한다.

02 예측과 시계열의 패턴

1. 예측의 개념과 방법

예측(forecasting)은 미래에 발생할 것으로 보이는 것을 예견하는 과정이다. 그리고 계획수립(planning)은 미래에 처리할 방법을 결정하는 과정이며 예측값을 투입물로 사용한다.

예측기법은 정성기법과 정량기법으로 구분한다.

- **정성예측기법**(Qualitative forecasting techniques) : 전문가 의견 및 판단을 기초로 수행
- **정량예측기법**(Quantitative forecasting techniques) : 통계적 기법으로 과거 정량자료를 분석하여 수행, 예측하려는 변수의 자료가 수량화되어 있고, 과거패턴이 미래에 계속된다는 가정을 기초로 수행

예측은 적합한 모형을 기초로 수행되며 예측에 사용되는 모형들은 다음과 같이 확실성을 기준으로 구분할 수 있다.

- **결정적 모형**(deterministic model) : 현상의 미래변동에 대해 정확한 계산이 가능하게 해주는 모형
- **확률모형**(probability model or stochastic model) : 2개의 숫자로 설정된 한계들 사이에 미래 값이 위치할 확률을 계산하는데 사용할 수 있는 모형, 확률법칙에 따라 시간적 변동을 보이는 통계적 현상을 확률과정 또는 과정이라고 함

예측모형의 적용과정은 모형설정, 모형구성, 모형진단으로 구성한다.

- **모형설정** : 특정상황에서 사용할 예측기법의 선택과정
- **모형구성** : 설정한 모형의 모수들이 과거자료에 대한 충분한 적합을 달성하도록 추정하는 과정
- **모형진단** : 모형이 과거자료에 얼마나 잘 적합하고 모형가정들이 얼마나 잘 충족되는지를 결정하는 과정

예측목적은 우량한 예측치를 제공하는 것이므로, 예측모형개발의 주요 사항은 예측욕구를 충족시킬 가장 간단하게 이용 가능한 모형을 사용하는 것이 바람직하다. 예측모형은 예측연결시점이라는 예측기간에 따라 당면(즉시)기간, 단기, 중기, 장기로 구분한다.

- **당면(즉시)기간**(Immediate term) : 1개월 미만
- **단기**(Short term) : 1개월부터 3개월까지
- **중기** : 3개월 초과부터 2년까지
- **장기** : 2년 초과 기간

예측주기는 예측치를 작성하는 시간단위를 말하며, 일별, 주별, 월별, 사분기별, 연도별로 결정한다. 시계열자료는 여러 기간들의 값들 비교를 위해 기준기간지수를 사용한다. 비교기간시점 t기의 기준기간시점 0기에 대한 단순지수 I_t는 다음과 같이 계산한다.

- **단순지수**(simple index number)

$$I_t = \frac{\text{비교시점 크기}}{\text{기준시점 크기}} \times 100$$

2. 시계열 패턴의 분해

시계열 추세패턴은 장기예측을 위해 의사결정에 사용하며, 장기추세, 순환변동, 계절변동, 불규칙변동의 4개 성분을 보유한다.

- **장기추세**(secular trend) : 시계열의 평활된 장기적 진행방향, 선형 또는 비선형으로 구분되며, 많은 시계열들이 비선형추세를 보임
- **순환(주기)변동**(cyclical variation) : 1년을 초과하는 기간들에 대한 시계열의 상승 및 하락변동으로 패턴들이 재발하는 주기를 보임
- **계절변동**(seasonal variation) : 1년 이내에서 시계열의 변화 패턴, 매년 패턴들이 반복되는 경향을 가짐
- **불규칙변동**(irregular variation) : 삽화적 변동과 잔차변동으로 구성
- **삽화적 변동**(Episodic fluctuations) : 예측불능이지만 식별가능하며, 예컨대 대규모 파업이나 전쟁의 경제적 충격은 식별 가능하지만 예측불가능
- **잔차변동**(residual variation) : 우연변동 또는 잡음이라고 하며 예측불능이며 식별불능

이와 같이 장기예측을 위해 사용하는 장기추세, 계절, 순환변동은 계통변동이라고 한다.

한편 시계열 추세패턴의 불규칙 변동을 초래하는 잡음(noise)을 비계통변동이라고 한다. 잡음은 측정오차 또는 설명될 수 없는 기타 원인에 의해 발생하는 확률변동으로 나타나고 예측의 장애요소로 작용한다.

3. 시계열의 계절성 패턴과 이동평균법

계절성은 일정한 순환적 변동을 보이며 계절성이 없는 경우에는 불규칙한 변동으로 다음과 같이 나타난다.

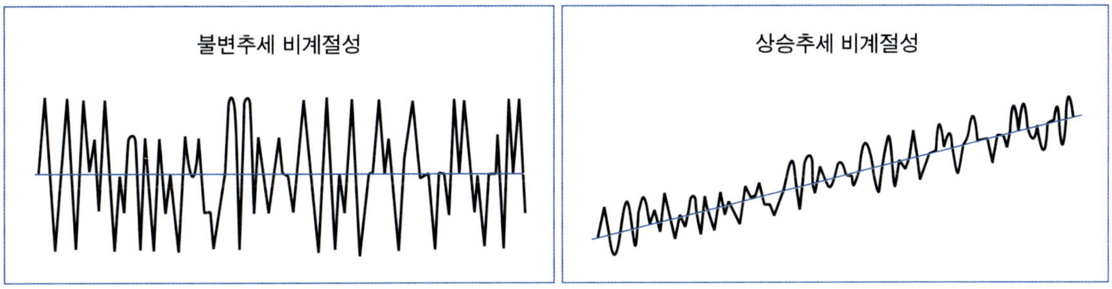

계절성이 가법 형태로 수준 및 추세에 일정한 크기의 변동을 순환적으로 나타내는 경우에 시계열의 패턴은 다음과 같다.

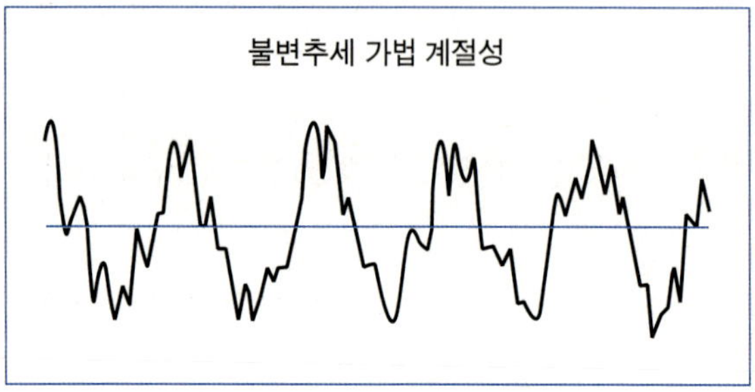

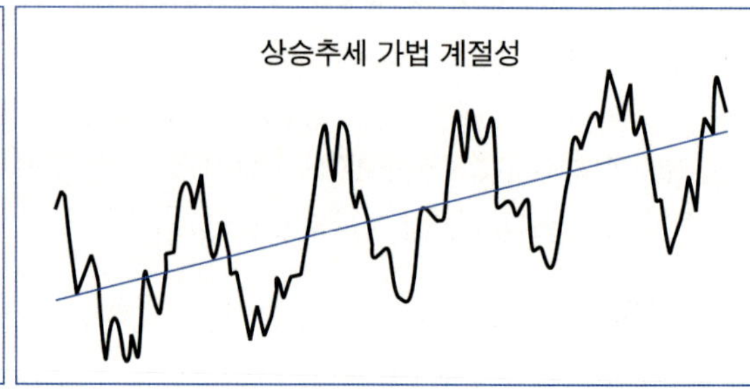

계절성이 승법형태로 수준 및 추세에 대해 일정한 비율의 크기로 변동을 순환적으로 나타내는 경우에 시계열의 패턴은 다음과 같다.

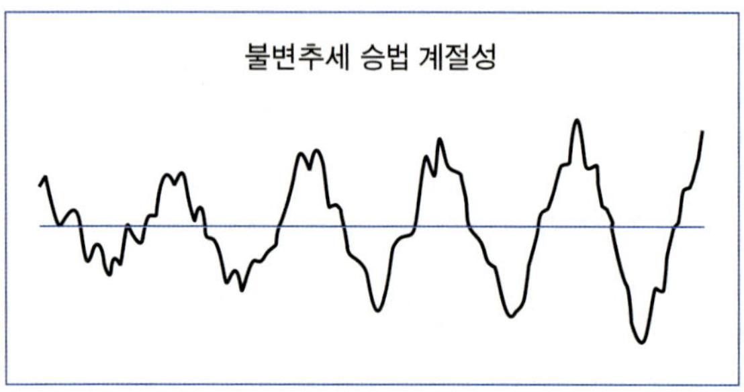

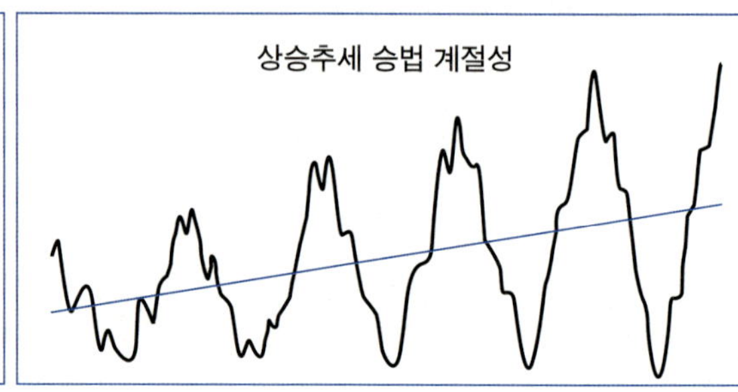

이동평균(moving average)은 추세를 파악하고 계절변동을 측정하도록 시계열을 평활시키는 방법이다. 이는 수리방정식으로 추세를 표현하는 최소자승법과는 달리 자료변동을 산술평균으로 단순하게 평활시키는 기법이다.

이동평균비율방법은 원래 자료에서 추세, 순환, 불규칙변동 구성요소들을 제거시켜 대표계절지수(typical seasonal index)를 계산하는 방법이다. 여기서는 승법계산방식을 보기로 하자.

- 월별자료는 12개월 이동평균, 사분기별 자료는 4개 이동평균계산
- 이동평균들을 2개씩 평균들을 계산한 집중이동평균(centered moving average) CMA를 계산
- 원래 자료를 중심이동평균으로 나누어 특수계절지수계산
- 특정 월 또는 사분기의 특수계절지수들을 계산된 년도들에 대해 평균하여 그 시점의 평균인 대표계절지수를 계산

이상의 과정을 거쳐 계산한 결과에 "100"을 곱하지 않은 상황에서 대표계절지수들의 시점별 합계의 평균은 1과 같아야 한다.

예컨대 사분기자료 대표계절지수들은 모두 4개이며 그 평균은 1이어야 하며, 1이 아닌 경우에

는 시정요인(correction factor)을 구하여 적용한다.

03 SPSS를 통한 계절지수 추정

1. 가법 계절지수 추정

"시계81.sav"파일을 열면, 변수 "허용"은 2000년 이후 각 사분기의 거주건축허가 수를 표시한다. 시계열분석을 수행하기 위해서는 자료의 시계열 특성에 대한 "날짜 정의"를 수행해야 한다.

메뉴 바에서 "데이터/날짜 및 시간 정의"를 지정하자. 생성된 "날짜 정의" 대화상자에서 "케이스의 날짜: 년, 분기"를 지정하고, "첫번째 케이스"에서 "년: 2000" 및 "분가: 1"을 입력한 후에 "확인"을 클릭한다. 자동으로 YEAR_, QUARTER, DATE_ 변수들이 생성된다.

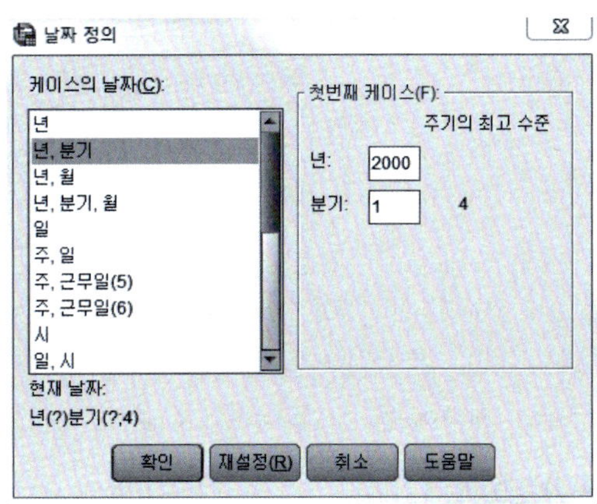

이제 파일이름을 "시계19.sav"로 저장하자.

계절분해를 수행하기로 하자. 메뉴 바에서 "분석/시계열 분석/계절분해"를 지정한다.

생성된 "계절분해"대화상자에서 "허용"을 변수 란으로 이동시키고, "모형 유형:가법"과 "이동평균가중값: 끝점에 0.5를 가중 적용"을 지정한다. 그리고 "저장"을 클릭한 후에 "파일에 추가"를 확인한 후에 "계속"을 클릭하고 다시 "확인"을 클릭한다.

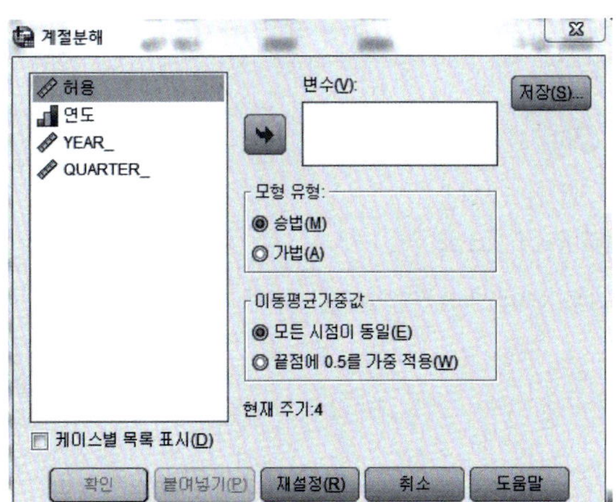

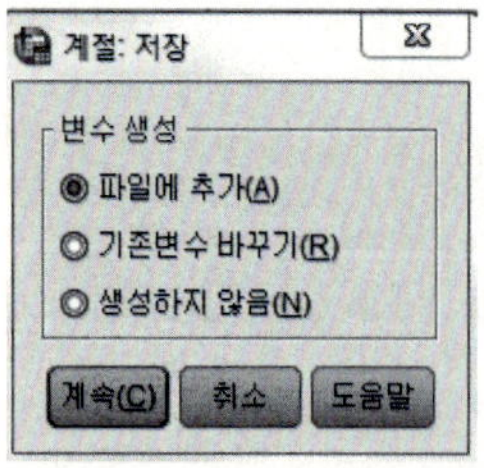

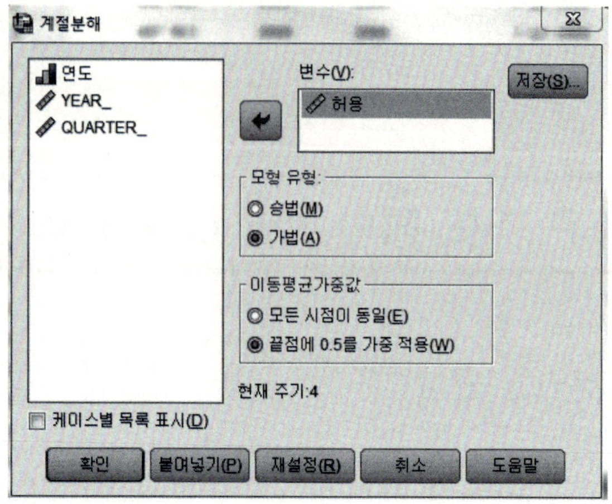

"지정한 4개 변수를 데이터 파일에 추가합니다. 모든 4개 변수를 저장하시겠습니까?"라는 대화상자가 나오면 "확인"을 클릭한다.

〈표 19-1〉의 출력결과는 "허용"시계열에 가법모형을 적용하고, 계절요인 계산에 사용한 이동평균 계산방법을 제시한다.

표 19-1 모형설명

모형 이름	MOD_1
모형 유형	가법
계열 이름1	허용
계절주기의 길이	4
이동평균 계산방법	계산너비는 (주기+1)과 같고, 끝시점에 0.5를 가중한다.

MOD_1에서 지정된 모형을 적용

표 19-2 허용의 가법 계절요인

주기	계절요인
1	-30.577144
2	41.518565
3	16.843890
4	-27.785310

〈표 19-2〉의 계절요인(계절지수)은 계절성 탈피(제거)를 수행한 탈계절화 시계열인 계절별 조정자료를 구하기 위해 원래 자료에 대해 빼야 하는 값들을 보여준다. 이제 "데이

터 보기"창의 자료는 다음과 같다.

"SAF_1"은 계절조정요인들이다. 변수들의 뒤에 있는 "_1"은 적합시킨 첫째 모형이라는 것을 표시한다.

"SAS_1"은 계절조정자료(seasonally adjusted data)를 나타낸다. 그래서 "허용"에 대해 2000년 1사분기의 값 "382.812"에서 그 계절조정요인 "−30.577"을 빼면 계절조정자료 "SAS_1"은 413.389가 된다.

"STC_1"은 "평활된 추세−순환 성분"(smoothed trend−cycle components) 또는 집중이동평균을 표시한다. "CMA=추세+순환"이다.

"ERR_1"은 "SAS_1−STC_1"로 "SAS_1"과 "STC_1" 사이의 격차이다.

	허용	연도	YEAR_	QUARTER_	DATE_	ERR_1	SAS_1	SAF_1	STC_1
1	382.812	2000	2000	1	Q1 2000	8.91286	413.38914	-30.57714	404.47628
2	442.842	2000	2000	2	Q2 2000	-.61713	401.32344	41.51856	401.94056
3	407.953	2000	2000	3	Q3 2000	-5.76001	391.10911	16.84389	396.86912
4	358.660	2000	2000	4	Q4 2000	-11.63739	386.44531	-27.78531	398.08270
5	378.991	2001	2001	1	Q1 2001	5.73468	409.56814	-30.57714	403.83346
6	462.249	2001	2001	2	Q2 2001	12.45416	420.73044	41.51856	408.27627
7	417.180	2001	2001	3	Q3 2001	-8.11701	400.33611	16.84389	408.45312
8	378.256	2001	2001	4	Q4 2001	-5.09317	406.04131	-27.78531	411.13448
9	381.381	2002	2002	1	Q1 2002	-6.65009	411.95814	-30.57714	418.60824
10	478.286	2002	2002	2	Q2 2002	5.11650	436.76744	41.51856	431.65094
11	462.490	2002	2002	3	Q3 2002	5.33254	445.64611	16.84389	440.31357
12	425.521	2002	2002	4	Q4 2002	5.87561	453.30631	-27.78531	447.43070

2. 승법 계절지수 추정

승법모형(multiplicative model)은 추세비율 또는 이동평균 비율모형이라고 한다. 승법모형은 다음과 같이 규정된다.

$$Y_t = T \cdot S \cdot C \cdot I$$

계절분해를 하기로 하자. "시계19-sav"파일을 계속 사용하기로 한다. "메뉴 바에서 "분석/시계열 분석/계절분해"를 지정한다.

생성된 “계절분해”대화상자에서 변수리스트를 “변수이름 표시”로 전환시킨 후에, “허용”을 변수 란으로 이동시키고, “모형 유형: 승법”과 “이동평균가중값: 끝점에 0.5를 가중 적용”을 지정한다. 그리고 “저장”을 클릭한 후에 “파일에 추가”를 확인한 후에 “계속”을 클릭하고, 다시 “확인”을 클릭한다.

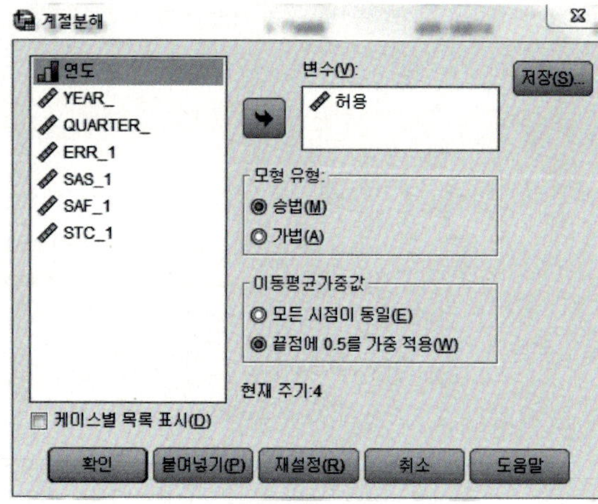

“지정한 4개 변수를 데이터 파일에 추가합니다. 모든 4개 변수를 저장하시겠습니까?”라는 대화상자가 나오면 “확인”을 클릭한다. 파일이름을 “시계19가승.sav”로 저장하자.

승법모형은 앞의 가법모형과 유사하지만, 가법과 승법의 계절요인들은 다음과 같이 가법모형은 승법모형보다 제1사분기에 대해 감소효과가 더 크게 나타난다. 여기서 숫자가 소수점 4자리로 표시된 것은 출력표의 숫자를 마우스로 더블클릭하면 소수점 6자리까지 나타나는 결과를 적용한 것이다.

	1	2	3	4
가법	−30.5771	41.51856	16.84389	−27.7853
승법	90.30194	112.5634	105.4509	91.68373

이제 데이터 편집기의 자료는 다음과 같다.

“SAF_2”는 승법모형 계절조정요인들이다. 변수들의 뒤에 있는 “_2”는 적합시킨 둘째 모형이라는 것을 표시한다.

“SAS_2”는 승법모형 계절조정자료이다. “허용”에 대해 2000년 1사분기의 값 “382.812”에서 그 계절조정요인 “90.30194%”를 나누면 423.924(=382.812/(90.30194/100))의 “SAS_2”가 계산된다.

승법모형 계절조정자료 “SAS_2”는 가법모형 계절조정자료 “SAS_1”보다 더 작은 계절조정을 가져와서 그 값이 시점별로 “SAS_1”보다 더 크게 변동하는 것을 파악할 수 있다.

마찬가지로 “STC_2”는 승법모형으로 “평활된 추세-순환 성분” 또는 집중이동평균이며, “ERR_2”는 “SAS_2-STC_2”로 “SAS_2”와 “STC_2” 사이의 격차이다.

	ERR_1	SAS_1	SAF_1	STC_1	ERR_2	SAS_2	SAF_2	STC_2
1	8.91286	413.38914	-30.57714	404.47628	1.05041	423.92445	.90302	403.57878
2	-.61713	401.32344	41.51856	401.94056	.98010	393.41550	1.12563	401.40177
3	-5.76001	391.10911	16.84389	396.86912	.97435	386.86536	1.05451	397.04777
4	-11.63739	386.44531	-27.78531	398.08270	.98050	391.19264	.91684	398.97409
5	5.73468	409.56814	-30.57714	403.83346	1.03621	419.69309	.90302	405.02869
6	12.45416	420.73044	41.51856	408.27627	1.00806	410.65645	1.12563	407.37168
7	-8.11701	400.33611	16.84389	408.45312	.96877	395.61541	1.05451	408.36936
8	-5.09317	406.04131	-27.78531	411.13448	1.00106	412.56611	.91684	412.12985
9	-6.65009	411.95814	-30.57714	418.60824	1.00659	422.33977	.90302	419.57303
10	5.11650	436.76744	41.51856	431.65094	.98732	424.90353	1.12563	430.36012
11	5.33254	445.64611	16.84389	440.31357	.99612	438.58327	1.05451	440.29294
12	5.87561	453.30631	-27.78531	447.43070	1.03315	464.11834	.91684	449.22778

04 지수평활

1. 지수평활 예측의 원리

지수평활(exponential smoothing)은 과거 시계열 자료의 구성요소 분석 대신에, 현재에서 보다 먼 과거시점일수록 기하급수적으로 감소한 가중치를 부여하여 계산한 가중이동평균을 사용하는 예측방법이다.

지수평활의 여러 모형들 중에서 주로 단일지수평활을 많이 사용하며 미래 각 시점에 대해 하나의 예측값을 구한다. 지수평활모형은 예측치의 결정을 위해 평활상수(smoothing constant) $\alpha(0 \leq \alpha \leq 1)$를 다음 방식으로 사용한다.

관측치들 현재 시계열 값 Y_t 및 k기간 전까지의 각 시점 값들 $Y_{t-1}, \ldots, Y_{t-k}$와 차기 시계열의 추정값 $\hat{Y}_{t+1}$에 대해 다음 식을 규정한다.

(19–1) $$\hat{Y}_{t+1} = \alpha Y_t + \alpha(1-\alpha)Y_{t-1} + \alpha(1-\alpha)^2 Y_{t-2} \cdot\cdot + \alpha(1-\alpha)^k Y_{t-k}$$

(19–2) $$\hat{Y}_{t+1} = \hat{Y}_t + \alpha(Y_t - \hat{Y}_t)$$

차기 예측치 = 현재 기간의 예측치 + 평활상수×현재 기간 예측오차

2. SPSS 이용 지수평활 추정

"시평활.sav"파일의 자료는 2005년부터 2015년 동안의 고용량을 연간 시계열로 제공한다.

시계열 분석(예측분석)을 위해서는 무조건 "데이터/날짜 및 시간 정의"를 수행해야 한다. 이를 지정하여 생성된 "날짜 정의" 대화상자에서 "케이스의 날짜: 년"과 "첫번째 케이스: 2005"를 지정하고 "확인"을 클릭한다.

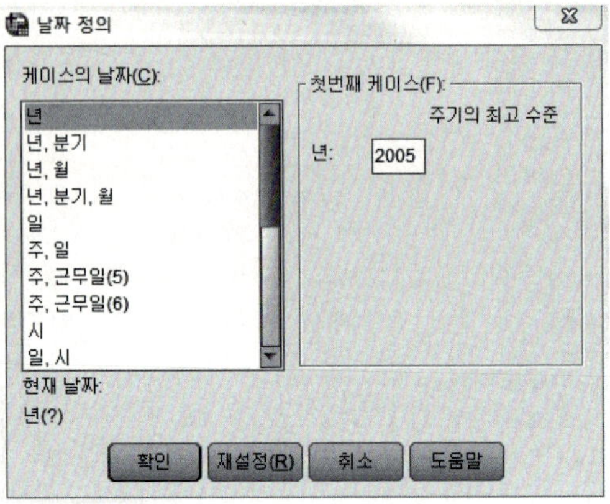

"데이터 보기"창에는 "YEAR"와 "DATE_"변수가 생성된다. 파일을 "시평활1.sav"로 저장하자.

메뉴 바에서 "분석/시계열 분석/기존 모형 작성"을 지정한 후에, 생성된 "시계열 모형 생성기" 대화상자의 "변수"창에서 "고용량"을 "종속변수" 박스로 이동시킨다.

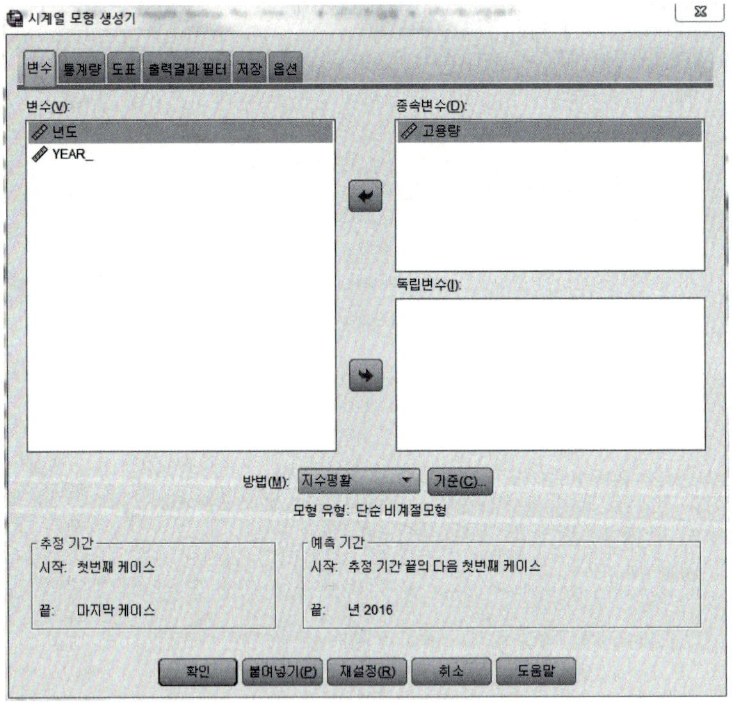

대화상자의 중간에 있는 방법에서 "지수평활"을 선택하고, "기준" 단추를 클릭한 후 생성된 "시계열 모형 생성기: 지수 평활 기준" 대화상자에서 모형유형 중 비계절에서 단일모수 모형인 "단순"을 지정한다. 그리고 "계속"을 클릭한다.

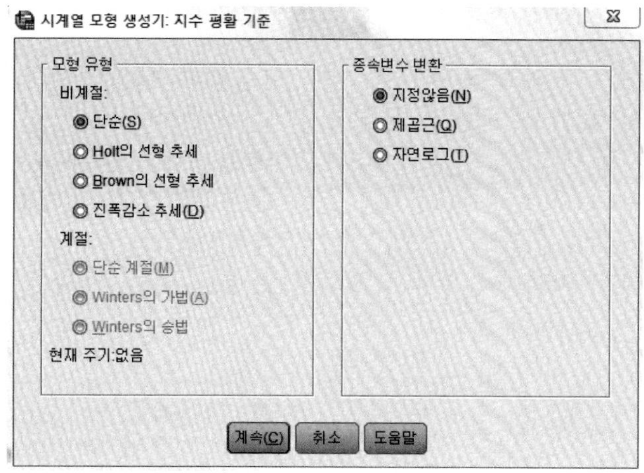

"저장"단추를 클릭하여 전환된 화면에서 "예측값"과 "잡음 잔차"를 지정한다.

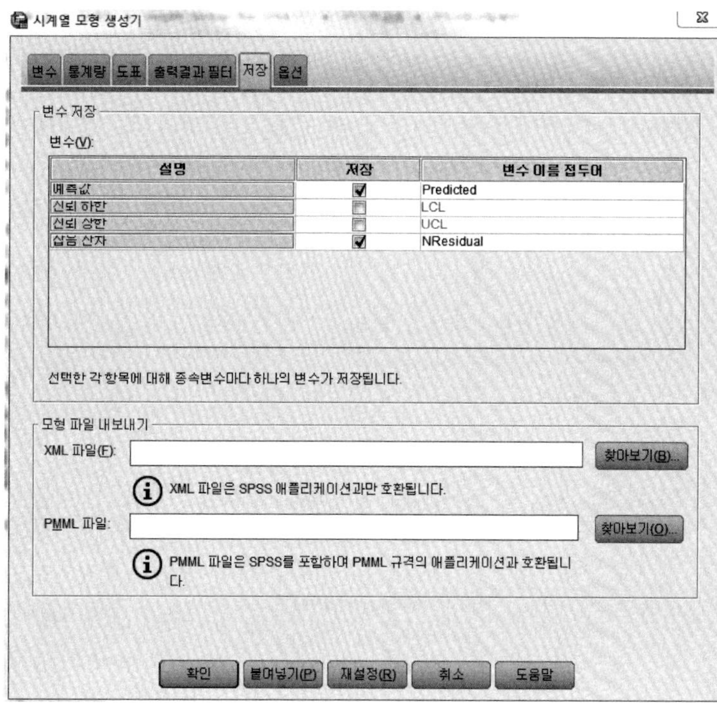

"옵션"단추를 클릭한 후 예측치를 생성하도록 "추정 기간 끝의 다음 첫 번째 케이스에서 지정한 날까지"를 지정하고, "날짜: 년"아래에 2016을 입력한다. 그리고 "확인"을 클릭한다.

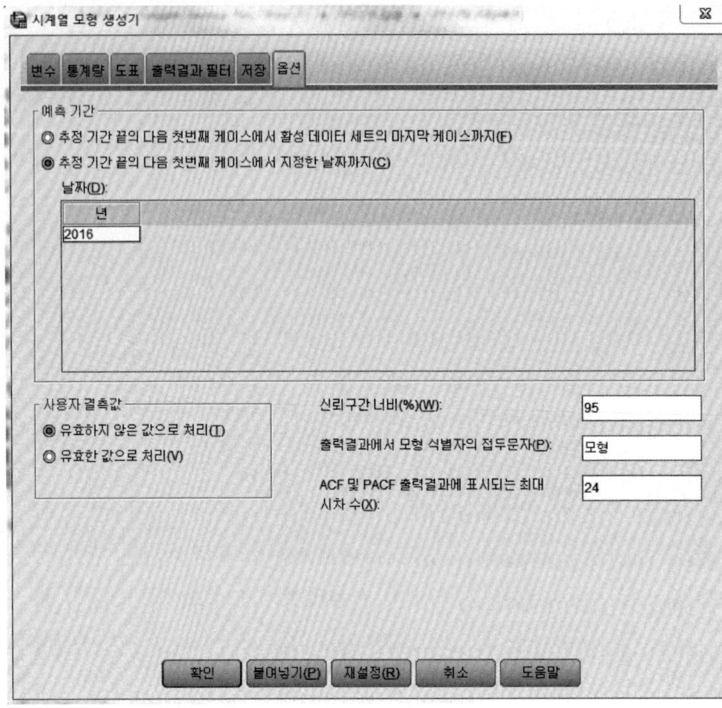

이제 데이터 편집기는 다음과 같이 지수평활모형의 적용결과로 인해 새로운 "Predicted_고용량_모형_1"과 "NResidual_고용량_모형_1"이라는 변수가 생성되었다.

그리고 2016년에 대해 "Predicted_고용량_모형_1"의 값이 제공되었다.

	년도	고용량	YEAR_	DATE_	Predicted_고용량_모형_1	NResidual_고용량_모형_1
1	2005	141755	2005	2005	141755	0
2	2006	144437	2006	2006	141755	2682
3	2007	146055	2007	2007	144437	1618
4	2008	145377	2008	2008	146055	-678
5	2009	139858	2009	2009	145377	-5518
6	2010	139090	2010	2010	139858	-769
7	2011	139868	2011	2011	139090	778
8	2012	142473	2012	2012	139868	2605
9	2013	143929	2013	2013	142473	1456
10	2014	146307	2014	2014	143929	2378
11	2015	148815	2015	2015	146307	2508
12	.	.	2016	2016	148815	.

메뉴 바에서 “그래프/레거시 대화상자/선형 차트”를 지정하고, 생성된 “선형 차트” 대화상자에서 “다중”과 “도표에 표시할 데이터: 각 케이스의 값”을 지정한 후에 “정의”를 클릭한다.

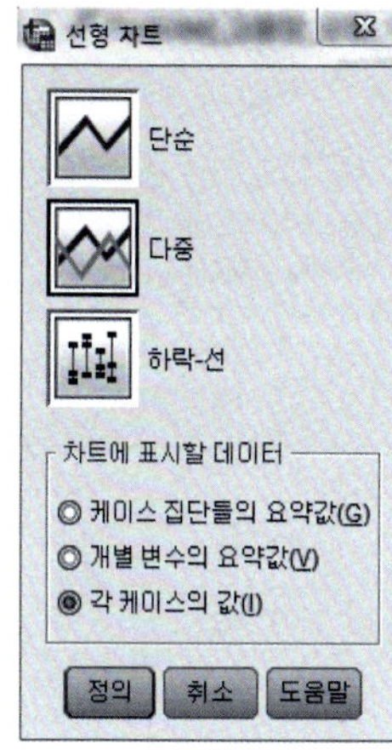

생성된 “다중 선 차트 정의: 각 케이스의 값” 대화상자에서 “선 표시”박스에 “고용량”과 “Predicted_고용량_모형_1”을 이동시키고, “범주 레이블: 변수”를 지정하고, 그 아래박스에 “YEAR_”을 이동시킨 후에 “확인”을 클릭한다.

다음 선도표가 출력된다.

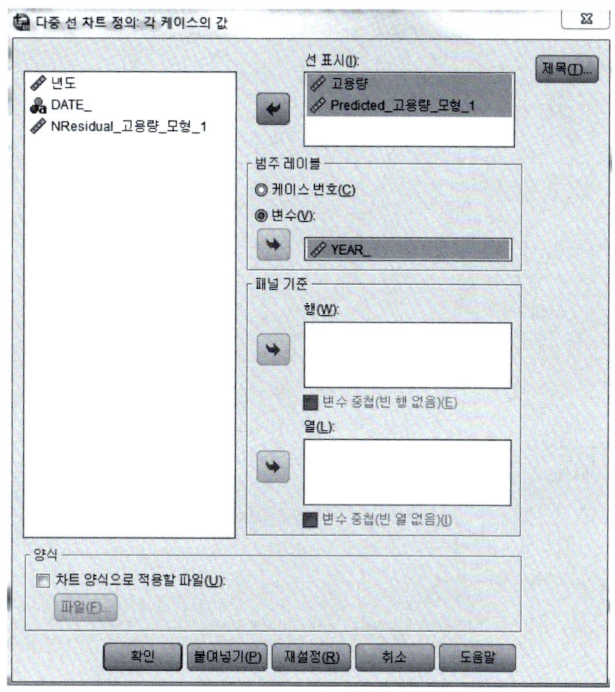

그림 19-1 지수평활 예측에 따른 관측값과 예측값

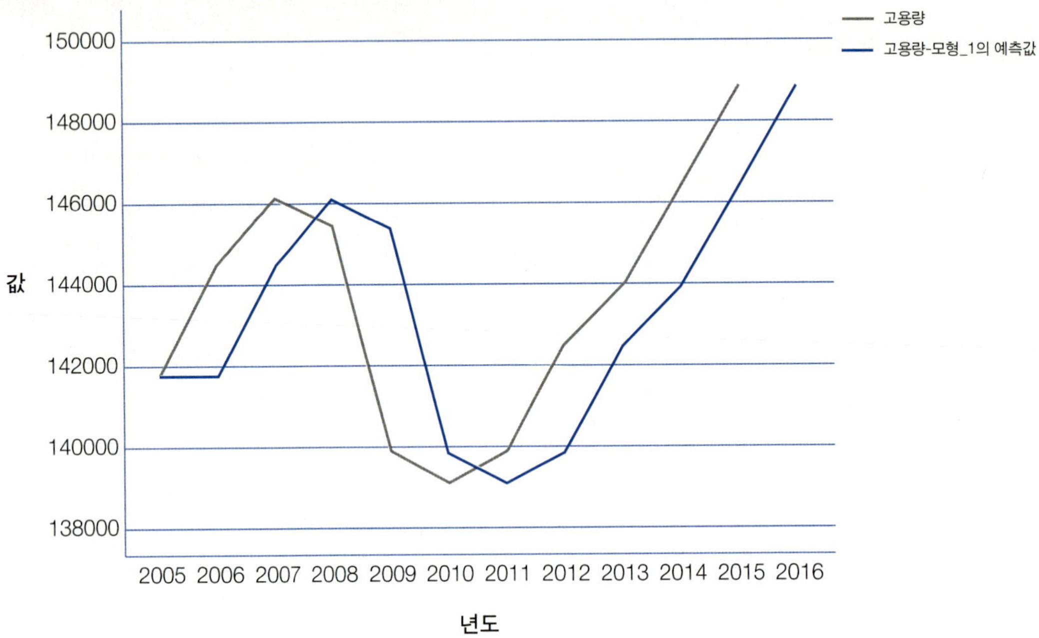

다시 "데이터 보기"창의 메뉴 바에서 "그래프/레거시 대화상자/선형 차트"를 지정하고, 생성된 "선형 차트" 대화상자에서 "단순"과 "도표에 표시할 데이터: 각 케이스의 값"을 지정 후 "정의"를 클릭한다.

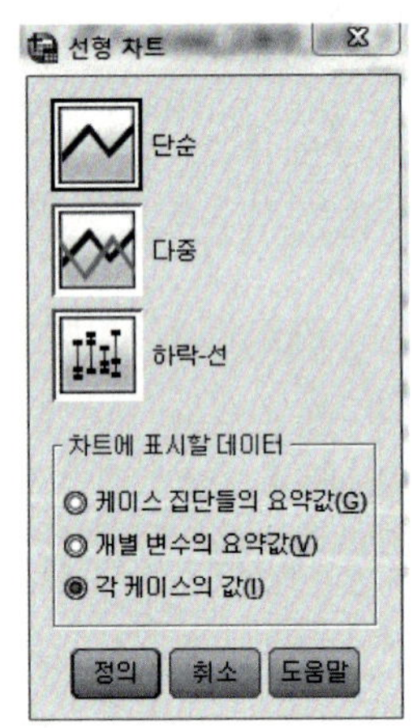

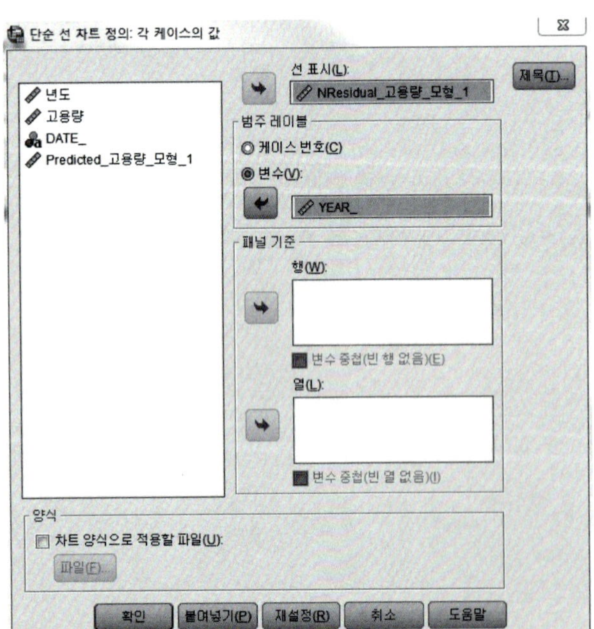

다시 생성된 "다중 선 차트 정의: 각 케이스의 값" 대화상자에서 "선 표시"박스에 "NResidual_고용량_모형_1"을 이동시키고, "범주 레이블: 변수 "를 지정하고, 그 아래 박스에 "YEAR_"을 이동시키고 "확인"을 클릭한다.

생성된 그래프를 지정하고 마우스 왼쪽 단추를 더블클릭하여 생성된 “도표 편집기”대화상자에서 선을 지정 후 마우스 오른쪽 단추를 눌러서 “특성 창”을 지정한다. 생성된 “특성”대화상자에서 “선”단추를 지정한 후 “유형”에서 점선을 택한 후에 “적용”을 클릭한다. 선의 굵기를 조정하려면 “선: 가중값” 아래의 박스에 있는 값을 조정하면 된다.

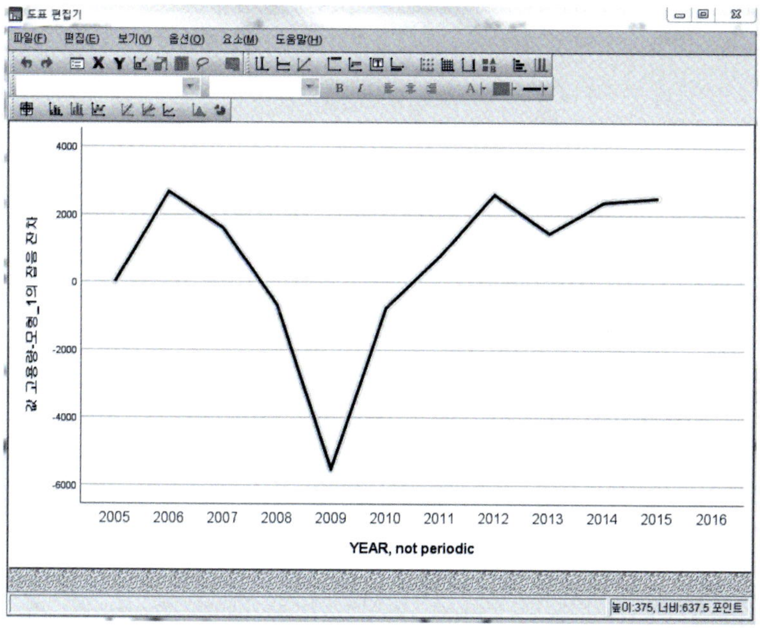

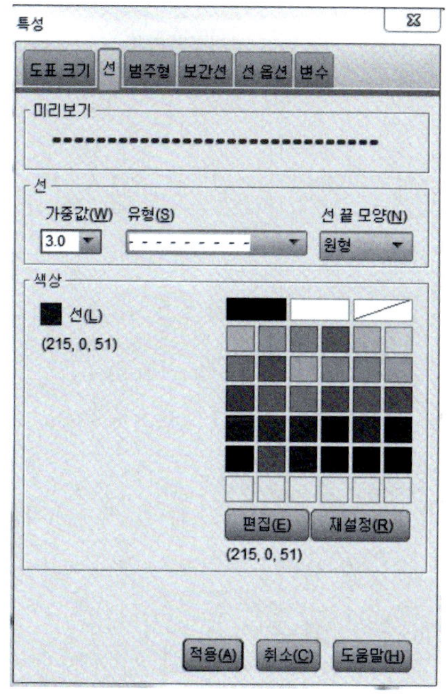

고용량 모형 잡음잔차의 선형차트(선도표)가 아래와 같이 전환된다.

이러한 〈그림 19–2〉는 추정모형에 관련된 오차(=관측치–예측치)를 연도별로 보여준다.

〈그림 19–1〉에서 지수평활의 예측치는 관측치보다 선행하는 것으로 나타났는데, 이러한 현상은 자료에 추세가 있는 경우에는 보편적으로 나타난다. 여기서는 2016년의 예측치가 너무 높을 수도 있다.

그렇지만 지수평활모형에 변경들을 부여할 수 있고 여러 형태의 추세들 및 가능한 계절요인들을 고려할 수 있다. 그러한 변경들은 이러한 요인들에 대해 보완을 하도록 다른 모수들의 도입을 포함한다.

적절한 모형에 관련된 오차들은 어떤 분별 가능한 패턴을 보이지 않도록 확률적이어야 한다. 그렇지만 〈그림 19–2〉는 어떤 패턴을 보여주고 있어 적절한 모형이 아니다.

“시계열 모형 생성기 : 지수 평활 기준” 대화상자에서 제시되는 모형형태들은 다음 특징들을 갖는다.

- 단순 : 추세가 없거나 계절성이 없는 시계열에 대해 적합, 유일한 평활모수는 수준이며, 0계

그림 19-2 지수평활예측에서의 잔차추이

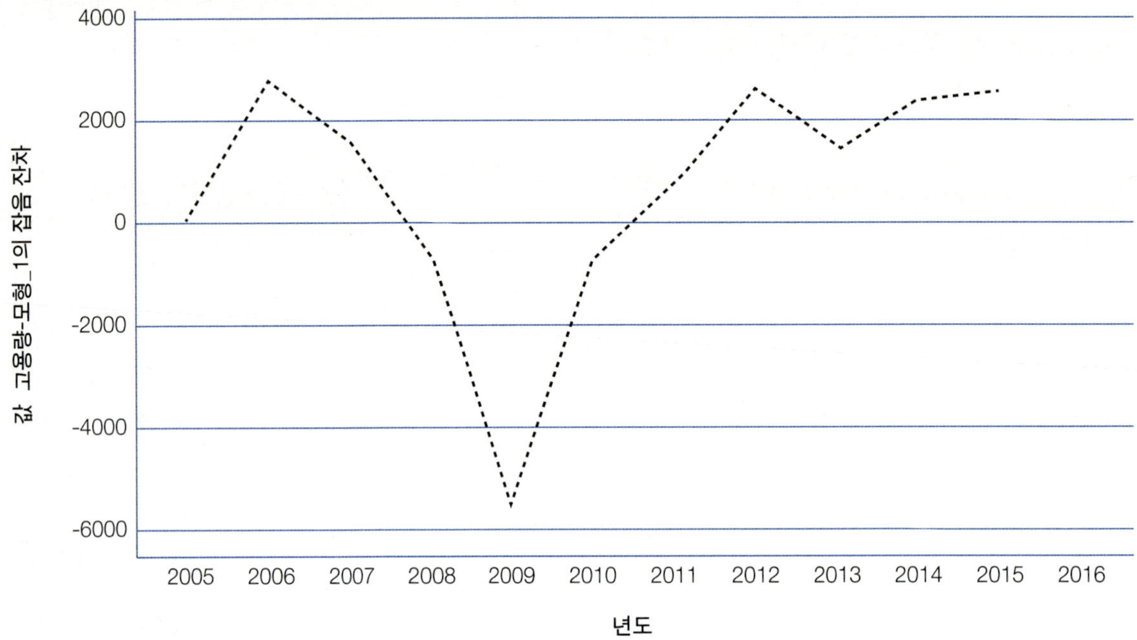

자기회귀, 1계 정차, 1계 이동평균을 갖고 상수가 없는 ARIMA모형과 가장 유사함

- **Holt 선형추세**(Holt's linear trend) : 선형추세를 갖지만 계절성이 없는 시계열에 적합, 여기서 평활모수는 수준과 추세이며 각자 서로에게서 제약을 받지 않음, Brown모형보다 일반적이지만 더 큰 시계열의 계산에는 시간이 더 걸림, 0의 자기회귀, 2계 정차, 2계 이동평균을 갖는 ARIMA모형과 가장 유사함
- **Brown 선형추세**(Brown's linear trend) : 선형추세를 갖지만 계절성이 없는 시계열에 적합, 평활모수는 균등하다고 가정된 수준 및 추세여서 Holt모형의 특수한 경우로 간주됨, 0계의 자기회귀, 2계 정차, 2계 이동평균을 갖고, 2계 이동평균의 계수가 1계 정차의 계수의 1/2의 자승근과 같은 ARIMA모형과 가장 유사함
- **진폭감소추세**(Damped trend) : 소멸되는 선형추세를 갖지만 계절성이 없는 시계열에 적합, 평활모수는 수준, 추세 및 진폭축소추세이며, 1계 자기회귀, 1계 정차, 2계 이동평균을 갖는 ARIMA모형과 가장 유사함
- **단순계절모형**(Simple seasonal) : 추세는 없지만 일정한 계절효과를 갖는 시계열에 적합, 평활모수들은 수준 및 계절이며, 0계 자기회귀, 1계 정차, 1계 계절별 정차(seasonal differencing), 1계, p계 및 p+1계 이동평균들을 갖는 ARIMA모형과 가장 유사함, 여기서 p

는 계절별 구간에서 기간들의 수이며 예컨대 월별자료에서 p=12

- Winters 가법(Winters' additive) : 선형추세가 있고, 시계열수준에 의존하지 않는 계절효과를 갖는 시계열에 적합, 평활모수는 수준, 추세, 계절이며, 0계 자기회귀, 1계 정차, p+1계들의 이동평균을 갖는 ARIMA모형과 가장 유사함, 여기서 p는 계절별 구간에서 기간들의 수
- Winters 승법(Winters' multiplicative) : 선형추세를 갖고, 시계열수준에 의존하는 계절효과를 갖는 시계열에 적합, 평활모수들은 수준, 추세, 계절이며, ARIMA모형과는 유사하지 않음

제20장

나이브모형과 ARIMA모형

01 나이브모형
02 ARIMA모형의 강점과 적용절차
03 ACF 및 PACF도표 작성
04 ARIMA모형의 SPSS 풀이
05 ARIMA모형 원리와 VAR 및 ACF

01 나이브모형

1. 나이브모형의 원리

나이브모형은 보통 나이브 1과 나이브 2 모형들로 구성된다.

나이브 1 모형은 t년도 수요량과 t+1년도의 수요량과는 아무 관계가 없다고 가정을 하며, 적용이 간단하다. 이는 전년도와 금년도 사이에 예상되는 변화가 없다고 가정한다면, 금년도의 예측치는 전년도에 발생한 관측치로 결정하는 방식이다.

현재 t기 관측값 Y_t를 사용하여 현재 t기보다 1기 앞선 t+1기의 예측값 F_{t+1}를 다음과 같이 구한다.

$$(20\text{–}1)\quad F_{t+1} = Y_t$$

나이브 2 모형은 추세가 뚜렷이 드러나는 경우에 추세를 반영하도록 t년도 예측치는 과거 2년 동안의 변동률에 의해 영향을 받는 것으로 가정을 하여, t+1년도 예측치는 t년도 관측치와 그 관측치의 t−1년도에 대한 변동률을 더하여 결정하는 방식이다.

$$(20\text{–}2)\quad F_{t+1} = Y_t\left(1 + \frac{Y_t - Y_{t-1}}{Y_{t-1}}\right)$$

2. 나이브모형의 SPSS적용

"나이브.sav"파일의 자료를 사용한다.

메뉴 바에서 "데이터/날짜 및 시간 정의"를 지정하자. 생성된 "날짜 정의"대화상자에서 "년,월" 지정 후 "년: 2012", "월: 1"을 지정 후 "확인"한다.

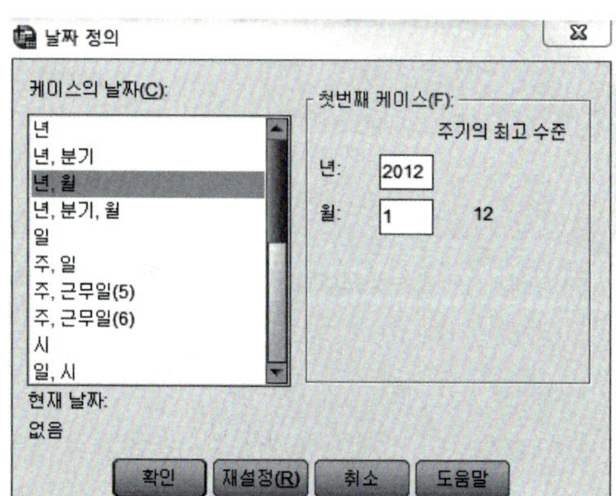

"데이터 보기"창에서 "YEAR", "MONTH", "DATE_"의 새로운 변수들이 생성되었다. 이제 "나이브1.sav"로 저장을 하자.

"데이터 보기"창의 메뉴 바에서 "변환/변수 계산"을 지정하고, 생성된 "변수 계산"대화상자에서 "목표변수: 시차12"를 입력하고, "숫자표현식"박스에 "Lag(수준,12)"를 입력 후 "확인"을 클릭한다.

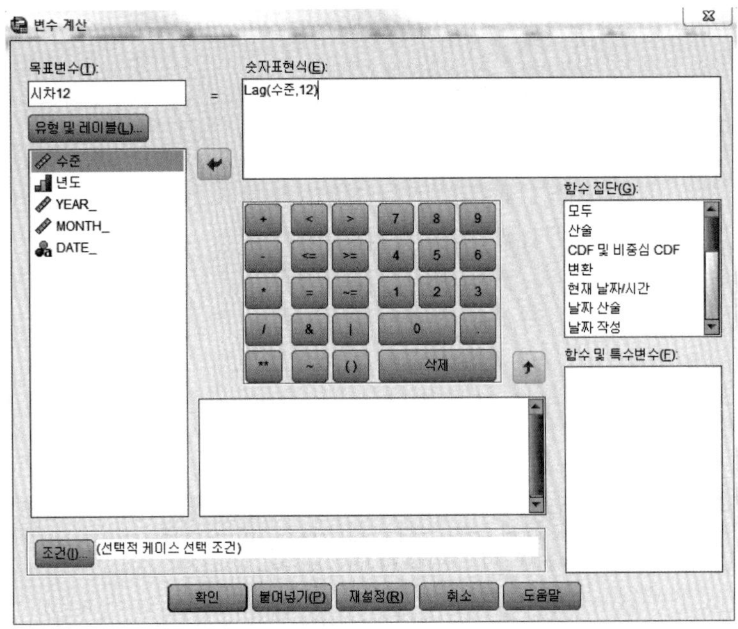

이는 그대로 입력을 하거나 함수그룹에서 "모두"를 지정하고, Lag(1)을 더블클릭하여 숫자표현식에 Lag(?)가 나타나면 왼쪽의 "수준"을 더블클릭하고, ","를 입력한 후 12를 입력하여 "확인"을 클릭하여 수행이 가능하다.

이제 "데이터 보기"창에서 다음과 같이 "시차12"변수가 생성된다.

	수준	년도	YEAR_	MONTH_	DATE_	시차12
1	4800	2012	2012	1	JAN 2012	.
2	4200	2012	2012	2	FEB 2012	.
3	5300	2012	2012	3	MAR 2012	.
4	4500	2012	2012	4	APR 2012	.
5	4800	2012	2012	5	MAY 2012	.
6	4250	2012	2012	6	JUN 2012	.
7	3800	2012	2012	7	JUL 2012	.
8	4700	2012	2012	8	AUG 2012	.
9	4230	2012	2012	9	SEP 2012	.
10	5820	2012	2012	10	OCT 2012	.
11	5750	2012	2012	11	NOV 2012	.
12	3720	2012	2012	12	DEC 2012	.
13	6320	2013	2013	1	JAN 2013	4800.00
14	6900	2013	2013	2	FEB 2013	4200.00
15	7100	2013	2013	3	MAR 2013	5300.00

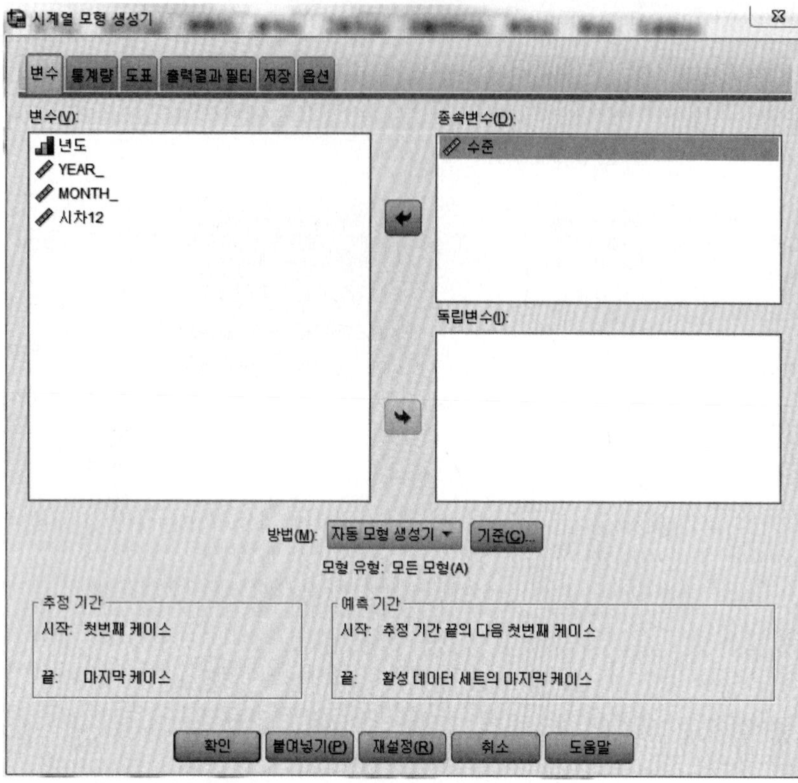

메뉴 바에서 “분석/시계열 분석/기존 모형 작성”을 지정한 후에, 생성된 “시계열 모형 생성기”대화상자의 “변수”창에서 “수준”을 “종속변수”박스로 이동시킨다.

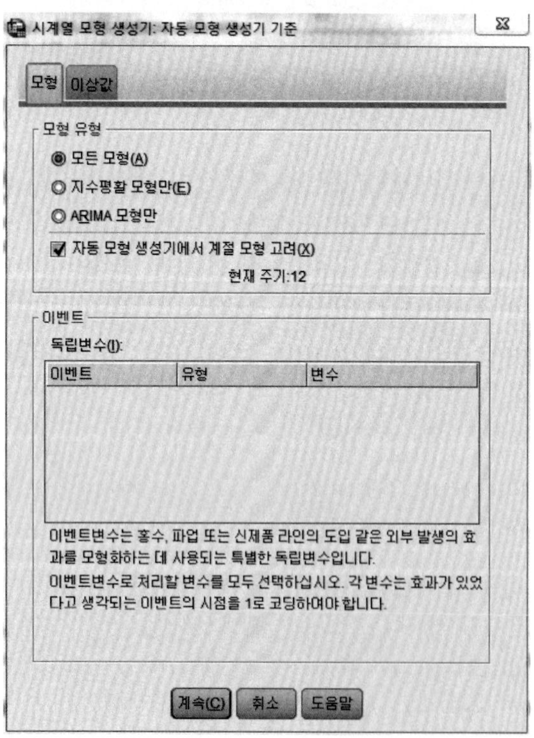

다시 “방법: 자동 모형 생성기”를 지정하고 “기준”단추를 클릭한다. 생성된 “시계열 모형 생성기: 자동 모형 생성기 기준”대화상자에서 “모든 모형”과 “자동 모형 생성기에서 계절 모형 고려”가 지정된 것을 확인하고 “계속”을 클릭한다.

"시계열 모형 생성기"대화상자에서 "저장"단추를 클릭하여 "예측값"과 "잡음 잔차"를 지정한다. 그리고 "확인"을 클릭한다.

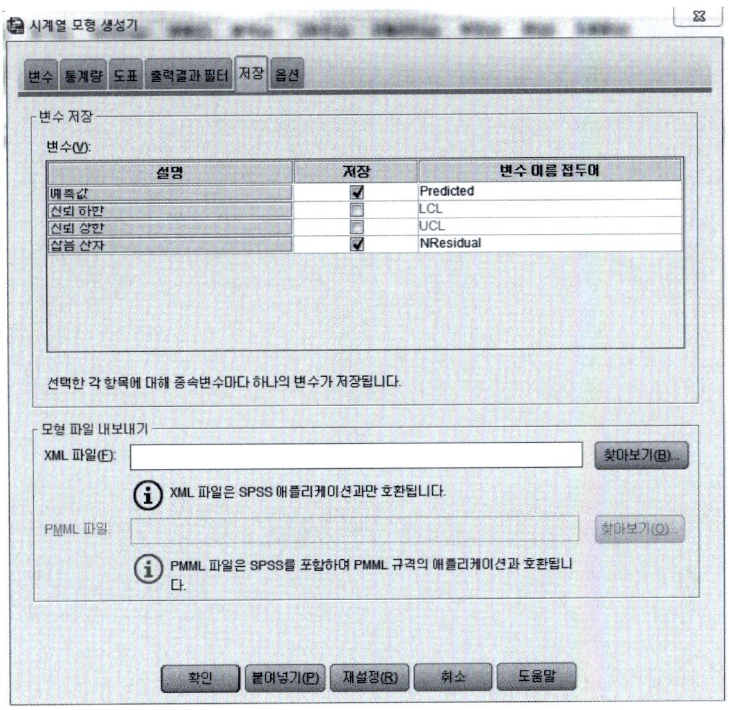

이제 예측결과에 따라 "데이터 보기"창에서 "Predicted_수준_모형_1"의 예측값과 관측값에 대해 이러한 예측값을 차감한 잔차인 "NResidual_수준_모형_1"이 생성되었다.

	수준	년도	YEAR_	MONTH_	DATE_	시차12	Predicted_수준_모형_1	NResidual_수준_모형_1
1	4800	2012	2012	1	JAN 2012	.	4720	80
2	4200	2012	2012	2	FEB 2012	.	4704	-504
3	5300	2012	2012	3	MAR 2012	.	4673	627
4	4500	2012	2012	4	APR 2012	.	4100	400
5	4800	2012	2012	5	MAY 2012	.	5161	-361
6	4250	2012	2012	6	JUN 2012	.	4386	-136
7	3800	2012	2012	7	JUL 2012	.	4850	-1050
8	4700	2012	2012	8	AUG 2012	.	4520	180
9	4230	2012	2012	9	SEP 2012	.	4624	-394
10	5820	2012	2012	10	OCT 2012	.	4504	1316
11	5750	2012	2012	11	NOV 2012	.	4678	1072
12	3720	2012	2012	12	DEC 2012	.	5360	-1640
13	6320	2013	2013	1	JAN 2013	4800.00	5576	744
14	6900	2013	2013	2	FEB 2013	4200.00	5827	1073
15	7100	2013	2013	3	MAR 2013	5300.00	6426	674

위에서 2013년 1월의 시차12의 값은 2012년 1월의 수준과 같다.

다시 "동월대비"라는 변수를 "수준-시차12"로 계산하여 생성하도록 "변환/변수 계산"을 지정하고, 다음과 같이 입력한 후에 "확인"을 클릭하여 수행하자.

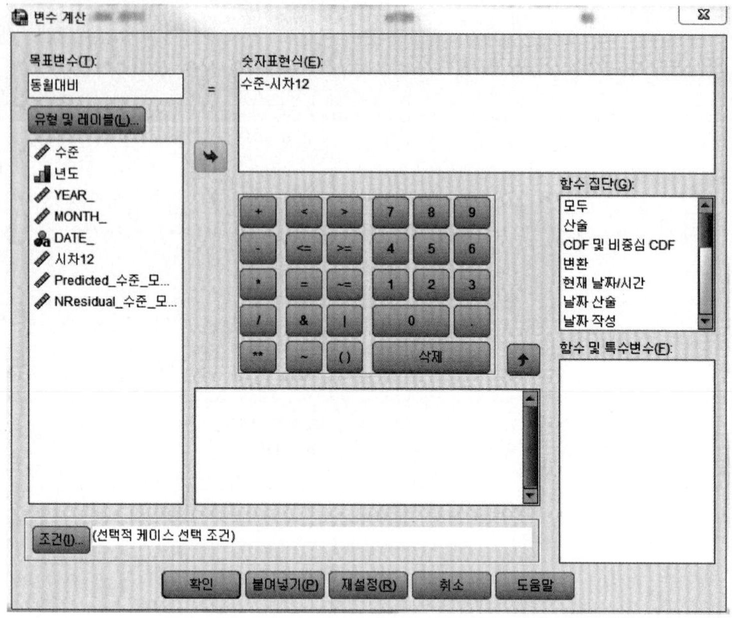

이제 "데이터 보기"창은 다음과 같이 나타난다.

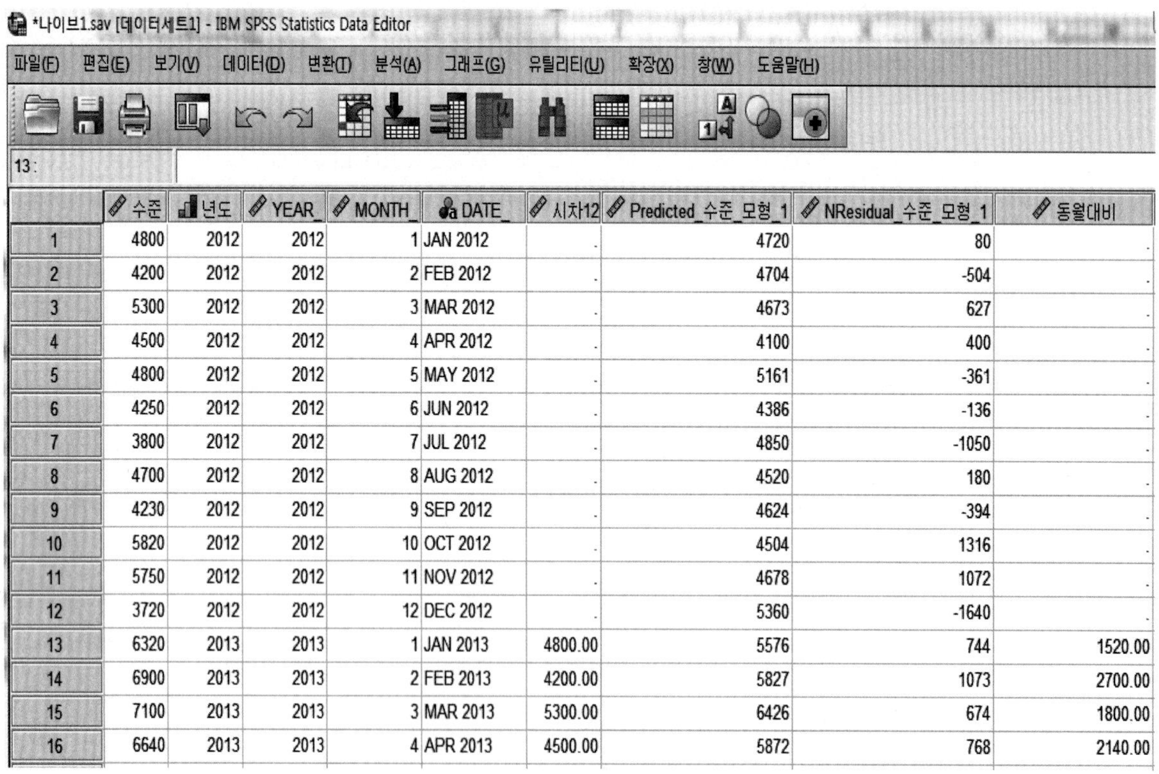

	수준	년도	YEAR_	MONTH_	DATE_	시차12	Predicted_수준_모형_1	NResidual_수준_모형_1	동월대비
1	4800	2012	2012	1	JAN 2012	.	4720	80	.
2	4200	2012	2012	2	FEB 2012	.	4704	-504	.
3	5300	2012	2012	3	MAR 2012	.	4673	627	.
4	4500	2012	2012	4	APR 2012	.	4100	400	.
5	4800	2012	2012	5	MAY 2012	.	5161	-361	.
6	4250	2012	2012	6	JUN 2012	.	4386	-136	.
7	3800	2012	2012	7	JUL 2012	.	4850	-1050	.
8	4700	2012	2012	8	AUG 2012	.	4520	180	.
9	4230	2012	2012	9	SEP 2012	.	4624	-394	.
10	5820	2012	2012	10	OCT 2012	.	4504	1316	.
11	5750	2012	2012	11	NOV 2012	.	4678	1072	.
12	3720	2012	2012	12	DEC 2012	.	5360	-1640	.
13	6320	2013	2013	1	JAN 2013	4800.00	5576	744	1520.00
14	6900	2013	2013	2	FEB 2013	4200.00	5827	1073	2700.00
15	7100	2013	2013	3	MAR 2013	5300.00	6426	674	1800.00
16	6640	2013	2013	4	APR 2013	4500.00	5872	768	2140.00

이러한 "동월대비"변수는 직전 년도의 같은 달에 기록한 수준에 대해 현재시점에서 기록한 수준의 증가된 크기를 제공한다.

3 나이브모형 2의 SPSS적용

"나이브.sav"파일의 월별 자료에 대해 (20−2)식을 적용하면 다음과 같이 수행되어야 하는 나이브 2모형에 대해 표본크기가 충분하지 않아 해석에 문제가 발생할 것이다.

$$\hat{Y}_{t+12} = Y_t\left[1+\frac{Y_t - Y_{t-12}}{Y_{t-12}}\right]$$

이제 "소득나이브.sav"파일을 열자. "데이터/날짜 및 시간 정의"를 지정하여 다음과 같이 지정 후에 "확인"을 클릭한다.

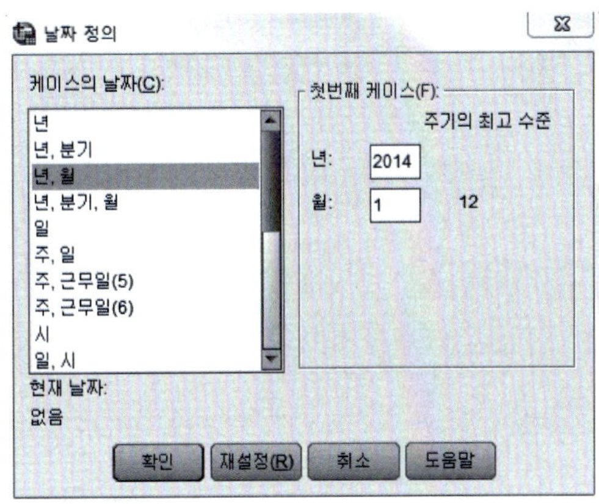

이제 자료는 2014년 1월부터 2017년 4월까지를 포함하는 관광소득(GBP백만)으로 나타난다. 파일을 "소득나이브2.sav"로 변경하자.

나이브 2모형을 적용하기 위해서는 시차12 및 시차 24를 생성시킬 필요가 있다. 예컨대 (20−2)식에서 2017년 5월에 대한 예측치 $\hat{Y}_{2017/05}$를 다음과 같이 구할 수 있다.

$$\hat{Y}_{2017/05} = Y_{2016/05}\left[1+\frac{Y_{2016/05} - Y_{2015/05}}{Y_{2015/05}}\right]$$

메뉴 바에서 "변환/변수 계산"을 지정한 후에 각각 "시차12"와 "시차24"를 생성한다.

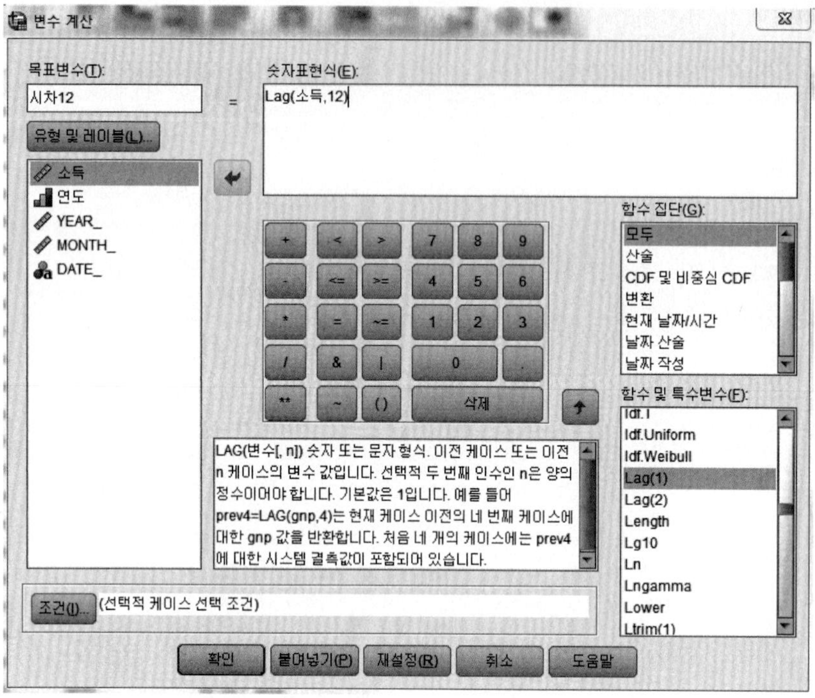

“데이터 보기”창의 메뉴 바에서 “변환/변수 계산”을 지정하고, 생성된 “변수 계산”대화상자에서 “목표변수: 시차12”를 입력하고, “숫자표현식”박스에 “Lag(수준, 12)”를 입력 후 “확인”을 클릭한다.

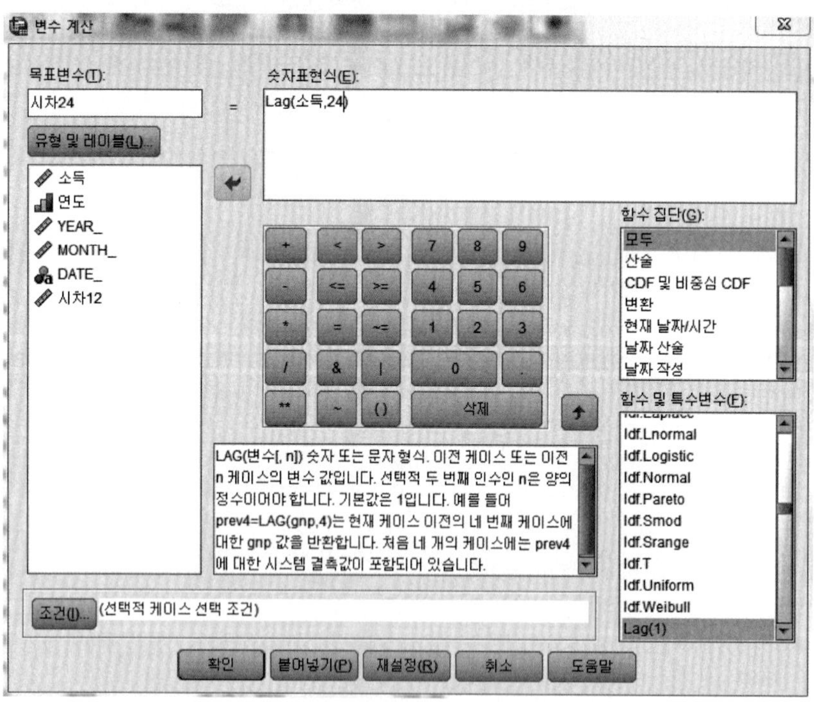

다시 메뉴 바에서 “변환/변수 계산”을 지정하고, 생성된 “변수 계산”대화상자에서 “목표변수: 시차24”를 입력하고, “숫자표현식”박스에 “Lag(수준, 24)”를 입력후 “확인”을 클릭한다.

이제 시차12와 시차24변수가 생성된 것을 확인할 수 있다. “데이터 보기”를 보면 나이브 2모형 적용에서 “시차24”변수의 사용으로 인해 많은 자료들의 이용기회가 상실되는 것을 알 수 있다.

2016년 1월부터 “시차24”변수의 값이 시작하므로 그 이전의 모든 자료들이 상실된다.

나이브 2모형을 사용하여 다음과 같이 예측치를 계산하고, 이를 “추정치”라고 하자.

$$\text{추정치} = \text{시차12}\left[1+\frac{\text{시차12 - 시차24}}{\text{시차24}}\right]$$

이러한 나이브 2모형을 적용하도록, “변환/변수 계산”을 지정하여 다음과 같이 “추정치”변수를 생성하도록 수행하자.

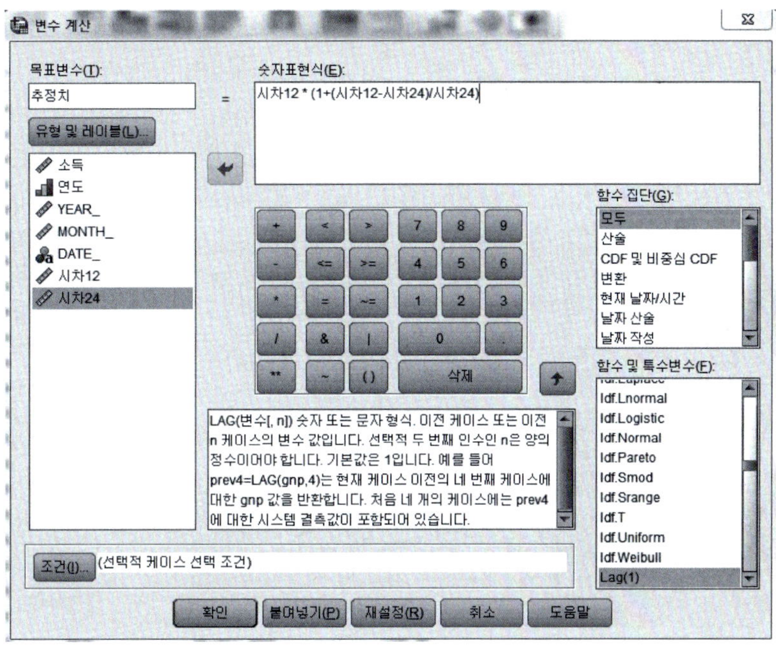

그리고 “잔차”를 “소득-추정치”로 계산하자. 메뉴 바에서 “변환/변수 계산”을 지정하여 다음과 같이 수행하자.

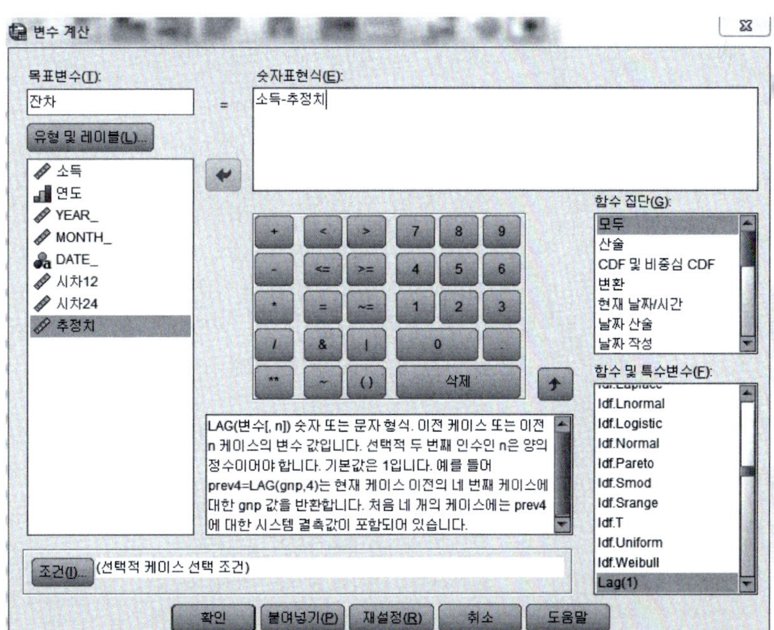

이제 나이브 2모형에서의 추정치와 잔차값들이 다음과 같이 주어진다.

	소득	연도	YEAR_	MONTH_	DATE_	시차12	시차24	추정치	잔차
24	949	2015	2015	12	DEC 2015	1024.00	.	.	.
25	886	2016	2016	1	JAN 2016	962.00	806.00	1148.19	-262.19
26	1082	2016	2016	2	FEB 2016	1302.00	1061.00	1597.74	-515.74
27	1260	2016	2016	3	MAR 2016	1430.00	1210.00	1690.00	-430.00
28	1031	2016	2016	4	APR 2016	1103.00	1038.00	1172.07	-141.07
29	926	2016	2016	5	MAY 2016	1069.00	909.00	1257.16	-331.16
30	1229	2016	2016	6	JUN 2016	1204.00	1135.00	1277.19	-48.19
31	1344	2016	2016	7	JUL 2016	1244.00	1347.00	1148.88	195.12
32	978	2016	2016	8	AUG 2016	884.00	1010.00	773.72	204.28
33	849	2016	2016	9	SEP 2016	920.00	912.00	928.07	-79.07
34	1194	2016	2016	10	OCT 2016	1185.00	1195.00	1175.08	18.92
35	1392	2016	2016	11	NOV 2016	1326.00	1363.00	1290.00	102.00
36	1088	2016	2016	12	DEC 2016	949.00	1024.00	879.49	208.51
37	939	2017	2017	1	JAN 2017	886.00	962.00	816.00	123.00
38	1258	2017	2017	2	FEB 2017	1082.00	1302.00	899.17	358.83
39	1367	2017	2017	3	MAR 2017	1260.00	1430.00	1110.21	256.79
40	1234	2017	2017	4	APR 2017	1031.00	1103.00	963.70	270.30

나이브모형 1 및 2의 2개 예측치들의 도표를 작성할 수 있다.

메뉴 바에서 "그래프/레거시 대화상자/선형차트"를 지정, 생성된 "선형차트"대화상자에서 "다중", "각 케이스의 값"을 지정 후 "정의"를 클릭한다.

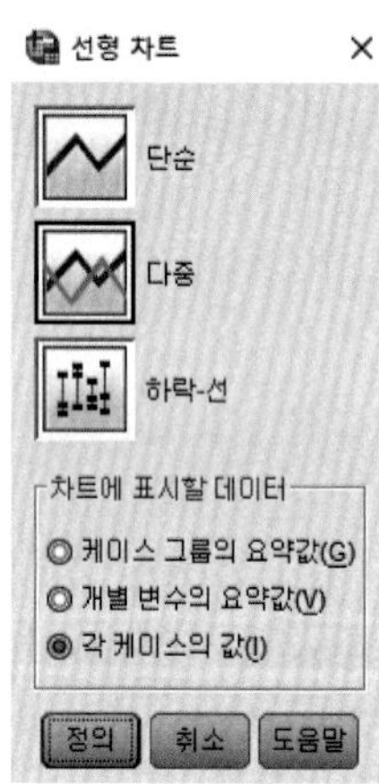

생성된 "다중 선형 차트 정의: 각 케이스의 값"대화상자에서 우측의 "선 표시"에 "시차12"와 "추정치"를 이동시키고, "범주레이블: 변수"를 지정한 후에 "DATE_"를 아래 박스로 이동시키고 "확인"을 클릭한다.

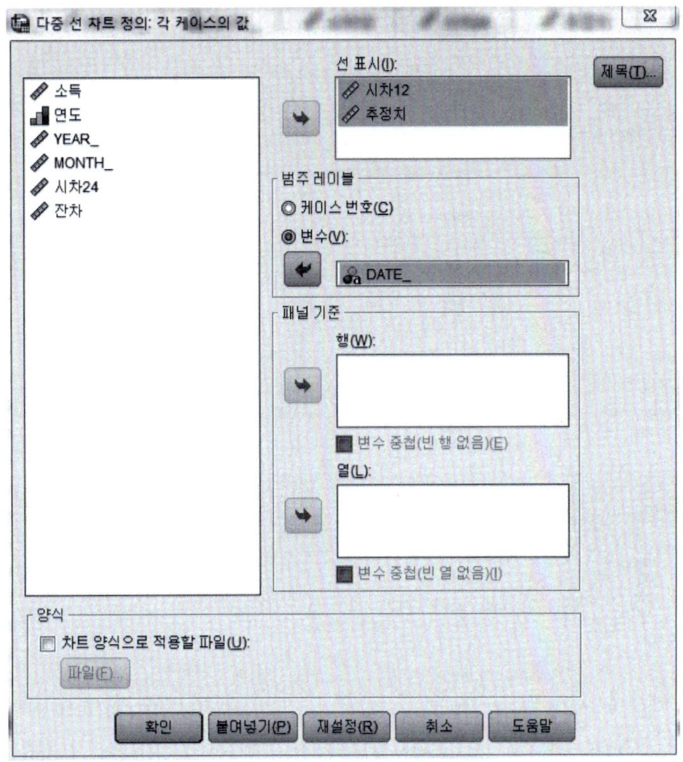

이제 다음 그래프가 나타나면, 두 선들이 직선이어서 판독에 지장을 주므로 나이브 1모형의 추정치인 "시차12곡선"을 점선으로 표시하기 위해 차트를 더블클릭한다.

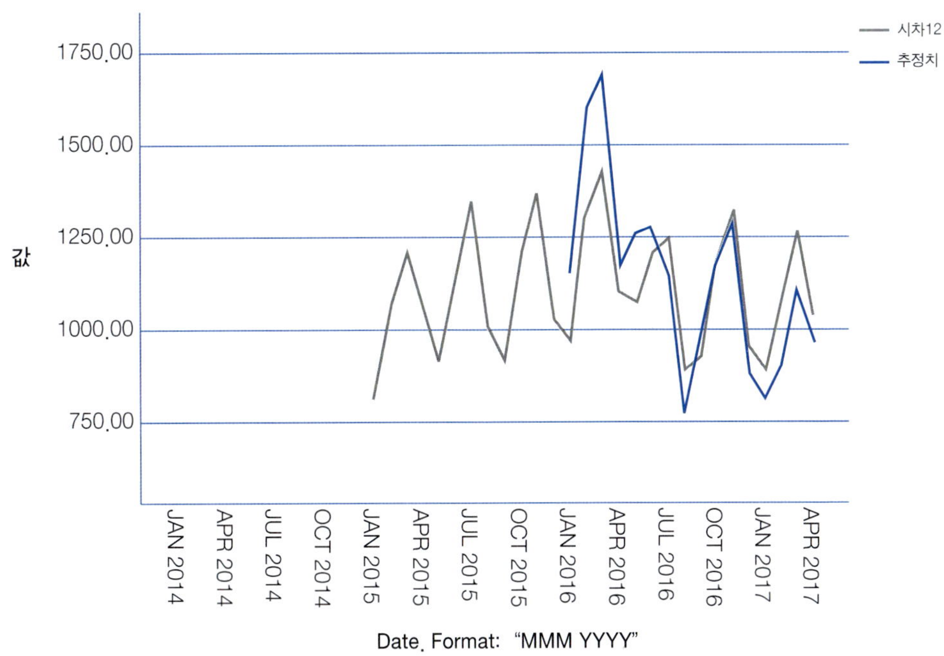

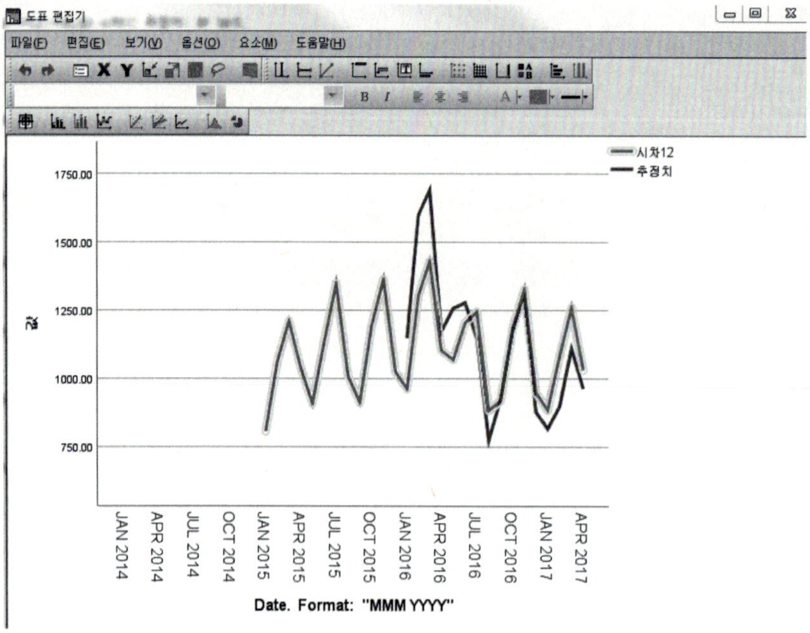

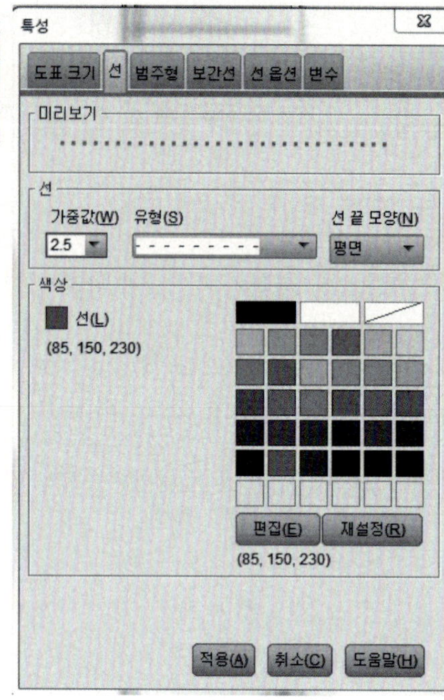

위와 같이 생성된 “차트편집기”에서 그래프의 직선을 더블클릭하고, 다시 우측에 “특성” 대화상자에서 “유형: 점선”을, 가중값의 숫자를 크게 하여 “적용”단추를 클릭하여 다음과 같이 조정할 수 있다.

그림 20-1 나이브 1모형과 나이브 2모형의 예측값 비교

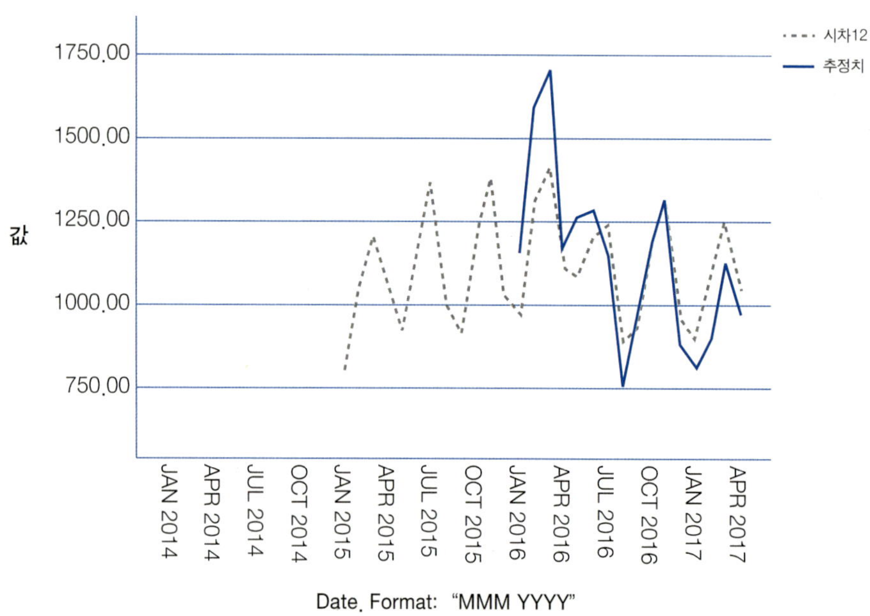

02 ARIMA모형의 강점과 적용절차

1. 일변량 시계열모형의 강점

일변량 시계열모형은 분석변수의 역학관계보다는 어떤 정보없이 특정 변수의 예측을 목표로 하며, (추세, 순환, 계절 구성요소들인) 자료의 경향 및 정규적 변동들을 나타내고 이들을 미래에 대해 추정한다.

일변량 시계열모형의 예측기법 중에서 보편적이며 정확한 것으로 판명된 것은 지수평활과 Box and Jenkins(1970)의 ARIMA(Auto Regressive Integrated Moving Average : 자기회귀적분 이동평균)모형으로 알려져 있다.

지수평활은 추세 및 계절성을 가진 계열의 값들을 예측하는데 사용가능하며, 추세나 계절패턴에 대해 제약을 받지않고 상황에 따라 적응할 수 있다는 장점을 갖는다.

자료정차를 통해 ARMA(autoregressive moving average : 자기회귀 이동평균)로 축소시켜 수행하는 ARIMA는 추세, 계절성, 변동적인 자기상관구조를 가진 시계열의 분석이 가능하게 해준다. 또한 시계열자료 이용모형에서 발생하는 가성회귀를 회피하고 모형의 적합성을 높일 수 있는 강점을 보유한다.

2. ARIMA모형의 적용절차

Box-Jenkins(B-J)접근법은 일련의 반복과정을 통해 관측자료에서 예측가능한 변동(또는 패턴)을 추출하는 방식을 포함한다. 일변량 Box-Jenkins방법은 순전히 예측도구이며 어떤 회귀변수 형태의 변수들도 없다.

Box-Jenkins접근법인 ARIMA모형 적용은 다음 3단계 절차들을 따른다.

① 모형식별(Model identification)

B-J모형의 특정 범주를 과거 자료분석에서 계산된 각종 통계량들을 사용하여 규명한다.

시계열의 정상성 여부를 결정하도록 자기상관함수에 따라 시계열의 차트를 작성한다. 시간에 따라 시계열이 증가 또는 감소하고 표본자기 상관계수가 급격히 축소되어 소멸되지 않는다면 비정상성이 있다고 간주한다. 그리고 비정상적인 시계열은 정차를 통해 정상적 시계열로 전환이 가능하다.

동일한 분산들을 갖고 공분산이 항상 0이며, 평균 0인 특성을 갖는 교란인 오차 ε_t를 구면교란(spherical disturbances) 또는 백색잡음(white noise)이라고 한다.

시계열의 1계 정차가 백색잡음 ε_t로 나타나면 그 1계정차는 정상적 시계열이며, 원래 시계열은 랜덤워크과정(random walk process)을 갖는다.

정상적 시계열을 획득한 후에 사용할 모형을 식별하도록 자료에서 계산된 자기상관계수들 및 편자기상관계수들을 ARIMA모형들의 이론적 자기상관계수들 및 편자기상관계수들에 대해 비교한다.

표본자기상관계수들 및 편자기상관계수들의 패턴에서 적절한 ARIMA모형을 결정할 수 있도록 모든 사항들이 동일하다면 간명성 원칙에 따라 복잡한 모형들보다는 간단한 모형을 선택한다.

② 모형추정 및 입증(Model estimation and verification)

모형이 일단 식별되면 모형의 모수들을 추정하고 진단적 검정을 수행한다.

모형을 추정하고 적합된 모형에서 0과 유의적으로 다른 것으로 판단되는 모수들을 유지하고 그렇지 않은 모수들을 제거하는 방식으로 적합된 값들이 실제 자료에 의해 제시된 패턴을 포착할 수 있도록 최대한 근접하게 나타날 최상모형을 추정한다.

오차분산의 추정치인 잔차평균자승오차를 계산하여 예측오차상한 및 하한들을 계산하는데 사용한다. $e_t = Y_t - \hat{Y}_t$와 잔차들의 수 n, 추정된 모수들의 수 r에 대해 잔차평균자승오차 s^2은 다음과 같다.

$$(20\text{–}3)\quad s^2 = \frac{\sum_{t=1}^{n} e_t^2}{n-r}$$

③ 예측(Forecasting)

시계열을 예측하고 예측치들에 관련된 불확실성을 측정하는 신뢰구간들을 개발하도록 최종모형을 사용한다.

ARIMA모형 적합성의 전반적 검토는 Ljung–Box Q통계량을 기초로 하는 카이제곱검정으로 수행한다. $e_t = Y_t - \hat{Y}_t$와 잔차들의 수 n, 시차 k, 검정할 시차들의 수 m에 대해 검정 통계량 Q는 다음과 같다.

$$(20\text{–}4)\quad Q = n(n+2)\sum_{k=1}^{n} \frac{r_k^2(e)}{n-k}$$

Q는 특정 시차까지의 모든 시차들이 0과 유의적으로 다른지를 검정하는데 사용하는 혼성검정 도구이다.

예측모형의 잔차들에 적용되는 Q통계량의 p값이 5% 미만이라면, 모형은 부적합한 것으로 간주되므로, 새롭거나 변경된 모형을 고려하여 만족스런 결과가 도출될 때까지 계속 검정을 수행한다. 특이한 상황에서 설명 가능한 큰 값의 잔차들이 소수가 있다면 무시해도 좋다.

적합한 모형이 발견되면 예측을 수행한다. 예측치를 기초로 하는 예측구간은 주어진 신뢰수준에 대해 선행기간을 길게 할수록 예측기간은 확대된다.

예측오차에서 가장 최근오차들이 이전오차들보다 절대치기준으로 지속적으로 더 크게 나타나면 모형의 재평가를 수행해야 한다.

03 ACF 및 PACF도표 작성

"주ACF.sav"파일을 사용하자. "데이터 보기"창에서 "주가1계정차"가 계산되어 있다.

어떤 시계열을 정상적으로 만들기 위해 d번 정차를 해야 하고, 그 정차된 계열에 p는 자기회귀항들의 수 p와 이동평균항들의 수 q를 갖는 ARMA(p,q)모형을 적용한다면, 그 원래 시계열을 ARIMA(p,d,q)시계열이라고 한다.

1계정차가 정상적으로 나타나면, ARIMA(p,d,q)모형에서 모수 d는 1의 값을 갖는다. 모수 p 및 q의 적합한 값들을 제시하도록 ACF 및 PACF를 생성시킬 필요가 있다.

메뉴 바에서 "분석/시계열 분석/자기상관"을 지정한다. 생성된 "자기상관" 대화상자에서 ACF도표 및 PCAF도표를 작성하도록 "주가1계정차"를 더블클릭하여 우측 변수 란으로 이동시킨다.

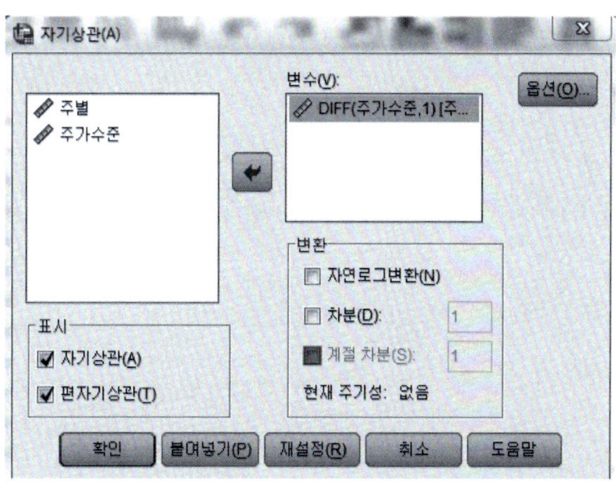

"옵션"단추를 클릭하여 생성된 "자기상관: 옵션" 대화상자에서 "표준오차법: Bartlett 근사값"을 선택한 후에 "계속"을 클릭한다. 이는 발생하는 각 상관계수들의 유의성을 평가하도록 해준다. 최대 시차 수는 16으로 지정되어 있는데 이는 대부분 실제목적들에 대해 충분하다.

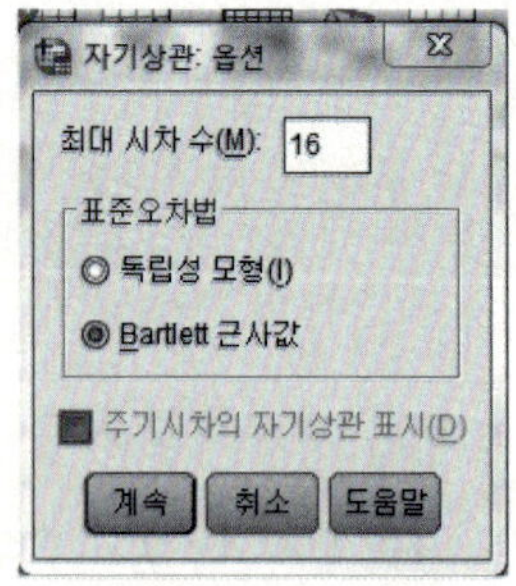

"확인"단추를 클릭하면 출력결과는 다음과 같다. ACF에서 유일한 유의적 계수는 신뢰하한을 벗어나는 1기간 시차와 연관되는 것을 보여준다. 자기상관계수의 값은 이러한 시차에서 −0.484이다.

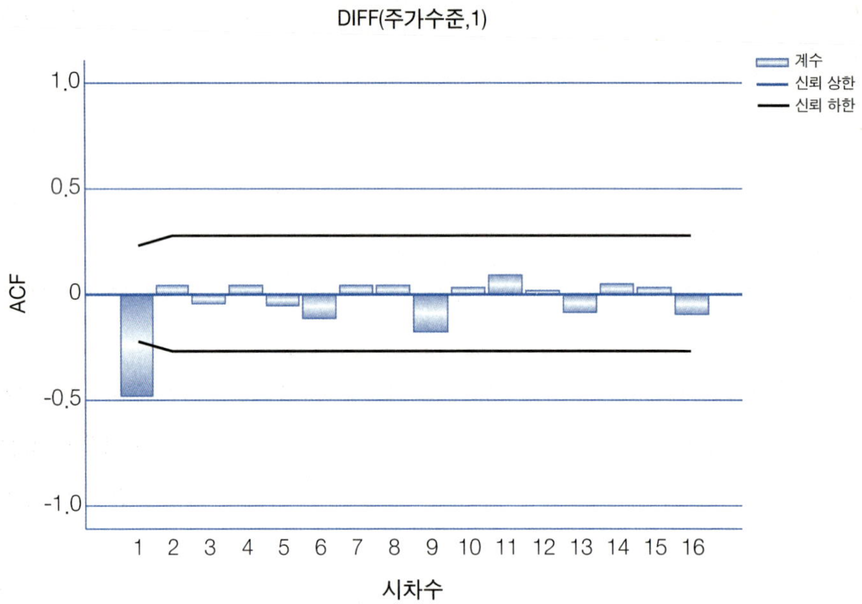

자기상관

계열: DIFF(주가수준,1)

시차	자기상관	표준화 오차[a]	Box-Ljung 통계량		
			값	자유도	유의확률[b]
1	-.484	.112	19.466	1	.000
2	.085	.136	20.070	2	.000
3	-.044	.136	20.238	3	.000
4	.101	.136	21.115	4	.000
5	-.052	.137	21.353	5	.001
6	-.112	.138	22.460	6	.001
7	.115	.139	23.640	7	.001
8	.078	.140	24.191	8	.002

시차	자기상관	표준화 오차[a]	Box–Ljung 통계량		
			값	자유도	유의확률[b]
9	–.173	.140	26.957	9	.001
10	.042	.143	27.119	10	.002
11	.100	.143	28.064	11	.003
12	.022	.144	28.109	12	.005
13	–083	.144	28.791	13	.007
14	.055	.145	29.096	14	.010
15	.038	.145	29.244	15	.015
16	–.092	.145	30.120	16	.017

a. 가정된 기본공정은 (시차수-1)과 같은 차수인 MA입니다. Bartlett근사값이 사용되었습니다.
b. 점근 카이제곱 근사값을 기준을 합니다.

PCAF 역시 시차 1에서 유의적인 스파이크(spike)를 갖는다.

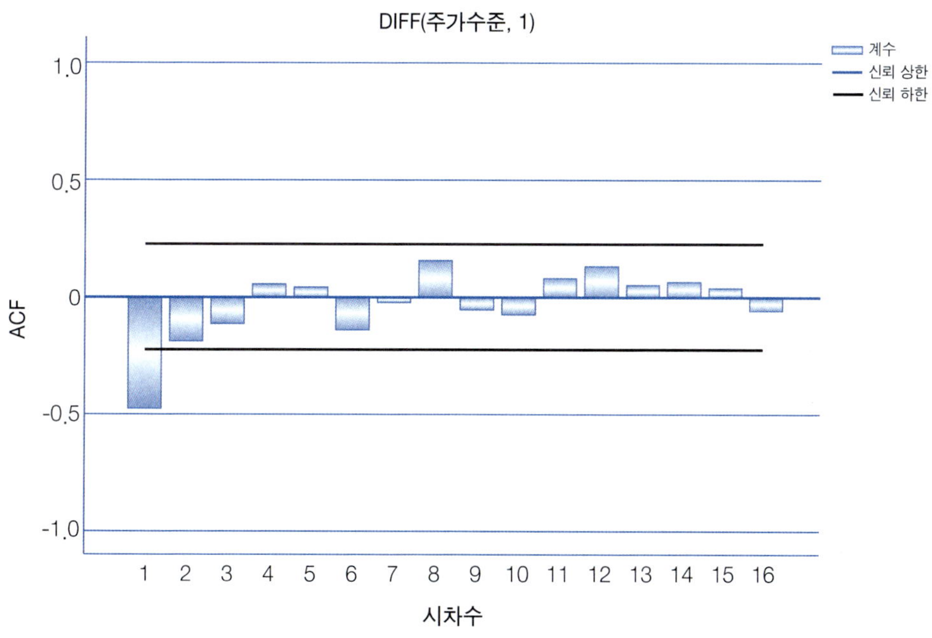

편자기상관

계열: DIFF(주가수준,1)

시차	편자기상관	표준화 오차
1	-.484	.112
2	-.196	.112
3	-.122	.112
4	.052	.112
5	.041	.112
6	-.150	.112
7	-.030	.112
8	.153	.112
9	-.062	.112
10	-.081	.112
11	.078	.112
12	.128	.112
13	.052	.112
14	.061	.112
15	.035	.112
16	-.068	.112

여기서는 ARIMA(1,1,0), ARIMA(0,1,1), ARIMA(1,1,1)에 대한 주장을 작성할 수 있다. 여러 대안적 모형들이 가능한 경우의 전형적 상황이다.

04 ARIMA모형의 SPSS 풀이

"주식3.sav"파일을 연다. 여기서는 단지 ARIMA(1,1,1)모형의 적합성을 설명하기로 한다. ARIMA모형들 적합을 위해서는 다음 조치를 취한다.

데이터/날짜 및 시간 정의"를 지정 후 생성된 "날짜 정의" 대화상자에서 "일"을 지정한 후에 "확인"을 클릭한다. 여기서는 "주별"기준 자료이지만, "주"를 하나로 사용하는 것이 없기 때문이다.

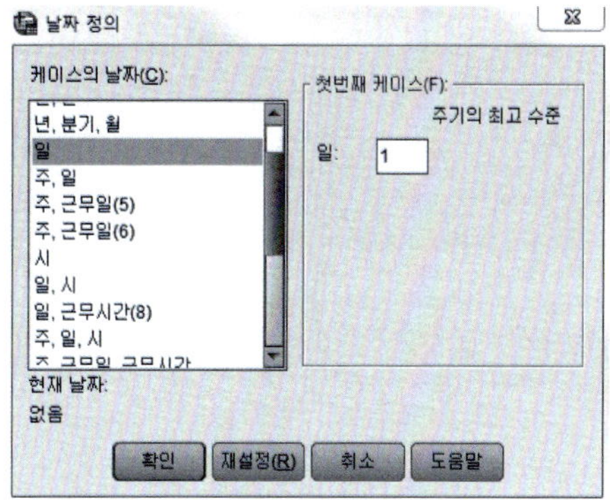

이제 새로운 변수 DAY_와 DATE_가 생성된다. "주식31.sav"로 파일이름을 변경하자.

메뉴 바에서 "분석/시계열 분석/기존 모형 작성"을 지정한다.

생성된 "시계열 모형 생성기" 대화상자에서 종속변수에 "주가수준"을 이동시키고, "방법: ARIMA"를 지정한 후에 "기준" 단추를 눌러서 생성된 "시계열 모형 생성기: ARIMA 기준"대화상자에서 모수들 p=1, d=1, q=1을 "비계절" 열의 아래에 입력하고 "계속"을 클릭한다. 만약 종속변수에 "주가1계정차"를 지정했다면 d=0을 입력해야 한다.

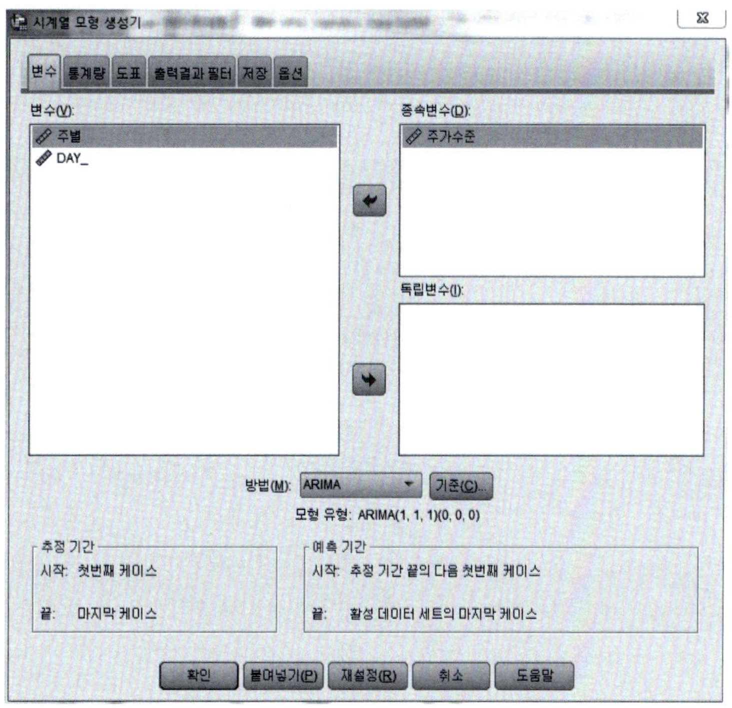

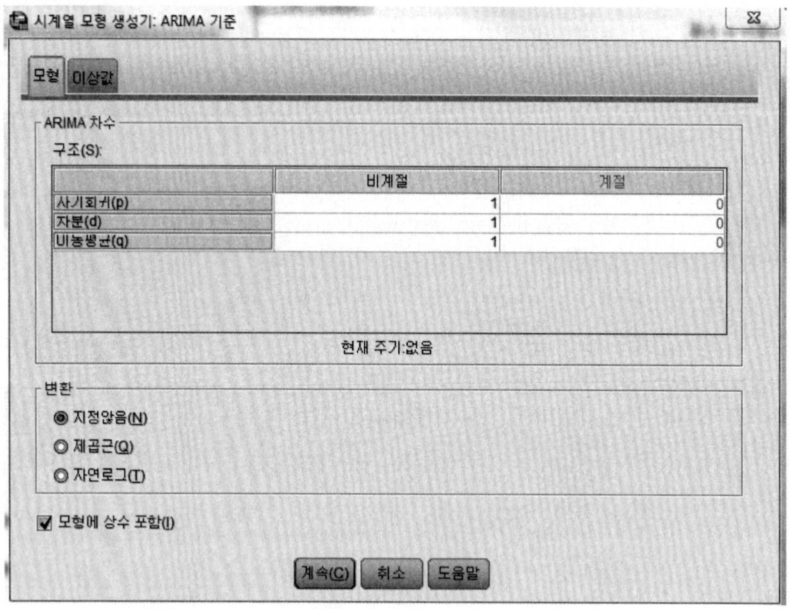

"통계량"단추를 누르고, 다음을 지정한다.

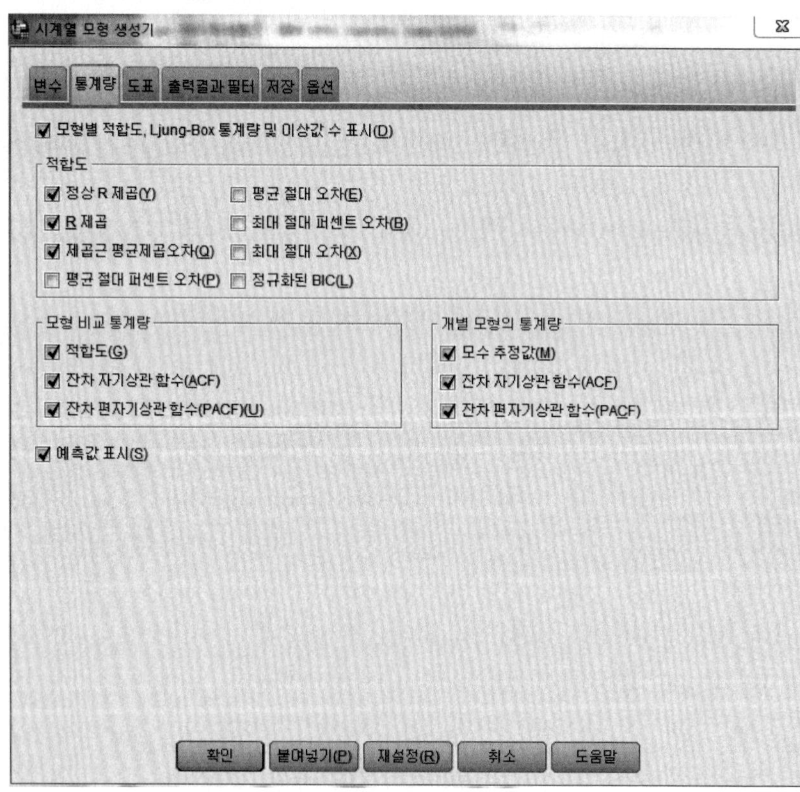

"저장"단추를 클릭하고, "예측값"과 "잡음 잔차"를 지정한다.

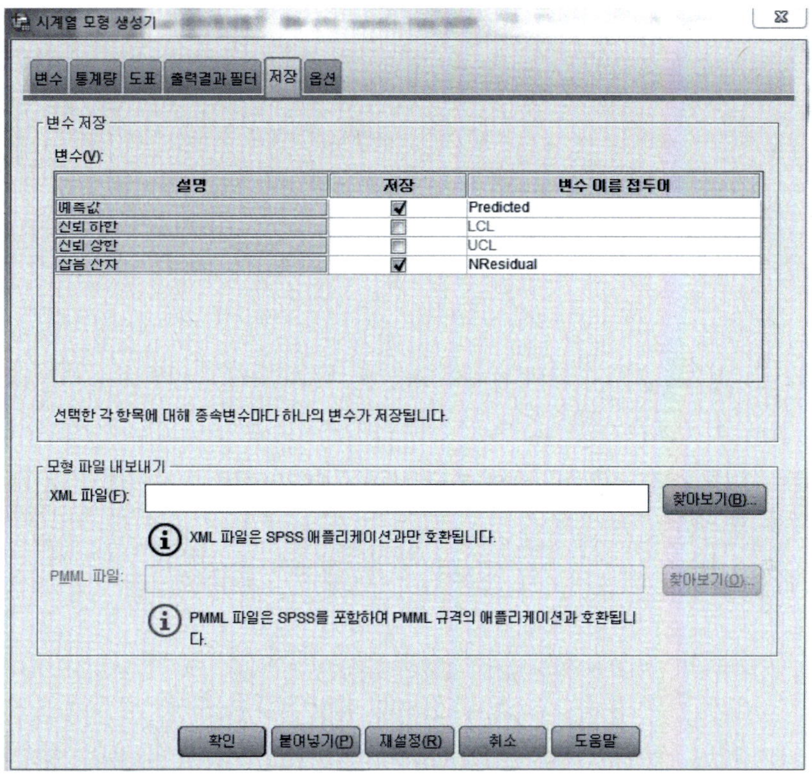

"옵션"단추를 클릭하고, "예측 기간: 추정 기간 끝의 다음 첫 번째 케이스에서 지정한 날짜까지"를 지정한 후에, "날짜"박스 아래의 일에 "100"을 입력하여 82-100(주)까지의 예측값을 보기로 하자. 그리고 나서 "확인"을 클릭한다.

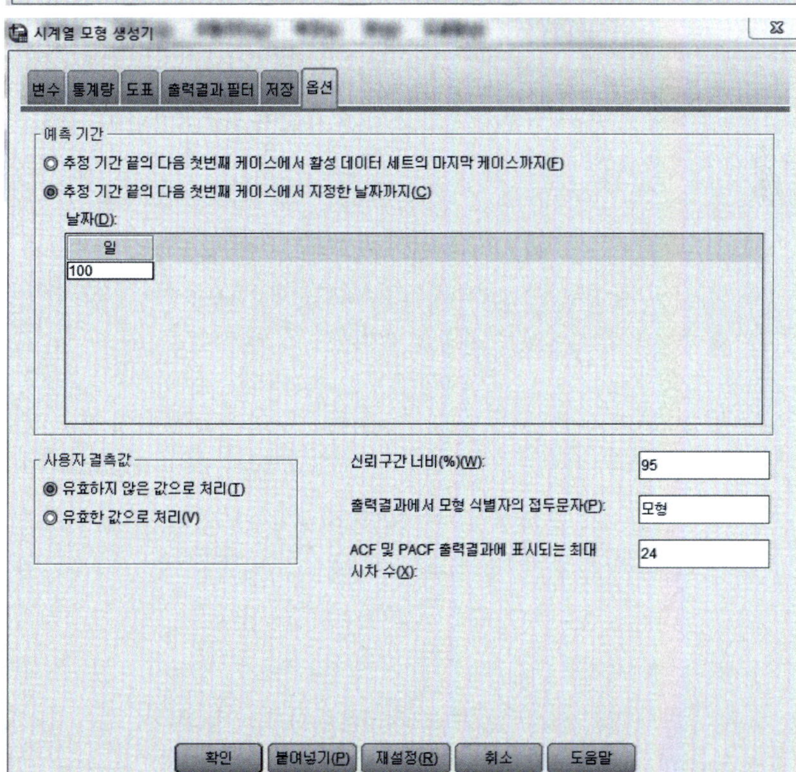

표 20-1 모형 통계량

모형	예측자 수	모형 적합 통계량			Ljung-Box Q(18)			이상값 수
		정상 R-제곱	R-제곱	제곱근 평균제곱오차(RMSE)	통계량	자유도	유의확률	
주가수준-모형_1	0	.280	.959	92.112	11.451	16	.781	0

〈표 20-1〉의 모형통계량표에서 ARIMA모형 적합성의 전반적 검토를 수행하는 수단인 Ljung-Box Q통계량은 특정 시차까지의 모든 시차들이 0과 유의적으로 다른지를 검정하는데 사용된다.

〈표 20-1〉에서 자유도 18을 가진 카이자승 검정에 대해 p값이 0.781로 5%를 크게 상회하여 0과 유의적으로 다른 시차들이 없다는 귀무가설이 기각되지 않으므로, 모형의 적합성이 확인된다. 정상 R-제곱(Stationary R-squared)은 모형의 정상부분과 단순평균모형을 비교하는 측도이며, 추세나 계절패턴이 있는 경우 보통R-제곱보다 이 측도를 사용하는 것이 좋다.

- 정상 R-제곱의 범위는 음의 무한대에서 1까지
- 음의 정상 R-제곱은 고려대상의 모형이 기준선 모형보다 나쁨을 의미하며, 양수값은 고려대상모형이 기준선 모형보다 좋음을 의미

〈표 20-1〉에서 정상 R-제곱은 0.280으로 양수여서 모형작성이 유리한 것을 반영한다.

R-제곱(R-squared)은 모형이 설명하는 계열의 총변동비율에 대한 추정값이며, 정상적 시계열에 가장 도움이 되는 측도이다.

- R-제곱의 범위는 음의 무한대에서 1까지
- R-제곱의 음수값은 고려대상모형이 기준선 모형보다 나쁨을 의미하며, 양수값은 고려대상모형이 기준선 모형보다 좋음을 의미

〈표 20-1〉에서 R-제곱이 양으로 기준모형보다 개선된 것을 반영한다.

〈표 20-2〉의 모형적합수단들은 다른 예측모형성과와의 비교에 사용할 수 있다. 이러한 측정치의 가장 작은 값을 갖는 모형이 적합모형이 되며 주로 RMSE와 MAPE를 많이 사용한다.

RMSE(제곱근 평균제곱오차)는 평균제곱오차의 제곱근으로, 종속시계열이 모형예측수준과 얼마나 다른지에 대한 측도이며, 종속시계열과 같은 단위로 표시한다. 그리고 MAPE(평균절대퍼센트 오차)는 종속시계열이 모형예측수준에서 얼마나 달라지는지에 대한 측도이며, 사용단위와 상관이 없어 서로 다른 단위의 시계열들과의 비교에도 사용 가능하다.

〈표 20-3〉의 ARIMA모형모수 표의 추정값들을 사용하여 정상적 변수 $Z_t(=Y_t - Y_{t-1})$에 대해

표 20-2 모형적합

적합 통계량	평균	SE	최소값	최대값	백분위수 5	10	25	50	75	90	95
정상 R-제곱	.280	.	.280	.280	.280	.280	.280	.280	.280	.280	.280
R-제곱	.959	.	.959	.959	.959	.959	.959	.959	.959	.959	.959
제곱근 평균제곱오차 (RMSE)	92.112	.	92.112	92.112	92.112	92.112	92.112	92.112	92.112	92.112	92.112
평균 절대 퍼센트 오차 (MAPE)	3.498	.	3.498	3.498	3.498	3.498	3.498	3.498	3.498	3.498	3.498
최대 절대 퍼센트 오차 (MaxAPE)	12.269	.	12.269	12.269	12.269	12.269	12.269	12.269	12.269	12.269	12.269
평균 절대 오차(MAE)	73.811	.	73.811	73.811	73.811	73.811	73.811	73.811	73.811	73.811	73.811
최대 절대 오차(MaxAE)	217.653	.	217.653	217.653	217.653	217.653	217.653	217.653	217.653	217.653	217.653
정규화된 BIC	9.210	.	9.210	9.210	9.210	9.210	9.210	9.210	9.210	9.210	9.210

표 20-3 ARIMA모형 모수

					추정값	SE	t	유의확률
주가수준-모형_1	주가수준	변환 안 함	상수항		18.267	5.138	3.555	.001
			AR	시차1	-.211	.202	-1.043	.300
			차분		1			
			MA	시차1	.402	.188	2.143	.035

다음 추정식을 작성할 수 있다.

$$Z_t = 18.267 - 0.211Z_{t-1} - 0.402e_{t-1}$$

그런데 AR(1)의 계수 $\phi_1 = -0.211$의 유의확률이 0.30이어서 0과는 유의적으로 다르지 않다. 따라서 더 낮은 표준오차를 갖도록 ARIMA(0,1,1)을 추정할 필요가 있다.

다시 메뉴 바에서 “분석/시계열 분석/기존 모형 작성”을 지정하고, 생성된 “시계열 모형 생성기”대화상자에서 “방법: ARIMA”에 대한 “기준”단추를 클릭하여 “시계열 모형 생성기: ARIMA 기준”대화상자를 다음과 같이 지정을 하고 “계속”을 클릭한다. 그리고 “시계열 모형 생성기”대화상자에서 “확인”을 클릭한다.

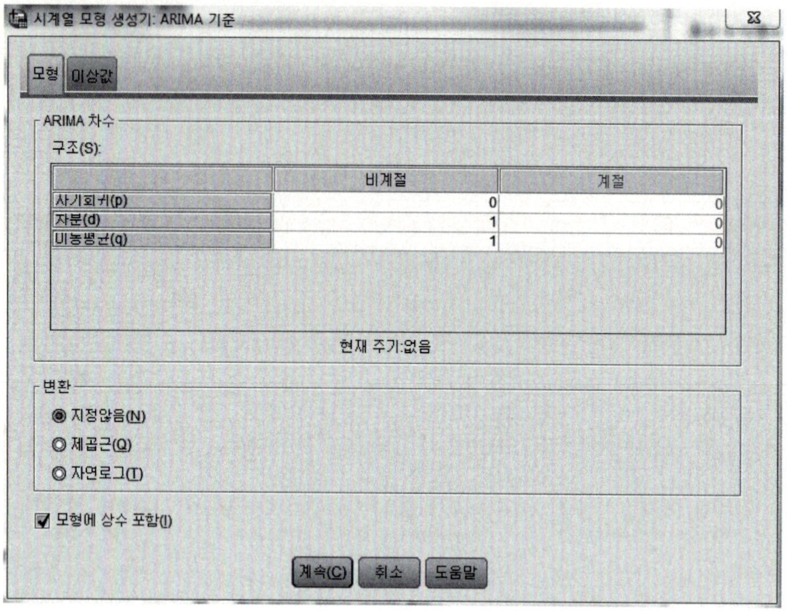

이제 〈표 20-4〉의 모형통계량에서 Ljung-Box Q통계량의 자유도 18을 가진 카이자승 검정에 대해 p값이 0.841로 5%를 크게 상회하여 0과 유의적으로 다르지 않다는 귀무가설이 성립하여 정상성이 성립한다.

그리고 정상 R-제곱과 R-제곱은 모두 〈표 20-1〉보다 증가하여 더 양호한 모형이 된 것을 반영한다.

표 20-4 모형통계량

모형	예측자 수	모형 적합 통계량			Ljung-Box Q(18)			이상값 수
		정상 R-제곱	R-제곱	제곱근 평균제곱오차(RMSE)	통계량	자유도	유의확률	
주가수준-모형_1	0	.269	.958	92.199	11.288	17	.841	0

〈표 20-5〉의 ARIMA모형 모수에서 MA항의 계수유의확률이 0.000이어서 유의적으로 나타난다. 따라서 ARIMA(0,1,1)모형을 고려하면 다음과 같다.

$$Z_t = 18.201 - 0.546e_{t-1}$$

MA(1) 계수는 p〈0.001로 유의적으로 0과는 다르다.

ARIMA(0,1,1)모형의 관측치와 예측치 수준들에 대한 차트작성을 위해 을 보여준다. 이러한 모

표 20-5 ARIMA모형모수

					추정값	SE	t	유의확률
주가수준-모형_1	주가수준	변환 안 함	상수항		18.201	4.755	3.828	0
			차분		1			
			MA	시차1	0.546	0.096	5.708	0

형은 전환점을 포착하지 못하고 있다.

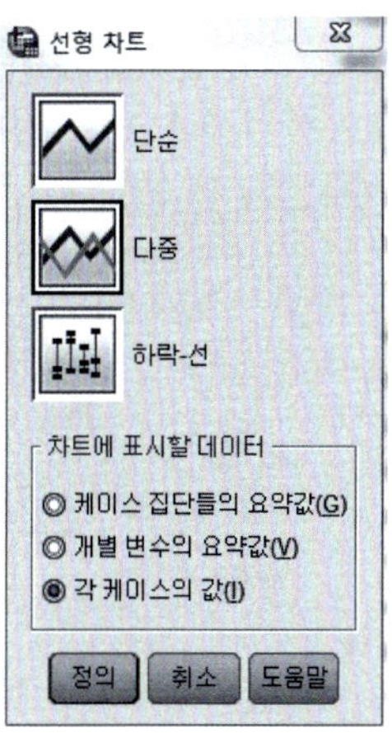

"그래프/레거시 대화상자/선형 차트"를 지정ㅎ하고, 생성된 "선형 차트"대화상자에서 "다중, 각 케이스의 값"을 지정한 후에 "정의"단추를 클릭한다.

생성된 "다중 선 차트 정의: 각 케이스의 값" 대화상자에서 "선 표시"박스에 "주가수준, Predicted_주가수준_모형_1A"를, "범주 레이블: 변수"를 지정하고 아래 박스에 "DATE_"를 이동시킨 후에 "확인"을 클릭한다.

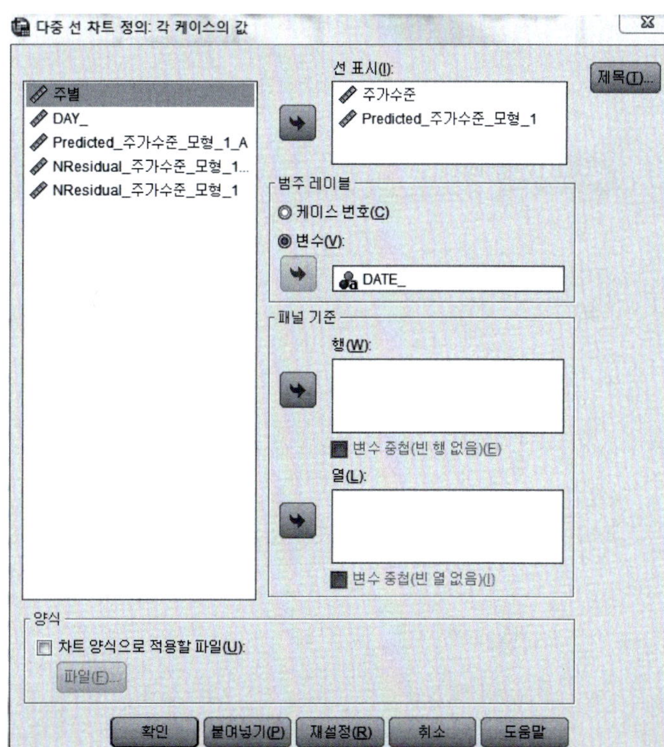

출력된 선형차트에서는 주가수준에서 지속적으로 상승추세가 나타나고 있다. 또한 "옵션"창에서 100까지의 예측값 제공을 지정했기 때문에 출력된 차트는 100주까지의 예측값을 제공한다. 〈표 20-6〉과 같이 82주의 3151에서 100주에는 3546으로 선형증가를 보이는 형태로 예측값이 제공된다.

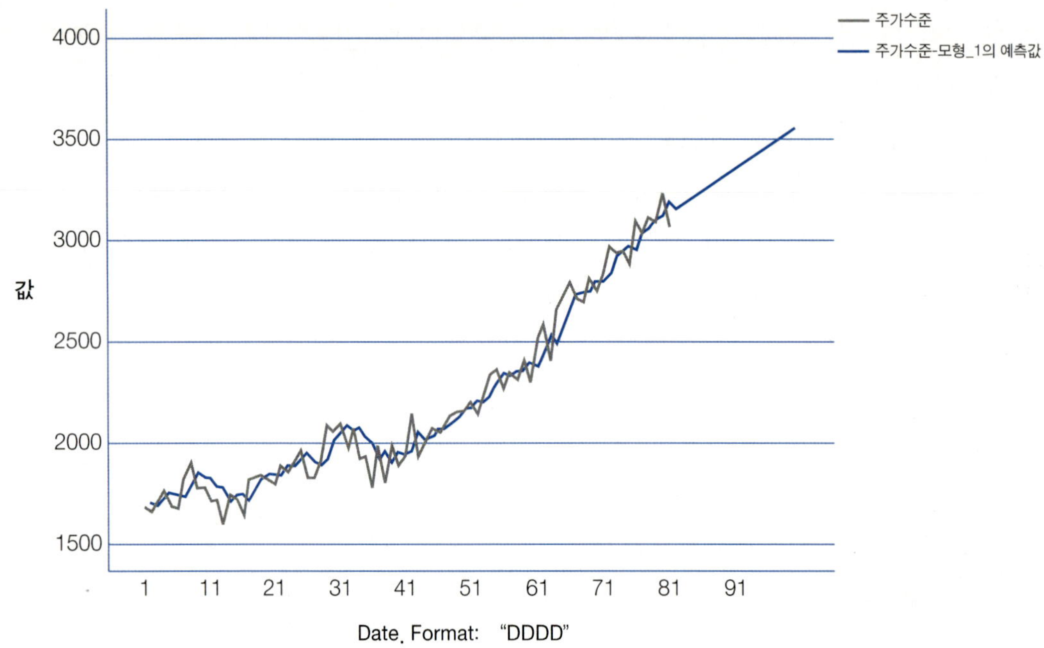

표 20-6 예측값

모형		82	83	84	85	86	87	88	89	90	91	92	93	94	95	96	97	98	99	100
주가수준-모형_1	예측값	3151	3172	3194	3215	3237	3258	3280	3302	3324	3...	33...	33...	...	...	...	3478	35...	3523	3546
	UCL	3375	3419	3460	3501	3541	3580	3618	3656	3694	3...	37...	38...	...	...	...	3949	39...	4020	4055
	LCL	2932	2933	2935	2939	2943	2949	2655	2961	2968	2...	29...	29...	...	...	...	3031	30...	3052	3062

각 모형에서 예측은 요청한 추정주기의 범위에서 결측이 없는 마지막 값 다음에 시작하고 모든 예측자의 결측이 없는 값의 마지막 주기 또는 요청한 예측 주기의 끝 날짜 중 먼저 나온 시점에서 끝납니다.

이러한 ARIMA모형인 B-J방법은 예측에 이용할 수 있는 하나의 절차일뿐이다. 그러나 B-J방법은 시계열 변동이 추세 및 계절성에 의해 지배되지 않는 경우에는 적합한 수단이 된다.

05 ARIMA모형 원리와 VAR 및 ACF

예컨대 t기의 여행자 이동방문객 수 F_t에 대해 ARIMA(p,d,q)모형은 다음과 같이 표시

$$\text{(20A.1)}\quad \Delta^d F_t = \alpha + \sum_{i=1}^{p}(\Delta^d F_{t-i}) + \sum_{j=1}^{q}\gamma_j \varepsilon_{t-j} + \varepsilon_t$$

여기서 Δ^d는 d계 정차 연산자(difference operator)이고, 이러한 d를 적분계수(order of integration)라고 한다. $\alpha, \beta_1, \cdots, \beta_p, \gamma, \cdots \gamma_q$는 알려지지 않은 모형의 모수들이고, ε_t는 계열상관이 없고 0의 평균을 갖고 균등분포된 것으로 가정되는 무작위 구성요소(random component)이다.

ARIMA모형은 무작위 오차들이 정규분포된다는 가정을 기초로 하는 최대우도방법(maximum likelihood method)으로 추정한다.

t시점에서 정상적 자료에 대해 Z_t를 사용하자. 이는 t시점의 비정상적 자료 값 Y_t의 1계정차이다. ARIMA과정은 다음 형식의 선형모형을 고려한다.

$$\text{(20A.2)}\quad Z_t = \mu + \phi_1 Z_{t-1} + \phi_2 Z_{t-2} + \cdots - \theta_1 e_{t-1} - \theta_2 e_{t-2-} \cdots + e_t$$

여기서 e_t와 e_{t-1}은 현재 예측오차와 과거예측오차이다. 그리고 μ, ϕ_1, θ_i 등은 추정해야할 모형의 모수들이다. 예컨대 ARIMA(1,2)는 1계 자기회귀과정과 2계 이동평균과정을 갖고 다음의 형식을 갖는다.

$$\text{(20A.3)}\quad Z_t = \mu + \phi_1 Z_{t-1} - \theta_1 e_{t-1} - \theta_2 e_{t-2-} + e_t$$

정차가 정상성을 발생시키기 위해 사용되었다면, 모형은 적분되었다고 하고, ARIMA(p,d,q)로 표시한다. 그런데 중간모수 d는 단순히 정상성 달성을 위해 정차된 횟수를 표시한다.

또한 특정 기간에 종속변수의 중대한 변화를 초래하는 사건이 나타나면 그 년도 또는 사분기 등의 시점에 해당되는 가변수(Dummy variable) D를 사용하여 ARIMA모형에 추가한 ARIMAX(ARIMA with exogenous variables)모형을 구성할 수 있다. 예컨대 2001년의 911테러 충격을 $D01$로 표시한 ARIMAX는 다음과 같다.

$$(20A.4)\quad \Delta^d F_t = \alpha + \sum_{i=1}^{p} \beta_i (\Delta^d F_{t-i}) + \sum_{j=1}^{q} \gamma_j \varepsilon_{t-j} + \delta_i D01_t + \varepsilon_t$$

ARIMA모형들의 모수들의 해를 구하기 위해 사용된 방법들은 많은 계산들을 요구하여 패키지가 필요하다.

한편 VAR(vector autoregression : 벡터 자기회귀)모형은 추가변수들을 포함하여 2개 이상의 종속변수들을 갖고 2개 이상의 자기회귀분포시차방정식들을 포함한다.

VAR모형 역시 정차자료를 이용하고, 단계적으로 추정을 하는 방식으로 수행이 가능하다.

AC(autocorrelations : 자기상관)들이 시치 1, 시차 2, 시차 3 등에 대해 계산하여 그래프를 작성하여 나타난 결과를 표본 ACF(autocorrelation function) 또는 자기상관함수도표(correlogram, 코렐로그램)이라고 한다.

Bartlett방법에 따르면, 자기상관계수가 0이라는 귀무가설이 참이면 시차 k에서의 표본 자기상관계수들 r_k는 거의 정규분포되며 0의 평균과 다음 분산을 갖는다.

$$Var(r_k) = n^{-1}[1 + 2(r_1^2 + r_2^2 + \cdots + r_{k-1}^2)]$$

색 인

M·N

P

R

S

T

V·W

Y·Z

ㄱ

저자소개

■문 창 권

- 건국대학교 무역학과(상학사)
- 건국대학교 대학원 무역학과(상학석사, 경제학박사)
- 배재대학교 기업컨설팅학과 교수
- 경영지도사(마케팅), 소상공인지도사, 프랜차이즈경영지도사, 서비스경영지도사
- 전통시장, 소상공인, 농수산식품기업, 장애인기업 컨설턴트

〈저서〉

- 무역정책(1991, 삼영사), 외환론(1992, 삼영사),
- 엑셀로 풀자 회귀분석(2006, 배재대학교출판부), 경영경제수학(2007, 생능출판사),
- 국제비즈니스위험관리(2008, 청목출판사), 엑셀2016 단계별분석(2019, 북넷) 등 다수

〈논문 및 보고서〉

- 수출중소기업의 아비 론 헤징전략(2014, 관세학회지)
- 차별화가치와 수출품가격 환율전가(2015, 무역연구)
- 전통시장 사회적 자본과 포지셔닝 요인(2018, 무역연구) 외 다수
- 계층분석법을 활용한 중소기업 적합업종 기준분석(2011, 대·중소기업협력재단)
- 해외전력시장조사 및 프로젝트 발굴사업(2009, 지식경제부) 외 다수

■송 학 준

- 경희대학교 경제학과(경제학사)
- 경희대학교 대학원 호텔관광학과(관광경영학 석사)
- 미국 클렘슨대학교 대학원 관광학과(관광학 박사)
- 배재대학교 호텔레저경영학과 교수

〈저서·논문 및 보고서〉

- 엑셀2016 단계별분석(2019, 북넷)
- Impact of functional/cognitive and emotional advertisements on image and repurchase intention(2019, Journal of Hospitality Marketing & Management; 28(4), 446-471.)
- Effect of image, satisfaction, trust, love, and respect on loyalty formation for name-brand coffee shops(2019, International Journal of Hospitality Management; 79, 50-59).
- 소셜미디어 외식정보탐색 행동의도에 관한 연구 - 확장된 목표지향적 행동모형을 중심으로(2018, 관광레저연구) 등 90편 이상
- 일본, 대만 등 주변국 카지노개방이 우리나라에 미치는 영향 연구(2010, 한국카지노업관광협회)
- 2012 여수세계박람회 「제2차 관람객 수요예측조사」 용역(2010, 여수엑스포조직위원회)
- 국내외 카지노 규제제도조사 및 비교연구(2018,한국카지노업관광협회) 외 다수

■문 영 필

컨설팅학석사, 경영지도사

■손 종 웅

컨설팅학박사, 기술거래사, 대전경제통상진흥원 부장

■김 길 후

컨설팅학박사, 기술거래사, ㈜마이크로젠 대표

■김 범 수

컨설팅학박사, 바이셈, 한성 Tec 대표,
참컨설팅협동조합 이사장

SPSS 첫걸음 단계별 분석

2019년 9월 5일 1쇄 인쇄
2019년 9월 10일 1쇄 발행

저 자 문 창 권 · 송 학 준
발행인 류 재 식 · 박 용 범
발행처 도서출판 북 넷

서울시 용산구 효창원로70길 46 대신빌딩 2층
등 록 2010년 6월 7일(제2010-000069호)
전 화 (02) 395-2341
팩 스 (02) 395-2303

정가 30,000원

ISBN 979-11-86947-45-6
e-mail : book2341@naver.com